教育部、财政部2007年度双语教学示范课程建设项目

21世纪国际法学系列教材

国际贸易法

International Trade Law

（第四版）

王传丽　史晓丽　编著

中国人民大学出版社
·北京·

图书在版编目（CIP）数据

国际贸易法 / 王传丽，史晓丽编著 . -- 4 版 . 北京 ：中国人民大学出版社，2024. 9. --（21 世纪国际法学系列教材）. -- ISBN 978-7-300-33150-8

Ⅰ. D996. 1

中国国家版本馆 CIP 数据核字第 2024VM6763 号

教育部、财政部 2007 年度双语教学示范课程建设项目
21 世纪国际法学系列教材
国际贸易法（第四版）
王传丽　史晓丽　编著
Guoji Maoyifa

出版发行	中国人民大学出版社		
社　　址	北京中关村大街 31 号	**邮政编码**	100080
电　　话	010－62511242（总编室）		010－62511770（质管部）
	010－82501766（邮购部）		010－62514148（门市部）
	010－62515195（发行公司）		010－62515275（盗版举报）
网　　址	http://www.crup.com.cn		
经　　销	新华书店		
印　　刷	天津旭非印刷有限公司	**版　　次**	2009 年 1 月第 1 版
开　　本	787 mm×1092 mm　1/16		2024 年 9 月第 4 版
印　　张	31.75	**印　　次**	2024 年 9 月第 1 次印刷
字　　数	801 000	**定　　价**	88.00 元

作者简介

王传丽：女，法学博士。曾任中国政法大学国际经济法系系主任、中国政法大学国际法学院院长、教授，博士研究生导师。曾兼任中国国际经济法学会副会长，中国法学会国际经济法学研究会副会长，中国法学会世界贸易组织法研究会副会长，北京市法学会国际法学会副会长，国家认证认可监督管理委员会认证认可专家咨询委员会成员，北京市政府专家顾问，中国国际经济贸易仲裁委员会仲裁员、北京仲裁委员会仲裁员、ICSID调解员等。

史晓丽：女，法学博士。中国政法大学国际法学院国际经济法研究所教授、博士研究生导师，中国政法大学WTO法律研究中心主任。兼任第八届国务院关税税则委员会专家咨询委员会专家，中国贸易促进委员会第二届经贸摩擦法律顾问委员会委员，商务部两用物项出口管制专家咨询委员会专家，中国机电商会出口管制合规委员会专家，中国军控与裁军协会理事，WTO争端解决机构专家组指示性名单成员，中国国际经济贸易仲裁委员会/上海国际经济贸易仲裁委员会/华南（香港）国际仲裁院仲裁员。主持多个国家级立法项目、专家咨询项目、国际经贸规则谈判技术支持项目等。

第四版修订说明

由中国人民大学出版社出版的21世纪国际法学系列教材《国际贸易法》是教育部、财政部2007年度双语教学示范课程建设项目的阶段性成果。自本教材于2009年1月出版后，作者于2012年、2019年分别作了修改，出版了第二版、第三版。本教材第四版以习近平法治思想为指导，为贯彻党的二十大和二十届三中全会精神，满足建设中国式现代化强国培养高素质涉外法治人才的需要，让学生及时了解并研究国际贸易法领域不断出现的新问题与新变化，第四版在保持基本结构不变的情况下，在第三版的基础上增加了一些新内容。

(1) 增加了对2020版《国际贸易术语解释通则》的介绍。

(2) 为配合"一带一路"建设，更新了国际航次租船金康合同，以及国际航空货物运输、国际铁路货物运输国际货约和国际货协的有关内容。

(3) 增加了我国在国际经济法领域的理论和实践，特别是在区域和双边贸易协定中的实践。

(4) 为加深学生对教材中相关内容的理解，适当增补了一些案例，如与国际货约相关的案例、传染性疾病的暴发是否构成不可抗力的案例、WTO争端解决的案例、国际商事仲裁的案例等。

(5) 对第三版中过时以及表述不够完整、清晰、准确的地方做了调整和纠正。

作者分工是，王传丽：第一、二、三、四章；史晓丽：第五、六、七章。

受作者学术水平所限，教材中可能存在错误与不当之处，请读者予以指正。

编著者

2024年7月

编写说明

国际贸易法是调整国际贸易关系的法律规范，从事国际贸易法律实务的人士不仅要正确理解国际贸易法律规则，同时也要具有较高的外语水平，熟练运用外文工具从事国际贸易活动和国际贸易法律工作。为此，作为教育部、财政部 2007 年度双语教学示范课程建设项目的初步成果，我们尝试着编写了这本《国际贸易法》双语教材。

考虑到中国学生的学习特点，在编写本教材过程中，我们本着如下原则：第一，在全面准确地阐述国际贸易法基本概念和内容的同时，突出重点。在重点内容上，我们引入了大量英文案例以及部分中文案例，以帮助读者理解和领会相关法律规则。且这些英文案例和中文案例基本为真实案件。第二，对重要国际规则和国际惯例以及关键法律术语加注英文表述。第三，在每个中英文案例后以及每章之后提出需要思考的问题。第四，充分反映国际经济法的新发展。例如，本教材介绍了适用于国际航空运输的新《华沙公约》、《国际运输法公约草案》、2007 年 7 月 1 日生效的 UCP600、《国际保理公约》、联合国《国际合同使用电子通讯公约》等。

本书作者长期从事国际贸易法的理论研究和教学，具有丰富的教学和教材编写经验。早在设置 20 世纪 90 年代，王传丽教授就为本科生开设了国际经济法双语课程，通过设置英文原著和英文案例学习，丰富课程内容。此外，本书作者较早前编写的《国际贸易法》教材多次获奖。

在撰写过程中，本书作者务求精细和准确，但错误和不足在所难免，望同行给予指正。

编著者

2008 年 11 月

目　录

第一章 国际贸易法概述

提要

国际经济活动中最早出现，也是最活跃的领域是国际贸易领域，因此，国际贸易法也就成为国际经济法的重要组成部分。传统的国际贸易法以调整国际货物贸易关系为核心，并调整与货物贸易有关的运输、保险和支付关系。随着各国经济与科学技术的发展，国际贸易活动的范围逐渐扩大，特别是随着 20 世纪末全球经济一体化的形成，国际贸易法的发展呈现出新的特点：国际贸易法的调整范围不断扩大，且与其他法律学科交叉联系的特点更为突出；国家管理贸易的手段从关税扩展到非关税领域；区域性贸易集团的贸易法规和制度极大地丰富了国际贸易法的内容；世界贸易组织的成立以及许多新成员的加入，要求各成员都按照世界贸易组织各协定的要求或修改本国对外贸易法规或颁布新法；等等。这些进一步丰富、扩大了国际贸易法的内容。因此，现代国际贸易法已经发展成为包括国际货物贸易法、技术贸易法和服务贸易法在内的庞大法律体系。

本章是国际贸易法的入门部分，以介绍国际贸易法的基本理论为主，同时也介绍了国际贸易法的研究方法，为有志于研究国际贸易法的人士提供方法论方面的指导。

重点问题

- ❑ 国际贸易法的概念
- ❑ 国际贸易法的特征
- ❑ 国际贸易法与国际商法的关系
- ❑ 国际贸易法的基本原则
- ❑ 国际贸易法的主体

- ❑ 跨国公司母子公司责任问题
- ❑ 国际贸易法的渊源
- ❑ 国际贸易法的新发展

第一节 国际贸易法的概念和基本原则

国际贸易法（international trade law）的产生可以溯及古代中国。“民有私约如律令”的合同习语，为丝绸之路上各国商人的交易活动提供便利。而自秦汉建立至晚清实行了两千多年的朝贡制度①，则是与丝绸之路共生共长的贸易制度。② 在欧洲，则有中世纪的商人法（lex mercatoria）。但是，作为国际经济法（international economic law）的一个分支和独立的法律部门，国际贸易法体系的建立则是在第二次世界大战以后。尤其是在联合国国际贸易法委员会（United Commission on International Trade Law，UNCITRAL）成立后，对国际贸易法进行了系统编纂，使国际贸易法体系与内容日益完善。“自 1965 年联合国大会（General Assembly of the United Nations，UNGA）通过决议，要求秘书长在 1966 年向大会提交关于国际贸易法的协调与统一的综合性报告，并决定把‘国际贸易法的发展’这一议题列入 1966 年会议临时议事日程以来，国际贸易法这门学科的重要性与日俱增。”③

一、国际贸易法的概念

（一）国际贸易法的概念

“国际贸易法在（20 世纪）60 年代开始出现在各法律院校的教学计划中。在美国，这门课一般被称为国际交易法（International Business Law），后来又出现在联合王国”④，再以后又被世界上许多国家接受。中国冠以“国际贸易法”名称且具有较大影响的国际贸易法教材是沈达明、冯大同教授于 1983 年编写的《国际贸易法》。⑤ 这部著作奠定了中国国际贸易法的教学和研究体系，即国际贸易法不仅调整横向国际贸易关系，也调整纵向国际贸易关系。

什么是国际贸易法（international trade law）？沈达明、冯大同教授在 1983 年的《国际贸易法》一书中指出：“国际贸易法是调整跨越国界的贸易关系以及与贸易有密切关系的各种关系的法律规范的总和。国际贸易法的调整对象及范围十分广泛。国际贸易法的主体既包括参加国际贸易活动的国家和国际组织，也包括不同国家的公司、企业和个人。它所调整的贸易关系既包括不同国家之间的贸易关系，也包括营业地处于不同国家的公司、企业或个人之间的贸易

---

① 朝贡制度的大规模实践源自秦汉王朝大一统时期，但其思想渊源，却是先秦的思想与文化制度，及夏初大禹时期的“任土作贡”这一思想。“五服制的兴起与实践为朝贡制度奠定了可行的实践基础。”王小红、何新华：《天下体系——一种构建世界秩序的中国经验》，74～75 页，北京，光明日报出版社，2014。

② 关于“民有私约如律令”以及朝贡制度的详细介绍，参见王传丽主编：《国际经济法》，6 版，29～45 页，北京，中国政法大学出版社，2018。

③④ ［英］施米托夫著，赵秀文译：《国际贸易法文选》，31 页，北京，中国大百科全书出版社，1993。

⑤ 参见沈达明、冯大同编著：《国际贸易法》，北京，北京大学出版社，1983。

关系，以及国家在其管理对外贸易活动过程中同企业、公司及个人之间发生的各种关系。”① 该观点被国内许多学者接受。例如，赵承璧教授认为：“国际贸易法律是指调整国际贸易关系以及同国际贸易有关的其他经济关系的法律规范的总称。它调整的范围较广，主要为：关于国际贸易主体的法律；关于国际合同的法律；关于国家对进出口货物和外汇管制的法律，以及为解决国际贸易关系适用法律的冲突规范和为解决国际贸易争议的涉外民事诉讼法与国际商事仲裁法……国际贸易合同的法律包括国际货物买卖及其有关的国际货物运输、国际货物保险、国际支付与结算以及国际技术贸易等合同的法律。”② 陈安教授主编的《国际贸易法》认为：“国际贸易法作为国际经济法的一个重要组成部分，是调整国际贸易领域中各种经济关系的法律规范的总和。”③ 郭寿康教授和韩立余教授认为：“国际贸易法是调整跨越国境的贸易活动的法律制度和法律规范的总称，主要包括调整平等主体间的商业交易活动的私法规范和国家对贸易活动进行管理的公法规范。”④ 上述概念的共同特点是，都没有对“国际”性标准作单一解释，如以当事人国籍为标准或者以当事人营业地为标准，而是采用笼统的表达——“跨越国境”（cross-border）或“跨国”。

贸易关系是一种交换关系，一种涉及货物、技术与服务的交换关系。国际贸易法就是调整国际贸易关系的法律，如何判断一个贸易关系是否属于国际贸易关系？也就是说，国际贸易关系的国际性（international）判断标准是什么？是否是单一标准？

国际统一私法协会（International Institute for the Unification of Private Law，UNIDROIT）编纂的《国际商事合同通则》在对“国际合同”（international contracts）所作的官方评释中指出：“The international character of a contract may be defined in a great variety of ways. The solutions adopted in both national and international legislation range from a reference to the place of business or habitual residence of the parties in different countries to the adoption of more general criteria such as the contract having ‘significant connections with more than one State’, ‘involving a choice between the laws of different States’, or ‘affecting the interests of international trade’. The Principles do not expressly lay down any of these criteria. The assumption, however, is that the concept of ‘international’ contracts should be given the broadest possible interpretation, so as ultimately to exclude only those situations where no international element at all is involved, i. e. where all the relevant elements of the contract in question are connected with one country only.”

《美国统一商法典》（Uniform Commercial Code，UCC）第1—301条对国内交易（domestic transaction）和国际交易（international transaction）进行了如下解释：“（a）In this section:（1）‘domestic transaction’ means a transaction other than an international transaction.（2）‘international transaction’ means a transaction to that bears a reasonable relation to a country other than the United States.”⑤

法国著名学者指出：“国际性标准不仅仅是商法的事，任何法律关系，人身关系也罢，财产关系也罢，都可能成为寻求国际性标准的对象。在这方面存在一个普遍接受并且很简单的答

① 沈达明、冯大同编著：《国际贸易法》，1页，北京，北京大学出版社，1983。
② 赵承璧编著：《国际贸易法律》，1页，北京，中国对外经济贸易出版社，1986。
③ 陈安主编：《国际贸易法》，1页，厦门，鹭江出版社，1987。
④ 郭寿康、韩立余编著：《国际贸易法》，2版，1页，北京，中国人民大学出版社，2005。
⑤ Selected Commercial Statutes，2003 edition，West Group，2003，p. 37.

案，这就是当某种法律关系与一个以上国家的国内法相联系时，便具有国际性质……这种通过联系的多元性来确定国际性质的体系有着简单明了的优点；缺点在于它纯粹从法律角度考虑，而现实情况并不总是与这种为了授予国际性资格，对各种联系相提并论的分析方法相符合……以设立统一法为目的的某些国际公约的谈判者们便采取了以下办法：在排斥抽象的联系多元性的同时，在各种联系中，他们指定那些切合实际并能证实国际性资格的联系。这种指定可以通过多种方式进行：1. 出于多种联系因素累计的需要，如运输合同中的跨越国境和签发运输单据；货物买卖合同中，买卖当事人在两个不同的国家设立机构，并且合同的签订或履行有着特殊的条件等。2. 出于选择性联系的需要：在至少有两个签名的汇票旁指定不同的地址等。3. 出于某种支配性联系的需要（机构或居所的超越国家性；出发地及到达地的超越国家性等）。不管怎样，当事人所作的类似国籍的说明是无效的（《联合国国际货物销售合同公约》第 1 条第 3 款对此作了明确规定）。换句话说，被采纳的标准始终具有经济、法律这两方面的性质。”①

我国最高人民法院对涉外民事法律关系的解释是民事关系具有下列情形之一的，人民法院可以认定为涉外民事关系：“（1）当事人一方或者双方是外国公民、外国法人、无国籍人或其他组织的；（2）标的物在中华人民共和国领域外；（3）产生、变更或者消灭民事权利义务关系的法律事实发生在中华人民共和国领域外；（4）当事人一方或双方的经常居所地在中华人民共和国领域外；（5）可以认定为涉外民事关系的其他情形。”②

通过上述分析可以看出，“国际性”的判断标准是多元的，但是，为了使国际性（international）标准具有可操作性和明确性，不同法律关系的国际性的判断标准又各有侧重，对于国际贸易关系也是如此。国际贸易关系（international trade relations）除国际货物贸易关系（含国际货物买卖关系、国际货物运输关系、国际货物运输保险关系、国际货物买卖支付关系）外，还包括国际技术贸易关系、国际服务贸易关系等。这些不同的贸易关系具有各自不同的特点，不可能采用单一标准判断其国际性。如上所述，国际货物买卖合同国际性的判断标准是当事人的营业地，而国际货物运输国际性的判断标准则是所运输货物跨越国境。对于国际结算国际性的判断标准，“法国法院的判决经历了几个阶段。最初，法院试图从传统的连接点这一宝库里找到国际结算的标准。然而，法院的努力毫无结果，因为无论是当事人的国籍，还是签约地或付款地均不合适。1927 年 5 月 17 日，法国最高法院在佩利西耶·迪·贝塞一案中采纳了检察长马泰的意见，放弃了任何法律上的标准，而将国际结算定义为：资金或收益跨越国境的流入或流出。这纯粹是从经济角度定性”③。

本书认为，国际贸易法中的“国际”理解为“跨国”或“跨越国境”（cross-border）是最恰当的。国际贸易法就是调整跨越国境的贸易关系的法律制度与法律规范的总和，或者说国际贸易法是调整货物、技术、服务跨越国境的交换关系以及与这种交换关系有关的各种法律制度与法律规范的总和。这些法律规范既包括国内法规范也包括国际法规范；既包括调整横向贸易关系（如国际货物买卖、运输、保险方面合同关系的私法性质的法律规范）；也包括调整纵向

---

① ［法］让·沙皮拉、夏尔·勒邦著，谢军瑞译：《国际商法》，19 页，北京，商务印书馆，1996。

② 2020 年修正的最高人民法院《关于适用〈中华人民共和国涉外民事关系法律适用法〉若干问题的解释（一）》第 1 条，2013 年 1 月 1 日实施。

③ ［法］让·沙皮拉、夏尔·勒邦著，谢军瑞译：《国际商法》，21 页。

贸易关系的政府管理国际贸易的公法性质的法律规范。具体而言，国际贸易法包括国际货物贸易法、国际技术贸易法和国际服务贸易法。国际贸易法是实现全球经济治理、建立和维护国际贸易秩序的法律手段。

"国际贸易法涉及的范围很广，概括起来主要包括以下几个方面：(1) 关于国际货物买卖以及与其有关的国际货物运输与保险和国际结算方面的法律；(2) 关于国际技术贸易方面的法律，如工业产权法、技术转让法等；(3) 关于国际服务贸易方面的法律；(4) 关于各国管制对外贸易的法律，如海关法、关税制度、许可证制度以及外汇管制法等"。鉴于国际贸易法的庞大体系，本教材主要介绍和阐述有关国际货物买卖合同及其有关的国际货物运输、保险、支付方面的国际公约与国际商业惯例以及世界贸易组织的法律规范。

（二）国际贸易法与国际商法的关系

自第二次世界大战以来，出现了一个新的法律部门——经济法（economic law）。经济法的哲学思想基础是经济的可操纵主义，即家长式统治的国家可以通过公共利益限制当事人的"意思自治"这一思想。① 在此基础上产生的凯恩斯经济理论主张，国家对经济、工业以及金融事务进行全面干预。第二次世界大战以后，国家之间的经济交往日益频繁，新的科技革命与跨国公司的蓬勃发展以及战后各国恢复经济的需要，从积极方面促使各个国家不但积极参与经济活动，而且通过签订各种政府间的双边或多边协定、组织各种形式的机构对经济活动给予支持和保护。此外，资本主义进入帝国主义时代之后，周期性的经济危机以及帝国主义国家之间为争夺世界市场的激烈竞争也从消极方面迫使各个国家加强对经济的干预，采用各种管制贸易的措施以保护公平竞争，反对垄断。此外，第二次世界大战后，社会主义国家的出现与民族解放运动的兴起，使资本主义国家产生恐惧，并采取遏制措施（例如封锁、禁运、歧视和限制等），对经济进行干预。而社会主义国家和广大第三世界发展中国家为了发展民族经济，抵制封锁、禁运、歧视和限制，都建立了国家对经济活动的严格管制和限制措施。这些管制和限制措施包括制定外贸管理法、实行进出口许可证制度和外汇管理制度、制定反托拉斯法、产品责任法等。正如日本著名的国际经济法专家金泽良雄（Yoshio Kanazawa）曾指出的："商品和资本始终是唯利是趋，具有超越国境而交流的性质。在这里，问题的关键所在既不是国家，也不是国境，而只是经济社会。在市民社会中，国家的意义甚至可以说是仅仅作为夜警而存在的。可是一旦产生了高度资本主义的矛盾，特别是在经济恐慌时期，单纯靠市民社会的自动调节作用，就不足以维持并发展其经济，而要求同国家权力相结合。这样，作为夜警的国家不得不在白昼堂而皇之地对经济进行干预了。"②

由于建立在以商人为主体和"意思自治"基础上、以"契约自由"和"契约必须遵守"为原则的传统商法受到了国家强制性法律的限制与约束，国际商法（international commercial law）的一部分内容被纳入国际贸易法体系之中。在国际贸易法律规范中，既包括商法中的任意性的"私法"（private law）规范，又包括强制性的"公法"（public law）规范；既包括国内法规范（domestic legislation，如国内货物买卖法和外贸管理法），也包括国际法规范（international legislation，如国际公约和国际商业惯例），前者如《联合国国际货物买卖合同公约》《建立世界贸易组织协定》，后者如国际商会编纂的《国际贸易术语解释通则》《跟单信用证统一惯

---

① See Clive M. Schmitthoff, *Commercial Law in a Changing Economic Climate*, Sweet & Maxwell, 1981, p. 11.

② ［日］金泽良雄著，姚梅镇译：《国际经济法序论》(1979 年版)，载《国外法学》，1982 (5)。

例》等。英国著名的国际贸易法专家施米托夫（Clive M. Schmitthoff）认为，国际贸易法是建立在契约自由和商事仲裁两个原则基础上的一整套自治法律，其内容主要包括国际货物买卖及与货物买卖有关的运输、保险和支付方面的法律。他同时指出：对外贸易私法交易与国际的系统规则相结合，是社会主义国家国际贸易法的重要特征。而在法国和英国的国际贸易法教科书中都承认一般国际贸易法与政府规章之间的联系，并把后者纳入国际贸易法范畴。[①]

国际商法究竟规范哪些内容？国内外有不同理解。施米托夫认为："国际商法调整的是在私法范围内进行交易的国际商业法律组织"。"国际商法包括两个主要分支：（1）国际贸易法……（2）国际公司法……"[②] 中国早期的国际商法著作是沈达明教授编写的《国际商法》上下卷。[③] 该著作认为，国际商法是"调整国际商事交易和商事组织的各种关系法律规范的总和"[④]，"其体例包括导论、合同法、买卖法、产品责任法、代理法、商事组织法、票据法。贸易法和商法是两个既有联系又有区别的概念……所谓贸易法是指传统的商法内容加上国家干预商业贸易活动的全部法律的总称。所以，传统的商法只是贸易法的一个组成部分。如果说传统的商法属于私法范畴的话，那么，贸易法就既包括有私法的内容，也包含有公法的内容，因为国家干预商业活动的法律都具有公法的性质"[⑤]。美国学者奥古斯特（Ray August）编写的 *International Business Law* 则由如下各章构成：Introduction to International and Comparative Law；State Responsibility and Environmental Protection；Dispute Settlement；The Multinational Enterprise；Foreign Investment；Money and Banking；Trade in Goods；Services and Labor；Intellectual Property；Sales；Transportation；Financing；Taxation。[⑥] 还有些学者认为，国际商法"是贸易法和与国家干涉企业活动有关的各种学科的总和"[⑦]。

本书作者认为，国际商法的调整对象是具有私法性质的商事组织的行为，包括商事组织之间的商业交易行为，但国际贸易法的调整对象还包括政府对贸易的管理行为，因此，不能将国际贸易法理解为国际商法的一部分，二者虽存在交叉、重叠，但并不存在隶属关系。

二、国际贸易法的基本原则

国际贸易法作为国际经济法的一部分，除应遵守国际经济法的基本原则之外，还应遵守下列原则。

（一）贸易自由化原则

经济学家认为，自由贸易（free trade）能最大限度地实现资源的合理配置，从而达到增进各国福利、提高人民生活水平的目的。因此，国际贸易法的目标就是调整在国际贸易这个竞技场上国家、法人、个人的行为准则，在不违反一国强制性法律规定和公共秩序的情况下，广泛

---

① 参见［英］施米托夫著，赵秀文译：《国际贸易法文选》，133～144、257页；柯恩（Philippe Kahn）：《国际商业买卖》（法文版），307～363页，巴黎，1961；施米托夫：《出口贸易—国际贸易法律与实务》，379～433页，伦敦，1962。

② ［英］施米托夫著，赵秀文译：《国际贸易法文选》，3页。

③ 参见沈达明主编：《国际商法》（上、下），北京，对外贸易出版社，1982。

④ 沈达明主编：《国际商法》（上），1页。对外经济贸易大学出版社于2003年出版的《国际商法》（沈四宝主编）的体例则包括如下十章：绪论、代理法、合伙企业法、公司法、外商投资企业法、合同法、买卖法、产品责任法、票据法、国际商事仲裁。

⑤ 沈达明、冯大同编著：《国际贸易法》，2页，北京，北京大学出版社，1983。

⑥ See Kay August, *International Business Law*, Prentice Hall, 2004.

⑦ ［法］让·沙皮拉、夏尔·勒邦著，谢军瑞译：《国际商法》，15页。

承认合同双方的自主权利，即自由决定是否订立合同、与谁订立合同、自由确定合同内容，自由选择管辖合同的法律，自由决定将其争议提交仲裁或司法解决的权利。在一个开放的市场上逐步削减关税及其他非关税壁垒，最终实现货物、技术、服务、人员和资本在全球范围的自由流动。这个目标或许仍十分遥远，但正像著名的经济学家保罗·A. 萨缪尔森所言，我们可以像小马丁·路德·金那样说，"我们也怀有一个梦想，这个梦想就是东方和西方都可以利用市场的显著效率，服务于人道社会的目的"。

（二）平等互利和协商一致原则

这个原则既适用于国家之间的关系，也适用于贸易合同双方当事人之间的私法关系。根据国际法的主权平等原则，无论大国小国、穷国富国、弱国强国，在国际贸易领域，国家之间相互给予无条件最惠国待遇（MFN）是平等互利原则在国家层面上的具体体现，是指导国家间经济贸易活动的基本原则。它要求一国对所有在其领域内从事正当贸易活动的外国人和外国企业一视同仁，不得以国家的政治制度、经济制度或社会制度的不同，不得因国内贸易与对外贸易之间的差别或将国内法适用于国际贸易而使外国人处于不公平的、受歧视的地位。在发达国家和发展中国家的贸易关系中，发达国家应按照发展中国家的经济发展水平，提供更为有利的非互惠条件；在处理国家之间贸易争端的问题上，首先是通过平等协商，在互利互让的基础上寻求解决办法，而不能动辄以贸易制裁、报复相要挟。无论在货物、技术还是服务贸易领域，合同双方当事人地位平等，权利义务相应对等。在适用法律上一律平等，实行不同国家所有制的平权原则，相互尊重和承认对方依据其国内法律享有的民事权利和财产所有权。任何一方不得享有特权和豁免，也不能接受不公平、不合理的、片面追求单方利益的条款，其合法正当权益应当得到充分保护。

第二节 国际贸易法的主体

国际贸易法的主体有自然人、法人、国际组织和国家。跨国公司虽然不是一个法律实体，但由于其特殊的组织机构和强大的人力、物力、财力，在国际贸易活动中起着重要作用，由跨国公司跨越国境的货物、技术、人员、资本、服务活动引起的法律问题成为国际贸易法研究中十分重要的问题。为此，本节也将其作为一个特殊实体进行研究。

一、自然人

自然人（natural person，citizen）作为一般的民事关系（civil relations）主体，其权利能力（capacity for civil rights）自出生之日产生，至死亡之日消灭。根据各国的法律规定，凡智力正常的成年人，均具有完全民事行为能力（full capacity for civil conduct）。如其定居国外，则其行为能力可以适用定居国法律。在国际经济交往中，自然人可以从事各种国际经济贸易活动，但由于个人受物力、财力所限，自然人在国际贸易领域发挥的作用有限。

二、法人

法人（legal persons，legal entity）是依法成立，拥有必要的组织机构和独立的财产，能以自己的名义享有民事权利和承担义务，能以自己的名义起诉、应诉的组织。法人的民事权利能力和民事行为能力，从法人成立时产生，至法人终止时消灭，其内容和范围由有关的国内法和法人章程确定。法定代表人代表法人从事各种民事活动。在我国，从事国际贸易活动的经济组织，多以法人形式出现，经在工商行政管理部门（现为市场监督管理部门）登记，即可从事贸易活动。营利性法人只能在核准登记的经营范围内从事经营活动。根据1994年7月1日实施的《中华人民共和国公司法》（Company Law of the People's Republic of China）的规定，公司中的国有资产所有权属于国家。公司以其全部法人财产依法自主经营，自负盈亏。非依照我国法律在我国境外设立的外国法人或经济组织，其权利能力和行为能力以其本国法确定。在不违反我国法律和公共秩序的情况下，可以自由地在我国从事各种经营活动。

随着国有企业在国际经济活动领域，特别是在国际贸易与国际投资领域日趋活跃并成为一支不可小视的力量，关于国有企业的作用及其影响产生的法律问题引起了国际社会的关注。[①]

目前许多国家，无论是发达国家还是发展中国家，或出于保障民生，或出于技术创新，或出于国家安全等社会、政治、经济、战略利益的需要，在其不同行业中都存在着数量、规模不等的国有企业。[②] 这些国有企业在构建一国GDP、就业以及市场资本主义中发挥主要作用。[③] 在发达国家，国有企业传统上多关注国内市场与国内竞争。[④] 资本主义世界经济危机的发生，特别是20世纪80年代末至90年代爆发的全球性金融危机，迫使各国都采取了许多政府干预经济包括（如对银行）采取国有化措施。在一些新兴经济体中，国有企业参与国际经济贸易活动，被称为“国家资本主义的崛起”[⑤]。针对国有企业对国际市场竞争的影响所展开的调查和研究成为21世纪以经济合作与发展组织（OECD）为代表的一个热门课题。[⑥]

---

① 2013年4月5日，OECD发布了题为《国有企业：贸易效果及政策意涵》的贸易政策报告（State-Owned Enterprises：Trade Effects and Policy Implications—Trade Policy Papers No. 147，2013，4，5）。报告称，根据福布斯（Forbes@ Global 2000）统计，在全球前2 000家最大的公开公司（public companies）中，有204个公司为国有企业，这些国有企业于2010年至2011年间，在全球37个国家、遍布于35个行业中，创造了约为3.6兆美元之营业额，其中大部分此类国有企业来自新兴经济体国家。

② 经济学理论认为国有企业产生于市场失灵而导致的国家干预，主要有natural monopoly，public goods，merit goods and externalities。关于国有企业治理的比较研究，参见2006年OECD报告。

③ OECD Guidelines on Corporate Governance of State-Owned Enterprises，2005，p.9，序言。

④ 2013年OECD Working Party of the Committee：State-Owned Enterprises：Trade Effects and Policy Implications，OECD Policy Paper No. 147，by Przemyslaw Kowalski，Max Buge，Monika Sztajerowska and Matias Egeland，p.9。

⑤ 2012年1月“The Economist”的大标题“The Rise of State Capitalism—the Spread of a New Business in the Emerging World will Cause Increasing Problems”。引自2013年3月22日OECD Working Party of the Committee：State-Owned Enterprises：Trade Effects and Policy Implications，OECD Policy Paper No. 147，by Przemyslaw Kowalski，Max Buge，Monika Sztajerowska and Matias Egeland，p.9。

⑥ 最早的一批系统且卓有成效的研究当属OECD的研究。从2002年起步至2005年以后各个委员会发布的一系列有关国有企业的指南和报告主要有：2005年，国有企业公司治理指南（OECD Guidelines on Corporate Governance of SOEs）；2011年，公司治理工作报告：竞争中立与国有企业：挑战与政策选择（Capobianco，A. and H. Christiansen，“Competitive Neutrality and State-Owned Enterprises：Challenges and Policy Options”，OECD Corporate Governance Working Papers，No. 1，OECD Publishing）；2012年，竞争中立：构建公私企业公平竞争平台（Competitive Neutrality：Maintaining a Level Playing Field between Public and Private Business）；2013年贸易委员会发布的政策报告：国有企业：贸易效果与政策内涵（OECD Working Party of the Committee：State-Owned Enterprises：Trade Effects and Policy Implications，OECD policy paper No. 147，by Przemyslaw Kowalski，Max Buge，Monika Sztajerowska and Matias Egeland）。此外还有“Corporate Governance of State-Owned Enterprises：A Survey of OECD Countries”，OECD，2005以及“Privatising State-Owned Enterprise，An Overview of Policies and Practices in OECD Countries”，OECD，2003，等等。这些关于国有企业治理的指南和报告的目的和特点可以归纳如下：（1）以OECD2004年的公司治理准则为基础，公司治理的一般准则适用于国有企业；（2）鉴于国有企业的特殊性，为成员国完善国有企业治理建立国际标准；（3）报告提出的措施属于建议性的、非强制性；（4）不影响各国的私有化措施和进程；（5）促进OECD国家与非OECD国家开展国际合作。

所谓国有企业（State-Owned Enterprise，SOEs），也称国有公司（State-Owned Corporation）①，是指国家通过全部、多数或少数所有权对企业实行实质性控制②的公司。在一些国家的法律中指"由国家控制或者所有的并且受到国内公法（domestic public law）规制的企业"，即除了所有权与控制之外，国有企业受特别法规制。③ 在美国与澳大利亚自由贸易区协定中，国有企业不仅指由中央政府控制或所有的企业，还包括地方政府控制或所有的企业。④ 我国法律中，没有国有企业的定义。⑤ 有学者认为，国有企业指国家拥有或控股的企业⑥，不涉及控制问题。除了定义的不统一外，国有企业的复杂性还在于：实践中，国有企业的行为在经政府授权的情况下可以视同政府或公共机构（public body）的行为。⑦ 此外，尽管各国都承认国有企业在国内存在的合理性，但是随着国有企业越来越多地参与国际市场竞争，并且多集中于一些战略或基础行业，在一些国家"国有企业作为在国外市场实现战略目标（商业或非商业）之工具，而此种行为可能造成反竞争之效果"⑧。国有企业的市场行为可能产生反竞争效果，而导致公私企业不公平竞争的主要来源是出自政府的管理行为⑨，因此在全球经济一体化的国际市场中，如何确保政府在其规范公私企业的国际贸易管理行为中的公平与不歧视，如何矫正和

---

① 也有学者将 public sector business 等同于国有企业。See Capobianco，A. and H. Christiansen（2011），"Competitive Neutrality and State-Owned Enterprises：Challenges and Policy Options"，OECD Corporate Governance Working Papers，No. 1，OECD Publishing. p. 4. 在 WTO/GATT1947 第 17 条中，从事进出口的国有公司被称为"国有贸易公司"。

② the term "SOEs" refers to enterprises where the state has significant control，through full，majority，or significant minority ownership. 见 OECD2005 年国有企业治理指南，第 11 页。1992 年美国双边投资保护协定范本中给国有企业作出定义："一方通过所有者权益控制或者所有的企业。"[an enterprise（company）owned，or controlled through ownership interests，by a party.]

③ OECD 研究认为，从国有企业治理的法律形式来看，大多数采取与政府分离的私人的有限责任公司形式，受公司法调整；有些国有企业虽然与政府分离，但由专门的公法调整，仍属于公共机构，如奥地利、瑞士、瑞典、法国、韩国等国的国有企业。OECD Comparative Report on Corporate Governance of State-Owned Enterprises，since 2005，pp. 24－25.

④ 参见《美澳自贸区协定》第 1.2 条。

⑤ 2024 年 7 月 1 日生效的《中华人民共和国公司法》第 168 条规定，国家出资公司，是指国家出资的国有独资公司、国有资本控股公司，包括国家出资的有限责任公司、股份有限公司。第 169 条规定，国家出资公司，由国务院或者地方人民政府分别代表国家依法履行出资人职责，享有出资人权益。国务院或者地方人民政府可以授权国有资产监督管理机构或者其他部门、机构代表本级人民政府对国家出资公司履行出资人职责。关于控股和控股问题，新修订的公司法第 265 条规定，控股股东是指其出资额占有限责任公司资本总额超过 50%或其持有的股份占股份有限公司股本总额超过 50%的股东；出资额或者持有股份的比例虽然低于 50%，但依其出资额或者持有的股份所享有的表决权已足以对股东会的决议产生重大影响的股东。实际控制人，是指通过投资关系，执行或其他安排，能够实际支配公司行为的人。

⑥ 参见张玉卿主编：《WTO 法律大辞典》，"国有企业"条目，302 页，北京，法律出版社，2006。

⑦ 2011 年 3 月 11 日，中国诉美国反倾销和反补贴措施案（WT/DS379/AB/R）中，上诉机构支持了中方关于国有企业只有在经政府授权行使政府职能时，才能被视为"公共机构"的主张；驳回美方关于国有企业受政府所有或控制即为公共机构的主张。Appellate Body Report，US—Anti-Dumping and Countervailing Duties，para. 310－317. 上诉机构维持了专家小组将我国"国有商业银行"认定为公共机构的裁定。关于"授权"的含义，在 1992 年美国双边投资保护协定范本第 I.1（G）版/条中规定：立法机关授权，政府命令，指令或者其他形式的授予国有企业或垄断行业的授权行为，或者其他委托国有企业或垄断行业行使政府的权力的行为。2004 年范本将"授权"含义扩大，除包括上述含义外，还包括授予个人行使政府权力的行为。在 DS379 案中，上诉机构认为，政府对某实体持有多数股权的事实，并不能证明政府对该实体的行为实施了有意义的控制（meaningful control），更不能证明政府对其授予了职权。（para. 318）

⑧ OECD 2011 年报告详细分析了与私企相比，国有企业在国际竞争中从国家获得的好处，第 5 至 6 页。2013 年报告第 15 页认为，所谓由政府授予之利益，其种类可概括为下列 7 项：（1）直接补贴；（2）融资优惠与信用担保；（3）优惠的法规待遇；（4）免除适用反竞争法或破产法的相关规定；（5）通过控制股权以实行反竞争或专断的价格订定策略；（6）其他具进攻性的价格策略；（7）取得资信的优势地位。

国有企业商业活动扩展迅速之原因，有下列 4 项：（1）本国政府通过授予利益之方式，使国有企业于竞争条件上优于外国公司；（2）通过法规松绑及租税减免之方式，诱使提供公共服务之国有企业扩大其经营版图，不考虑其是否符合商业利益；（3）在国际贸易中，扩大经营版图之目的，未必皆系为达到一定程度之经济规模，例如针对能够彰显本国国旗或国徽之运输工具，经常因为国家为展现该国能与国际市场接轨之正面形象，而大力补贴国有企业；（4）援助经营不善之国有企业。

⑨ 国家既是市场经济的管理者，又通过国有企业参与市场竞争，成为国有企业的利益相关者（stakeholder）。

规制国有企业扭曲贸易的行为，成为国际贸易法研究的新课题。

2005 年，OECD 发布了国有企业公司治理指南（OECD Guidelines on Corporate Governance of SOEs），试图为 OECD 国家国有企业和非 OECD 国家国有企业的治理设立一个国际标准（international benchmark）。[①] 2011 年，OECD 发布公司治理工作文件[②]（Corporate Governance Working Papers），第一次提出竞争中立框架（Competitive neutrality framework）。[③] 所谓竞争中立（Competitive neutrality）是指，任何经济实体不得仅仅因为所有权（ownership）而取得优势或劣势（advantages or disadvantages）。该文件不仅为国有企业与私营企业在国际贸易中构建了公平的竞争平台，并且为监督政府政策制定者，识别和消除（identify and eliminate）国有企业可能享有的好处（advantages）建立了一种法治机制。[④] 该研究成果提出的法治和透明度要求对中国国有企业的进一步改革无疑具有一定的借鉴意义。

三、国际组织

大多数国际组织（international organization），包括各种类型的国际经济组织（international economic organization）都有自己的组织机构和章程；有固定的资产和资金来源；在一定范围和领域内承担权利义务；有独立的法律诉讼能力。有些国际组织还享有外交特权和豁免。因此，国际组织在国际法和国内法上具有法人资格是没有问题的。

国际组织与国家之间、国际组织之间、国际组织与法人之间具有签订协议的能力，有接管、买卖财产的能力，有进行法律诉讼的能力。

在国际贸易领域，国际组织表现得非常活跃。有些国际组织和国际经济组织的决议、规定、原则、制定的标准合同已成为国际贸易活动中各国遵守的法律原则和行动准则，成为国际贸易法的重要渊源。有些国际组织，如欧盟，甚至具有超国家的职能，其指令和决议不但约束各成员国政府，而且可以直接适用于成员国的自然人和法人。

四、国家

国家是一个特殊的民事主体。作为主权的最高代表和象征，国家可以自己的名义从事各种国际、国内的经济活动，签订各种合同、条约和协议，并以国库的全部资产承担责任。然而，

---

① OECD Guidelines on Corporate Governance of State-Owned Enterprises 2005 年指南适用于：（1）以法律形式组建的国有企业（即政企分离、从事商业活动：其大部分收入来自买卖和收费）[The Guidelines are primarily oriented to state-owned enterprises using a distinct legal form（i. e.，separate from the public administration）and having a commercial activity（i. e. with the bulk of their income coming from sales and fees），whether or not they pursue a public policy objective as well]；（2）由于公司治理不同，指南对上市公司与非上市公司；全资国有、多数股权的国有与少数股权的国有企业加以区分并且适用于它们的子公司。These SOEs may be in competitive or in non-competitive sectors of the economy. When necessary，the Guidelines distinguish between listed and non-listed SOEs，or between wholly owned，majority and minority owned SOEs since the corporate governance issues are somewhat different in each case. The Guidelines can also be applied to the subsidiaries of these aforementioned entities，whether listed or not.

② Capobianco，A. and H. Christiansen（2011），"Competitive Neutrality and State-Owned Enterprises：Challenges and Policy Options"，OECD Corporate Governance Working Papers，No. 1，OECD Publishing.

③ 1983 年美国的双边投资保护协定范本中，设立了国有企业与私营企业平等竞争的条款，该协定第Ⅱ（6）条规定："The Party recognize that，consistent with paragraphs 1 and 2 of this Article，conditions of competitive equality should be maintained where investments owned or controlled by a Party or its agencies or instrumentalities are in competition，within the territory of such Party，with privately owned or controlled investments of nationals or companies of the other Party. In such situations，the privately owned or controlled investments shall receive treatment which is equivalent with regard to any special economic advantage accorded the governmentally owned or controlled investments."其后，美国在与一些国家如孟加拉国订立的双边投资协定中都纳入了这一条款。

④ 详细内容参见 Capobianco，A. and H. Christiansen（2011），"Competitive Neutrality and State-Owned Enterprises：Challenges and Policy Options"，OECD Corporate Governance Working Papers，No. 1，OECD Publishing。

国家又不同于一般的民事主体，表现为它享有不可被剥夺的主权豁免权（sovereign immunity)。未经国家同意，国家的主权行为和财产不受外国管辖和侵犯。国家不能作为被告在外国法院出庭、应诉，国家财产不能作为诉讼标的以及法院强制执行的对象。然而，为了适应国际交往的需要，国家可以通过一定方式宣布自愿放弃豁免权，以平等的民事主体资格从事贸易领域的各种经济活动。在这种情况下，由国家授权的负责人或公司代表国家进行贸易活动。

除了直接从事各种经济活动之外，国家作为国际贸易法主体，还具有其他主体所不具有的特殊职能，即对贸易进行管理和监督的职能。相关的行政法律规范也构成了国际贸易法的重要内容。

五、跨国公司

跨国公司（transnational corporation)，又称多国公司（multinational corporation)、国际公司（international corporation)、世界公司（world corporation）等。

跨国公司是随着国际分工以及国际贸易的发展而逐渐形成和发展起来的。17 世纪的英国东印度公司是世界上最早出现的跨国经营公司。到 20 世纪初，跨国公司开始大量出现。根据联合国贸易与发展会议（简称贸发会议）于 2002 年 9 月 17 日发布的《世界投资报告》，到 2001 年，全球共有 65 万家跨国公司，而其在海外就有 85 万家分公司，年销售额达到世界出口贸易额的一倍多，出口量占世界出口总量的 1/3。① 2002 年，全世界 100 家最大的跨国公司占全球跨国公司总量不到 0.2%，却占全世界范围内国外分公司销售额的 14%、资产的 12%和雇员的 13%。② 跨国公司凭借其优厚的财力、物力、人力优势和先进的技术和管理经验，在国际经济贸易活动中，起着举足轻重的作用。

（一）跨国公司的概念与特征

联合国跨国公司委员会在 1983 年制定的《跨国公司行动守则（草案)》中将跨国公司定义为："跨国公司系指一种企业，构成这种企业的实体分布于两个或两个以上的国家。而不论其法律形式和活动范围如何。各个实体通过一个或数个决策中心，在一个决策系统的统辖之下开展经营活动，彼此有着共同的战略并执行一致的政策。由于所有权关系或其他因素，各个实体相互联系，其中一个或数个实体，对其他实体的活动能施加相当大的影响，甚至还能分享其他实体的知识、资源，并为它们分担责任。"由此可见，跨国公司不是一个法律实体。"从经济角度看，跨国公司为一元体，而从法律角度看则为多元体。"③

跨国公司具有以下特征。

1. 经营活动具有跨国性。跨国公司通常以一个国家为基地，设立母公司，同时，又在其他一个或多个国家设立不同的实体，接受母公司的管理、控制和指挥，从事各种经营活动。

2. 具有全球性经营战略。跨国公司的母公司在制订经营方案时，通常从跨国公司的整体利益出发，制订其在全球范围内的生产、销售和经营策略。

3. 跨国公司由不同实体（通常包括母公司、子公司、分公司）组成。母公司具有核心决

---

① See United Nations Conference on Trade and Development (UNCTD), *World Investment Report 2002: Transnational Corporations and Export Competitiveness*, *Part One: Trends in International Production*, at http://www.unctad.org.

② See United Nations Conference on Trade and Development, *World Investment Report 2004*, The Shift Towards Services.

③ [法] 让·沙皮拉、夏尔·勒邦著，谢军瑞译：《国际商法》，70 页。

策权。跨国公司的经营战略由母公司制订并实施，母公司对跨国公司的其他实体拥有高度集中的管理权。有学者指出："跨国公司的主要法律形式，是根据各种法律制度成立的多个公司的聚积，但受母公司的集中控制，因而构成一个单一经济体。""从跨国公司具有共同的商业目的、中央控制和内部一体化的活动等方面看，可以说，跨国公司具有企业的特征，是一个经济实体，但它并不是一个法律实体。"①

4. 跨国公司内部实体之间具有相互联系性。跨国公司由设立于不同国家的若干实体组成，各实体之间存在着不同程度上的联系。尤其是母公司往往通过货物、资本、技术、人员、服务的内部转移等多种方式对其海外子公司、分公司进行指挥、控制，从而实现利润在各实体之间的转移，达到跨国公司内部资源的合理配置，同时逃避或规避东道国的税收管辖、关税壁垒或非关税壁垒措施等。

5. 跨国公司利益与跨国公司营业地所在国利益之间的冲突性。跨国公司的营业地所在国是指跨国公司的诸实体开展营业活动的母国及东道国。母国（home country）是指母公司所在国家；东道国是指母公司以外的其他实体所在的国家。发展中国家为了吸引外资，多制定有大量只针对外国资本的优惠措施。跨国公司一方面享受着这些优惠待遇，另一方面在实施追逐高额利润的跨国经营战略时不惜损害发展中国家的利益，因此，跨国公司与发展中国家东道国的矛盾往往会演变成发达国家与发展中国家之间的矛盾。

关于跨国公司与发展中国家东道国的矛盾，曾在联合国跨国公司中心资料分析司工作过的国际知名的发展经济学和跨国公司问题专家王念祖先生曾作过如下分析，他说："第三世界对跨国公司抱有两种态度：一是寄托很深，二是有种种的顾虑。顾虑出自：第一，跨国公司多数为发达国家的公司，它们在发展中国家，会产生民族抗争的情绪，双方的观点不同，难免产生摩擦与冲突。第二，跨国公司经常利用其国际性组织企业，利用法律以营利'摸鱼'。因此，许多第三世界国家提议要对跨国公司作有效的管制，包括国际性的管制，但跨国公司则认为干扰太多，无法发挥其作用。第三，跨国公司的势力比较强大，跨国公司的总经理去访问发展中国家时，俨如一国的元首。对此，发展中国家则觉得势单力薄，难以抗衡，常有相形见绌之感。第四，跨国公司经营的目的往往与发展中国家的目的相反，其手段也往往与发展中国家的惯例有矛盾。"② 在国际经济交往中，发展中国家与跨国公司的矛盾实际是控制与反控制的斗争，构成了国际经济法研究的重要内容。

（二）跨国公司的基本结构

实践中，跨国公司为了实现其全球战略，在其海外实体的设置方式上有所不同，但是，大多数跨国公司采用以下基本结构。

1. 母公司（parent company），又称总公司，是指在其子公司中拥有多数股权或通过合约、协议等形式对子公司实际行使决定性控制权的公司。母公司一般是依照母国的法律规定设立的，其权利义务依照母国的法律和公司的章程确定，具有独立的法律人格。

2. 子公司（affiliate），是指由母公司拥有全部或多数股份或通过合约或协议等形式接受母公司控制的公司。子公司一般是根据东道国的法律设立的，具有法律上的独立人格，受东道国的法律管辖。子公司通常按照东道国的法律规定，可以采取有限责任公司、股份有限责任公司

① 余劲松：《跨国公司的法律研究》，14页，北京，中国政法大学出版社，1989。

② 王念祖：《发展经济与跨国公司》，70页，北京，中国对外经济贸易出版社，1983。

等企业组织形式。

3. 分支机构（branch）。海外分支机构是跨国公司母公司在海外设立的机构，可分为办事机构和营业机构。分支结构一般没有独立的法律地位，不具有独立的法律人格。它具有母公司的国籍，属于母公司的增设部分，其行为由其母公司或总公司负责。

在跨国公司发展的早期，母公司主要通过拥有子公司的全部或多数股权的方式达到控制子公司的目的。随着投资方式的多样化和技术的发展，通过非股权投资（如许可协议、管理合同、销售合同等）也可以实现对子公司的控制。

（三）母公司对子公司的债务责任

在国际经济交往中，大多数公司都是有限责任公司。按照各国公司法的规定，作为独立法人，有限责任公司以其全部资产承担责任。但是对于跨国公司，基于母子公司之间的关联性，母公司对子公司拥有控制权，当出现由于母公司的责任造成子公司丧失对外偿付能力或丧失履行义务的能力时，为了保护债权人的利益，法律有时会允许"揭开公司面纱"（piercing the corporations veil），即按照"公司法人人格否定"（disregard of corporate personality）的理论，由母公司为子公司的债务承担直接责任。

应当注意的是，"揭开公司面纱"理论是对传统公司法"独立法律主体承担独立责任"理论的例外规定或者一种补充，因此，实践中，多数国家对"揭开公司面纱"都持非常谨慎的态度，对其适用严格加以限制。

除了"揭开公司面纱"理论外，一些国家还通过制定公司集团法，对母公司为子公司承担责任的情况作出明确规定。

（四）对跨国公司的法律管制

1.《联合国跨国公司行动守则（草案）》

跨国公司凭借其雄厚的物力、财力、人力资源，基于其全球经营战略，在国际经济交往中起着举足轻重的作用。其全球战略往往和其所在国家的经济发展战略不相符合，或对这些国家的经济发展产生不利影响，由此引发的矛盾导致各国积极要求对跨国公司的跨国经济活动进行法律规范。由于跨国公司由设在不同国家的实体组成，各国基于属人原则和属地原则对其进行管辖，对于跨国公司的管制主要是通过国内法实现的。考虑到各国对跨国公司管制制度的差别，1974 年 12 月，联合国经济与社会理事会通过决议，成立"跨国公司专门委员会"，拟订《跨国公司行动守则》，对跨国公司的母国及东道国有关跨国公司的管制制度予以统一规范。拟订工作从 1977 年开始，1982 年起草工作组向跨国公司专门委员会第八次会议提交了《跨国公司行动守则（草案）》，1990 年提交联合国大会第 45 次会议审议。由于对草案的内容和法律性质存在分歧，该草案至今尚未通过。

2. 关于企业社会责任的 SA8000（Social Accountability 8000）

除了国际货物贸易的全球增长外，随着国际服务贸易特别是国际直接投资在世界贸易份额所占比例的增长，跨国公司的社会责任问题引起了越来越多国家的重视。《1994 年世界投资报告》规定了企业和跨国公司社会责任的最低标准，即"为社会提供利益，不具有故意伤害行为，如果产生了伤害，企业提供的利益必须足以抵消企业伤害行为带来的不利。"2016 年联合国《2030 年可持续发展议程》（以下简称《议程》）正式生效，呼吁各国采取行动，为今后 15 年实现 17 项可持续发展目标而努力。[①] 以《议程》为纲领，一些社会团体、跨国公司纷纷出台

---

① 《2030 年可持续发展议程》（A/RES/70/1）于 2016 年在联合国大会第七十届会议上通过，2016 年 1 月 1 日生效。

了自己的企业社会责任标准。

全球首个关于企业社会责任的SA8000（Social Accountability 8000）是1997年由美国一家社团组织倡导的[①]，其内容包括SA8000标准和程序。其涉及的范围有：(1) 核心劳工标准，包括雇用童工、强迫性劳动、工人的结社自由和集体谈判权、歧视、惩戒性措施。(2) 工时与工资。包括工作时间、最低工资标准、职业健康与安全、管理体系等九个方面。与国际标准化组织（ISO）制定的产品质量标准（ISO9000）、环境标准（ISO14000）不同，SA8000是全球首个关于企业社会责任的标准。该标准的思想来源于《国际劳工组织公约》、《国际人权公约》以及关于儿童权利的联合国公约。

SA8000强调的是，企业生产的产品中，不但含有经济价值，还包含重要的社会价值，其具体体现就是对劳工权利的尊重（特别是对工资、工时、工作条件的要求等方面）。制定企业社会标准的目的是明确企业（包括公司）应当承担的社会责任，即通过制定企业行为规范，确保企业的生产和服务符合社会道德标准。通过规范企业的道德行为，在使企业雇员获益的同时，使企业获得很多收益，如：提高企业知名度、提高生产率、减少浪费、保证企业运行稳定、增加竞争优势、满足消费者需求、增加投资者信心，等等。迄今为止，世界五百强中80%以上的企业都制定和发布了自己的企业社会责任报告，向整个社会报告企业在环境、经济、公益和社会责任方面的表现，取得了较好的社会效果，正逐步成为企业争取竞争优势的一种手段。

然而，科技的发展，互联网与大数据的广泛应用，一些跨国公司利用其优势地位以企业履行社会责任为名，向供应商提出一些与产品质量、数量、劳工权利等无关的信息和数据等要求。众所周知，发展中国家企业的竞争优势大部分集中在原材料和较低劳工成本的劳动密集型产业和产品，为了获取更多订单，这些企业被迫接受一些不合理的标准和要求，甚至不惜向跨国公司提供侵害企业和客户权益、危害国家安全的数据和信息。某些企业社会责任已成为变相的贸易壁垒；成为发达国家通过产业链、供应链采集信息、控制产业链价值分配、垄断竞争优势的一种工具。因此，发展中国家应当重视对企业社会责任的研究、尽快通过建立、健全相应立法，堵塞跨国公司利用企业社会责任控制产业链、生产链危及国家安全的漏洞；企业要了解自己的社会责任，在承担必要的社会责任的同时，防止沦为发达国家跨国公司的工具。

第三节 国际贸易法的渊源和发展

一、国际贸易法的渊源

“法律渊源（fontes juris）这一术语有两种不同的含义。它不仅指主权国家适用的法律规则，而且还指这些规则的来源。”[②] 赵承璧教授认为：“国际贸易法律的渊源是指赋予这种法律

① 1997年年初，美国一家社团组织——经济优先领域委员会（Council on Economic Priorities，CEP）成立了经济优先领域委员会认可机构（Council on Economic Priorities Agency，CEPA），组织了专家咨询委员会即美国国际社会责任咨询委员会起草有关社会责任的标准，即SA8000。人权和儿童权利组织、研究部门、社团代表、企业（跨国公司）、认证机构等，都协助该标准草案的制定。

② ［英］施米托夫著，赵秀文译：《国际贸易法文选》，136页。

规范效力的法律文件形式。”[①]

具体而言，国际贸易法的渊源（source of law）[②] 主要有：

1. 与国际贸易有关的国际条约

“条约是至少两个国际法主体在原则上按照国际法产生、改变或废止相互间权利义务的意思表示的一致。”[③] 条约有广义和狭义两种，狭义的条约是指以条约命名的国际法律文件。广义的条约则泛指符合上述定义的一切国际法主体的一切意思表示一致，其名称各种各样，例如条约（treaty）、宪章（charter）、盟约（covenant，pact）、组织宪章（constitution）、规约（statute）、专约（convention）、公约（convention）、协定（agreement）、议定书（protocol）、文件（pact）、宣言（declaration）、换文（exchange of notes）、临时协定（modus vivendi）、谅解备忘录（memorandum of understanding）、补充协定（arrangement）、联合公报（joint communiqué）。[④] 此外，“按缔约方的数目分类，可把条约分为双边条约（bilateral treaty）、有限性多边条约（plurilateral treaty）和一般性多边条约（general multilateral treaty）。双边条约是指只限两方参加的条约，但是，每一缔约方可以包括几个国际法主体。例如，1947 年 2 月 10 日《对意和约》，一个缔约方包括苏联等 20 个国际法主体，而另一缔约方只包括意大利一个国际法主体，这个条约仍然是一个双边条约。有限性多边条约意指数目有限的缔约方参加的、其规定旨在处理只与这些缔约方有利害关系的事项的条约。例如，1951 年 4 月 18 日《欧洲煤钢联营条约》不仅规定，只有经过全体签字国批准后才产生效力，而且还明文规定：其他欧洲国家请求加入时，须经理事会采纳高级机关的意见后，以全体一致表决，并以全体一致规定加入的条件。这种有限性多边条约，就其法律效果来说，类似于双边条约。一般性多边条约，简称多边条约，是指旨在规定一般国际法规则或处理对条约当事各方和其他国家有公共利害关系的事项，因而按其条款或按一个有关文书的规定对任何国家或对很多国家都开放的条约。多边条约也可称集体条约”[⑤]。

在国际贸易法领域，国家间签署的双边条约有很多。而在多边条约方面，《联合国国际货物买卖合同公约》、《海牙规则》、《华沙公约》、《建立世界贸易组织协定》、欧洲共同体的《罗马条约》、《北美自由贸易协定》等都具有很大影响。

根据《维也纳条约法公约》第 26 条，“凡有效之条约对其各当事国有拘束力，必须由各该国善意履行”，此即国际法上的“条约必须信守”（pacta sunt servanda）原则。关于条约在缔约国的执行问题，主要是指缔约国的立法、司法和行政部门都有适用条约的义务。而对于执行条约的国内程序，则由各国自由决定。因此，在国际法实践中，各国对条约的执行分为两种：将条约规定转变（transformation）为国内法；无须转变而将条约规定纳入（adoption）国内法。

我国《宪法》并未就条约在中国的执行作出规定，但某些国内立法有相应规定。例如，《中华人民共和国民事诉讼法》第 271 条规定：“中华人民共和国缔结或者参加的国际条约同本

---

① 赵承璧编著：《国际贸易法律》，8 页。

② 有关国际贸易法渊源和发展的主要论述，请参阅 Clive M. Schmitthoff，*The Export Trade-The Law and Practice of International Trade*，sixth edition，London，Stevens & Sons Limited，1975；Clive M. Schmitthoff，*Commercial Law in a changing Economic Climate*，London，Sweet & Maxwell，1981；[英] 施米托夫著，赵秀文译：《国际贸易法文选》。

③ 李浩培：《条约法》，1 页，北京，法律出版社，1987。

④ 参见上书，24～32 页。

⑤ 李浩培：《条约法》，35 页，北京，法律出版社，1987。

法有不同规定的，适用该国际条约的规定，但中华人民共和国声明保留的条款除外。”此外，根据最高人民法院于2002年发布的《关于审理国际贸易行政案件若干问题的规定》，“根据行政诉讼法第五十二条第一款及立法法第六十三条第一款和第二款规定，人民法院审理国际贸易行政案件，应当依据中华人民共和国法律、行政法规以及地方立法机关在法定立法权限范围内制定的有关或者影响国际贸易的地方性法规。地方性法规适用于本行政区域内发生的国际贸易行政案件”①。“人民法院审理国际贸易行政案件所适用的法律、行政法规的具体条文存在两种以上的合理解释，其中有一种解释与中华人民共和国缔结或者参加的国际条约的有关规定相一致的，应当选择与国际条约的有关规定相一致的解释，但中华人民共和国声明保留的条款除外。”②

不可否认，条约是统一法律制度的首要和重要途径，其主要优点是具有较大的确定性。有些条约，如世界贸易组织设立有强制性争端解决机制，更加强了其规则对成员的约束力。“公约的统一性质可能由于不同国家在批准公约时提出的保留或不同国家的法官对公约规定作出的不同解释而削弱。”③

2. 国际贸易惯例

国际贸易惯例（international trade custom）是国际商业惯例（international commercial custom）中的一类。但是，国内外对国际商业惯例以及国际贸易惯例的理解并不完全相同。

国内有学者认为：“国际惯例指在长期的国际交往中，经过反复实践、反复使用而逐渐形成的习惯性法律规范。调整国际经济关系的国际惯例可以区分为国际公法意义上的国际惯例和国际私人商务惯例。前者调整的国际法主体主要是国家之间的经济关系，后者调整不同国籍的私人之间、国家与他国私人之间或国际经济组织与私人之间的经济关系……构成国际经济法渊源的国际惯例指的是国际私人商务惯例。”④“国际惯例是在国际交往中逐渐形成的不成文的原则和规则。国际惯例有两种，一种是强制性规范……另一种是任意性规范……国际商务惯例一般属于任意性惯例。但任意性惯例仍是具有法律约束力的……”⑤“国际贸易惯例是指在国际贸易长期实践中逐渐形成的一些通用的习惯做法和通例。其特点是：（一）它是经过长期反复的实践而形成的……（二）凡是具有确定的内容而被许多国家和地区认可的国际贸易惯例，才具有普遍适用性，对采用者才具有法律约束力。任何一种国际贸易惯例都不是首先由国际外交会议通过的国际贸易法律规则，而是由地区、行业乃至国际社会组织或商业团体把国际贸易实践中所形成的习惯做法或通则归纳成条文，给予其明确的定义与解释，从而被越来越多的国家所认可，被越来越多的国际贸易从业人员所采用……（三）国际贸易惯例一般不是强制性的而是任意性的规则，一方不能强制其他方适用，也不能自动适用……只有当事人在合同中明确约定适用某项惯例或规则，才受这项惯例或规则的约束。”⑥

施米托夫认为：“必须对单个企业的惯例、特定贸易中的惯例和国际商人联合会或其他国际机构制定的一般惯例加以区别。前两种惯例不包括在这里使用的国际商业惯例的术语

① 最高人民法院《关于审理国际贸易行政案件若干问题的规定》第7条。
② 同上规定第9条。
③ ［英］施米托夫著，赵秀文译：《国际贸易法文选》，22页。
④ 曹建明主编：《国际经济法学》，14页，北京，中国政法大学出版社，1999。
⑤ 郭学德、李海涛、李昌凤主编：《国际经济法教程》，14页，北京，中国经济出版社，2002。
⑥ 赵承璧编著：《国际贸易法律》，49页。

中……”①

本书认为，国际贸易惯例是指在国际贸易实践中形成的，具有普遍认可性和确定性的习惯（usage）或习惯做法。由于国际贸易惯例不是由一国国内立法机关制定或通过国际公约形成的，所以，国际贸易惯例不具有当然的强制性法律效力，只有交易当事人选择适用时才对其交易具有法律约束力。典型的国际贸易惯例可举 18 世纪在中国茶叶贸易之路上形成的商业惯例——“麦罕”，它是由中国晋商创设的国际贸易术语。20 世纪由国际商会编纂的《国际贸易术语解释通则》《跟单信用证统一惯例》《国际保理惯例规则》等则是被成文化的国际贸易惯例。

为什么国际贸易惯例会成为国际贸易法律规范的一部分？有学者认为，“两个原因似乎起了决定作用，那就是国家的无能及国内法的多样性。（1）当没有一条封建规则能满足商业的需要时，国家的无能便唤起了第一则商业法的产生。但是，在目前背景之下，这种现象包含着双重含义：1）首先表现在某一特定点上立法的空白。跟单信用证便是最典型的例子……这种被众多国家立法部门（包括法国）所忽视的机制恰恰来自商业及银行的实践。国家的司法判例事后才对它进行了认可。2）第二方面与经济立法的滞后有关……（2）国内法的多样性同样导致惯例的形成……尽管国家间法律一体化工作和惯例一样可以为法律的多样性提供补救措施，但是，这项工作同样会招来种种指责，因为它往往具有区域化的局限，即使区域范围很大，它必将以众多的漏洞为代价。以航空运输为例，《华沙公约》回避了一系列问题，并且常常只局限于解决那些运用某些冲突规范来处理的问题。而这种冲突规范在某些情况下又提交运用受理法官所在国的法律（lex fori），这样一来便产生出一种不确定的情况，因为当事人事先并不知道应向谁提交争端。在这种背景下，人们设想航空运输合同范本主要应由国际航空运输协会制定，并且这些合同范本里的规定应该具有惯例的效力”②。

本书作者认为，法律来自实践。在没有国际公约与国内立法的领域，或由于国际公约和国内立法不足以满足现实国际贸易实践的需要时，国际贸易惯例得以产生并迅速发展，其得到更多的贸易当事人援用并承认其作为国际贸易法的主要渊源则成为必然。一些国际法律文件和国内规范也都对惯例的效力给予了充分肯定。例如，《联合国国际货物买卖合同公约》第 9 条规定：“（1）The parties are bound by any usage to which they have agreed and by any practices which they have established between themselves.（2）The parties are considered，unless otherwise agreed，to have impliedly made applicable to their contract or its formation a usage of which the parties knew or ought to have known and which in international trade is widely known to，and regularly observed by，parties to contracts of the type involved in the particular trade concerned.”③ 国际统一私法协会编纂的《国际商事合同通则》第 1.9 条（usages and practices）规定：（1）The parties are bound by any usage to which they have agreed and by any practices which they have established between themselves.（2）The parties are bound by a usage that is widely known to and regularly observed in international trade by parties in the particular trade con-

---

① ［英］施米托夫著，赵秀文译：《国际贸易法文选》，41 页。

② ［法］让・沙皮拉、夏尔・勒邦著，谢军瑞译：《国际商法》，39 页。

③ 中译本第 9 条：（1）双方当事人业已同意的任何惯例和他们之间确立的任何习惯做法，对双方当事人均有约束力。（2）除非另有协议，双方当事人应视为已默示地同意对他们的合同或合同的订立适用双方当事人已知道或理应知道的惯例，而这种惯例，在国际贸易上，已为有关特定贸易所涉同类合同的当事人所广泛知道并为他们所经常遵守。

cerned except where the application of such a usage would be unreasonable.《美国统一商法典》第1—303条规定："(c) A 'usage of trade' is any practice or method of dealing having such regularity of observance in a place, vocation, or trade as to justify an expectation that it will be observed with respect to the transaction in question. The existence and scope of such a usage must be proved as facts. If it is established that such a usage is embodied in a trade code or similar record, the interpretation of the record is a question of law."[①] 2024年1月1日生效的《最高人民法院关于审理涉外民商事案件适用的条约和国际惯例若干问题的解释》第6条规定，"中华人民共和国法律和中华人民共和国缔结或者参加的国际条约没有规定的，人民法院可以适用国际惯例。"

国际贸易惯例的权威性"并不仅仅在于它的适时性，还在于它是明确的。这便为惯例的适用工作提供了依据。具体确定的途径有两种：1. 法典化编纂是一种客观与总体的拟定……2. 确定惯例的第二种途径是仲裁"[②]。

对于惯例的法律效力，国内外一直存在着激烈的争论。有学者认为，"国家直接或间接地为法律的最终渊源；惯例之所以能像法律规则那样被适用，是因为国家最终以立法或加入某项国家间的公约的形式对此表示了同意。为此，国际贸易惯例的存在无论如何也不能解释为预示着另一种非国家的、独立的、注定将可能支配整个国际商业关系的法律体系的显露。这种惯例只能以零碎的方式存在，并且作为国内法律的有效补充，然而不可能长期存在。惯例能使仲裁员们与国内法官相比具有更大的行动自由权。归根结底，就这种学说而言，承认惯例及法律一般原则，并不是对一种独立的法律体系的承认，而是在特定的限度下，国家对国际贸易仲裁员创立某种惯例法的承认；而且这种惯例法必须始终处于国家的控制之下。国家不可能让这种表达私人利益的自发式法律放任自流，因为没有任何理由可以说明这些私人利益将与国家所捍卫的普遍利益相符合"。针对上述观点，商业习惯法的捍卫者则认为，"法律一元论的假设（即国家实证主义一元论的论点）是对现实的一种错误看法。相反，现实向人们显示了多元性法律体系的存在……鉴于一体化国际公约的通过本身所固有的缓慢性，只有商业习惯法这种法律秩序才能为商业世界的需要提供合适的方案；并且商业世界的经验证明，这些方案几十年来已经赢得了绝大多数国家的赞同。"[③] "由国际商会主持制定的《跟单信用证统一惯例》事实上已经成为世界性的法律。"[④]

3. 各国国内立法和判例

国内立法作为国际贸易法的渊源主要是指各国规范对外贸易的法律规范。例如，中国颁布了规范国内和涉外合同关系的《中华人民共和国民法典》(Civil Code of the People's Republic of China) 以及规范中国对外贸易活动的《中华人民共和国对外贸易法》(Foreign Trade Law of the People's Republic of China)。这些法律规范都是国际贸易法律规范的组成部分，国际贸易当事人可以选择《中华人民共和国民法典》作为法律适用法。而在英美法律国家，判例法 (case law) 是其国内法的重要组成部分，因此，在这些国家，国内判例也是国际贸易法的重要渊源。

此外，国际贸易法的渊源还包括国际组织发表的宣言与决议，跨国公司及同业公会制定的标准合同等。

---

① Selected Commercial Statutes, p. 45.
② ［法］让·沙皮拉、夏尔·勒邦著，谢军瑞译：《国际商法》，52页。
③ ［法］让·沙皮拉、夏尔·勒邦著，谢军瑞译：《国际商法》，56页。
④ ［英］施米托夫著，赵秀文译：《国际贸易法文选》，101页。

二、国际贸易法的发展

关于国际贸易法的发展，施米托夫将其分为三个阶段：第一阶段是民族国家出现之前，即中世纪商人习惯法时期；第二阶段是民族国家出现后，在此阶段商人法被纳入各国国内法之中；第三阶段为当代，其特点是以跨国公司出现和联合国精神为代表的跨国贸易法的发达。①

在中国，自秦汉开通丝绸之路，古代中国与域外之民族有了频繁的商业往来。自秦汉建立至晚清实行了两千多年的朝贡制度，是与丝绸之路共生共长的贸易制度。“民有私约如律令”的合同习语、“麦罕”等商人的习惯做法及相应的冲突规范，为丝绸之路上各国商人之间的交易行为提供了便利与规范。在欧洲，则有中世纪的商人法。19 世纪末 20 世纪初，国际上出现了对国际贸易法的统一与编纂工作。但是，作为国际经济法的一个分支、一个独立的法律部门，国际贸易法体系的建立则是在第二次世界大战以后，是在联合国国际贸易法委员会的主持下，在对国际贸易法进行系统的编纂的基础上发展与日益健全起来的。

（一）古代中国的贸易制度②

基于周以来形成的“天下国家”理念、独特的法律体系及丰富的契约种类，中国很早就建立了一套由《周礼》、官方的朝贡制度、民间的契约制度、商人之间的习惯做法、独特的争议解决理念、判例制度以及冲突规范组成的、比较完善的贸易制度。

1. 《周礼》③

儒家的经典《周礼》是一部秦以前写成的古书，原名《周官》④，是一部关于国家政权的组织、机构、人员设置和职能的专书。⑤《周礼》不但对管理商业和市场的机构、职能和措施有详细规定，而且为市场和商业管理制定了基本原则，即：“亡（无）者使有，利者使阜，害者使亡，靡者使微”⑥。

根据《周礼》，社会分工为九职，商贾为九职之一。主管商业和市场的机构称为“司市”“掌市之治教、政刑、量度、禁令。”⑦ 市场按照从事国际贸易的奴隶主大商人，一般商、贾和小商贩三类分别设立经常性的、固定的大市，朝市和夕市。按照次和叙的设置来区分地段、划

---

① 参见［英］施米托夫著，赵秀文译.《国际贸易法文选》，39 页。

② 参见王传丽主编：《国际经济法》，6 版，北京，中国政法大学出版社，2018，第一章第五节“中国的‘一带一路倡议’与国际经济法的发展”。

③ 中国学者认为，《周礼》虽然是一部关于国家典章制度的专书，但它并不是对当时或以前的实际典章制度的载录，而是作者对自己所理想的国家政权的组织、机构、人事和职能所进行的系统的设计。作者不是在编辑周公遗制，而是以战国时期已经存在着的中央集权制的一些要素和特色为依据，力图设计出一套较为完备的中央集权的封建国家的统治机构和体制。后世许多政治家将《周礼》附会为周公之礼，作为建制、改制、变法的依据。从《周礼》关于荒政的设计可以看出，它的许多内容是先秦学者所探讨、论述过的，许多措施是春秋、战国时期以至更早时期国家政权所曾实行过的。《周礼》的设计不是凭空臆造，而是在总结前人的荒政思想和历史上的备荒救灾经验的基础上，对中央集权制政权的“荒政”所做的一个气魄很大的设计。如果没有历史长期积累的思想资料，这样详密、具体的设计也是无从产生的。参见赵靖主编：《中国经济思想通史》，380～381、407、399～400 页，北京，北京大学出版社，2002。

④ 中国学者认为，《周礼》是战国时代的作品，秦以后长期没有下落。直到东汉经郑众、贾逵、郑玄等先后讲解、注释，才得以作为儒家经典得到确认。赵靖主编：《中国经济思想通史》，378 页。

⑤ 杨向奎先生在《周礼批判》中认为，《周礼》产生于战国时代商业发达冠于各诸侯国的齐国。而齐国对工商业一向采取比较积极的政策。《周礼》是一部糅合诸子百家的杂家的作品，然而它仍有所偏重，是一部重视刑法而有儒家气息的作品。转引自赵靖主编：《中国经济思想通史》，396、380 页。赵靖先生认为《周礼》是反映古代中国战国时代经济思想的文献。

⑥⑦ 《周礼金经释原（文渊阁）·卷五》。

分市场，按照商品的不同分类陈列店铺。“司市”常率贾师随行，治理临时市场的事务；政府颁布禁止出售伪劣商品的法规——“伪饰之禁”，对商品质量进行管理。其他市场管理者及其职能主要有：(1) 设“贾师”，负责物价的控制和管理，禁止假货而杜绝欺诈；(2) 设“质人”掌管评定市场上的货物、奴婢、牛马、兵器、珍异之物的价格；(3) 设“胥师”各自掌管本次的政令，公布有关的刑罚和禁令，对欺诈作假、巧饰其行以兜售劣质货物的人而加以惩罚，受理小的争讼而加以裁断；(4) 设“廛人”，负责征收商税；(5) 设“司官”，征收关税；(6) 设“泉府”负责政府收购和提供贷款。当货物出现滞销时，由“泉府”负责收购市场上的滞销货物，待机售出。“泉府”还负责对生活困难的贫民提供无息贷款，称为“赊”，对生产者或经营者提供贷款。[①]

从上面简单的描述中可以看出，《周礼》已对国家管理商业和市场设计出了一套完整、详尽的管理制度。其目的不是让政府从中取利或抑商，而是使商业经营和市场活动能够正常进行。《周礼》主张的“安富”“以富得民”的政策，反映了当时新兴地主阶级要求国家扶助自己扩大财富的要求，对以后各朝代的建制及主张发展经济、富国富民的经济思想的发展产生了重要影响。儒家“贵义贱利”思想逐步成为正统经济思想的主要教条后，借《周礼》的经典地位与之进行斗争，却是名正言顺的。[②]

2. 官方的“朝贡制度”

虽然朝贡制度大规模实践于秦汉王朝大一统时期，但其思想渊源，是先秦的思想文化和制度，即夏初大禹时期的“任土作贡”这一思想。“五服制的兴起与实践为朝贡制度奠定了可行的实践基础。”[③] 根据这项制度，朝廷对朝贡程序（贡期、贡道、朝贡规模）、献贡礼仪、朝贡人数、船只数量、贡品及数量、回赐、册封、沿途饮食住宿、组织和管理朝贡事务的机构与手续以及朝贡贸易活动，都有十分明确的要求和法律规定。到了汉朝，朝贡制度已成为朝廷经营和控制西域的重要手段。唐朝时，朝贡制度更加完善化、规范化、法制化，具有明显的政治性和程序性，管理制度渐趋严密。唐朝对各民族政权和海外诸国的朝贡采取“计价酬答，务从优厚”的原则，这对前来朝贡的国家具有很大的吸引力；至明朝，由于海禁政策的实施，民间贸易受到很大影响，因而朝贡与贸易完全结合起来，实行“有贡才有市”的原则，各国只能通过朝贡的形式与明政府打交道，促进了各国来华朝贡的繁荣。明朝时，朝贡制度具有特别典型的意义，其进入完全成熟和辉煌的时期。朝贡贸易的特点是：贡使携带的贡品，通常分为两部分，一部分称为正贡，即向朝廷所献之物，所占比例很小；另一部分是允许携带来京可以进行贸易的物品，称为附贡。根据“有物则赏，有贡则赏”的原则，除了正贡的回赐外，官府对附贡往往以高于实际价格数倍的估价进行收买，加上明初对贡使所携带物品免税的政策，这些都激发了朝贡国的热情，但给朝廷带来沉重的财政负担。明朝中后期，朝廷开始对贡物抽分。1567 年海禁被迫解除，朝贡贸易不再是唯一的贸易形式。清朝基本延续了明朝的做法。清政府意识到周边国家与边境政权的区别，设立了二元管理机构，由礼部与理藩院分管不同的朝贡事务。清朝允许两种形式的朝贡贸易：贡使携带的货物，愿到北京贸易的，则听其自运，允许开市 3 至 5 日，通常在会同馆进行；愿在边境处贸易的，则在当地督抚委派的官员监视下进

---

① 参见赵靖主编：《中国经济思想通史》，392～396 页。

② 参见赵靖主编：《中国经济思想通史》，407 页。

③ 王小红、何新华：《天下体系——一种构建世界秩序的中国经验》，74～75 页，北京，光明日报出版社，2014。两位作者详细研究了自秦汉至明清的朝贡制度。

行，并实行免税政策。

3. 民间的契约制度

在贸易交往中，契约是最重要的法律文书形式。“中国古代的契约关系是较为发达的，形式多样，内容详备”。“民事法律文书的约束力，对于中国古代社会财产关系的保护和经济秩序的维持，起了一定的积极作用”①。契约或合同的概念，中国古已有之。在贸易交往中，契约是最重要的法律文书形式。②“西周金文散氏盘”中即有契约的记载。早在周代，就有“听买卖以质剂”之说。③ 质剂、傅别是当时契约的重要形式，即在一片竹简或木牍上刻写契约内容，缔约双方从中间破开，各执一半。日后发生争议，双方各出示所执一半，相合为证。质、剂分别适用于两类不同物品的买卖。“大市以质，小市以剂”。质，是买卖奴隶、牛马所使用的较长的契券；剂，是买卖兵器、珍异之物所使用的较短的契券；“质”“剂”由官府制作，重要的买卖交易在“质人”的监督下进行。④ 缔结财产买卖的契约，除了双方各执一半，官府也保留一份，作为调解纠纷的根据。汉代最发达、最典型的契约已有买卖、雇佣、租赁、租佃、借贷、合伙、承包、信托、遗嘱继承等。⑤“民有私约如律令”这一合同习语，见于西晋的《杨绍买地券》。⑥ 其全文如下：“大男杨绍从上公买冢地一丘。东极阚泽，西极黄滕，南极山脊，北极于湖。直钱四百万，即日交毕。日月为证，四时为信，太康五年九月廿九日，对书破莂。民有私约如律令。”“民有私约如律令”可以被视为当事人意思自治的体现，在古代人的眼里，契约对当事人具有法律拘束力，官府亦承认民间私约的法律效力⑦；还可以看出中国古代合同法律思想的成熟与发达。⑧ 基于契约自治这一思想，中国古代解决民间纠纷时凡涉及私约的，无论是调解还是判决，都要“调契查验”，以为判断依据，体现出契约“如律令”的法律效力。⑨ 契约的自治性、灵活性与约束力，使其对丝绸之路上来自各国的客商的权益起到了重要的保护作用。

4. 国际贸易惯例

古代中国丝绸之路上的贸易活动，有一段非常重要但常被忽视的明清时期的茶叶之路，其由晋商开辟且为主体、从福建武夷山北上直抵恰克图（今蒙古境内），然后远销欧洲的万里茶叶之路。恰克图市场的茶叶贸易历时200多年，造就了以“晋帮”商人为主、“京津帮”为辅，

① 张晋藩：《论中国古代民法研究中的几个问题》，载《政法论坛》，1985（5）。

② 学者乜小红正确指出，中国是一个以汉族为主体的多民族组成的国家，历史上除了汉族有发达的契约文化外，各少数民族地区也有各类民族文字契约的流行。如汉晋时期在鄯善王国流行的卢文契；北朝至唐在丝绸之路上流行的粟特文契、于阗文契、唐后期在河西至西域流行的吐蕃文契、宋元时期在西州回鹘王国流行的回鹘文契；西夏王国流行的西夏文契及蒙古文契；清至民国在新疆流行的察合台文契等，都是中国宝贵历史文化遗产的重要组成部分。中国契约发展史，缺少了对这些民族契约的研究，是不完整的。参见乜小红：《中国古代契约发展简史》，9页，北京，中华书局，2017。

③ 《周礼金经释原·卷二》西周时期的买卖契约称为“质剂”，傅别类似今日的借贷合同。关于中国古代契约的研究，参见乜小红：《中国古代契约发展简史》，北京，中华书局，2017。也有学者认为，古代中国的契约始于上古的结绳而治。《周易·卷八》“上古结绳而治，后世圣人易之以书契。”

④ 参见《周礼·卷八》。

⑤ 参见孔庆明、胡留元、孙季平：《中国民法史》，148页，长春，吉林人民出版社，1996。

⑥ 亦称《杨绍买地券》或《杨绍买地莂》。

⑦ 参见张晋藩：《中国法制历史简谈》，载《光明日报》，1986-12-03。

⑧ 参见李显冬：《从〈大清律例〉到〈民国民法典〉的转型——简论中国古代固有民法的开放性体系》，张晋藩序，北京，中国人民公安大学出版社，2003。

⑨ 参见童光政：《明代民事判牍研究》，4页，桂林，广西师范大学出版社，1999；李显冬：《从〈大清律例〉到〈民国民法典〉的转型——简论中国古代固有民法的开放性体系》，45页，北京，中国人民公安大学出版社，2003。

总人数达50余万的旅蒙商贸集团。经由这段从南至北纵贯中国、远达欧洲的“茶叶之路”，每年数以百万担计的茶叶、瓷器、大黄、丝绸、铁器、棉布、烟酒、糖碱和其他日用百货从中国内地被输向欧洲，其不但极大地促进了中国内地茶叶种植业的发展，而且带动了交通运输业、造船及航海业的发展；水陆兼程，人担、畜驮、船转、驮运，可谓万里迢迢，“铎声琅琅，远闻数十里”①，也带动了边疆地区的开发和沿线城市、村镇的发展。当地订立贸易合同的法律术语“麦罕”②，是由晋商创设的国际商业惯例。如果某家商行可以提供一个或两个“麦罕”，就是说，这家商行能够提供150辆或300辆牛车及12或24个人；不仅能保证运送一定数量的茶叶，而且能负责运到目的地并有力量保证这些茶叶完好无损地运到；如果茶叶数量短缺或完全变质，有力量照价赔偿。这种由商人自创的商业惯例“麦罕”提供了相当于今天国际贸易术语中的“门到门”的服务。

5. 判例制度

中国古代判例制度形成于因案生例。判例是具有规范和启迪作用的司法判决，是重要的法律渊源。在我国古代，某些判词具有判例的性质。如秦汉时期，成文法是主要的法律渊源，但秦代的廷行事、汉代的决事比都具有法律渊源的性质。按照学者汪世荣的观点，判词与判例虽然都是司法活动调整社会关系形成的结果的表现，但判例是指具有法律渊源性质、具有规范作用的判词。汪世荣认为，我国古代在确认判例法律渊源地位的同时，实行因案生例的判例制度。即司法官在其司法活动中，针对具体案例的裁判，认为通过该案应总结、创制出特定法律规范时，便在判词中附请定例。皇上以上谕的形式，对该案作出批结的同时，概括出具体的法律规范，即例。例的表现形式虽然是制定法，但通过具体案件附请产生的例，体现的是判例制度，且形成了中国古代独特的例优于律适用的原则。③

秦代以廷行事作为案件适用依据的事实，在睡虎地竹简中有明确记载。④ 至汉代，比作为一种独立的法律形式，在司法实践中起着规范作用。⑤ 唐代，判例与司法解释的运用更加成熟。“有法则以法行，无法则以类举，听之尽也”。“律例并用、以例辅律”，要求援引先例必须严格依法进行，反对司法官吏以例为奸，破坏法律的正常运作。⑥ 盛唐时期享誉中外的著名法律学家张鷟（zhuo）⑦，按照《唐六典》“官领其属，事归于职”的原则编排了《龙筋凤髓判》⑧，使得唐朝判例得以传世，不但为宋、元、明、清各代奉为圭臬，而且极大丰富了中华法系的内容，其影响所及，遍于日本、朝鲜诸国。至明、清，判例成为重要的法律形式。清代吴坛在其《大

---

① 《清稗类钞·农商类·赴蒙商贩》。

② 高春平主编：《国外珍藏晋商资料汇编》，72～73页，北京，商务印书馆，2013。

③ 参见汪世荣：《中国古代判词研究》，214、219、222页，北京，中国政法大学出版社，1997。

④ 《睡虎地秦简·法律答问》：“盗封啬夫可（何）论？廷行事以伪写印”；“廷行事吏为诅伪，赀盾以上，行其论，有（又）废之”。有人认为秦的廷行事并非成例或判例而是官府惯例。参见曹旅宁：《睡虎地秦简〈法律答问〉性质探测》，载《西安财经学院学报》，2013（1）。

⑤ 《礼记·王制》注云：“已行故事曰比”。《周礼·秋官·大司寇》注：“若今时决事比。疏：若今律有断事，皆依旧事断之，其无条，取比类以决之，故云决事比。”

⑥ 唐律的形成，标志着制定法的发达，一定程度上排斥了判例上升为法律渊源的道路，从法律渊源上看，制定法占据了绝对优势。汪世荣：《中国古代判词研究》，216页。

⑦ 字文成，深州陆泽（今河北省深州市）人。

⑧ 全书四卷79个案例，其内容全面、丰富涉及：（1）职务犯罪方面的判例；（2）民事纠纷方面的判例；（3）涉外经贸纠纷方面的判例；（4）违反治安管理方面的判例；（5）违反封建纲常礼教方面的判例；（6）不应言而上言方面的判例；（7）科举考试方面的判例等。每卷的每条判例都由两部分构成：（1）判例案由。具名具姓、所犯罪名以及审判的简略过程。（2）张鷟等针对此案例所撰写的判词批语、适用律条与司法解释等。

清律例通考》中，汇集了61例因案所生之例。[①] 因案生例的判例制度，是中华法系的重要组成部分。在维护法律统一性的同时，有限制地认可了司法官在司法实践中创制法律的作用，解决了成文法不具体、不灵活、缺乏应变性的缺点，满足了法律适应社会变化的要求。

6. 法律适用规则

由于外国人在华人数的日益增多，《唐律》中第一次专门就外国人在中国的婚姻、财产继承乃至争议解决的管辖权及适用法律等方面作出规定。根据《唐律》，居住于中国境内的外国人可以娶中国女子为妻，但中国法律不正式承认此女为外国人之妻室，如该外国人返国，不得携同中国女子出境，以免其在外国受欺凌。外国人在华经商病故，其遗产由中国政府代管。逾期三个月未见有遗族来领回的，则没收之。后因嫌时间太短，法律的规定改为无限期延长，其遗族如能提出可靠之证据，政府可随时发还。《唐律·名例》篇规定："诸化外人，同类自相犯者，各依本俗法；异类相犯者，以法律论。"《唐律疏议》解释"化外人"，指"蕃夷之国，别立君长者"，即今日的外国人。当罪刑（争议）涉及外国人时，其处理原则是：如果两个同国籍的外国人在中国发生争议，由外国人自己处理；如果不属同一国籍的两个外国人或一方为中国人在中国发生争议，则该案由中国人出面按中国法处理，因"各有风俗，制法不同"[②]。用现代的语言解释，即争议双方属同一国籍的外国人，在中国发生争议时，适用该双方当事人的本国法（即该外国法）解决争议。[③] 如果一方是中国人或争议双方是不属同一国籍的外国人，则由中方按照中国法来处理。这体现出唐朝对化外人的平等、宽容及对中华法律文明的自信。[④] 另外，据《龙筋凤髓判》"吐蕃使人请市"条，士子张鷟在没有现存制度规定吐蕃贸易的情况下，结合人情、事理作出"听其市取，实可威于远夷；任以私收，不足损于中国。宜顺其性，无阻蕃情"的判断。[⑤]

7. 经贸争议之解决

根据东汉许慎《说文解字》[⑥]，中国古代"法"有两形：其一为"灋"，"灋"中的"廌"即"善于裁判的独角神兽"，"去"即作为裁判证据的弓矢[⑦]；其二为"佱"，"佱"由上下两部分组成，上面的亽，即二人，"仁"字的古形。下面"止"。"止"有二义：一为履行，二为停止。即表示适可而履，行有所止。[⑧] "灋"是社会通用的通过裁判而宣示的一种行为规范，"佱"是血缘内部适用的靠自我约束和舆论调整的行为规范。古代的"佱"字是中国古代法所内含的伦理精神的一个古老记号。在对中国法的研究中，人们更多注意"灋"而忽视"佱"，实际上特别在古代涉及钱债细故的处理方面，"佱"起着更为重要的"润物细无声"的作用。

---

① 参见汪世荣：《中国古代判词研究》，220、221页。

② 钱穆先生称中国唐代就有了"治外法权"。钱穆：《中国经济史》，叶龙记录整理，230页，北京，北京联合出版公司，2014。

③ 参见叶孝信主编：《中国法制史》，新编本，174页，北京，北京大学出版社，1996。

④ 明万历三十六年（1608年），澳门陷入混乱。香山知县蔡善继平息了骚乱。事后制定了《制澳十则》，对违法的葡萄牙人严厉惩处。葡萄牙人犯罪，可由葡萄牙人自行处置。牵涉华人的，需交中国官员审判。与《唐律疏议》相比，该规定不清楚的是，澳门的葡萄牙人如与一个非葡萄牙籍的外国人在澳门犯罪，当由谁处理。

⑤ 参见朱仕金：《唐宋判文演变的法律文化探析》，载朱勇主编：《中华法系》，第8卷，109页，北京，法律出版社，2016。

⑥ 参见武树臣：《寻找最初的法——对古法字形成过程的法文化考察》，载《学习与探索》，1997（1）。

⑦ 参见武树臣：《仁·太极图·佱（法）——中国古代法哲学探源》，载《法学杂志》，2015（9）。

⑧ 参见张晋藩：《中国古代民事诉讼制度通论》，载《法制与社会发展》，1996（3）。

值得注意的是，中国古代“诸法并存、民刑有分”。通过“狱”“讼”对刑事诉讼和民事诉讼加以区别，以财货相告为“讼”。由于中国古代民事争议的对象，大都是民间的田土、钱财以及户婚、继承上的纠纷，在重视公权益的集权式国家的统治者眼里，此类纠纷一般不会引起社会的动荡与国家的危亡，也不会威胁人身与生命的安全，因此被视为“细故”或“细事”，实行一审终审制，且经常以调处替代审理，调处不决才允许进行诉讼。[①] 例如清朝对民事案件实行“州县自理原则”，习惯上将其称为“州县自理案件”，限定于事犯当地告理。州县官受理案件以后，根据案情可批令亲族、绅、邻右去调处，力求息讼于法庭之外。事实上由州县官当堂审理结案的比重是很小的。

在中国古代人看来，息讼、止讼不是惧讼或不许讼，而是强调协商、谈判解决争议。“讼”不是目的，而是手段，其目的在于高效、迅速地解决问题。这一思想的精妙之处在于透彻地解悟人性，向现代人展示了集情、理、法于一身、礼法结合的中华法系的博大精深。时至今日，其思想精髓对解决现代国际经济贸易争议仍具有重要的指导意义。

（二）欧洲中世纪的商人法

欧洲中世纪的商人法（lex mercatoria）是古老的商业习惯法，10 世纪至 12 世纪产生于意大利、法国、德国的自治城市中，是在从事欧洲和东方之间贸易往来的一个特殊的商人阶层中发展起来的一种商人之习惯。实际上，早在罗马帝国时代，即阿拉伯人入侵之前，就有一个专门的商人阶层从事进出口贸易。正是由于这一阶层的存在，罗马的城市才成为商业中心以及商业流通的集中点。输往这一带的商品，如纸张、香料、东方的酒、油料等物品都是在地中海口岸起卸的。[②] 由于在这些自治城市中，商人有自己的特别法庭专门审理发生在商人之间的纠纷，所以，被这些法庭承认并执行的习惯被称为商人法，其主要内容有：买卖契约、代理、合伙、汇票、海商法以及保护公开市场的规则等。例如，中世纪（13 世纪）产生了对后世影响极大的三部海法：(1)《巴塞罗那海法》，也称《康梭拉德海法》(Libro del Consolat del Mar)，被称为后世国际公法与国际私法的渊源，实际是市行政长官或裁判官的判决；(2)《奥内隆法典》(Charte d'Oléron)，也称《海事判例集》，产生于 13 世纪，内容是 12 世纪的海事案件裁判录；(3)《维斯比海法》(Water-recht of Wisby)。

欧洲中世纪商人法的特点在于：(1) 国际性。它们是普遍适用于欧洲各国以及东西方贸易的共同法律。(2) 行业性。它们是只适用于商人之间交易的习惯法。施米托夫认为，英国法律制度并不把商法视为某一阶层人的法律，如贸易商的法律，而把它视为该国普通法的一部分。[③] (3) 由专门的商事法庭审理。在英国，这种法庭有个很生动的名字叫“灰脚法庭”，因为到法庭进行诉讼的商人，脚上还沾染着旅途的灰尘。[④] 格罗斯解释为，外来商人或者在不同国土上来往的商人在司法上没有固定的法院，而是来去流动，被叫作“灰脚”(1124—1153年)[⑤]。Piepowder 也被译作“行商法院”，来自法文中的“prudhommes”，即“正直的人”或“行家”，具有现代调解、仲裁庭的性质。库克形容依这种程序公平审理案件速度之快，就像把

① 参见张晋藩：《再论中华法系的若干问题》，载《中国政法大学学报》，1984 (2)。
② 参见［比］亨利·皮朗著，乐文译：《中世纪欧洲经济社会史》，4 页，上海，上海人民出版社，1987。
③ 参见［英］施米托夫：《联合王国法律文献指南》，67 页，伦敦，1956。
④ 参见上书，47 页。
⑤ ［英］格罗斯：《灰脚法庭》，载《经济季刊》，1906 (20)，231 页，注 4。

（商人）脚上的灰尘去掉。①

15 世纪以后，随着主权思想的产生、民族国家的兴起，商法以不同形式被纳入各国国内法体系之中，从而统一的、世界性的商法体系不复存在。

（三）国际贸易法的编纂和统一

中世纪封建的、自给自足的经济阻碍了国际贸易的发展。15 世纪末 16 世纪初的地理大发现与欧洲工业革命的发展促进了世界范围的经济、贸易往来与各国商法的发展。法国率先于 1673 年和 1681 年先后颁布了两部商事法典：《商事条例》与《海事条例》。1807 年根据这两个条例颁布了《商法典》，1804 年颁布《拿破仑法典》，从此形成了欧洲大陆民、商分立的法律制度。以后德国于 1861 年制定了《商法典》、1900 年制定了《民法典》等，而意大利等国家则采用了民商合一的法律制度。在英国，把商人习惯法纳入普通法，则是由首席大法官曼斯费尔德在 1756 年至 1788 年间完成的。

尽管各国在政治、文化、意识形态等方面存在差异，经济发展水平不尽相同，但在日益扩大的经济贸易交往中，形成了一套为人们普遍接受的规则，如陆地上的“麦罕”、海上用 FOB、CIF 条件买卖货物，用托收或信用证方式付款，用提单运送货物等。这些为整个世界所接受的一般规则，成为对国际贸易法律进行统一与编纂的基础。著名的国际贸易法专家施米托夫称此为“商法国际精神有意识地审慎地复归”。

19 世纪末 20 世纪初，当欧洲各国忙于颁布它们各自的国内法时，一些国际组织和法学家就在致力于国际贸易法的统一与编纂等工作。然而，事实上，国际贸易法的统一不是在这种包罗万象的领域，而是在诸如国际货物买卖、流通票据、各种运输方式以及知识产权等单个领域，获得成功。例如，在国际货物买卖方面主要有：罗马国际统一私法研究所编纂的 1964 年的两个海牙公约《国际货物买卖统一法》《国际货物买卖合同成立统一法》，这两个法构成了 1980 年通过的《联合国国际货物买卖合同公约》的前身，以及国际商会编纂整理的《国际贸易术语解释通则》，1997 年《国际销售示范合同》等。在货物运输领域主要有 1924 年《统一提单的若干法律规则的国际公约》、1951 年《国际铁路货物联合运输协定》和 1929 年《统一国际航空运输某些规则的公约》等。在国际贸易支付方面主要有：国际商会制定的《跟单信用证统一惯例》、《托收统一规则》以及 1930 年《日内瓦统一汇票本票法公约》等。在协调各国外贸政策方面主要有 1947 年的《关税与贸易总协定》及 1995 年的《建立世界贸易组织协定》。还有不可忽视的区域性贸易协定：《北美自由贸易协定》（NAFTA）、欧盟（EU）的贸易制度以及亚太经合组织（APEC）文件等。在知识产权方面主要有 1883 年《保护工业产权巴黎公约》、1886 年《保护文学和艺术作品伯尔尼公约》、1891 年《商标国际注册马德里协定》等。

这些统一法与中世纪的统一商人法的不同点在于：（1）中世纪的商人法是杂乱无章的，从习惯发展成法律；而新的国际贸易统一法是由一定的机构审慎地制定并以公约或文件的形式加以公布。（2）新的国际贸易统一法的国际性是以主权国家的认可与同意为前提的，因此，不具有超国家的特性。施米托夫认为，国际贸易法是由主权国家认可的，建立在国内法基础上的，既不同于国际公法又不同于国内法的，由国际商业界在与各主权国家无利害关系的领域内发展

---

① 参见［英］库克：《英格兰法》，4 版，271 页。另见［英］施米托夫著，赵秀文译：《国际贸易法文选》，6～7 页。

起来的高度自治的法律。[①]（3）新的国际贸易统一法突破了传统国际商法的界限，加入了国家调整和管制贸易的内容。

在国际贸易法统一的过程中，联合国国际贸易法委员会（UNCITRAL，以下简称贸法会）起到了非常重要的作用。联合国大会1966年12月17日第2205（XXI）号决议设立了贸法会，其任务是促进国际贸易法的逐渐协调和统一，减少或消除对国际贸易流通的法律障碍。在国际贸易法统一的过程中，许多国际公约是由贸法会主持达成的。

（四）国际贸易法的新发展

传统的国际贸易法以调整国际货物贸易关系为核心，包括调整与货物贸易有关的运输、保险与支付的法律与制度。随着科学技术的发展，国际贸易范围扩大，特别是20世纪末全球经济一体化的形成，国际贸易法的发展呈现出新的特点。

1. 国际贸易法的调整范围不断扩大且与其他法律学科交叉联系的特点更为突出。1947年，各国代表云集日内瓦，酝酿成立国际贸易组织，签署关税与贸易总协定，当时，各国考虑的主要是协调各国的货物贸易政策，削减货物贸易的关税壁垒和非关税壁垒。随着贸易领域从货物贸易扩大到技术贸易和服务贸易，政府管理贸易的措施也逐步扩大、完善，至关贸总协定乌拉圭回合谈判，在世贸组织的框架中，政府对贸易管理的措施已扩大到与贸易有关的投资措施、与贸易有关的知识产权等。在货物买卖法领域，货物买卖法与货物运输法、保险法、贸易项下的支付问题联系密切；在贸易管理领域，政府对货物贸易的管理措施与政府对投资领域、知识产权领域乃至环境保护、劳工领域、竞争政策等领域的法律与政策的联系，显示出贸易法与其他相关法律学科的交叉、互补的密切联系，体现出国内法中各部门法之间、国内法与国际公法、国际私法乃至与国际商业惯例之间的密切联系。

2. 国家管理贸易的手段从关税领域扩展到非关税领域。这些管理手段形成了系统的行政法规，配合着现代技术手段，21世纪政府管理贸易的政策、手段的法律化、科学化、系统化，各国贸易法律与规章的稳定性和透明度得以增加。

3. 几乎与世界贸易组织同时诞生的区域性贸易集团的贸易法规、制度极大地丰富了国际贸易法的内容，由区域贸易集团提出的法律问题，构成了国际贸易法理论研究与实践中的重要课题。

4. 随着国际贸易组织的成立与新成员的扩大，许多国家都按照世贸组织各协议的要求修改了国内的贸易法规或颁布了新法。例如，英国与美国先后修改了其货物买卖法和统一商法典，美国在1988年《综合贸易与竞争法案》基础上颁布了1994年《乌拉圭回合协定法》、1995年《金融服务公平竞争法》，欧盟也在反倾销与反补贴、运输业、电信业、金融业等领域颁布了新的规则和指令，在促进欧盟内部和外部的贸易自由化方面采取了重大举措。

随着我国改革开放的深入发展，特别是中国加入世界贸易组织以后，我国在对外贸易方面颁布了一系列新的法规，并对旧法规进行了修改，如《货物进出口管理条例》《技术进出口管理条例》《反倾销条例》《反补贴条例》《保障措施条例》等，对《中华人民共和国对外贸易法》也在2004年、2016年进行了修订。这些法律法规的颁布、修订进一步促进了我国的对外贸易开放和自由。

---

① 参见［英］施米托夫著，赵秀文译：《国际贸易法文选》，248、264页。

第四节 国际贸易法的研究方法

国际贸易法作为国际经济法的一部分，从对其概念与调整范围、产生与发展、主体与渊源等的分析可以看出，它已不再恪守传统的公法与私法、国际法与国内法的界限，而是按照国际贸易关系发展的客观需要形成了一个既包括“公法”规范又包括“私法”规范、既包括国际法规范又包括国内法规范的一个综合的法律体系。它以研究客观存在的跨越国境的经贸关系中的法律为对象，着重研究国际公约、国际商业惯例与国内法规范之间的相互关系。因此，它必然要求采取如下几种研究方法。

一、多侧面、全方位的综合研究方法

国际贸易法主体的多样性和法律关系的复杂性决定了其适用法律的多样性。因此，对于某一法律关系不但要研究本国法，还要研究交易对方以及有关各方国家的法律，研究与之有关的国际公约和国际惯例。不但要研究有关调整商人之间交易关系的法律，还要研究国家有关管理与控制贸易方面的法律。此外，多侧面、全方位的综合研究方法还意味着纵向厘清和研究相关国家法律的历史发展脉络。察古知今，古为今用，这对于全面掌握、深刻理解相关的法律与实践，创建能为各国认同的经贸新规则具有特别重要的意义。

二、比较的方法

比较的方法是在多侧面、全方位研究的基础上进行的。它是世界多元化的政治、经济、法律、文化制度的反映。在遵守联合国宪章的前提下，和平与发展是世界各国的宗旨和共同目标。在这个前提下，各国的政治、经济、法律、文化制度存在的差异应当得到尊重。应当看到，这些差异是各国、各民族在各自历史发展过程中形成的，是人类文化遗产的宝贵财富。同时也应当看到，人类为寻求共同语言和共同的行为准则已经作出的巨大努力。因此，在求大同存小异的过程中，比较各国法律之异同，辨析差异，才能互相尊重各自的差异，而不是消灭这种差异，或者用少数人的标准，强迫其他国家、其他民族服从少数强国的意志和标准。只有这样，才能建立一个法治的国际大家庭正常的经济秩序。

三、法学的研究方法和经济学的研究方法相结合

马克思主义认为，经济是基础，经济基础决定上层建筑，作为上层建筑的法律反过来对经济基础发挥影响作用。毛泽东在其著作中曾写道：人的正确思想是从哪里来的？不是从天上掉下来的，也不是自己头脑中固有的，而是从三大社会实践中产生的。[①] 因此，作为新中国的法律工作者，承担着一个艰巨的社会使命，就是用法律为社会主义的经济建设服务。一部好的法律可以促进、保护经济的发展；一部不好的、脱离实际的法律不但不能促进、保护经济的发展，甚至可能起限制和阻碍经济发展的作用。因此，法学家的作用不是简单地对法律条文、判

---

① 参见中共中央文献研究室编：《毛泽东文集》（第八卷），320页，北京，人民出版社，1999。

例进行注释、说明、解释，而是要研究产生这种法律的经济现象，透过现象研究和说明为什么要制定这部法律，为什么要这样制定而不是那样制定法律，制定这样的法律对经济、对社会将产生什么样的效果和影响。国际贸易法是货物、技术、人员、服务在跨越国境的流通过程中产生的，因此，研究国际贸易法就不能只停留在法律条文上，而要研究产生这种法律关系的各国乃至世界的经济背景是什么。为此，法学家要懂得经济，学会用经济学的研究方法研究法律问题，例如，研究关税法、反倾销法、反补贴法、外汇管理法、外贸管理法以及相关的金融法、投资法、反托拉斯法等。经济学家设计出的经济模式并不完全适用于现实的市场模式，但可以用来表明法律的内在合理性，并帮助法学研究从中归纳出有效的、可适用的原则。曲线、数字、图表、公式等可以用于对法学现象进行研究、作量化处理，从对量的分析中得出说明本质的结论。经济学家对经济现象研究中的形象性、准确性、预见性和警示性如能在贸易法学的研究中得到充分运用和发展，将使抽象的、呆板晦涩的、静态的法律条文以及对法律现象的解释和说明也具有形象性、准确性、预见性和警示性。这样，作为上层建筑的法律才能真正发挥对经济发展的保护、促进和规范作用。

本章小结

1. 国际贸易法是国际经济法的重要组成部分，是国际经济法的一个部门法。
2. 国际贸易法是调整跨越国境的货物贸易关系、服务贸易关系、技术贸易关系以及与贸易有密切关系的其他关系的法律规范的总称。它与国际商法是不同的法律部门，二者既有联系也有区别。
3. 国际贸易法律规范包括国际法律规范和国内法律规范。国际法律规范主要包括国际条约和国际惯例，其中国际惯例经当事人援用方可具有法律效力。国内法律规范则主要包括一国的涉外法律规范和国内判例。
4. 国际贸易法的主体非常广泛，主要有国家、国际组织、自然人、法人、其他经济组织。其中，跨国公司在国际贸易活动中最为活跃，但跨国公司不是一个法律实体，其实体之间的责任关系也颇为复杂。
5. 国际贸易法的基本原则主要有贸易自由化原则、平等互利和协商一致原则。

QUESTIONS AND COMMENTS

1. International trade law regulates international trade relations. What distinguishes international trade from domestic trade?
2. What's the role of states in international trade?
3. International treaties and international trade customs are two major sources of international trade law. Can you name a few international trade treaties and trade customs of substantial influence worldwide?
4. Do you know the new characteristics of development of international trade law in the context of economic globalization from late 20th century?

第二章 国际货物买卖法

提要

国际货物贸易法是传统国际贸易法的主要内容，而国际货物买卖是国际货物贸易的核心。本章重点阐述国际货物买卖统一法：国际货物买卖公约和国际货物买卖惯例。在国际货物买卖公约方面，重点分析《联合国国际货物买卖合同公约》的适用范围、国际货物买卖合同的成立、国际货物买卖合同的履行（包括买卖双方的义务、违约责任、货物所有权和货物风险的转移等）。在国际货物买卖惯例方面则重点分析国际商会编纂的《国际贸易术语解释通则》。

重点问题

- ❑ 有关国际货物买卖的国际公约各自的特点
- ❑ 《联合国国际货物买卖合同公约》的适用范围
- ❑ 国际货物买卖惯例的特点
- ❑ 分析《国际贸易术语解释通则®2020》的特点，它对《国际贸易术语解释通则®2010》作了哪些改变
- ❑ 依据《国际贸易术语解释通则®2020》，简述FOB、CIF、CFR关于买卖双方义务的规定及异同
- ❑ 国际货物买卖合同的成立
- ❑ 国际货物买卖合同的主要条款
- ❑ 国际货物买卖合同卖方和买方的义务
- ❑ 不同的违约救济方法及其特点
- ❑ 货物所有权转移的理论
- ❑ 货物风险转移的原则和时间

第一节
国际货物买卖的法律规范

国际货物买卖法（international sale law of goods）是调整跨越国境（cross-border）的买卖双方当事人之间权利义务关系的法律规范的总和。“有关国际货物买卖的法律在整个国际贸易法中占有十分重要的地位。传统的国际贸易法就是以国际货物买卖合同为核心，以国际运输、保险、支付等合同为支柱而形成和发展起来的。”①

国际货物买卖统一法规范主要体现为国际货物买卖公约和国际货物买卖惯例。在国际货物买卖公约方面，主要有联合国贸法会制定的《联合国国际货物买卖合同公约》，该公约对合同的成立以及合同的履行作出了具体规定。在国际货物买卖惯例方面，主要体现为国际商会（International Chamber of Commerce，ICC）编纂的《国际贸易术语解释通则》，2010 年《国际贸易术语解释通则》（2020 年修正）对 11 种贸易术语进行了解释。

一、涉外货物买卖的国内立法模式

（一）两大法系的立法模式

在资本主义各国，无论是大陆法系（continental law system）还是英美法系（common law system），调整货物买卖的法律只有一套，既适用于国内货物买卖，也适用于国际货物买卖。

在大陆法系民商合一的国家，买卖法通常作为民法典的一部分，在债编中加以规定，如瑞士民法典、意大利民法典、土耳其民法典、泰国民法典等。在大陆法系民商分立的国家，除民法典外，还制定有单独的商法典。民法的规定适用于商法，商法典则作为民法的特别法，针对商行为作出补充规定。例如，法国民法典、商法典；日本民法、商法等。日本民法在第三篇“债权”之第二节“契约”中，就契约的成立、契约的效力、契约的解除作了规定。第三节“买卖”对总则、买卖的效力、买回作了规定。商法第三篇“商行为”则对属于商行为的买卖所涉及的特殊问题作了规定。

在英美法系，没有专门的民法典，除了以法院判例形成的普通法原则外，通过颁布单行法规的形式制定货物买卖法，典型的如英国《1979 年货物买卖法》（Sale of Goods Act），《美国统一商法典》（Uniform Commercial Code，UCC）等。

英国《1893 年货物买卖法》是资本主义国家最早的货物买卖法之一，是对英国法院数百年来的判例整理后编纂的。该法于 1894 年 2 月 20 日经议会通过施行，以后又经过多次修改补充，现行的是在 1995 年 1 月 3 日生效的《1979 年货物买卖法》（1995 年修订本）。该法包括契约的成立、契约的效力、契约的履行、未收货款的卖方对货物的权利、对违约的诉讼、补充，共 6 部分 62 条，涉及了货物买卖法的大部分领域。该法至今在英美法系国家的买卖法中仍具有重大影响。

---

① 沈达明、冯大同编著：《国际贸易法新论》，9 页，北京，法律出版社，1989。

《美国统一商法典》也是世界上著名的法典之一，它对联合国贸法会起草《联合国国际货物买卖合同公约》产生了重要影响。和英国《1979年货物买卖法》不同，《美国统一商法典》不是由美国联邦立法机关——国会通过，而是由民间组织起草制定，供各州议会自由选用。[①]它是在美国1896年《统一票据法》(Uniform Negotiable Instruments Law)、1906年《统一货物买卖法》(Uniform Sale Act)、1906年《统一仓库收据法》(Uniform Warehouse Receipts Act)、1909年《统一提单法》(Uniform Bills of Lading Act)、1909年《统一股票转让法》(Uniform Stock Transfer Act)、1918年《统一附条件货物买卖法》(Uniform Conditional Sales Act)、1933年《统一信托收据法》(Uniform Trust Receipts Act) 这7个成文法单行法规基础上，由美国法学会[②] (American Law Institute，ALI)、全国统一州法代表会议 (National Conference of Commission on Uniform States Laws，NCCUSL) 于1951年制定。该法自公布后经过多次修改。目前，《美国统一商法典》已得到美国所有州立法议会的通过。[③] 但是，大多数州在通过《美国统一商法典》时都对它进行了修改。《美国统一商法典》第二篇 (article 2 and article 2A) 分别规定了买卖 (sale) 和租赁 (lease) 问题，该部分最近的修改是在2002年到2003年之间，修改后的买卖部分有725条[④]，主要规定了以下6个部分：简称、解释原则和适用范围；合同的形式、订立和修改；当事方的一般义务和合同的解释；所有权、债权人和善意购买人；履约；违约、毁约和免责；救济等。凡买卖篇中没有涉及的问题，则需要适用普通法的一般原则。《美国统一商法典》所体现的现代精神、编纂中的实证方法、概念上的综合性，使之备受法学家们的称赞。英国著名国际贸易法学者施米托夫教授指出：“《美国统一商法典》的特点是抛弃了系统化，使它尽可能地接近商业现实，这也可能就是它成功的秘诀。我认为，法典的组织者们，如施奈德 (William Schnader)、列文 (Karl N. Llewellyn) 教授等，抛弃了理论上的教条，转而注重实践，试图取得当时情况下能够得到的可行效果的做法，是值得称颂的。他们在编纂法典时，知道最重要的任务是了解哪些内容应予删除，因为这比知道法典应包括哪些内容更加重要。”[⑤]

(二) 中国的立法模式

我国是民商合一的国家，没有制定专门的商法典。有关货物买卖的法律主要有《民法典》[⑥]、《电子签名法》[⑦] 和《中华人民共和国涉外民事关系法律适用法》[⑧]。

《民法典》共有7编、1260条，各编依次为总则、物权、合同、人格权、婚姻家庭、继承、

---

① 在美国，各州都制定本州法律，适用不同州的法律会导致不同的判决结果。因此，美国民间机构开始致力于制定统一法，并积极促使各州接受。因此，UCC是一部示范法。

② 美国法学会由美国一些著名法学家于1923年创立。该会在1923年至1924年间，主持编写了22卷本的《美国法重述》。全国统一州法代表会议成立于1892年，由纽约州牵头，7个州组成。现各州均有代表参加。其权力由州长授予。1896年至1933年间，全国统一州法代表会议公布了上述7个示范法，其中《统一流通票据法》和《统一货物买卖法》采用的是英国1882年《票据法》和1893年《货物买卖法》的模式。

③ 参见［英］施米托夫著，赵秀文译：《国际贸易法文选》，107页。

④ *Selected Commercial Statues*，page 62，West Group，2003.

⑤ ［英］施米托夫著，赵秀文译：《国际贸易法文选》，282页。

⑥ 我国最早有关货物买卖的法律主要有1981年、1985年、1987年分别颁布的《经济合同法》、《涉外经济合同法》和《技术合同法》，1986年颁布的《民法通则》(General Principles of the Civil Law of the People's Republic of China) 以及1999年颁布的《合同法》(Contract Law of the People's Republic of China)。《民法通则》对货物买卖作了原则性规定，《合同法》对货物买卖合同的规定较为详细。2021年1月1日《民法典》生效，上述法律被废止。同时被废止的还有《婚姻法》《继承法》《收养法》《物权法》《担保法》《侵权责任法》等。

⑦ 2005年4月1日实施。共5章35条，专门适用于以数据电文方式订立的合同。

⑧ 2011年4月1日实施。该法共8章52条，适用于解决国际货物买卖合同中的法律冲突与法律选择。

侵权责任及附则。合同编是第463条至第988条，包括通则、典型合同与准合同3个分编。典型合同(第595条至第647条）专门对“买卖合同”作出规定，包括买卖合同的定义、内容、标的物、标的物所有权及其转移、卖方交货交单义务、品质担保与权利担保义务、货物风险的转移、货物的检验、买方的付款义务等。在签订国际货物买卖合同时，当事人可以选择适用《民法典》的有关规定。《联合国国际货物买卖合同公约》于1988年对我国生效后，我国当事人在对外签订货物买卖合同时，还可以选择将《联合国国际货物买卖合同公约》作为合同适用的法律。

二、国际货物买卖公约

国际货物买卖公约主要有国际统一私法协会主持制定的1964年《海牙公约》以及联合国贸法会在1980年制定的《联合国国际货物买卖合同公约》。

(一）国际货物买卖公约概述

1. 1964年《海牙公约》

1964年《海牙公约》(1964 Hague Conventions）是《国际货物买卖统一法公约》(Convention Relating to a Uniform Law on the International Sale of Goods，ULIS）和《国际货物买卖合同成立统一法公约》(Convention Relating to a Uniform Law on the Formation of Contract for the International Sale of Goods，ULFIS）的统称。由设在意大利首都罗马的“国际统一私法协会”(International Institute for the Unification of Private Law，UNIDROIT）主持制定。

国际统一私法协会是于1926年9月3日成立的政府间国际组织，到2009年年底有63个成员。[①] 其宗旨是致力于制定国际商事统一法。国际统一私法协会从1930年起开始起草ULIS，1935年初稿完成。1936年又开始草拟ULFIS。由于第二次世界大战的爆发，致使起草工作中断。战争结束后，1951年在海牙召开的外交会议对两个公约草案进行了讨论和修改，使国际货物买卖统一法的制定工作得以恢复。1964年7月1日到25日，28个国家在荷兰的海牙召开外交会议，会议通过了上述两个公约。

《国际货物买卖统一法公约》于1972年8月18日起生效。其正文有15条，但附件《国际货物买卖统一法》(Uniform Law on the International Sale of Goods）则有101条，主要规定了适用范围、一般条款、卖方义务（交货、交单、转移所有权、其他义务)、买方义务（付款、收货、其他义务)、卖方和买方义务的一般规定（交货与付款、免责、终止合同、损害赔偿、费用、保全货物)、风险转移。《国际货物买卖合同成立统一法公约》于1972年8月23日生效。其正文有13条，其附件《国际货物买卖合同成立统一法》(Uniform Law on the Formation of Contract for the International Sale of Goods)，其附件1共有13条，主要规定了要约和承诺问题，附件2共有2条，主要规范适用问题。值得注意的是，上述两项公约的第1条均要求各缔约国在公约生效之前根据其宪法程序将公约合并到本国立法之中。

1964年《海牙公约》是国际货物买卖法向统一化和法典化方向发展迈出的重要一步，在其通过和生效之后，许多法院对此给予了极大关注。但是，公约并没有如起草者预想的那样成功。由于1964年《海牙公约》主要反映了西欧大陆国家的法律传统和经济社会情况，社会主

---

① 中国于1986年1月1日成为国际统一私法协会的正式成员。

义国家和第三世界国家在公约制定中的作用没有得到发挥，所以，在其通过后不久，许多批评相继产生，导致上述国家拒绝加入公约。它们认为，上述公约以工业化国家的法律为基础制定，更有利于这些国家。① 因此，参加两个公约的国家为数并不多，到目前为止，只有 9 个国家（比利时、冈比亚、德国、以色列、意大利、荷兰、圣马力诺、英国、卢森堡）核准了 ULIS 和 ULFIS。② 这一数量只占参加海牙会议国家的三分之一。

2.《联合国国际货物买卖合同公约》

由于 1964 年《海牙公约》没有得到更多不同法律、社会和经济制度国家的广泛接受，公约缔约国以及拒绝加入公约的国家（例如美国③和法国）开始探讨完善和改进公约或者制定新公约的问题。贸法会④（The United Nations Commission on International Trade Law，UNCITRAL）为此设立了专门的“国际货物买卖工作组”⑤，负责征求各个国家对 1964 年《海牙公约》的意见。由于各国很难对 1964 年《海牙公约》的修改达成一致，贸法会决定起草新公约以代替 1964 年《海牙公约》。由于最初的起草工作仍沿用 1964 年《海牙公约》体系，所以，在 1978 年以前，公约草案有两个：一是关于国际货物买卖合同成立的公约草案，二是国际货物买卖公约草案。为简化公约内容和便于执行，1978 年草案将上述两个草案合二为一。1980 年 4 月 10 日到 11 日，联合国在维也纳召开了有 62 个国家代表和 8 个国际组织参加的外交会议，通过了《联合国国际货物买卖合同公约》⑥（United Nations Convention on Contracts for the International Sale of Goods，简称 CISG）。

CISG 共 101 条，包括前言和 4 个部分。第一部分规定了适用范围和一般规定（Sphere of application and general provisions）。第二部分规定了合同的成立（Formation of the contract）。第三部分规定了货物买卖（Sale of goods）。该部分又分为以下 5 章：一般规定（General provisions）、卖方义务（Obligations of the seller）、买方义务（Obligations of the buyer）、风险转移（Passing of risk）、买卖双方义务的一般规定（Provisions common to the obligations of the seller and the buyer）。CISG 第四部分规定了最后条款（Final provisions），即公约的生效、保留等问题。

根据 CISG 第 99 条⑦，公约自 1988 年 1 月 1 日起生效。CISG 与 1964 年《海牙公约》不

---

① Trade Usage in International Sale of Goods：An Analysis of the 1964 and 1980 Sales Conventions，24 Va. J. Int'l. 619，632（1984）.

② 自卢森堡于 1979 年核准公约后，到目前还没有其他国家核准，见 http：//www. unidroit. org。

③ 美国没有签署 1964 年《海牙公约》是由于美国在 1964 年 3 月 13 日才加入国际统一私法协会，基本未参与公约的制定，对公约认识不多，因此，不可能在加入后的短短三个月内签署公约。此外，美国代表在提交给联合国的报告中指出：统一法似乎很难为美国政府、商业和法律机构接受，因为其含糊和无法操作的条款很难满足商界的需要，而且其内容与美国统一商法典有很大不同。See Kearney，Report of the United States Delegation to the United Nations Conference on Contract for the International Sale of Goods（1981）。

④ 联合国的附属机构之一，于 1966 年由联合国大会根据 1966 年 12 月 17 日第 2205（XXI）号决议设立。为便于进行审议，贸法会成员资格仅限于少数国家。目前，贸法会由大会选出的 60 个成员国组成（包括中国）。成员的构成代表了世界各个不同地理区域及其主要经济和法律体系。委员会成员选举产生，任期六年，每三年半数成员任期届满。贸法会的基本任务是促进国际贸易法的逐步协调和统一。贸法会自设立以来，编写了种类繁多的公约、示范法和其他文书，内容涉及规范贸易交易或商法中对国际贸易有影响的其他方面的实体法。贸法会每年举行一次会议，一般是在夏季，在纽约和维也纳轮流举行。

⑤ 由大卫（David）、施米托夫（Schmitthoff）和巴布斯库（Tudor Popescu）教授组成的分别代表大陆法系、英美法系和社会主义国家的法律体系的指导委员会（Steering Committee），于 1974 年举行第一次会议开始工作。

⑥ 也称《联合国国际货物销售合同公约》或者《维也纳公约》。

⑦ 公约自第 10 个国家批准之日起 12 个月后生效。

同，CISG 属于自动执行的条约（self-executing treaty），即条约经国内接受后，无须再由国内立法予以补充规定，即应由国内司法和行政机关予以适用的条约。而《海牙公约》不是自动执行的条约，它要求各缔约国将这些公约纳入国内法。此外，CISG 对 1964 年《海牙公约》在合同成立、损害赔偿制度等方面并没有作出实质修改。

由于 CISG 在制定过程中充分吸收了不同法律体系国家的做法，到 2021 年 3 月，已经有 96 个国家和地区参加和核准该公约。① 在 CISG 起草过程中，中国政府以观察员身份参加了会议。中国于 1981 年 9 月 30 日签署 CISG，1986 年 12 月 11 日递交批准书。中国在认可公约时声明，它不受 CISG 第 1 条第 1 款（b）项和第 11 条的约束，也不受公约内与第 11 条内容有关的规定的约束。②

由于 CISG 在国际上具有广泛影响，本教材将以 CISG 为主线，对国际货物买卖合同予以阐述。③

3.《联合国国际货物买卖合同时效期限公约》

由于各国在时效期限方面的规定有很大差异，有的期限很短（如 6 个月、1 年），有的期限较长（最长的有 30 年），这种状况对于贸易当事人权利的保护产生不利影响。于是，联合国贸法会在其第二次会议上设立了一个专门研究国际货物买卖时效期限问题的工作组（Working Group on Time-limits and limitations）。工作组在 1969 年 8 月召开了第一次会议，并在贸法会第 4 次会议上提交了《联合国国际货物买卖时效期限公约草案》初稿。1974 年 6 月 14 日，贸法会在纽约通过了《联合国国际货物买卖合同时效期限公约》(Convention on the Limitation Period in the International Sale of Goods，简称 1974 Limitation Convention)（以下简称“1974 年时效期限公约”）。公约共有 45 条，它确立了关于国际货物买卖合同所引起法律诉讼的时效期限统一规则。1980 年在维也纳通过 CISG 时，还通过了一项修改 1974 年时效期限公约的议定书（The Protocol Amending the Convention on the Limitation Period in the International Sale of Goods，简称 1980 Protocol，以下简称“1980 年时效期限公约”)，以便和 CISG 的适用范围保持一致。经修改的时效期限公约（Convention on the Limitation Period in the International Sale of Goods as Amended by the Protocol Amending the Convention on the Limitation Period in the International Sale of Goods）有 46 条，也于 1988 年 8 月 1 日生效。④

中国没有加入 1974 年时效期限公约和 1980 年时效期限公约。我国《民法典》第 594 条规定：“因国际货物买卖合同和技术进出口合同争议提起诉讼或者申请仲裁的时效期间为四年。”

（1）对“时效期限”的理解。

根据 1980 年时效期限公约第 1 条，时效期限（limitation period）是指由于国际货物销售合同所引起的或与此种合同的违反、终止或无效有关的买方和卖方的相互要求于何时因一定期间的届满而不得行使。

时效期限的届满（expiration of the limitation period）并不消灭实体权利。债务人在时效期

①② 参见联合国国际贸易法委员会网站：http：//www. uncitral. org.

③ 由 Ingeborg Schwenzer，Christiana Fountoulakis，Mariel Dimsey 合著的《国际货物买卖法：CISG 指南》(International Sales Law：A Guide to the CISG）对该公约逐条进行了解释并配有相应案例及与其他国内法的比较，是深入、全面学习公约的一本很有价值的参考书。Ingeborg Schwenzer，Christiana Fountoulakis，Mariel Dimsey：International Sales Law：A Guide to the CISG，3rd，Oxford，UK：Hart Publishing，2019。

④ 根据贸法会的记录，到 2005 年年底，1974 年时效期限公约已经对 25 个缔约国生效。

限届满后仍履行其债务者，即使在履行其债务时对时效期已届满并不知情，也不应因此而有权要求归还付款。此外，即使时效期限届满，当事一方仍可凭借其要求权作为辩护或用以抵消当事他方主张的要求权，但抵消他方要求权必须在下列情况下进行：双方的要求权均涉及同一合同或涉及同一项交易中订立的数项合同；该要求权本来即可在时效期限届满前随时抵销者。[①]

（2）时效期限公约的适用范围。

两个时效期限公约的适用范围与 CISG 的规定相同。1980 年时效期限公约第 3 条规定："1. 本公约仅在下列情况下适用：(a) 如果订立合同时，国际货物买卖合同当事人营业地位于缔约国内；或 (b) 如果根据国际私法规则（the rules of private international law）某一缔约国的法律适用于买卖合同。2. 公约于各当事人明示排除其适用时即不适用。"但 1974 年时效期限公约在适用范围方面要宽于上述规定。[②]

根据时效期限公约规定，缔约国可以对上述两项适用范围中的任何一项作出保留声明。

（3）时效期限公约不适用的买卖。

时效期限公约在这方面的规定与 CISG 相同。[③]

（4）时效期限公约不适用的要求。

时效期限公约不适用基于下列事项的要求权（claim）：1）任何人的死亡或身体伤害；2）售出货物造成的损害；3）财产的留置权、抵押或其他物权担保；4）法律程序中所作的判决或裁定；5）如在某地要求直接强制执行或执行，按照当地的法律可获得此种执行的文件；6）汇票、支票和本票。[④]

（5）时效期限及其开始。

时效期限为 4 年。[⑤] 时效期限公约还规定了时效期限的中断和延长，但时效期限在任何情况下均应在开始起算日起 10 年内届满。

时效期限自要求权发生之日起算。[⑥] 但是，时效期限公约第 10 条至第 12 条规定，下列情况下的时效期限开始日期是：1）因违反合同（breach of contract）而产生的要求权应于违约之日发生。2）因货物由瑕疵（defect）或其他不符规定而产生的要求权应于货物实际交付买方或买方拒绝接受之日发生。3）因合同订立前或订立时或在履行此项合同期间所犯欺诈行为（fraud）而产生的要求权应于发现或理应发现该项欺诈行为之日发生。4）如卖方就货物提出明示保证（undertaking），说明在某一段期间内有效，不论是否定有具体起讫日期或其他期限，其由于此种保证而产生的要求权的时效期，应自买方将要求权所根据的事实通知卖方之日起算，但不得迟于保证期间届满之日。5）在适用于合同的法律所规定的情况下，如当事

---

① 参见 1974 年时效期限公约第 27、28 条。

② 参见 1974 年时效期限公约第 3 条："1. This Convention shall apply only if, at the time of the conclusion of the contract, the places of business of the parties to a contract of international sale of goods are in Contracting States. 2. Unless this Convention provides otherwise, it shall apply irrespective of the law which would otherwise be applicable by virtue of the rules of private international law. 3. This Convention shall not apply when the parties have expressly excluded its application."

③ 1974 年时效期限公约第 4 条规定："本公约不适用于以下的销售：(a) 购供私人、家人或家庭使用的货物的销售，除非卖方在订立合同前任何时候或订立合同时不知道而且也没有理由知道这些货物是购供任何这种使用；(b) 经由拍卖的销售；(c) 根据法律执行令状或其他令状的销售；(d) 公债、股票、投资证券、流通票据或货币的销售；(e) 船舶、船只、气垫船或飞机的销售；(f) 电力的销售。"公约第 6 条还规定："1. 公约不适用于卖方的绝大部分义务在于供应劳力或其他服务的合同。2. 供应尚待制造或生产的货物的合同应视为销售合同，除非订购货物的当事人保证供应此种制造或生产所需的大部分原料。"

④⑤⑥ 参见 1974 年时效期限公约第 5、8、9 条。

一方有权在合同开始履行前宣告合同终止，并行使此项权利，根据此种情况的要求权的时效期限应自向当事他方作此宣告之日起算。如合同在开始履行前未经宣告终止，则时效期应自开始履行之日起算。6）因当事一方违反分期交货（delivery of goods by installments）或分期付款（payment for goods by installments）合同所产生的要求权的时效期，就每一期来说，应自该特定违约行为发生之日起算。如果根据适用于合同的法律，当事一方有权因此种违约情事而宣告合同终止，并行使此项权利，则有关全部分期交货或付款的时效期应自向当事他方作此宣告之日起算。

（二）《联合国国际货物买卖合同公约》适用的地域范围

CISG 第 1 条、第 2 条、第 3 条、第 93 条、第 95 条都涉及公约的适用范围问题。概括而言，CISG 既规定了特定的适用范围，同时又给予缔约国以一定的灵活性，允许各缔约国在某些方面作出声明或保留。

在地域适用范围方面，1964 年《国际货物买卖统一法公约》（ULIS）第 1 条规定："The present Law shall apply to contracts of sale of goods entered into by parties whose places of business are in the territories of different States, in each of the following cases: (a) where the contract involves the sale of goods which are at the time of the conclusion of the contract in the course of carriage or will be carried from the territory of one State to the territory of another; (b) where the acts constituting the offer and the acceptance have been effected in the territories of different States; (c) where delivery of the goods is to be made in the territory of a State other than that within whose territory the acts constituting the offer and the acceptance have been effected." 由于上述规定对"国际性"（internationality）的认定既采用了主体标准又采用了客体标准，缔约国的法官可以不必考虑合同与缔约国的联系就可以适用 ULIS，使 ULIS 的适用范围过于广泛，所以，大部分缔约国作出了保留，以限制适用范围。鉴于 ULIS 存在的上述问题，CISG 只采纳了主体标准。CISG 第 1 条规定："（1）本公约适用于营业地在不同国家的当事人之间所订立的货物销售合同：(a) 如果这些国家是缔约国；或（b）如果国际私法规则导致适用某一缔约国的法律。(2) 当事人营业地在不同国家的事实，如果从订立合同前任何时候或订立合同时，当事人之间的任何交易或当事人透露的情报均看不出，应不予考虑。(3) 在确定本公约的适用时，当事人的国籍和当事人或合同的民事或商业性质，应不予考虑。"

根据上述规定，CISG 适用于营业地在不同国家的当事人之间所订立的货物买卖合同。也就是说，CISG 对货物买卖合同"国际性"（internationality）的判断标准采用买卖当事人的"营业地"（places of business）标准，而不是国籍（nationality）标准。如果买方营业地与卖方营业地所在国家不同，即使买卖双方属于同一国籍，仍然适用 CISG。CISG 之所以没有采用国籍标准，是因为如何确定当事人的国籍，特别是各公司的国籍，是一个复杂的问题，各国国内法的规定各不相同。此外，订立合同时，一方可能并不清楚他方的国籍，采用国籍标准将使 CISG 是否适用变得更加复杂，甚至引起混乱。

具体而言，CISG 适用的地域范围有两种情况，只要符合其中一个标准，即可适用该公约。

1. 直接适用标准：货物买卖合同卖方和买方的营业地在均为公约缔约国的不同国家

这一标准有如下特点：

（1）以营业地为标准判断当事人是否在不同国家。

CISG虽然没有规定“营业地”的概念，但是，“营业地”应该理解为“永久和稳定的商业机构包括附属机构，包括分支机构、代理或任何其他机构的所在地，不包括临时居留地”①。合同订立地（place of contract）和谈判地（place of negotiations）不能视为“营业地”。

那么，应以买卖当事人何时的营业地为准？公约第1条规定，如果从订立合同前任何时候或订立合同时（at any time before or at the conclusion of the contract），当事人之间的任何交易或当事人透露的情报均看不出当事人营业地在不同国家的事实，则不应认为买卖当事人的营业地在不同国家。由此可见，应以买卖当事人签订买卖合同时的营业地为准，并且该营业地在订立合同的过程中为对方知晓。例如，营业地在同一缔约国的当事人签署的货物买卖合同，即使其中一方是代表一个外国公司签署，但是，该方当事人如果在谈判或签署合同的过程中不披露这一事实，该合同仍然不能适用公约。

有时，一个当事人除了主要营业地（main seat）之外，还有分支机构（branch offices）。如果当事人有一个以上营业地或者没有营业地时，根据CISG第10条：1）如果当事人有一个以上的营业地，以与合同及合同的履行关系最密切（the closest relationship to the contract and its performance）的营业地为其营业地，但要考虑到双方当事人在订立合同前任何时候或订立合同时所知道或所设想的情况；2）如果当事人没有营业地，则以其惯常居住地（habitual residence）为准。瑞士Saane地区法院（民事法院）在1997年审理的以下案件就涉及卖方有多个营业地的情况。

案例②

An Austrian company, plaintiff, entered into a contract for the purchase and transport of spirits to Russia with the Swiss branch of a company that had its headquarters in Liechtenstein. The contract was never performed because a dispute arose among the parties regarding the mode of transport and the final date of performance. The Austrian buyer sued the Swiss seller for repayment of an advance payment, while the defendant claimed damages for breach of contract.

The court held that, even though Liechtenstein was not a Contracting State, the Convention was applicable because the Swiss branch, not the Liechtenstein headquarters, was the place of business that had the closest relationship to the contract and its performance [articles 1 (1) (a) and 10 (a) CISG].

（2）卖方和买方的营业地必须均在公约缔约国境内。

关于缔约国（Contracting States）身份的认定，CISG第100条规定：“公约适用于合同的订立，只要订立该合同的建议（proposal for concluding the contract）是在公约对第1条第1款（a）项所指缔约国或第一条第1款（b）项所指缔约国生效之日或其后作出的；公约只适用于

① Carolina Saf., *A Study of the Interplay between the Conventions Governing International Contracts of Sale*, at http://www.cisg.law.pace.edu/cisg/biblio/saf.html.

② See District Court (Bezirksgericht) of Saane; 20 February 1997 [T. 171/95]; Case law on UNCITRAL texts (CLOUT) abstract no. 261.

在它对第一条第1款（a）项所指缔约国或第1条第1款（b）项所指缔约国生效之日或其后订立的合同。”

根据该条规定，缔约国身份的判定分两种情况：1）关于合同订立问题，订立合同的建议在作出时，公约必须已经对当事人营业地所在国家生效；2）合同履行方面的争议，在合同订立时，CISG必须已经对当事人营业地所在国家生效。瑞士瓦莱州立法院在1994年审理的以下案件就涉及在CISG对瑞士生效前签署的货物买卖合同是否适用CISG的问题。

案例①

The defendants, two Swiss sellers of computer software, attached the Swiss bank accounts of the plaintiff, a French buyer, and asked for specific performance of the sale of software contract, which had been declared avoided by the plaintiff.

The court ruled under Swiss law in favor of the defendants. The court, deciding on the issue of jurisdiction, held that the CISG was not applicable in Switzerland. The CISG had entered into force in Switzerland on 1 March 1991 and the contract for the sale of the software was concluded on 21 September 1990. Pursuant to its article 100, the CISG applies only when the proposal for concluding the contract is made on or after the date when the CISG enters into force in the Contracting States. In addition, the CISG was neither applicable under article 1 (1) (b) CISG, since the relevant Swiss rule on choice of law designated Swiss law at the place of the seller as the applicable law.

2. 通过国际私法规则适用：国际私法规则导致适用公约某一缔约国法律

当缔约一方或缔约双方的营业地不在CISG缔约国境内时，如果国际私法规则（rules of private international law）导致适用某一缔约国法律（law of a Contracting State），则直接适用CISG。这种规定主要基于这样的理论，即当一个国家加入CISG后，CISG成为其国内法的一部分。西班牙巴塞罗那省法院第17分庭于1999年审理的以下案件就是通过该规则适用了CISG。

案例②

The matter at issue was concerned with the determining of the jurisdiction of the Spanish courts and the declaring of Spanish law as the law applicable to a dispute which arose from a commercial sale of textiles in which a Spanish manufacturer, the plaintiff, was the seller and a British importer, the defendant, was the buyer. It had been agreed that payment for the purchased goods would take place at the seller's domicile, which does not appear to have happened. Since Spain is a party to the CISG and the United Kingdom is not, it

---

① See Case 198; Switzerland: Tribunal cantonal du Valais; 21 October 1994; see A/CN. 9/SER. C/ABSTRACTS/14.

② See Case 320; Spain: Audiencia Provincial de Barcelona, Division 17; 7 June 1999; See A/CN. 9/SER. C/ABSTRACTS/30.

had to be concluded that, in the event that Spanish law was applicable, the CISG would be the instrument governing the sale.

The Court noted that the essential service provided under the disputed contract was the supply of the purchased textiles by the seller, whose administrative headquarters are located in the city of Barcelona. The Court accordingly ruled that the law applicable was Spanish law and hence the CISG would apply, even though the United Kingdom is not a party to the CISG. That ruling was in accordance with article 1 (1) (b) CISG, which states that the CISG applies to contracts of sale of goods between parties whose places of business are in different States when the rules of private international law lead to the application of the law of a contracting State, which is what happened in the present case.

The Court further indicated that the jurisdiction of the Spanish courts was based on article 57 (1) (a) CISG, which states that, if no other place is specified, the price has to be paid "at the seller's place of business". Consequently, that is the place of performance of the contract and the place that determines which courts have jurisdiction to hear the seller's claim and settle the dispute.

在理解 CISG 第 1 条第 1 款（b）项规定时，应特别注意以下问题：

（1）如果当事人在买卖合同中选择了缔约国法律作为适用法，争议的解决是按照当事人选择的法律还是依照 CISG 第 1 条第 1 款（b）项重新确定适用法？在 CISG 实践中，有如下做法：

第一种做法，尊重当事人的意思自治，以当事人选择的法律作为适用法。例如，意大利蒙扎民事法庭于 1993 年审理的下列案件就采用了该观点。

案例[①]

The plaintiff, an Italian seller who failed to deliver the goods to the defendant, a Swedish buyer, claimed avoidance of the sales contract on the ground of hardship since the price of the goods had increased after conclusion of the contract and before delivery by almost 30%.

The court held that CISG was not applicable since at the time of the conclusion of the contract. CISG was in force in Italy but not in Sweden (Article 1 (1) (a) CISG). The court also excluded the application of the Convention on the ground that the parties had chosen Italian law as the law governing their contract holding that Article 1 (1) (b) CISG operates only in the absence of a choice of law by the parties.

第二种做法，如果当事人选择的法律是缔约国法律，应直接适用 CISG，因为加入的 CISG 是其国内法的一部分。例如，奥地利工商企业联邦总会国际仲裁庭于 1994 年审理的下列案件采纳了该观点。

---

① See Tribunale di Monza, Sentenza 14 Gennaio 1993; Laudisio Presidente, Lapertosa Estensore, Nuova Fucinati S. p. A. (Avv. Bassi, Santamaria) v. Fondmetall International A. B. (Avv. Bianchi, Ginelli, Rossi); Case law on UNCITRAL texts (CLOUT) abstract no. 54; http://www.cisg.law.pace.edu/cisg/wais/db/cases2/930114i3.html.

案例[①]

In 1990 and 1991 an Austrian seller and a German buyer concluded a contract for the sale of rolled metal sheets. The goods were to be delivered in installments "FOB Rostock", specially packaged for export. Immediately after receiving the first two deliveries, the buyer sold the goods to a Belgian company which shipped them to a Portuguese manufacturer. The manufacturer found that the goods were defective and refused to accept the rest of them. The German buyer sent to the Austrian seller notice of non-conformity of the goods with contract specifications, but the seller refused to pay damages, alleging that the notice was not timely. The buyer commenced arbitral proceedings pursuant to an arbitration clause contained in its contract with the seller. The sole arbitrator held that, since the parties had chosen Austrian law, the contract was governed by CISG as the international sales law of Austria, a contracting State [Art. 1 (1) (b) CISG].

According to both contracts, the applicable law was Austrian law. That means that-in so far as the issues involved fall within this scope-the United Nations Sales Convention (Vienna) of 11 April 1980 (CISG) applies. In fact, that convention entered into force in Austria on 1 January 1989, with the consequence that, from that date onwards, all international contracts of sale of goods within the meaning of Article 1 have been subject to the CISG, provided that the conditions stipulated for that purpose in the Convention itself are met, i. e. that either both parties are established in Contracting States or that the rules of private international law lead to the application of the law of a Contracting State. In the present case, the first condition was not met because Germany was not yet a Contracting State at the time of conclusion of the contract. On the other hand, however, the second prerequisite for application of the CISG was met, i. e. the rules of private international law led to the application of the law of a Contracting State (Austria). In fact, according to the predominant view in international legal writings, the parties' choice of the law of a Contracting State is understood as a reference to the corresponding national law, including the CISG as the international sales law of that State and not merely to the-non-unified-domestic sales law.

第三种做法，在买卖合同当事人选择了缔约国法律的情况下，如果选择的是具体的适用法，例如“本合同适用《意大利民法典》”，则排除公约的适用。[②] 这种观点认为，“公约丝毫没有改变国际买卖合同中的意思自治原则……如果当事人参照了某缔约国法律而未作出其他明确说明（如：‘本合同的适用法律为法国法律’），法官或仲裁员将适用基于公约而产生的法律”[③]。但是，如果当事人没有特别指明适用某一具体国内法时，则仍然适用 CISG。国际商会

① See Case 94；Internationales Schiedsgericht der Bundeskammer der gewerblichen Wirtschaft-Wien；SCH－4318；15 June 1994；A/CN. 9/SER. C/ABSTRACT/7.

② See Franco Ferrari：Uniform Law of International Sales：Issues of Applicability and Private International Law, from 15 *Journal of Law and Commerce*，159－174，1995.

③ ［法］让·沙皮拉、夏尔·勒邦著，谢军瑞译：《国际商法》，115 页。

仲裁院在 1994 年裁决的下列案件就采用了该观点。

案例①

A contract between a seller from the Netherlands and a buyer from the U. S. expressly stated that it was subject to " the laws of Switzerland" . At the time the contract was concluded under CISG, which was not then in effect in the Netherlands, but was in effect in Switzerland as well as the United States.

Claimant [seller's] has pointed out that on the date of Contract (June 16, 1991) Switzerland had as of March 1, 1991, incorporated in its law the United Nations Convention on Contracts for the International Sale of Goods, 1989 (the Vienna Convention) which means that the Contract, due to its express reference to "the laws of Switzerland" shall be subject to the whole of the Convention (Convention, Art. 1. (1) (b)) while Swiss law has no more than a residual role to play in rare cases possibly not covered by the Convention.

Defendant [buyer's] however challenges the mandatory application of the Convention to the Contract. His argument is that an express designation of a national law (here: the Swiss law) by the parties shall be construed as an express reference to the provisions of that law which would apply at the domestic level, without any reference to provisions of private international law capable of referring the same matter to a different law. Such interpretation should particularly apply where, as was the present situation, parties have clearly made choice of a neutral law, i. e. , the law of a country of which neither party is a national or resident.

That reasoning however is far from convincing.

On the first hand, the purpose of the incorporation of an international convention in the law of a country having signed or adhered to it is not to elect rules of private international law with the view to settle conflicts of laws, but to implement as part of that national law a set of material rules. So Swiss law, when applicable, consists of the Convention itself as of the date of its incorporation into Swiss law.

On the second hand, the neutrality argument, supposing that it was significant to the parties' choice, is satisfied whereas the Convention's objectives and contents are more than consistent with it. Certainly in incorporating the Convention's provisions such as to make it part of Swiss law so far as international sales of goods are concerned, Switzerland has rather increased than decreased the degree of neutrality the parties are suggested to have sought in the present circumstances.

Finally, the parties have themselves referred to "the laws of Switzerland" and not to "Swiss law." That defeats Defendant's contention that the clause should result only in an election of the provisions of the Swiss Code of Obligations, with the exclusion of any other

---

① See Court of Arbitration of the International Chamber of Commerce, Date of decision: 1994; Editorial remarks, Editor: Albert H. Kritzer; http://www.cisg.law.pace.edu/cisg/wais/db/cases2/947565i1.html.

Swiss legal provisions.

For the above stated reasons, the Arbitral Tribunal finds that the Contract is governed by the Vienna Convention, as incorporated in the laws of Switzerland.

（2）对 CISG 第 1 条第 1 款（b）项的保留问题。

法国著名学者指出，“在这种假设下，当事人一方（或者双方，不过极为少见）在缔约国内不具有住所，而寻求合同适用法律的法官（或仲裁员）通过它所要求的法律冲突体系（如 1955 年海牙公约体系或 1980 年罗马公约体系）导致适用某个缔约国法律。这时，法官运用的并不是该缔约国的普通法，他运用的是基于《维也纳公约》而创立的法律。这是对公约空间适用范围的一个重大延伸，对此，任何国家在递交批准书时可以声明保留而予以拒绝”①。CISG 第 95 条规定：“任何国家在交存其批准书、接受书、核准书或加入书时，可声明它不受本公约第 1 条第 1 款（b）项的约束。”

根据贸法会的记录，只有少数缔约国（例如中国、捷克共和国、圣文森特和格林纳丁斯、新加坡、斯洛伐克、美国）对 CISG 第 1 条第 1 款（b）项作出了保留，即只承认当买卖合同当事人的营业地在公约的不同缔约国时方可适用公约。此外，德国政府在批准公约时声明，对于已经声明不适用公约第 1 条第 1 款（b）项的任何国家，德国也不适用公约第 1 条第 1 款（b）项。

（三）《联合国国际货物买卖合同公约》排除的买卖

1. 排除的买卖

虽然 CISG 适用于货物买卖合同（contracts of sale of goods），但是，公约没有对“货物买卖”以及“货物”给予明确定义，而是用排除法列举了不适用公约的买卖。公约第 2 条规定：“本公约不适用于以下的销售：（a）购供私人、家人或家庭使用的货物的销售，除非卖方在订立合同前任何时候或订立合同时不知道而且没有理由知道这些货物是购供任何这种使用；（b）经由拍卖的销售；（c）根据法律执行令状或其他令状的销售；（d）公债、股票、投资证券、流通票据或货币的销售；（e）船舶、船只、气垫船或飞机的销售；（f）电力的销售。”此外，公约第 3 条还规定：“（1）供应尚待制造或生产的货物的合同应视为销售合同，除非订购货物的当事人保证供应这种制造或生产所需的大部分重要材料。（2）本公约不适用于供应货物一方的绝大部分义务在于供应劳力或其他服务的合同。”在上述各项中，公约第 2 条（a）项是从销售目的方面予以排除；（b）、（c）项是从销售合同的类型方面予以排除；（d）、（e）、（f）项是从买卖货物的种类方面予以排除；公约第 3 条第 1、2 款是从买卖各方的义务方面予以排除。排除上述情形的主要原因在于，许多国家对上述买卖都规定特别法加以规范。

与 1964 年《海牙公约》相比，CISG 排除的买卖范围更加广泛。例如，1964 年《海牙公约》没有排除以消费为目的的买卖以及拍卖方式。那么，应如何理解 CISG 排除的 8 项买卖？

（1）购供私人（personal）、家人（family）或家庭（household）使用的货物的销售，除非卖方在订立合同前任何时候或订立合同时不知道而且没有理由知道这些货物是购供任何这种使用。

该规定实际上是排除直接面向消费者的销售。因为有些国家专为保护消费者制定了特别法

---

① ［法］让·沙皮拉、夏尔·勒邦著，谢军瑞译：《国际商法》，114 页。

律规范。值得注意的是，所排除的购买不是看购买人是否为个人，而是看购买目的是否以消费为目的。如果个人以商业为目的购买消费品，该买卖仍然受 CISG 规范。此外，该项排除以卖方在订立合同前或订立合同时知道或应该知道这种购买以消费为目的作为适用的前提。如果在订立合同前或订立合同时，卖方不知道而且也没有理由知道这种购买是以消费为目的，该买卖仍然适用 CISG。奥地利最高法院于 1997 年审理的下列案件说明了这一排除的适用。

案例（奥地利最高法院 1997 年审理）①

The defendant, an Austrian seller of imported Italian cars, sold a Lamborghini Countach to the plaintiff, a Swiss buyer. The seller, however, could not deliver the car to the buyer. The court held that since the car was purchased for personal use, in accordance with its article 2 (a), the CISG was not applicable to the case. Nevertheless, the court stated that the CISG could have been applied to the case if the fact that the seller "neither knew nor ought to have known that the goods were bought for any such use" had been proved by the seller.

（2）经由拍卖（auction）的销售。

排除拍卖方式的目的在于避免公约的规定与各国拍卖法相冲突，因为大部分国家针对拍卖方式都制定了特别法，而且无论拍卖物是否来自外国，一律适用拍卖地法。例如，中国于 1996 年颁布了《拍卖法》(Auction Law of People's Republic of China)。根据该法规定，凡在中国境内拍卖企业进行的拍卖活动均适用该法。

（3）根据法律执行令状或其他令状（execution or otherwise by authority of law）的销售。

法律执行令状或其他令状主要是指法院、行政或其他权力机构的判决或裁定、决定等。根据这些文件进行的买卖通常受发布文件所在地和买卖所在地国家的法律管辖，而且国际贸易中很少有这种买卖，这种买卖通常是国内买卖。

（4）公债（stocks）、股票（shares）、投资证券（investment securities）、流通票据（negotiable instruments）或货币（money）的销售。

这些交易产生的问题不同于国际货物买卖的一般问题。在有些国家，这些交易不被视为"货物"的交易，因此，公约对此种交易予以排除。

案例（瑞士法院 1998 年审理）②

A dispute concerning a sale of the shares of a company incorporated in Cote d'Ivoire arose between a Panamanian company and several persons domiciled in the United Kingdom. The court noted that the CISG was not applicable because the sale of stocks, shares, investment securities, negotiable instruments or money is excluded from the scope of application of the Convention [article 2 (d) CISG].

---

① See Case 190; Austria: Oberster Gerichtshof; 10 Ob 1506/94; 11 February 1997. Also see A/CN. 9/SER. C/ABSTRACTS/14.

② See Case 260; Switzerland: République et Canton de Genève, Cour de Justice (Chambre civile); C/8157/1992; 9 October 1998. Also see A/CN. 9/SER. C/ABSTRACTS/25.

（5）船舶（ships）、船只（vessels）、气垫船（hovercraft）或飞机（aircraft）的销售。

与一般货物不同，船只和飞机的销售要受到特别登记规定的限制。飞机和船舶一旦登记后都归入不动产一类。因此，有学者认为，"公约首先指动产的买卖，不动产的买卖被排斥在外"①。

（6）电力（electricity）的销售。

在许多国家，电力不视为"货物"。而且电力的国际买卖具有不同于一般国际货物买卖的特殊问题。

（7）供应尚待制造或生产的货物，且订购货物的当事人保证供应这种制造或生产所需的大部分重要材料（substantial part of the materials）的合同。

如果买方供应制造货物的大部分重要材料，而卖方还要负责货物与合同规定相符，这显然不公平。因此，CISG 将这种买卖排除。奥地利最高法院在 1994 年审理的下列案件由于该原因而排除了 CISG 的适用。

案例②

An Austrian company ordered brushes and brooms in the former Yugoslavia. Under the contract, the Austrian company had to provide the Yugoslavia company with materials for the production of the goods ordered. The court found that the Convention was not applicable because the party ordering the goods supplied a substantial part of the materials necessary for the production of the goods [article 3 (1) CISG] and the obligation of the party furnishing the goods consisted mainly in the supply of labor and services [article 3 (2) CISG].

（8）供应货物一方的绝大部分义务（the preponderant part of the obligations）是供应劳力或其他服务（labor or other services）的合同。

该情形是指卖方在出售货物的同时还提供劳务或服务。实践中，在工业建筑群的建造合同（交钥匙合同、工程合同等）中，如果合同的绝大部分义务在于提供货物，那么应该适用 CISG；反之，如果合同的绝大部分义务在于提供服务或者技术转让，就不适用 CISG。为了避免模棱两可的情况，当事人在进行类似交易时可以分别起草合同。

案例（德国慕尼黑高等法院 1999 年审理）③

The decision concerns both paragraphs of article 3 CISG, i. e. the sale of goods to be manufactured as well as the supply of additional services by the seller. The buyer, a German manufacturer of windows, had ordered from the Italian seller a window manufacturing unit. It was agreed that some parts for the unit should be provided by the buyer. Moreover, the unit was to be modified according to the buyer's specifications and to be delivered to the buyer's place of business, where it was to be assembled by the seller's technicians. When the

① ［法］让·沙皮拉、夏尔·勒邦著，谢瑞军译：《国际商法》，113 页。

② See Case105; Austria: supreme court; 8 Ob 509/93; 27 October 1994. Also see A/CN. 9/SER. C/ABSTRACTS/8.

③ See Case 430; Germany: Oberlandesgericht München; 23 U 4446/99; 3 December 1999. Also see: A/CN. 9/SER. C/ABSTRACTS/37.

seller declared that it would not be able to deliver the manufacturing unit by the agreed time, the buyer fixed an additional period of time for delivery and, after that time had passed, declared the contract avoided. The seller filed suit in Italian court for damages arising out of the avoidance of the contract. The buyer filed suit in Germany for lost profit and the cost of a substitute transaction. The seller contested the jurisdiction of the German court, asserting that the suit should be brought in Italy, the place of performance, pursuant to article 5 (1) of the Brussels Convention.

The Oberlandesgericht München (Higher Regional Court of Munich) found that the German court of first instance had jurisdiction. As an initial matter, the Court stated that the CISG was applicable pursuant to article 1 (1) (a) CISG since the two parties had the places of business in Contracting States. The Court then applied article 31 CISG, finding that the place of performance of the delivery of the manufacturing unit was the buyer's place of business in Germany, since according to the contract the unit was to be assembled there by the defendant's technicians. A clause in the contract stating the net price "at the seller's place of business" was considered immaterial in this respect, since it only clarified that the transport costs had to be born by the buyer.

The Court observed that the contract was a contract for the sale of goods pursuant to article 3 (1) CISG, since the parts for the unit to be provided by the buyer were not substantial in value or function. Finally, the Court concluded that the application of the CISG was not excluded by article 3 (2) CISG. The mere fact that the machine was to be assembled by the seller's technicians at the buyer's place of business did not constitute a preponderant part of the seller's obligations. The value of the labor of the installation only amounted to a small part of the total value of the contract, and the main interest of the buyer was still the machine itself and not its installation.

2. 对"货物"的理解

在各国的买卖法中，买卖的标的十分广泛。《法国民法典》规定，交易范围内的物品，除特别法禁止出让者外，均得为买卖标的。《日本民法典》规定，买卖标的可以包括动产、不动产、无形权利的交付。英国《1979年货物买卖法》[①] 第61条将"货物"定义为："Goods" includes all personal chattels other than things in action and money, and in Scotland all corporeal movables except money; and in particular "goods" includes emblements, industrial growing crops, and things attached to or forming part of the land which are agreed to be severed before sale or under the contract of sale; and includes an undivided share in goods. 《美国统一商法典》中的"货物"概念与之相类似，其第2—105条规定：(1) "Goods" means all things (including specially manufactured goods) which are movable at the time of identification to the contract for sale other than the money in which the price is to be paid, investment securities (Article 8) and things in action. "Goods" also includes the unborn young of animals and growing crops and other i-

① 指英国《1979年货物买卖法》1995年修订本。

dentified things attached to realty as described in the section on goods to be severed from realty (Section 2－107).（2）Goods must be both existing and identified before any interest in them can pass. Goods which are not both existing and identified are "future" goods. A purported present sale of future goods or of any interest therein operates as a contract to sell. 中国 1999 年《合同法》关于买卖合同的第九章虽然没有对"货物"概念作出解释，但其相关规定与《法国民法典》类似，即非法律和行政法规禁止或限制的，皆可作为买卖合同的标的。① 概括而言，尽管各国法律对"货物"的规定不尽相同，但大多数国家都将"货物"理解为有形动产，包括尚待生产与制造的货物。

CISG 没有对"货物"（goods）以及"货物买卖合同"（contracts of sale of goods）给予定义，但是，从 CISG 第 2 条、第 3 条、第 30 条②和第 53 条③的规定可以作出推论。在大多数情况下，"货物"是指有形货物（tangible goods）。但实践中，一些案件认为，计算机标准软件的买卖（sales of computer standard software）、水和气的买卖（sales of water and gas）在 CISG 的规范之列（见案例 1）。④ 计算机芯片也在"货物"之列（见案例 2）。

案例 1（德国慕尼黑第一地方法院 1995 年审理）⑤

The German [buyer] ordered a computer programme from the French [seller]. The programme was delivered and installed. The parties also intended to conclude a second contract concerning the use of the programme, but the negotiations on that contract failed. The [buyer] then refused to pay the purchase price of the programme, which was delivered and installed.

The court held that the CISG was applicable as the parties had their place of business in different CISG Contracting States and as the CISG applies to standard software. The court further found also that the parties had agreed on all particulars of the sale of the programme and therefore had concluded a sales contract.

The fact that the transaction at issue concerns a computer software programme does not hinder the application of the CISG. According to the opinion of the Court, the sale of standard software for an agreed price is a "contract of sale of goods" within the meaning of Art. 1 CISG. Schlechtriem/Huber (CISG, 1990, Annotation 21 to Art. 1 also agree on the classification of computer software as goods under the CISG.)

---

① 在我国《合同法》第 132 条曾规定："出卖的标的物，应当属于出卖人所有或者出卖人有权处分。法律、行政法规禁止或者限制转让的标的物，依照其规定。"《民法典》第 597 条规定："因出卖人未取得处分权致使标的物所有权不能转移的，买受人可以解除合同并请求出卖人承担违约责任。法律、行政法规禁止或者限制转让的标的物，依照其规定"。

② CISG 第 30 条规定：卖方必须按照合同和本公约的规定，交付货物，移交一切与货物有关的单据并转移货物所有权。

③ CISG 第 53 条规定：买方必须按照合同和本公约规定支付货物价款和收取货物。

④ See Carolina Saf., *A Study of the Interplay between the Conventions Governing International Contracts of Sale*. Also see http://www.cisg.law.pace.edu/cisg/biblio/saf.html.

⑤ See District Court of Munich (*Landgericht*); 8 February 1995 [8 HKO 24667/93]; Case law on UNCITRAL texts (CLOUT) abstract no. 131; http://www.cisg.law.pace.edu/cisg/wais/db/cases2/950208g4.html.

案例 2（德国科布伦茨高等法院 1993 年审理）[1]

A French seller，plaintiff，and a German buyer，defendant，entered into a long-term contract which granted the buyer exclusive distribution rights in Germany for the seller's computer printers and computer chip. After the contractual relationship had been terminated，the seller sued for outstanding payments of invoices from 1988. The buyer disputed the applicability of the CISG and claimed a set-off. Alternatively，the buyer sought to pay damages in German currency.

The court held that the rules of private international law of Germany led to the application of French law. Since the CISG was in force in France as of 1 January 1988，even though Germany was not a Contracting State at that time，the CISG was held to be applicable（article 1（1）（b））.

The court held that the CISG applied to the sale of the computer chip，since，within the meaning of the Convention，"goods" includes all tangibles and intangibles that might be the subject of an international sales contract，which would include computer software（article 1（1）CISG）.

（四）《联合国国际货物买卖合同公约》未规范的货物买卖合同事项

CISG 不是一部完整和全面的关于国际货物买卖的统一法。尽管公约规范国际货物买卖合同，但并未规范国际货物买卖合同的所有事项。CISG 第 4 条规定："本公约只适用于销售合同的订立和卖方和买方因此种合同而产生的权利和义务。特别是，本公约除非另有明文规定，与以下事项无关：(a) 合同的效力，或其任何条款的效力，或任何惯例的效力；(b) 合同对所售货物所有权可能产生的影响。"第 5 条规定："本公约不适用于卖方对于货物对任何人所造成的死亡或伤害的责任。"

可见，即使适用 CISG，公约也不能解决以下问题：(1) 合同的效力（validity of the contract)，或其任何条款的效力，或任何惯例（usage）的效力；(2) 合同对所售货物所有权（the property in the goods）可能产生的影响；(3) 卖方对于货物对任何人所造成的死亡或伤害（personal injury）即产品责任问题。

对于公约未涉及的问题，可依照买卖双方业已同意的惯例或依据合同所适用的国内法予以解决。

（五）《联合国国际货物买卖合同公约》允许缔约国声明和保留的事项

为使公约兼顾不同法律制度，使更多国家加入，CISG 给予缔约国以一定的灵活性，允许缔约国在加入公约时，对某些条款作出声明或提出保留，即不受公约的约束。允许作出声明或保留的条款如下。

1. 允许对 CISG 第 1 条第 1 款（b）项作出保留

CISG 第 95 条规定："任何国家在交存其批准书、接受书、核准书或加入书时，可声明它不

---

[1] See Case 281；Germany：Oberlandesgericht Koblenz；2 U 1230/91；17 September 1993；A/CN. 9/SER. C/ABSTRACTS/26.

受本公约第1条第1款（b）项的约束。”在批准公约的国家中，中国、捷克、圣文森特和格林纳丁斯、新加坡、斯洛伐克、美国对该规定提出了保留。德国政府在批准公约时声明，对于已经声明不适用第1条第1款（b）项的任何国家，德国也不适用第1条第1款（b）项。

2. 允许对CISG第11条、第29条或第二部分关于书面形式的规定作出保留

CISG第96条规定：“本国法律规定销售合同必须以书面订立或书面证明的缔约国，可以随时按照第12条的规定，声明本公约第11条、第29条或第二部分准许销售合同或其更改或根据协议终止或者任何发价、接受或其他意思表示得以书面以外任何形式作出的任何规定不适用，如果任何一方当事人的营业地是在该缔约国内。”例如，阿根廷、白俄罗斯、智利、中国、匈牙利、拉脱维亚、立陶宛、俄罗斯、乌克兰在加入公约时，对上述条款作出保留，即CISG第11条、第29条或第二部分任何条款，凡准予通过协议形式签订销售合同或进行修改或终止或以书面形式以外的任何形式提出要约、承诺或表示意向者，概不适用于上述任何当事方在其各自国家内设有营业地点的销售合同。

3. 允许声明CISG只适用于缔约国的部分领土

CISG第93条规定：“（1）如果缔约国具有两个或两个以上的领土单位，而依照该国宪法规定，各领土单位对本公约所规定的事项适用不同的法律制度，则该国得在签字、批准、接受、核准或加入时声明本公约适用于该国全部领土单位或仅适用于其中的一个或数个领土单位，并且可以随时提出另一声明来修改其所作的声明。（2）此种声明应通知保管人，并且明确地说明适用本公约的领土单位。（3）如果根据按本条作出的声明，本公约适用于缔约国的一个或数个但不是全部领土单位，而且一方当事人的营业地位于该缔约国内，则为本公约的目的，该营业地除非位于本公约适用的领土单位内，否则视为不在缔约国内。（4）如果缔约国没有按照本条第1款作出声明，则本公约适用于该国所有领土单位。”例如，加拿大政府在加入时声明，公约同时适用于艾伯塔、不列颠哥伦比亚、马尼托巴、新不伦瑞克、纽芬兰及拉布拉多、新斯科舍、安大略、爱德华王子岛和西北地区。在1992年4月9日收到的一份声明中，加拿大政府将该公约的适用范围扩大到魁北克和萨斯喀彻温。在1992年6月29日收到的一份通知中，加拿大再将公约适用范围扩大到育空地区。在2003年6月18日收到的一份通知中，加拿大又将公约适用范围扩大到努勒维特地区。

4. 允许对CISG第二部分和第三部分提出保留

CISG第92条规定：“（1）缔约国可在签字、批准、接受、核准或加入时声明它不受本公约第二部分的约束或不受本公约第三部分的约束。（2）按照上一款规定就本公约第二部分或第三部分作出声明的缔约国，在该声明适用的部分所规定事项上，不得视为本公约第1条第1款范围内的缔约国。”例如，丹麦、芬兰、挪威和瑞典政府在批准公约时声明，它们不受公约第二部分（合同的订立）的约束。那么，对于该部分争议的解决，适用国际私法规则。

案例（匈牙利都市法院审理）①

The plaintiff, a Swedish company, sued the defendant, a Hungarian company, requesting payment of the price for the goods delivered. The defendant disputed the existence of

① See Case 143; Hungary: Metropolitan Court; A/CN. 9/SER. C/ABSTRACTS/10.

a valid contract. The court, noting that the parties had their places of business in difference Contracting States of the CISG and those States had ratified the Convention before the conclusion of the relevant contract between the plaintiff and the defendant, found the CISG to be applicable (art. 1 (1) (a) and 100 (2) CISG). Also noting that Sweden had accepted the Convention with a reservation concerning Part Ⅱ (formation of the contract) (92 (1) CISG), the court applied the provisions of the Hungarian private international law and found that Swedish law was applicable with regard to the formation of the contract. Under the Swedish Act No. 28 of 1915, the contract had to be concluded in writing. The court found that the contract had in fact been concluded in writing, and, applying the CISG in all other respects, dismissed the defense of the defendant as unfounded and ordered the defendant to pay the price.

5. 允许作出相互不适用的保留

CISG第94条规定：“(1) 对属于本公约范围的事项具有相同或非常近似的法律规则的两个或两个以上的缔约国，可随时声明本公约不适用于营业地在这些缔约国内的当事人之间的销售合同，也不适用于这些合同的订立。此种声明可联合作出，也可以相互单方面声明的方式作出。(2) 对属于本公约范围的事项具有与一个或一个以上非缔约国相同或非常近似的法律规则的缔约国，可随时声明本公约不适用于营业地在这些非缔约国内的当事人之间的销售合同，也不适用于这些合同的订立。(3) 作为根据上一款所作声明对象的国家如果后来成为缔约国，这项声明从本公约对该新缔约国生效之日起，具有根据公约第1款所作声明的效力，但以该新缔约国加入这项声明，或作出相互单方面声明为限。”丹麦、芬兰、挪威和瑞典政府在批准公约时根据公约第94条第1款和第2款声明，使之不适用于营业地点设在丹麦、芬兰、瑞典、冰岛或挪威的当事方的销售合同。在2003年3月12日生效的一份通知中，冰岛根据公约第94条第1款的规定声明，公约不适用于营业地点设在丹麦、芬兰、冰岛、挪威或瑞典的当事方的销售合同及合同的订立。

(六)《联合国国际货物买卖合同公约》对货物买卖合同当事人的效力

CISG第6条规定：“双方当事人可以不适用本公约，或在第12条的条件下，减损本公约的任何规定或改变其效力。”由此可见，公约对买卖合同当事人不具有强制性法律效力。公约采纳了合同法中的契约自由原则（contractual freedom），允许买卖合同的当事人在合同中排除公约的适用或者减损、改变公约任何条款的效力。当买卖合同规定了与公约不同的规则时，则导致减损公约的适用。当买卖合同当事人选择适用非缔约国（non-contracting State）的法律时，通常导致排除公约的适用。而当买卖合同当事人选择适用缔约国的法律时，则有不同理解，有的案件直接适用CISG，有的则适用当事人选择的法律。在CISG的起草过程中，有代表提出，当事人应明示采用公约，只有在当事人使公约适用于一宗交易时，公约方可适用。反对意见认为，除非当事人不适用公约或减低或改变其他任何规定的效力，否则公约就自动适用。公约是作为有关合同的法律适用的，不能用默示的方式排除公约而不予适用，必须明示排除公约。反对明示排除的意见认为，有时候，当事人不希望适用公约的意思即使未经明示表示，也已经一清二楚。还有观点认为，当事人选择对合同适用另一项法律就可排除公约的适用。① 正

① 参见联合国国际贸易法委员会第十届会议工作报告，1977年5月23日至6月17日。

由于各方代表对于公约的排除适用分歧较大，因而在实践中，不同案件才有不同处理。

（七）对《联合国国际货物买卖合同公约》的评价

尽管CISG没有规范国际货物买卖合同的所有问题，但得到了不同法系国家的普遍接受。CISG起草者在合同法领域对各国成文法、判例法以及法理学说、国际商业惯例作了充分的比较分析，并在此基础上提取出被普遍承认的原则和规则，以此来弥补国内法和国际惯例的不足。但是，公约的目的不是取代或调和各国国内法的规则，而是提出一套适合于国际贸易特殊要求的原则和办法，供买卖双方选择适用，以实现其序言中提出的建立国际经济新秩序（New International Economic Order），减少国际贸易的法律障碍，促进国际贸易发展的宗旨和目的。在充分考虑各国具有不同社会制度、经济制度和法律制度这一现实，以及对发达国家和发展中国家对外贸易中的不同做法给予充分肯定方面，公约较之前身——1964年《海牙公约》有了较大改进。公约是近半个世纪以来国际贸易统一法运动的成功产物，它反映了统一法运动的发展趋势，对国际贸易具有巨大影响。

（八）中国加入《联合国国际货物买卖合同公约》时提出的保留

如前所述，我国在加入CISG时，对两个方面作出了保留：第1条第1款（b）项和第11条。[①] 即我国不受公约第1条第1款（b）项、第11条以及与第11条内容有关的条款的约束。[②]

1. 适用范围的保留

根据我国作出的保留，只有我国当事人与营业地位于CISG其他缔约国的当事人所签订的国际货物买卖合同才适用CISG。

2. 合同形式的保留

1985年《涉外经济合同法》第7条规定："当事人就合同条款以书面形式达成协议并签字，即为合同成立。通过信件、电报、电传达成协议，一方当事人要求签订确认书的，签订确认书时，方为合同成立。中华人民共和国法律、行政法规规定应当由国家批准的合同，获得批准时，方为合同成立。"而将《经济合同法》《涉外经济合同法》《技术合同法》三法合一的1999年《合同法》第10条则规定："当事人订立合同，有书面形式、口头形式和其他形式。法律、行政法规规定采用书面形式的，应当采用书面形式。当事人约定采用书面形式的，应当采用书面形式。"此外，《合同法》关于买卖合同的第九章并没有要求买卖合同必须采用书面形式。可见，《合同法》和CISG第11条的规定已无区别。[③] 2013年1月16日，我国政府向联合国秘书处递交了撤回对CISG第11条及与第11条有关规定所做保留的声明。[④]

为执行公约，对外经济贸易部于1987年12月4日发布了《关于执行联合国国际货物销售合同公约应注意的几个问题》[（87）外经贸法字第22号]。该文件主要规定了以下内容：（1）我国政府既已加入公约，也就承担了执行公约的义务，因此，根据公约第1条第1款的规定，自

① Article 11：A contract of sale need not be concluded in or evidenced by writing and is not subject to any other requirement as to form. It may be proved by any means，including witnesses.

② Upon approving the Convention，the People's Republic of China declared that it did not consider itself bound by sub-paragraph（b）of paragraph（1）of article 1 and article 11，nor the provisions in the Convention relating to the content of article 11. see http：//www. uncitral. org.

③ 2021年《民法典》生效后，该法失效。

④ 该声明于2013年8月1日生效。

1988年1月1日起，我各公司与公约缔约国（匈牙利除外）的公司达成的货物买卖合同如不另作法律选择，则合同规定事项将自动适用公约的有关规定，发生纠纷或诉讼亦须依据公约处理。故各公司对一般的货物买卖合同应考虑适用公约，但公司亦可根据交易的性质、产品的特性以及国别等具体因素，与外商达成与公约条文不一致的合同条款，或在合同中明确排除适用公约，转而选择某一国的国内法为合同适用法律。（2）公约并未对解决合同纠纷的所有法律都作出规定。我国贸易公司应根据具体交易情况，对公约未予规定的问题，或在合同中作出明确规定，或选择某一国国内法管辖。（3）中国和匈牙利之间的协定贸易虽属货物买卖，但目前不适用公约，仍适用中国与匈牙利1962年签订的"交货共同条件"①。

根据我国司法实践，合同适用的法律无论是当事人自由选择的法律，还是人民法院按照最密切联系的原则确定的法律，都是指该国现行的实体法，而不包括其冲突规范和程序法。因此，以我方为一方当事人而与公约其他缔约国的当事人订立的国际货物买卖合同，除双方当事人特别说明，公约应自动予以适用。

三、国际货物买卖惯例

（一）国际货物买卖惯例

1. 国际货物买卖惯例概述

国际货物买卖惯例是国际贸易惯例的一种，它也是在长期的国际货物买卖实践中形成的习惯做法，由一些国际组织整理并编辑成册，由当事人选择予以适用。这些国际货物买卖惯例经当事人选择后，对当事人产生法律效力。

目前，国际货物买卖惯例规则主要有：《国际贸易术语解释通则》、1932年《华沙—牛津规则》、美国1941年《对外贸易定义》、国际商会1997年6月出版的《国际销售示范合同》、国际统一私法协会1994年完成的《国际商事合同通则》等。其中最有影响，并在实践中得到广泛使用的是国际商会编纂的《国际贸易术语解释通则》。

（1）《华沙—牛津规则》。

该规则于1928年由国际法协会在华沙主持制定，1932年在牛津会议上修订，故称为《华沙—牛津规则》（Warsaw-Oxford Rule）。该规则旨在为那些愿意按CIF条件进行货物买卖的商人提供一套可使用规则。该规则共有21条，对CIF术语作了以下方面的详细规定：卖方装船的责任、装船时间和日期证明、免责、风险、所有权、卖方对提单的责任、运费、进口税、卖方对货物状况的责任、卖方对保险的责任、装船通知、品质证明、单据的提供、装船后货物灭失或损坏、买方支付货款的义务、买方检查货物的权利、权利和补救、通知等。

（2）《国际贸易术语解释通则》。

《国际贸易术语解释通则》（International Rules for the Interpretation of Trade Terms，简称INCOTERMS）是国际商会将国际货物买卖中应用最为广泛的国际惯例归纳整理，于1936年公布的具有广泛国际影响的成文国际货物买卖惯例。随着国际货物买卖实践的发展，该通则经过多次修改（1953年、1967年、1976年、1980年、1989年、1999年、2009年和2019年修改

---

① 最高人民法院于1987年12月10日向各省、自治区、直辖市高级人民法院，中级人民法院，各铁路运输中级法院，各海事法院下发了《转发对外经济贸易部〈关于执行联合国国际货物销售合同公约应注意的几个问题〉的通知》。

和补充）。INCOTERMS 编纂的目的在于，对国际贸易合同中使用的主要术语提供一套具有国际性通用的解释，使从事国际商业的人们在这些术语因国家不同而有不同解释的情况下，能选用确定而统一的解释。

INCOTERMS 1936 经 INCOTERMS 1953 修订后，对以下 9 种贸易术语作了解释：工厂交货（Ex Works）、铁路交货——火车上交货（……指明启运地点）（FOR—FOT...named departure point）、船边交货（……指定装运港）（FAS...named port of shipment）、船上交货（……指定装运港）（FOB...named port of shipment）、成本加运费（……指定目的港）（C&F...named port of destination）、成本加运费加保险费（……指定目的港）（CIF...named port of destination）、运费付至（……指定目的地）（内地运输为限）（Freight Carriage Paid to...named point of destination）（Inland Transport Only）、目的港船上交货（……指定目的港）（EX Ship...named port of destination）、目的港码头交货（……指定港口）（EX Quay...named port）。1967 年补充本增加了两个贸易术语：边境交货（Delivered at Frontier）与完税后交货（Delivered...Duty Paid），1974 年被并入 INCOTERMS。1976 年补充本增加了启运机场交货（FOB airport）。随着集装箱运输以及多式联运等新运输方式的出现，产生了新的贸易术语。在这种情况下，1980 年补充本又增加了两个贸易术语：货交承运人（……指定地点）（Free Carrier...named point）及运输、保险费付至（……指定目的地）（Freight or Carriage and Insurance Paid to...named point of destination），并对 INCOTERMS1953 中的运费付至（……指定目的地）（Freight Carriage Paid to...named point of destination）作了修改。由于科学技术的发展，国际贸易领域不断发生新的变化，为了使贸易术语适应电子数据交换系统（Electronic Data Interchange，EDI）日益频繁应用的需要以及日益更新的运输技术，如集装箱运输方式及其安全的需要、无关税区的不断扩大，国际商会国际商业惯例委员会在总结了自 1980 年以来国际贸易中新经验和新情况后，于 1989 年、1999 年、2009 年和 2019 年分别通过了《国际贸易术语解释通则》新修订本，简称为 INCOTERMS 1990、INCOTERMS 2000、INCOTERMS® 2010 和 INCOTERMS® 2020）。①

《国际贸易术语解释通则® 2020》（International Rules for the Interpretation of Trade Terms，简称 INCOTERMS® 2020）于 2021 年 1 月 1 日开始生效。

联合国贸法会对于 INCOTERMS 一直非常关注。早在 1968 年，贸法会就认为，INCOTERMS 1953 是一份特别重要的国际文书，有利于协调统一国际货物销售的法律。1969 年，贸法会为鼓励全世界使用 INCOTERMS 1953，请国际商会尽量广泛传播它，供全世界使用。

2. 示范法、示范合同

近年来，示范法、示范合同发展迅速，在国际统一法中发挥了越来越重要的作用。其中，联合国贸法会、国际统一私法协会、国际商会在制定示范法方面的努力最为突出。示范法、法律指南、示范合同是否属于国际商业惯例，一直存在争议。有学者认为，示范法属于非强制性的法律统一化方式，国际示范合同和示范法与国际条约和国际惯例有所不同，它们既没有条约的造法特性，也不像国际惯例那样已经被广泛接受和应用。但也有学者认为，示范法是现代商

① 新版本的生效并不意味着旧版本失效，因此当事人在选择适用国际商会《国际贸易术语解释通则》时，需注明是哪一年的版本。特别应注意的是：当选择 2010 年以后的《国际贸易术语解释通则》版本时，其右上角需加注的商标符号®不得为省事而忽略，正确的表示应为《国际贸易术语解释通则® 2010》《国际贸易术语解释通则® 2020》。

人法的渊源表现。

(1)《国际商事合同通则》。

《国际商事合同通则》(UNIDROIT Principles of International Commercial Contracts，PICC)是国际统一私法协会历经十余年，组织众多国家的合同法和国际贸易法专家、学者、律师共同研究，并于 1994 年 5 月完成制定工作的一部关于国际商事合同的重要规则。我国政府也派代表参加了通则的起草。在制定过程中，通则尽可能地兼容了不同文化背景和不同法律体系的一些通用的法律原则，同时还总结和吸收了国际商事活动中广为适用的惯例和规则，因而，对于指导和规范国际商事活动具有很大的影响力。与此同时，通则是对国际商事合同法的综述，它比 CISG 具有更广泛的适用性，它适用于包括国际货物买卖合同在内的各种国际商事合同，如特许经营协议、技术许可协议、专业服务合同等。①

为了适应发展的需要和完善执行中暴露的不足，2004 年 4 月，国际统一私法协会对 1994 年通则进行了修改。修改后的通则除前言外，有 184 条 10 章内容，包括总则(General Provisions)，合同的订立和代理人(Formation and Authority of Agents)，合同的效力(Validity)，合同的解释(Interpretation)，合同的内容和第三方权利(Content and Third Party Rights)，合同的履行(Performance)，不履行合同(Non-Performance)，抵销(Set-off)，权利的转让、义务的转移、合同转让(Assignment of Rights，Transfer of Obligations，Assignment of Contracts)以及时效期限(Limitation Periods)。其中，新增加的五章是：Formation and Authority of Agents；Content and Third Party Rights；Set-off；Assignment of Rights，Transfer of Obligations and Assignment of Contracts；Limitation Periods。值得注意的是，通则对 CISG 未涉足的许多问题都作了规定，例如合同的效力、公共许可、非诚信进行谈判、条款待定的合同、格式条款、代理人的权限、第三方权利、抵销、权利的转让及债务的转移和合同的转让、时效期间问题等。

关于通则的性质，通则前言作了如下表述："通则旨在为国际商事合同制定一般规则。在当事人一致同意其合同受通则管辖时，适用通则。如果当事人同意其合同受'法律的一般原则'、'商事规则'或类似措辞所指定的规则管辖时，也可适用通则。当无法确定合同的适用法律对某一问题的相关规则时，通则可以对该问题提供解决办法。通则可用于解释或补充国际统一法的文件。通则也可以作为国内和国际立法的范本。"② 从该规定可以看出，通则既是示范法，也是国际惯例，所以，不仅立法机关在立法时可以借鉴，而且商事合同当事人在合同中也可以将其作为法律适用。

(2)《国际销售示范合同》。

《国际销售示范合同》(ICC Model International Contract of Sale)由国际商会国际惯例委员会于 1997 年 6 月通过。中国参与了该示范合同的制定。《国际销售示范合同》制定的目的是为国际货物买卖当事人签订国际货物买卖合同提供样板。

该示范合同以 CISG 和 INCOTERMS 作为合同适用的法律，对国际货物买卖的主要事项作了统一规定(原材料、机械设备、食品及长期供货合同除外)。示范合同分为 A、B 两部分。A 部分为合同的具体条款，如货物名称、价格、交货条件、交货时间、货物检验等，由买卖双方

① 参见对外贸易经济合作部条约法律司编译：《国际商事合同通则》，1 页，北京，法律出版社，1996。

② 对外贸易经济合作部条约法律司编译：《国际商事合同通则》，前言。

协商填写；B部分是合同的一般条款，是一般货物买卖合同共同使用的标准条件。

和现有的CISG与国际商业惯例相比，示范合同在所有权保留、适用法律、损害赔偿金的计算、争议解决等方面都做了有益的补充和完善，对国际货物买卖特别是制成品的国际货物买卖合同的进一步统一起着推动作用。

3. 国际货物买卖惯例与国际公约的关系

在国际货物买卖中，CISG第9条对此作出了如下规定：“（1）双方当事人业已同意的任何惯例（usage）和他们之间确立的任何习惯做法（practices），对双方当事人均有约束力。（2）除非另有协议，双方当事人应视为已默示地同意对他们的合同或合同的订立适用双方当事人已知道或理应知道的惯例，而这种惯例，在国际贸易上，已为有关特定贸易所涉同类合同的当事人所广泛知道并为他们所经常遵守。”

案例（奥地利最高法院2000年审理）[①]

The German plaintiff (seller) sold wood to the Austrian defendant (buyer). The seller contended that the “Tegernseer Gebräuche” (regional trade usages) were applicable to the sales contract. The court of first instance found that the “Tegernseer Gebräuche” are terms of contract commonly used for sales contracts on wood between German and Austrian parties and were thus applicable according to article 9 (2) CISG.

Both the Court of Appeal and the Supreme Court confirmed this decision. The Supreme Court found that article 9 CISG is a provision on the applicability of a usage but not on its validity. While article 9 (2) assumes that the parties wish to be bound by usages of international trade, under article 9 (1) the usages the parties have agreed upon expressly or impliedly need not be international usages. In the sense of article 9 (2) a usage is widely known and regularly observed when it is recognized by the majority of persons doing business in the same field. To be applicable such usages must be known or at least should have been known by the parties having their place of business in the area of the usages. The Supreme Court affirmed the findings of the court of first instance, noting that since the plaintiff in its acceptance of the order expressly stated the applicability of the “Tegernseer Gebräuche” and had delivered wood to the defendant before, the defendant must have known these usages.

（二）国际贸易术语

国际贸易术语（international trade terms）是以不同的交货地点为标准，用简短的概念或英文缩写字母表示商品的价格构成，以及买卖双方在交易中的费用、责任与风险的划分的术语。

国际贸易术语是国际货物买卖惯例的一部分，由当事人选择予以适用。如果交易双方在合同中采用了某一个贸易术语，则其规定的基本权利义务对双方均有约束力。按照不同的国际贸易术语确定双方的权利义务，大大简化了交易程序，缩短了磋商时间，节省了交易成本和费

① See Case 425; Austria: Oberster Gerichtshof 10 Ob 344/99g; 21 March 2000; A/CN. 9/SER. C/ABSTRACTS/37.

用。因此，国际贸易术语在国际贸易中得到广泛应用。此外，贸易术语作为合同术语，销售合同使用贸易术语通则可以有意地补充 CISG 的规定，减少可能导致法律纠纷的误解。[①]

考虑到《国际贸易术语解释通则®2020》是在《国际贸易术语解释通则®2010》的基础上进行了为数不多的修改，许多重要分类、概念和术语的变化首次出现在 2010 版的解释通则中，为了便于读者理解和记忆，本章仍旧以介绍《国际贸易术语解释通则®2010》为主，辅以《国际贸易术语解释通则®2020》的主要变化。

(三)《国际贸易术语解释通则®2010》

1.《国际贸易术语解释通则®2010》的宗旨

《国际贸易术语解释通则®2010》在其前言中指出：全球化经济为商业活动进入世界各地市场提供了前所未有的广阔途径。货物正以更大数量、更多种类在更多国家销售。但是，随着全球贸易量的增大以及复杂程度的提高，买卖合同起草不当引起误解和高成本纠纷的可能性也随之增加。《国际贸易术语解释通则®2010》是一套国际商会（ICC）关于国内外贸易术语使用的通则，旨在便利全球贸易活动。买卖合同中使用《国际贸易术语解释通则®2010》中的术语可以明确当事人各方义务，并减少法律纠纷风险。

2.《国际贸易术语解释通则®2010》的适用

(1) 适用于销售合同，而不是运输合同（contract of carriage)。《国际贸易术语解释通则2000》引言指出："需要强调的是，INCOTERMS 涵盖的范围只限于销售合同当事人的权利义务中与已售货物（指'有形的'货物，不包括'无形的'货物，如电脑软件[②]）交货有关的事项。关于 INCOTERMS，看来有两个非常普遍的误解。第一个是人们常常认为，INCOTERMS 适用于运输合同而不是销售合同。第二个是人们有时错误地以为它规定了当事人可能希望包含在销售合同中的所有责任。正如 ICC 一贯强调的那样，INCOTERMS 只涉及销售合同中买卖双方的关系，而且，只限于一些非常明确的方面。对进口商和出口商来讲，考虑那些为完成国际销售所需要的各种合同之间的实际关系当然是非常必要的。完成一笔国际贸易不仅需要销售合同，而且需要运输合同、保险合同和融资合同，而 INCOTERMS 只涉及其中的一项合同，即销售合同。虽然如此，当双方当事人同意使用某一个具体的贸易术语时，将不可避免地对其他合同产生影响。举例说明，卖方同意在合同中使用 CFR 和 CIF 术语时，他就只能以海运方式履行合同，因为在这两个术语下，他必须向买方提供提单或其他海运单据，而如果使用其他运输方式，这些要求是无法满足的。而且，跟单信用证要求的单据也必然取决于准备使用的运输方式。其次，INCOTERMS 涉及为当事方设定的若干特定义务，如卖方将货物交给买方处置，或将货物交运或在目的地交货的义务，以及当事人双方之间的风险划分。"

(2) 只规范货物买卖合同中的部分问题而不是全部问题。《国际贸易术语解释通则®2010》引言指出："国际贸易术语确实规定了买卖合同中哪方有安排运输、保险的义务，卖方何时向买方交货以及各方应当支付的费用。但国际贸易术语没有说明应付价格或支付方式。也没有涉及货物所有权的转让或违约后果。这些问题通常依据买卖合同的明确约定或合同的适用法处理。合同各方应当清楚强制适用的本地法可能推翻买卖合同的任何条款，包括所选择的国际贸易术语在内。"

---

① 参见国际商会秘书长致联合国国际贸易法委员会的信函，see A/CN. 9/479。

② 但有的 CISG 案件认为计算机软件的买卖也是货物买卖。

（3）既适用于国际货物买卖，也适用于国内货物买卖。《国际贸易术语解释通则®2010》引言中指出："国际贸易术语传统上用于货物跨越国界的国际货物买卖合同。但是，在世界许多地区，像欧盟一样的贸易同盟已使不同成员国间的边界形式显得不再重要。"因此，《国际贸易术语解释通则®2010》的副标题正式确认这些术语对国际和国内货物买卖合同均可适用。因而，《国际贸易术语解释通则®2010》在多处明确说明，只有在适用时，才产生遵守进/出口手续要求的义务。

3.《国际贸易术语解释通则®2010》的特点

《国际贸易术语解释通则®2010》具有以下特点。

（1）书写上的变化。新的《国际贸易术语解释通则》后面需加国际商会的注册商标®，表述为《国际贸易术语解释通则®2010》（INCOTERMS®2010）。

（2）数量变化。由过去的13个贸易术语删减为11个。

（3）分类变化。20世纪90年代以来，各版本的国际贸易术语均按英文字母E、F、C、D分为4组；现在11个贸易术语被分为两类：7个适用于任何单一运输方式或多种运输方式的贸易术语以及4个仅适用于海运和内河水运的贸易术语，分别按E、F、C、D分组。

（4）明确贸易术语既适用于国际贸易也适用于国内贸易。

（5）每个贸易术语前都增加了使用说明（guidance note）。使用说明不是贸易术语的组成部分，但有助于帮助当事人作出准确、高效、适当的选择。

（6）权利和义务的设置。《国际贸易术语解释通则®2010》把买卖双方的权利和义务相对应地分为A项和B项，并各分10项予以说明。卖方的10项义务为：1）卖方一般义务（general obligations of the seller），即提供符合合同规定的货物和单据；2）许可证、授权、安检通关和其他手续（licences、authorizations、security clearances and other formalities）；3）运输合同与保险合同（contract of carriage and insurance）；4）交货（delivery）；5）风险转移（transfer of risks）；6）费用划分（allocation of costs）；7）通知买方（notice to the buyer）；8）交货凭证（delivery document）、运输单证或同等效力的电子记录或程序；9）核查、包装及标记（checking-packaging-marking）；10）协助提供信息及相关费用（assistance with information and related costs）。相对应的买方也有10项义务，其具体内容取决于卖方承担权利和义务的具体内容。

（7）电子单证。《国际贸易术语解释通则®2010》明确规定，在卖方必须提供商业发票或合同可能要求的其他单证时，可以提供"同等作用的电子记录或程序"（an equivalent electronic record or procedure）。

（8）明确了某些概念在《国际贸易术语解释通则®2010》中的特定含义：如"承运人"（Carrier）、"交货"（Delivery）、电子记录或程序（electronic record or procedure）、"链式销售"（String sales）等。在《国际贸易术语解释通则®2010》中，承运人特指签约承担运输责任的一方（For the purpose of the INCOTERMS®2010 rules，the carrier is the party with whom carriage is contracted）。交货指货物灭失与损坏的风险从卖方转移至买方的点（In the INCOTERMS® 2010 rules，it is used to indicate where the risk of loss of or damage to the goods passes from the seller to the buyer）。电子记录或程序指由一条或多条电子信息组成的整套信息，如适用时在功能上与对应的纸质凭证具有同等效力（A set of information constituted of one or more electronic messages and where applicable，being functionally equivalent with the corresponding paper document）。链式销售又称多层销售（multiple sales down a chain），指商品交易中常见的，商品在

运至销售终端过程中（即商品销售至最终用户前）被多次转卖形成的销售链（In the sale of commodities，as opposed to the sale of manufactured goods，cargo is frequently soled several times during transit “down a string”。When this happens，a seller in the middle of the string dose not “ship” the goods because these have already been shipped by the first seller in the string. The seller in the middle of the string therefore performs its obligations towards its buyer not by shipping the goods，but by “procuring” goods that have been shipped. For clarification purposes，INCOTERMS®2010rules include the obligation to “procure goods shipped” as an alternative to the obligation to ship goods in the relevant INCOTERMS rules）。

4.《国际贸易术语解释通则®2010》的分类及其内容

《国际贸易术语解释通则®2010》将 11 个贸易术语分为两大类：适用于任何单一运输方式或多种运输方式的贸易术语以及仅适用于海运和内河水运的贸易术语，分别按 E、F、C、D 分组。

第一类：适用于任何单一运输方式或多种运输方式（any mode or modes of transport）的国际贸易术语有 7 个，分为 E、F、C、D 4 组（EXW/FCA/CPT/CIP/DAT/DAP/DDP）。

（1）E 组。

E 组包括一个贸易术语：EXW［全称 Ex Works（named place）］，意思是工厂交货（指定地点）。它是指当卖方在其所在地或其他指定的地点（如工厂、仓库）将货物交给买方处置时，即完成交货，卖方不办理出口清关手续或将货物装上任何运输工具。EXW 适用于任何运输方式。

该贸易术语的最大特点是，卖方承担的责任最小，买方承担的责任最大。买方必须承担在卖方所在地受领货物的全部费用和风险。

概括而言，卖方的主要责任是：1）在其所在地（工厂或仓库）把货物交给买方处置，无须装货，即履行交货义务；2）承担交货前的风险和费用；3）自费向买方提交与货物有关的单证或相等的电子单证。买方的主要责任是：1）自备运输工具并负责装货，将货物运至预期的目的地；2）承担卖方交货后的风险和费用；3）自费办理出口和进口结关手续等。

当买方不能直接或间接办理出口手续时，不宜选用这一贸易术语。

（2）F 组。

F 组包括一个贸易术语：FCA［全称 Free Carrier（named place）］，意思是货交承运人（指定地点）。在 FCA 贸易术语中，卖方的主要责任是：1）在出口国承运人所在地将货物交给承运人，履行自己的交货义务；2）承担交货前的风险和费用；3）自费办理货物的出口结关手续；4）自费向买方提交与货物有关的单证或相等的电子单证。买方的主要责任是：1）自费办理货物运输和保险手续并支付费用；2）承担卖方交货后的风险和费用；3）自费办理货物的进口和结关手续等。

选用 FCA 贸易术语时应当注意的是：1）货物风险和费用的划分是以卖方将货物交付买方指定的承运人的时间和地点作为界线。2）注意在 FCA 术语下，卖方的交货和装货义务，即当卖方在其所在地交货时，卖方负责装货。卖方将货物装上买方指定的承运人提供的运输工具时，完成交货义务；当卖方在其他地方交货时，卖方不负责卸货。货物在卖方的车辆上尚未卸货，但做好卸货准备并交给买方指定的承运人或其他人处置时，卖方即完成交货义务。

（3）C组。

C组包括两个贸易术语：CPT［全称 Carriage Paid to（named place of destination)］，意思是运费付至（指定目的地）；CIP［全称 Carriage，Insurance Paid to（named place of destination)］，意思是运费、保险费付至（指定目的地）。

在这两个贸易术语中，卖方的主要责任是：1）自费签订或取得运输合同；2）在 CIP 术语中，卖方还要自费签订或取得保险合同；3）承担货交承运人以前的风险和费用；4）自费办理货物出口及结关手续；5）向买方提交与货物有关的单据或相等的电子单证。买方的主要责任是：1）在 CPT 术语中自费签订保险合同；2）承担货物提交承运人以后的风险和费用；3）自费办理货物进口的结关手续。

值得注意的是：1）和 FCA 一样，在 C 组这两个贸易术语中，卖方是在出口国承运人所在地履行交货义务，并承担货交承运人前的风险和费用。但运费和/或保险费涵盖的是运输合同指定的目的地的全程运费和保险费。此外，卖方的费用中是否包括卖方的装货费和目的地的卸货费，取决于运输合同的规定。2）卖方的通知义务。在 CPT 贸易术语中，未规定买方签订保险合同的义务。但实践中，买方为了自己的利益需要签订保险合同，因此，卖方在货交承运人后必须向买方发出已交货通知，以便买方投保或采取收取货物通常所需要的措施。

（4）D组。

D组包括三个贸易术语：DAT［全称 Delivered at Terminal（named terminal at port or place of destination)］，意思是运输终端交货（指定目的地港口或目的地运输终端）；DAP［全称 Delivered at Place（named place of destination)］，意思是目的地交货（指定目的地）；DDP［全称 Delivered Duty Paid（named place of destination)］，意思是完税后交货（指定目的地）。

在 D 组贸易术语中，卖方的主要责任是：1）将货物运至约定的运输终端或目的地。2）承担货物运至运输终端或目的地前的全部风险和费用。3）自费办理货物出口结关手续，缴纳出口关税及其他税、费。在 DDP 术语中，还要自费办理货物的进口结关手续，缴纳进口关税或其他费用。4）向买方提交与货物有关的单据或相等的电子单证。买方的主要责任是：1）承担货物在运输终端或目的地交付后的一切风险和费用；2）在 DAT 和 DAP 贸易术语中自费办理进口结关手续。

在 D 组中，需要注意的是：1）卖方在目的地指定运输终端（包括港口）交货意味着卖方需要将货物卸下运输工具，交买方处置，完成交货义务；目的地交货时，卖方无须承担卸货义务，但做好卸货准备交买方处置，即完成交货义务。2）DDP 术语中卖方的责任最大。卖方需要自费办理出口和进口结关手续等，当卖方无力办理进口清关手续时，不宜选用这一贸易术语。

第二类：仅适用于海运和内河水运的贸易术语（Sea and Inland Waterway Transport Only）有 4 个，分为 F、C 两组（FAS/FOB/CFR/CIF）。其主要内容如下。

（1）F组。

F 组包括两个贸易术语：FAS［Free Alongside Ship（named port of Shipment)］意思是船边交货（指定装运港），FOB［Free On Board（named port of Shipment)］意思是船上交货（指定装运港）。

在 F 组贸易术语中，卖方的主要责任是：1）在指定的装运港履行交货义务；2）承担交货前的风险和费用；3）自费办理货物的出口结关手续；4）自费向买方提交与货物有关的单证或相等的电子单证。买方的主要责任是：1）自费办理货物运输和保险手续并支付费用；2）承担卖方交货后的风险和费用；3）自费办理货物的进口和结关手续等。

在F组中应当注意的是：1）这两个贸易术语交货地点不同，因此风险和费用的划分不同：FAS是以卖方在指定装运港买方指定的船边（货物置于码头或驳船上）履行交货义务，此时风险和费用由卖方转移给买方；FOB则以装运港货物装到船上（on board the vessel）作为界线；2）FAS、FOB适用于海运和内河航运，但如是集装箱运输，则应选用FCA贸易术语。

（2）C组。

C组包括两个贸易术语：CFR［全称Cost and Freight（named port of destination)］，意思是成本加运费（指定目的港）；CIF［全称Cost，Insurance and Freight（named port of destination)］，意思是成本、保险费加运费（指定目的港）。

在C组的贸易术语中，卖方的主要责任是：1）卖方在指定的装运港履行交货义务；2）承担在装运港货物装船前的风险和费用；3）自费签订或取得运输合同；在CIF贸易术语中，卖方还要自费签订或取得保险合同；4）自费办理货物出口及结关手续；5）向买方提交与货物有关的单据或相等的电子单证。买方的主要责任是：1）在CFR术语中自费投保并支付保险费用；2）承担在装运港货物装船以后的风险和费用；3）自费办理货物进口的结关手续。

在C组中应当注意的是：1）在C组这两个贸易术语中，卖方是在出口国装运港履行交货义务，并承担交货前的风险和费用。但运费和/或保险费涵盖的是运输合同指定的装运港至目的港全程的运费和保险费。此外，卖方的费用中是否包括卖方的装货费和目的港的卸货费，取决于运输合同的规定。2）卖方的通知义务。在CFR贸易术语中，未规定买方签订保险合同的义务。但实践中，买方为了自己的利益需要签订保险合同，因此，卖方在货物装船后必须向买方发出已装船通知，以便买方投保或采取收取货物通常所需要的措施。3）C组中，CFR和CIF贸易术语适用于海上或内河运输，如集装箱运输则应选择CPT或CIP。

此外，在采用海运和内河水运的4个贸易术语时，还需要注意的是：

1）除FAS外，FOB/CFR/CIF贸易术语均取消了买卖双方的交货点、风险和费用的划分以装运港船舷作为界限的表述，代之以货物是否“装船”为界限。货物装到“船上”（on board）构成交货。

2）在这4个贸易术语的卖方交货义务中，《国际贸易术语解释通则®2010》特别增加了“取得”（procure）这个词。[①] 如卖方将货物置于船边/船上或以取得（procure）已经在船边/船上交付货物的方式交货（FAS/FOB）（The seller is required either to deliver the goods alongside the ship/on board the vessel or to procure goods already so delivered for shipment）；卖方需签订运输合同或已取得（procure）一份这样的合同（CFR/CIF）（The seller is required either to deliver the goods on board the vessel or to procure goods already so delivered for shipment to the destination. The seller is required either to make a contract of carriage or to procure such a contract）；卖方必须自费取得（procure）保险合同（CIF）（The seller is required either to make a contract of insurance or to procure such a contract）等，并明确此处使用的“取得”适用于商品贸易中常

① 在卖方义务中 增加“取得”（procure）这个词的还有CIP和CPT这两个贸易术语，即卖方需签订或取得运输合同和/或保险合同。见《国际贸易术语解释通则®2010》中CIP和CPT贸易术语的“使用说明”及有关卖方交货义务的规定。

见的“多层销售”（链式销售 string sales）[①]。通过《国际贸易术语解释通则®2010》的解释，这 4 个贸易术语中卖方的交货义务涵盖了国际货物买卖中常见的关于“在途货物”销售中的“交货”（即通过提交与货物有关的单据，如运输单、保险单等取代提交货物）[②]，由此弥补了以往版本的《国际贸易术语解释通则》均未涉及“在途货物交货”的疏漏。

5.《国际贸易术语解释通则®2010》规定的其他问题

（1）进出口手续。除 EXW 和 DDP 贸易术语以外，原则上由卖方办理货物的出口手续，缴纳与出口有关的捐、税、费；买方办理货物的进口手续，缴纳与进口有关的税和其他费用。

（2）检验费用。《国际贸易术语解释通则®2010》明确地规定，买方必须支付任何强制性装运（船）前检验费用，因为这种检验是为了买方自身的利益安排的。但卖方为履行其交货义务而实施的货物检验（如对货物质量、丈量、称重、点数）以及出口国有关机关强制进行的装运（船）前检验费用除外。

（3）交货与风险和费用的转移。《国际贸易术语解释通则®2010》吸收了《联合国国际货物买卖合同公约》的规定，确定了在卖方交货后，货物灭失和损坏的风险以及费用负担由卖方转移给买方。但这一原则的适用，要以双方都没有过失并且该货物已正式划归于合同项下为前提。[③] 其 11 个贸易术语的交货点可归纳为 5 个：卖方所在地（EXW）；承运人所在地（FCA/CIP/CPT）；目的地/运输终端（DAT/DAP/DDP）；装运港船上（FOB/CIF/CFR）[④]；装运港船边（FAS）。

（4）安全通关问题。“9·11”事件之后，许多国家加强了货物安全通关的检查和要求。《国际贸易术语解释通则®2010》特别增加了买卖各方之间完成安检通关并相互提供或协助提供通关所需信息的义务。

（5）INCOTERMS 的变体。在贸易实务中，当事人经常在国际贸易术语后面添加一些词语以额外增加双方当事人的义务。常见的有 EXW（装车）、FOB（平舱和理舱）等。《国际贸易术语解释通则》对如何解释这些添加词语的含义没有作出规定。当事人之间往往会因此而发生争议。为此，《国际贸易术语解释通则®2010》在其引言中提醒双方当事人，应在其合同中对上

---

① 《国际贸易术语解释通则®2010》中这 4 个贸易术语的“使用说明”及有关卖方交货义务的规定。

② 《国际贸易术语解释通则®2010》引言中对“链式销售”所作解释是：与特定产品的销售不同，在商品销售中，货物在运送至销售链终端的过程中常常被多次转卖。出现此种情况时，销售链中端的卖方实际上不运送货物，因为处于销售链始端的卖方已经安排了运输。因此处于销售链中间的卖方不是以运送货物的方式，而是以“取得”货物的方式履行其对买方的义务。即以“取得运输中的货物”取代相关术语中提交货物的义务。关于“取得”（procure）一词在词典里的通常含义指“obtain、acquire”（The American Heritage Dictionary，Houghton Mifflin Company，Boston，1982，p988）。然而这样的解释显示不出任何法律含义。在另一本美国词典中，“procure”被解释为“to get possession 0f：obtain by particular care and effort”指“经过一番特别努力取得占有”。（Webster's Ninth New Collegiate Dictionary，Merriam—Webster Inc. Publishers，Springfield，Massachusetts，USA，1988，p938）。根据该词典，“possession”意思是“a. the act of having or taking into control；b. control or occupancy of property without regard to ownership”，意指对财产的控制；与所有权无涉的控制或占有。当运输途中的货物发生转卖时，货物转卖的受让人（新的卖方）与新的买方之间进行的是单据的买卖。单据的占有和控制意味着其“取得”这样交付的货物。“procure”的这个解释和贸易术语中的含义在法律上是一致的。

③ 参见《国际贸易术语解释通则 2000》，引言 8 和 16。

④ 注意《国际贸易术语解释通则®2010》有两个不同表述。《国际贸易术语解释通则®2010》引言中写道：FOB/CFR/CIF 三个术语中省略了以船舷作为交货点的表述，取而代之的是货物置于“船上”时构成交货。《国际贸易术语解释通则®2010》在 CPT/CIP/CFR/CIF 四个术语的使用说明中写道：当使用这四个术语时，卖方按照所选择术语规定的方式将货物交付给承运人时，即完成其交货义务。后一种表述与前一种表述似乎存在矛盾。按照作者对《国际贸易术语解释通则 2000》引言中“用语说明”18 的理解，如果当事方无意将货物置于船上履行交货义务，则不应选择 FOB/CIF/CFR。

述添加词语的含义作出明确的解释。[①]

(6)《国际贸易术语解释通则®2010》不涉及违约的后果或由于各种法律阻碍导致的免责事项。值得注意的是,《国际贸易术语解释通则®2010》生效后,并不意味着先前版本的《国际贸易术语解释通则》失效,它们仍旧可因国际货物买卖合同的当事人的选择而适用。

(四)《国际贸易术语解释通则®2020》对《国际贸易术语解释通则®2010》的主要修改

《国际贸易术语解释通则®2020》对《国际贸易术语解释通则®2010》所做修改主要有以下几方面:

(1)将原来每一个国际贸易术语的使用说明改为解释说明。目的是方便当事人正确选择合适的国际贸易术语,并为日后解决争议提供指南。

(2)关于FCA国际贸易术语下,"已装船"提单问题。采用FCA时,如货物经海运方式运输,通常要求提供"已装船"提单。在信用证或托收情况下,卖方凭单即可去银行要求付款,买方可凭单提货。但在集装箱运输的情况下,卖方的交货义务在货交承运人后,即装船前已经完成,此时卖方拿到的是"收妥待运"单据,待到货物装船后才能得到承运人签发"已装船"提单。为解决这个问题,《国际贸易术语解释通则®2020》提供了一个选项,即双方可以约定,由买方自担费用和风险,指示其承运人向卖方签发已装船提单,此时卖方有义务通过银行,向买方提交该提单。在这种情况下,卖方不承担运输合同条款下的义务。但是内陆交货及装船日期的不同将会给信用证下的卖方带来麻烦。

(3)在D组中,用国际贸易术语DPU取代DAT。DAT [Delivered at Terminal (named terminal at port or place of destination)],意思是运输终端交货(指定目的地港口或运输终端)。《国际贸易术语解释通则®2020》取消了这一国际贸易术语,代之以DPU (Delivered at place Unloaded)意思是目的地卸货后交货。与DAT不同,DPU强调目的地可以是包括目的地港口和运输终端在内的任何地方。和DAT一样,DPU是唯一一个要求卖方在目的地交货前需履行卸货义务的国际贸易术语。卖方需要在目的地将货物卸下运输工具,交买方处置,完成交货和风险转移义务,为此卖方应确保其约定的交货地点准确且是能够卸货的地点。

(4)在运输义务和费用中增加了与安全有关的要求。值得注意的是《国际贸易术语解释通则®2020》引言中提到了一个词语"核实的集装箱总重(VGM)"。该词语来自《国际海上人命安全公约》(International Convention for Safety of Life at Sea,简称SOLAS)2014年修正案附件第2条的规定:要求自2016年7月1日起,在集装箱运输的情况下,托运人负有义务采用经过校准和认证的设备对已包装的集装箱进行称重;或者对集装箱的内容物进行称重,再加上空箱重量。在上述任何一种情况下承运人都应记录核实的集装箱总重(VGM)。[②] 违反上述规定的,将受到制裁,即这样的集装箱"不得装船"[③]。为避免受SOLAS上述规定的影响而发生争议,《国际贸易术语解释通则®2020》建议买卖双方当事人在合同中就上述称重及因称重产生的费用由谁负担作出明确约定。

---

① See INCOTERMS®2010, Introduction。

② 参见《国际贸易术语解释通则®2020》引言关于VGM的注释。我国于1975年6月20日签署该公约,公约于1980年5月25日生效。

③ 《国际海上人命安全公约》第4条第2款。

国际贸易术语是一个简式的标准化的国际货物买卖合同。它不但明确买卖合同的交货地点及价格构成，而且解决买卖双方在交易中的责任划分。例如，确定商品从启运地到目的地的运输、保险、单证的取得及其他手续问题由谁办理、费用由谁承担；确定货物风险转移的时间、地点等。贸易术语的标准化、规范化，简化了交易程序，节约了交易时间和费用，减少了贸易中的纠纷，对促进国际贸易的顺利发展起了很大的作用。

（五）常用的国际贸易术语

1. FOB

FOB是Free on Board（...named port of shipment）的英文缩略语，意思是“船上交货（……指定装运港）”，是海上货物运输最早出现的国际贸易术语。《国际贸易术语解释通则®2010》载明：“‘船上交货（……指定装运港）’是指卖方以在指定装运港将货物装上买方指定的船舶或通过取得已交付至船上货物的方式交货（The seller is required either to deliver the goods on board the vessel or to procure goods already so delivered for shipment）。货物灭失或损坏的风险在货物交到船上时转移，同时买方承担自那时起的一切费用。”FOB术语要求卖方办理货物出口清关手续。该术语不适合于货物在上船前已交给承运人的情况，如集装箱运输的货物通常是在集装箱码头交货。在此类情况下，应使用FCA术语。

根据《国际贸易术语解释通则®2010》，卖方（seller）应承担如下义务（obligations）：（1）卖方必须提供符合买卖合同规定的货物和商业发票（commercial invoice）以及合同可能要求的其他与合同相符的证据（evidence）。在双方约定或符合惯例的情况下，可以是同等作用的电子记录或程序（equivalent electronic record or procedure）。（2）卖方必须自担风险和费用（at his own risk and expense），取得所有的出口许可（export licence）或其他官方授权（official authorization），并在需要办理海关手续（customs formalities）时，办理货物出口所需的一切海关手续。（3）卖方必须在约定日期或期限内（on the date or within the agreed period），在指定装运港（named port of shipment），按照该港习惯方式，将货物交至买方指定的船上（placing them on board）或已取得已在船上交付的货物的方式交货（or by procuring the goods so delivered）。（4）卖方必须承担完成交货前货物灭失或损坏的一切风险（bear all risks of loss of or damage to the goods）。（5）卖方必须支付：1）完成交货前与货物相关的一切费用；2）需要办理海关手续时，货物出口需要办理的海关手续费用（costs of customs formalities）及出口时应缴纳的一切关税（duties）、税款（taxes）和其他费用（charges）。（6）卖方必须给予买方说明货物已按照规定交货的充分通知（sufficient notice）。（7）卖方必须自付费用（at the seller's expense）向买方提供证明货物已按照规定交货的通常单据。除非前项所述单据是运输单据（transport document），否则应买方要求（at the buyer's request）并由其承担风险和费用，卖方必须给予买方一切协助，以取得有关运输合同的运输单据［如可转让提单（negotiable bill of lading）、不可转让海运单（non-negotiable sea waybill）、内河运输单据（inland waterway document）或多式联运单据（multimodal transport document）］。如买卖双方约定使用电子方式通讯（communicate electronically），则前项所述单据可以由具有同等作用的电子记录或程序（equivalent electronic record or procedure）代替。（8）卖方必须支付为按照规定交货所需进行的查对费用（如核对货物品质、丈量、过磅、点数的费用）。以及出口国任何强制性装运前检验费用。（9）卖方必须自付费用，提供按照卖方订立销售合同前已知的该货物运输（如运输方式、目的港）所要求的包装（除非按照相关行业惯例，合同所述货物无须包装发运）。包装（packaging）应作适当标记。(10) 应买方要求并由其承担风险和费用，卖方必须给予买方一切协助，以帮助其取得由装运地国和/或原产地国所签发或传送的、为买方进口货物可能要求的和必要时从他国过境所需的任何文件（documents）和包括安全在内的信息或有同等作用的电子讯息。应买方要求，卖方必须向买方提供投保所需的信息。

买方（buyer）应承担如下义务（obligations）：(1) 买方必须按照销售合同规定支付价款（payment of the price）。(2) 买方必须自担风险和费用，取得任何进口许可（import licence）或其他官方授权，并在需要办理海关手续时，办理货物进口和在必要时从他国过境所需的一切海关手续。(3) 买方必须自付费用（at his own expense）订立从指定的装运港起运的运输合同（contracts of carriage）。(4) 买方必须在卖方按照规定交货时受领货物（take delivery of the goods）。(5) 买方必须按照下述规定承担货物灭失或损坏的一切风险：1) 货物在指定的装运港交货之时（from the time they have been delivered）起；2) 买方未将船名、装船点、要求的交货时间通知卖方，或其指定的船只未按时到达，或不能够装载该货物，或较要求的交货时间提早停止装货，则自约定的交货日期或交货期限届满之日起，但以该项货物已正式划归合同项下，即清楚地划出或以其他方式确定为合同项下之货物为限。(6) 买方必须支付：1) 货物在指定的装运港交货时之时起与货物有关的一切费用；2) 买方指定的船只未按时到达，或不能装载上述货物，或较要求的交货时间提早停止装货，或买方未将船名、装船点、要求的交货时间通知卖方而发生的一切额外费用，但以该项货物已正式划归合同项下，即清楚地划出或以其他方式确定为合同项下之货物为限；3) 需要办理海关手续时，货物进口应缴纳的一切关税、税款和其他费用，及办理海关手续的费用，以及货物从他国过境（transit）的费用。(7) 买方必须给予卖方有关船名（vessel name）、装船点（loading point）和要求交货时间（required delivery time）的充分通知。(8) 买方必须接受卖方按照规定提供的交货凭证（proof of delivery）。(9) 买方必须支付任何强制性装运前检验（pre-shipment inspection）费用，但出口国有关当局强制进行的检验除外。(10) 买方必须支付因获取要求卖方给予协助下的单据（documents）或有同等作用的电子记录或程序所发生的一切费用，并偿付卖方因给予协助而发生的费用。

在使用FOB术语时，应注意以下问题：(1) 通知问题。FOB术语中涉及两个充分通知：一个是买方安排运输后，应将船名、装货时间、地点给予卖方以充分通知；另一个是卖方在货物装船时要给买方以充分通知。在第一种情况下，如果买方未给予通知，或指定船只未按时到达，或未能按时受载货物，或比规定的时间提前停止装货，由此产生的货物灭失或损失应由买方承担。在第二种情况下，由于货物的风险是在装运港交货时由卖方转移给买方，所以，卖方在货物装船时，必须通知买方，以便买方投保，否则，由于卖方未给予充分通知而导致买方受到的损失，应由卖方负责。(2) 注意各国对FOB贸易术语的不同解释。典型的是美国1941年修订的《对外贸易定义》。该定义把FOB术语分为6种，其中只有FOB vessel（named port of shipment）装运港船上交货与国际商会规定的FOB术语含义相类似。所以，在对美贸易中，如用FOB术语成交，则需要注明是采用国际商会制定的INCOTERMS及其版本，还是适用美国全国对外贸易协会的《对外贸易定义》(1941年修订本)。在采用后者时，则需在FOB后面加上“vessel”（船舶）字样，以免引起误解。

2. CFR

CFR是Cost and Freight（...named port of destination）的英文缩略语，意思是“成本加运费（……指定目的港）”。《国际贸易术语解释通则®2010》载明：“‘成本加运费（……指定目的港）’是指卖方在船上交货或以取得已经这样交付的货物方式交货（The seller is required either to deliver the goods on board the vessel or to procure goods already so delivered for shipment to the destination）。”货物灭失或损坏的风险在货物交到船上时转移。卖方必须签订合同，并支付必要的成本和运费，将货物运至指定的目的港。CFR术语要求卖方办理出口清关手续。该术语不适合于货物在上船前已交给承运人的情况，如集装箱运输的货物通常是在集装箱码头交货。在此类情况下，应使用CPT术语。

与FOB相比较，CFR项下的卖方义务在FOB卖方义务基础上增加自付费用订立海上货物运输合同这一义务。自然，在费用承担方面也比FOB卖方承担的费用增加，即增加了运费一项。相应地，CFR买方义务则减少：买方无义务自费订立海上货物运输合同。

具体而言，卖方（Seller）承担如下义务（obligations）：

（1）卖方必须提供符合销售合同规定的货物和商业发票（commercial invoice）以及合同可能要求的其他与合同相符的证据（evidence）。在双方约定或符合惯例的情况下，可以是同等作用的电子记录或程序（equivalent electronic record or procedure）。

（2）卖方必须自担风险和费用（at his own risk and expense），取得任何出口许可（export licence）或其他官方授权（official authorization），并在需要办理海关手续（customs formalities）时，办理货物出口所需的一切海关手续。

（3）卖方必须自付风险和费用（at his own risk and expense）签订或取得（procure）运输合同。必须按照通常条件订立运输合同（contracts of carriage），经由惯常航线，用通常用来运输该类商品的船舶将货物运输至指定目的港。

（4）卖方必须在约定日期或期限内（on the date or within the agreed period），在指定装运港（named port of shipment），按照该港习惯方式，将货物交至指定船上或以取得已装船货物的方式交货（The seller is required either to deliver the goods on board the vessel or to procure goods already so delivered for shipment to the destination）。

（5）卖方必须承担货物灭失或损坏的一切风险（bear all risks of loss of or damage to the goods），直至货物在指定的装运港装到船上。

（6）卖方必须支付：1）与货物有关的一切费用，直至货物在指定装运港装到船上；2）海上运输费用和其他一切费用，包括货物的装船费和根据运输合同由卖方支付的、在约定卸货港的任何卸货费；3）需要办理海关手续时，货物出口需要办理的海关手续费用（costs of customs formalities）及出口时应缴纳的一切关税（duties）、税款（taxes）和其他费用（charges），以及如果运输合同规定由卖方支付的货物从他国过境的费用。

（7）卖方必须给予买方说明货物已按照规定交货的充分通知（sufficient notice），以及要求的任何其他通知，以便买方能够为受领货物采用通常必要的措施。

（8）卖方必须自付费用（at the seller's expense），毫不迟延地向买方提供证明载往约定目的港的通常运输单据。此单据［如可转让提单（negotiable bill of lading）、不可转让海运单（non-negotiable sea waybill）、内河运输单据（inland waterway document）］必须载明合同货物，其日期应在约定的装运期内，使买方得以在目的港向承运人提取货物，除非另有约定，应使买方得以通过转让单据（可转让提单）或通过通知承运人，向其后手买方出售在途货物。如买卖双方约定使用电子方式通讯（communicate electronically），则前项所述单据可以由具有同等作用的电子记录或程序（equivalent electronic record or procedure）代替。

（9）卖方必须支付为按照规定交货所需进行的查对费用（如核对货物品质、丈量、过磅、点数的费用），以及出口国有关机关强制进行的装船前检验费用。卖方必须自付费用，提供按照卖方订立销售合同前已知的该货物运输（如运输方式、目的港）所要求的包装（除非按照相关行业惯例，合同所述货物无须包装发运）。包装（packaging）应作适当标记。

（10）应买方要求并由其承担风险和费用，卖方必须给予买方一切协助，以帮助其取得由装运地国和/或原产地国所签发或传送的、为买方进口货物可能要求的和必要时从他国过境所需的任何文件（documents）和包括安全在内的信息或有同等作用的电子记录或程序。应买方要求，卖方必须向买方提供投保所需的信息。

买方（buyer）应承担如下义务（obligations）：

（1）买方必须按照销售合同规定支付价款（payment of the price）。

（2）买方必须自担风险和费用，取得任何进口许可（import licence）或其他官方授权，并在需要办理海关手续时，办理货物进口和在必要时从他国过境所需的一切海关手续。

（3）买方必须在卖方按照规定交货时受领货物（take delivery of the goods），并在指定目的港从承运人处收取货物。

（4）买方必须按照下述规定承担货物灭失或损坏的一切风险：1）货物在指定的装运港装上船起；2）如果买方有权决定装运货物的时间或目的港，而买方没有给予卖方充分通知，则自约定的交货日期或交货期限届满之日起，但以该项货物已正式划归合同项下，即清楚地划出或以其他方式确定为合同项下之货物为限。

（5）买方必须支付：1）货物在指定的装运港装上船时起与货物有关的一切费用；2）货物在运输途中直至到达目的港为止的一切费用，除非这些费用根据运输合同应由卖方支付；3）包括驳运费和码头费在内的卸货费，除非这些费用根据运输合同应由卖方支付；4）如果买方有权决定装运货物的时间或目的港，而买方没有给予卖方充分通知，则自约定的装运日期或装运期限届满之日起货物所发生的一切额外费用，但以该项货物已正式划归合同项下，即清楚地划出或以其他方式确定为合同项下之货物为限；5）需要办理海关手续时，货物进口应缴纳的一切关税、税款和其他费用，及办理海关手续的费用，以及货物从他国过境（transit）的费用，除非这些费用已经包括在运输合同中。

（6）如果买方有权决定装运货物的时间或目的港，买方必须就此给予卖方充分通知。

（7）买方必须接受卖方按照规定提供的交货凭证（proof of delivery）。

（8）买方必须支付任何强制性装运前检验（pre-shipment inspection）的费用，但出口国有关当局强制进行的检验除外。

（9）买方必须支付因获取要求卖方给予协助下的文件（documents）和包括安全在内的信息或有同等作用的电子记录或程序所发生的一切费用，并偿付卖方因给予协助而发生的费用。

使用CFR术语时，应特别注意的问题是卖方的装船通知义务。在CFR合同中，买方需要自行投保海上货物运输风险。因此，和FOB合同的情况一样，卖方要给买方货物装船的充分通知，否则，由此造成买方漏保货运险而引起的损失应由卖方承担。

3. CIF

CIF是Cost，Insurance and Freight（...named port of destination）的英文缩略语，意思是"成本、保险费加运费（……指定目的港）"。《国际贸易术语解释通则®2010》载明："'成本、保险费加运费'是指卖方在船上交货或以取得已经这样交付的货物方式交货（The seller is required either to deliver the goods on board the vessel or to procure goods already so delivered for shipment to the destination）。货物灭失或损坏的风险在货物交到船上时转移。卖方必须签订合同，并支付必要的成本和运费，以将货物运至目的地。在CIF条件下，卖方还必须办理买方货物在运输途中灭失或损坏风险的海运保险。因此，由卖方订立保险合同并支付保险费。买方应注意到，CIF术语只要求卖方投保最低限度的保险险别。如买方需要更高的保险险别，则需要与卖方明确地达成协议，或者自行作出额外的保险安排。CIF术语要求卖方办理货物出口清关手续。该术语不适合于货物在上船前已交给承运人的情况，如集装箱运输的货物通常是在集装箱码头交货。在此类情况下，应使用CIP术语。"

与CFR相比较，CIF项下卖方的义务在CFR卖方义务基础上增加了自付费用订立海上货物运输保险合同（contract of insurance）这一义务。自然，在费用承担方面也比CFR卖方承担的费用高，即增加了海上运输保险费用一项。相应地，CIF买方既无义务办理海上货物运输，也无义务办理海上货物运输保险。

具体而言，卖方（seller）承担如下义务（obligations）：

（1）卖方必须提供符合销售合同规定的货物和商业发票（commercial invoice）以及合同可能要求的其他与合同相符的证据（evidence）。在双方约定或符合惯例的情况下，可以是同等作用的电子记录或程序（equivalent electronic record or procedure）。

（2）卖方必须自担风险和费用（at his own risk and expense），取得任何出口许可（export licence）或其他官方授权（official authorization），并在需要办理海关手续（customs formalities）时，办理货物出口所需的一切海关手续。

（3）卖方必须自付费用和风险（at his own risk and expense）订立或取得运输合同。卖方必须按照通常条件订立运输合同（contracts of carriage），经由惯常航线，将货物用通常可供此类商品运输的船舶将货物运至指定目的港；卖方必须按照合同规定，自付费用订立或取得货物保险，并向买方提供保险单或其他保险证据，以使买方或任何其他对货物具有保险利益的人有权直接向保险人索赔。保险合同应与信誉良好的保险人订立，在无相反明确协议时，应按照《协会货物保险条款》（伦敦保险业协会）获取类似条款中的最低险别投保。最低保险金额应包括合同规定价款另加10%，并应采用合同货币。

（4）卖方必须在约定日期或期限内（on the date or within the agreed period），在指定装运港（named port of shipment），将货物交至指定船只上。

（5）卖方必须承担货物灭失或损坏的一切风险（bear all risks of loss of or damage to the goods），直至货物在指定的装运港装船（on board the vessel）为止。

（6）卖方必须支付：1）与货物有关的一切费用，直至货物在指定装运港装船为止；2）海上运输费用和其他一切费用，包括货物的装船费和根据运输合同由卖方支付的、在约定卸货港的任何卸货费；3）海上货物运输保险费用；4）需要办理海关手续时，货物出口需要办理的海关手续费用（costs of customs formalities）及出口时应缴纳的一切关税（duties）、税款（taxes）和其他费用（charges），以及如果运输合同规定由卖方支付的货物从他国过境的费用。

(7) 卖方必须给予买方说明货物已按照规定交货的充分通知 (sufficient notice), 以及买方要求的任何其他通知, 以便买方能够为受领货物采用通常必要的措施。

(8) 卖方必须自付费用 (at the seller's expense), 毫不迟延地向买方提供证明载往约定目的港的通常运输单据。此单据 [如可转让提单 (negotiable bill of lading)、不可转让海运单 (non-negotiable sea waybill)、内河运输单据 (inland waterway document)] 必须载明合同货物, 其日期应在约定的装运期内, 使买方得以在目的港向承运人提取货物, 并除非另有约定, 应使买方得以通过转让单据 (可转让提单) 或通过通知承运人, 向其后手买方出售在途货物。如买卖双方约定使用电子方式通讯 (communicate electronically), 则前项所述单据可以由具有同等作用的电子记录或程序 (equivalent electronic record or procedure) 代替。

(9) 卖方必须支付为按照规定交货所需进行的查对费用 (如核对货物品质、丈量、过磅、点数的费用), 以及出口国有关机关强制进行的装船前检验费用。卖方必须自付费用, 提供按照卖方订立销售合同前已知的该货物运输 (如运输方式、目的港) 所要求的包装 (除非按照相关行业惯例, 合同所述货物无须包装发运)。包装 (packaging) 应作适当标记。

(10) 应买方要求并由其承担风险和费用, 卖方必须给予买方一切协助, 以帮助其取得由装运地国和/或原产地国所签发或传送的、为买方进口货物可能要求的和必要时从他国过境所需的任何文件 (documents) 和包括安全在内的信息或有同等作用的电子记录或程序。应买方要求, 卖方必须向买方提供投保所需的信息。

买方 (buyer) 应承担如下义务 (obligations):

(1) 买方必须按照销售合同规定支付价款 (payment of the price)。

(2) 买方必须自担风险和费用, 取得任何进口许可证 (import licence) 或其他官方许可, 并在需要办理海关手续时, 办理货物进口和在必要时从他国过境所需的一切海关手续。

(3) 买方必须在卖方按照规定交货时受领货物 (take delivery of the goods), 并在指定目的港从承运人收取货物。

(4) 买方必须按照下述规定承担货物灭失或损坏的一切风险: 1) 货物在指定的装运港装上船时起; 2) 如果买方有权决定装运货物的时间或目的港, 而买方没有给予卖方充分通知, 则自约定的交货日期或交货期限届满之日起, 但以该项货物已正式划归合同项下, 即清楚地划出或以其他方式确定为合同项下之货物为限。

(5) 买方必须支付: 1) 货物在指定的装运港装上船之时起与货物有关的一切费用; 2) 货物在运输途中直至到达目的港为止的一切费用, 除非这些费用根据运输合同应由卖方支付; 3) 包括驳运费和码头费在内的卸货费, 除非这些费用根据运输合同应由卖方支付; 4) 如果买方有权决定装运货物的时间或目的港, 而买方没有给予卖方充分通知, 则自约定的装运日期或装运期限届满之日起货物所发生的一切额外费用, 但以该项货物已正式划归合同项下, 即清楚地划出或以其他方式确定为合同项下之货物为限; 5) 需要办理海关手续时, 货物进口应缴纳的一切关税、税款和其他费用, 及办理海关手续的费用, 以及货物从他国过境 (transit) 的费用, 除非这些费用已经包括在运输合同中。

(6) 如果买方有权决定装运货物的时间或目的港, 买方必须就此给予卖方充分通知。

(7) 买方必须接受卖方按照规定提供的交货凭证 (proof of delivery)。

(8) 买方必须支付任何装运前检验 (pre-shipment inspection) 的费用, 但出口国有关当局强制进行的检验除外。

（9）买方必须支付因获取要求卖方给予协助下的文件（documents）和包括安全在内的信息或有同等作用的电子讯息所发生的一切费用，并偿付卖方因给予协助而发生的费用。应卖方要求，买方必须向卖方提供投保所需信息。

在使用 CIF 术语时，应特别注意保险问题。在 CIF 术语中，替买方投保，并支付保险费是卖方的一项义务。但是，当双方未就保险条款和投保险别加以约定时，卖方只负责按伦敦保险业协会《协会货物保险条款》投保海上运输的最低险别。在投保范围中也不包括某些特别险种。买方如要投保其他险别或特种险，应在合同中说明，并自负该项加保费用。

此外，缩略语后的港口名称是目的港名称，指明运输费和保险费的计算是从装运港至目的港全程的运输费和保险费，而不是指卖方的交货地点。和 FOB、CFR 一样，在 CIF 术语中，卖方的交货义务是在装运港将货物装到船上完成的。

4. FOB、CFR、CIF 的异同

三个国际贸易术语具有如下主要共同点：（1）适合海上货物运输或内河航运；（2）卖方均负责办理出口报关手续；（3）交货地点都是在装运港口载运货物的船上；（4）货物风险的划分都是以货物在装运港装上载货船为界限；（5）均属于象征性交货，即卖方向买方提交了代表货物所有权的凭证就等于交付了货物。

三者的区别在于承担运输和保险责任和费用的人不同。在 FOB 中，买方负责安排海上货物运输；在 CFR 中，卖方负责安排货物运输；在 CIF 中，卖方既负责安排货物运输，也负责安排海上货物运输保险。

在使用三者时，应当注意如下问题。

（1）缩略语后面的港口名称。FOB 后的地点是装运港名称，而 CIF 和 CFR 后的地点是目的港名称。这表明，FOB 的价格构成是货物在装运港交货前的费用，即出口商品的成本价。CIF 和 CFR 中的保险费和运输费则是按从装运港到达目的港全程的保险费和运输费计算的。港口名称是为计算费用之便附加的，和交货地点无关。

（2）装船费和卸船费的承担引起的贸易术语变形。在贸易术语中，装船费和卸船费应当由谁承担是一个不十分明确的问题。为了避免由于贸易术语规定的不够明确而导致日后买卖双方之间发生争议，实践中通常采用以下方法加以解决：1）卖方不负责装船费用：则可采用班轮运输 FOB（liner terms）条款，装卸由班轮负责，费用包括在运费内。2）卖方负责装船费：在 FOB 后面加上“理舱”[FOB（stowed）]，则卖方承担包括理舱在内的装船费用；或者在 FOB 后面加上“平舱”[FOB（trimmed）]，则卖方承担包括平舱费在内的装船费用。3）按照港口惯例，装船费由卖方承担，卸船费由买方承担。为避免发生争议，双方对此问题应在合同中明确规定。

（3）贸易术语问题。在我国外贸业务中，习惯把 FOB 称作“离岸价格”，把 CIF 称作“到岸价格”。仅从价格构成这一角度看，为了海关统计以及稽征关税等外贸业务的便利，这种称呼未尝不可。但从法律角度看，这种称呼是错误的。因为贸易术语本质上是一种货物买卖合同①，价格构成仅仅是贸易术语（合同）所包含内容的一部分，把 CIF 看成到岸价格不能表达 CIF 这个贸易术语中所包含的全部法律内容，在实践中会由于误解而造成不必要的损失。

---

① See Tsakiroglou &Co. Ltd. v. Noblee Thorl G. m. b. H. House of Lords（1962）A. C. 93.

案例[①]

Japanese Xinsheng Trade Company v. Ningxia Hui Autonomous Region Shougang Nihong Metallurgic Product Company

FIRST INSTANCE.

Shizuishan Intermediate People's Court, 2 December 2001; (2000) Shijingchuzi No. 11.

PARTIES AND COUNSEL.

Plaintiff (Appellant): Japanese Xinsheng Trade Company, Place of Business: Tokyo Dugang District Park 2 - 3 - 4 Japan ...

Defendant (Appellee): Ningxia Hui Autonomous Region Shougang Nihong Metallurgic Products Company (Joint Venture), Place of Business: Ningxia Shizuishan Dawukou District Yongkang Road 2 ...

After accepting the appellate plea, the Court held open hearing on 6 June and 20 November 2002. Counsel for [Seller] and [Buyer] attended the hearing. Trial on this case is now completed.

[Facts]

On November 11, 1998, [Buyer] and [Seller] entered into Contract (No. 98NSN - 1101) and its memorandum. The contract stipulated: [Seller] sold 720 tons of white corundum to [Buyer]; Delivery term was FOB; US $ 518 per ton and the total price was US $ 372 960; The loading port was Yingkou China or Bayuquan harbor; The loading period was January to June 1999, and installments were acceptable. In the memorandum, the quantity for each month during the period of loading was stipulated.

During performance, [Seller] delivered 240 tons of goods to the Bayuquan harbor on 23 December 1998, 1 February 1999 and 11 February 1999. However, [Buyer] altered the time of loading many times so that 120 tons of goods were loaded on 3 March 1999 which should have been loaded in January and the other 120 tons that should have been loaded in February were not loaded at all. In respect of the remaining 120 tons, [Seller] sent five letters to [Buyer] to request it to fulfill its obligation. However, [Buyer] responded to ask for reduction of price, but no problem of quality was mentioned.

Later after negotiation, on 11 November 1999 the parties signed another contract (No. 99NSN - 11 - 1) in respect of the goods not loaded under Contract No. 98NSN - 1101. The new contract stipulated: [Seller] sold 120 tons of white corundum to [Buyer]; The delivery term was FOB; US $ 563 per ton and the total price was US $ 67 560; The loading port was Bayuquan harbor; The loading period was November to December 1999;

① See Case No. (2002) Ningminshangzhongzi No. 36; Higher People's Court, Ningxia Hui Autonomous Region; 27 November 2002; Translation by Wu Dong, provided by Pace University, to be found at http: //www. cisg. law. pace. edu.

Identification of quantity and quality should be issued by the CCIB of Bayuquan harbor.

The memorandum thereof stipulated: This memorandum could not be separated from Contract 98NSN－1101 and Contract 99NSN－11－1. After Contract 99NSN－11－1 was performed, the former Contract 98NSN－1101 would be cancelled automatically. If new packages were needed, [Buyer] should be responsible for this. All the packing fee, loss of goods and manual work should be born by [Buyer]. Even (if) no new packages were changed, the loss of broken bags should be born by [Buyer] as well. Before loading, [Buyer] should notify [Seller] in time so that the latter could send persons to watch the changing of bags and loading.

On 23 November 1999, Yingkou Shipping Agency Company as [Seller]'s agent applied for inspection of 120 tons of white corundum to Bayuquan Entry-Exit Inspection and Quarantine Bureau. On 3 August 2000, upon the request of the Court of First Instance, the Bayuquan Entry-Exit Inspection and Quarantine Bureau issued a certification of the inspection of the exported white corundum involved in the present case (Inspection Number: 70673). It stated: "We accepted Yingkou Shipping Agency Company's application for inspection of 120 tons/bags of white corundum on 23 November 1999. On the same day, we sent inspectors to take samples and make preparation according to the GB/T4676－84 Standard. After inspection, we found that the result conformed to the requirements of the No. 99NSN－11－1 Contract. However, as the goods had not been loaded and exported yet, we did not issue a certification of quality." On 26 November 1999, the two parties came to the port to change the bags and found 60 tons of goods had 1－3 mm thickness of breeze on their bags. Therefore, they opened some of the bags and found part of the goods polluted by breeze to different extents. The other 60 tons of goods, stored in the Shengxing Storage out of the port, were found wet partly. Li Ming, employee of [Buyer], and Wang Baojian, employee of [Seller] so reported to their corresponding company in writing. [Buyer] therefore raised objection on quality to [Seller], which later led to litigation.

The Court of First Instance also found: [Buyer] applied for custody of evidence on 7 September 2000 and [Seller] applied for custody of samples and requested to deliver the goods to other clients. On 25 September 2000, [Buyer] applied again for overall sampling of the goods and claimed that if [Seller] did not remove the goods and withdrew its application, [Buyer] would withdraw its application for custody as well. When the Court of First Instance notified the two parties to submit custody fee, [Buyer] remitted renminbi [RMB] 7 000 on 16 October 2000. Later, [Seller] withdrew its application for custody and promised not to remove the goods. Therefore, the Court of the First Instance notified the two parties that no measures of custody would be taken temporarily. On 8 January 2001, [Buyer] again applied for overall sampling of the goods. Two days later, the Court of First Instance made a ruling ((2000) Shijingchuzi No. 12－1 Civil Rule) and approved it. On 15 January 2001, the Court of First Instance sent judges to the port and requested the two parties to arrive there as well. The two parties agreed that the Bayuquan Entry-Exit Inspection and Quarantine Bureau would be the inspector. [Buyer] still requested to spread all the bags and take samples from each bag. [Seller] agreed, but requested [Buyer] to offer a guarantee of RMB 900 000 before taking this measure of custody. After field survey and query for opinion of commodities inspection agency, it was confirmed that all the bags had to be spread to take samples from each bag. Meanwhile, to spread all the bags, the upper packages had to be removed first as the goods were piled up in three layers and for a long time, and this would cause the goods to be scattered and suffer great loss. Therefore, the Court of First Instance directed [Buyer] to provide a deposit of RMB 900 000 before the custody was taken. However, [Buyer] refused to provide the deposit, and said if the deposit was required [Buyer] would give up the application for custody. So at last no measure of custody was employed. On 21 January 2001, [Seller] submitted an application for disposal of the goods to mitigate the loss. [Buyer]'s letter arrived on 29 January 2001, in which [Buyer] requested the Court of First Instance to take measures of custody to preserve the evidence. The Court of First Instance on 12 February notified [Buyer] to provide a deposit of RMB 900 000 in seven days; otherwise [Seller] would be able to dispose of the goods at its will. But [Buyer] still did not provide the deposit as it regarded that the amount exceeded the real value of the goods. Upon this, the Court of the First Instance did not take measures of custody and notified the two parties. On 17 May 2001, [Seller] resold the goods to the Shougang No. 1 Refractory Materials Company. [Buyer] on 10 August 2001 submitted a demur to the Court of First Instance in respect to the disposal of the goods. In respect of the quality problem of the 120 tons of corundum caused by the breeze and water, the parties stuck each to its own position and neither offered any persuasive proof as to where the pollution came from. [Holding of First Instance]

The Court of First Instance held that the contract between the parties showed their true minds and therefore should be observed. However, [Buyer] was in delay of receiving the goods, which caused the 120 tons of corundum to be stored at the port for such a long time and thus breached contract (No. 98NSN - 1101). Though the two parties signed the No. 99NSN - 11 - 1 contract later, disputes arose when implementing this contract and it was not implemented at all. In the memorandum of this contract, Article 1 stipulated: "This memorandum cannot be separated from Contract No. 98NSN - 1101 and Contract No. 99NSN - 11 - 1. Contract No. 98NSN - 1101 will be cancelled automatically upon the fulfillment of Contract No. 99NSN - 11 - 1."

Therefore, it could be observed that the conclusion of Contract No. 99NSN - 11 - 1 did not terminate Contract No. 98NSN - 1101, but maintained it. The fact of the performance showed that [Buyer] altered the loading time many times and thus did not fulfill its obligations; this constituted a fundamental breach of contract. According section B5 of the term "FOB" under INCOTERMS 2000, [Buyer] should bear all the risks of these goods. Consequently, the total loss should include that under the aforesaid two contracts. When [Seller] delivered the goods to the port, they conformed to the requirements of the contracts; the goods had to be stored at the port due to [Buyer] 's breach of contract, which caused losses. [Seller] therefore had no default in this case. In addition, [Seller] in order to perform the contracts used the Letter of Credit provided by [Buyer] as a guarantee to get loans to maintain its business. Due to [Buyer] 's breach and alteration of the L/C, [Seller] could not reimburse the loan in time and further could not get loans from other banks as the evaluation of its credit was lowered for this. [Seller] therefore could not maintain its normal production and had to stop production. Consequently, [Buyer] should compensate [Seller] 's fees for implementing the contracts and loss of profits RMB 774 962.4 and USD 9 060. [Seller] 's other claims were not supported. The suit fee corresponding to these claims should be born by [Seller].

Pursuant to Articles 25, 73 (1) and 74 of the CISG, the Court of First Instance decided: [Buyer] should compensate [Seller] RMB 774 962.4 and USD 9 060 in three days as of the coming into force of its judgment. If the payment was delayed, Article 232 of the Civil Procedural Law of the People's Republic of China would be applied. The suit acceptance fee was RMB 48 525.85; [Seller] should bear RMB 34 241.68 and [Buyer] should bear RMB 14 284.17.

After this judgment was made, [Buyer] was not convinced and appealed to the present court. Its claims and corresponding accounts are: The contentious focus of the present case is the quality of the goods. The quality of the goods accounts for the contractual dispute arising from the international transaction between the two parties. As the goods were polluted by breeze and water, they lost their original value. [Buyer] deems that [Seller] 's neglect during the packaging and transportation caused the problem of quality.

The evidence found in the process of the first instance was erroneous. In the judgment of the first instance, the evidence provided by the two parties was listed and partly confirmed, however, all the essential evidence provided by [Buyer] was not adopted. As to the evidence provided by the Yingkou Bayuquan Entry-Exit Inspection and Quarantine Bureau, [Buyer] alleges that: first, its inspection was in respect of whether the goods conformed to the requirements of the contract but did not inspect the mixture of the breeze; second, when the Court of First Instance collected this evidence on 3 August 2000, it sent only a clerk accompanied by [Seller] to the Bureau. This did not comply with the legal procedural requirement that evidence shall be collected by more than two persons of the People's Court. Therefore, [Buyer] alleges that this evidence should be excluded. The test of evidence during the process of the first instance was not impartial. As the quality was the focus of the dispute, the two parties both provided related evidence. Nevertheless, the Court of First Instance only confirmed the evidence provided by [Seller], which clearly showed its partiality.

The calculation of the compensation was erroneous. The goods in dispute in the present case amounted to 120 tons, but the Court of First Instance calculated the loss of profits on the basis of the 480 tons not delivered under the Contract No. 98NSN-1101 and held that [Buyer] 's breach caused the quality problem. This was clearly incorrect.

According the custody of the evidence, before the first instance hearing, the Court of First Instance made a ruling (2000 Shijingchuzi No. 12-1) to take custody of the evidence, but due to the so-called problem of guarantee raised by [Seller] the custody measures were not taken at the end. Therefore, the behavior of the Court of First Instance to meet [Seller] 's request was actually to connive at [Seller] 's destroying of the evidence.

The false founding led to the false application of rules or laws. The Court of First Instance did not accept [Buyer] 's evidence, favored [Seller] and found [Buyer] in breach so that it applied INCOTERMS and directed [Buyer] to bear the risk of loss caused by the quality problem. In [Buyer] 's viewpoint, due to the inclination of the Court of First Instance, its founding of the key merits of the case was false, which led to its false application of international trade customs. According to the term FOB, the risk of the goods passes when the goods cross the ship's rail, and the rule of advance passing of risk in the B5 provision should not be applied in the present case. Therefore, the risk of loss should be born by [Seller].

In sum, [Buyer] 's claims are: (1) to overrule the original judgment and dismiss [Seller] 's claims; (2) to direct [Seller] to bear the acceptance fee of the appeal.

[Seller] asserts that: [Buyer] regards the key issue of the present case as the quality problem, while [Seller] regards [Buyer] 's fundamental breach as the key issue. In respect of the so-called quality problem, it was caused completely by [Buyer] 's fundamental breach. Therefore, [Buyer] should bear all the corresponding liabilities. In [Seller] 's viewpoint, the test of evidence during the first instance was impartial and fair. In respect of the calculation of the compensation, [Seller] held that Contract No. 98NSN-1101 and Contract No. 99NSN-11-1 could not be separated from each other. Due to [Buyer] 's fundamental breach, Contract No. 99NSN-11-1 was not implemented. So the calculation based on 480 tons of goods was proper. In respect of the custody of the evidence, it was not taken because [Buyer] refused to offer the requisite guarantee. In respect of the so-called false application of law held by [Buyer], [Seller] alleges that in the first instance judgment, INCOTERMS was not referred to nor was the advance passing of risk. It was just an envisage or presumption of [Buyer]. Therefore, [Seller] alleges that the Court of First Instance found the facts clearly, tested the evidence impartially and fairly, and applied the law correctly.

The present Court holds that this case arose from a sales contract which reflected the true minds of the two parties and did not violate the CISG or Chinese laws so that it was valid. When delivering the second installment of goods (120 tons of corundum) under Contract

No. 98NSN－1101，[Buyer] was in delay of loading due to the price dispute and this caused the goods had to be stored at the port for a long time. To settle the dispute in respect of the aforesaid 120 tons of goods，the two parties entered into Contract No. 99NSN－11－1 and altered the loading period to November/December 1999. The Court holds that，this was a modification of the former contract by the two parties and should be implemented. When fulfilling the second contract，the two parties went to the port to change the packages and check the goods，when they found the goods were polluted by breeze and water. Three days before that，the Bayuquan Entry-Exit Inspection and Quarantine Bureau had inspecting personnel take samples from the goods and do inspection，who issued an inspection report claiming that they conformed to the requirements of the No. 99NSN－11－1 Contract. However，the Bureau did not provide a reasonable explanation for the pollution by breeze and water and the inspection conclusion could not negate the fact that the goods had been polluted. Therefore，the inspection report could not be regarded as proof that the goods conformed to the quality requirements of the contract. As neither party could provide evidence to prove the origins of the pollution，according to the CISG and INCOTERMS 2000，the risks of the goods should be transferred to [Buyer] when they cross the ship's rail because FOB was the price term used in the contract. In addition，before loading，the two parties agreed to modify the contract and alter the loading period of the goods，which reflected the true minds of the parties and should be implemented. So，the risk of losses had not yet passed to [Buyer] and [Seller] did not take care of the goods in the proper manner before loading. Therefore，[Seller] should bear all the risks of the goods；its claims and accounts lack support by facts or laws and so could not be supported by the Court. [Buyer] 's appeal and accounts conform to the relevant stipulations of the CISG and INCOTERMS 2000，so that is supported by the Court.

[HOLDING]

In sum，pursuant to Article 153 paragraph 1 item 3 of the Civil Procedure Law of the People's Republic of China，the Court makes the following judgment：The Civil Judgment of Shizuishan Intermediate People's Court of Ningxia Hui Autonomous Region（(2000) Shijingchuzi No. 12）is reversed；[Seller] 's claims are dismissed；The acceptance fee of the first instance and appeal costs（RMB 14 284. 17 each）should be borne by [Seller].

The present judgment is final.

QUESTIONS FOR DISCUSSION

1. What's the relationship between Contract No. 98NSN－1101，Contract No. 99NSN－11－1 and memorandum?
2. Do you agree with the Higher People's Court's judgment?

第二节 国际货物买卖合同的成立和内容

国际货物买卖合同是买卖双方经过磋商，就货物的进出口达成的协议。该协议是确定买卖双方权利义务的法律依据。那么，如何确定当事人是否达成国际货物买卖的一致协议？CISG对此作出了详细规定。在我国《民法典》合同编借鉴了CISG，对要约和承诺所作的规定与CISG基本相同。

一、国际货物买卖合同的概念及国际性标准

CISG对“货物买卖合同”或“国际货物买卖合同”（contracts for the international sale of goods）没有给予定义。但是，很多国内法是有所规定的。例如，我国《民法典》第595条规定，买卖合同是出卖人转移标的物的所有权于买受人，买受人支付价款的合同。英国《1979年货物买卖法》第2条规定：（1）A contract of sale of goods is a contract by which the seller transfers or agrees to transfer the property in goods to the buyer for a money consideration, called the price.《美国统一商法典》第2—106条规定：（1）In this Article unless the context otherwise requires “contract” and “agreement” are limited to those relating to the present or future sale of goods. “Contract for sale” includes both a present sale of goods and a contract to sell goods at a future time. A “sale” consists in the passing of title from the seller to the buyer for a price (Section 2-401). A “present sale” means a sale which is accomplished by the making of the contract. 由此可见，货物买卖合同的根本特征是卖方向买方转移所出售货物的所有权。

但是，国际货物买卖合同与国内货物买卖合同有很大不同。前者具有“国际性”（internationality）或称“具有涉外因素”。“国际性”可以用许多标准来衡量，例如：以当事人的国籍为标准；以当事人营业地为标准；以行为发生地为标准；以货物是否跨越国境为标准；等等。英国1979年《货物买卖法》规定，“国际货物买卖契约”除了要求缔结货物买卖契约的双方营业处所分处于不同国家的领土之上外，还要求在缔约时，货物正在或将要从一国领土运往另一国领土；或构成要约和承诺的行为是在一个国家的领土内完成，而货物的交付则须在另一个国家的领土内履行。《美国统一商法典》第1—301条对国内交易（domestic transaction）和国际交易（international transaction）进行了如下解释：（a）In this section:（1）“domestic transaction” means a transaction other than an international transaction.（2）“international transaction” means a transaction to that bears a reasonable relation to a country other than the United States.①我国曾经于1985年颁布实施的《涉外经济合同法》采用当事人的国籍（nationality）标准确定经济合同的“涉外性”（foreign）。该法第2条规定：“本法的适用范围是中华人民共和国的企业或者其他经济组织同外国的企业和其他经济组织或者个人之间订立的经济合同（以下简称合

① See *Selected Commercial Statutes*, p. 37. West Group, 2003.

同）。但是，国际运输合同除外。”1999 年《合同法》取消了“涉外经济合同”的概念，改用“涉外合同”，但对“涉外合同”（foreign contract）未下定义。而且虽在第 129 条提到“国际货物买卖合同”，但也没有给予定义。2021 年最高人民法院对“涉外民事关系”所作认定是：（1）当事人一方或双方是外国公民、外国法人或者其他组织、无国籍人；（2）当事人一方或双方的经常居所地在中华人民共和国领域外；（3）标的物在中华人民共和国领域外；（4）产生、变更或者消灭民事关系的法律事实发生在中华人民共和国领域外；（5）可以认定为涉外民事关系的其他情形。①

CISG 采用当事人营业地（place of business）标准确定买卖合同的国际性。该公约第 1 条规定：“（1）本公约适用于营业地在不同国家的当事人之间所订立的货物销售合同……（3）在确定本公约的适用时，当事人的国籍和当事人或合同的民事或商业性应不予考虑。”

因此，根据 CISG，国际货物买卖合同是指营业地分处不同国家当事人之间订立的货物买卖合同。

二、国际货物买卖合同的成立

国际货物买卖合同作为合同的一种，应该适用合同法的一般原则。即国际货物买卖合同的成立必须是国际货物买卖双方意思表示一致的结果。如何判断双方意思是否达成一致？实践中通常的做法是，当买卖双方就合同条款举行面对面谈判，或由一方提出标准合同文本，双方进行磋商讨论，最后达成一致意见，签订书面协议，就意味着双方意思表示一致，双方签字的日期和地点就是合同成立的时间和地点。以电话或电传等直接对话方式订立合同，是否达成一致协议，也容易判断。通常以要约方听到对方表示承诺的回答或收到电传的时间和地点作为合同成立的时间和地点。但当买卖双方通过信件或电报隔地订立合同时，由于各国国内法对要约与承诺有不同规定，双方是否达成一致协议以及在何时何地达成一致协议，则比较难以判断。

在我国对外贸易实践中，协议的达成有时经过询盘（inquiry）、发盘（offer）、还盘（counter offer）、接受（acceptance）这些过程。CISG 第二部分专门规定了合同成立问题，并明确规定“合同于按照本公约规定对发价的接受生效时订立”②。也就是说，国际货物买卖合同的订立必须经过要约和承诺两个程序。我国《民法典》合同编借鉴了 CISG，规定“当事人订立合同，采取要约、承诺方式”③，并将 CISG 中的合同成立制度的大部分规定纳入了该法。

（一）要约制度

1. 要约的概念与特征

CISG 第 14 条规定了要约（offer）的定义：“向一个或一个以上特定的人提出的订立合同的建议，如果十分确定并且表明发价人在得到接受时承受约束的意旨，即构成发价。”可见，

---

① 参见最高人民法院《关于适用〈中华人民共和国涉外民事关系法律适用法〉若干问题的解释（一）》第 1 条，发布于 2012 年 12 月 28 日，2020 年 12 月 23 日修正，2021 年 1 月 1 日施行。

② CISG 第 23 条。

③ 《民法典》第 471 条规定，当事人订立合同，可以采取要约、承诺方式或者其他方式。

要约是向特定人提出的、内容明确并愿意受其约束的订立合同的建议（proposal for concluding a contract）或意思表示。

具体而言，一项有效的要约必须具备以下条件。

（1）向一个或一个以上特定的人（specific person）发出。

CISG 第 14 条规定："非向一个或一个以上特定的人提出的建议，仅应视为邀请作出发价，除非提出建议的人明确地表示相反的意向。"也就是说，向非特定人提出的建议视为要约邀请（an invitation to make offers）。例如，为了邀请对方向自己订货而发出的商品目录单、报价单以及一般的商业广告，因为不是向一个或一个以上特定的人发出，所以不是要约，而是要约邀请。

实践中，各国一致认为，为了邀请对方向自己订货而发出的商品目录单、报价单不是要约，而是要约邀请。但对普通商业广告和柜台上标价出售的商品则有不同的规定。北欧各国认为，普通商业广告是要约邀请①；英美普通法则认为是要约。判例认为，要约可以向特定人发出，也可以向全世界发出。向特定人发出的要约，只能由该人表示承诺；向全世界发出的要约，可由任何人表示承诺。② 法国法不像 CISG 和普通法那样对要约和承诺规则有明确规定。在实践中，完全将其作为事实，由法院自由裁量。这样，往往出现下级法院的判决与最高法院的判决发生冲突的现象。例如，在报纸上刊登广告的某一案件中，下级法院判决认为，在报纸上刊登广告"只构成向任何一个可能感兴趣的人发出的邀请"。而最高法院认为，"向公众发出的要约对要约人有拘束力，就像向特定人发出的要约一样"③。关于柜台上标价出售的商品，CISG 未作规定。英美普通法认为是要约邀请；而法国和某些大陆法系国家则认为是要约。④

我国《民法典》吸收了 CISG 关于要约的规定。该法规定：要约是指希望和他人订立合同的意思表示。一项有效的要约应当：内容具体确定；表明经受要约人承诺，要约人即受该意思表示约束；要约到达受要约人时生效。⑤ 一般的商业广告以及外贸公司寄送的商品目录单或报价单是要约邀请，而不是要约。商业广告的内容符合要约规定的，视为要约。⑥

（2）内容十分确定（sufficiently definite）。

何谓"十分确定"？CISG 第 14 条规定："一个建议如果写明货物并且明示或暗示地规定数量和价格或规定如何确定数量和价格，即为十分确定。"之所以要求要约的内容十分确定，是由要约的性质决定的。因为要约一经对方接受，合同即告成立。如果函电中伴随有要约人的保留条件，则无法成立一项合同，该函电就不能构成有效的要约，只能视为要约邀请，因为即使对方表示了承诺，合同也无法履行。

---

① 参见沈达明、冯大同：《国际商法》上册，45 页，北京，对外贸易出版社，1982。

② See Carrlill v. Carbolic Smoke Ball Co. (1893) 1 Q. B. p. 256.

③ Cass. Civ. 28. 11, 1968; J. C. P. 1969, Ⅱ 1597, Gaz. Pal, 1969, Ⅰ 95 (source book) p. 322.

④ 超级市场标价出售的商品是要约还是要约邀请，仍是一个有待实践解决的问题。

⑤ 《民法典》第 472 条规定，要约是希望与他人订立合同的意思表示，该意思表示应当符合下列条件：（1）内容具体确定；（2）表明经受要约人承诺，要约人即受该意思表示约束。

⑥ 《民法典》第 473 条规定，要约邀请是希望他人向自己发出要约的表示。拍卖公告、招标公告、招股说明书、债券募集办法、基金招募说明书、商业广告和宣传、寄送的价目表等为要约邀请。商业广告和宣传的内容符合要约条件的，构成要约。

案例（合同的成立）[1]

Rotary compound liners case
Landgericht Hamburg **(Germany),**
17 July 2017,
CISG-online 2925

Background

The parties dispute warranty claims.

The plaintiff, based in H., is a mechanical engineering company which, among other things, manufactures equipment used to produce cans and parts for them. The defendant, based in E. U., manufactures so-called Rotory Compound Liners, which are part of the production lines for the production of cans manufactured and distributed by the plaintiff.

At the beginning of 2013, the plaintiff negotiated the purchase of two Rotory Compound Liners with the defendant. On 31 January 2013, the defendant made an offer which was valid for 60 days ("This quote is valid sixty dates from dating"). The plaintiff did not respond within the set time limit, but sent the defendant orders for two Rotory Compound Liners in letters dated 3 May 2013 and 13 May 2013, which deviated from the defendant's previous offer with regard to delivery location, CI certification and payment terms. The plaintiff's orders always state "We order exclusively on basis of the A. H. terms and conditions of purchasing (as of 12/2008) which are already submitted. Please find our current terms and conditions of purchasing also on our website.

http://www.a.-h.de/purchasing.html".

The applicant's terms and conditions of purchase states in Clause 15: "Place of jurisdiction is Hamburg. The law of the Federal Republic of Germany shall apply to the exclusion of the UN Convention on Contracts for the International Sale of Goods of 11.04.1980." Article 14 CISG 129 The defendant confirmed the plaintiff's order by e-mail dated 17 May 2013 and delivered the machine in December 2013 in accordance with the plaintiff's instructions to its customer, the company F. C. in L./N.

The plaintiff asserts that its conditions of purchase, including the clause on jurisdiction and choice of law contained therein, have been effectively incorporated into the contract. Upon receipt of the orders, these conditions of the defendant had already existed, as would have resulted from the text of the letters of 3 May and 13 May 2013 ("we order…on basis of…terms and conditions of purchasing…which are already submitted"). Irrespective of this, the possibility for the contractual partner to take note of these GTC is sufficient for the validity of the inclusion of these GTC since it referred to the validity of the GTC in the

[1] Ingeborg Schwenzer, Christiana Fountoulakis, Mariel Dimsey: International Sales Law: A Guide to the CISG, 3rd, Oxford, UK: Hart Publishing, 2019, C 14-11.

offers in English and mentioning the website on which the conditions could have been read and printed out in English. In addition, the defendant had expressly accepted the offers and thus confirmed the validity of the GTC. The machines delivered by the defendant were defective. The contractually agreed CE certification was missing, and lids could not be trans ported through the machines without problems, which also only worked at reduced speed.

Despite setting a time limit, the defendant had not remedied the defects, so that it—the applicant—had had to remedy the defects partly itself and partly by third parties, for which costs totalling EUR 72, 557.30 had been incurred. In addition, their customer, the company F. C. , had substantial expenses for the removal of defects and threatened with corresponding claims for damages.

The plaintiff claims: 1. the defendant is found to be liable for two Rotary Compound Liner VHSL-8 compliant with EU Directives 2. the defendant is ordered to pay the plaintiff EUR 72, 557.30 plus interest in the amount of 5 percentage points above the base interest rate since 24 October 2016. 3. it is established that the defendant is obliged to compensate the plaintiff for all _ material and immaterial damage suffered by the plaintiff as a result of the delivery of two defective Rotary Compound Liner VHSL-8, order dated 3 May 2013.

The defendant applies to dismiss the action.

It takes the view that the Hamburg Regional Court is not competent internationally and locally because the purchasing conditions used by the plaintiff are not included in the contract. The conditions had not existed at the time the contract was concluded and the defendant had also not agreed to its validity. Also, possibility to read the conditions on the Internet (should they have existed then) was not sufficient for them to form part of the contract. In this respect, the plaintiff had an obligation to transmit which it had not fulfilled. [⋯]

Reasons for decision

The action is inadmissible because the Hamburg Regional Court has no international or local jurisdiction to decide the legal dispute. This follows from the fact that the plaintiff's purchasing conditions, which provide for a place of jurisdiction in Hamburg, have not become part of the contract.

The sales contract concluded between the parties is subject to the UN Sales Convention (CISG). According to general and correct opinion, the inclusion of GTC in a contract subject to the UN Convention on Contracts for the International Sale of Goods (CISG) is governed by the provisions governing the conclusion of contracts (Art. 14, 18). However, the CISG does not contain any special rules for the inclusion of standardised terms and 130 Article 14 CISG condi-tions of business in the contract, which is why it must be determined by interpretation (Art. 8 CISG) whether the GTC are part of the offer.

The plaintiff's terms and conditions of purchase have not already become part of the contract by reference in their letters dated 3 May and 13 May 2013 which are to be regarded as an offer. According to established case-law, the recipient of a contractual offer in GTC, which is to be taken as a basis, must have the opportunity to take reasonable note of it within the scope of application of the CISG. Therefore, in principle, the user of such conditions must be required to send this text to the opponent of the declaration or to make it available in some other way.

It cannot be established that the defendant had already received the complainant's conditions of purchase on receipt of the letters dated 3 May and 13 May 2013. The applicant has presented prima facie evidence of that disputed fact. The mere fact that the plaintiff makes such an assertion ("...which are already submitted ...") in the aforementioned letter cannot justify a corresponding conviction of the court.

Nor can it be established that the defendant expressly agreed to the applicability of the conditions laid down by the applicant. In its e-mail of 17 May 2013, the defendant only confirms receipt of the applicant's orders, but does not comment on the conditions.

The question arises whether GTC can also be included in a sales contract subject to the CISG by the user referring to his GTC accessible on the Internet, as happened here. In the correct view, the question must be answered in the negative, at least in the present case, that the contract is not concluded via the Internet (for example via an order form on a homepage) but in writing. Decisive for this is the consideration that it is not the task of the recipient to obtain the general terms and conditions which the user wishes to use against him or her. It is rather the user's responsibility to make the GTC accessible to the other party in such a way that it is possible to read them without further effort. In addition, terms and conditions can be subsequently changed on a website without the recipient noticing this.

Finally, a worldwide agreement such as the CISG cannot be assumed to provide access to the Internet at any time and from anywhere.

The reference of the plaintiff to a website does not allow the defendant to reasonably take note of the GTC to be read there and does not lead to their inclusion in the contract.

案例（俄罗斯联邦工商联合会国际商事仲裁庭 1995 年审理）①

An Austrian firm (claimant) brought a claim against a Ukrainian firm (respondent) for damages resulting from the latter's refusal to deliver a certain quantity of goods. The respondent denied liability on the grounds that no such agreement had been reached between itself and the claimant.

In settling this dispute, the tribunal noted that, under article 14 CISG, a proposal for concluding a contract should be sufficiently definite. It was considered to be such if it indicated

---

① See Case 139; Russian Federation: Tribunal of International Commercial Arbitration at the Russian Federation Chamber of Commerce and Industry; Arbitral award in case No. 309/1993 of 3 March 1995; A/CN. 9/SER. C/ABSTRACTS/10.

the goods and expressly or implicitly fixed or made provision for determining their quantity and price. A telex communication from the respondent regarding the delivery of the goods within a specified period indicated the nature of the goods and their quantity. However, it omitted to indicate the price of the goods or any means of determining their price. The indication in the telex that the price of the goods in question would be agreed ten days prior to the beginning of the year could not be interpreted as making provision for determining the price of the goods, but was merely an expression of consent to determine the price of the goods at a future date by agreement between the parties. The claimant, who confirmed the contents of the telex communication, thus expressed its consent to the price of the goods being made subject to further agreement between the parties. The tribunal also noted that in this particular instance article 55 CISG, allowing the price of goods to be determined where it was not expressly or implicitly fixed in a contract or where a contract made no provisions for determining it, was not applicable since the parties had implicitly indicated the need to reach agreement on the price in future.

Agreement on the price had not subsequently been reached by the parties. The respondent indicated to the claimant that it was not possible to conclude a contract for the specified quantity of goods. Finding that no contract had been concluded between the parties, the tribunal dismissed the claim.

(3) 表明在接受时承受约束。

即在受要约人对要约人发出的订约建议表示接受时，自动受其发出的订约建议的约束。值得注意的是，根据 CISG 第 14 条，在向非特定人提出的建议中，如果提出建议的人明确地表示愿意受该建议的约束，则该建议不是要约邀请，而是构成要约。

2. 要约的生效与失效

(1) 生效。

在要约和承诺的生效时间问题上，有三种理论：投邮生效原则、送达生效原则、了解生效原则。

投邮生效原则是英美普通法国家采用的原则，即信件、电报一经投邮，立即生效。不管对方是否实际收到信函。例如，法国有判例认为，“交付邮局就如同交付对方的信使”①。英美普通法认为，由于要约人在发出要约后可以随时撤回要约，投邮生效可阻止要约人在承诺尚在途中时撤回要约，因而，受要约人一旦发出承诺后，即可信赖该要约而行事。此外，如果要约人在要约中明示或默示地指明了承诺方式，而事实又证明指定的方式无效或不充分，那么，应由要约人而不是受要约人承担传递延误或丢失的风险。投邮生效原则有利于受要约人，而不利于要约人。如果表示承诺的信函或电报在传递途中丢失，则要约人在尚不知合同已成立的情况下，实际上却承担了合同义务。

送达生效原则为德国等大陆法系国家所采用，即信函或电报要送达对方后才能生效，不管对方是否知晓其内容。如果信函、电报在传递途中丢失，则无合同存在。《德国民法典》第 130

① 江平：《西方国家民商法概要》，102 页，北京，法律出版社，1984。

条第1款规定，对于相对人所作的意思表示，于意思送达相对人时发生效力。《日本民法典》及我国《民法典》也采用此原则。[①] 送达生效原则有利于要约人，不利于受要约人。合同是双方当事人的合意，这种合意应当为双方而不是一方所知（尽管要约经受要约人发出表示承诺的信件或电报后生效，但事实上已存在了双方意思表示一致的协议）。因此，由要约人在收到表示承诺的信件后才承担合同义务，对双方是比较公平的。此外，由于某些采用到达生效原则的大陆法系国家一般不允许随时撤回已发出的要约，因而，不存在要约人在承诺尚在途中时撤回要约的可能。

了解生效原则为少数国家采用。例如，意大利、比利时的法律要求，以信函或电报表示的要约或承诺，不但应送达对方，而且应该使对方了解其内容，要约或承诺才发生效力。[②] 在理论上，这一原则最符合“合同是双方意思表示一致”的含义。但在实践中，则很难掌握和判断收件人是否了解了函电的内容。

由于要约未送达受约人（offeree）或要约不是送达受约人的，受要约人不知要约内容，当然无法表示承诺，即使从其他途径得知要约的内容，其发出的承诺也是无效的。所以，CISG对要约采取到达生效理论。CISG第15条规定：“发价于送达被发价人时生效。”第24条还规定：“为公约本部分的目的，发价、接受声明或任何其他意旨表示‘送达’对方，系指用口头通知对方或通过任何其他方法送交对方本人，或其营业地或通讯地址，如无营业地或通讯地址，则送交对方惯常居住地。”

（2）要约的失效。

CISG第17条规定：“一项发价，即使是不可撤销的，于拒绝通知送达发价人时终止。”具体而言，要约在以下情况下失效：1）要约有效期已过。如果要约规定了承诺期限，在有效期届满时，要约将自动失效。未规定承诺期的要约，如果在合理期限内未收到承诺，要约同样失去效力。2）撤销要约。要约人在要约送达受要约人后，受约人未作出承诺之前，将撤销要约的意思表示送达受要约人，原要约即失效。3）完全拒绝要约。即受要约人将对要约表示拒绝的意思表示送达要约人，原要约失效。4）反要约（counter-offer）。CISG第19条规定：“对发价表示接受但载有添加、限制或其他更改的答复，即为拒绝该项发价并构成还价。”根据公约规定，对原要约作实质添加、限制或更改的还价将导致原要约失效。

3. 要约的撤回与撤销

（1）要约的撤回（withdrawal）。

要约人在要约生效前将要约收回称为“撤回”。各国法律都承认，要约发出后，只要尚未送达受约人，要约人（offeror）可随时使用更为快捷的方法将其追回。德国和法国规定，要约在要约人收到承诺前可以收回，但规定了有效期限的要约在期限届满前不能收回。[③] 适用这一原则的还有瑞士、巴西、奥地利和中国[④]等国家。学者们认为，尽管这时合同尚未成立，要约人有收回

---

① 参见《日本民法典》第79条第1款及我国《民法典》第137条。

② See Georges R. Delaume, *Transnational Contracts Applicable Law and Settlement of Disputes—Law and Practice*, volume 5 New York: Ocean Publications, Inc. Dobbs Ferry, 1983, page 14.

③ See Rudolph B. Schlesinger: *Formation of the Contract: A Study of the Common Core of the Legal Systems*, 1968, pp. 761-770, 780-781.

④ 我国《民法典》第475条规定，要约可以撤回。要约的撤回适用本法第141条的规定。《民法典》第141条规定，行为人可以撤回意思表示。撤回意思表示的通知应当在意思表示到达相对人前或者与意思表示同时到达相对人。《民法典》第476条规定，要约可以撤销，但是有下列情形之一的除外：（1）要约人以确定承诺期限或者其他形式明示要约不可撤销；（2）受要约人有理由认为要约是不可撤销的，并已经为履行合同做了合理准备工作。

要约的权利，但从“禁止滥用权利”的理论出发，“要约人行使收回的权利不能用来挫败受要约人合理的期待”，因而禁止他行使这一权利。[①] 根据法国判例，对在有效期内因撤回要约而给受要约人造成的损失，要约人应负赔偿责任。[②] 而英美普通法则从对价（consideration）学说出发，认为要约发出后，随时可以撤回，即使规定了有效期限或明确指出是不可撤销的要约，要约人也可以撤销。除非该要约在撤销前已被承诺，或受要约人为该要约支付了对价。[③] 为了便于国际贸易交往，《美国统一商法典》已经取消了对于对价的要求。该法第 2—205 条规定：经交易商签名的货物买卖契约，如依其文义保证系自由接受的承诺，则在要约规定的期限内，或未规定期限，则在合理期限内，不得以对价的欠缺为由而任意撤回；但在任何情况下，此一期间不得超过 3 个月。

CISG 回避了对价学说，基本采纳了普通法的规定。其第 15 条规定：“一项发价，即使是不可撤销的，得予撤回，如果撤回通知于发价送达被发价人之前或同时，送达被发价人。”

根据该规定，要约人撤回要约必须满足如下时间要求：1）撤回通知在要约送达受要约人前到达受要约人；2）撤回通知与要约同时送达受要约人。

（2）要约的撤销（revocation）。

要约人在要约生效后将要约收回称为“撤销”。要约在送达受约人后，是否可以撤销或变更其内容，大陆法系和英美法系适用不同原则。CISG 基本采纳了英美法系的观点，而在但书部分，公约则采纳了大陆法系的信赖原则。

CISG 第 16 条规定：“（1）在未订立合同之前，发价得予撤销，如果撤销通知于被发价人发出接受通知之前送达被发价人。（2）但在下列情况下，发价不得撤销：（a）发价写明接受发价的期限或以其他方式表示发价是不可撤销的；（b）被发价人有理由信赖该项发价是不可撤销的，而且被发价人已本着对该项发价的信赖行事。”

根据该规定，撤销要约的条件是：撤销通知在受要约人发出承诺之前到达受要约人。但有些情况下不能撤销要约：1）要约人写明要约的有效期限或以其他方式表示不可以撤销要约；2）受约人有理由信赖该项要约是不可撤销的，并本着这种信赖行事。

案例（要约撤回与撤销）[④]

Krane-Maschinen-Service GmbH & Co. Handels-KG v. Grúas Andaluza, S. A.

Audiencia Provincial de Murcia **(Spain)**

15 July 2010

CISG-online 2130

[…]

LEGAL REASONING

---

① See Barry Nicholas, *Franch Law of Contract*, London: Butterworths & Co. (publishers) Ltd., 1982, p. 66.

② See Cass. Civ. 17. 2. 1958, D1959, 83. source book, p. 328.

③ See Rudolph B. Schlesinger, Formation of the Contract: A Study of the Common Core of the Legal Systems, pp. 748, 755-756, 760.

④ Ingeborg Schwenzer, Christiana Fountoulakis, Mariel Dimsey: International Sales Law: A Guide to the CISG, 3rd, Oxford, UK: Hart Publishing, 2019, C 16-1.

[...]

An examination of the evidence attached to the briefs (on page 66) leads us to the conclu sion that by means of an e-mail dated June 19th, 2008, the company Grúas Andaluza, SA, informed the plaintiff, KRANE MASCHINEN SERVICE GMBH & CO. HANDELS KG (hereinafter KRANE), the amendment of the invoice of sale, setting 512 000 Euros as the price of the crane, with delivery in the Port of Bilbao. Grúas Andaluza, S. A. offered the possibility to KRANE to perform the transaction in advance, provided that it would be made prior to 25th June 2008, delivering an up-front payment of 60 000 Euros as proof of reserve.

The invoice corresponding to the abovementioned transaction, issued by GRÚAS ANDALUZA, S. A., is attached to the claim on page 68, document number 16. The claimant KRANE, on 20th June 2008, made a 60 000 Euros bank deposit in favor of the defendant, page 70. It is recorded that the bank deposit was rejected by GRÚAS ANDALUZA, S. A.

On 20th June 2008, GRÚAS ANDALUZA, S. A. notified by phone to KRANE that another purchaser had contacted the former to inform that the whole crane price would be paid by means of a bank deposit. GRÚAS ANDALUZA, S. A. also informed KRANE about their intention to terminate the contract, and as a result of this decision, GRÚAS ANDALUZA, S. A. ordered the bank not to accept any bank deposit.

Article 14 of Vienna Convention establishes: "1) A proposal for concluding a contract addressed to one or more specific persons constitutes an offer if it is suffi-ciently definite and indicates the intention of the offeror to be bound in case of acceptance. A proposal is sufficiently definite if it indicates the goods and expressly or implicitly fixes or makes provision for determining the quantity and the price."

Article 15 states that: "1) An offer becomes effective when it reaches the offeree. 2) An offer, even ifit is irrevocable, may be withdrawn if the withdrawal reaches the offeree before or at the same time as the offer."

Article 16 establishes that: "1) Until a contract is concluded an offer may be revoked if the revocation reaches the offeree before he has dispatched an acceptance. 2) However, an offer cannot be revoked: a) if it indicates, whether by stating a fixed time for acceptance or other wise, that it is irrevocable; or b) if it was reasonable for the offeree to rely on the offer as being irrevocable and the offeree has acted in reliance on the offer." 140 Article 16 CISG Taking into consideration the abovementioned, it is clear that a binding offer existed prior to the one from KRANE, whereby payment of 60 000 Euros was requested on 20th June 2008, as up-front payment and reservation proof, and granting till the 25th of June 2008 as a period to pay the remaining amount of the transaction. It is proved that the claim ant accepted the abovementioned offer, as it results from the wire transfer amounting to 60 000 Euros made on the appointed day. Nevertheless, the defendant company, GRÚAS

ANDALUZA, S. A. unjustifiably breached the offer, without waiting to the deadline granted to satisfy the transaction amount. We can state therefore, that an offer and an accepted offer existed and as a result, the sale contract was concluded. Consequently, noncompliance of the offer is attributable to the defendant company. In this regard, articles 1114 and 1454 of the Spanish Civil Code are not applicable to the case at hand and the Vienna Convention shall come to application, as well as in any event, the terms and conditions of the final offer to sell, set forth in the e-mail dated 19 June 2008. According to this e-mail, there are no further conditions other than payment of a bond of the offer as proof of reserve) and the granting of a period of time until the 25 June 2008. The defendant breached such conditions of the offer by selling the crane to a third party and ignoring the terms of the offer, which had been accepted by the claimant. Neither can it be implied from the said e-mail that the defendant company and the offeror were entitled to cancel the offer and the conclusion of the contract in the event the bond amount was returned in accordance with the provisions of article 1. 454 of the Civil Code. Furthermore, the said amount, in the case at hand, was never received by the defendant company, for reasons attributable to its own acts. [...]

（二）承诺

1. 承诺的概念及特征

CISG 第 18 条规定了承诺（acceptance）的概念："被发价人声明或作出其他行为表示同意一项发价，即接受。缄默或不行动本身不等于接受。"可见，承诺是受要约人对要约表示无条件接受的意思表示。

根据公约规定，一项有效的承诺必须满足以下条件。

（1）由受要约人在要约规定的有效期限内作出并送达要约人。

CISG 第 18 条规定："接受发价于表示同意的通知送达发价人时生效。如果表示同意的通知在发价人所规定的时间内。如未规定时间，在一段合理的时间内未曾送达发价人，接受就成为无效，但需适当地考虑到交易的情况，包括发价人所使用的通讯方法的迅速程度。对口头发价必须立即接受，但情况有别者不在此限。但是，如果根据该项发价或依照当事人之间确立的习惯做法或惯例，被发价人可以作出某种行为，例如，与发运货物或支付价款有关的行为，来表示同意，而无须向发价人发出通知，则接受于该项行为作出时生效，但该项行为必须在上一款所规定的期间内作出。"

根据上述规定，承诺必须在以下时间内作出并送达要约人：1）要约规定的有效期或承诺期限内。关于有效期的计算，CISG 第 20 条规定："（1）发价人在电报或信件内规定的接受期间，从电报交发时刻或信上载明的发信日期起算，如信上未载明发信日期，则从信封上所载日期起算。发价人以电话、电传或其他快速通讯方法规定的接受期间，从发价送达被发价人时起算。（2）在计算接受期间时，接受期间内的正式假日或非营业日应计算在内。但是，如果接受通知在接受期间的最后一天未能送到发价人地址，因为那天在发价人营业地是正式假日或非营业日，则接受期间应顺延至下一个营业日。”2）如果要约未规定有效期或承诺的期限，受要约人应在一段合理的时间内作出并送达承诺。但对口头发价必须立即接受。

未在上述期限作出并送达的接受，称为“逾期接受”或“逾期承诺”（late acceptance）。公约并没有一概否认逾期承诺的法律效力。CISG 第 21 条规定：“（1）逾期接受仍有接受的效力，如果发价人毫不迟延地（without delay）用口头或书面将此种意见通知被发价人。（2）如果载有逾期接受的信件或其他书面文件表明它是在传递正常、能及时送达发价人的情况下寄发的，则该项逾期接受具有接受的效力，除非发价人毫不迟延地用口头或书面通知被发价人：他认为他的发价已经失效。”

也就是说，逾期承诺在以下情况下才具有承诺的效力：1）要约人毫不迟延地向受要约人表示承认该逾期承诺为有效承诺，即要约人追认其效力；2）如果逾期承诺在传递正常的情况下是能够及时送达要约人的，该逾期承诺具有承诺的效力，除非要约人毫不迟延地表示反对。

（2）与要约的条件保持一致。

按照传统的普通法理论，承诺应像镜子一样反射要约的条件。但是，为了适应现代商业发展的需要，CISG 采取了灵活做法，将对要约的修改区分为实质（materially）修改和非实质修改两种情况，并作不同对待。公约第 19 条规定：“对发价表示接受但载有添加或不同条件的答复，如所载的添加或不同条件在实质上并不变更该项发价的条件，除发价人在不过分迟延的期间内以口头或书面通知反对其间的差异外，仍构成接受。如果发价人不作出这种反对，合同的条件就以该项发价的条件以及接受通知内所载的更改为准。”

上述规定将反要约的效力分为两种情况：1）如果对要约所作添加或不同条件的答复在实质上变更了要约的条件，即构成“实质性修改或添加”，该反要约为新要约，而不是有效承诺。那么，何谓“实质修改”？根据 CISG 第 19 条，有关货物价格、付款、货物质量和数量、交货地点和时间、一方当事人对另一方当事人的赔偿责任范围或解决争端等的添加或不同条件，均视为在实质上变更发价的条件。2）对要约所作添加或不同条件的答复并未在实质上变更要约的条件，即构成“非实质性修改或添加”，如果要约人在不过分迟延的时间（without undue delay）内表示反对，该反要约即为有效承诺。即不反对即默认。

2. 承诺的生效与法律后果

公约对要约和承诺的生效时间采取同一理论：到达生效理论。公约第 18 条规定：“接受发价于表示同意的通知送达发价人时生效……如果根据该项发价或依照当事人之间确立的习惯做法或惯例，被发价人可以作出某种行为，例如与发运货物或支付价款有关的行为，来表示同意，而无须向发价人发出通知，则接受于该项行为作出时生效，但该项行为必须在上一款所规定的期间内作出。”

对于承诺生效后的法律后果，CISG 第 23 条规定：“合同于按照本公约规定对发价的接受生效时订立。”也就是说，当受要约人对要约进行承诺，且承诺传达到要约人后，合同即告成立。承诺生效的时间就是合同生效的时间，承诺生效的地点就是合同生效的地点。在日后解决争议时，对法院确定管辖权及适用法律问题具有重要的意义。因此，承诺的生效时间至关重要。

案例（承诺）①

Shantou Real Lingerie Manufacturing Co., Ltd.
v. Native Group International, Ltd.
US Dist Ct (SD NY), 23 August 2016,
CISG-online 1667

[...]

Ⅱ. Relevant Facts

[...]

Shantou is incorporated and has its principal place of business in China. Shantou manufactures and exports garments to the United States. Native is a corporation organised under the laws of New York 'engaged in the business of selling intimate wear to the wholesale and retail market'.

Between May and November 2013, Native placed dozens of orders with Shantou for linge rie. Following each order, Shantou issued a sales confirmation to Native, which referenced the cost, quantity and type of goods ordered ("Sales Confirmations"). These Sales Confirmations each were signed by a representative of Native. Thereafter, Shantou manufactured the goods in accordance with the requested specifications.

Between October 2013 and February 2014, Shantou delivered the goods specified in the Sales Confirmations to Native through five separate shipments. Shantou also included in each of the five shipments an invoice, indicating the total balance due, as well as the price, quantity, and type of products shipped. Native accepted each shipment, retained the goods delivered, and never claimed a set-off or credit prior to the filing of its answer.

The total amount invoiced for the five shipments was USD 437 562.20. Between 22 November 2013 and 16 July 2014, Native made payments totalling USD 165 522.80, leaving an unpaid balance of USD 272 040.40.

[...]

Ⅳ. Discussion

A. Breach of Contract

The communications between Shantou and Native are silent with respect to the govern ing law. Therefore, despite Shantou's references to the Uniform Commercial Code ("UCC")156 Article 18 CISG in its motion papers, Shantou's breach of contract claims are governed by the United Nations Convention on Contracts for the International Sale of Goods, S. Treaty Doc. No. 98-9 (1983), reprinted in 15 U. S. C. A. App. ("CISG").

① Ingeborg Schwenzer, Christiana Fountoulakis, Mariel Dimsey: International Sales Law: A Guide to the CISG, 3rd, Oxford, UK: Hart Publishing, 2019, C 18-7.

Under the CISG, like New York law, a contract is formed through offer and acceptance, evidencing an agreement to which both parties are bound. CISG Arts. 14, 18. Unlike New York law, however, 'the CISG has no statute of frauds, and does not require contracts for [the sale of goods] to be concluded in writing'.

As previously noted, Native sent dozens of purchase orders to Shantou for garments. These purchase orders were acknowledged by Shantou through the Sales Confirmations, signed by Native, that detailed the price, quantity, and type of goods ordered. The issuance of these Sales Confirmations and their signature by a representative of Native thus constitutes both an offer and acceptance. Moreover, even if the Sales Confirmations could be viewed as merely an acknowledgment of Native's offer, Shantou's subsequent shipment of the goods pursuant to the Sales Confirmations clearly constituted an acceptance. It therefore is evident that Shantou and Native entered into a series of contracts regarding the sale of garments, and that Shantou performed its obligations under those contracts by making five shipments of goods conforming to the items identified in the Sales Confirmations. Rather than complying with their obligations under those contracts, however, Native made only partial payment.

Shantou is thus entitled to recover the unpaid balance of US ＄272 040.40.

3. 沉默是否构成承诺

根据普通法的要约理论，要约的拘束力只及于要约人而不及于受要约人。对要约，受约人可自由地表示承诺或拒绝。在后一种情况下，也没有将拒绝通知要约人的义务。尽管要约人可以在要约中规定承诺的时间和方式，但不能规定拒绝的时间和方式。[①] 因此，如果受约人不在某个时间或以某种方式表示拒绝，不能认为合同已经成立。可见，沉默不构成承诺。但是，有些情况除外，例如：要约中有明确相反的规定；受要约人以行为履行了要约，这时可以推定受要约人对要约已表示了承诺[②]；如果受要约人完全有时间表示反对，并从要约的履行中得到好处，则可推定表示了承诺[③]；基于双方的交易习惯，受要约人可用沉默表示承诺。[④] 相反，少数大陆法系国家认为，沉默可表示承诺。例如，《日本商法典》第509条规定："商人接到经常交易人的属于其营业种类的合同要约时，要及时发出承诺与否的通知。如怠于通知，视为已对该要约表示承诺。"

CISG采用了普通法的做法。其第18条规定："缄默或不行为本身不等于接受。"

---

① See F. Pollock, A Treatise on the General Principles concerning the Validity of Agreements in the Law of England, London: Stevens and Sons, Limited, 1902, p. 22.

② 《民法典》第140条规定，行为人可以明示或者默示作出意思表示。沉默只有在有法律规定、当事人约定或者符合当事人之间的交易习惯时，才可以视为意思表示。

③ See St. John. Tugboat Co. Ltd v. Irving Refinery Co. Ltd. (1864); A. G. Guest, Ansons Law of Contract, p. 38.

④ See Barry Nicholas, Franch Law of Contract (1982), pp. 72 - 73. Butterworths & Co. (publishers) Ltd, London.

案例（瑞士苏黎世州立商业法院 1996 年审理）[①]

A dispute arose concerning the purchase price for a consignment of printed chips between the plaintiff, a German seller of the plastic parts, and a Swiss buyer, one of three defendants. Although the initial purchase price had been agreed upon, the seller, realizing that production would be more costly, notified the buyer that the purchase price would be increased. The buyer ignored the notification and denied any agreement modifying the initial purchase price. The seller sued the buyer requesting payment of the increased purchase price.

The court held that an agreement between the parties had been reached for the initial purchase price. The seller's notification to the buyer of the increase in the purchase price was, in the court's view, an offer to modify the original contract to which the buyer had not expressed any explicit consent. Mere silence or inactivity does not amount to acceptance [article 18 (1) (2) CISG], unless other conduct of the offeree exists indicating consent or the offeree performs an act [articles 18 (1) and 18 (3) CISG]. As the buyer had not expressed an implicit consent, the court found, therefore, that the modification of the purchase price had not been accepted and that the initial purchase price agreed upon was still valid.

4. 承诺的撤回

受要约人在承诺生效前的收回行为称为“撤回”（withdrawal）。承诺生效后，合同即告成立，因此，承诺不存在撤销的问题。CISG 第 22 条规定了撤回承诺的条件：“接受得予撤回，如果撤回通知于接受原应生效之前或同时，送达发价人。”即撤回承诺的通知必须在承诺送达要约人之前或与承诺同时到达。

三、国际货物买卖合同的形式

许多国家对于一般的货物买卖合同并不要求其应当采取的形式。当事人可以用口头（oral）、书面（writing）或行为三种方式订立合同。例如《美国统一商法典》第 2—201 条规定，价金为 500 美元或以上的货物买卖合同，必须以书面方式做成，并由双方当事人签字才发生效力。但在下列情况下，无书面形式，合同仍属有效：货物是专为买方订制，且在买方拒绝的通知到达前已实际开始制造；否认合同效力的一方在法院答辩或作证时，承认双方之间存在买卖合同；价金已付或买方已收到货物。无书面形式的合同仍旧有效，只是不能由法院强制执行。我国原《涉外经济合同法》要求涉外经济合同的所有条款都必须是书面的，书面包括电报和电传。尽管这些条款不必载入同一份合同文件中，但合同的附件也是合同的组成部分，因此也必须具有书面形式。至于哪些文件可构成合同附件，由双方当事人在合同中予以确定。但是，我国 1999 年《合同法》不再要求合同的订立或货物买卖合同一定是书面形式。除书面形式外，合同还可以采用口头形式和其他形式。同时，《合同法》还扩大了对“书面”的解释，将以电子方式订立的合同也归在“书面”形式之中。2021 年生效的《民法典》第 469 条规定，当事人

① See Case 193; Switzerland: Handelsgericht des Kantons Zürich; HG 940513; 10 July 1996; A/CN. 9/SER. C/ABSTRACTS/14.

订立合同，可以采用书面形式、口头形式或者其他形式。书面形式是合同书、信件、电报、电传、传真等可以有形地表现所载内容的形式。以电子数据交换、电子邮件等方式能够有形地表现所载内容，并可以随时调取查用的数据电文，视为书面形式。①

CISG 第11 条和第 13 条分别规定："销售合同无须以书面订立或书面证明，在形式方面也不受任何其他条件的限制。销售合同可以用包括人证在内的任何方法证明。""为本公约的目的，'书面'包括电报（telegram）和电传（telex）。"公约的上述规定和大多数国家的做法是一致的。考虑到某些发展中国家和社会主义国家合同法的不同规定，公约允许成员国在加入或核准公约时对第 11 条及其有关规定作出保留。由于我国《合同法》已不要求涉外经济合同必须是书面形式，故 2013 年 1 月 16 日，我国政府向联合国秘书处递交了撤回对 CISG 第 11 条及与第 11 条有关规定所做保留的声明。②

四、国际货物买卖合同的内容

CISG 未对国际货物买卖合同应具备的条款（causes）作出规定。但是，我国《民法典》第 470 条规定："合同的内容由当事人约定，一般包括以下条款：（一）当事人的姓名或者名称和住所；（二）标的；（三）数量；（四）质量；（五）价款或者报酬；（六）履行期限、地点和方式；（七）违约责任；（八）解决争议的方法。"按照《民法典》第 596 条规定："买卖合同的内容一般包括标的物的名称、数量、质量、价款、履行期限、履行地点和方式包装方式、检验标准和方法、结算方式、合同使用的文字及其效力等条款。"

国际货物买卖合同的条款通常由当事人约定。实践中，国际货物买卖合同的内容一般由约首、正文与约尾三部分组成。约首包括合同的名称、编号、缔约日期、缔约地点、缔约双方的名称、地址及合同序言等。正文是合同的主体部分，包括各项交易条件及有关条款，如商品名称、品质规格、数量、包装、单价与总值、交货、支付、保险、商品检验、违约救济、争议解决、不可抗力等。此外，根据情况需要可加列保值条款、价格调整条款、溢短装条款等。约尾是合同的结束部分，包括合同的份数、附件、使用文字及其效力，合同生效日期与双方的签字等。

在大宗或成交额较大或重要的成套机械设备买卖合同中，销售合同的内容比较全面、详细；对于成交额不大、批量较多的小土产、轻工业品以及交易双方已订有包销、代理等长期协议或一般交易条件者，则使用内容比较简单的合同，通常不订关于索赔、仲裁和不可抗力等条款。

（一）货物的品质条款

在国际货物买卖中，货物的品质是指商品所具有的内在质量与外观形态。在国际贸易中，商品的品质首先应符合合同的要求，对于某些由国家制定了品质标准的商品，如某些食品、药物的进出口，其品质还必须符合有关国家的规定。

品质条款（quality terms）的主要内容是品名（name of commodity）、规格（specification）

---

① 《合同法》第 10 条规定："当事人订立合同，有书面形式、口头形式和其他形式。法律、行政法规规定采用书面形式的，应当采用书面形式。当事人约定采用书面形式的，应当采用书面形式。"第 11 条规定："书面形式是指合同书、信件和数据电文（包括电报、电传、传真、电子数据交换和电子邮件）等可以有形地表现所载内容的形式。"

② 该声明于 2013 年 8 月 1 日生效。

或牌名（trade mark or brand name)。合同中规定品质规格的方法有两种：凭样品买卖（sale by sample）和凭文字与图样的方法。

在凭样品确定商品品质的合同中，无论是凭买方样品还是卖方样品抑或卖方根据买方样品所制图样成交，卖方都要承担交货品质必须同样品完全一致的责任。为避免发生争议，合同中应注明“品质与样品大致相同”(quality to be considered and being about equal to the sample)。凭样品成交适用于从外观上即可确定商品品质的交易。

凭文字与图样的买卖包括凭规格（specification)、等级（grade）或标准（standard）的买卖，凭说明书和图纸（description and illustrations）的买卖以及凭商标或牌号（trade mark or brand name）或产地（name of origin）的买卖。如果表示商品质量的主要指标如大小、长短、粗细等可以标准化、规格化，则只需在合同中注明商品的等级标准、规格、不必凭样品成交。对于由政府或国际商业团体制定的规格和等级，应在合同中明确是以哪国（或组织）的标准为依据，并注明该标准的版本、编号与年份。对于附有图样、说明书的合同，要注明图纸、说明书的法律效力。合同中仅以商标、牌号或产地表示商品品质的产品，只能是那些品质优良、稳定或具有特色、在国际市场上已拥有良好声誉的产品。

在实践中，为了订好品质条款，应注意以下问题：除了在合同中订明确定品质的方法外，无论是采用凭样品成交或是凭文字或图样成交，都要在合同中订明品质公差（quality tolerance）与品质机动幅度（quality latitude)，以作为交货品质与所定标准之间产生差别的补救措施。品质公差是公认的产品品质差额，在公差限度内，买方不得以品质与样品不符而拒收货物。品质机动幅度是在交货品质不符合指定标准时，仍可在一定范围里进行交割。条件是，由出口方按品质差别增减货价或用规格相近的同一产品机动更换。这样，应在合同中注明替换产品的规格、数量及作价方法。

（二）货物的数量条款

数量是指用一定的度量衡制度表示出的商品的重量（weight)、数量（number)、长度(length)、面积（area)、体积（volume)、容积（capacity）等的量。数量条款（quantity terms）的基本内容是：交货数量、计量单位与计量方法。

制定数量条款时应注意以下问题：明确计量单位和度量衡制度。重量要写明是公吨、长吨(英吨）还是短吨（美吨)，毛重（gross weight）还是净重（net weight)；长度是米还是英尺等；规定机动幅度。在数量方面，通常规定“约数”(about，circa，approximate)，但对“约数”的解释容易发生争议，故应在合同中增订“溢短装条款”(more or less clause)，明确规定溢短装幅度，如“东北大豆500公吨、溢短装3%”，同时规定溢短装的作价方法。在国际货物买卖中，交货数量的溢短装部分应当计价。计价方法有两种：一种是按合同价格计算；另一种是按装船时的市价计算，这种方法主要是用来对付卖方，防止其在市价发生波动时，利用溢短装条款故意多装或少装。当合同未规定计价方法时，通常是按合同价计算。

（三）货物的包装条款

包装是指为了有效地保护商品的数量完整和质量要求，把货物装进适当的容器。包装条款(packing terms）的主要内容有：包装方式、规格、包装材料、费用和运输标志（shipping mark)。

商品包装是确定货物是否与合同相符的内容之一。CISG第35条规定：卖方交付的货物必须与合同所规定的数量、质量和规格相符，并需按照合同规定的方式装箱或包装；除双方当事人业已另有协议外，货物应按照同类货物通用的方式装箱或包装，如果没有此种通用方式，则按照足以保全和保护货物的方式装箱或包装，否则，即为与合同不符。

制定包装条款要注意以下问题：明确包装的材料、造型和规格。除传统商品其包装已为买卖双方所知晓外，不应使用“适合海运包装”“标准出口包装”等含义不清的词句。包装费用：包装费用一般都包括在货价之内。如果买方要求特制包装，则应在合同中注明由买方自负费用。如在用托盘等集合包装运输时，应注明托盘费用的负担；当由买方提供包装、包装材料或运输标志时，应在合同中注明买方提供的时间，以保证备货，及时出运及结汇等。明确由此造成的延迟交货或拒付货款时，双方的责任分担；要注意各国有关包装（包括唛头）的法律与禁忌，以及国际上对运输标志的惯常做法、要求及其变化。随着国际社会对环境问题的关注，包装材料应尽量采用可回收利用的或无污染的绿色包装。

（四）货物的价格条款

价格是指每一计量单位的货值。价格条款（price terms）的主要内容有：每一计量单位的价格金额、计价货币、指定交货地点、贸易术语与商品的作价方法等。

在国际货物买卖中，价格是个十分敏感的问题。在合同中要定好价格条款应注意以下问题：正确表示计价货币的名称，如“元”要写明是日元、美元、港元、欧元还是人民币元。贸易术语要准确、完整，写明其解释的依据。如 FOB 合同是按国际商会 INCOTERMS 2000、还是按美国 1941 年《对外贸易定义》来解释。贸易术语的选择要和合同中的其他条款保持一致。例如，FOB、CIF、CFR 贸易术语不但代表货物的价格构成，而且确定买卖双方责任、风险和费用的划分。贸易术语不同，则价格不同，买卖双方承担的责任风险和费用也不同。当双方发生争议时，法院通常先以双方选择的贸易术语确定合同的性质，然后确定双方的权利义务，因此，贸易术语的选择应和合同内其他条款相一致。如果在以 CIF 条件成交的合同中订有“运输途中货物遭受损失应由卖方负责”的词句，则该合同就不是 CIF 合同。美国 1941 年《对外贸易定义》指出，卖方与买方不应把与本定义所规定的 CIF 合同义务不符的任何不肯定的条款包括在 CIF 合同之内。在美国及其他国家法院的判例中，都有因在 CIF 合同中包含了与 CIF 合同性质相抵触的条款致使合同被宣判无效的情况。贸易术语中如包含佣金、回扣等，应明确规定计价方法。按照国际惯例，一般都以 FOB 价格计算。

在国际货物买卖中，货物的作价方法主要有以下几种：(1) 固定价格。短期交货合同采用固定价格的方法，即由买卖双方商定的在合同有效期内不得变更的价格。(2) 滑动价格。长期交货合同，如大型成套设备、机器的买卖，为防止国际市场价格变动带来的不利影响，可采用滑动价格，即买卖双方同意在合同中暂定一个价格，在交货时再根据行情及生产成本增减情况作相应的调整。(3) 后定价格。双方在合同中不规定商品的价格，只规定确定价格的时间和方法。如规定“以 1997 年 10 月 25 日伦敦商品交易所价格计价”。(4) 混合定价。对分批交货合同，可采用部分固定价格，部分浮动价格的方法。近期交货部分采用固定价格，远期交货部分按交货时行情或另行协议作价。为防止商品价格受汇率波动的影响，在合同中可以增订黄金或外汇保值条款，明确规定在计价货币币值发生变动时，价格应作相应调整。

（五）货物的装运条款

装运是指把货物装上运输工具。装运条款（shipment terms）的主要内容是装运时间

(time of shipment)、运输方式、装运地（港）与目的地（港）、装运方式（分批、转船）及装运通知（advice of shipment）等。

在一般情况下，“装运”（shipment）与“交货”（delivery）是两个概念。但在FOB、CIF和CFR合同中，卖方只要按合同规定把货物装上船，取得提单就算履行了交货义务。提单签发的时间和地点即为交货时间和地点。所以，在上述合同中“装运”一词常被“交货”概念代替。装运条件也被称作交货条件。如果卖方未在指定日期把货物装船，就等于未按期交货，买方有权解除合同并要求损害赔偿。但在目的地交货时，装运则不等于交货。

制订装运条款应注意以下问题：装运日期应明确且留有余地。在以收到信用证作为装运前提时，为避免买方拖延或拒绝开证，应在合同中订明“买方最迟于×月×日前将信用证开抵卖方”。装运港和目的港是贸易术语和合同中不可缺少的部分，决定着买卖双方的责任、费用与风险的划分。所以，要按不同的贸易术语的要求注明装运港和目的港。合同中如订有选择港，应订明增加的运费、附加费用应当由谁承担。为避免重名港口，应注明港口所处国家或地区。对于一次成交量大的合同，或目的港是没有直达船挂靠或船期少而不固定的港口，或装卸、运输条件差的港口，应在合同中订明“允许分批装运”（partial shipment）或“允许转船”（transshipment to be allowed）。装船通知的目的在于做好派船、装船、投保、接货四个环节的衔接工作。在FOB、CFR、CIF贸易术语中，关于装船通知问题都有明确的规定。买卖合同是一个双务合同，任何一方如未能按照合同要求向对方及时发出通知，致使对方遭受损失，都要承担赔偿责任。

（六）货物的保险条款

国际货物买卖中的保险是指进出口商按一定险别向保险公司投保并缴纳保险费，以便货物在运输过程中受到损失时，从保险公司得到经济上的补偿。保险条款（insurance terms）主要包括：确定投保人及支付保险费，投保险别和保险金额。

在国际货物买卖中，大部分是FOB、CIF和CFR合同，故保险责任与费用的分担由当事人选择的贸易术语决定。在FOB和CFR中，买方自行投保、自付费用；而在CIF合同中，则是由卖方替买方投保并把支付的保险费加在货价上。

制订保险条款应注意以下问题：在CIF、CIP合同中，投保何种险别以及买方有何特殊要求都应在合同中订明。对于买方的特殊要求，卖方还要事先征得保险公司的同意，以免陷入被动。卖方在替买方投保后，应把保险单及时转让给买方。转让保险单的行为实质是转让风险的行为，买方日后可凭保险单向保险公司索赔。如果卖方不履行这一义务，货物遭受损失的风险仍由卖方承担。此外，双方应在合同中订明所采用的保险条款名称，如是采用中国的保险公司的运输货物保险条款，还是伦敦保险业协会的协会货物保险条款。

（七）货物的支付条款

国际贸易中的支付是指用什么支付工具，在什么时间、地点，用什么方式支付货款及其从属费用。支付条款（payment terms）主要包括支付工具、支付方式、支付时间和地点。

支付手段主要有货币和票据。其中，汇票（bill of exchange，draft）是主要支付工具。在国际货物买卖中，汇票是出口方（卖方）向进口方（买方）开立的，要求买方在一定时间内向卖方无条件支付一定金额的书面命令。出口方或持票人向进口方或其指定银行要求付款。

付款方式可分为两类三种：(1) 双方不由银行提供信用，但通过银行代为办理，如买方直接付款和银行托收。(2) 银行提供信用，从银行得到信用保证和资金周转的便利，如信用证。无论采用以上哪种方式，都应考虑交易地区的贸易法令和习惯。

支付时间不但涉及利息问题，而且对买卖双方尽快实现各自的利益有重大关系。通常按交货（交单）与付款先后，可分为预付款、即期付款与延期付款。预付款是在交货或交单前即支付部分或全部货款；即期付款是在交货或交单时付款；延期付款是在交货或交单后的规定时间付款或分期付款。

付款人或其指定银行所在地通常为付款地点。

（八）货物的检验条款

商品检验指由商品检验检疫机关对进出口商品的品质、数量、重量、包装、标记、产地、残损等进行查验分析与公证鉴定，并出具检验证明。检验条款（commodity inspection terms）主要包括检验检疫机构、检验权与复验权、检验与复验的时间与地点、检验标准与方法以及检验证书。

1. 检验检疫机构

在国际贸易中，进行商品检验检疫的机构主要有：(1) 由国家设立的官方检验机构，如我国的中国进出口商品检验检疫局及一些专业性检验与检疫部门；(2) 由产品的生产或使用部门设立的检验检疫机构；(3) 由私人或同业公会、协会开设的公证、鉴定行，如瑞士日内瓦通用鉴定公司、英国劳勃生公证行、日本海事鉴定协会等。

2. 检验权与复验权

在国际货物买卖中，指谁有权决定货物的品质、数量等是否符合合同的规定，作为卖方提交货物以及买方接受或拒收货物的法律依据。

国际上通行的做法有三种：(1) 离岸检验：以货物离岸时的品质、重量为准（shipping quality and shipping weight），即以装船口岸商检机构出具的货物品质、重量证书作为货物是否符合合同品质、重量、包装的最后依据，这种做法显然对卖方有利。(2) 到岸检验：以货物到岸时的品质、重量为准（landed quality and landed weight），即合同中规定，商品在目的地（港）检验、以目的地（港）商检机构出具的货物品质、重量、包装证书作为合同中商品品质、重量、包装是否符合合同规定的最后依据，这种做法显然对买方有利。(3) 以装运港的商检证书作为卖方提交货物议付货款的依据，货到目的港后，买方保留对货物再行检验的权利（即复验权），其检验结果作为买方是否接受货物并进行索赔的依据。这种做法符合买卖双方平等互利的原则，也是国际货物买卖中通行的做法。

值得注意的是，在国际货物买卖中，“接收货物”与“接受货物”是两个概念。所谓“接受”是指买方认为货物品质、数量等方面均已符合合同的规定。英国 1979 年《货物买卖法》第 34 条规定：凡是事先未对货物进行检验的买方，都不能认为是已经接受了货物，因而并未丧失其拒收货物的权利。

3. 检验与复验的时间、地点及索赔

按照国际上通行的做法，检验的时间由买卖双方在合同中约定。买方通常应在货物到达目的港或卸货后若干天内对货物进行检验，这个期限也就是买方的索赔期限。超过了期限而不检验，买方则丧失复验权，也就是丧失了可能的索赔权。例如，买卖合同中规定：双方同意以××制造厂或公证行出具的品质及数量或重量检验证书作为有关信用证项下付款的单据之一。但货物的品质及数量或重量的检验按下列规定办理：货到目的港××天内由××检验局复验，如发现货损、货差，买方凭商检证书提出索赔。

通常持有商检证书的受损方可向三方提出索赔：(1) 保险公司。属保险公司承保范围的损失可凭保险单向保险公司提出索赔。(2) 船公司或承运人。属船公司或承运人责任范围的损失，可凭提单向船公司或承运人提出索赔。(3) 当事人。属买卖双方当事人责任范围的损失，可凭合同向责任人提出索赔。

按照国际惯例，FOB、CIF、CFR合同的复验地点是在目的港；如目的地不是港口或不适宜检验，则合同中应规定复验地可延伸至可以有效进行检验的地方。

4. 检验标准与方法

对同一种商品用不同的标准和方法检验，结果会大相径庭。所以应在合同中明确规定该项产品所适用的检验标准和方法。

在国际贸易实践中，通常采用以下方法：(1) 按买卖双方商定的标准和方法；(2) 按生产国的标准和方法；(3) 按进口国的标准和方法；(4) 按国际标准或国际习惯的标准和方法。常见的有国际标准化组织（ISO）颁布的ISO 9000、ISO 14000等。

随着全球经济一体化的发展，各国对进口产品的质量要求日益严格并朝着高标准或统一国际标准的方向发展，中国的出口商品只有不断朝着国际标准的方向努力，才能在激烈的国际市场竞争中生存和发展。

5. 商检证书（certificate of inspection）

商检证书是商检机构出具的证明商品品质数量等是否符合合同要求的书面文件，是买卖双方交接货物，议付货款并据以进行索赔的重要法律文件。按照商品的性质及检验要求。商检证书主要有品质检验证（inspection certification of quality）、重量检验证（inspection certification of weight）、卫生（健康）检验证、消毒检验证、产地证、验残检验证以及根据某些国家的特殊法律或规定出具的特殊证书等。

检验证书的法律效力如下：(1) 是货物进、出海关的凭证；(2) 是征收或减免关税的必备文件；(3) 是买卖双方履行合同义务、交接货物、结算货款的有效凭证；(4) 是计算运费的凭证；(5) 是进行索赔、证明情况、明确责任的法律依据。

（九）违约救济与索赔条款

违约（breach of contract）救济（remedies）与索赔（claim）主要规定买卖当事人应承担的违约责任，并规定采取救济措施的时间等。通常情况下，由于当事人一方的过错，造成合同不能履行或者不能完全履行，由有过错的一方承担违约责任；如属双方的过错，根据实际情况，由双方分别承担各自应负的违约责任。违约方承担违约责任的方式主要是损害赔偿、解除合同、实际履行等。有关违约责任的具体规定见其他章节。

（十）不可抗力条款①

不可抗力条款（Force Majeure，Act of God）是指合同订立以后发生的当事人订立合同时不能预见、不能避免、人力不可控制的意外事故，导致合同不能履行或不能按期履行。遭受不

---

① 关于不可抗力的讨论，参见王传丽：《涉外经济合同的法律效力》，152～175页，北京，中国政法大学出版社，1989。

可抗力一方由此可以免除责任，而对方无权要求赔偿。不可抗力条款主要包括：不可抗力的含义、范围以及不可抗力引起的法律后果、当事人的权利义务等。

就一般情况而言，不可抗力来自两个方面：自然条件和社会条件。前者如水灾、旱灾、地震、海啸、泥石流等，后者如战争、暴动、罢工、政府禁令等。在美国习惯上认为不可抗力仅指由于“自然力量”（Act of God）引起的意外事故，不包括社会力量引起的意外事故。所以在美国的贸易合同中，往往不使用不可抗力一词，而称之为“意外事故”条款（contingency clause）。

不可抗力是一个有确切含义的法律概念，并不是所有的意外事故都可构成不可抗力。有时当事人在合同中改变了不可抗力概念通常的含义，因此需要在合同中定明双方公认的不可抗力事故。具体来说，构成不可抗力事故应具备以下四个条件：(1) 该事故是在合同订立以后发生的。在订立合同时，当事人就已经知道或应当知道意外事故的存在，这种意外事故不能作为不可抗力。(2) 事故是在订立合同时，双方不能预见的。通常认为，货币贬值，价格涨落，是普通的商业风险，作为商人，这是应当预见的职业常识，不能算不可抗力。(3) 事故不是由任何一方的疏忽或过失引起的。由一方的过失引起意外火灾发生，导致合同不能履行或不能按期履行，则视同违约，违约方要承担损害赔偿责任。(4) 事故的发生是不可避免且是人力不能抗拒，不能控制的。如地震和海啸，是无论如何防范也不能避免，不能抗拒的。

此外，不能简单地把没有做过的事都看作是不可能的事。一些意外事故的发生，并没有使合同履行成为不可能，而仅仅使履行变得非常麻烦，或需要支出庞大的费用。在这种情况下，不能援引不可抗力免除当事人的责任。

不可抗力的法律后果是免除遭受不可抗力一方的责任，而不是解除合同。解除合同还是延迟履行合同，取决于不可抗力是持续相当一个时期还是暂时的、对合同履行的影响程度如何、合同的标的是金钱交付还是提交货物。一般而言，没有任何意外事故可以解除当事人履行金钱债务的义务。如果提交的货物是特定物，发生灭失可以解除合同，如是种类物，而在客观上不是不能提供这种货物时，即使发生不可抗力也不能解除卖方的履约义务。此外，在考虑免除遭受不可抗力一方责任时，还要看意外事故与当事人未履行或不能按期履行合同之间是否存在因果关系，例如，港口工人的罢工不影响钢铁厂的生产，因此钢铁厂不能以发生港口罢工拒绝履行合同；但如罢工导致钢铁厂所需矿石不能及时卸货因而影响了生产的继续进行，这种罢工就可以成为影响合同履行的不可抗力。

发生不可抗力后，受不可抗力事故影响的一方应立即将发生的不可抗力事故，对合同的影响程度以及要求停止履行或延期履行合同的意图通知对方，并由当地商会出具证明，证明事故的发生、时间、地点，对合同的影响程度。遭受不可抗力一方还要采取一切合理可能的措施减轻由于意外事故造成的损失；一方在接到通知后，不论是否同意对方的要求都应及时作出回答。最后，由法院或仲裁庭确认事故是否是免除当事人责任的不可抗力事故。

（十一）争议解决条款

争议解决条款（resolution of disputes）指当事人选择解决争议的地点、方式和法律适用法。在争议解决方式方面，可以选择协商（friendly negotiation）、调解（mediation）、诉讼（litigation）、仲裁（arbitration）方式或其他方式。但不能同时选择诉讼和仲裁。

法律适用法（applicable law）方面，当事人在合同中应明确规定适用什么法律规范解决合同争议。根据意思自治原则，各国都允许当事人通过合同自由选择合同适用的法律。这些法律可以是当事人的国内法（买方或卖方国家的法律或是第三国法律）；可以是与合同有联系的，也可以是与合同并无联系的法律；可以是国际公约，也可以是国际商业惯例。在选择方法上可以有以下几种：(1) 单一选择。即在合同中明确指明合同适用某一法律规范作为准据法。(2) 多边选择。即规定整个合同受某一法律规范管辖、特定条款受另一法律规范管辖。(3) 无准据法。即当事人法。合同中规定，合同除受其本身条款约束外，不受任何国内法或国际立法的管辖，或由于某种原因，当事人在合同中未规定合同适用的法律。在这种情况下，法院通常为当事人寻求解决合同争议的准据法，特别是当某一特定法律很明显地与该合同有"最密切联系"的时候。在国际货物买卖中，通常卖方是给合同以实质履行的一方，因此在双方未规定合同适用的法律时，按照与合同有"最密切联系"的原则，多适用卖方国家的法律。

案例 1（不可抗力）

在 Dwyer（UK Franchising）Ltd. 诉 Fredbar Ltd［2021］一案〔Dwyer（UK Franchising）Ltd. v. Fredbar Ltd.［2021］EWHC 1218（Ch)〕中，英格兰及威尔士高等法院作出了首个与因新冠疫情导致的不可抗力相关的判决。该高等法院认定，原告因未将导致被告进行自我隔离的新冠疫情指定为不可抗力，构成根本违约。

261. Clause 30. 1 of the Agreement is entitled "Force Majeure" and reads: "*This Agreement will be suspended during any period that either of the parties is prevented or hindered from complying with their respective obligations under any part of this Agreement by any cause which the Franchisor designates as force majeure including strikes, disruption to the supply chain, political unrest, financial distress, terrorism, fuel shortages, war, civil disorder, and natural disasters.*"［*p. 1082*］

262. "Force majeure" as a legal term means unforeseeablecircumstance (s) that prevent someone from fulfilling a contract. In this case the parties have agreed that there would be a suspension during any period the Claimant designated as a "force majeure" event. For the purposes of exercising that power, the clause sets out examples of the type of event which would be categorised as a "force majeure".

263. Applying the principles identified in *Braganza v BP Shipping Ltd*［2015］UKSC 17;［2015］1 WLR 1661, there was an implied term for clause 30 of the Agreement that the power of designation must be exercised honestly, in good faith and genuinely. It must not be exercised arbitrarily, capriciously, perversely or irrationally. The Claimant in exercising that power must have taken account of the matters which are relevant and ought to be taken into account and not have taken into consideration those matters which are irrelevant. Providing that is done, the decision is one for the Claimant's discretion but the court will set it aside if it is one which no reasonable decisionmaker could have reached.

264. Other sub-clauses of clause 30 provided:

30.2 During such period of suspension the Franchisee will use its reasonable endeavours to continue trading and will keep the Franchisor fully notified of trading conditions and any factors outside of the Franchisee's reasonable control which the Franchisee reasonably believes will affect or impair its ability to continue trading.

30.3 If such period of suspension exceeds one hundred and eighty (180) days, then the Franchisor will, upon giving written notice to the Franchisee, be able to require that:
30.3.2 all money due to the Franchisor will be paid immediately;

30.3.2 the Franchisee immediately ceases trading, until further notice from the Franchisor; and

30.3.3 this Agreement is terminated without liability on the Franchisor's behalf to the Franchisee and/or the Individual.

265. Sub-paragraph 30.2 might at first glance be read as permitting continued trading during the period of suspension. That would be inconsistent with the fundamental requirement for a "force majeure" event, namely that the contract cannot be fulfilled. It is in fact a requirement for the franchisee to use reasonable endeavours to end the suspension by continued trading. That should occur when reasonable endeavours meant the franchisee would no longer be prevented or hindered from complying with the Agreement.

Sub-paragraph 30.3 provided the circumstances in which the suspension will lead to the end of the franchise.

266. As to the Claimant's application of its power: When the correspondence referred to within paragraphs 186 - 191 above is analysed, the first request by Mr Bartlett for suspension made by email sent 27 March 2020 related solely to the effect the Covid pandemic was having upon turnover. It is this circumstance which was addressed by the Claimant through Mr Jeannes when deciding not to designate the pandemic a "*force majeure*". I refer to his letter dated 31 March 2020 (which should not have been marked "without prejudice" to the extent that it included a decision under the Agreement that clause 30 did not apply and did not involve a negotiation), 2 and 9 April. However, that was not the only basis upon which suspension was sought.

267. By 30 March 2020 the request and potential reason for suspension became a very personal one. The Claimant was not only aware but had received a copy of the notification from the Chief Medical Officer/Medical Director NHS Wales that Mr Bartlett's son was vulnerable and that the best way of avoiding the virus was to stay at home for the next 12 weeks. This meant Covid not only affected turnover because of its effect on demand but it also gave rise to the need for Mr Bartlett to isolate for the safety of his son. It directly affected Fredbar Limited's ability to supply. This was made clear to the Claimant in Mr Bartlett's email sent 30 March 2020 (see paragraph 188 above).

268. Despite that, the reasons for the decision (s) after 29 March 2020 that clause 30 did not apply, still only addressed the effect of Covid upon turnover by reference to demand.

The decision (s) did not take into consideration the need for isolation for family safety despite Mr Jeannes's 31 March 2020 letter referring to this in the first paragraph. For example, the response to Mr Bartlett's further email sent 9 April (setting out reasons for clause 30 not applying still referred only to the general effect of Covid and not to Mr Bartlett's family position).

269. That meant the discretion was not exercised in accordance with the implied term because a critical factor had been ignored for the purposes of the decision. The approach then adopted by the Claimant, namely that Fredbar Limited was in breach of the terms of the Agreement entitling its termination unless remedied, was maintained without the Claimant having complied with the implied term when exercising its discretion under clause 30. This was a breach of the Agreement.

270. Whilst clause 17 of the Agreement set out express provisions concerning its termination by the Claimant, there was no provision concerning termination by Fredbar Limited or Mr Bartlett. The common law applied and it is necessary to consider whether the Agreement could be terminated by the letter dated 16 July 2020 as a result of this breach.

271. Mr Grant submitted that the failure to exercise the discretion was a repudiatory breach and justified Fredbar Limited's subsequent termination of the Agreement on 16 June 2020. Mr Strelitz submitted that clause 30 of the Agreement only permitted the exercise of a discretion and a failure to do so, if established, would not go to the root of the commercial purpose of the Agreement and amount to a repudiatory breach. As a response Mr Grant submitted that if the failure to pay the MSF was a repudiatory breach, as the Claimant alleged in the contemporaneous correspondence, by the same token, the failure to relieve Fredbar Limited of its obligation to pay when clause 30 ought to have been engaged was a repudiatory breach.

272. In my judgment, looking at the position at the time the Agreement was made, this was a fundamental term. Its application would only arise in exceptional circumstances but that did not mean its exercise was not essential when those circumstances occurred. Plainly it was and a decision by the Claimant which ignored an important consideration, in this case the potential effect upon Mr Bartlett and his family, would commercially and objectively be considered a breach of an important term which went to the root of the commercial purpose of the Agreement. Alternatively it would be an intermediate term entitling termination depending on the seriousness of the breach.

273. However, notwithstanding the decision refusing to apply clause 30, the Claimant in the letter from Mr Jeannes dated 2 April 2020 offered the choice between ceasing to trade completely when MSF and MAP fees would be suspended and trading when MSF and MAP fees must be paid including the minimum MSF payment. True this was not a decision under clause 30 but it meant that Mr Bartlett could self-isolate as though a force majeure decision had been made.

274. On 24 April 2020 Mr Bartlett indicated that he was self-isolating. He accepted the 2 April 2020 offer. Although that met with changes of terms from the Claimant (see paragraphs 199 - 202 above), the final position for self-isolation set out in Mr Jeannes's email of 29 April 2020 was acknowledged by Mr Bartlett in his response of 3 May and by his self-isolation on those terms. Mr Bartlett continued to self-isolate in accordance with that acknowledgment. As a result the Agreement was affirmed. There was no ground for termination on 16 July 2020 when the suspension was still in force.

案件背景[①]

被告 Fredbar 是原告管道维护公司 Dwyer 的加盟商。在双方的加盟协议中，有一条赋予了 Dwyer 单方面指定不可抗力事件的权利。如果任何一方“因［Dwyer］指定的不可抗力事件而无法或延迟履行各自的义务”，可以根据这一条（第 30 条）中止协议。

Fredbar 首先要求根据第 30 条中止协议，理由是新冠疫情导致对管道维护服务的需求降低。但这一请求遭到了 Dwyer 的拒绝，后者的理由是管道维护服务并未因此中断。

之后，Fredbar 再次要求中止协议，理由是英国国民保健署建议其业主进行自我隔离，以保护其儿子，后者属于新冠病毒易感染人群。Dwyer 并未考虑 Fredbar 业主需要自我隔离的情况，而再次以同样的理由拒绝了这一要求。

因此，Fredbar 称要解除协议，因为 Dwyer 未能利用自己的裁量权指定不可抗力，所以其有权行使解除权。另一方面，Dwyer 否认违约，并称 Fredbar 提出解除协议的要求本身构成了根本违约。

法院判决

考虑到第 30 条规定了 Dwyer 有指定不可抗力的义务，法院采纳了英国最高法院审理的 Braganza 诉 BP Shipping Ltd. ［2015］一案（Braganza v. BP Shipping Ltd. ［2015］UKSC 1）中确立的原则，即如果当事人要行使合同规定的裁量权时，还需要遵守默示条款（又称为“Braganza 义务”）：

当事人必须按照诚实、诚信和真实的原则行使裁量权；

当事人不得武断地、任意地、肆意地或非理性地行使裁量权；

行使裁量权时，当事人必须考虑所有相关事项，排除无关事项。

因此，法院认定，Dwyer 在决定是否将新冠疫情指定为不可抗力时，漠视了 Fredbar 业主进行自我隔离的需要，从而构成对默示条款的根本违约。这一进行自我隔离的需要是相关事项，因为这使 Fredbar 无法继续提供管道维护服务。

结论

这一判决为英国法院在审理因新冠疫情导致的争议中如何评估不可抗力条款提供了参考。在考量不可抗力条款的要求时，这一判决尤其有用。比如，在 FIDIC 合同中，如果发生不可抗力事件，承包商可以因不可抗力事件的阻碍而免于履行合同（FIDIC 第 19.4.1 子条款）。在受英国法律管辖的合同中，业主通常依赖于法院的裁判案例，比如在 Tennants (Lancashire) Ltd 诉 G. S. Wilson & Co. Ltd【1917】一案中（Tennants (Lancashire)

① 本文作者为资深法律顾问 Rachel Turner，英国品诚梅森律师事务所律师。

Ltd v G. S. Wilson & Co. Ltd [1917] AC 495)，法院认定，仅仅因为履行义务变得更加困难、烦琐或暂时中断，承包商并不一定有权可以免于履行义务。然而，在上述案件中，法院采取了一个更为合理、更具人情味的方法，甚至还评论道，Dwyer 未能"在特殊情况中，以富有同情心的方式"对待 Fredbar。承包商需要注意的是，在受英国法律管辖的合同中，业主在考量新冠疫情是否是不可抗力事件时，要受 Braganza 义务的约束。

案例 2（不可抗力）①

The plaintiff [buyer], a company, with its place of business in Russia, ordered from the defendant [seller], a company with its place of business in Austria, 10 000 tons+/-10% of monoammoniumphosphate (MAP) with the specification "P 205 52%+/-1%, min 51%". However, the seller accepted instead to deliver 10 000 tons+/-5% MAP with the specification "P 205 52%+/-5%, min 51%".

The court of first instance held that the negotiations between the parties had not led to a valid contract. The Court of Appeal vacated that decision and remanded the case to the court of first instance.

The [seller] appealed against the decision of the Court of Appeal to the Supreme Court, which held that the finding of fact of the court of first instance were incomplete. The specification by the seller appeared to be contradictory since "52%+/-5%" described a range from 47% to 57%, whilst that range was restricted in the seller's offer to a minimum of 51%. Therefore, the Supreme Court stated that the court of first instance should have clarified whether, in the light of article 8 (2) CISG, for a "reasonable person of the same kind as the other party...in the same circumstances" the reply to the offer could be regarded as sufficiently definite pursuant to article 14 (1) CISG. If the offer could be regarded as sufficiently definite, the court of first instance should have decided whether the reply altered the terms of the offer materially. The Supreme Court also held that the alterations listed in article 19 (3) CISG are not to be considered as altering the terms of the offer "materially" in the sense of article 19 (2) CISG if, in the light of usages, the negotiations and the very circumstances of the case, they are not deemed essential. In particular, it was held that alterations merely in favour of the other party do not require an express acceptance.

Accordingly, the Supreme Court, in remanding the case to the court of first instance, stated that the court should make the relevant findings and then decide whether the alterations were to be considered material and if the alteration with regard to the quantity was merely in favour of the buyer.

① See case law on UNCITRAL texts (CLOUT) abstract no. 189. Reproduced with permission from UNCITRAL.

QUESTIONS FOR DISCUSSION

1. CISG article 19: "(1) A reply to an offer which purports to be an acceptance but contains additions, limitations or other modifications is a rejection of the offer and constitutes a counter-offer. (2) However, a reply to an offer which purports to be an acceptance but contains additional or different terms which do not materially alter the terms of the offer constitutes an acceptance, unless the offeror, without undue delay, objects orally to the discrepancy or dispatches a notice to that effect. If he does not so object, the terms of the contract are the terms of the offer with the modifications contained in the acceptance. (3) Additional or different terms relating, among other things, to the price, payment, quality and quantity of the goods, place and time of delivery, extent of one party liability to the other or the settlement of disputes are considered to alter the terms of the offer materially."

2. "The principal problem concerning article 19 is that of distinguishing between terms which do not materially alter the terms of the offer and terms which do. The importance of the distinction is that the exception in article 19 (2) can only apply to the former. Although article 19 (3) will solve this problem in many instances, it is not an exclusive listing of clauses that materially alter the terms of the offer. One common type of clause that may materially alter the terms of the offer even though it seems not to be specifically mentioned in article 19 (3) is a merger clause, which provides that prior negotiations shall not supplement or modify the written provisions of the contract. Another is a no-oral-modification clause, which provides that the contract can not be modified by a subsequent oral agreement.

In determining whether such a clause materially alters the terms of the offer, is it significant that the discrepancy is unrelated to the actual dispute between the parties? For example, the discrepancy might consist of the addition of a no-oral-modification clause, while the dispute might be one over the quality of the goods in a transaction that does not involve an oral modification at all. The traditional rule, which insists that the acceptance exactly match the offer, does not take the actual dispute into account. Article 19 adheres so closely to the traditional rule, that the better reading is one that focuses solely on the discrepancy, without regard to the nature of the actual dispute.

Questions are also bound to arise concerning the scope of some of the language in paragraph (3). For example, while it is clear that a limitation of remedies clause is one relating to the extent of one party's liability to the other? It is arguable that a force majeure clause relates not to the extent of liability but to the existence of liability in the first place. And while it is clear that an arbitration clause relates to the settlement of disputes? It is arguable that a choice-of-law clause relates not to the settlement of disputes but to the rules under which they are to be settled. It seems preferable to give a narrow reading to the categories specifically listed in paragraph (3). This would give flexibility in the application of Article 19 and enable a tribunal to reach a just result in the particular case. It would also help to assure a significant field of application to paragraph (2) and give a reasonable effect to the compromise between traditionalists and reformers that lies behind Article 19. "①

3. Under article 19 (2), a purported acceptance will constitute a rejection and counter-offer if terms in the reply materially alter the offer's terms. Subsection (3) of article 19 gives some guidance as to what constitutes a "material term": "Additional or different terms relating, among other things, to the price, payment, quality and quantity of the goods, place and time of delivery, extent of one party's liability to the other or the settlement of disputes are considered to alter the terms of the offer materially."

This list of material terms is extensive but not exclusive; the phrase "among other things" makes that clear. But what other terms will a court consider material? The least material modifications are changes regarding "insignificant matters such as grammatical changes, typographical errors or the specification of detail implicit in the offer"; the offeree is accepting what the offeror intended but for drafting mistakes or stylistic differences.

The acceptance may contain "different wording of the terms of the contract without modifying its contents". For example, surely no one would think there was any material difference between an offer containing a term for "arbitration in New York City under UNCITRAL rules" and an acceptance containing a term for "arbitration to be held pursuant to UNCITRAL rules of arbitration; arbitration to be held in New York City". This type of change results in no change in the obligations of the parties.

The more difficult question is whether the sole key to materiality is that a new term "relates" to the list of terms contained in subsection (3). An alternative view would be that terms which "relate" must rise above a de minimis level of importance to be judged material. The preparatory materials seem to support the former statement that any change in obligations relating to the list in 19 (3) will be considered a material change. Professor Honnold has noted that "under paragraph (3) the modifications that are considered to be 'material' cover most of the aspects of the contract".

Subsection (3) indicates that the terms therein listed "are considered" to be material. The preparatory materials make it clear that subsection (3) has the effect of raising a presumption of materiality. There are no comments in the summary records, however, indicating what type or quantum of evidence is required in order to rebut the presumption of materiality. The relevant evidence would seem to include the parties' intentions, previous practices and trade usages. Two questions are particularly relevant. First, is there a practice between the parties or a trade usage demonstrating that the modification contained in the offeree's reply is not considered to be material? Suppose that there is a trade usage of providing for arbitration of disputes. The buyer sends a purchase order which contains only a description of the goods, the price and delivery terms. The seller replies with his form containing the same information plus the arbitration clause which is standard in the trade. Article 9 provides that such trade usages are, absent contrary agreement,

---

① E. Allan Farnsworth; Cite as Farnsworth, in *Bianca-Bonell Commentary on the International Sales Law*, *Giuffrè: Milan (1987) 175－184*. Reproduced with permission of Dott. A. Giuffrè Editore, S. P. A..

applicable to the contract, and the offeror-buyer should be bound by the arbitration clause. The first question, thus, focuses on the substance of the particular modification contained in the offeror's reply.

The second question is "whether applicable usages and practices, in point of fact rather than legal theory, include the scrutiny of the clauses on the back of an acceptance form in a transaction like the one in question". This question focuses on the procedure by which the parties enter into a contract. The substance of the offeree's modifications is irrelevant for these purposes. Suppose that the offeror includes in the printed portion of his form the following: "The offeror considers every term herein to be material." Neither the offeror nor the offeree makes a practice of reading the terms on the forms they exchange. In analogous circumstances arising under UCC 2-207, several commentators have argued that giving effect to such a clause would undermine the effectiveness of UCC 2-207 since the offeree, not having read the form in any case, would not be on actual notice as to the offeror's demands. Courts deciding cases under the Convention should follow this approach and should endeavor to ascertain whether the parties could reasonably have been expected to scrutinize the terms contained on their forms. ①

4. In your opinion, what modifications are "Material"?

案例 3（不可抗力）

Tsakiroglou & Co. Ltd. v. Noblee Thorl GmbH.
House of Lords [1962] A. C. 93

THE FACTS:

By a contract dated Hamburg, October 4, 1956 between Tsakiroglou & Co. Ltd, of Khartoum as sellers, and the respondents, Noblee Thorl GmbH. of Hamburg/Hargurg as buyers, through agents, the sellers agreed to sell and the buyers to buy about 300 tons of Sudanese groundnuts in the shell basis 3 percent, admixture new crop 1956/1957 at $50 per 1 000 kilos including bags CIF Hamburg. Shipment November/December, 1956, with payment cash against documents on first presentation for 95 percent of the amount of provisional invoice, balance to be paid after the analysis on final invoice. The contract form was to be the incorporated Oil Seed Association Contract No. 38 (hereinafter called "I. O. S. A Contract No. 38") with arbitration in London. Clause 1 of I. O. S. A Contract No. 38 provided for "shipment from an East African port...by steamers (tankers excluded) direct or indirect with or without transshipment".

Both parties contracted on the basis that the goods would be shipped from Port Sudan.

① J. Clark Kelso, *The United Nations Convention on Contracts for the International Sale of Goods: Contract Formation and the Battle of Forms*. Reproduced with permission of 21 Columbia Journal of Transnational Law (1982/83) 529-556.

Clause 6 of the contract provided: "in case of prohibition of import or export, blockade or war, and in all cases of force majeur preventing the shipment within the time fixed, or the delivery, the period allowed by not exceeding two months. After that, if the case of force majeur be still operating, the contract shall be candled."

At the date when the contract was made, both parties contemplated that shipment would be made via the Suez Canal. On October 29, 1956, the Israelis invaded Egypt, on November 1 Britain and France commenced military operations, and on November 2 the Suez Canal was blocked to shipping. At the date when the contract entered into, the usual and normal routes for the shipment of Sudanese groundnuts from Port Sudan to Hamburg was via the Suez Canal. However, the closure of the Suez Canal prevented transport from Port Sudan to Hamburg via the Canal and the impossibility by that route continued until April 1957. The distance via the Suez Canal is approximately 4 386 miles and the distance via the Cape of Good Hope is approximately 11 137 miles. From November 10, 1956, after the closure of the Canal, a 25% freight surcharge was placed on goods shipped on vessels proceeding via the Cape of Good Hope and this was increased to 100% on December 13, 1956.

The seller's claim that the contract was frustrated and was at an end because of the closure of the Suez Canal was not accepted by the buyers.

PROCEDURE BEFORE THE COURT

In arbitration proceedings, the umpire, by an award dated February 20, 1957, awarded that the sellers were in default and should pay to the buyers as the damages the sum of £5 625 together with £79. 15 costs of the award. The sellers were dissatisfied with the award, and a board of appeal appointed to hear the appeal on January 28, 1958, dismissed the appeal and upheld the umpire's award.

JURISDICTION

The board of appeal's award was in the following term: "so far as it is a question of fact we find and as far as it is a question of law we hold:

(i) These were hostilities but not war in Egypt at the material time.

(ii) Neither war nor force majeur prevented the shipment of the contract goods in the contract period to the contract destination, since shipment via the cape was not so prevented when the shipment via the Suez Canal was prevented by reason of force majeur.

(iii) It was not an implied term of the contract that shipment or transportation should be made via the Suez Canal and shipping the goods on a vessel via the Cape of Good Hope was not commercially and fundamentally different from shipping the goods on a vessel via the Suez Canal. So, the contract was not frustrated by the closure of the Suez Canal."

MERITS: Is there an implied term that the goods shall be carried by a particular route the contract frustrated?

(a) usual and customary route

The contention that the shipment of goods must be via Suez Canal can only prevail if a term is implied, for the contract dose not say so. For the general proposition that in a CIF contract the obligation, in the absence of express terms, is to follow the usual or customary route. It is not the date of the contract but the time of performance that determines what is customary. As the section 32 (2) of the Sale of Goods Act, 1893, provides that: "unless otherwise authorized by the buyer, the seller must make such contract with the carrier on behalf of the buyer as may be reasonable having regarded to the nature of the goods and the other circumstances of the case." Therefore, if there is no customary route, that route must be chosen which is reasonable. If there is only one route, that must be taken if it is practicable. At the date when the performance was called for, there was no usual or customary route because the Suez Canal was closed and the only practicable route was via the Cape of Good Hope. The sellers could have fulfilled their obligation by a bill of lading via the Cape.

(b) whether the contract was frustrated by the closure of Suez Canal?

The board should consider whether the imposition upon the sellers the obligation to ship by an emergence route via the Cape would be to impose upon them a fundamentally different obligation which neither party could at the time when the contract was performed have dreamed that the sellers would be required to perform. The board found no justification for the positive answer. A CIF contract is for the sale of goods, not a contract of affreightment. The primary duty on the part of sellers was to dispatch the groundnuts by sea from one port to destination of the other. There was no evidence that the buyers attached any importance to the route. They were content that the nuts should be shipped at any date in November or December. There was no stipulated date for arrival at Hamburg. There was no evidence either, that the nuts would deteriorate or the transportation would involve special packing or stowing as a result of a longer voyage, nor any evidence that the market was seasonable. In a word, there was no evidence that the buyers cared by what route, or within seasonable limits, when the nuts arrived.

What, then, of the sellers? Clearly the contract of affreightment will be different and so may be the terms of insurance. In both these respects the sellers may be put to greater cost: their profit may be reduced or even disappear. But an increase of expense is not a ground of frustration, the doctrine of frustration must be applied within very narrow limits, and this case falls far short of satisfying the necessary conditions. With all these facts before them, the board of appeal made their finding that performance by shipping on the Cape route was not commercially or fundamentally different from shipping via the Suez Canal, and the appeal should be dismissed.

QUESTIONS FOR DISCUSSION

1. What's the nature of a CIF contract?
2. What is the meaning of "force majeur"?
3. What is the legal effect of "force majeur"?

4. What does the term "force majeur preventing the shipment" mean?
5. Were there any explicit provisions on the shipping route in the contract?
6. How is the route decided in the absence of express terms?
7. What does the term "the usual or customary route" mean?
8. What is the relation between the usual or customary route and other practicable routes on the basis of the performance of the contract?
9. Whether the contract could be performed?
10. In which conditions is a contract frustrated?
11. How did the closure of the Suez Canal influence the contract of affreightment and the contract of goods sale (CIF)?
12. How would the shipping via the Cape of Good Hope affect the sellers?
13. Whether the imposition upon the sellers the obligation to ship via the Cape would be to impose upon them a fundamentally different obligation?

案例 4（不可抗力）①

Macromex Srl. v. Globex International Inc.
American Arbitration Association, 23 October 2007,
CISG-online 1645

[Facts]

Globex International ("Seller") is an American company engaged in the export of food products to multiple countries globally, including in Eastern Europe. Seller has contracts containing exclusivity agreements with companies in certain locales. In the ordinary course of business Seller developed a non-exclusive relationship with Macromex Srl. ("Buyer"), a Romanian company, and to ship, among other things, chicken leg quarters to Buyer. [···]

After the conclusion of the Contracts between the parties, the price of chicken increased very substantially, and Seller's supplier failed to ship to it in a timely manner. Seller impacted this supply situation—unknowingly perhaps, at least initially—by allocating such product to two breakbulk shipments for itself, rather than to container sales for customers like Buyer.

While Buyer did become more insistent regarding prompt delivery as the month of May progressed, Buyer did not formally claim breach; nor did Buyer set another delivery date prior to the issuance of a decree by the Romanian government, which established a chicken product importation ban with virtually no notice. To explain, an avian flu outbreak prompted the Romanian government to bar all chicken imports not certified as of June 7, 2006. The

① Ingeborg Schwenzer, Christiana Fountoulakis, Mariel Dimsey: International Sales Law: A Guide to the CISG, 3rd, Oxford, UK: Hart Publishing, 2019, C 79-2.

Romanian Bulletin addressing the restriction stated that: "Transports loaded within 5 days of June 2, 2006 will be allowed to be imported into Romania." An extension of one day was subsequently granted. Had Seller loaded the chicken within the two week window expressly provided for in the Contracts, or even within a week thereafter, the chicken would have been allowed into Romania. However, Seller was unable to certify all the remaining chicken in the order in time, so the final delivery was deficient. Buyer then proposed that Seller ship the balance of the chicken order to it at a location outside of Romania, suggesting certain ports.

Another supplier to Buyer provided such alternative performance following implementation of the ban with respect to shipments on which it too was late. Seller ultimately refused the proposal, maintaining that the unfilled portions of the Contracts were voided by the Romanian government's action, which constituted a force majeure event. Seller thereafter sold the undelivered chicken to another buyer at a substantial profit. Buyer now seeks a damages remedy with respect to the undelivered product under the Contracts.

【**Judgment**】

[…]

B. Qualification for an "Exemption" under the CISG

[…]

The Romanian government's decision to stop all chicken imports on virtually no notice to the industry was certainly beyond Seller's control, and it would not have been reasonably contemplated as a risk assigned to the Seller at the conclusion of the contract, as no prior ban experienced by either party was taken as precipitously. The third and fourth factors are closer questions, and are addressed in greater detail below (in reverse order) because of their ultimate importance to the determination of the merits. 648 Article 79 CISG

i. Meeting the Fourth Factor of Causality

This requirement essentially requires a showing of causality between the impediment and the non-performance. The non-performance of the contract must be 'due to' the impediment. Causality exists here between Seller's inability to deliver the chicken and the Romanian government's ban on imports. The question is whether Seller's delay in performance beyond the shipment 'window' expressly provided for in the Contracts and/or by industry practice bars the Seller from claiming protection of the exemption by precluding Seller's ability to show causation.

Two cases have addressed whether a party can claim an exemption under Article 79 when it is in breach of the terms of the contract. In one case where the Buyer was supposed to have paid for a caviar delivery prior to the imposition of U. N. sanctions that made payment impossible, the court held that when "Buyer was in default before the sanctions [the force majeure] became effective, he could have and should have paid at a date when payment was possible and his status of being a defaulting party cannot be changed by a later force majeure."

(Buyer was supposed to pay USD 15 000 before delivery, while the balance was due "within two weeks after delivery".) A second court found that a party to a contract could not claim that a strike was an impediment because it occurred after the seller was already in arrears. However, these cases can be distinguished here since the seller is found not to be in fundamental breach prior to the occurrence of the impediment, and no CISG case was found directly addressing a fact pattern involving immaterial breach.

Two scholarly approaches to access the ability of a seller to raise a force majeure exemption when the seller has already failed to perform some portion of the contractual obligations are also available and to be considered. Tallon argues that "the exempting event must necessarily be the exclusive cause of the failure to perform. If goods not properly packaged are damaged following an unforeseeable and unavoidable accident, the seller remains nonetheless liable [...] The judge cannot reduce, even partly, the damages owed by the seller on account of that latter accident. The loss is attributable to the seller's failure to provide adequate accident-proof packaging." Chengwei Liu adopts the position of *Enderlein & Maskow*, that "on the contrary...it cannot be required that the impediment is the exclusive cause of a breach of contract;" ...the impediment should also be accepted when a cause over takes another cause... "It is decisive...whether the impediment lastly has caused the breach of contract. If this is so, it consumes other breaches of contract for which there are no grounds for exemption insofar as those no longer appear independently." However, Chengwei Liu also stresses that "[t] he force majeure must have come about without the fault of either party. There will be no excuse if an unforeseeable event impedes performance of the contract when the event would not have affected the contract if the party had not been late in performing." Chengwei Liu goes on to state that it is a general rule that "a change in circumstances will not be taken into account if it occurred during a delay in performance of the person alleging application of the doctrine" due to the good faith requirements of the CISG, and that when "the impediment occurs during the delay, its causality for the breach of contract is given only if it had an effect in the case of delivery within the period prescribed."

[...]

ii. Meeting the Third Factor that Impediment Could Not Reasonably Be Overcome

The remaining key legal issue is whether the Seller should have complied with the Buyer's proposed alternative shipment to a location outside of Romania. Article 79 states that party will be exempted from liability if it "could not reasonably be expected to…have avoided or Article 79 CISG 649 overcome it or its consequences." There is very little case law under Article 79 defining what the Secretariat Commentary to the CISG terms a "commercially reasonable substitute."

[...]

The four corners of the CISG provide little guidance as to what constitutes a commercially reasonable substitute. The general principles of the CISG provide a preference for performance and the international character and promotion of good faith. These principles do little to advance the definition of commercially reasonable substitute in present circum stances. The Secretariat Commentary to the CISG provides some illuminating guidance, stating in pertinent part that:

"Even if the non-performing party can prove that he could not reasonably have been expected to take the impediment into account at the time of the conclusion of the contract, he must also prove that he could neither have avoided the impediment nor overcome it nor avoided or overcome the consequences of the impediment. This rule reflects the policy that a party who is under an obligation to act must do all in his power to carry out his obligation and may not await events, which might later justify his non-performance. This rule also indicates that a party may be required to perform by providing what is in all the circumstances of the transaction a commercially reasonable substitute for the performance, which was required under the contract."

[...]

The facts of the instant case cut against the Seller in that another supplier to Buyer, Tyson, did deliver the chicken leg quarters to the Buyer in another locale. Even applying "commercial practicability" as a test for excuse the shipment term was treated in fact as incidental aspect of performance despite the ban; an alternative unloading port was substituted as the destination consistent with U. C. C. § 2 - 614 (1). While Seller raised the prospect that its agreements with other parties made substitute performance impossible without harm to Seller through breach of its other contracts, the Seller admitted that not all markets were covered by exclusive arrange ments. Thus, under this approach Seller should have explored possible alternatives in this regard with Buyer, but failed to do so to Buyer's detriment and Seller's enrichment. [...]

The evidentiary record concerning what alternative steps were commercially reasonable in the limited time availability prior to the Romanian ban taking effect focused in substantial part on: (i) the Herculean effort to load as much product as possible from the supplier Seller had been using; (ii) the labeling requirements of the Romanian market as a factor limiting the ability to divert shipments at sea to Romanian customers; (iii) the logistical challenges attendant to identifying port docking space and refrigerated container availability if alternative manufacturers with product could even be found, particularly given the limited resources and time available to search for such alternatives instead of maximizing what could be loaded in timely fashion. The record in this regard reflects a commercially reasonable effort by Seller. However, the inquiry does not end here in searching for commercially reasonable alternatives. Buyer raised the prospect of accepting delivery of the product elsewhere to 650 Article 79 CISG make subsequent shipment possible. Another American supplier facing the same Romanian ban as Seller shipped to another port. While that particular port may not have been a viable alternative for Seller, the evidence made clear there were ports where exclusivity arrangements would not have precluded such delivery. It was Seller's duty to do so here and it failed to do so, preferring to pocket the profit available in a market experiencing a dramatic rise in prices. In doing so Seller misappropriated a profit that should have been made available to Buyer through an alternative shipment destination. The law does not countenance such a result. Accordingly, Buyer is entitled to damages as a remedy. Article 74 of the CISG provides the applicable standard for the damages claim asserted by Buyer. Basically, under it Buyer is entitled to lost profits caused by Seller that were foreseeable at the time of entry into the Contracts The damages requested by Buyer meet the Article 74 standard and are adequately evidenced (See, e. g., Ex. 7). Seller's challenge to the damages sought, apart from a force majeure defense, is largely grounded upon the premise that market loss should not take into account a commercially reasonable phased release of product for sale. As such, Seller seeks to blur receipt of product with release of it into the market. However, there was no credible evidence on which to base that inference or to support such a finding. Seller's position is unpersuasive, and is divorced from commercial reality.

Ⅲ. AWARD

A. Damages Accordingly, damages in the full amount requested of $608 323.00 are awarded.

第三节

国际货物买卖合同的履行

国际货物买卖合同作为合同的一种，当事人必须承担履行合同的义务。只有履行了合同义务，合同目的才能实现。我国《民法典》第 509 条规定：“当事人应当按照约定全面履行自己的义务。当事人应当遵循诚实信用原则，根据合同的性质、目的和交易习惯履行通知、协助、保密等义务。当事人在履行合同过程中，应当避免浪费资源、污染环境和破坏生态”。国际货物买卖合同当事人也应承担同样的义务。本节主要介绍 CISG 关于买卖合同履行的规定，包括买卖双方当事人的义务、违约救济、风险转移等。

一、卖方承担的义务

（一）交付货物和移交单据的义务

CISG 第 30 条规定：“卖方必须按照合同和本公约的规定，交付货物，移交一切与货物有关的单据并转移货物所有权。”可见，卖方主要承担交货（delivery of the goods）和交单（handing over of documents）义务。

具体而言，按照 CISG 的规定，卖方承担如下交货交单义务。

1. 交货地点

CISG 第 31 条规定，如果卖方没有义务在任何其他特定地点（particular place）交付货物，他的交货义务如下：（1）如果销售合同涉及货物的运输，卖方应把货物移交给第一承运人（first carrier for transmission），以运交给买方。在国际贸易中，“涉及运输”（involves carriage of the goods）是一个特有概念，特指那些以本人或其名义与托运人订立运输合同承担运输责任的承运人。当卖方有义务安排运输时，卖方和承运人签订必要的运输合同，并按照通常的运输条件，用适合情况的运输工具，把货物运到指定的地点（即第一承运人所在地）。（2）在不属于上述规定的情况下，如果合同指的是特定货物（specific goods）或从特定存货中提取的或尚待制造或生产的未经特定化的货物，而双方当事人在订立合同时已知道这些货物是在某一特定地点，或将在某一特定地点制造或生产，卖方应在该特定地点（particular place）把货物交给买方处置。（3）在其他情况下，卖方应在他于订立合同时（at the time of the conclusion of the contract）的营业地（place of business）把货物交给买方处置。

可见，如果买卖双方没有约定交货地点，根据公约规定，卖方的交货地点将根据不同情况确定：或是第一承运人所在地；或是特定存放地或货物生产地；或是卖方营业地。

目前，国际货物买卖已基本上实现统一化、标准化、规范化。因此，各国进出口商利用贸易术语即可确定交货地点。

2. 交货时间

CISG 第 33 条规定，卖方必须按以下规定的日期交付货物：（1）如果合同规定有日期或从合同可以确定日期，应在该日期交货。（2）如果合同规定有一段时间或从合同可以确定一段时间，除非情况表明应由买方选定一个日期外，应在该段时间内任何时候交货。（3）在其他情况下，应在订立合同后一段合理时间内交货。也就是说，如果国际货物买卖合同没有规定交货日期，卖方应在订立合同后的一段合理时间内交货。所谓“合理时间”（reasonable time），按照一般的国际实践，是作为事实由法院根据货物的性质及合同的其他规定决定的。

我国《民法典》规定，履行期限不明确的，债务人可以随时履行，债权人也可以随时请求履行，但是应当给予对方必要的准备时间。[①] 第 512 条规定，通过互联网等信息网络订立的电子合同的标的为交付商品并采用快递物流方式交付的，收货人的签收时间为交付时间。电子合同的标的为提供服务的，生成的电子凭证或者实物凭证中载明的时间为提供服务时间；前述凭证没有载明时间或者载明时间与实际提供服务时间不一致的，以实际提供服务的时间为准。电子合同的标的物为采用在线传输方式交付的，合同标的物进入对方当事人指定的特定系统且能够检索识别的时间为交付时间。电子合同当事人对交付商品或者提供服务的方式、时间另有约定的，按照其约定。

对于在履行期到来之前，卖方是否可以提前交货，CISG 作了灵活规定，即如果卖方在规定日期前交付货物，买方有收取货物或拒绝收取货物的选择权。[②] 然而根据《德国民法典》第 271 条，订有履行期限的合同，卖方可以在履行期到来之前不经买方同意提前交货，但要事先通知买方；而买方却不能要求卖方提前交货。

3. 交付单据

在国际货物买卖中，存在着两种转移货物所有权的方式：一种是实际交货，即卖方亲自把货物连同代表货物所有权的单据一起交到买方手中，完成货物所有权与占有权的同时转移；另

① 参见《民法典》第 511 条第 4 款。

② 参见 CISG 第 52 条第 1 款。

一种方式是象征性交货，即卖方只把代表货物所有权的证书（提单）交到买方手中，完成货物所有权的转移。因此，在国际货物买卖合同中，交付单据（hand over documents）是卖方的一项十分重要的义务。

根据CISG第34条，如果卖方有义务移交与货物有关的单据，那么，其义务如下：(1) 必须按照合同规定的时间、地点和方式移交这些单据。(2) 如果卖方在合同规定的时间以前已经移交了这些单据，卖方可以在合同规定时间到达前，纠正所提交单据中的任何不符合同规定的情形（cure any lack of conformity）。但是，该权利的行使不得使买方遭受不合理的不便（unreasonable inconvenience）或承担不合理的开支（unreasonable expense）。否则，买方保留公约规定的要求损害赔偿的任何权利。

（二）担保义务

根据CISG，卖方除了承担交货交单义务外，还应保证提交的货物符合合同的规定，包括对所交货物的质量保证与所有权保证。

1. 瑕疵担保义务

瑕疵担保，是指卖方对其所售货物的质量、特性或适用性承担的责任。实际上，各国买卖法在卖方对其所售货物承担担保义务方面都有明确规定。例如，《美国统一商法典》将这种义务分为明示担保和默示担保。属于合同性质的担保义务称为“明示担保”，由卖方与买方订立合同或提供样品或说明书承担这一义务。而不管卖方对产品质量是否作出明示许诺，由法律强加给卖方的，对货物商销性以及适合特定用途的质量保证，称为“默示担保”。英国《1979年货物买卖法》(1995年修订本）将合同条款分为条件和担保。“条件”是指有关合同基础的重要条款；“担保”是从属于合同目的的次要条款。和《美国统一商法典》一样，无论是条件或担保，都有明示和默示之分。明示者是由买卖双方在合同中明确表示出来的，默示者是法律强加的。《法国民法典》则把瑕疵分为明显瑕疵与隐蔽瑕疵两种。由隐蔽瑕疵致使货物灭失或减少其通常效用，卖方应负担保责任，而无论他对瑕疵知晓与否；对明显的买方自己可以发现和辨认的瑕疵，则不承担担保义务。《德国民法典》也有类似规定，该法典第459条要求卖方向买方担保所售出的物品在风险转移给买方时灭失或减少其价值，或降低其通常用途或合同预定的使用价值的瑕疵；担保在风险转移时，货物具有所允许的质量。

我国《民法典》就买卖合同中卖方的货物质量担保义务规定如下：出卖人应当按照约定的质量要求交付标的物。出卖人提供有关标的物有质量说明的，交付的标的物应当符合该说明的质量要求。① 凭样品买卖的当事人应当封存样品，并可以对样品质量加以说明。出卖人交付的标的物应当与样品及其说明的质量相同。凭样品买卖的买受人不知道样品有隐蔽瑕疵的，即使交付的标的物与样品相同，出卖人交付的标的物的质量仍然应当符合同种物的通常标准。② 当事人对标的物的质量要求没有约定或者约定不明确，依据《民法典》第510条的规定仍不能确定的，适用《民法典》第511条第1项的规定。③ 此外，出卖人应当按照约定的包装方式交付

① 参见《民法典》第615条。

② 参见《民法典》第635条、第636条。

③ 参见《民法典》第616条。《民法典》第510条规定，合同生效后，当事人就质量、价款或者报酬、履行地点等内容没有约定或者约定不明确的，可以协议补充；不能达成补充协议的，按照合同相关条款或者交易习惯确定。第511条规定，当事人就有关合同内容约定不明确，依据前条规定仍不能确定的，适用下列规定：(1) 质量要求不明确的，按照强制性国家标准履行；没有强制性国家标准的，按照推荐性国家标准履行；没有推荐性国家标准的，按照行业标准履行；没有国家标准、行业标准的，按照通常标准或者符合合同目的的特定标准履行……

标的物。①

按照《民法典》第 617 条的规定，出卖人交付的标的物不符合质量要求的，买受人可以依据其第 582 条至第 584 条的规定请求承担违约责任。②

根据各国法律与实践，卖方违反瑕疵担保不但要承担违约责任，如果因货物瑕疵导致买方人身和财产损害，卖方还要承担产品责任。但是，产品责任问题不在 CISG 的调整范围之内。目前，国际上尚不存在统一的关于产品责任的国际公约。③ 这样，由货物瑕疵导致的产品责任问题只能依据各国国内法的相应规定解决。

值得注意的是，在国际货物买卖中，各国法律都允许买卖双方通过在标准合同中订立合理的免责或限制责任条款，减轻或解除卖方依法承担的瑕疵担保义务。④

CISG 第 35 条对瑕疵担保既作了明示担保规定，也作了默示担保规定。值得注意的是，CISG 第 36 条还规定了风险转移与卖方责任的关系。该条规定："（1）卖方应按照合同和本公约的规定，对风险移转到买方时所存在的任何不符合同情形，负有责任，即使这种不符合同情形在该时间后方始明显。（2）卖方对在上一款所述时间后发生的任何不符合同情形，也应负有责任，如果这种不符合同情形是由于卖方违反他的某项义务所致，包括违反关于在一段时间内货物将继续适用于其通常使用的目的或某种特定目的，或将保持某种特定质量或性质的任何保证。"

明示瑕疵担保责任要求，卖方交付的货物必须与合同所规定的数量（quantity）、质量（quality）和规格（description）相符，并须按照合同所规定的方式装箱或包装。

默示瑕疵担保责任则包括以下四个方面，但是，如果买方在订立合同时知道或者不可能不知道货物不符合同，卖方就无须承担责任：（1）货物适用于同一规格货物（goods of the same description）通常使用（ordinarily be used）的目的。（2）货物适用于订立合同时曾明示或默示地通知（expressly or impliedly made known）卖方的任何特定目的（particular purpose），除非情况表明买方并不依赖（rely）卖方的技能和判断力，或者这种依赖对他是不合理的。（3）货物的质量与卖方向买方提供的货物样品或样式相同。（4）货物按照同类货物通用的方式装箱或包装，如果没有此种通用方式，则按照足以保全和保护货物的方式装箱或包装。

---

① 参见《民法典》第 619 条规定："出卖人应当按照约定的包装方式交付标的物。对包装方式没有约定或者约定不明确，依据本法第五百一十条的规定仍不能确定的，应当按照通用的方式包装；没有通用方式的，应当采取足以保护标的物且有利于节约资源、保护生态环境的包装方式。"

② 《民法典》第 582 条规定："履行不符合约定的，应当按照当事人的约定承担违约责任。对违约责任没有约定或者约定不明确，依据本法第五百一十条的规定仍不能确定的，受损害方根据标的的性质以及损失的大小，可以合理选择请求对方承担修理、重作、更换、退货、减少价款或者报酬等违约责任。"第 583 条规定："当事人一方不履行合同义务或者履行合同义务不符合约定的，在履行义务或者采取补救措施后，对方还有其他损失的，应当赔偿损失。"第 584 条规定："当事人一方不履行合同义务或者履行合同义务不符合约定，造成对方损失的，损失赔偿额应当相当于因违约所造成的损失，包括合同履行后可以获得的利益；但是，不得超过违约一方订立合同时预见到或者应当预见到的因违约可能造成的损失。"

③ 按照欧洲共同市场 1985 年 7 月通过的《产品责任法》的规定，自 1988 年 7 月 20 日起，该法将在欧洲共同市场所有成员国全面实施。

④ 关于标准合同和免责条款的法律效力，参见王传丽：《涉外经济合同的法律效力》，213～227 页，北京，中国政法大学出版社，1989。

案例（德国雷根斯堡州法院 1998 年审理）[①]

At a textiles fair, a German buyer, defendant, ordered fabrics from the seller, plaintiff, for the production of skirts and dresses. After delivery, the buyer objected to the quality and to the size of the fabrics, as they could not be cut in an economical manner. The buyer requested that the seller deliver "unobjectionable goods" within fourteen days. The seller sent samples of another fabric and asked the buyer for further information as to the problems faced by it for the manufacture of the skirts and dresses. When the buyer refused acceptance, the seller sued it for the purchase price.

The court allowed the claim. It held that the buyer had no right to refuse to pay the purchase price, as the fabrics were in conformity with the contract. Taking into account the quantity, the quality and the description of the fabrics, the court concluded that they were fit for the production of skirts and dresses (article 35 (2) (a) CISG). The buyer had not provided the seller with information regarding the manner in which the fabrics had to be cut in order to be economical. Moreover, this requirement was not evident from the circumstances (article 35 (2) (b) CISG). The properties and quality of the fabrics corresponded to the samples presented by the seller at the fair and as such, they were in conformity with the contract pursuant to article 35 (2) (c) CISG.

Regarding the quality of the fabrics, the court held that the buyer failed to specify the nature of the lack of conformity, and even if the lack of conformity had to be admitted, the buyer had failed to give timely notice to the seller pursuant to article 39 (1) CISG.

The court determined that, in any case, the buyer had lost its right to declare the avoidance of the contract, as it disregarded the provisions of article 49 (2) (b) (ii) and (iii) CISG. The court noted that these provisions meant that the buyer could only declare the contract avoided after it had given the seller an opportunity to perform the contract. The court found that the buyer prevented the seller from exercising its right to remedy under article 48 CISG, by demanding re-delivery without specifying the character of the "unobjectionable goods" and by refusing the acceptance of another fabric, of which samples had been sent to it. The seller was entitled to send samples instead of a complete substitute delivery, because it could not be in a position to know whether the buyer would accept such substitute delivery. The delivery of the samples was timely, because the parties had not agreed on a particular date for such delivery. As such, the buyer had not fulfilled the conditions for avoidance of the contract pursuant to article 49 CISG.

2. 追夺担保与权源保护

追夺担保也称所有权担保，是指卖方所提交的货物必须是第三者不能提出任何权利要求的货物。卖方在订立合同时，应保证其所售货物的所有权不因存在买方所不知晓的瑕疵而被

---

① Case 339; Germany: Landgericht Regensburg; 6 O 107/98; 24 September 1998; A/CN. 9/SER. C/ABSTRACTS/31.

追夺。

各国法律对卖方的所有权担保义务的规定与 CISG 相类似。例如，《美国统一商法典》第 2—312 条规定：卖方应保证转移的所有权是正当的，且转让行为为合法；标的物在交付时，不存在订约时买受人不知悉的任何担保权益、留置权或其他负担；除另有约定外，从事正规经营的卖方应担保第三者不会以侵权或其他类似理由提出任何合法要求。英国《1979 年货物买卖法》（1995 年修订本）第 12 条规定：在销售合同中（包括销售协议及销售），对卖方有一默示条件，即（在货物所有权转移时）他有权出售该货物。该货物（在所有权转移前）没有任何在订立合同时未向买方披露或不为买方所知的指控（charge）或产权负担（encumbrance）；买方将安静地享有对货物的占有（quiet possession），除非干扰是由有权享有已向买方披露或已为买方所知的或产权负担的利益所有人或其他有权享有该等利益之人所作出。《德国民法典》第 434 条规定，出卖人有义务向买受人转移不存在第三者有权对抗买受人的标的物。《法国民法典》第 1626 条规定：即使买卖当时并无关于担保的约定，如买受人被追夺买卖标的物的全部或一部，或标的物尚负有买卖当时未声明的负担时，出卖人依法当然对买受人负有担保义务。该法典在第 1630 条详细规定了当买卖标的被追夺时，买方有下列请求权：返还价金；标的物所生果实的返还；诉讼费；损害赔偿；解除合同。

我国《民法典》对卖方的所有权担保义务作了如下规定：(1) 出卖的标的物，应当属于出卖人所有或者出卖人有权处分；(2) 出卖人就交付的标的物，负有保证第三人不得向买受人主张任何权利的义务。买受人订立合同时知道或者应当知道第三人对买卖的标的物享有权利的，免除出卖人的所有权担保义务。买受人有确切证据证明第三人可能就标的物主张权利的，可以中止支付相应的价款。[①]

根据 CISG，卖方的权利担保义务包括如下方面：(1) 卖方应向买方担保，第三方（a third party）不会对其出售的货物提出任何权利或要求（any right or claim）。具体而言，卖方应保证它确实有权出售该货物，并且应担保货物上不存在任何不为买方所知的留置权、抵押权等他人的权利要求。例如，CISG 第 41 条规定："卖方所交付的货物，必须是第三方不能提出任何权利或要求的货物，除非买方同意在这种权利或要求的条件下，收取货物。但是，如果这种权利或要求是以工业产权或其他知识产权为基础的，卖方的义务应依照第 42 条的规定。"(2) 卖方应保证所交付的货物必须是第三方不能根据工业产权（industrial property）或其他知识产权（intellectual property）主张任何权利或要求的货物。例如，卖方出售的货物及其使用不得侵犯第三者的专利权、商标权等。但是，这一义务不是绝对的，而是有地域限制以及其他限制。

CISG 第 42 条规定了如下限制：(1) 卖方所交付的货物，必须是第三方不能根据工业产权或其他知识产权主张任何权利或要求的货物，但以卖方在订立合同时已知道或不可能不知道的权利或要求为限，而且这种权利或要求根据以下国家的法律规定是以工业产权或其他知识产权为基础的：(a) 如果双方当事人在订立合同时预期货物将在某一国境内转售（resale）或做其他使用，则根据货物将在其境内转售或做其他使用的国家的法律；或者 (b) 在任何其他情况下，根据买方营业地所在国家的法律。(2) 卖方在上一款中的义务不适用于以下情况：(a) 买

① 《民法典》第 612 条规定，出卖人就交付的标的物，负有保证第三人对该标的物不享有任何权利的义务，但是法律另有规定的除外。第 613 条规定，买受人订立合同时知道或者应当知道第三人对买卖的标的物享有权利的，出卖人不承担前条规定的义务。第 614 条规定，买受人有确切证据证明第三人对标的物享有权利的，可以中止支付相应的价款，但是出卖人提供适当担保的除外。

方在订立合同时已知道或不可能不知道此项权利或要求；或者（b）此项权利或要求的发生，是由于卖方要遵照买方所提供的技术图样、图案、程式或其他规格。

值得注意的是，公约并未指明何谓侵犯工业产权或知识产权的行为。这样，在一国被视为侵犯工业产权的违法行为，在另一国可能被认为是合法的，非侵权行为。[①] 当双方发生争议时，只能由解决争议的法院依照国际私法规则指引或合同适用的国内法来处理。

案例（法国最高上诉法院 2002 年审理）[②]

The seller, a Spanish company, delivered to the buyer, a French company, shoes with counterfeit ribbons. The holder of the intellectual property right received compensation from the buyer. The buyer brought an action against the Spanish company for reimbursement of the sum of 300 000 francs paid to the victim of the counterfeit and for payment of damages. The buyer's claim was dismissed by the Court of Appeal of Rouen.

The Court of Cassation rejected the appeal lodged against the decision of the Court of Appeal. The Court of Cassation cited the sovereign discretion of the trial judges who found that the buyer could not, as a professional, have been unaware of the counterfeit; therefore, the buyer acted with knowledge of the property right invoked. The Court of Cassation found that the Court of Appeal correctly applied article 42 (2) (a) CISG and had properly concluded that the obligation of the seller did not extend to deliver goods free from any intellectual property right.

二、买方承担的义务

CISG 第 53 条规定："买方必须按照合同和本公约规定支付货物价款和收取货物。"可见，买方的义务主要是支付价款（payment of the price）和接收货物（taking delivery）。

（一）支付货物价款的义务

CISG 对买方支付价款的义务作出如下规定。

1. 按合同或法律规定的手续支付价款（pay the price for the goods）

CISG 第 54 条规定："买方支付价款的义务包括根据合同或任何有关法律和规章规定的步骤和手续，以便支付价款。"按照国际贸易实践，买方支付价款的手续包括买方向银行申请信用证、向政府主管部门申请进口许可证及所需外汇等。这些手续是买方付款的前提和保证，完成这些步骤和手续是买方应尽的义务。

2. 价格的确定

CISG 第 55 条规定："如果合同已有效地订立，但没有明示或暗示地规定价格或规定如何确定价格，在没有任何相反表示的情况下，双方当事人应视为已默示地引用订立合同时（at the time of the conclusion of the contract）此种货物在有关贸易的类似情况下销售的通常价格。"

---

① 参见王传丽：《与贸易有关的知识产权问题——浅析商标权与灰色市场进口》，载《政法论坛》，1995（1）。

② See Case 479; France: Court of Cassation; T 00－14.414; 19 March 2002; SA Tachon diffusion v. Marshoes SL; A/CN.9/SER.C/ABSTRACTS/42.

第 56 条规定："如果价格是按货物的重量规定的，如有疑问，应按净重确定。"

在理解第 55 条时，应特别注意和第 14 条之间的关系。第 55 条实际上适用于这种情况，即 CISG 缔约国对关于合同成立的第二部分作出保留，但根据关于合同成立的法律适用法，没有规定价格的要约和合同又有效的情况。

3. 支付地点

CISG 第 57 条规定：(1) 如果买方没有义务在任何其他特定地点支付价款，他必须在以下地点向卖方支付价款：(a) 卖方的营业地；或者 (b) 如凭移交货物或单据支付价款，则为移交货物或单据的地点。(2) 卖方必须承担因其营业地在订立合同后发生变动而增加的支付方面的有关费用。

4. 支付时间

CISG 第 58 条和第 59 条规定：(1) 如果买方没有义务在任何其他特定时间内支付价款，他必须于卖方按照合同和公约规定将货物或控制货物处置权的单据交给买方处置时（at the buyer's disposal）支付价款。卖方可以支付价款作为移交货物或单据的条件。(2) 如果合同涉及货物的运输，卖方可以在支付价款后方可把货物或控制货物处置权的单据移交给买方作为发运货物的条件。(3) 买方在未有机会检验货物（examine the goods）前，无义务支付价款，除非这种机会与双方当事人议定的交货或支付程序相抵触。① (4) 买方必须按合同和公约规定的日期或从合同和本公约可以确定的日期支付价款，而无须卖方提出任何要求或办理任何手续。

（二）收取货物

CISG 第 60 条从两个方面规定了买方收取货物的义务。

1. 采取一切理应采取的行动，以期卖方能交付货物

何谓"一切理应采取的行动"，公约未作明确规定，在实践中这些行动是由买卖双方在其合同中约定的。以 FOB 合同为例，为了使卖方如期交付货物，买方应自费租船，并将船名、泊地、装船日期通知卖方，这样才能保证卖方及时装货。实际上，凡国际货物买卖合同的顺利履行，均需买卖双方的相互配合与合作。如果买方不予配合或配合失当，则构成违反收取货物的义务。

2. 接收货物

在国际货物买卖中"接收"（taking over the goods）与"接受"是两个概念，"接受"指买方认为货物在品质数量等各方面均符合合同要求。货到目的地，经检验后，即使货物不符合合同规定，买方也应接收货物，并向卖方及时提出索赔，如将货物弃置码头或露天任其遭风吹雨打，则买方违反了收取货物的义务，由此造成的损失应由买方负责。

三、违反合同的救济方法

（一）违约救济方法概述

"违约救济"（remedies for breach of contract）一词来源于英美法律，相当于大陆法系国家的债务不履行的规定。根据《布莱克法律词典》的解释，"救济"（remedies）一词是指实现权

① 与英美法系国家的规定相一致，公约也把买方的付款义务与检验货物的权利联系在一起。

利、防止或补偿权利受侵害的手段以及运用这些手段的权利。正如同中国《民法典》第577条规定："当事人一方不履行合同义务或者履行合同义务不符合约定的，应当承担继续履行、采取补救措施或者赔偿损失等违约责任。"CISG没有对"违约救济"作出定义，但是详细规定了卖方违约和买方违约的救济办法。CISG在违约救济方面兼采了大陆法系与英美法系的合同法原则。①

卖方违约是指卖方违反其应承担的合同义务，例如，不交付货物、延迟交货、交货不符等。CISG第45条规定了卖方违约情况下买方的救济办法："（1）如果卖方不履行他在合同和本公约中的任何义务，买方可以：（a）行使第四十六条至第五十二条所规定的权利；（b）按照第七十四条至第七十七条的规定，要求损害赔偿。（2）买方可能享有的要求损害赔偿的任何权利，不因他行使采取其他补救办法的权利而丧失。（3）如果买方对违反合同采取某种补救办法，法院或仲裁庭不得给予卖方宽限期。"具体而言，当卖方违约时，买方可以采取如下救济办法：实际履行、解除合同、损害赔偿、中止合同、减低价格等。

买方违约是指买方违反其应承担的义务，例如，买方不按合同规定支付货款、不按合同规定收取货物等。CISG第61条规定了买方违约情况下，卖方可以采取的救济办法："（1）如果买方不履行他在合同和本公约中的任何义务，卖方可以：（a）行使第六十二条至第六十五条所规定的权利；（b）按照第七十四条至第七十七条的规定，要求损害赔偿。（2）卖方可能享有的要求损害赔偿的任何权利，不因他行使采取其他补救办法的权利而丧失。（3）如果卖方对违反合同采取某种补救办法，法院或仲裁庭不得给予买方宽限期。"根据上述规定，卖方可以采取的救济办法主要有：实际履行、解除合同、损害赔偿、中止合同等。

公约规定的以上救济方法，兼采了大陆法系与英美法系合同法的如下原则：（1）无过失原则。这是英美法系合同法的原则。CISG规定，卖方只要不履行其在合同和公约中的任何义务即属违约行为，买方即有权得到以上救济，而不涉及卖方在主观上是否存在过失。而大陆法系国家一般认为，只有当违约是由于卖方的过失所致，才承担违约责任。（2）解除合同与损害赔偿并用原则。这也是英美法系合同法的原则。CISG规定，买方可能享有的要求损害赔偿的权利，不因其采取行使其他补救权利而丧失。即当卖方违约时，买方可以同时享有几种救济方法。然而属于大陆法系的德国则有特殊规定，根据《德国民法典》第326条，如果卖方不履行合同义务，买方只能在解除合同与请求损害赔偿两种救济方法中任选一种，而不能同时并用。

（二）实际履行

1. 公约关于实际履行的一般规定

"实际履行"（specific performance），是指守约方要求违约方继续按照合同约定履行义务，而不允许违约方采用金钱赔偿方式代替合同义务的履行。当卖方违约时，买方可以要求卖方继续履行合同义务，例如，要求卖方继续交付货物、提交与合同相符的货物、对与合同不符货物进行修理、更换、提交替代物等。当买方违约时，卖方可以采取的实际履行措施包括要求买方接收货物、支付货款等。

关于实际履行和损害赔偿措施的关系，英美法系和大陆法系有不同处理方式。英美法系认为，损害赔偿是首要的违约救济方法，只有当损害赔偿不足以弥补受损害方的损失时，才允许

---

① 大陆法系和英美法系关于违约救济的学说和主张，参见王传丽：《涉外经济合同的法律效力》，102～123页；王传丽主编：《国际贸易法》，60～70页，北京，中国政法大学出版社，2003。

采取实际履行的救济措施。也就是说，损害赔偿措施可以替代违约方的继续履行合同措施，实际履行只是一种辅助手段。只有当金钱赔偿不足以弥补当事人损失，而实际履行尚属可能时，才作出实际履行的判决。例如，英国《1979 年货物买卖法》（1995 年修订本）第 49 条规定：买方不支付价金时，卖方可以提起索取价金之诉，如果：（1）货物所有权已转移给买方；（2）合同中明确规定了价金支付日期，则尽管货物所有权尚未发生转移，货物尚未划拨，不管是否交货，卖方都可提起价金之诉。而对买方拒绝受领货物，卖方只能要求损害赔偿。[①] 同样，《美国统一商法典》第 2—709 条规定：卖方在下列情况下可索取价金及附带损害赔偿：（1）符合合同规定的货物经买方受领或风险已转移至买方后的合理时间内丢失或毁损；（2）货物已划拨合同项下，卖方经合理努力无法以合理价格将其转售。如经判决卖方无权索取价金以及买方拒绝受领货物时，卖方只能要求损害赔偿。

但是，大陆法系国家认为，要求违约方实际履行是首要救济方法，只有继续履行合同才能实现合同目的。因此，当守约方要求实际履行时，违约方必须履行，否则，守约方可以要求法院强制履行。例如，《德国民法典》第 241 条明确规定：债权人根据债务关系，有向债务人请求履行债务的权利。《法国民法典》第 1184 条规定：双务契约当事人的一方不履行其所订立的债务时，债权人有选择之权；在给付可能时，请求他方当事人履行契约或解除契约而请求赔偿损害。

CISG 公约考虑到了两大法系在实际履行制度方面的差异，将两大法系的规定融合在一起，在第 28 条、第 46 条和第 62 条分别作出了如下规定："如果按照本公约的规定，一方当事人有权要求另一方当事人履行某一义务，法院没有义务作出判决，要求具体履行此义务，除非法院依照其本身的法律对不属本公约范围的类似销售合同愿意这样做。""买方可以要求卖方履行义务，除非买方已采取与此一要求相抵触的某种补救办法。""卖方可以要求买方支付价款、收取货物或履行他的其他义务，除非卖方已采取与此一要求相抵触的某种补救办法。"

从以上规定可以看出，CISG 规定的实际履行措施有如下特点。

（1）法院没有义务一定判决支持实际履行请求，而是可以根据该国国内法决定是否作出要求违约方实际履行的判决。

也就是说，无论是卖方违约还是买方违约，公约给予实际履行的救济都不是强制性的。法院或仲裁庭能否作出实际履行的判决（裁决），有赖于法院或仲裁庭所在地的国内法对实际履行措施的态度。如上所述，实际履行是大陆法系的主要救济方法。在衡平法院，实际履行是一种辅助手段，在原告证明损害赔偿不足以弥补损失或出售的是特定物时，法院可以作出实际履行的判决。这样，当合同当事人依照 CISG 的规定提起实际履行之诉时，可能会得到两种结果，法院依据普通法拒绝作出实际履行的判决，而依据大陆法则同意作出实际履行的判决。为了避免 CISG 与各国国内法发生冲突，公约第 28 条作出了上述规定。也就是说，即使守约方依据公约有权要求法院强迫违约方继续履行合同，如果法院依据国内法在类似情况下不作出实际履行的判决，那么，公约的规定要让位于国内法的规定。总而言之，在实际履行的救济方面，由于大陆法系与英美法系的差别较大，公约实际是让解决争议的各国法院依照本国法决定。

---

① 参见 CISG 第 50 条 1 款。

案例（美国伊利诺伊州联邦地方法院 1999 年审理）①

A United States distributor entered into negotiations with a German trader with a view to reach an agreement for the purchase of steel bars from an Ukrainian manufacturer. During the negotiations the parties agreed on several matters (seller acting as middle-man between the U. S. buyer and the Ukrainian manufacturer), quantity of the goods, amount and method of payment, instructions for manufacturing. Nevertheless, a dispute arose when the seller, in view of the buyer's refusal to modify the letter of credit issued for payment, threatened not to perform its contractual obligations and to sell the goods elsewhere. The buyer brought an action for anticipatory breach of contract claiming damages and specific performance of the seller's obligations.

As to the applicable law, the Court found that, according to the facts alleged by Plaintiff, the parties had agreed that either the Illinois version of the Uniform Commercial Code (UCC) or CISG would apply. The Court held that CISG was the law governing the dispute as a result of the fact that both parties had their places of business in Contracting States and did not expressly opt out of CISG.

The first substantive issue addressed by the Court was whether and when a contract had been concluded. In its view, the buyer's order of a determined quantity of steel, with indication of price, amounted to an offer (Art. 14 (1) and Art. 8 (2) CISG), whereas the seller's purported acceptance, which laid down some price adjustments, was rather a counter-offer (Art. 19 (1) CISG). The Court concluded that the contract had been concluded with the buyer's acceptance of such counter-offer, which could reasonably be inferred from its issuing of the letter of credit (Art. 18 (1) CISG) and from the fact that, having claimed specific performance, it confirmed its willingness to pay the price as amended by the seller. The second substantive issue dealt with by the Court was that of the alleged anticipatory repudiation of contract by the seller. The Court pointed out that the seller's threat not to perform its contractual obligations if the letter of credit was not amended, amounted to an anticipatory breach of contract, because the seller clearly intended to breach the contract before the contractual performance date (Art. 72 CISG) and the part of the letter of credit (the bill of lading requirement) that it asked to amend was an essential one, so that the seller's insistence upon amendment of that requirement would be a fundamental breach (Art. 25 CISG). The Court therefore awarded the buyer the damages arising out of this fundamental breach made by the seller.

Finally, in dealing with the buyer's plea for specific performance, the Court stated that this remedy is generally available under CISG (Art. 46 (1) CISG), with the exception that a Court is not bound to enter judgement for specific performance unless it would do so under its own law of contracts (Art. 28 CISG). After having recalled that, according to modern judicial interpretation of Par. 2 - 716 (1) UCC, specific performance may be granted when the buyer proves the difficulty of obtaining similar goods on the market, the Court upheld the buyer's claim.

---

① See 1999 U. S. Dist. LEXIS 19386; 1999 WL 112288468 (N. D. Ill). Also see 1999 U. S. Dist. LEXIS 19819.

（2）如果买方已经采取了与实际履行要求相抵触的某些补救办法时，法院不能判决实际履行。

值得注意的是，实际履行可以达到买卖双方当初订立合同时预期的目的，但在买方违约并拒绝履行合同时，尽管卖方可以要求实际履行，但法院能否作出实际履行的判决，以及判决的执行等都是费时、费力的事情。在瞬息万变的国际市场上，卖方往往不愿冒将货物长期留在自己手中的风险，特别当货物属于易于腐烂，或保存货物要支出较高费用，或货物在市场上紧俏的时候，卖方宁愿选择较为简便、快捷的办法处理，即宣告合同无效、转售货物，同时向买方要求损害赔偿。此外，如果买方不接收货物，在卖方要求实际履行的过程中，如果货物仍在卖方手中，卖方有保全货物的义务[①]；如果货物是易腐烂或保全货物需要支付不合理费用时，卖方可在通知买方后转售这些货物。在这种情况下，卖方只能要求损害赔偿，而不能再要求买方实际履行。[②]

2. 交付替代物与修理货物

交付替代物（delivery of substitute goods）和修理货物（remedy the lack of conformity by repair）属于实际履行措施。CISG 第 46 条对交付替代物和修理货物作出了如下规定：“……（2）如果货物不符合同，买方只有在此种不符合同情形构成根本违反合同时，才可以要求交付替代货物，而且关于替代货物的要求，必须与依照第三十九条发出的通知同时提出，或者在该项通知发出后一段合理时间内提出。（3）如果货物不符合同，买方可以要求卖方通过修理对不符合同之处作出补救，除非他考虑了所有情况之后，认为这样做是不合理的。修理的要求必须与依照第三十九条发出的通知同时提出，或者在该项通知发出后一段合理时间内提出。”[③]

根据上述规定，买方要求卖方交付替代物必须符合以下条件：（1）卖方所交货物与合同不符并构成根本违反合同（fundamental breach of contract）；（2）买方必须在提出不符点的同时或之后的合理时间（reasonable time）内提出交付替代物的请求；（3）买方必须能够原状返还货物。也就是说，如果买方根本违约，买方即可以要求解除合同，也可以要求交付替代物。如果买方要求解除合同，卖方不能通过交付替代物予以补偿。

案例（俄罗斯联邦工商会国际商事业仲裁庭 1996 年审理）[④]

Under an agreement concluded in October 1993, a Russian company, the seller, delivered goods on CFR terms to a buyer in Ecuador, but after a few days defects were found, preventing the goods from being used for their proper purpose. The seller offered to exchange the defective goods with conforming goods, but the buyer did not accept the offer and sued, demanding reimbursement of the value of the defective goods and compensation for losses

① 参见 CISG 第 85 条。

② 参见 CISG 第 62、88 条。

③ CISG 第 39 条规定：“（1）买方对货物不符合同，必须在发现或理应发现不符情形后一段合理时间内通知卖方，说明不符合同情形的性质，否则就丧失声称货物不符合同的权利。（2）无论如何，如果买方不在实际收到货物之日起两年内将货物不符合同情形通知卖方，他就丧失声称货物不符合同的权利，除非这一时限与合同规定的保证期限不符。”

④ See Case 461; Russian Federation: Tribunal of International Commercial Arbitration at the Russian Federation Chamber of Commerce and Industry; Arbitral award in case No. 166/1995; 12 March 1996; A/CN. 9/SER. C/ABSTRACTS/41.

sustained. The seller refused, stating that the manufacturer would not accept the return of any of the goods to Russia and recommended that the goods should be disposed of as the buyer saw fit.

The tribunal determined that the agreement had set no conditions regarding the quality of the goods. The seller was, therefore, obligated to supply the buyer with goods of normal quality appropriate for their practical application to specific conditions of use. From the facts of the case, it was clear that defects had occurred in the course of manufacture preventing the goods from being used for their proper purpose. The tribunal thus concluded, on the basis of article 35 (2) CISG, that the goods did not conform with the contract. Under article 45 CISG, the buyer has the right to choose its legal remedy in case of breach of contract by the seller, so it was entitled to refuse the seller's offer to exchange the defective goods and claim compensation for its loss. The tribunal considered that the seller's business experience could have enabled it not only to foresee the actual loss to the buyer but also the possibility of avoiding such loss. The losses borne as a result of the breach of contract were therefore subject to compensation, in accordance with article 74 CISG. The tribunal rejected the seller's assertion that it could not pay damages to the buyer until the successful conclusion of the case that it intended to bring against the manufacturer, since the sales contract as concluded established rights and obligations only between the buyer and the seller.

On the basis of the above, the tribunal found in favour of the buyer.

买方要求卖方修理货物必须符合下列条件：(1) 卖方交货与合同不符；(2) 买方必须在提出不符点的同时或之后的合理时间内提出修理货物的请求。

案例（德国 Oberlandesgericht Oldenburg 1995 年审理）[①]

The Austrian plaintiff, a furniture manufacturer, agreed to manufacture a leather seating arrangement for the German defendant. The defendant sold the furniture to one of its clients, who discovered that the furniture did not conform with the contract. The defendant required the plaintiff to remedy the lack of conformity by repair. Yet, even after the furniture had been repaired, the defendant still found the furniture not to conform with the contract and declared the contract avoided. The plaintiff demanded payment including interest amounting to 13%.

The appellate court found the CISG to be applicable to the contract since both parties were located in Contracting States (article 1 (1) (a) CISG). It was held that the plaintiff did not have a payment claim against the defendant since the repaired furniture did not conform with the contract and this amounted to a fundamental breach of the contract which gave the defendant the right to declare the contract avoided (article 49 (1) (a) CISG).

---

① See Case 165; Germany: Oberlandesgericht Oldenburg; 11 U 64/94; 1 February 1995; A/CN. 9/SER. C/ABSTRACTS/12.

In addition, the appellate court found the defendant to have declared the contract avoided within a reasonable time (article 49 (2) (b) CISG), even though approximately five weeks had elapsed between the delivery of the repaired furniture and the declaration of avoidance. The plaintiff alleged that according to its general terms and conditions of trade the defendant was obliged to declare avoidance within five days. However, the appellate court found that the plaintiff's general terms and conditions of trade did not apply when a repair had already taken place.

The appellate court also denied a claim for all benefits of possession (profits and advantages of use), which the defendant derived from the furniture in accordance with article 84 (2) CISG, since such benefits were deemed not to exist in this case.

3. 给予履约宽限期问题

CISG 第 63 条和第 47 条分别规定了在履行合同过程中给予宽限期的问题。在合同履行过程中，买方或卖方都可以规定一段合理时限的额外时间（an additional period of time of reasonable length），让对方履行义务。除非收到对方的通知，声称他将不在所规定的时间内履行义务，给予宽限期的一方不得在这段时间内对违反合同采取任何补救办法。但是，给予宽限期的一方并不因此丧失他对迟延履行义务可能享有的要求损害赔偿的任何权利。

（三）解除合同

根据 CISG 第 81 条，宣告合同无效（declare the contract avoided）解除了双方在合同中的义务，但应负责的任何损害赔偿仍应负责。宣告合同无效不影响合同关于解决争端的任何规定，也不影响合同中关于双方在宣告合同无效后权利和义务的任何其他规定。已全部或局部履行合同的一方，可以要求另一方归还他按照合同供应的货物或支付的价款，如果双方都须归还，他们必须同时这样做。

CISG 第 49 条、第 63 条和第 26 条分别规定了买方和卖方解除合同的条件。

第 49 条规定："（1）买方在以下情况下可以宣告合同无效：（a）卖方不履行其在合同或本公约中的任何义务，等于根本违反合同；或（b）如果发生不交货（non-delivery）的情况，卖方不在买方按照第四十七条第 1 款规定的额外时间内交付货物，或卖方声明他将不在所规定的时间内交付货物。（2）但是，如果卖方已交付货物，买方就丧失宣告合同无效的权利，除非：（a）对于迟延交货（late delivery），他在知道交货后一段合理时间内这样做；（b）对于迟延交货以外的任何违反合同事情：1）他在已知道或理应知道这种违反合同后一段合理时间内这样做；或 2）他在买方按照第四十七条第 1 款规定的任何额外时间期满后，或在卖方声明他将不在这一额外时间履行义务后一段合理时间内这样做；或 3）他在卖方按照第四十八条第 2 款指明的任何额外时间满期后，或在买方声明他将不接受卖方履行义务后一段合理时间内这样做。"

第 64 条规定："（1）卖方在以下情况下可以宣告合同无效：（a）买方不履行其在合同或本公约中的任何义务，等于根本违反合同；或（b）买方不在卖方按照第六十三条第 1 款规定的额外时间内履行支付价款的义务或收取货物，或买方声明他将不在所规定的时间内这样做。（2）但是，如果买方已支付价款，卖方就丧失宣告合同无效的权利，除非：（a）对于买方迟延履行义务，他在知道买方履行义务前这样做；或者（b）对于买方迟延履行义务以外的任何违反合同事情：1）他在已知道或理应知道这种违反合同后一段合理时间内这样做；或 2）他在卖方按照第六十三条第 1 款规定的任何额外时间满期后或在买方声明他将不在这一额外时间内履行义务后一段合理时间内这样做。”

第 26 条规定：“宣告合同无效的声明，必须向另一方当事人发出通知，方始有效。”

从上述规定可以看出，卖方和买方解除合同的条件有以下方面。

1. 卖方或买方不履行其在合同或公约中的任何义务，等于根本违反合同。

对于“根本违反合同”（fundamental breach）的理解，CISG 第 25 条规定：“一方当事人违反合同的结果，如使另一方当事人蒙受损害，以至于实际上（substantially）剥夺了他根据合同规定有权期待得到的东西，即为根本违反合同，除非违反合同一方并不预知（foresee）而且一个同等资格、通情达理的人（a reasonable person）处于相同情况中也没有理由预知会发生这种结果。”①

从上述规定可以看出，根本违约由以下要件构成。

（1）严重违反合同：即违约造成严重损害，以至于剥夺了另一方根据合同规定有权期待得到的东西。

英美普通法把合同条款分为条件和担保，违反条件属于严重违反合同，当事人可以解除合同义务并要求损害赔偿；大陆法系国家把违约分为给付不能和给付延迟。《德国民法典》第 306 条规定：通常只有给付不能时，才能解除合同义务；而对给付延迟，在经催告仍不履行时，可以解除合同。我国《民法典》第 563 条则规定：“有下列情形之一的，当事人可以解除合同：（一）因不可抗力致使不能实现合同目的；（二）在履行期限届满之前，当事人一方明确表示或者以自己的行为表明不履行主要债务；（三）当事人一方迟延履行主要债务，经催告后在合理期限内仍未履行；（四）当事人一方迟延履行债务或者有其他违约行为致使不能实现合同目的；（五）法律规定的其他情形。”

CISG 并没有限定根本违约的形式，只要买卖当事人不履行其在合同或公约中的任何义务，从而造成严重后果，以至于实际上（substantially）剥夺了合同另一方根据合同规定有权期待得到的东西，即构成根本违反合同，该另一方有权解除合同。由于解除合同是最严厉的救济措施，因而在实践中，根本违反合同的判断标准往往是非常严格的。例如，德国科布伦茨州高等法院在 1997 年审理的一个案件中指出：“the lack of quality did not amount to a fundamental breach of contract (article 25 CISG). In considering a breach to be fundamental, account has to be taken not only of the gravity of the defect, but also of the willingness of the party in breach to provide substitute goods without causing unreasonable inconvenience to the other party (article 48 (1) CISG). Thus, in the given case, even a serious lack of quality was said not to constitute a fundamental breach as the seller had offered to furnish additional blankets (article 49 (1) CISG). Therefore, the buyer was not entitled to damages as it had rejected the seller's offer for new delivery without justification (article 80 CISG). It thereby also lost its right to reduce the price (article 50 (second clause) CISG).”②

① Article 25: A breach of contract committed by one of the parties is fundamental if it results in such detriment to the other party as substantially to deprive him of what he is entitled to expect under the contract, unless the party in breach did not foresee and a reasonable person of the same kind in the same circumstances would not have foreseen such a result.

② Case 282; Germany: Oberlandesgericht Koblenz; 2 U 31/96; 31 January 1997; A/CN. 9/SER. C/ABSTRACTS/26.

案例（意大利某法院1989年审理）①

The plaintiff, a Swiss buyer, placed an order with the defendant, an Italian seller. The order contained a request that the goods be delivered within the following 10 to 15 days. Almost two months later, the seller, after asking the buyer to confirm its order, specified the purchase price and assured the buyer that all the goods would be dispatched within a week. Two months later, the buyer had not yet received the goods. As a consequence, the buyer sent the seller a notice canceling the order and requiring refund of the price. The seller admitted that it had handed over the goods to the carrier only after receiving the notice of cancellation from the buyer, and that, moreover, the delivery was partial. The buyer refused to accept the late and partial delivery and, as the seller did not refund the purchase price, commenced legal action claiming avoidance of the contract for breach by the seller. The buyer also claimed a refund of the purchase price with interest and damages.

The court found that according to the statements and conduct of the parties the contract was to be considered concluded at the time the order was confirmed, and that the seller was bound to dispatch all the goods within the following week. It was held that the delay by the seller in delivering the goods, together with the fact that two months after the conclusion of the contract the seller had delivered only one third of the goods sold, amounted to a fundamental breach of the contract according to article 49 (1) (a) CISG.

The court held that the buyer was entitled to avoid the contract and to recover the full purchase price already paid to the seller. Without referring to CISG, the court awarded the buyer interest on the price to be refunded at the Italian statutory interest rate. Contrary to what is provided in article 84 (1) CISG with regard to time of accrual of interest, the court held that interest was payable from the date of avoidance of the contract. The court did not grant any further damages as there was no evidence of any further damage suffered by the buyer.

案例（德国法兰克福州高等法院1991年审理）②

An Italian manufacturer had agreed to produce 130 pairs of shoes according to specifications given by a German buyer, to be used as a basis for further orders. At a trade fair, the manufacturer displayed some shoes produced according to these specifications and bearing a trade mark of which the buyer was the licensee. When the manufacturer refused to remove those shoes, the buyer advised the manufacturer by telex one day after the fair that the buyer discontinued the relationship and would not pay for the 130 sample shoes which were no longer of any value to the buyer.

---

① See Case 90; Italy: Pretura circondariale di Parma, sez. di Fidenza; 77/89; 24 November 1989; A/CN. 9/SER. C/ABSTRACTS/7.

② See Case 2; Germany: Oberlandesgericht Frankfurt a. M.; 5 U 164/90; 17 September 1991; A/CN. 9/SER. C/ABSTRACTS/1.

The court applied CISG as the relevant Italian law pursuant to German private international law and considered the above agreement as a contract of sale according to article 3 (1) CISG. It held that the buyer had timely and effectively declared the contract avoided; the manufacturer's breach of the ancillary duty of preserving exclusivity constituted a fundamental breach of the contract under article 25 CISG since it endangered the purpose of the contract to such a degree that, as was foreseeable to the manufacturer, the buyer had no more interest in the contract.

案例（法国格勒诺布尔上诉法院 1999 年审理）①

The buyer, a French company, ordered 860 000 litres of pure orange juice from the seller, a Spanish company. The contract stipulated that the deliveries were to be staggered from May to December 1996. In return for a price reduction, the parties agreed that the September delivery would take place in late August. At the time of that delivery, the buyer refused the goods. However, in September, the buyer requested that the goods be delivered. Faced with the seller's refusal to deliver, the buyer obtained supplies elsewhere at a higher price and refused to pay for the previous deliveries.

The commercial Court of Romans, before which the case was brought by the Spanish seller, ordered the French company to pay the price of the goods on the ground that the seller was entitled to defer the performance of its obligations on account of the delay on the buyer's part in taking delivery.

The Court of Appeal set aside the ruling. It determined whether the seller was entitled to declare the contract avoided under article 64 (1) (a) CISG. The judges held that the buyer had not committed a fundamental breach, as defined in article 25 CISG, by refusing to take delivery of the goods in late August. The buyer was entitled to regard the bringing forward of the delivery date to late August merely as a reciprocal concession for a financial advantage and could not be expected to have understood that a few days' delay in taking delivery would constitute a fundamental breach on its part. In the absence of any fundamental breach, the seller should have granted the buyer an additional period of time in which to take delivery. The seller's unilateral avoidance thus had to be construed, in the judges' opinion, as wrongful termination of the contract. The judges applied article 74 CISG to calculate the damages awarded to the buyer.

（2）没有预知：违反合同一方没有预知，或一个同等资格、通情达理的人处于相同情况中也没有理由预知这种严重的违约后果。对于何时应预知（foresee）违约的严重后果，是在订立合同时还是违约时，公约没有作出明确规定。

---

① See Case 243; France: Court of Appeal of Grenoble; RG 98/02700; 4 February 1999; SARL Ego Fruits v. La Verja; A/CN. 9/SER. C/ABSTRACTS/23.

2. 如果卖方不交货（non-delivery），且不在买方规定的额外时间内交付货物或声明将不在所规定的时间内交付货物；或者买方不付款或收货，且不在卖方规定的额外时间内履行支付价款的义务或收取货物，或声明他将不在所规定的时间内这样做，另一方可以解除合同。

3. 拟解除合同一方必须向违约方发出解除合同的通知（notice）。

4. 丧失解约权的情况。

如果卖方已经交付了货物，买方必须在以下条件下宣告解除合同，否则丧失解除合同的权利：（1）如果卖方迟延交货（late delivery），买方应在知道交货后一段合理时间内宣告解除合同；（2）对于卖方迟延交货以外的任何违约：（a）买方应在已知道或理应知道这种违约后一段合理时间内宣告解除合同；或（b）卖方在买方给予的任何额外时间满期后或在卖方声明他将不在这一额外时间履行义务后一段合理时间，买方宣告解除合同；或（c）在卖方指明的任何额外时间满期后，或在买方声明他将不接受卖方履行义务后一段合理时间内，买方宣告解除合同。

如果买方已经支付了价款，卖方也必须在以下条件下宣告合同无效，否则也丧失解除合同的权利：（1）如果买方迟延履行义务，卖方应在知道买方履行义务前宣告解除合同；或者（2）对于买方迟延履行义务以外的任何违约：（a）卖方应在已知道或理应知道这种违约后一段合理时间宣告解除合同；或（b）在卖方给予的任何额外时间满期后或在买方声明他将不在这一额外时间内履行义务后一段合理时间内，卖方宣告解除合同。

此外，如果是买方解除合同，买方还必须能够将货物原状返还，否则也丧失解除合同的权利。CISG 第 82 条规定："（1）买方如果不可能按实际收到货物的原状归还货物，他就丧失宣告合同无效或要求卖方交付替代货物的权利。"但有些情况下例外。

案例（德国科布伦茨州高等法院 1991 年审理）[①]

An Italian seller, plaintiff, delivered marble slabs to a German buyer, defendant. The buyer informed the seller that the slabs were broken and had been stuck together. Thereafter, the buyer cut off the slabs and processed them. As the buyer refused to pay, the seller claimed payment of the purchase price.

The appellate court upheld the decision of the first instance court, which had admitted the seller's claim. The court held that the rules of private international law of Germany led to the application of Italian law. Since the CISG was in force in Italy as of 1 January 1988, even though Germany was not a Contracting State at that time, the CISG was held to be applicable (article 1 (1) (b) CISG). The court found that it was not necessary to decide whether the marble slabs were broken and had been stuck together before delivery took place, whether the goods had been examined by the buyer in a short period of time (article 38 CISG), whether the buyer had given notice within a reasonable time after it had discovered the lack of conformity (article 39 CISG) or whether the seller had deceived the buyer with regard to the quality of the goods. The court held that due to the processing of the marble

① See Case 316; CISG 1 (1) (b); 38, 39, 49; 82 (1); 82 (2); Germany: Oberlandesgericht Koblenz; 2 U 1899/89; 27 September 1991; A/CN. 9/SER. C/ABSTRACTS/30.

slabs, it was impossible for the buyer to arrange for restitution of the marble slabs in the same condition in which it had received them. Therefore, the buyer had lost its right to declare the contract avoided (article 49 CISG) pursuant to article 82 (1) CISG. Furthermore, the buyer had not met the requirements of article 82 (2) CISG in order to exclude the application of article 82 (1). The change in the slabs' condition had been caused by the buyer's own act and had not been the result of the examination of the goods under article 38 CISG.

(四) 损害赔偿

普通法违反合同的救济以损害赔偿为主，而且不以当事人过失为前提条件。

1. 损害赔偿额

CISG 第 74 条规定："一方当事人违反合同应负的损害赔偿额（damages），应与另一方当事人因他违反合同而遭受的包括利润（profit）在内的损失额（loss）相等。这种损害赔偿不得超过违反合同一方在订立合同时，依照他当时已知道或理应知道的事实和情况，对违反合同预料到或理应预料到的可能损失。"[①] 中国《合同法》第 113 条也有类似规定。

案例（德国班堡高等法院 1999 年审理）[②]

A Portuguese seller, plaintiff, claimed against a German buyer, defendant, for the outstanding purchase price. The buyer sought set-off with damages arising from, inter alia, late and incomplete delivery, which resulted in additional costs for substitute purchases and for processing a part of the goods in Germany instead of Turkey.

In connection with the incomplete delivery, the court held that the buyer was not entitled to set off with a claim for recovery of the additional costs incurred for purchases in replacement of the undelivered goods under article 75 CISG, as it failed to declare the contract avoided. Any substitute purchase cannot replace a notice of declaration of avoidance of the contract under article 26 CISG, since the CISG does not provide for a termination of the contract by operation of law.

As to another delivery, the court held that the seller's telephone call stating that it could only deliver a portion of the agreed amount was sufficient to replace a notice of declaration of avoidance.

The seller thereby sincerely and finally refused performance, which allowed the buyer to purchase goods in replacement without any prior declaration of avoidance of the contract.

Furthermore, the court held that the buyer was not allowed to claim for additional costs

---

① Article 74: Damages for breach of contract by one party consist of a sum equal to the loss, including loss of profit, suffered by the other party as a consequence of the breach. Such damages may not exceed the loss which the party in breach foresaw or ought to have foreseen at the time of the conclusion of the contract, in the light of the facts and matters of which he then knew or ought to have known, as a possible consequence of the breach of contract.

② See Case 294; Germany: Oberlandesgericht Bamberg; 3 U 83/98; 13 January 1999; see A/CN. 9/SER. C/ABSTRACTS/27.

arising out of processing the goods in Germany. As the burden of proof was placed on the buyer, it had to show that such damages either could have been foreseen or ought to have been foreseen by the seller at the time of the conclusion of the contract under article 74 CISG. The court stated that, generally, damages caused by the surrounding circumstances of one party could only be covered, if those circumstances were known by the other party at the time of the conclusion of the contract. Since the buyer failed to prove such knowledge or foreseeability at the time of the conclusion of the contract, it was not entitled to such damages.

2. 防止损失扩大的责任

买卖当事人有义务采取合理措施，以防止损失的扩大。CISG 第 77 条规定："声称另一方违反合同的一方，必须按情况采取合理（reasonable）措施，减轻由于该另一方违反合同而引起的损失，包括利润（loss of profit）方面的损失。如果他不采取这种措施，违反合同一方可以要求从损害赔偿中扣除原可以减轻的损失数额。"

为了防止损失的扩大，CISG 第 75 条和第 76 条特别规定了解除合同情况下防止损失扩大的以下责任：

（1）及时购进或转售情况下的赔偿。如果合同被宣告无效，而在宣告无效后一段合理时间内（within a reasonable time after avoidance），买方已以合理方式（a reasonable manner）购买替代货物（goods in replacement），或者卖方已以合理方式把货物转卖（resale），要求损害赔偿的一方可以取得合同价格（contract price）和替代货物交易价格（price in the substitute transaction）之间的差额，以及可以取得的任何其他损害赔偿。①

（2）未及时购进或转售情况下的赔偿。如果合同被宣告无效，而货物又有时价（current price），要求损害赔偿的一方如果在宣告无效后一段合理时间内未进行购买或转卖，只能取得合同规定的价格和宣告合同无效时的时价之间的差额，以及可以取得的任何其他损害赔偿。但是，如果要求损害赔偿的一方在接收货物之后宣告合同无效，则应适用接收货物时的时价，而不适用宣告合同无效时的时价。时价是指原应交付货物地点的现行价格，如果该地点没有时价，则指另一合理替代地点的价格，但应适当地考虑货物运费的差额。②

案例（俄罗斯联邦工商联合会国际商事仲裁庭 1995 年审理）③

A contract was concluded between a Russian seller and a German buyer for the supply of a specific quantity of chemical products within a period of time specified in the contract (fourth quarter of 1992). The goods were not delivered to the buyer within the specified

---

① CISG 第 75 条。

② 参见 CISG 第 76 条。《美国统一商法典》第 2－706 条（b）规定：转售所得利润，即当转售价高于合同价时的差额，不予返还。假如在宣告合同无效后一段合理时间内，卖方没有转售货物，则可取得合同价格与宣告合同无效时时价之间的差额以及其他合理费用。当买方违约属不付款或有其他拖欠金额时，卖方有权要求赔偿利息损失以及由买方拖欠付款造成的其他损失。

③ See Case 140; Russian Federation: Tribunal of international Commercial Arbitration at the Russian Federation Chamber of Commerce and Industry; Arbitral award in case No. 155/1994 of 16 March 1995; see A/CN. 9/SER. C/ABSTRACTS/10.

period. From January to May 1993, the buyer repeatedly informed the seller that it insisted on the goods being delivered in accordance with the contract concluded and was ready to extend the time-limit for delivery. In May 1993, the buyer informed the seller that, as a result of the latter's breach of its contractual obligations, the buyer had purchased the goods specified in the contract from a third party. In May 1994, the buyer sued the seller for breach of contract, claiming compensation for damages suffered as a result of the buyer's failure to honor the contract, such damages consisting in the difference between the price of the goods established in the contract and the price at which the buyer was obliged to purchase the goods from the third party. In its reply to the claim, the seller maintained that it should be discharged from liability on the grounds that it had been unable to deliver the goods for reasons beyond its control, namely because of an emergency production stoppage at the plant manufacturing the goods specified in the contract.

Referring to article 79 CISG, the tribunal decided that the seller (respondent) was unable to prove the facts that would have discharged it from its liability for non-performance of its obligations since refusal on the part of the manufacturer of the goods to supply them to the respondent could not be deemed sufficient grounds for such discharge from liability. The respondent should bear liability for failure to fulfill its obligations on the additional grounds that it was unable to establish that it could not reasonably be expected to take account, in concluding the contract, of the obstacle preventing its compliance with the contract or to avoid or surmount that obstacle or its consequences.

With regard to the amount of compensation for the damages, the tribunal considered that establishing the extent of damages on the basis of the difference between the contract price and the replacement purchase price was consistent in this instance with the provisions laid down in article 74 CISG for determining the amount of damages. In addition, account was taken of the fact that the respondent (seller) was not able to establish that the buyer would have been able to purchase the goods at a lower price when making the second purchase in replacement of the first.

案例（俄罗斯联邦工商联合会国际商事仲裁庭 2000 年审理）①

An English firm, the buyer, sued a Russian company, the seller, in connection with the non-performance of a contract concluded by the parties on 25 April 1994 for the delivery during the course of the year beginning July 1995 of goods to a named port of destination on c. i. f. terms. In December 1995, the seller declared that it would not perform the contract owing to a rise in taxes, which, in its view, constituted force majeure. The buyer characterized

① See Case 476; Russian Federation: Tribunal of International Commercial Arbitration at the Russian Federation Chamber of Commerce and Industry; Arbitral award in case No. 406/1998; 6 June 2000; see A/CN. 9/SER. C/ABSTRACTS/41.

the seller's letter of 29 December 1995 as acknowledgement of the seller's liability for non-performance of the contract and a request to be informed of the damages claimed by the buyer. The buyer claimed damages representing approximately 50 per cent of the value of the goods under the contract concluded between the buyer and the seller. The buyer also sought the payment of interest in an amount to be determined by the tribunal.

The tribunal noted that it was clear from the faxes from the seller to the buyer that the seller acknowledged its liability for non-performance of the contract and expressed its intention of compensating the buyer for its losses. No evidence regarding circumstances of force majeure was submitted by the seller. The tribunal, therefore, found the claim of force majeure unfounded. The buyer based its claim for losses incurred on a contract concluded by it with a third party, under which the price of the goods to be supplied was substantially higher than in the contract concluded between the buyer and the seller. The tribunal noted that, in accordance with article 74 CISG, the buyer was entitled to seek compensation for its loss of profit. The tribunal noted, however, that the buyer had not taken the necessary measures to mitigate its loss, as required by article 77 CISG, had not declared the contract avoided or concluded a substitute transaction, nor had it applied the provisions of article 76 CISG in making out its claim. Moreover, the seller had not been informed of the conditions agreed between the buyer and the third party. In view of the situation that had developed, the tribunal concluded that the seller had been under no obligation to foresee that the buyer's loss of profit would amount to approximately 50 per cent of the disputed contract price.

The tribunal ruled, on the basis of INCOTERMS, that the loss of profit should be fixed at the amount of 10 per cent. The buyer's claim for the payment of interest by the seller was dismissed, since the buyer had not submitted the interest rates obtaining in the place where the creditor was located or indicated a specific period for which interest should be charged.

3. 损害赔偿与其他救济措施的关系

根据CISG规定，守约方享有的要求损害赔偿（damages for breach of contract）的权利，不因其行使采取其他救济办法的权利而丧失。也就是说，无论守约方采用了实际履行、减少价金或解除合同等措施，如果这些措施不足以弥补由于违约造成的损失，守约方仍可以继续要求违约方进行损害赔偿。

（五）对先期违约的救济——中止履行合同

先期违约（anticipatory breach）是指在合同订立以后，履行期到来之前，一方表示拒绝履行合同的意图。《美国统一商法典》称为对履行合同出现了“无保障的合理理由”[①]（reasonable grounds for insecurity）。和先期拒绝履行（anticipatory repudiation）。法国学说称之为“不履约的抗辩”（defence of unperformanced contract）。它来自中世纪罗马法 exeptionon adimpleti cont-

① 《美国统一商法典》第2—609条。

rattus（法文表达为 exception d'inexecution），是从约因学说出发，认为一方的义务是另一方的约因，因此，一方不履行合同为另一方不履行提供了法律依据。“不履行的抗辩”包括先期违约，并泛指一切双务合同中，当事人由于对方不履约而拒绝履行自己义务的情况，并相对一般解除权而言，是唯一允许当事人实行自助原则，不必诉诸法院即可行使的中止权。先期违约可由违约方明确表示，或由对方从其行动中判断出来。例如，违约方在履行期到来之前即宣布拒绝履行合同或宣告破产，或丧失清偿债务的能力。

CISG 第 71 条规定：“（1）如果订立合同后，另一方当事人由于下列原因显然将不履行其大部分重要义务，一方当事人可以中止履行义务：(a) 他履行义务的能力或他的信用有严重缺陷；或（b）他在准备履行合同或履行合同中的行为。(2) 如果卖方在上一款所述的理由明显化以前已将货物发运，他可以阻止将货物交付给买方，即使买方持有其有权获得货物的单据。本款规定只与买方和卖方间对货物的权利有关。(3) 中止履行义务的一方当事人不论是在货物发运前还是发运后，都必须立即通知另一方当事人，如经另一方当事人对履行义务提供充分保证，则他必须继续履行义务。”

根据 CISG 的上述规定，对于先期违约，另一方可以采取中止履行（suspending performance）甚至解除合同义务的救济办法。但是，应符合下列条件。

1. 先期违约方将不履行其在合同中的大部分重要义务（a substantial part of his obligations）

先期违约可以通过下列方面判断：(1) 先期违约方在履行义务的能力或其信用方面的严重缺陷；(2) 先期违约方在准备履行合同或履行合同中的行为表明，其将在合同履行期到来时不能履行其在合同中的大部分重要义务。也就是说，先期违约可由违约方明确表示，或从其行动中判断出来。例如，违约方在履行期到来之前即宣布拒绝履行合同或宣告破产，或丧失清偿债务的能力。

如果一方并未明确声明他将不履行合同，而是合同当事人根据自己的判断中止合同的履行，如果判断失误则要承担自己违反合同的责任。

至于何谓“不能履行合同的确切证据”，CISG 没有作出明确规定。我国《民法典》第 527 条列举了以下四种情况为证明当事人有不履行合同义务的证据：(1) 经营状况严重恶化；(2) 转移财产，抽逃资金，以逃避债务；(3) 丧失商业信誉；(4) 有丧失或可能丧失履行债务能力的其他情况。当事人没有确切证据中止履行的，应当承担违约责任。

案例（奥地利最高法院 1998 年审理）[①]

An Austrian buyer, defendant, ordered umbrellas from a Czech seller, plaintiff. The parties agreed to a reduction of the purchase price in as much as the goods were defective. However, the buyer did not pay for two subsequent deliveries. Upon the seller's request for payment, the buyer showed the seller a copy of a bank payment order. Then, the buyer cancelled the bank payment order without informing the seller. Lacking liquidity, the seller could neither produce nor deliver goods ordered. The seller, therefore, suspended

① See Case 238; Austria: Supreme Court; 2 Ob 328/97t; 12 February 1998; see A/CN. 9/SER. C/ABSTRACTS/22.

performance of the contract and sued the buyer. The buyer notified the seller of its compensation claim arising from non-compliance with the contract.

The Supreme Court held that although the contract between the two parties had been concluded before the CISG had entered into force in the Czech Republic, the contract was governed by the CISG under its article 1 (1) (b) since the parties had agreed to the application of Austrian law.

The Supreme Court further held that a seller who acts in conformity with a contract may choose between the remedies available under CISG articles 71 (1) (a) and 73 (2). Neither the fact that the buyer had not paid the purchase price for a number of deliveries nor the cancellation of the bank payment order indicated with a sufficient degree of probability a serious deficiency in the buyer's ability to perform the contract or in its creditworthiness in keeping with CISG article 71 (1) (a). The seller's right, therefore, to suspend performance had not been established.

Accordingly, the Supreme Court overturned the decision of the appellate court and remanded the case to the court of first instance for consideration of other issues.

2. 通知与保证

拟中止履行义务或解除合同的一方当事人不论是在货物发运前还是发运后，都必须立即通知（give notice of the suspension to）另一方当事人，如经另一方当事人对履行义务提供充分保证（adequate assurance），则他必须继续履行义务。

对于何谓"对履行合同提供充分的保证"，CISG 未作规定。《美国统一商法典》认为：在商人之间，无保障的合理理由及充分担保之提出，应以一般商业标准定之。当一方在收到合法的履行请求后 30 天内未提供依该事件所需的充分担保作为履约保证，视为拒绝履行合同。①

在发生先期违约的情况下，一方有权要求通过担保，在得到担保之前有权中止或解除合同。这一原则在各国国内法中都不同程度地得到承认。《美国统一商法典》规定：买卖合同订立后，在产生给付无保障的合理理由时，他方得以书面请求其提供适当履行的充分担保，在未提出担保前，请求权人得在一般商业许可的范围内中止履行。②《法国民法典》第 1613 条规定：若买卖后，买受人陷于商事上或非商人的破产状况，以至出卖人有丧失价金之虞时，即使在出卖人曾同意于一定期间后支付价金的情形，出卖人亦不负交付标的物的义务。但买受人提供到期支付的保证者，不在此限。第 1653 条规定：买受人因第三人基于抵押权或所有物返还请求权提起诉讼而遭受妨害，或根据正当理由有受上述诉讼妨害的可能性时，得停止支付价金，直至出卖人排除此种妨害为止；但出卖人愿提供保证，或契约规定不拘有无妨害，买货人均需支付价金者，不在此限。此外，《瑞士民法典》、英国《1979 年货物买卖法》和《德国民法典》都有类似的规定。

① 参见《美国统一商法典》第 2—609 条（2）、(4)。
② 参见《美国统一商法典》第 2—609 条（1）。

案例（德国施滕达尔州法院 2000 年审理）[①]

The decision concerns the notice requirement under article 39 CISG as well as the prerequisites of avoidance under article 49 CISG. The dispute arose from a contract between an Italian seller (plaintiff) and a German buyer (defendant) for the purchase of granite stone. After a first delivery turned out to be faulty, the seller offered a free delivery of substitute goods. After this second delivery, however, the buyer still did not pay the full contract price. When the seller sued, the buyer claimed that the second delivery had been faulty as well and alleged that after it had made a complaint in this respect, the seller had agreed upon a reduction of the price. Later on, however, the buyer declared an avoidance of the sales contract or alternatively at least a reduction of the purchase price. The seller argued that a complaint in respect of the asserted defects of the substitute delivery had never been made. The seller also denied any agreement on a reduction of price.

The court found in favour of the seller. It held there was no agreement on a reduction of price because the buyer was unable to prove that such an agreement had been reached. A reduction of the price pursuant to articles 50 and 51 (1) CISG was not granted because of the inability of the buyer to prove that it had given notice of the asserted defects according to article 39 (1) CISG.

Concerning the alleged avoidance of the contract by the buyer under articles 49 (1) (a), 49 (2) (b) (ii) CISG, the court did not rule out that there might have been a fundamental breach of contract. However, it observed that the buyer had failed to set an additional period of time for performance according to article 47 (1) CISG. Therefore, the court concluded that avoidance of the contract was impossible.

Moreover, the court decided that the buyer could not rely on a right to suspend performance according to article 71 CISG, because pursuant to paragraph 3, the buyer was required to give immediate notice to the seller. The mere non-performance by the buyer could not fulfil the requirement of notice of suspension.

Furthermore, with regard to the interest claimed under article 78 CISG, the court stated that the date on which interest becomes due depends on article 58 CISG. According to article 58 (3), if no date for the payment of the purchase price is fixed, interest becomes due after the buyer has had the opportunity to examine the goods. Because of the lack of an express provision in the CISG concerning the interest rate, the court determined the interest rate according to the seller's law, the applicable national law of Italy.

3. 中止履行合同或解除合同

CISG 第 72 条规定：“（1）如果在履行合同日期之前，明显看出一方当事人将根本违反合同，另一方当事人可以宣告合同无效。（2）如果时间许可，打算宣告合同无效的一方当事人必

---

① See Case 432; Germany: Landgericht Stendal; 22 S 234/99; 12 October 2000; see A/CN. 9/SER. C/ABSTRACTS/37.

须向另一方当事人发出合理的通知，使他可以对履行义务提供充分保证。(3) 如果另一方当事人已声明将不履行其义务，则上一款的规定不适用。”

根据上述规定，先期违约下的解除合同必须具备以下条件：(1) 在履约日到来前明显看出一方当事人将根本违约；(2) 向另一方发出解除合同的通知。如果不具备上述条件，只能中止履行合同。中止履行并不意味着解除合同。对于买方来说，他可以一方面不付款或停止付款，另一方面，要求卖方提供担保，履行合同，在履行期到来时，解除合同并就卖方违约要求损害赔偿。对于卖方来说，一方面行使留置权、停运权，另一方面要求买方开出信用证、付款，提供担保，在付款日到来时，转售货物并就差额向买方要求损害赔偿。

对先期违约中止或解除合同，可以看作是债权人对债务人履行义务施加压力的手段，这种权利不能被滥用。根据法国判例，当事人中止履行的合同义务必须是基于同一法律关系产生的与债务人的债务有关的义务。[①]

(六) 分批交货下的解除合同

在货物买卖合同中，除非双方在合同中有明示规定，否则不能强迫买方接受分批交货或卖方接受分期付款。当合同规定了批量交货和分期付款时，则合同的履行视为可分割的。如《法国民法典》第 1244 条规定：债务人不得强迫债权人受领债的一部分清偿，虽债为可分时亦同。

CISG 第 73 条对分批交货（delivery of goods by installments）下的解除权利的行使规定了三种情况：解除违约部分、解除未履行部分、解除全部合同。

(1) 对于分批交付货物的合同，如果一方当事人不履行对任何一批货物的义务，便对该批货物构成根本违反合同，则另一方当事人可以宣告合同对该批货物无效。

(2) 如果一方当事人不履行对任何一批货物的义务，使另一方当事人有充分理由断定对今后各批货物将会发生根本违反合同，该另一方当事人可以在一段合理时间内宣告合同今后无效。

案例（西班牙巴塞罗那省法院 1997 年审理）[②]

A Spanish buyer ordered from a German seller a set of parts for use in the buyer's production process, it being agreed that the goods would be delivered by installments. The seller consistently failed to meet the delivery deadlines so that three of the installments were delivered after the agreed dates, with delays of between four and eight weeks and inevitable disruption of the buyer's production process. In view of the situation, the buyer declared the contract avoided in respect of the outstanding future installments within a period of 48 hours after delivery of the third overdue installment.

The Court held that the buyer's tolerance of the late delivery of the three initial installments was equivalent to the granting of an "additional period of time" to the seller, in accordance with article 47 CISG. However, the delay incurred and its effects on the buyer's

---

① 参见《法国合同法》第五章。

② See Case 246; Spain: Audiencia Provincial de Barcelona, Division 16; 3 November 1997; T, SA v. E; see A/CN. 9/SER. C/ABSTRACTS/24.

production process were deemed by the Court to amount to a "fundamental breach", in conformity with articles 33 and 49 CISG. The Court ruled that, in accordance with articles 49 (2) and 73 CISG, such fundamental breach entitled the buyer to avoid the contract and prevent the handing over of future outstanding installments. The 48 - hour period within which the buyer cancelled following delivery of the last late installment received was deemed to be a "reasonable time" within which to declare the contract avoided.

3. 买方宣告合同对任何一批货物的交付为无效时，可以同时宣告合同对已交付的或今后交付的各批货物均为无效，如果各批货物是互相依存的，不能单独用于双方当事人在订立合同时所设想的目的。

（七）降低价格

这是大陆法系的合同法原则。当卖方违反货物瑕疵担保义务，提交了不符合合同规定的货物时，买方可要求减少价金（reduce the price）。而英美法系在这种情况下采用损害赔偿的方法。《美国统一商法典》第2—613条（6）规定："买方可自价金中减去适当的折扣而为标的物的受领。"这在实际效果上与减少价金无异。

CISG 第50条规定："如果货物不符合同，不论价款是否已付，买方都可以减低价格，减价按实际交付的货物在交货时的价值与符合合同的货物在当时的价值两者之间的比例计算。但是，如果卖方按照第三十七条或第四十八条的规定对任何不履行义务作出补救，或者买方拒绝接受卖方按照该两条规定履行义务，则买方不得减低价格。"

可见，买方减低价格必须符合以下条件：（1）货物不符合合同；（2）提出减低价格的要求和是否已经支付价款没有必然联系；即使已经支付价款，货物不符合合同，买方照样可以提出减低价格的要求；（3）减价按实际交付的货物在交货时的价值与符合合同的货物在当时的价值两者之间的比例计算；（4）如果卖方对不履行义务作出补救，或买方作出补救，买方不能要求减低价格。

案例（德国亚琛地方法院1989年审理）①

The seller, an Italian shoe manufacturer, claimed the balance of amounts due from a contract concluded in 1989. The German buyer counterclaimed a price reduction for nonconformity of the goods with contract specifications. The court found that the law of Italy was applicable under German private international law as the law of the country where the seller had its place of business, and applied CISG as part of Italian law in force at the time of the conclusion of the contract. It was held that the buyer could reduce the price of the goods in the same proportion as the value that the goods actually delivered had at the time of delivery bore to the value that conforming goods would have had at that time (art. 50 CISG).

---

① See Case 46; Germany: Landgericht Aachen; 41 O 198/89; 3 April 1989; see A/CN. 9/SER. C/ABSTRACTS/3.

（八）索赔期限和通知

CISG第39条对索赔期限和索赔通知作出了如下严格规定：(1) 买方对货物不符合同，必须在发现或理应发现不符情形后一段合理时间内通知卖方，说明不符合同情形的性质，否则就丧失声称货物不符合同的权利。(2) 无论如何，如果买方不在实际收到货物之日起两年内将货物不符合同情形通知卖方，他就丧失声称货物不符合同的权利，除非这一时限与合同规定的保证期限不符。

案例1（德国科布伦茨州高等法院1999年审理）[1]

A French seller, the plaintiff, sold fibreglass fabrics for filters to a German buyer, the defendant. One week after delivery the buyer handed the fabrics over to a third party for further treatment. Eighteen days later the buyer complained about the anomalous structure of the fabrics and refused to pay. The seller sued the buyer for the purchase price. The buyer claimed set-off because of the damage caused by the defective goods. The court of first instance applied German law and allowed the claim. The buyer appealed.

The appeal Court confirmed the judgement holding the CISG to be applicable. It found that the buyer had lost its right to rely on a lack of conformity (article 35 CISG) by virtue of article 39 CISG. According to article 39 CISG the buyer loses the right to rely on a lack of conformity if he does not give notice within a reasonable period of time. According to article 38 CISG the buyer must examine the goods within as short a period as is practicable in the circumstances. After expiration of this period, the buyer loses the right to rely on a lack of conformity. The Court referred to its own decision of 11 September 1998 (see Case No. 285) to conclude that where defects are easy to discover, as in the case at hand, the examination period should not exceed a period of one week. Following this examination period, the buyer then normally has to give notice within a further two weeks. In this case, the buyer had to pass the fabrics to a third party for further treatment. This should have enabled the third party to examine the goods within the one week period. The buyer delayed however in handing the goods over to the third party without giving reasonable causes for the delay. Thus, giving notice on July 15, when the defendant had received the goods on June 20, was held to be too late.

As a result of the buyer's loss of right to rely on a lack of conformity, the buyer was unable to claim the remedies provided in article 45 CISG. Consequently, the Court dismissed the claim for set-off. The Court granted interest under article 78 CISG and established the interest rate according to French law applicable pursuant to the rules of German private international law.

---

① See Case 359; Germany: Oberlandesgericht Koblenz; 2 U 1556/98; 18 November 1999; see A/CN. 9/SER. C/ABSTRACTS/33.

案例 2（德国波鸿州法院 1996 年审理）①

An Italian wholesale distributor for food, the plaintiff, delivered truffle to a German buyer, the defendant. After examination the buyer gave notice to X, an employee of the seller, that the truffle were too soft. X declared that it was not authorised to receive complaints but that it will forward the notice. The buyer also returned the final account by fax mentioning that it objected to the quality of the goods. Later, maggots appeared in the truffle. The buyer held the first notice to be sufficient. The seller sued the buyer for the purchase price.

The Court allowed the claim under article 53 CISG. It found that the buyer's notice had not met the requirements of article 39 CISG. As regards to specification of the nature of the lack giving notice that the truffle were soft was held as being too general. Moreover the buyer failed to address its notice to the appropriate person. X was employed as sales-person and as such not authorised to receive complaints. Therefore X acted as messenger to forward the notice to the seller. The buyer failed to prove that X forwarded the notice as promised. As to the appearance of maggots, the Court found that the buyer had to give further notice because the lack was not covered by the first notice.

The Court granted interest under article 78 CISG.

案例 3（美国法院适用《联合国国际货物买卖合同公约》审理"根本违约"案，涉及公约适用条件、根本违约、知识产权、分批交货、损害赔偿）

Doolim Corp. v. R Doll, LLC, et al.

United States District Court, Southern District of New York

No. 08 Civ. 1587 (BSJ) (HBP)

May 29, 2009

ORDER

Barbara S. Jones, District Judge.

Upon my review of Magistrate Judge Henry B. Pitman's Report and Recommendation dated May 7, 2009 (the "Report"), and in the absence of any objections to that Report, I hereby confirm and adopt the Report in its entirety, finding no clear error on the face of the record.

Accordingly, I award plaintiff Doolim Corp. ("Doolim") judgment in the amount of $840, 085.94 against defendant R Doll, LLC ("Doll"), and a declaration that it may sell the garments in its possession manufactured for Doll without regard to Doll's trademark rights.

① See Case 411; Germany: Landgericht Bochum; 13 0 142/95; 24 January 1996; see A/CN. 9/SER. C/ABSTRACTS/36.

Further, as the Report notes, while my July 15, 2008 Order entering default judgment against Doll and Rosenthal & Rosenthal, Inc., did not address defendant Steven Oshatz, he was also and remains in default. [1] In keeping with Magistrate Judge Pitman's recommendation, I enter a judgment of default against Oshatz and award Doolim a declaration that it may sell the garments in its possession manufactured for Doll without regard to Oshatz's trademark rights. I dismiss Doolim's fourth claim, which sought a declaration of its rights with respect to certain assets in the possession of defendant Rosenthal & Rosenthal, Inc., and deny Doolim's application for an order of attachment.

The Clerk of Court is directed to close this case.

SO ORDERED:

REPORT AND RECOMMENDATION

Pitmann, United States Magistrate Judge

TO THE HONORABLE BARBARA S. JONES, United States District Judge,

[I. Introduction

II. Findings of Fact

A. The Parties

B. Doolim's Manufacture and Shipment of Garments to Doll

C. Doolim's Alleged Security Interest

D. Doll's Alleged Insolvency

E. Rosenthal's Alleged Security Interest

III. Conclusions of Law

F. Doolim's Contract Claims

1. Garments Delivered to Doll

2. Garments Retained by Doolim

G. Whether Doolim's Proposed Resale of the Garments Would Infringe Doll's or Rosenthal's Trademark Rights

H. The Priority of Doolim's Interest in Proceeds Held by Rosenthal

I. Doolim's Application for an Order of Attachment

IV. Conclusion

V. Objections]

I. INTRODUCTION

On July 15, 2008, the Honorable Barbara S. Jones, United States District Judge, ordered that plaintiff Doolim Corporation ("Doolim") shall have a default judgment against defendants, R Doll LLC, a/k/a "Rubber Doll" ("Doll") and Rosenthal & Rosenthal, Inc. ("Rosenthal") as a result of defendants' failure to answer or move with respect to the complaint (Order, dated July 15, 2008 (Docket Item 10)). Judge Jones subsequently referred this matter to me to conduct an inquest and to issue a report and recommendation concerning the amount of damages to be awarded to Doolim (Order dated July 15, 2008 (Docket Item 10)).

Pursuant to Judge Jones's Order, I issued a Scheduling Order on July 31, 2008, directing Doolim to serve and file proposed findings of fact and conclusions of law by September 30, 2008, and directing defendants to submit responsive materials by October 30, 2008 (Docket Item 11). My July 31 Scheduling Order further provided: *IF DEFENDANTS*

(1) FAIL TO RESPOND TO PLAINTIFF'S SUBMISSIONS, OR (2) FAIL TO CONTACT MY CHAMBERS BY OCTOBER 30, 2008 *AND REQUEST AN IN-COURT HEARING, ITIS MY INTENTION TO ISSUE A REPORT AND RECOMMENDATION CONCERNING DAMAGES ON THE BASIS OF PLAINTIFF'S WRITTEN SUBMISSIONS ALONE WITHOUT AN IN-COURT HEARING. See Transatlantic Marine Claims Agency, Inc. v. Ace Shipping Corp.*, 109 F. 3d 105, 111 (2d Cir. 1997); *Fustok v. Conti Commodity Services Inc.*, 873 F. 2d 38, 40 (2d Cir. 1989) ("[I] t [is] not necessary for the District Court to hold a hearing, as long as it ensured that there was a basis for the damages specified in a default judgment.")

One copy of my July 31 Order was sent to defendants Doll and Steven Oshatz ("Oshatz") at 530 Seventh Avenue, Suite 2805, New York, New York 10018, the address where Doolim effected personal service on them; a second copy of the Order was sent to defendant Rosenthal, one of Doll's factors. The copy sent to Doll and Oshatz was returned to my chambers, labeled by the United States Postal Service "Return to Sender, Attempted—Not Known, Unable to Forward," but the copy sent to Rosenthal was not returned. Doolim submitted proposed findings of fact and conclusions of law on October 2, 2008, and revised proposed findings of fact and conclusions of law on January 21, 2009. None of the defendants has made any written submission, nor have they contacted my chambers in any way. Since all reasonable steps to provide notice to defendants have been taken, I make the following findings of fact and conclusions of law on the basis of plaintiff's submissions alone.

Ⅱ. FINDINGS OF FACT

A. The Parties

1. Plaintiff, Doolim, was and is a Korean corporation engaged in the manufacture of apparel, with its principal place of business in Seoul, Korea (Complaint ("Compl.") 1-2). [1]

2. Defendant Doll was and is a New York limited liability company engaged in the business of manufacturing and distributing apparel under the registered trademarks RUBBER DOLL and RDOLL (the "Doll Marks"), with its principal place of business in New York, New York (Compl. 3).

3. Defendant Oshatz was and is the managing member of Doll and owner of the Doll Marks; he maintained a business office in New York, New York and resides in Newtown, Pennsylvania. (Compl. 4).

4. Defendant Rosenthal was and is a New York corporation engaged in the business of

factoring and financing, with its principal place a business in New York, New York (Compl. 5).

B. Doolim's Manufacture and Shipment of Garments to Doll

5. Between April and October 2007, Doolim and Doll entered into a series of contracts pursuant to which Doolim was to manufacture in Vietnam and ship to Los Angeles approximately 500,000 women's knit pants, dresses and tops, manufactured to Doll's specifications (Compl. 22; Doll Purchase Orders annexed as Ex. 2 to Declaration of Huh Dal Wook, dated Jan. 15, 2009 ("Huh Decl. ")).

6. Approximately 460, 000 of the garments were to be branded with the Doll Marks (Compl. 22). Many of the garments were to be branded such that the Doll Marks were to be "on and a part of the garments themselves," rather than on a removable tag or label (Huh Decl. 3, 20).

7. Doll agreed to purchase the garments for landed duty-paid [2] prices ranging from \$3.20 to \$12.50 per garment, with the majority of the garments in the \$3.20 to \$5.00 range (Huh Decl. 2; Doll Purchase Orders annexed as Ex. 2 to Huh Decl. ; Doolim Invoices annexed as Exs. 4 - 7 to Huh Decl.).

8. According to the terms on Doll's purchase orders, Doll was obligated to pay Doolim within 15 days of Doll's receipt of the garments (Purchase Orders annexed as Ex. 2 to Huh Decl. ; *see also* Huh Decl. 5).

9. In July and August 2007, Doolim shipped 77, 528 of the garments that Doll had ordered with a total purchase price of \$381, 026.10 (the "July and August Garments") (Compl. 13; Doll Purchase Order Nos. 100541 - 43, 100554, 100556 - 59, 100560 - 63, 100581 - 82, 100597 - 98, annexed as Ex. 2 to Huh Decl. ; Doolim Invoice Nos. DM - 0257 [3200], DM - 20070724 [37230], DM - 20070803 [17754], DM - 222/223 [9822], DM - 225229 [9522], annexed as Ex. 4 to Huh Decl.).

10. Doll received the July and August Garments on or before September 7, 2007 (Compl. 13; Huh Decl. 7).

11. As of September 22, 2007, Doll had not made any payments to Doolim for the July and August Garments (Huh Decl. 8).

12. Between September 22 and October 9, 2007, Doolim sought and obtained assurances from Doll that it would pay for the July and August Garments (Huh Decl. 8 - 9).

13. In October and early November 2007, Doolim shipped to Doll an additional 157, 092 garments with a total purchase price of \$659, 059.74; Doll received these garments on or before November 20, 2007 (the "October Garments") (Compl. 15; Doolim Invoice Nos. DM - 308/307 [153684] & DM - 0395 [3408], annexed as Exs. 5 - 6 to Huh Decl.).

14. During the same period in October and November, Doll ordered 249, 293 more garments from Doolim, with a total landed duty-paid purchase price of \$878, 262.64 (the "Surplus Garments") (Doll Purchase Order Nos. 100656 - 60, 100662 - 75, annexed as

part of Ex. 2 to Huh Decl.). Approximately 87% of the Surplus Garments were scheduled to be shipped to Doll in January 2008; Doll planned to re-sell most of the Surplus Garments to K-Mart (the "K-Mart Garments"). The landed duty-paid price to Doll of the K-Mart Garments was $766, 438.54 (Doll Purchase Order Nos. 100656 - 60, annexed as part of Ex. 2 to Huh Decl.).

15. On or about November 21, 2007, Doll paid Doolim $200, 000.00, which Doolim credited against one of the October Invoices (Huh Decl. 10; Doolim Invoice No. DM - 308 - 307 [153684], annexed as Ex. 5 to Huh Decl.).

16. On November 25, 2007, Doolim shipped to Doll an additional 13, 735 garments, with a total purchase price of $67, 433.75 (the "November Garments"); these garments did not arrive in the United States until December 2007 or January 2008 (Huh Decl. 11; Doll Purchase Order Nos. 100624 - 27, 100653 - 55, annexed as part of Ex. 2 to Huh Decl. ; Doolim Invoice No. DM - 20071125 [13735], annexed as Ex. 7 to Huh Decl.).

17. On December 1, 2007, Doolim requested additional assurances from Doll that it would pay the outstanding balances on all of the orders accepted by Doolim as of that date (Huh Decl. 13).

18. On December 8, 2007, the parties entered into a written agreement that modified the rights and obligations of the parties (the "Modification Agreement") (Huh Decl. 14 - 15; Doolim/R Doll Payment Schedule, executed Dec. 7 & 8, 2007, annexed as Ex. 8 to Huh Decl.). Doll promised to pay Doolim, and Doolim promised to accept, a total of $931, 000.00 in five specified installments on December 14 and 28, 2007 and January 11, January 25 and April 20, 2008 in satisfaction of "[a] ll open invoices received through 12/30/07"; Doll also promised to provide Doolim, by December 14, 2007, with a letter of credit securing Doll's payment for the K-Mart Garments (Huh Decl. 14 - 15; Doolim/R Doll Payment Schedule, executed Dec. 7 & 8, 2007, annexed as Ex. 8 to Huh Decl.). In exchange, Doolim promised to accept the reduced payment amount [3] and Doll's modified payment schedule, instead of the original terms which required payment within 15 days of Doll's receipt of the garments.

19. By mid-January 2008, Doll had not made any of the scheduled installment payments and had not provided Doolim with a letter of credit securing payment for the K-Mart Garments (Huh Decl. 12). As a result, Doolim suspended all further deliveries of garments to Doll (Huh Decl. 16).

20. At the time that Doolim suspended its deliveries, Doolim had not yet delivered the November Garments to Doll; it held those Garments for Doll in Los Angeles (Huh Decl. 19). In addition, Doolim had finished manufacturing, but had not yet shipped, 38, 450 of the Surplus Garments, and had commenced the manufacture of the remaining 210, 843 Surplus Garments.

21. Doolim had already incurred the majority of its costs with respect to the manufacture

of the Surplus Garments, and it completed the manufacturing process with "minimal [additional] effort" (Huh Decl. 17). After completing the manufacture of the Surplus Garments, Doolim held them in Vietnam (Huh Decl. 18).

22. Doolim did not attempt to sell any of the completed November and Surplus Garments because "Doll and Oshatz had at one point intimated that they would seek to protect their interests in the intellectual property, should [Doolim] try to sell any of the garments directly" (Huh Decl. 20).

C. Doolim's Alleged Security Interest

23. On February 8, 2008, Doolim filed a UCC financing statement with the New York Secretary of State, claiming a security interest in, among other things, the July and August Garments, the October Garments, and all of the proceeds from the sale or delivery of those garments (Doolim Financing Statement, annexed as Ex. 9 to Huh Decl.).

D. Doll's Alleged Insolvency

24. In early 2008, Oshatz told Doolim that "he and [Doll] were insolvent," that "the brand was finished" and that "he was planning to leave New York" (Huh Decl. 24).

25. Doolim had no further contact with Doll or Oshatz after that conversation (Huh Decl. 24).

E. Rosenthal's Alleged Security Interest

26. In July 2005, Rosenthal filed a UCC financing statement with the New York Secretary of State, claiming a security interest in, among other things, all of Doll's present and future accounts, inventory and trademarks. New York State UCC Financing Statement No. 760985, Filing No. 200507065602580, available at http://appsext7. dos. state. ny. us/ASPIMGView/imgview. aspx? pdocid=14835940 (last visited May 7, 2009).

27. In or around April 2007, Doll entered into an agreement with Rosenthal pursuant to which Rosenthal provided financing to Doll, Rosenthal acquired all of Doll's rights to payment from its customers for goods which Doll sold to them, including goods manufactured by Doolim, and Rosenthal acquired a security interest in the Doll Marks (Compl. 10).

Ⅲ. CONCLUSIONS OF LAW

A. Doolim's Contract Claims

31. Doolim's contract claims against Doll are governed by the United Nations Convention on Contracts for the International Sale of Goods, Apr. 11, 1980, S. Treaty Doc. No. 98-9 (1983), 1489 U. N. T. S. 3, 19 I. L. M. 668 (1980) ("CISG"), "which 'applies to contracts of sale of goods between parties whose places of business are in different States...when the States are Contracting States.'" *TeeVee Toons, Inc. v. Gerhard Schubert GmbH*, 00 Civ. 5189 (RCC), 2006 WL 2463537 at *4 (S. D. N. Y. Aug. 23, 2006), *quoting* CISG art. 1 (1) (a), 19 I. L. M., at 672.

32. Doolim and Doll entered into contracts for the manufacture and delivery of garments, which were "contracts of sale of goods" within the meaning of the CISG (Compl. 28).

33. Doolim and Doll's places of business are in South Korea and the United States, respectively, which are both "Contracting States" within the meaning of the CISG. *See* CISG art. 99 (2), 19 I. L. M. at 694 (CISG enters into force for states that accede to it); United Nations Commission on International Trade Law, Status of CISG, http://www.uncitral.or g/uncitral/en/uncitral_texts/sale_goods/1980CISG_status.html (last visited May 7, 2009) (CISG entered into force for South Korea on March 1, 2005, and for the United States on January 1, 1988).

34. None of the exceptions to the applicability of the CISG applies here. *See* CISG arts. 2, 6, 19 I. L. M. at 672, 673 (CISG does not apply to contracts for purchase of money, securities, negotiable instruments, ships, vessels, hovercraft, aircraft, or electricity, does not apply to goods bought by auction or by authority of law or goods bought for personal, family or household use, and does not apply if and to the extent that the parties so agree); *see also Delchi Carrier SpA v. Rotorex Corp.*, 71 F. 3d 1024, 1027 n. 1 (2d Cir. 1995) (CISG applies if "agreement is silent as to choice of law" and "both parties are located in signatory nations," unless parties have "by contract choose [n] to be bound by a source of law other than the CISG, such as the Uniform Commercial Code").

1. Garments Delivered to Doll

35. Doolim first seeks damages for the garments that it delivered to Doll.

36. Doll is obligated to pay Doolim $1, 040, 085. 84, the purchase price for the July and August Garments and the October Garments, and was initially obligated to pay that sum within 15 days of its receipt those garments. CISG, art. 53, 19 I. L. M., at 683 ("The buyer must pay the price for the goods and take delivery of them...").

37. Doll fundamentally breached this obligation by paying Doolim only $200, 000. 00 for the garments and failing to pay the balance. Doll's payment of only a small fraction—less than 20%—of the purchase price substantially deprived Doolim of the performance that it had a right to expect from Doll, *i. e.*, full payment within 15 days of delivery. CISG art. 25, 19 I. L. M., at 677 (A breach is fundamental if it "results in such detriment to the other party as substantially to deprive him of what he is entitled to expect under the contract, unless the party in breach did not foresee and a reasonable person of the same kind in the same circumstances would not have foreseen such a result.").

38. Because of Doll's breach, Doolim is entitled to recover $840, 085. 84, the difference between the total contract price for the July and August Garments and the October Garments and the amount paid. [4] CISG art. 74, 19 I. L. M., at 688 ("Damages for breach...by one party consist of a sum equal to the loss...suffered by the other party as a consequence of the breach. Such damages may not exceed the loss which the party in breach foresaw or ought to have foreseen at the...conclusion of the contract...").

2. Garments Retained by Doolim

39. Doolim also seeks damages for the garments that it manufactured but did not deliver.

40. Doolim permissibly withheld delivery of the November and Surplus Garments to Doll because it became apparent that Doll would not be able to make any payments for those Garments. CISG art. 71 (1), 19 I. L. M., at 687-88 ("A party may suspend the performance of his obligations if, after the conclusion of the contract, it becomes apparent that the other party will not perform a substantial part of his obligations as a result of...a serious deficiency in his ability to perform..."). As of December 7, 2007, Doolim had well-grounded fears that Doll would not pay for the garments in production because Doll was already more than three months delinquent with respect to the July and August Garments. Doolim only resumed manufacture and shipment of the Surplus Garments because Doll promised to secure a letter of credit for the bulk of the Surplus Garments by December 14, 2007 and to pay a discounted price in installments, beginning with a $200 000.00 payment on December 14, 2007. However, when Doll failed to either secure the letter of credit or make the $200 000.00 payment by December 14, 2007, it was apparent that Doll would be, at the very least, seriously deficient in its performance of its remaining contractual obligations.

41. Doolim also permissibly cancelled the contract and permanently withheld delivery of the November Garments and the Surplus Garments because Doll's persistent failure to pay for the garments it ordered demonstrated that it was unable or unwilling to pay the agreed upon price for these garments. CISG art. 72, 19 I. L. M. 688 ("If prior to the date for performance of the contract it is clear that one of the parties will commit a fundamental breach of contract, the other party may declare the contract avoided."). By the end of January 2008, Doll had failed to secure the letter of credit for the K-Mart Garments, had failed to make the payments totaling $530 000.00 that were due on December 14 and 28, 2007 and January 11 and 25, 2008, and had failed to give Doolim any assurance that Doll would be able to meet any of its obligations on the amounts owed to Doolim for shipments previously accepted. Thus, it was evident that Doll would likely continue to breach its obligations under both the Modification Agreement and the purchase orders for the November and the Surplus Garments.

42. Because Doolim reasonably avoided its contracts with Doll relating to the November and Surplus Garments, it was entitled to a choice of two remedies under the CISG: (1) resale of the Garments within a reasonable time and in a reasonable manner, coupled with recovery from Doll of the difference between the resale price and the contract price (in addition to any foreseeable consequential losses) or (2) recovery of the difference between the current price and the contract price as damages, with the current price usually defined as the price at the place of delivery. CISG arts. 75-76, 19 I. L. M. at 689.

43. Doolim seeks to invoke the first option, evidently believing that the November and Surplus Garments retain some value (Plaintiff Doolim's Memorandum of Law in Support of the Proposed Findings of Fact and Law at Inquest, dated Jan. 21, 2009 ("Pl. 's Br."), 4-7). [5] However, Doolim has not yet resold the garments because the garments bear the

Doll Marks, and Doolim is concerned that its sale of the garments might constitute trademark infringement. As a result, Doolim has not established that it is entitled to any damages relating to the November and Surplus Garments, and I recommend that it be denied any such damages.

As discussed below, Doolim is entitled to a declaration that it can sell the November and Surplus Garments without regard to Doll and Oshatz's trademark rights. Thus, Doolim will recover some proceeds from the sales of these garments. Awarding Doolim the purchase price that Doll had agreed to pay would result in a double recovery to Doolim and put it in a better position than if Doll had fully performed the contracts.

B. Whether Doolim's Proposed Resale of the Garments Would Infringe Doll's or Rosenthal's Trademark Rights

44. Doolim also seeks a declaratory judgment that it may sell the garments currently in its possession without infringing the Doll Marks that appear on the garments (Plaintiff Doolim's Proposed Findings of Fact and Law at Inquest, dated Jan. 21, 2009 ("Pl.'s Prop. Findings", 29).

45. Where, as here, a seller manufactures trademarked goods in response to an order from the trademark owner, and the trademark owner unjustifiably fails to accept or pay for the goods, the aggrieved seller has an implied license to sell the trademarked goods in order to mitigate its damages. *See McCoy v. Mitsuboshi Cutlery, Inc.*, 67 F. 3d 917, 922 (Fed. Cir. 1995) (authorizing manufacturer's resale of 130, 000 patented and trademarked knives because buyer previously accepted and paid for 20, 000 such knives, but unjustifiably refused to pay for remaining knives); *Platt & Munk Co. v. Repub. Graphics, Inc.*, 315 F. 2d 847, 854 - 55 (2d Cir. 1963) (manufacturer of children's books could have resold copyrighted books "without liability for infringement, just as a judgment creditor or another lienor foreclosing through the judicial process could do" if "the person for whom the goods were being made unjustifiably decline [d] to pay the price."); *Diebold Inc. v.. Positran Mfg., Inc.*, CIV. A. 02-374 GMS, 2002 WL 31129726 at *1-*4 (D. Del. Sept. 26, 2002) (permitting manufacturer to complete manufacture of patented remote transaction security equipment and sell that equipment after buyer breached agreement to pay for equipment and filed for bankruptcy).

46. Here, as in *Mitsuboshi Cutlery*, Doolim's performance was not deficient in any way; Doll was simply unwilling or unable to pay the price for the garments despite its promises to do so. Under these circumstances, Doolim is entitled to an implied license to sell the November Garments and Surplus Garments in order to mitigate its damages. I therefore recommend that Doolim be granted a declaratory judgment that it does not infringe the Doll Marks by selling the garments which Doolim originally agreed to manufacture and deliver to Doll. [6]

C. The Priority of Doolim's Interest in Proceeds Held by Rosenthal

47. Doolim claims that it has perfected a purchase-money security interest in the garments that Doolim delivered to Doll, and in the proceeds from Doll's or its creditors' sale of

those garments (Compl. 42). Doolim further claims that Rosenthal possesses such proceeds, and that Doolim's interest "is senior to any other security interests in the collateral, except to the extent of Rosenthal's possessory interest therein" (Pl. 's Prop. Findings 31). Doolim seeks a declaratory judgment and order that Rosenthal disburse the proceeds to Doolim, "net of Rosenthal's entitlement" (Pl. 's Prop. Findings 31).

48. Doolim has not pled facts nor has it offered evidence establishing that Rosenthal has possession of any of the proceeds from the sale of garments manufactured by Doolim. A plaintiff is not entitled to entry of an award of damages at an inquest absent evidence as to the amount of damages. *See Int'l Bhd. of Elec. Workers Local No.* 43 *v. Meachum Elec. Contractors, Inc.*, 5: 05 - CV - 754 (NAM/GHL), 2006 WL 3096486 at * 2 (N. D. N. Y. Oct. 27, 2006) ("[W] here, as here, plaintiffs presented no evidence in support of their averment regarding the amount of contributions and deductions defendants were delinquent in remitting, there was no basis on which to make a damages award. ").

49. Without evidence as to the amount of proceeds that Rosenthal possesses, Doolim has not proven that it is entitled to any recovery from Rosenthal. Therefore, I recommend that Doolim be denied declaratory relief on the issue of its entitlement to proceeds held by Rosenthal, if any.

D. Doolim's Application for an Order of Attachment

50. Doolim also seeks an order of attachment "against Doll and Rosenthal" (Pl. 'sBr. 11) and "on the monies held by Rosenthal to satisfy the outstanding balance due" from Doll (Pl. 's Prop. Findings 32). Doolim does not seek an order of attachment against Oshatz.

51. Rule 64 of the Federal Rules of Civil Procedure incorporates the law of the state in which a federal court sits with respect to provisional remedies. Accordingly, New York state law is controlling. Fed. R. Civ. P. 64 (a) - (b).

52. Attachment is a "provisional remedy," N. Y. C. P. L. R. 6001, which, by definition, is only available before judgment is entered. N. Y. C. P. L. R. 6211 (order of attachment may be granted "before or after service of summons and at any time prior to judgment. "); *Black's Law Dictionary* 1320 (8th ed. 2004) (defining provisional remedy as "[a] temporary remedy awarded before judgment and pending the action's disposition, such as...an attachment. "); David D. Siegel, *New York Practice* 316 (4th ed. 2009) ("Application for the attachment can be made...at any time before final judgment. ").

53. Here, Doolim is seeking attachment as part of the final judgment, "after all doubt as to liability has been erased," *McCahey v. L. P. Investors*, 774 F. 2d 543, 548 (2d Cir. 1985) (describing circumstances under which post-judgment remedies are appropriate), and the only issue is the amount of damages. Under these circumstances, it is improper for Doolim to seek attachment. Therefore, I recommend that Doolim's request for an order of attachment be denied as to both Doll and Rosenthal.

Ⅳ. CONCLUSION

Accordingly, for all the foregoing reasons, I respectfully recommend that Doolim be awarded judgment on its first and second claims against Doll in the amount of $840, 085. 94. I further recommend that on its third claim, Doolim be awarded a declaration that it is entitled to sell the garments in its possession manufactured for Doll without regard to the trademark rights of Doll. I recommend that Doolim's fourth claim, which seeks a declaration of its rights with respect to certain assets in the possession of Rosenthal, be dismissed. I also recommend that Doolim's application for an order of attachment as part of the final judgment be denied.

I also note that your Honor's Order dated July 15, 2008 which directed the entry of a default judgment did not include Oshatz. Oshatz appears to be a defendant only on Doolim's claim for a declaration of its rights to sell the garments specially manufactured for Doolim; the complaint affirmatively states that the claims for money damages are directed against Doll only (Compl. at 6). Since Oshatz is also in default, I further recommend that the judgment in this matter include Oshatz and declare that Doolim is entitled to sell the garments in its possession manufactured for Doll without regard to the trademark rights of Oshatz.

V. OBJECTIONS（略）

四、货物所有权的转移

在国际货物买卖中，货物所有权从何时起从卖方转移到买方，是一个十分重要的问题。货物买卖契约的目的就是卖方将货物的所有权转移给买方以换取价金。“在现代国际货物买卖规则中，所有权的概念只不过是卖方向买方转让货物所有权时，保证使买方拥有足以与第三人相对抗的权利。”①

在许多贸易争议中，通常只有先确定了货物的财产权归属问题，才能进而解决双方的具体权利义务问题。由于各国法律对所有权转移适用不同的原则和规定，“而以不同国家的法律对所有权的概念作出不同解释为基础来统一国际货物买卖法，是不可能的”②，所以，CISG 除了在卖方义务中规定了卖方的所有权担保义务之外，对货物所有权何时转移以及合同对所有权可能产生的影响等问题均未涉及。而由解决争议的法院或仲裁庭依照公约的一般原则（即国际商业惯例）或依照国际私法规定适用的国内法律来解决。

（一）国际贸易惯例关于所有权转移的规定

在国际贸易惯例中，只有 1932 年《华沙—牛津规则》明确规定了货物所有权转移的时间。该规则第 6 条规定：“除依照第二十条第（Ⅱ）款的规定外，货物所有权的转让时间，就是卖方将有关单据交到买方掌握的时刻。”③ 也就是说，在 CIF 合同中，除卖方依据法律对订售货

①② ［英］施米托夫著，赵秀文译：《国际贸易文选》，146 页。

③ 该规则第 20 条规定：“买卖合同中的权利和补救（Ⅰ）除依照买卖合同中按本规则第一条所作的变更、修改或增添其他条款外，当事人在已经履行本规则规定的职责后，本规则所规定的当事人应负的责任即告终结。（Ⅱ）卖方依据法律对订售货物所享有的留置权、保留权或中止交货权，不受本规则的影响。”

物享有留置权、保留权或中止交货权外，货物所有权的转移时间是在卖方将有关单据交买方掌握的时间。即卖方向买方交单的时间是货物所有权转移的时间。

（二）各国国内法的有关规定

1. 英国《1979 年货物买卖法》的规定

英国《1979 年货物买卖法》（1995 年修订本）关于货物所有权转移时间的确定取决于该买卖合同是特定物（specific goods）的买卖还是非特定物（uncertained goods）的买卖。

（1）非特定物买卖。通常是指仅凭说明书的买卖或期货买卖。按照该法第 16 条规定，在货物未经特定化之前，所有权不发生转移。所谓特定化，是指将符合说明书的并处于可交付状态的货物无条件地划拨到合同项下的行为。所谓“处于可交付状态”，是指货物已经备妥，买方应即根据合同提取之意。这种划拨可由卖方提出取得买方同意，也可由买方提出而取得卖方同意。这种同意可以是明示的，也可以是默示的，可以在货物划拨之前作出，也可以在货物划拨之后作出。当合同中规定，卖方需将货物交付给买方或承运人或其他受托人或保管人以便交付给买方，而又未保留对货物的处置权时，则不论其是否为买方所指定，应被视为已无条件地将货物划拨到合同项下。

（2）特定物买卖。在特定物的买卖中，所有权何时转移取决于缔约双方的意图。为了确定双方意图，除考虑合同条款、缔约双方行为以及合同的具体情况外，还要遵循以下原则①：第一，在无保留条件的买卖处于可交付状态的特定物时，货物所有权是在缔约时转移给买方。第二，当卖方必须对货物有所作为，才能使货物处于可交付状态时，如对货物进行修理更换，则财产权是在完成了这些工作并在买方收到有关通知时发生转移。第三，当货物已处于可交付状态，但卖方还必须对货物进行称重、丈量、检验或其他行为才能确定价金时，财产权应在以上行为都已完成，且买方收到有关通知时转移。第四，当货物附有“看货和试用后决定”（on approval）或“准许退剩货”（on sale or return）或其他类似条件交付买方时，所有权在下列时间转移：一是买方向卖方表示认可或接受，或采取其他接受该项交易的行为时；二是买方虽未向卖方表示认可或接受，但留下货物且未通知拒收。例如，合同中规定了退货时间，则在时限到期时所有权转移，合同中未规定退货时间，则在合理时间届满时，所有权发生转移。

2.《美国统一商法典》的规定

按照《美国统一商法典》第 2—507 条的规定，货物在特定于合同项下之前，所有权不发生转移。除双方另有协议，特定化后的货物所有权是在实际交付的时间和地点发生转移（第 2—401 条规定）。当合同规定在目的地交货时，所有权在目的地由卖方提交货物时发生转移。当合同规定卖方需将货物发送买方而无须送至目的地时，货物所有权在交付发运的时间和地点转移买方。当无须移动货物即可交付时，如卖方须提交所有权凭证时，所有权在交付所有权凭证的时间和地点发生转移；在货物已特定化且无须提交所有权凭证时，所有权在订立合同时发生转移。无论有无正当理由，当买方以任何形式拒绝接受或保留货物时或买方正当地撤销对货物的接受时，所有权重新转移给卖方，不构成一次买卖。

与英国货物买卖法的规定不同的是，根据美国统一商法典的规定，卖方所有权的保留只起到担保权益的作用。例如，在货物提交买方或发运的情况下，卖方保留提单只起到担保买方将

① 参见英国 1979 年《货物买卖法》第 18 条规则 1～4。

来付款的作用，并不妨碍所有权的转移。

3.《法国民法典》的规定

根据《法国民法典》，货物所有权转移是在合同订立时发生转移。第1583条规定，当事人就标的及其价金相互同意时，即使标的尚未交付，价金尚未支付，买卖即告成立，而标的物的所有权亦于此时在法律上由卖方转移于买方。

在司法实践中，所有权的转移还可适用以下原则：(1) 对于种类物的买卖，所有权是在对货物进行划拨后发生转移。(2) 对于附条件的买卖，则在满足条件后所有权发生转移。(3) 买卖双方在合同中自由约定所有权转移的时间。

4.《德国民法典》的规定

和以上国家的做法均不相同，德国法认为货物所有权转移属于物权法范围，而买卖合同属于债权法范围，因此买卖合同解决不了物之所有权转移问题。需要买卖双方另就货物所有权转移问题达成合意。根据这一合意，货物所有权是在卖方将货物交付买方时发生转移；在卖方必须交付物权凭证的场合，卖方则通过提交物权凭证完成所有权转移。而不动产买卖的所有权转移则以完成登记的时间为准。

5. 中国《民法典》的规定

我国《民法典》第224条区分了动产和不动产，规定：动产物权的设立与转让，自交付时起发生效力，法律另有规定的除外。

五、货物风险的转移

在国际货物买卖中，货物风险（risk），主要指货物在高温、水浸、火灾、严寒、盗窃或查封等非正常情况下发生的短少、变质或灭失等损失。划分风险的目的就是确定对这些损失应当由谁承担。尽管在通常情况下，这些损失可以通过保险在经济上得到补偿，但仍有以下问题需要解决：谁有资格向保险公司求偿；在不属保险范围内或当事人漏保的情况下的风险分担问题；对受损货物进行保全与救助的责任问题等。因此，在国际货物买卖中，风险分担对买卖双方是一个十分重要的问题。

（一）风险分担的原则

CISG对于买卖双方风险的分担采用了以下原则。

1. 以交货时间作为风险转移的时间

与某些国家以所有权的转移时间作为风险转移（passage of the risk）时间的做法不同，GISG采用了所有权与风险相分离的方法，确定了以交货时间作为风险转移时间的原则。

CISG第69条[①]规定，从买方接收货物（takes over the goods）时起，风险转移于买方承担。

---

① Article 69：(1) In cases not within articles 67 and 68，the risk passes to the buyer when he takes over the goods or，if he does not do so in due time，from the time when the goods are placed at his disposal and he commits a breach of contract by failing to take delivery. (2) However，if the buyer is bound to take over the goods at a place other than a place of business of the seller，the risk passes when delivery is due and the buyer is aware of the fact that the goods are placed at his disposal at that place. (3) If the contract relates to goods not then identified，the goods are considered not to be placed at the disposal of the buyer until they are clearly identified to the contract.

案例（阿根廷联邦商业上诉法院 1995 年审理）[①]

An Argentinean buyer and a German seller concluded a contract, containing a C & F clause, for the sale of dried mushrooms to be shipped to the buyer. In the course of their transport to Buenos Aires, the goods deteriorated. The buyer sued the seller claiming lack of conformity of the goods.

In accordance with article 67 CISG, the court held that the risk passed to the buyer when the goods were handed over to the first carrier for transmission to the buyer in keeping with the contract of sale. In addition, the court held that the C & F clause obliged the seller to hand over the goods to the carrier and to pay the freight. However, a C & F clause does not affect the passing of the risk. Further, it should be noted that the buyer, pursuant to the C & F clause in the contract of sale, had taken out an insurance policy for transportation risks.

In accordance with article 66 CISG, the court held that the buyer, after the passing of the risk, was not discharged from its obligation to pay the purchase price, even in the event of loss or damage to the goods, unless the loss or damage was due to an act or omission of the seller. In this case, the damage to the goods occurred after the passing of the risk to the buyer, who did not adduce that it was owing to an act or omission of the seller. Accordingly, the court dismissed the action.

2. 过失划分的原则

CISG 第 36 条规定：“（1）卖方应按照合同和本公约的规定，对风险移转到买方时所存在的任何不符合同情形，负有责任，即使这种不符合同情形在该时间后方始明显。（2）卖方对在上一款所述时间后发生的任何不符合同情形，也应负有责任，如果这种不符合同情形是由于卖方违反他的某项义务所致，包括违反关于在一段时间内货物将继续适用于其通常使用的目的或某种特定目的，或将保持某种特定质量或性质的任何保证。”

CISG 第 66 条规定：“货物在风险移转到买方承担后遗失或损坏，买方支付价款的义务并不因此解除，除非这种遗失或损坏是由于卖方的行为或不行为（act or omission of the seller）所造成。”

可见，货物风险从交货时间起从卖方转移给买方是有前提条件的：即如果风险的发生是卖方的行为或不行为造成，风险不转移，买方不需支付货款。

3. 国际惯例优先原则

在国际货物买卖实践中，对于货物风险的转移，一些惯例有自己明确的规定。CISG 第 9 条规定：“（1）双方当事人业已同意的任何惯例（usage）和他们之间确立的任何习惯做法（practice），对双方当事人均有约束力。（2）除非另有协议，双方当事人应视为已默示地同意对他们的合同或合同的订立适用双方当事人已知道或理应知道的惯例，而这种惯例，在国际贸易上，已为有关特定贸易所涉同类合同的当事人所广泛知道并为他们所经常遵守。”

例如，根据 INCOTERMS 2000，FOB、CIF、CFR 合同的风险划分是以装运港船舷为界。卖方承担货物越过船舷前的风险，货物越过船舷后的风险由买方承担。如果当事人在合同中选择了这种贸易术语，那么，国际贸易术语规定的风险分担原则优于公约的规定，即风险划分以

① See Case 191; Argentina: Cámara Nacional de Apelaciones en lo Comercial, Sala C; 31 October 1995; Bedial, S. A. v. Paul Müggenburg and Co. GmbH; see A/CN. 9/SER. C/ABSTRACTS/14.

船舷为界而不是以交付单据（即交货）的时候划分。

案例（美国纽约南部地区联邦地区法院 2002 年审理）[①]

A German company, defendant, sold a mobile magnetic resonance imaging system to a United States company. The delivery term provided "CIF New York Seaport, the buyer will arrange and pay for customs clearance as well as transport to Calmut City [the ultimate destination in the United States]." Preceding the payment term was a handwritten note stating that "acceptance subject to inspection" followed by the initials of a representative of the buyer. The seller and buyer agreed that the equipment was in good working order when loaded at the port of shipment but was damaged when it arrived at its ultimate destination. Two United States insurance companies reimbursed the buyer and brought suit against the defendant as subrogees to the buyer's claim. The court granted the defendant's motion to dismiss the suit for failure to state a cause of action. The parties' contract designated German law as the applicable law.

The court applied the CISG as the relevant German law. The parties had their places of business in two different Contracting States and had not agreed to exclude application of the CISG. The court noted that on similar facts German courts apply the Convention as applicable German law.

The court concluded that the risk of loss passed to the buyer upon delivery to the port of shipment by virtue of the CIF delivery term. The court found that the International Chamber of Commerce's 1990 CIF INCOTERMS governed by virtue of article 9 (2) CISG. The court also noted that German courts apply the INCOTERMS as a commercial practice with the force of law.

The court rejected plaintiffs' argument that the risk of loss could not have passed because the seller had retained title to the equipment. Citing articles 4 (b) and 67 (1) CISG, the court stated that the Convention distinguished between the risk of loss, which it deals with in chapter Ⅳ of part Ⅲ, and the transfer of title, which is beyond the scope of the Convention.

The court also rejected arguments based on the typed and handwritten terms of the contract. A clause allocating the responsibility for customs clearance deals with a matter not addressed by the CIF INCOTERMS. A clause providing for a final payment after the equipment arrives at its destination is not inconsistent with the passing of the risk of loss. Moreover, a reasonable recipient would understand the handwritten term to mean that receipt of the equipment was not to be construed as an admission that the equipment was free of defects and performed according to contract specifications.

4. 划拨是风险发生转移的前提条件

根据公约的规定，货物在划拨合同项下前风险不发生转移。划拨又称特定化，是指对货物进行计量、包装、加上标记，或以装运单据，或向买方发通知等方式表明货物已归于合同项

① See Case 447; United States: U.S. [Federal] District Court for the Southern District of New York, No. 00 CIV. 9344 (SHS); St. Paul Guardian Insurance Co. & Travelers Insurance Co. v. Neuromed Medical; Systems & Support, GmbH; 26 March 2002; see A/CN. 9/SER. C/ABSTRACTS/39.

下。经过划拨的货物，卖方不得再随意进行提取，调换或挪作他用。CISG 第 67 条和第 69 条规定，当交货涉及运输时，风险于货物交付第一承运人时起转移到买方，但在货物未划拨合同项下前不发生转移；在交货不涉及运输时，风险是在货物交由买方处置时发生转移，但当货物未划拨合同以前，不得视为已交给买方处置。

（二）风险转移的时间

如上所述，CISG 采用的是所有权与风险转移分离的原则，即按照交货时间划分风险转移的时间。CISG 第 67 条至第 69 条对货物风险转移的时间作了如下具体规定。

1. 涉及运输的交货

在国际贸易中，"涉及运输"是一个专有概念。涉及运输的交货又可分为两种情况：卖方没有义务在指定地点交货；卖方必须在某一特定地点交货。

如果销售合同涉及货物的运输，但：(1) 卖方没有义务在某一特定地点（particular place）交付货物，自货物按照销售合同交付给第一承运人以转交给买方时起，风险就移转到买方承担。(2) 如果卖方有义务在某一特定地点把货物交付给承运人，在货物于该地点交付给承运人以前，风险不移转到买方承担。卖方授权保留控制货物处置权的单据，并不影响风险的移转。

应该注意的是，在货物以货物上加标记，或以装运单据，或向买方发出通知或其他方式清楚地注明有关合同以前，风险不移转到买方承担。也就是说，货物只有在特定化之后，风险才能转移。

2. 在途货物的交货

对于在运输途中出售（goods sold in transit）的货物，CISG 规定：(1) 对于在运输途中销售的货物，从订立合同时起，风险就移转到买方承担。(2) 但是，如果情况表明有此需要，从货物交付给签发载有运输合同单据的承运人时起，风险就由买方承担。尽管如此，如果卖方在订立合同时已知道或理应知道货物已经遗失或损坏，而他又不将这一事实告知买方，这种遗失或损坏应由卖方负责。

3. 不涉及运输的交货

在不属于上述两种情况下，从买方接收货物时起，或如果买方不在适当时间内这样做，则从货物交给他处置但他不收取货物从而违反合同时起，风险移转到买方承担。但是，如果买方有义务在卖方营业地以外的某一地点接收货物，当交货时间已到而买方知道货物已在该地点交给他处置时，风险方始移转。如果合同指的是当时未加识别的货物，则这些货物在未清楚注明有关合同以前，不得视为已交给买方处置。

案例[①]

POSITION OF THE PARTIES

[Buyer]'s position

On June 30 1995, [Buyer] and [Sellers] concluded letter agreement PTO－9502. In the letter agreement, [Seller] A is referred to as the seller, the object was frozen PTO

① See Rizhao Intermediate People's Court, Shandong Province; Ri Jingchuzi No. 29 (1997); China; 17. 12. 1999; see http://www.cisg.law.pace.edu; http://www.ccmt.org.cn.

shrimp, 203 boxes of Spec. 71/79 at the price of US $2.95/pound, 580 boxes of Spec. 91/110 at the price of US $2.75/box, and 717 boxes of Spec. 111/130 at the price of US $2.40/box. The total amount was 1 500 boxes of shrimp; the total price was US $103 562.86. The package standard was 6X2 kg per box; the internal and external packages were to meet the foreign trade standard. The time for lading was 15 July 1995; the lading place was China and the destination was Florida, U. S. A. A letter of credit [L/C] was to be used to pay the price. It was especially provided in the letter agreement that the quality of goods should meet U. S. sanitation and health standards, the color should be natural, the number of the intermediate granule should be correct, no extreme small specification, no chemical, and non short of weight. If the goods were refused admission to the United States by the US Food and Drug Administration [FDA], seller shall be obliged to return the price paid and compensate the cost of freight to ship the goods back and other relevant costs.

During the performance, the parties made an additional agreement on the quantities and unit prices of some of the goods with the total amount unchanged but the price changing to USD 106 328.51. [Buyer] set a L/C under the number of BNINYG - 100/83/95 and paid all the money. But, [Sellers] were in breach because the goods were denied by the FDA. [Buyer] applied for an FDA re-inspection; the result was the same. [Buyer] thus planned to return the goods to Qingdao according to the letter agreement. But the negotiation on the return of goods did not reach any solutions, and [Buyer] thus suffered a gross loss. [Buyer] asserted that the letter agreement is legal and valid, so it should be protected by law. [Buyer] claimed (1) the return of the money paid, which was US $103 562.86; (2) US $19 624.94 in damages (including foreseeable profits); (3) interest from 20 December 1995 (at the lending rate); (4) [Sellers] should bear the costs of suit; and (5) [Seller] B should be jointly and severally liable.

[Seller]'s position

In response, the two sellers argued that: (1) [Buyer] did not provide valid evidence to prove that the FDA had denied the entry of goods. Firstly, [Buyer] did not provide the original text of the denying documents of the FDA. The notarized documents provided by [Buyer] could not prove the facts of the said original inspection report kept by Li Dehai, nor could [Buyer] prove that the report that was notarized was a true photocopy of the original text. Secondly, the documents provided by [Buyer] were not complete in form: no seals on the margins of the key documents, errors in language, contents, time and scope, so these documents were forged. (2) [Sellers] never delayed in negotiation with [Buyer] on the return of the goods. It was completely due to [Buyer] acts that severely broke the normal rules. All of the costs and liabilities arising from the return to Qingdao should therefore be borne by [Buyer]. Based on the aforesaid, [Sellers] thus requested the court to dismiss [Buyer] claims.

OPINION OF THE COURT

After trial, the court found that in June 1995, [Buyer] entered into negotiation for the purchase of frozen PTO shrimp from [Seller] B and Rizhao Shijiu No. 2 Aquatic Products Refrigeration Factory, an independent legal entity owned by [Seller] A and the Chinese shareholder of [Seller] B. On 30 June, [Buyer] and [Seller] A concluded letter agreement PTO-9502 for frozen PTO shrimp as follows: 203 boxes of Spec. 71/79 at the price of US $2.95/pound, 580 boxes of Spec. 91/110 at the price of US $2.75/box, 717 boxes of Spec. 111/130 at the price of US $2.40/box. The total quantity was 1 500 boxes; the total price, US $103 562.86. The delivery term was C&F Tampa, Florida, U. S. A. The package standard was 6X2 kg per box. A letter of credit [L/C] was to be used to pay the price. It was expressly provided in the letter agreement that: the seller warrants that the quality of goods shall meet US sanitation and health standards, the color shall be natural, the number of the intermediate granules shall be correct, and there shall be no extreme small specifications, no chemicals, and no short of weight. If the goods are denied entry into the United States by the US Food and Drug Administration [FDA], seller shall be obliged to return the price paid (C&F) and compensate the cost of freight to ship the goods back and other relevant costs.

During performance, the parties made an additional agreement on the quantities and unit prices of some of the goods with the total amount unchanged and price still under the original letter of credit. [Seller] B delivered the goods in the name of [Seller] A after inspection by the Chinese Commodities Inspection Administration. [Seller] A issued the packing list and invoice to [Buyer] on 1 August 1995. [Buyer] paid the DDC cost (US $1 052) and the price (US $103 562.86).

On 23 August 1995, the frozen PTO shrimp reached the port of Long Beach in L. A., U. S. A.. The Importer who applied to customs was Great Five Oceans Inc., the entity to whom [Buyer] sold the goods. On the same day, the FDA, Department of Health and Human Services, Food and Drug Administration, seized the goods and issued a notification of seizing and hearing. The notification stated: accordance with 801 act (A) (3), the goods are denied entry to customs. If you desire to provide a report from a non-official professional laboratory as proof of demur, you must submit it to FDA directly by the lab within 10 days of the seizing. On the second day, FDA notified regarding the taking of a sample. On 5 September, Great Five Oceans Inc. gave the frozen PTO shrimp to Los Angles Cold Storage Company to store them. The storage company stored the PTO shrimp according to their specifications: Spec. 71/90 into No. 81216 stack, Spec. 91/110 into No. 81217 stack, Spec. 111/130 into No. 81218 stack. On 6 September, Great Five Oceans Inc. entrusted Michelson Laboratories Inc. to analyze the PTO shrimp. The lab took three boxes from Spec. 111/130 as samples and completed the analysis on 20 September. On 12 October 1995, the FDA sent its notification which stated: the lab found the goods under Spec. 111/130 had decayed; the goods are illegal, so how to deal with them? On 16 October, [Buyer] notified [Seller] B that FDA found the goods had decayed and had to be shut out and requested repayment of the price. On 19 October, [Seller] B asked [Buyer] to find a way to avoid shut out of the shrimp. On 12 October, [Buyer] sent a fax to [Seller] B that Spec. 111/130 PTO shrimp were far under the customs standard so that FDA decided to either shut them out or destroy them. The other two specifications were arranged for re-inspection. On the second day, [Seller] B refaxed that it did not want them to be shut out or destroyed and requested [Buyer] to handle it. On 27 October 1995, Great Five Oceans Inc. entrusted Michelson Laboratories Inc. to again analyze the other two specifications of PTO shrimp. Based on the report of 7 November, the FDA sent a notification again on 15 November that the PTO shrimp had decayed and inquired how to deal with them. In this notification, the FDA wrote the Spec. 91/110 into 111/130 in mistake and it sent a written notice to correct it. On 16 November, [Buyer] faxed [Seller] B that the FDA ordered the PTO shrimp to be shut out and returned to China and asked for the detailed address, name and the means of repayment. On November 20, [Seller] B refaxed that: If the case was true, it agreed to return the goods to Rizhao Aquatic Products Group with the address of seaport Road, the City of Rizhao, Shandong Province, China if it affirmed the goods returned were those delivered on 5 August and with the same quality and quantity, [Seller] B would repay by Telegraphic Transfer [T/T].

On 27 November 1995, the U. S. Treasury Department and Customs Service issued a notice of denial of entry which stated that the frozen PTO shrimp entering on 23 August 1995 and originating from China, the importer of which was Great Five Oceans Inc. and the producer of which was Rizhao Rirong Aquatic Products Ltd. Co. , the quantity was 1 500 boxes; that they did not conform to relevant laws so as to be denied entry and ordered them returned. On 29 November, [Buyer] notified [Seller] B of the contents of the official notice and requested it to repay by Sight L/C. On 11 December 1995, the Great Five Oceans Inc. issued invoices and packing list with the consignee to be Rizhao Aquatic Products Group. On 14 December 1995, under the supervision of officials of U. S. customs, the 1 491 boxes of frozen PTO shrimp (9 boxes excluded as samples) were loaded into frozen container and sealed by the officials of U. S. customs. North American Branch of China National Import & Export Commodities Inspection Corporation was also applied by [Buyer] to supervise the loading and issued a report which stated that the returning frozen PTO shrimp were originally provided by Rizhao Rirong Aquatic Products Ltd. Co. On 20 December 1995, Cosco Group received the container and issued a straight Bill of Lading [B/L], on which the consigner was the Great Five Oceans Inc. and consignee Rizhao Aquatic Products Group; and specially noted that the goods were returned to China directly under the permission of U. S. government to avoid any prohibiting provisions in U. S. laws.

On 4 January 1996, the frozen PTO shrimp arrived at Qingdao Harbor. China Qingdao

Ocean Shipping Agency then notified the two sellers and the Qingdao office of [Buyer] many times. On 18 January, [Seller] B faxed [Buyer] that it received the notice of the transporter, but without the original set of Bills of Lading it could not pick up the goods. [Buyer], however, requested [Seller] B to repay the Great Five Oceans Inc. to retire the documents. Thereafter, the two parties negotiated by fax several times and vis-vis in Qingdao on 27 January 1996, but no solution was reached. On 28 February, [Buyer] notified [Seller] B that the original set of B/L was obtained from the Great Five Oceans Inc. upon the surety provided by [Buyer] and requested [Seller] B to retire them. But [Seller] B insisted that [Buyer] should notarize the documents. On 25 April 1996, [Buyer] notified [Seller] B that the notarization and certification of all the documents dealing with the shut out was completed and requested it to negotiate with [Buyer] in seven days; otherwise [Buyer] would exercise its right to sue. In early May 1996, [Buyer] brought a suit before Qingdao North District People Court and later withdrew that suit. On 19 September, [Buyer] brought a lawsuit again before Qingdao Intermediate People Court. Upon the ruling of the Shandong High People Court on 20 January 1997, the case was in the jurisdiction of this court.

On 14 October 1996, China Qingdao Ocean Shipping Agency faxed [Seller] A that it had been a long time since the arrival of the goods, that the container fee had exceeded 300 000 Renminbi [RMB]. It requested [Seller] A to pick up the goods and pay the container fee; otherwise it would submit the goods to the Qingdao Customs. On 22 January 1997, Qingdao Custom Inspection Center seized the frozen PTO shrimp for the reason of time-exceeding non-application and handed them over to the Qingdao Customs Investigation Bureau to dispose of them. The latter on 15 April 1997 had them sold and obtained 143 500 RMB, which was turned over to the Treasury because no one claimed its ownership for more than one year since the shrimp were sold.

In addition, the court found that the freight cost for returning the frozen PTO shrimp was USD 5 752, [Buyer] foreseeable profit on this transaction was USD 3 425. 38, the supervision fee on loading was USD 300; and the cost of consular certification was USD 35. Meanwhile, the frozen PTO shrimp returned consisted of 1 491 boxes at the cost price of USD 81 344. 58.

The evidences to the aforesaid finding are: the affirmative letter of agreement, the discharging bill of exporting goods, documents of commodities inspection, invoices, packing lists, faxes, automatic seizing notification, sampling notification, storage bill, report of sampling and test, notice, answering letter of the cold storage warehouse, explanation of the lab, explanation of the FDA, notification of shut out, report of supervision on the loading, B/L, manifest, certificate of Qingdao Customs, receipt of payment of fees, certification report on price, notes of investigation and the statements of the parties.

During the trial, Qingdao Intermediate People Court on 18 October 1996 sealed up a 4 000 tons cold storage workshop of [Seller] B.

The court holds that the affirmative letter agreement between [Buyer] and [Seller] A and the partial modification on it by [Seller] B were legal and valid. Upon the denial of entry by the FDA after inspecting the goods, [Buyer] was entitled to return the PTO shrimp and obtain the money paid and other relevant costs, foreseeable profits and interest included. When the frozen PTO shrimp arrived at Qingdao, the two sellers were obliged to receive them. Though the sellers had reasons to request the original documents of inspection and shut out, the sellers shall bear certain liability because they did not repay to retire the documents with suspicion on the documents and did not take other positive measures to avoid the losses to the PTO shrimp value. [Buyer], in accordance with the CISG, was entitled to keep the goods, but at the same time it also had the obligation to preserve them. [Buyer] was neither the consignee nor the consigner on the B/L, but it held them for a long time. In the situation in which it could not get repaid in this way and had brought a suit, [Buyer] did not take reasonable measures and just let the losses grow until the value of the PTO shrimp was nearly extinguished. [Buyer] shall therefore bear the main responsibility for this. The two sellers shall, jointly and separately, bear the returning costs and damages of [Buyer]. The claim of [Buyer] for compensation of price and damages is supported by the court, but interest shall be not calculated since 20 December 1995, but since seven days after 25 April 1996, i. e. , 3 May 1996. The response of Sellers that [Buyer] should bear the responsibility of the losses after the return of the PTO shrimp is also adopted by the court.

HOLDING OF THE COURT

Pursuant to articles 18, 19, 22, 23 of the Law of the People's Republic of China on Economic Contracts Involving Foreign Interests, article 6 paragraph 1 of the Supreme Court Answer on Some Problems of Application of the Law of the People's Republic of China on Economic Contracts Involving Foreign Interests, and article 86 (1) and article 88 of the CISG, the court hereby decides:

In ten days as of the effective date of this judgment, the two sellers shall repay [Buyer] USD 110 701. 86 (USD 103 562. 86 price, USD 1 052 DDC fee, USD 5 752 freight, USD 300 supervision of loading, USD 35 certification fee) and interest since 3 May 1996 until the actual repayment day at the rate of the contemporary US dollar lending rate provided by the China People Bank.

In ten days as of the effective date of this judgment, the two sellers shall compensate [Buyer] USD 3 425. 80 for loss of foreseeable profit.

[Buyer] shall bear 70% of the losses of the value of the returned PTO shrimp, i. e. , USD 56 941. 21, which shall be paid to the two sellers in ten days as of the effective date of this judgment.

After set-off of the aforesaid items 1 and 2, 3, the two sellers shall pay [Buyer] USD 57 186. 45 and interest based on the principal of USD 110 701. 86 since 3 May 1996 until the actual repayment day at the rate of the contemporary US dollar lending rate provided by the China People Bank in ten days as of the effective date of this judgment.

Suit acceptance fee 15 510 RMB, preservation fee 6 030 RMB, consulting fee of certification on price 2 800 RMB, other lawsuit fee 1 200 RMB. These fees summed up amount to 25 540 RMB. [Buyer] shall bear 12 770 RMB and the two sellers shall bear 12 770 RMB.

If any of the parties is not convinced in this judgment, [Buyer] may within 30 days after the arrival of the judgment and sellers may within 15 days after the arrival of the judgment, submit a petition for appeal and copies corresponding to the number of the other party to the court and appeal before the Shandong High People Court.

QUESTIONS FOR DISCUSSION

1. What is the relationship between seller A and seller B?
2. Do you agree with the court's decision?

本章小结

1. 国际贸易的主要活动是国际货物买卖，因此，国际货物买卖法是国际贸易法的重要组成部分。
2. 国际货物买卖统一法有国际货物买卖公约和国际货物买卖惯例。其中，影响最大的国际货物买卖公约是《联合国国际货物买卖合同公约》，影响最大的国际货物买卖惯例是《国际贸易术语解释通则》。国际货物买卖惯例的最大特点是，经国际货物买卖合同当事人援用才具有法律效力。
3. 《国际贸易术语解释通则®2010》由国际商会编纂，它对国际货物买卖中的 11 种贸易做法进行了解释。这 11 种贸易术语按运输方式不同被分为两大类，其中 FOB、CIF、CFR 在进出口贸易中应用最为广泛。《国际贸易术语解释通则®2020》对其作了为数不多的修改。
4. CISG 由联合国国际贸易法委员会主持制定，1988 年生效。截至 2020 年 12 月 24 日，公约共有 96 个成员国。现已有九十多个国家加入。该公约主要规范了国际货物买卖合同的成立（要约和承诺）、国际货物买卖合同的履行（买卖双方义务、违约救济、货物风险转移等）。

QUESTIONS AND COMMENTS

1. On what conditions shall CISG apply to a contract of sale of goods?
2. What reservations did China make on entering into the CISG?
3. Compare CIF and FOB in terms of allocation of risks and costs.
4. How do you know an international sale of goods contract has been formed?
5. In case of default by either party to an international sale of goods contract, what remedies are the other party entitled to in accordance with CISG?
6. When will the risks pass from the seller to the buyer according to the provisions of CISG? What is meant by saying that the risks in goods have passed to the buyer?

第三章 国际货物运输法

提要

国际货物运输（international carriage of goods）是国际服务贸易的一种，它是指将货物从一国运送到另一国的行为。因此，运输的货物是否作跨国移动是货物运输国际性的判断标准。根据运输工具的不同，可以将国际货物运输方式（means of international carriage of goods）分为国际海上货物运输（international carriage of goods by sea）、国际航空货物运输（international carriage of goods by air）、包括铁路（rail）和公路（road）运输在内的国际陆上货物运输（international carriage of goods by land）以及国际货物多式联运（international multimodal transport of goods）等。国际货物运输法就是调整货物跨越国境（cross international frontier）运输的法律规范的总和。

重点问题

- ❑ 国际货物运输方式
- ❑ 国际海上货物运输方式
- ❑ 提单的概念和作用
- ❑ 提单的种类
- ❑ 有关提单的国际公约及其特点
- ❑ 海运承运人责任制度
- ❑ 租船合同的类型
- ❑ 关于国际航空运输的国际公约
- ❑ 国际航空货物运输承运人的责任制度

- ❑ 关于国际铁路运输的国际公约
- ❑ 国际铁路货物运输承运人的责任制度
- ❑ 关于国际货物多式联运的国际公约
- ❑ 国际货物多式联运经营人的责任制度

第一节 国际海上货物运输法律制度

一、国际海上货物运输的含义

由于国际海上货物运输货运量大、价格便宜、安全便利，国际海上货物运输成为国际货物运输的主要方式。虽然有关国际海上货物运输的国际规则没有直接定义“国际海上货物运输”（international carriage of goods by sea），但从其规定可以看出，海上货物运输国际性（internationality）的判断标准是所运输货物是否从一国港口（port）运送到另一国港口。例如，《汉堡规则》第 2 条规定：“本公约的规定适用于两个不同国家间的一切海上运送合同……”《维斯比规则》第 5 条规定：“本公约第十条应改为下列规定：本公约各项规定，应适用于在两个不同国家港口之间的与货物运输有关的每一提单……”

二、国际海上货物运输方式

国际海上货物运输分为班轮运输和租船运输两种方式。

（一）班轮运输

班轮运输（liner service）又称定期船运输，它是指船舶按照固定的航线和预先公布的船期表，在固定港口之间运送货物的运输。班轮运输适合于货流稳定、货种多、批量小的杂货运输。

最早的班轮运输是 1818 年美国黑球轮船公司开辟的纽约到利物浦的定期航线，运输工具为帆船，除运送海外移民外，还运送邮件和货物。1924 年，英国开辟了伦敦—汉堡—鹿特丹之间的班轮航线，运输工具为蒸汽机船。到 19 世纪 40 年代，航线又扩展到中东、远东和澳大利亚。此后，日本、德国、法国等轮船公司也开始经营班轮运输。中国于 19 世纪 70 年代开始沿海和长江的班轮运输；于 20 世纪初，在长江和其他内河开展班轮运输。1961 年，中国远洋运输总公司成立，开始建立中国远洋运输船队和国际班轮航线。

班轮运输分为两种形式：（1）正规班轮运输，即指定船舶严格按照预先公布的船期表（sailing schedule）和航线航行，抵港和离港时间固定，故也称定线定期班轮运输、定期定港班轮运输或定期定线定船班轮运输，这是班轮运输的主要形式。（2）非正规班轮运输，指不定期、不定港、不定船的定线班轮运输，除固定的几个港口外，其余港口视货源情况而决定是否停靠，事先不能编制一定期间的船期表。

（二）租船运输

租船运输（charter）也称为不定期船运输（tramp service），它没有既定的船期表，也没有固定的航线，而是按照租船运输合同的约定组织货物运输，确定出租方和承租方双方的权利和义务。租船运输特别适合于大宗散货（如粮食、化肥、石油、煤炭、矿砂、钢材和木材等）的整船运输。

租船运输分为以下三种形式。

1. 航次租船运输（voyage charter）

也称“程租”，是指船舶出租人向承租人（charterer）提供船舶或者船舶的部分舱位，装运约定的货物，在指定港口之间进行一个或多个航次，运输指定货物，由承租人支付约定运费的运输。航次租船运输是租船运输中常见的经营方式，其具体特点是：（1）出租人按照装载货物的数量或按船舶吨位的总和计收运费；（2）出租人负责配备船长、船员，负担船员工资、补贴、伙食费等；（3）出租人负责营运安排及调度工作，并负担船舶的燃料费、维修费、港口使用费、淡水费、物料费等营运费用。

根据所租航次，航次租船又可分为：（1）单航次程租（single voyage charter），指只租一个航次的租船运输。船舶所有人负责将指定货物由一个港口运往另一个港口，货物运到目的港卸货完毕后，航次租船合同即告终止。（2）来回航次租船（round voyage charter），指承租往返航次的租船运输。承租船舶在完成一个单航次后，紧接着在上一航次的卸货港（或其附近港口）装货，驶返原装货港（或其附近港口）卸货，卸货完成后，航次租船合同即告终止。（3）连续航次租船（consecutive voyage charter），指承租连续完成几个单航次或几个往返航次的租船。当同一载货船舶，在同方向、同航线连续完成规定的两个或两个以上的单航次或往返航次后，航次租船合同才告结束。

2. 定期租船运输（time charter）

也称“期租”，是指船舶出租人向承租人提供约定的由出租人配备船员的船舶，由承租人在约定的期间内，按照约定的用途使用并支付租金的运输。在承租期限内，船舶燃料费、港口费用以及拖轮费用等营运费用，由租船人负担，船东只负责船舶的维修、保险、配备船员和供给船员的给养和支付其他固定费用。

3. 光船租船运输（demise charter/bareboat charter）

光船租船是一种比较特殊的租船方式，是指船舶出租人向承租人提供不配备船员的船舶，在约定的期间内由承租人占有、使用和营运，并向出租人支付租金的租船运输。由此可见，虽然光船租船也是按一定的期限租船，但与定期租船不同的是，船东不提供船员，只将船舶本身交给租船人使用，由租船人自行配备船员，负责船舶的经营管理和航行的各项事宜。

三、提单

在班轮运输中，提单是确定承运人、托运人、收货人之间关系的重要法律文件。因此，班轮运输也称提单运输。

（一）提单的概念

《海牙规则》和《维斯比规则》没有对“提单”（bill of lading，B/L）给予定义。而《汉堡规则》和中国《海商法》则有明确规定。《汉堡规则》第1条规定：“‘提单’是指一种用以证明海上运输合同和货物由承运人接管或装船，以及承运人据以保证交付货物的单证。单证中关于货物应交付指定收货人或按指示交付或交付提单持有人的规定，即构成了这一保证。”[①] 中国《海商法》第71条规定了与《汉堡规则》几乎相同的定义：“提单，是指用以证明海上货物运输合同和货物已经由承运人接收或者装船，以及承运人保证据以交付货物的单证。提单中载明的向记名人交付货物，或者按照指示人的指示交付货物，或者向提单持有人交付货物的条款，构成承运人据以交付货物的保证。”

（二）提单的签发

1. 签发人与签发时间、地点和份数

《海牙规则》第3条第3款规定：“承运人、船长或承运人的代理人在收到货物由其掌管之后，应按托运人的要求，向托运人签发提单。”《汉堡规则》第14条规定：“1. 当承运人或实际承运人接管货物时，应托运人的要求，承运人必须给托运人签发提单。2. 提单可以由承运人授权的人签字。提单由载运货物船舶的船长签字应视为代表承运人签字。”中国《海商法》第72条规定：“货物由承运人接收或者装船后，应托运人的要求，承运人应当签发提单。提单可以由承运人授权的人签发，提单由载货船舶的船长签发的，视为代表承运人签发。”

从上述规定可以看出，提单应由承运人（carrier）或承运人授权的人签发。签发时间应在收到托运货物或托运货物装船之后。具体而言，提单的签发日（date of issue）通常为收到全部货物的日期或货物实际装船完毕日。提单的签发地点即为收到货物的地点或装运港口（port of lading）所在地。

提单分正本和副本两种。正本通常有2份以上，印有“Original”字样，同时注明：“承运人或其代理人已签署本提单一式×份，其中一份完成提货手续后，其余各份失效。”因此，当承运人凭其中一份正本提单交付货物后，其余正本提单均失去效力。提单副本（copy bill of lading）是应托运人或承运人的需要签发的，印有“Copy”字样，份数随需要而定，副本上无承运人签字，因此不具有法律效力，不能作为提货凭证。

2. 倒签提单和预借提单

如果货物的实际装船日期超过了合同或信用证规定的交货期限，卖方为了逃避买卖合同中的延迟交货违约责任，通常通过签发保函，要求承运人将提单签发日倒回到合同或信用证规定的交货期限内，此做法称为“倒签提单”（anti-date B/L）。

预借提单（advanced B/L）是指货物已处于承运人管理下，因故未能装船或已开始装船但尚未结束，由于信用证装船日期和交单结汇日期均已到期，经托运人请求而即时签发的提单。

从性质而言，无论是倒签提单还是预借提单，均属于欺诈行为，签发倒签提单或预借提单的承运人应承担相应的法律责任。值得注意的是，《海牙规则》、《维斯比规则》和中国《海商法》对倒签提单和预借提单问题均没有作出明确规定。

（三）提单的作用

根据提单的定义，提单具有以下作用。

---

① Article 1：7.“Bill of lading” means a document which evidences a contract of carriage by sea and the taking over or loading of the goods by the carrier，and by which the carrier undertakes to deliver the goods against surrender of the document. A provision in the document that the goods are to be delivered to the order of a named person，or to order，or to bearer，constitutes such an undertaking.

1. 提单是托运人与承运人签订海上运输合同（contract of carriage by sea）的凭证

提单的签发时间是在承运人接收货物或将货物装船之后。因此，在班轮运输中，如果托运人与承运人之间已事先就货物的运输订有货运协议，如订舱单（booking note）、托运单等，提单就是双方已经订立海上货物运输合同的证明。例如，“the Ardennes”一案中，法官对提单与运输合同的关系作了明确阐述（见案例）。但是，如果托运人与承运人事先没有订立货运协议，则提单就成为双方之间订立的运输合同。当托运人将提单通过背书转让给第三人（如收货人）时，在承运人和第三人之间，提单就是承运人和收货人之间的运输合同。

案例①

Carriage of goods by sea-Deviation resulting in delay in arrival-Loss of market-Increase in import duty-Measure of damages-Agreed term at variance with bill of lading-Admissibility of evidence of true contract-Collateral warranty-Shipment of mandarines by plaintiffs from Carthagena to London in defendants' steamship-Oral promise by ship's agent that ship would proceed direct to London-Parties aware of importance of arrival by specified date, and that delay would result in increased import duty and loss of market- "Received for shipment" bill of lading issued by defendants containing clause that: The owners are to be at liberty to carry the said goods to their port of destination, by the above or other steamer, or steamers, ship or ships or railway, either belonging to themselves or to other persons, proceeding by any route, and whether directly or indirectly to such port, and in so doing to carry the goods beyond their port of destination, and so tranship or land and store the goods either on shore or afloat and reship and forward the same at the owner's expense but at merchant's risk.

Ship ordered by owners to proceed first to Antwerp-Late arrival at London, resulting in plaintiffs having to pay increased import duty and loss of market-Admissibility of evidence of promise made by ship's agent that ship would proceed direct to London-Delivery of mandarines taken by plaintiffs on arrival, freight being paid-Whether evidence of waiver of plaintiffs' claim-Matters to be taken into account in assessing damages for loss of market.

Held, that a bill of lading was not itself the contract between the shipowner and the shipper of goods, though it provided excellent evidence of its terms, and that evidence was admissible of the promise by the ship's agent that the ship would proceed direct to London (further, that promise amounted to a warranty); the fact that plaintiffs had taken delivery and paid freight did not amount to a waiver of their claim to damages; and as the shipowners were aware that the earlier the mandarines arrived the better would be the price, plaintiffs were entitled as damages to an amount represented by the increase in the import duty plus an amount calculated on the estimated market value had the ship proceeded to London direct.

---

① See "The Ardennes", King's Bench Division; June 27, 28, 29, 1950. Also see Lloyd's Law Reports, [1950], vol. 84.

2. 提单是承运人从托运人处收到货物的凭证

在班轮运输中，有权签发提单的是承运人或承运人授权的人。托运人（shipper）将货物交给承运人后，承运人即应签发提单，证明承运人按提单上所列内容收到了货物，日后将按提单所载内容承运货物并向收货人（consignee）交付货物。

如果承运人或代其签发提单的其他人确知或有合理的根据怀疑提单所载有关货物的品类、主要标志、包数或件数、重量或数量等项目没有准确地表示实际接管的货物，或在签发"已装船"提单的情况下，没有准确地表示已实际装船的货物，或者无适当的方法来核对这些项目，承运人或该其他人必须在提单上作出保留，注明不符之处、怀疑根据或无适当的核对方法。如果承运人或代其签发提单的其他人未在提单上批注货物的外表状况，则应视为其已在提单上注明货物的外表状况良好。除就有关项目和其范围作出许可的保留以外，提单是承运人接管或当签发"已装船"提单时，装载提单所述货物的初步证据；如果提单已转让给相信提单上有关货物的描述而照此行事的包括收货人在内的第三方，则承运人提出与此相反的证据不予接受。①

3. 提单是代表货物权利的凭证②

承运人在收到货物并签发提单之后，负有在目的港向正本提单持有人（bearer）交付货物的义务。谁持有正本提单，谁就有权提取货物。作为权利凭证，提单可以进行买卖和自由转让。在 Barclays Bank，Ltd. v. Commissioners of Customs and Excise 案件中，法官阐明了提单的这一作用。

案例③

Consignments of washing machines purchased by B. E. Co.，delivery against acceptance of bills of exchange-Goods shipped from Rotterdam to Cardiff under bills of lading to order of shippers-Bills of lading providing（*inter alia*）：All goods consigned to "Order" will be delivered upon the quay or into lighter or warehoused at the option of the Ship-owners or Agents of the Steamer such delivery（subject to the Ship-owner's lien for freight and charges if any）to be for account and risk and expense of the Shippers Consignees or Owners of the goods...This Bill of Lading duly endorsed to be given in exchange for delivery order if required...

Bills of lading and invoices handed to B. E. Co.，after acceptance of bills of exchange-Goods discharged into B. T. C. warehouse at Cardiff on Feb. 18，1961，and held to order of shipowners-Shipowners' charges under bills of lading paid by B. E. Co.-Goods pledged by B. E. Co. with plaintiff Bank on June 2，1961，bills of lading and invoices being lodged at Bank-Shipowners unaware of Bank's interest in bills of lading until July，1961 - Judgment

---

① 参见《汉堡规则》第 16 条。

② Document of Title to Goods，中文习惯译作货物所有权凭证，但其实际含义更广，包括任何提单，码头仓单，仓库管理人的证明，交货授权书或命令，以及在普通业务运作中对货物占有或控制的任何其他文件，或任何以背书或支付方式授权或旨在以这种方式出示的文件。文件的占有人能以这种方式转让或接收货物的文件。其基本特征是，权利随着单据走（the right travels with the document）。参见 R. Goode，*Commercial Law*，Penguin Books London，2nd Yedn.，1995，p. 55.；英国 1889 年《代理商法》，1979 年《货物买卖法》第 61 条定义。

③ Barclays Bank，Ltd. v. Commissioners of Customs and Excise；Queen's Bench Division（Commercial Court）；Jan. 14，15，16，1963. Also see Lloyd's Law Reports，[1963]，vol. 1.

obtained by defendant Customs and Excise against B. E. Co. on Aug. 22, 1961, for arrears of purchase tax on goods-Sept. 9, writ of *fi. fa.* issued-Delivery orders issued by shipowners to Bank on presentation of bills of lading by Bank on Sept. 28 - Possession of goods taken by sheriff at 3 p. m. on Sept. 29 - Dock warrants issued by B. T. C. to Bank on presentation of delivery orders at 5 p. m. on Sept. 29 - Interpleader action by sheriff-Allegation by Bank that goods were not available for seizure because title in goods was vested in Bank from June 2, 1961 - Contention by Customs and Excise that Bank had no title to goods in that bills of lading ceased to be documents of title, by indorsement and delivery of which rights of property in goods could be transferred, when contract of carriage was completed and person entitled to property in, and possession of, goods, held bills of lading indorsed to him or in blank.

Held, by DIPLOCK, L. J., that, so long as contract of carriage was not discharged, bills of lading remained documents of title by indorsement and delivery of which rights of property in goods could be transferred; that, in this case, contract of carriage had not been discharged on June 2, 1961, and goods were in constructive possession of shipowners (being held by B. T. C. on shipowners' behalf); that shipowners were under no obligation to surrender their constructive possession, except on production of bills of lading, and no bill of lading had been produced; and that therefore, bills of lading were, at all material times, effective documents of title for the goods by deposit of which to Bank a valid pledge of goods could be made-Judgment for Bank.

Barber v. Meyerstein, (1870) L. R. 4 H. L. 317; (1866) L. R. 2 C. P. 38, considered.

Per DIPLOCK, L. J. (at p. 88): The contract for the carriage of goods by sea, which is evidenced by a bill of lading, is a combined contract of bailment and transportation under which the shipowner undertakes to accept possession of the goods from the shipper, to carry them to their contractual destination and there to surrender possession of them to the person who, under the terms of the contract, is entitled to obtain possession of them from the shipowners. Such a contract is not discharged by performance until the shipowner has actually surrendered possession (that is, has divested himself of all powers to control any physical dealing in the goods) to the person entitled under the terms of the contract to obtain possession of them.

So long as the contract is not discharged, the bill of lading, in my view, remains a document of title by indorsement and delivery of which the rights of property in the goods can be transferred. It is clear law that where a bill of lading or order is issued in respect of the contract of carriage by sea, the shipowner is not bound to surrender possession of the goods to any person whether named as consignee or not, except on production of the bill of lading...

（四）提单的内容

提单是一种标准格式文件，通常是由承运人自己拟定的。提单通常包括正面内容和背面内容。正面内容主要载明与货物有关的事项，背面内容主要载明承运人的权利义务。承运人在拟定时要遵守相关法律和规则的规定。

《海牙规则》规定了提单应载明的内容，但与《汉堡规则》相比，其要求的事项非常简单。《海牙规则》第 3 条第 3 款规定："承运人或船长或承运人的代理人在收受货物归其照管后，经托运人的请求，应向托运人签发提单，其上载明下列各项：(a) 与开始装货前由托运人书面提供者相同的、为辨认货物所需的主要唛头，如果这项唛头是以印戳或其他方式标示在不带包装的货物上，或在其中装有货物的箱子或包装物上的，则该项唛头通常应在航程终了时仍能保持清晰可认。(b) 托运人用书面提供的包数或件数，或数量，或重量。(c) 货物的表面状况。"

《汉堡规则》第 15 条第 1 款专门规定了提单的 15 项内容："除其他事项外，提单必须包括下列项目：(a) 货物的品类，辨认货物必需的主要标志，如属危险品，对货物的危险特性所作的明确说明，包数或件数及货物的重量或以其他方式表示的数量等，所有这些项目均由托运人提供；(b) 货物的外表状况；(c) 承运人的名称和主要营业所；(d) 托运人的名称；(e) 如托运人指定收货人时，收货人的名称；(f) 海上运输合同规定的装货港及承运人在装货港接管货物的日期；(g) 海上运输合同规定的卸货港；(h) 如提单正本超过一份，列明提单正本的份数；(i) 提单的签发地点；(j) 承运人或其代表的签字；(k) 收货人应付运费金额或由收货人支付运费的其他说明；(l) 第二十三条第 3 款所提到的声明；(m) 如属舱面货，货物应该或可以装在舱面上运输的声明；(n) 如经双方明确协议，应列明货物在卸货港交付的日期或期限；和 (o) 按照第六条第 4 款规定，协议的任何增加的赔偿责任限额。"

中国《海商法》借鉴了《汉堡规则》的规定，但规定的事项少于《汉堡规则》。该法第 73 条规定："提单内容，包括下列各项：(一) 货物的品名、标志、包数或者件数、重量或者体积，以及运输危险货物时对危险性质的说明；(二) 承运人的名称和主营业所；(三) 船舶名称；(四) 托运人的名称；(五) 收货人的名称；(六) 装货港和在装货港接收货物的日期；(七) 卸货港；(八) 多式联运提单增列接收货物地点和交付货物地点；(九) 提单的签发日期、地点和份数；(十) 运费的支付；(十一) 承运人或者其代表的签字。提单缺少前款规定的一项或者几项的，不影响提单的性质；但是，提单应当符合本法第七十一条的规定。"

(五) 提单的种类

1. 已装船提单和收货待运提单

该种分类根据货物是否已经装船划分。已装船提单（shipped B/L 或 on board B/L）是指在货物装船以后，承运人签发的载明船名及装船日期的提单。收货待运提单（received for shipment B/L）主要适用于集装箱运输，是承运人在收取货物以后，实际装船之前签发的表明货物已收管待运的提单。

根据《跟单信用证统一惯例》(600 号，简称 UCP 600) 第 20 条 (a) 的规定，银行将接受注明货物已发运、接受监管或已装载的运输单据，不论其称谓如何。但如信用证特别要求已装船提单，则卖方必须提供已装船提单。实践中，托运人需要在装货后通过要求承运人在收货待运提单上加注船舶名称和装船日期的方法将其变为已装船提单。

2. 清洁提单和不清洁提单

该种分类根据提单上是否有批注划分。UCP 600 第 27 条规定，清洁提单（clean B/L），是指未载有明确宣称货物及（或）包装有缺陷的附加条文或批注者。不清洁提单（unclean B/L

或 foul B/L)，是指附有该类附加条款或批注的提单。应当注意的是，有下列批注的，不能算不清洁提单：(1) 批注仅是对货物质量或包装情况的客观描述，未表示有不满意的情况，如东北大豆500吨，旧麻袋装。(2) 批注表明承运人对货物的内容、数量、质量、特性等不详。(3) 批注表明承运人对包装或货物特性引起的损失概不负责。

在国际贸易实践中，银行或买方或提单的受让人只接受已装船清洁提单。UCP 600 明确规定，银行只接受清洁运输单据。此外，不清洁提单也难以作为物权凭证自由转让。

3. 记名提单、不记名提单和指示提单

该种分类根据收货人抬头划分。记名提单 (straight B/L)，指托运人指定特定人为收货人的提单。这种提单不能通过背书方式转让，故也称作“不可转让提单”。不记名提单 (open B/L)，指托运人不具体指定收货人，在收货人一栏只填写“交与持票人”(To bearer) 字样，故又称作“空白提单”。这种提单不经背书即可转让，凡持票人均可提取货物，因此在国际贸易中因风险太大而很少使用。指示提单 (order B/L)，是指托运人在收货人栏内填写“凭指示”(To order) 或“凭某人指示”(To order of...) 字样。指示提单通过背书可以转让，故又称作“可转让提单”，在国际贸易中得到普遍使用。

4. 直达提单、转船提单或联运提单和多式联运单据（或提单）或联合运输单据

该种分类按照运输方式划分。直达提单 (direct B/L) 是承运人签发的，货物直接从装运港运往目的港的提单。转船提单和联运提单在本质上并无不同，转船提单 (transhipment B/L 或 through B/L) 指允许货物中途换船的提单；联运提单 (combined transport document or B/L 或 multimodal transport document or B/L) 指货物由海运和另一种或两种以上不同方式，如海陆、海空、海陆空等方式运输的提单。转船提单或联运提单均由船公司签发并承担全程责任，因此在性质上两者并无不同。

值得注意的是联运提单与联合运输单证或多式联运单证的关系：二者的相同之处在于都使用至少两种不同的运输方式，将货物从一国运往另一国；不同之处则在于联运提单的签发人一定是船公司或其代理人，而后者虽是由联合运输经营人签发的，但其签发人并不一定是船公司。如该联合运输经营人是船公司或其代理人，并注明货物于某日已装船，则可用联合运输提单代替联运提单。

5. 运费预付提单和运费到付提单

该种分类按运费支付时间划分。运费预付提单 (freight prepaid B/L) 指托运人在装货港提交货物时即支付运费，承运人在提单中载明“运费付讫”。CIF 和 CFR 合同中要求运费预付提单。运费到付提单 (freight payable at destination B/L) 指货物到达目的地，托运人或收货人支付运费，提单上载明“运费到付”。

6. 租船提单

租船项下的提单称为租船提单 (charter party B/L)。其性质和作用依租船人的身份不同而异。当租船人运送的是自己的货物时，船东签发的提单起证据的作用，提单要服从租船合同的约束。租船人（即托运人）与船东（承运人）双方的权利义务以租船合同为准。当租船人以承运人的身份接受第三者即托运人的货物并签发自己的提单时，其性质和班轮运输提单一样，适用《海牙规则》的规定。承运人与托运人、提单持有人、收货人的权利义务以提单为准，但船东与租船人的权利义务以租船合同为准。

四、有关提单的国际公约

目前，国际上，调整班轮运输的国际公约有4个：《海牙规则》、《维斯比规则》、《汉堡规则》和《鹿特丹规则》。其中《海牙规则》、《维斯比规则》和《汉堡规则》目前已经生效。我国不是这三个公约的缔约国，但1993年7月1日开始实施的中国《海商法》关于海上货物运输的规定以《海牙规则》《维斯比规则》为基础，并适当吸收了《汉堡规则》的某些规定，因此，这三个公约对我们了解国际海上货物运输法律具有重要意义。对于尚未生效的，联合国国际贸易法委员会制定的《鹿特丹规则》，本节只作简单介绍。

（一）《海牙规则》

1.《海牙规则》的制定

《海牙规则》（Hague Rules）全称为1924年《统一提单的若干法律规则的国际公约》（International Convention for the Unification of Certain Rules of Law Relating to Bills of Lading），于1924年8月25日在布鲁塞尔签订，于1931年6月2日生效。我国没有加入该公约，但于1993年7月1日实施的中国《海商法》和我国航运公司制订的提单中则借鉴和采纳了《海牙规则》中关于承运人责任和豁免的大部分规定。

《海牙规则》是海上货物运输，特别是班轮运输中的一个十分重要的公约。19世纪末，世界海上航运业迅速发展，以英国航运为代表的船舶所有人，利用手中雄厚的航运资本以及法律的“契约自由”原则，在自己制订的海运提单中任意加进许多免责条款，使力量弱小的货方（merchant）利益失去保障。特别是提单作为一种物权凭证具有可以自由转让的特性，名目繁多的免责条款往往限制或阻碍了提单的转让，由此影响了国际贸易和海上运输的发展。1893年，美国通过了《哈特法》（Harter Act），明确规定了海运承运人应尽的义务和对其的豁免，并规定，提单中任何免除承运人应尽义务的条款无效。《哈特法》的制定有效地保护了美国货主的利益。其他海运国家起而效仿，如澳大利亚1904年《海上货物运输法》、加拿大1910年《水上运输法》。为了缓和船方和提单中各利害关系人之间日益尖锐的矛盾，1921年国际法协会（International Law Association）所属海洋法委员会在海牙召开会议，拟定了《海牙规则草案》，并于1924年在布鲁塞尔正式通过了《海牙规则草案》，签订了《统一提单的若干法律规则的国际公约》。

《海牙规则》共有16条，主要规定了承运人的最低限度责任与义务、权利与豁免、责任起讫、最低赔偿限额、托运人义务以及索赔与诉讼时效等。客观而言，《海牙规则》使货方的利益得到一定保障，在一定程度上缓解了船方和货方的矛盾。在其生效后的七十多年里，许多国家加入了该公约，或在其航运公司制订的提单中采纳了《海牙规则》的规定，据以确定承运人在货物装船、收受、配载、承运、保管、照料和卸载过程中应承担的责任与义务以及享有的权利和豁免。

2. 承运人承担的责任（liability of a sea-carrier）

《海牙规则》第3条规定了承运人必须履行的如下最低限度责任：“1. 承运人应当在开航之前和开航当时，谨慎处理：(a) 使船舶适航；(b) 妥善地配备船员、装备船舶和配备供应物品；(c) 使货舱、冷藏舱和该船其他载货处所适合于并能安全地收受、运送和保管货物。2. 除第4条另有规定外，承运人应当妥善而谨慎地装载、搬运、积载、运送、保管、照料和卸下所运货物……”[①] 根据这一规定，凡是在班轮运输合同中约定解除或减轻承运人依《海牙规则》承担上述责任义务的条款一律无效。

概括而言，承运人承担如下责任。

(1) 船舶适航责任（ship seaworthy)。承运人须在开航前和开航时（before and at the beginning of the voyage）谨慎处理（due diligence)，以使船舶适航。

广义的“船舶适航”，是指船舶在各方面都要满足预定航线航行的需要。具体包括以下三项内容：1）船舶适于航行。狭义的“船舶适航”是指船体强度、结构、设备及性能等都应满足在预定航线上安全航行的需要。实践中，船舶具备适航证书并不能在法律上证明船舶适航。它取决于船舶在航行中是否能够抵御海上航行中通常所具有的一般风险，达到安全航行的标准。2）船员的配备、船舶装备和供应适当。船员配备适当，指船员在个人素质、资格、人数上都能满足特定航行的要求。例如，船员要具备适合海上航行的健康体魄，取得行使其职能的有效的职务证书。此外，船上要备齐海上航行中应当具备的一定数量的船员等。船舶装备适当，指船上设备齐全，安全可靠，备齐海上航行必需品、不能缺少的雷达、仪器、仪表。海图等航海资料应是最新的，准确无误的。船舶供应适当，指带足海上航行中必不可少的燃料动力、食品药物、淡水等供应品，并在开航前将中途补给的来源和地点一一落实。3）船舶要适货（ship cargoworthy)。货舱、冷藏舱及其他载货处能适宜、安全地收受、运送和保管货物。货舱的消毒、冷藏或排水、通风等要适应所载货物的安全运送和保管。其具体含义有：在开航前与开航时船舶适于航行；船员的配备、船舶装备和供应适当；船舶要适合货物的安全运送和保管。

按照《海牙规则》和我国《海商法》的规定，船舶适航与否，是以开航前和开航时的这段时间为标准的，不包括航行中或到达目的地时是否适航。《海牙规则》并不要求承运人承担开航后乃至到达目的地以前整个航程中船舶适航的责任。根据判例，所谓开航前和开航时是指在装运港从装货开始至起锚之时的整个期间。

《海牙规则》要求承运人恪尽职守，保证船舶适航。根据判例，这一义务不仅适用于承运人本人，也适用于他所雇佣的任何人，如船员、代理人、验船师等。由受雇人或代理人的疏忽导致船舶的不适航，承运人仍要承担责任。[②] 此外，承运人只要在开航前和开航时做到恪尽职守使船舶适航就算履行了自己的义务，而不包括开航后和到达目的地的整个期间。

案例[③]

Carriage of plaintiffs' 150 cases of ox tongues in after part of No. 5 lower hold of defendants' steamship *Muncaster Castle*, from Australia to London, under bill of lading subject to Australian Sea-Carriage of Goods Act, 1924 - Vessel surveyed prior to her outward

---

① Article 3: 1. The carrier shall be bound before and at the beginning of the voyage to exercise due diligence to: (a) Make the ship seaworthy. (b) Properly man, equip and supply the ship. (c) Make the holds, refrigerating and cool chambers, and all other parts of the ship in which goods are carried, fit and safe for their reception, carriage and preservation. 2. Subject to the provisions of Article 4, the carrier shall properly and carefully load, handle, stow, carry, keep, care for, and discharge the goods carried.

②③ Riverstone Ment Company v. Lancashire Shipping Company Ltd., *Lloyd's Law Report* [1961], vol. 1.

voyage to Australia-Inspection covers of storm valves replaced, after surveyors' inspection, by fitter employed by ship-repairers who were instructed by shipowners "managers" marine superintendent to open up inspection covers for survey-No sea water in hold at end of outward voyage-Heavy weather on homeward voyage-Discovery of sea-water damage to cargo and 15 in. of water in No. 5 lower hold during discharge at London-Claim by plaintiff cargo-owners alleging that vessel was unseaworthy in that inspection covers over storm valves were defective due to faulty hardening up of nuts on inspection covers-Contention by shipowners that they exercised due diligence to make vessel seaworthy-Whether shipowners liable for failure to exercise due diligence to make vessel seaworthy, when unseaworthiness was due to negligence of fitter employed by competent ship-repairers engaged by shipowners, the result of whose negligence would not be discoverable by Lloyd's Register surveyors or shipowners' marine superintendent carrying out their duties in accordance with ordinary prudent practice of such persons.

Held, by MCNAIR, J., that the most probable cause of the water entering the hold was the negligent failure by the ship-repairers' fitter properly to harden up the nuts on the inspection covers over the storm valves; that shipowners' surveyor was not negligent in failing to detect that bad workmanship; and that shipowners had discharged the burden of proving that they exercised due diligence.

Appeal by cargo-owners, contending that shipowners were under a duty to exercise due diligence, and that they were liable if they failed to perform their duty or if there was a failure on the part of anyone to whom the performance of the duty was delegated. *Held*, by C. A. (MORRIS, ORMEROD and WILLMER, L. JJ.), that the unseaworthiness was due to the fault of the ship-repairers' fitter; that there was no fault on the part of shipowners "managers" marine superintendent; that shipowners exercised due diligence in arranging for survey to be carried out, and, having regard to the technical nature of the work, exercised due diligence by entrusting the vessel to a competent firm of ship-repairers; that that act was in performance of, and not a delegation of, their obligation to exercise due diligence; and that, therefore, cargo-owners' appeal would be dismissed.

Held, by H. L. (Viscount SIMONDS, Lord MERRIMAN, Lord RADCLIFFE, Lord KEITH OF AVONHOLM and Lord HODSON), that the words "exercise due diligence to make the ship seaworthy" in the Hague Rules were adopted from the American Harter Act, 1893, and similar British Commonwealth statutes; that those words should be given the meaning attributed to them prior to the Hague Rules; that, accordingly, a carrier was responsible to the cargo-owner unless due diligence in the work had been shown by every person to whom any part of the necessary work had been entrusted. no matter whether he was the carrier's servant, agent, or independent contractor; and that, therefore, shipowners were liable for negligence of ship-repairers' fitter-Appeal allowed.

Angliss & Co. (Australia) Pty., Ltd. v. Peninsular and Oriental Steam Navigation Company, [1927] 2 K. B. 456; (1927) 28 Ll. L. Rep. 202, distinguished.

Per Lord KEITH OF AVONHOLM (at p. 87): The Hague Rules abolished the absolute warranty of seaworthiness. They substituted a lower measure of obligation... It would, however, be a most sweeping change if it had the result of providing carriers with a simple escape from their new obligation to exercise due diligence to make a ship seaworthy... The carrier will have some relief which, weighed in the scales, is not inconsiderable when contrasted with his previous common-law position. He will be protected against latent defects, in the strict sense, in work done on his ship, that is to say, defects not due to any negligent workmanship of repairers or others employed by the repairers and, as I see it, against defects making for unseaworthiness in the ship, however caused, before it became his ship, if these could not be discovered by him, or competent experts employed by him, by the exercise of due diligence.

(2) 适当和谨慎地装载、搬运、配载、运送、保管、照料和卸载所运货物。

在该义务中，应特别注意"适当和谨慎"（properly and carefully）的要求。"适当"（properly）是从技术方面要求承运人对《海牙规则》所列的装载（load）、搬运（handle）、配载（stow）、运送（carry）、保管（keep）、照料（care for）和卸载（discharge）七个工作环节要具备一定的技术知识、技术水平和能力；"谨慎"（carefully）是从个人素质方面，要求承运人尽心尽力做好职能范围内的工作。以上七个工作环节是否做到适当和谨慎是个事实问题而不是法律问题。实践中，是否做到适当和谨慎除取决于承运人的技术水平和个人责任心以外，还要根据装卸码头的习惯做法以及货物的特性加以判断。

3. 承运人可以免除责任的情况

《海牙规则》实行的是承运人的不完全过失责任。第 4 条第 2 款和第 4 款规定，不论是承运人还是船舶，对由于下列原因引起或造成的灭失或损害，都不负责。但根据该规则第 5 条，承运人可以在提单中明确规定放弃某项权利和豁免或加重自己的责任和义务：

(1) 船长、船员、引航员或承运人的受雇人员在驾驶船舶或管理船舶（in the navigation or in the management of the ship）中的行为（act）、疏忽（neglect）或不履行职责（default）。

与《海牙规则》规定的承运人在开航前或开航时恪尽职守使船舶适航的义务相一致，承运人对船长和船员在开航后船舶操作中的疏忽和过失可以享受免责。船长、船员管理船舶中的行为、疏忽、不履行义务是和承运人的管货义务相对应的。对船长、船员管船中的过失，承运人可以免责。但在实践中，管货行为还是管船行为，往往不易分清。例如，船员查看货物后，在离开货舱时没有把防水舱盖关好，导致海水打入舱内使货舱中的水泥受损，船东认为是管理船舶中的失误要求免责。再如，由于天气寒冷，燃油舱内燃油结块，为了使燃油顺利燃烧，船员对燃油舱加热，但由于疏忽，忘记停止加热，导致货舱中的大豆受热变质。船方是否可以因管船中的过失要求免责？法院在处理这类案件时，主要是根据船长或船员的行动意图或目的来区分是管货行为还是管船行为，由此判断承运人是否应承担过失责任。在第一例情况下，船员进入货舱是去查看货物，而不是去检查货舱，离开货舱时忘记关好舱门导致货损，属于管货中的疏忽。根据《海牙规则》第 3 条第 2 款的规定，这违反了妥善保管货物的义务，因此，承运人要承担责任。在第二例情况下，燃油舱加热是为了满足船舶航行的需要，而不是为了满足妥善保管货物的需要，因此船员忘记停止加热导致货损，属于船舶管理中的失误，承运人可以免责。

案例[①]

Bill of lading-Damage to cargo (tinplates) -Liability *of shipowner-Finding of fact that cargo was damaged by rain while repairs to ship being effected -Negligence in dealing with tarpaulins covering cargo hatches -Shipowners not responsible for "Act, neglect, or default...in the management of the ship" - "Want of care of cargo" and "want of care of vessel indirectly affecting the cargo" distinguished-The Glenochil,* [1896] *p.* 10, *applied-Judgment for cargo-owners-Carriage of Goods by Sea Act,* 1924, *Schedule, Arts.* Ⅲ (2), Ⅳ (2) (*a*).

This was an appeal of Messrs. Gosse, Millerd, Ltd., the owners of canneries on Vancouver Island and elsewhere, arising out of a claim against the Canadian Government Merchant Marine, Ltd., owners of the steamship *Canadian Highlander*, to recover damages in respect of a consignment of 5808 boxes of tinplates, shipped at Swansea in that steamship by Messrs. Baldwins, Ltd., Swansea, under a bill of lading dated Feb. 6, 1925.

The steamship on the way to Vancouver arrived at Liverpool to discharge lumber and load further outward cargo. This was carried out during heavy rain. A collision with Brunswick Dock pier, necessitating drydocking for repairs, detained the vessel some time further at Liverpool.

The following summary of the facts is taken from the judgment of Lord Justice Scrutton in the Court of Appeal: "A large quantity of tinplates was shipped at Swansea in the defendants' steamship *Canadian Highlander* for carriage to Vancouver. They were shipped in good condition, but arrived in Vancouver seriously damaged by fresh water, of which, judging by the extent of the damage, a large quantity must have entered the hold in which they were stowed. At the trial two theories were put forward to explain this fresh water damage. The shipowners alleged that the water came from the unseasoned timber of the boxes in which the tinplates were packed. The Judge was not satisfied with this, and found that the boxes were 'good average normal boxes.' The cargo-owners alleged that the fresh water causing the damage was rain entering through the shelter deck and between deck hatches of hold No. 5, left open by the negligence of the ship's officers and their deputies while it was raining. The Judge accepts this view, and finds that while damage by collision in the stern was being examined cracks were found in the liner of the tail shaft, which had to be taken out and replaced. This involved the presence of a considerable number of surveyors and workmen in No. 5 lower holds, where the tinplates were stowed in the square of the hatch, and constant passing through the hatch of men and material. The Judge finds that there was default of the ship's officers in leaving the hatches open so that rain entered. In fact it must have entered in considerable quantities to cause the very extensive damage; the Judge finds

① Gosse, Millerd, Ltd. v. Canadian Government Merchant Marine, Ltd.; House of Lords; July 23, 24 and 26, 1928. Also see Lloyd's Law Reports [1928], vol. 32.

that enough rain entered during this period of repair (during which, also, the men were scaling and painting in No. 5'tween decks which they entered through the shelter deck hatch) to account for all the damage found. He also finds that it is probable that some rain had entered earlier on a day when lumber was being discharged from the No. 5'tween deck. On that day the shelter deck hatch was open, and the Judge finds that the No. 5'tween deck hatch was not protected, as it should have been, by any tarpaulin. This appears to be a small matter, the rain entering during the period of repair when the No. 5 'tween or lower deck hatch was open being found sufficient to account for all the damage to the tinplates. No attempt was made, on the hearing of the appeal, to challenge these findings of fact."

The appellant cargo-owners, claiming as the consignees named in the bill of lading, alleged that the respondent shipowners failed properly and carefully to "load, store, carry, keep, care for, and discharge the goods" or were negligent in doing so, and in particular that the shipowners failed to protect the goods from rain and/or contact with fresh water. Among other defences, the shipowners relied on exceptions and immunities contained in Art. Ⅳ, Rule 2 (a) of the Schedule to the Carriage of Goods by Sea Act, 1924, to which the bill of lading was subject. The issue involved in the appeal was the meaning and application of the words "in the management of the ship" in Rule 2 (a) of the Schedule, which reads as follows: "(2) Neither the carrier nor the ship shall be responsible for loss or damage arising or resulting from- (a) Act, neglect, or default of the master, mariner, pilot, or the servants of the carrier in the navigation or in the management of the ship."

Mr. Justice Wright entered judgment (28 Ll. L. Rep. 88) for the cargo-owners, and held that the damage was due to wetting by rain, or alternatively that such damage was unexplained. He also held that the boxes in which the tinplates were packed were good average quality boxes.

The shipowners afterwards intimated that they intended to rely for their defence on Clause 18 of the bill of lading which stated: "The following are not to be deemed sufficiently packed: (a) Tinplates in boxes unless tin-lined and iron-hooped."

The Court of Appeal (29 Ll. L. Rep. 190) by a majority reversed Mr. Justice Wright's judgment and found in favour of the shipowners; and the cargo-owners accordingly appealed.

Mr. W. A. Jowitt, K. C., and Mr. G. St. C. Pilcher (instructed by Messrs. Wm. A. Crump & Son) appeared for the appellants; Mr. W. Raeburn, K. C., and Sir Robert Aske (instructed by Messrs. Botterell & Roche) represented the respondents.

Mr. Jowitt: The test of what constituted an act of neglect or default in the management of the ship was that it should take place in the course of some operation which was being performed either solely or primarily for the well-being or safety of the ship as a ship. Where the meaning of the words "management of the ship" had been judicially considered a clear distinction had been drawn between acts having for their purpose the management of the ship and acts having for their purpose the care of the cargo. The test of what constituted an act or neglect in the management of the ship could not be merely that it involved a dealing with a physical part of the ship，which might only be fitted to ensure the safety of the cargo，as，for instance，ventilators or refrigerator machinery.

Mr. Raeburn：The act，neglect，or default from which the damage to the tinplates resulted，was in the management of the ship. The shipowners were protected from liability for the damage by Art. Ⅳ，Rule 2（a）of the Schedule to the Carriage of Goods by Sea Act，to which the contract of carriage was subject.

Judgment was reserved.

（2）火灾（fire），但由于承运人的实际过失（the actual fault）或私谋（privity）所造成者除外。在海上航行中，一旦船上发生火灾，如果这种火灾不是因承运人的实际过失或私谋（privity）引起的（例如，船员在船上吸烟导致火灾），可以免除承运人的责任；如是因承运人违反开航时或开航前船舶适航义务或由承运人指使、纵容引起火灾的，则承运人要承担责任。

（3）海上或其他可航水域（navigable waters）的风险（perils）、危险（dangers）或意外事故（accidents）。上述海难超出了一艘在开航前或开航时适航的船舶在预定航线上所能抵御的一般风浪的限度。

（4）天灾（act of God）。不可抗力的一种，特指由自然条件引起的意外事故，如雷电、飓风等。

（5）战争（act of war）。指不管公开宣战与否，一国对另一国诉诸武力的行为。

（6）公敌行为（act of public enemies）。指以船旗国为敌的两交战国之间的行为，包括作为国际公敌的海盗行为。

（7）政府、君主、当权者或人民的扣押（arrest）或管制（restraint）或依法扣押（seizure）。指政府出于政治目的与保护公共利益对船舶进行的扣押，不包括由于私人之间债务纠纷，债权人向法院提出申请扣押令而发生的扣押。

（8）检疫限制（quarantine restrictions）。指承运人无法预料、不能避免的政府行为。例如为防止疫情，挂港政府要对所有入港船舶进行熏蒸，导致货损，承运人可以不承担责任。

（9）托运人（shipper）或货主（owner of goods）及其代理人或代表的行为（act）或过失（omission）。由托运人或货主过失导致的货损可以免除承运人的责任；反之，如果托运人的这种过失给承运人带来损害，如托运人隐瞒货物的易燃易爆性，导致船舶发生火灾或爆炸，托运人还要对承运人蒙受的损失承担赔偿责任。

（10）不论由于任何原因所引起的局部或全面罢工（strike）、关闭（lockout）、停工（stoppage）或劳动力受到限制（restraint of labour）。指不论由于何种原因引起的局部或全面罢工、关厂、停工或限制工作，包括装卸港口工人罢工或船上船员或雇佣人员的罢工。由此导致货损的，承运人不承担责任。应当注意的是，这种罢工不是由承运人的过失，如克扣船员薪饷引起的。此外，罢工发生后，承运人仍负有妥善保管货物的义务，如可将货物改卸附近港口并通知收货人提货等。

（11）暴动（riot）和骚乱（civil commotions）。指承运人不能预料的事故，但承运人仍负有采取合理措施加以防范、妥善保管货物的义务。与罢工一样，这种暴动和骚乱的发生不是由承运人的过失引起的。如是因承运人挑衅或故意唆使发生的，则承运人对由此导致的货物损失，不能免责。

(12) 救助或企图救助海上人命 (life) 或财产 (property)。《海牙规则》对承运人海上救助的免责从人命救助扩大到财产救助。对由此发生的货物灭失和损害，承运人不承担责任。

(13) 由于货物的固有缺陷 (inherent defect)、性质或缺陷所造成的体积或重量的损失，或任何其他灭失或损害。因货物固有缺点造成重量或体积亏损，只要在合同规定的或合理损耗限度之内，就可以免除承运人的责任。因货物固有缺陷造成质量损害，如生虫、腐烂、自燃等，在实践中是个比较复杂的问题，因为货物的损害也可能由船舶不适航引起，解决办法只能依据案件的具体事实加以判断。

(14) 包装不充分 (insufficiency of packing)。由货物包装不善导致的货损，只要承运人在签发提单时曾对包装不善情况加以注明，就可以免除其应当承担的责任。但是如果包装不善是承运人在收货时可以从外观上发现的，且其在提单上未加批注而签发了清洁提单，则其不能被免除责任。

(15) 唛头不充分或不当 (insufficiency or inadequacy of marks)。在货物或包装上印刷运输标志是托运人的责任，唛头 (mark) 不清或不当导致承运人运错港或交错货或给日后提货人提货带来不便的，承运人不承担责任。

(16) 经谨慎处理仍不能发现的潜在缺陷 (latent defects not discoverable by due diligence)。此项规定是针对承运人应在开航前和开航时恪尽职守保证船舶适航的义务而言的。潜在缺陷不单纯指肉眼看不见的缺陷，还包括合格的验船师用符合标准的检验手段不能发现的船舶缺陷。《海牙规则》要求承运人承担的适航义务不是绝对的，如果承运人在开航前和开航时已恪尽职守，雇用合格的人员，用合理的检验手段仍不能发现船舶存在的缺陷，则可以免除承运人的责任。

(17) 非由于承运人的实际过失 (actual fault) 或私谋 (privity)，或承运人的代理人 (agent) 或受雇人员 (servant) 的实际过失 (actual fault) 或疏忽 (neglect) 所引起的其他任何原因，但请求此项免责利益的人应当负举证责任 (burden of proof)，表明灭失 (loss) 或损害 (damage) 既非由于承运人的实际过失或私谋，又非由于承运人的代理人或雇佣人员的实际过失或疏忽所造成。此项规定又称“杂项免责条款”。其他任何原因指不包括在上述 16 条中但与上述 16 条内容具有同一性质的或类似的原因，而不是包罗万象的任何原因。这些原因都不是由承运人本人的过失或私谋，包括承运人的代理人或雇佣人员的过失或疏忽引起的。

(18) 合理绕航 (reasonable deviation)。指为救助或企图救助海上人命或财产而发生的绕航，或者任何合理绕航。这些合理绕航均免除承运人的责任。所谓任何合理绕航，在实践中通常包括依据提单中订立的合理偏离航线条款发生的绕航行为或为船、货双方的利益发生的，或是该绕航与船舶本身承担的运输义务不发生严重抵触的绕航。

4. 责任限额

《海牙规则》对承运人的责任实行限额责任 (limits of liability)。该规则第 4 条第 5 款规定，承运人或是船舶，在任何情况下对货物或与货物有关的灭失或损害，每件或每计费单位超过 100 英镑或与其等值的其他货币的部分，都不负责；但托运人于装货前已就该项货物的性质和价值提出声明，并已在提单中注明的，不在此限。该项声明如经载入提单，即作为初步证据，但它对承运人并不具有约束力或最终效力。经承运人、船长或承运人的代理人与托运人双方协议，可规定另一最高限额，但该最高限额不得低于上述数额。如托运人在提单中，故意谎报货物性质或价值，则在任何情况下，承运人或是船舶，对货物或与货物有关的灭失或损害，都不负责。

5. 承运人的责任期间

按照《海牙规则》第 1 条（e）的规定，承运人的责任是从货物装上船（load on the ship）起，至货物卸下船（discharge from the ship）止的整个期间。

当使用船上吊杆装卸货物时，指从装货时吊钩（hook）受力开始至货物卸下船脱离吊钩为止的整个期间，即实行“钩到钩原则”（tackle to tackle rule）；当使用岸上吊杆装卸时，则指货物从装运港越过船舷时起至卸货港越过船舷为止的整个期间，即实行“舷到舷原则”（rail to rail rule）。

我国《海商法》作了新的规定，对集装箱货物和非集装箱货物的运输加以区分并在承运人承担责任上分别作出规定：集装箱装运的货物的责任期间，是从装货港接收货物时起至卸货港交付货物时止，货物处于承运人掌管之下的全部期间；对非集装箱装运的货物，其责任期间是从货物装上船时起至卸下船时止，货物处于承运人掌管之下的全部期间。对于装船前和卸船后所承担的责任，由双方协议决定之。这样，对非集装箱货物承运人的责任起讫适用《海牙规则》，而对集装箱货物承运人的责任起讫适用《汉堡规则》。①

6. 索赔

《海牙规则》第 3 条第 6 款规定了以下索赔要求。

（1）书面索赔通知。根据运输合同有权提取货物的人，必须在卸货港将货物的灭失或损害以及灭失或损害的一般性质，在货物移交他掌管之前或者当时，书面通知承运人或其代理人，否则，这种移交应视为承运人按照提单规定交付货物的初步依据。如果灭失或损害不明显，此种通知应在货物交付后 3 天之内递交。如在收货时已对货物的状况进行联合检验或检查，则无须书面通知。

（2）诉讼时效。诉讼时效为自货物交付之日或本应交付之日起 1 年。此后，在任何情况下，承运人和船舶将被免除其对灭失或损害的一切责任。如果发生任何实际的或担心的灭失或损害，承运人与收货人应当互相提供检查和清点货物的一切合理便利。

《海商法》在索赔和诉讼时效方面则规定：当货物灭失或损坏情况非显而易见时，在货物交付的次日起连续 7 日内；集装箱货物交付的次日起连续 15 日内；延迟交货自次日起 60 天内，收货人应以书面通知承运人。② 对承运人的赔偿请求权期限是 1 年。如在交货时，承运人和收货人已对货物进行联合检验或检查，则无须再提交书面通知。无论在何种情况下，从货物交付日或应交付日起，托运人或收货人应就货物的灭失或损坏情况在 1 年之内提起诉讼，否则，免除承运人依《海牙规则》应承担的一切责任。

7. 托运人责任

《海牙规则》第 3 条第 5 款规定了托运人（shipper）的两项责任：（1）保证义务。托运人在托运货物时应妥善包装，并保证货物装船时所提供的货物品名、标志、包数或件数、重量或体积的正确性。（2）通知义务。托运人托运危险货物，应按照有关海上危险货物运输的规定妥善包装作出危险品标志的标签，并将其正式名称、性质及应当采取的预防措施通知承运人。

我国《海商法》第 66～69 条则规定了托运人的四项责任：（1）保证义务。托运人在托运货物时应妥善包装，并保证货物装船时所提供的货物品名、标志、包装或件数、重量或体积的

① 参见我国《海商法》第 46 条。
② 参见我国《海商法》第 81、82 条。

正确性；并赔偿因包装不良或违反保证给承运人造成的损失。(2) 提交单证。托运人要及时向港口、海关、检疫、检验和其他主管机关办理货物运输所需各种手续，并将已办理各种手续的单证送交承运人；因交付单证不及时、不完备或不正确给承运人利益造成损害的，要承担赔偿责任。(3) 通知义务。托运人托运危险货物，应按照有关海上危险货物运输的规定妥善包装，作出危险品标志和标签，并将其正式名称、性质以及应当采取的预防措施书面通知承运人，并承担承运人因运输危险货物受到的损害；托运人怠于通知或通知有误，承运人可在任何时间、地点将货物卸下、销毁或使之不能为害而不负赔偿责任。(4) 支付运费。①

(二)《维斯比规则》

1.《维斯比规则》的制定

由于《海牙规则》代表的是海运大国及殖民地宗主国的利益，没有也不可能解决船东与货主的权益失衡问题，因而在其执行中，一直受到货方及海运不发达国家的反对。特别是随着世界海运技术的发展，集装箱运输在国际货物运输中得到广泛应用，自 20 世纪 60 年代开始，对《海牙规则》进行修改或重新制定被提到日程上来，代表英国及北欧各传统海运国家利益的国际海事协会开始对《海牙规则》进行修改。1968 年 2 月 23 日，英、法及北欧国家在布鲁塞尔签订了《修改统一提单的若干法律规则的国际公约的议定书》(Protocol to Amend the International Convention for the Unification of Certain Rules of Law Relating to Bills of Lading)，该议定书也简称《维斯比规则》(Visby Protocol)。经过议定书修订后的《海牙规则》也称为《海牙—维斯比规则》(Hague-Visby Rules)。

该规则共有 17 条，于 1977 年 6 月 23 日生效。我国未加入该规则。

1977 年《维斯比规则》规定的承运人责任限制金额的计算单位为法郎，并以黄金作为定值标准。如果黄金的价格根据市场供求关系频繁自由涨落，将影响承运人责任限制制度的稳定性。针对这一情况，1979 年 12 月 21 日在布鲁塞尔召开有 37 国代表出席的外交会议，通过了《修订〈海牙—维斯比规则〉议定书》(The 1979 Protocol to the Hague Rules)。议定书将承运人责任限制的计算单位由金法郎（金法郎是纯度为 90%的黄金 65.5 毫克）改为由国际货币基金组织于 1969 年创设的作为国际储备的货币单位"特别提款权"(Special Drawing Right, SDR)，按 15 金法郎折合 1 SDR。议定书规定承运人的责任限制金额为每件或每单位 666.67 SDR，或按货物毛重计算每公斤 2 SDR，两者中以较高者为准。但国内法规定不能使用特别提款权的缔约国，仍可以金法郎作为计算单位，该议定书于 1984 年 2 月 14 日开始生效。

2.《维斯比规则》对《海牙规则》的修改和补充

《维斯比规则》对《海牙规则》的修改，并没有解决《海牙规则》中权益失衡这一本质问题，对于承运人的责任和豁免、责任起讫、托运人义务等问题均未作实质性改变。我国虽未加入《维斯比规则》，但《维斯比规则》中关于提单对善意第三人的最终证据作用的规定②，承运人的责任限制和赔偿额的规定适用其代理人及雇员的规定③，拼装货的计算的规定④，以及

---

① 《海牙规则》对托运人责任只规定了保证义务和通知义务，参见《海牙规则》第 3 条第 5、6 款。

② 参见我国《海商法》第 58 条。

③ 参见我国《海商法》第 77 条。

④ 我国《海商法》第 56 条规定，承运人的赔偿限额为每件或每个货运单位 666.67 计算单位，或按毛重计算，每公斤为 2 计算单位，以两者较高者为准。其计算结果与《维斯比规则》的规定相当。同时增加了对延迟交货的赔偿金额的规定，其赔偿限额为迟延交货的运费数额（第 57 条）。

诉讼时效的修改的规定等均在我国《海商法》的有关规定中得到反映。①

《维斯比规则》对《海牙规则》的修改和补充主要包括以下几方面。

（1）公约的适用范围。

《海牙规则》适用于在任何缔约国所签发的一切提单，《维斯比规则》则改为，公约适用于两个国家港口之间与货物运输有关的每一份提单，如果：1）提单在一个缔约国签发，或 2）从一个缔约国的港口起运，或 3）提单或由提单证明的运输合同中规定，该提单（或合同）受《海牙规则》约束，或受使《海牙规则》生效的任何国家立法的约束，而不考虑船舶、承运人、托运人、收货人或任何其他有关人员的国籍如何。

（2）提单的证据力。

《海牙规则》规定，承运人向托运人签发提单，是承运人收到该提单中所载货物的初步证据，根据这一规则，承运人有权提出反证，否定提单所载内容的真实性。这对托运人来讲，没有不公平之处，因为货物是托运人提交的，提单所载内容是托运人填写的，但这对于善意的提单的受让人来说，则可能是不公平的。有鉴于此，《维斯比规则》明确规定，当提单已经转给善意行事的第三人时，与此相反的证据不予接受。也就是说，在存在善意第三人的情况下，提单对于善意的受让人来说，则是最终证据。

（3）承运人的责任限制（limitation of liability）。

《海牙规则》的规定比较简略，其第 4 条第 5 款规定承运人或船舶，在任何情况下对货物或与货物有关的灭失或损害的赔偿，每件或每一计费单位赔偿 100 英镑，除非当事人在提单中注明了更高价值。而《维斯比规则》将赔偿金额从原来的 100 英镑改为双重限额，每件或每一单位为 10 000 金法郎，或按灭失或损坏的货物毛重计算，每公斤为 30 金法郎，以较高者为限。

（4）责任限制和抗辩理由的适用范围。

《维斯比规则》将承运人的责任限制和抗辩理由，适用于就运输合同所涉及的有关货物的灭失或损害对承运人所提起的任何诉讼，不论该诉讼是以合同为根据还是以侵权行为为根据。此外，承运人的这种责任限制和抗辩理由，同样适用于承运人的雇佣人员和代理人（如果该雇佣人员或代理人不是独立的缔约人），即认可了所谓喜马拉雅条款的合法性。②

（5）拼装货的计算。

《维斯比规则》增加了在用集装箱、托盘或类似的装运器具拼装时，对赔偿金额的计算。该规则规定，提单中如载明装在这种装运器具中的件数或单位数，则按所记载的件数或单位数计算，否则，整个集装箱或托盘视为一件。

（6）诉讼时效。

《海牙规则》规定的诉讼时效为 1 年，从货物交付或应付之日起算。《维斯比规则》除坚持

---

① 我国《海商法》第 257 条规定，诉讼时效为 1 年，但不得延长。

② 喜马拉雅条款（Himalayas clause），来自“阿德勒诉狄克逊”（Adler v. Dickson）一案［（1995）1 Q. B. 158］。该案中，阿德勒夫人是一名游客，在搭乘 P&O 公司的一艘名为喜马拉雅号的游轮时，于下船时因船梯断裂而摔伤。由于阿德勒夫人持有的船票上载有承运人的疏忽免责条款，故阿德勒夫人转而以侵权行为对船长和水手提起诉讼。船长和水手认为，作为船公司的雇员，他们有权享受船票上关于承运人免责的规定。法院判决认为，船票上的免责条款是船公司和乘客之间签订的，有权援引该条款的只能是该契约的当事人，作为船公司的雇佣人员无权享受不是由他签订的合同中免责条款的权利，结果是阿德勒夫人胜诉。以后，船公司为了避免此类事件的发生，在合同中增加一喜马拉雅条款，规定承运人的免责和限制赔偿金额的权利，同样适用于雇佣人员和代理人。《维斯比规则》和《汉堡规则》都承认了喜马拉雅条款的合法性。

《海牙规则》的1年时效外，规定经双方同意可以延长时效。即使1年期满后，承运人仍有不少于3个月的时间向第三人追偿。

（7）核能损害责任。

《海牙规则》对此未作规定，《维斯比规则》规定，《海牙规则》的规定不影响任何国际公约或国内法有关对核能损害责任的各项规定。

（三）《汉堡规则》

1.《汉堡规则》的制定

海牙规则体系在风险与责任承担方面过多保护船舶所有人和承运人的利益，损害了货方的利益；海牙规则体系不确定和模糊的规定使得发货人和收货人承担了高额运输费用并增加了托运人的风险；现代运输条件的改善和运输技术（例如集装箱、甲板货、电子提单）的发展使得《海牙规则》成为障碍。基于这些原因，许多国家尤其是发展中国家对海牙规则体系表示了强烈的不满。智利于1968年首先在联合国国际贸易法委员会上提出修改海牙规则体系的建议。[①]为此，联合国国际贸易法委员会于1971年设立"国际航运立法工作组"（Working Group on International Legislation on Shipping），负责修改海牙规则体系，彻底调整承运人和托运人的责任和义务。1975年2月《海上货物运输公约草案》（Draft Convention on the Carriage of Goods by Sea）完成。1978年3月31日在汉堡召开的联合国外交会议上1978年《联合国海上货物运输公约》（United Nations Convention on the Carriage of Goods by Sea），简称为《汉堡规则》（Hamburg Rules），于1992年11月1日生效。到2024年7月底，该34个国家被加入该公约。

我国未加入《汉堡规则》，但1993年7月1日实施的《海商法》有关海上货物运输的规定则以《海牙规则》《维斯比规则》为基础，适当吸收了《汉堡规则》的某些规定。

2.《汉堡规则》的特点

《汉堡规则》按照船方和货方合理分担风险的原则，适当加重了承运人的责任，使双方权利义务趋于合理、平等。其主要内容包括以下几方面。

（1）适用范围。

与《海牙—维斯比规则》相比，《汉堡规则》的适用范围更为明确。该规则第2条规定："1.本公约的规定适用于两个不同国家间的一切海上运送合同，如果：（a）海上运送合同所规定的装货港位于缔约国，或（b）海上运送合同所规定的卸货港位于缔约国，或（c）海上运送合同所规定的任择卸货港之一是实际卸货港，而该港位于缔约国，或（d）提单或作为海上运送合同的证明的其他文件是在缔约国发给，或（e）提单或作为海上运送合同的证明的其他文件规定本公约的规定或任何国家实施本公约规定的立法对合同适用。"

（2）实际承运人。

《汉堡规则》增加了实际承运人（actual carrier）的概念。该规则第1条规定，实际承运人，是指受承运人委托执行货物运输或部分货物运输的任何人，包括受委托执行这项运输的其他任何人。《汉堡规则》所有关于承运人责任的规定，不但适用于承运人的代理人、雇员，也同样适用于受其委托的实际承运人。

---

① See M. Rafiqul Islam, *International Trade Law*, *LBC Information Services* 1999, page 329; *Year Book of the United Nations Commission on International Trade Law*, 1988, vol. XIX.

（3）货物。

《海牙规则》中货物（cargo）的概念不包括舱面货（deck cargo）或集装箱装运的货物以及活动物，但《汉堡规则》第1条规定，货物包括活动物，凡货物拼装在集装箱、货盘或类似的运输器具内，或者货物是包装的，而这种运输器具或包装是由托运人提供的，则货物包括它们在内。同时，该规则规定，承运人只有与托运人达成协议或符合特定的贸易习惯或为法规或条例所要求时，才能在舱面载运货物，否则要对舱面货发生的损失负赔偿责任。对于活动物，只要承运人证明是按托运人对该动物作出的指示办事，则对货物的灭失、损坏或延误运货造成的损失视为运输固有的特殊风险而不承担责任。

（4）清洁提单。

《海牙规则》规定，承运人在签发提单时应注明货物的表面状况，但是，承运人、船长或承运人的代理人，不一定必须将任何货物的唛头、号码、数量或重量标明或标示在提单上，如果其有合理根据怀疑提单不能正确代表实际收到的货物，或无适当方法进行核对的话。按照这一规定，一张由承运人签发的所谓表面状况良好的提单，实际上并不意味着是一张清洁提单，因为承运人的怀疑或无法核对的事项并没有如实反映在提单的批注当中。

为了避免或减少由此产生的争议，《汉堡规则》第16条规定：1）如果承运人或代其签发提单的其他人确知或有合理的根据怀疑提单所载有关货物的品类、主要标志、包数或件数、重量或数量等项目没有准确地表示实际接管的货物，或在签发“已装船”提单的情况下，没有准确地表示已实际装船的货物，或者无适当的方法来核对这些项目，则承运人或该其他人必须在提单上作出保留，注明不符之处、怀疑根据或无适当的核对方法。2）如果承运人或代其签发提单的其他人未在提单上批注货物的外表状况，则应视为其已在提单上注明货物的外表状况良好。

（5）承运人责任起讫。

《汉堡规则》将《海牙规则》规定的钩至钩、舷至舷，扩展为自承运人接管货物时起至货交收货人为止，货物在承运人掌管之下的整个期间。《汉堡规则》第4条规定：“1. 按照本公约，承运人对货物的责任期间包括在装货港、在运输途中以及在卸货港，货物在承运人掌管之下的全部期间。2. 就本条第1款而言，在下述起讫期间，承运人应视为已掌管货物：(a) 自承运人从以下各方接管货物时起：（ⅰ）托运人或代其行事的人；或（ⅱ）根据装货港适用的法律或规章，货物必须交其装运的当局或其他第三方；(b) 至承运人将货物交付以下各方时止：（ⅰ）将货物交付收货人；或（ⅱ）遇有收货人不向承运人提货时，则依照合同或卸货港适用的法律或特定的贸易惯例，将货物置于收货人支配之下；或（ⅲ）根据在卸货港适用的法律或规章将货物交给必须交付的当局或其他第三方。”

案例①

The carrier had taken charge without any reservation of a cargo of bags of rice for shipment from a Thai port to the port of Dakar in Senegal. The ship's insurer had furnished the consignee with a letter of guarantee as security for any penalties imposed on the ship owner

① Case 159; France: Commercial Court of Marseille; 23 January 1996; Compagnie sénégalaise d'assurances et de réassurances CSAR and 27 other companies V. Roscoe Shipping Co., the Captain of the Ship “World Appolo”, and the Steaming Mutual Underwriting Association; see A/CN. 9/SER. C/ABSTRACTS/11.

in his capacity as carrier. According to this letter, the ship's insurer undertook to settle, up to a given amount, any final penalty imposed by a decision of the Commercial Court of Marseille or the competent Court of Appeal.

On arrival, a jointly agreed survey conducted in the presence of representatives of both parties throughout the unloading established the presence of successive damage and shortages amounting to a certain sum. After indemnifying the consignee, its insurers brought an action before the Commercial Court of Marseille on the basis of a right of legal subrogation which they possessed vis-à-vis the maritime carrier and its insurers.

The commercial court applied HR, invoking article 2 (1) (b) HR, which stipulates that "the provisions of this Convention are applicable to all contracts of carriage by sea between two different States, if (...) the port of discharge as provided for in the contract of carriage by sea is located in a Contracting State..." In order to determine the liability of the carrier for damage occurring during unloading, the court invoked article 4 (1) HR, according to which "the responsibility of the carrier for the goods...covers the period during which the carrier is in charge of the goods at the port of loading, during the carriage and at the port of discharge", article 4 (2) (b) (i) HR specifying that the carrier is deemed to be in charge of the goods until the time he has delivered them by handing them to the consignee.

The court found that HR did not formally define the time of delivery and held that, in the absence of a mandatory limitation, the carrier was incontestably entitled to take advantage of a delivery when the hatches were opened and the goods handed over.

The court noted that the bill of lading bore the note "Dakar free out" and that this note served not only to assign the unloading costs to the consignee, but also indicated that all damage occurring at a time subsequent to the unloading could not be charged to the maritime carrier, whose liability, under article 5 (1) HR, was incurred by operation of law in respect of loss or damage to the goods occurring prior to delivery, provided that the latter adduced proof that "he...took all measures that could reasonably be required to avoid the occurrence and its consequences".

On that basis, the court upheld the claim for compensation submitted by the consignee's insurers.

(6) 承运人赔偿责任基础。

《汉堡规则》将《海牙规则》中承运人的不完全过失责任改为承运人的推定完全过失责任。该规则第5条规定，除非承运人证明其本人、代理人或所雇佣人员为避免事故的发生及其后果已采取了一切合理要求的措施，否则，承运人对在其掌管货物期间因货物灭失、损坏及延误交货所造成的损失负赔偿责任。如果承运人将运输全部或部分委托给实际承运人履行，承运人仍需对全程运输负责，如双方都有责任，则在此限度内负连带责任。

(7) 赔偿金额。

《汉堡规则》将承运人的最低赔偿金额在《海牙规则》和《维斯比规则》规定的基础上提高到每件或每一货运单位835计账单位或相当于毛重每公斤2.5计账单位的金额，以较高者为限。所谓计账单位，是指国际货币基金组织规定的特别提款权（SDR），以此取代原来采用单一货币所带来的汇率波动风险。

（8）延迟交货赔偿。

《汉堡规则》增加了对于延迟交货赔偿的规定，对于承运人延迟交货时的赔偿作出了明确规定，即以相当于该延迟交付货物应付运费的 2.5 倍为限，但不得超过海上货物运输合同中规定的应付运费总额。所谓延迟交货，是指货物未能在明确议定的时间内，或在没有此项议定时，按照具体情况未能在对一个勤勉的承运人可以合理要求的时间内，在合同规定的卸货港交货。

（9）保函。

在国际海上货物运输实践中，托运人为取得清洁提单，向承运人出具承担赔偿责任的保函（guarantee）的做法一直被司法实践认为是一种欺诈行为而无效。但实践中，这一做法却因为实用、简便而作为紧急情况下的一种变通做法经常为当事人采纳。如何正视这一问题并找出合理的解决办法，是《汉堡规则》的又一贡献。

《汉堡规则》第 17 条明确规定了保函的如下效力："2. 任何保函或协议，据此托运人保证赔偿承运人由于承运人或其代表未就托运人提供列入提单的项目或货物的外表状况批注保留而签发提单所引起的损失，对包括收货人在内的受让提单的任何第三方，均属无效。3. 这种保函或协议对托运人有效，除非承运人或其代表不批注本条第 2 款所指的保留是有意诈骗相信提单上对货物的描述而行事的包括收货人在内的第三方。在后面这种情况下，如未批注的保留与由托运人提供列入提单的项目有关，承运人就无权按照本条第 1 款规定，要求托运人给予赔偿。4. 如属本条第 3 款所指的有意诈骗，承运人不得享受本公约所规定的责任限额的利益，并且对由于相信提单上所载货物的描述而行事的包括收货人在内的第三方所遭受的损失负赔偿责任。"

（10）索赔与诉讼时效。

《汉堡规则》将《海牙规则》和《维斯比规则》规定的 1 年时效改为 2 年，并规定经接到索赔要求的人的声明，可以多次延长。

索赔时效也按集装箱交货与非集装箱交货加以区分。如当货物灭失或损坏的情形非显而易见时，在货物交付的次日起连续 7 日内，集装箱交货则从次日起 15 日内，延迟交货则在交货的次日起 60 日内，收货人未提交书面通知的，则视为承运人已交付货物且状况良好的初步证据。①

（11）管辖权。

《汉堡规则》增加了关于管辖权（jurisdiction）的规定。原告就货物运输案件的法律程序，可就法院地作如下选择：1）被告主营业所所在地或惯常居所地；或 2）合同订立地，且合同是通过被告在该地的营业所、分支机构或代理机构订立的；或 3）装货港或卸货港；或 4）海上货物运输合同中指定的其他地点。

我国不是《汉堡规则》的缔约国，在我国《海商法》的规定中采纳了《汉堡规则》关于货物、实际承运人、清洁提单、延迟交货的概念②，并对承运人责任期间进一步具体化：承运人

① 参见我国《海商法》第 81、82 条。

② 参见我国《海商法》第 42 条第 2 项、第 5 项，第 50、75、76 条。

对集装箱装运的货物的责任期间，是从装运港接收货物时起至卸货港交付货物时止，货物处于承运人掌管之下的全部期间；对非集装箱装运的货物，承运人的责任期间是从货物装上船时起至卸下船时止，货物处于承运人掌管之下的全部期间。[①]

(四)《鹿特丹规则》(Rotterdam Rules)

1.《鹿特丹规则》的制定

随着世界经济的发展，传统的国际货物运输方式发生了很大变化，货物集装箱化和门到门运输非常普及，但是，前述三个公约不仅在承运人责任制度上不够统一，而且也不能解决门到门运输的承运人责任问题。联合国国际贸法会从 1996 年开始委托国际海事协会（CMI）起草国际运输公约，CMI 在 2001 年向联合国贸法会提交了草案。CMI 最初提交的草案框架很大，将门到门的所有运输方式的调整都包括在内。经过审议，草案调整的范围缩小到仅包括国际海上运输加上两港（即装运港和卸货港）。向内陆延伸的运输则不包括在内，而是由相应的国际公约调整。

2008 年 12 月 11 日联合国大会第 63 届会议通过了《联合国全程或部分海上国际货物运输合同公约》(UN Convention on the Contracts of International Carriage of Goods Wholly or Partly by Sea)，简称《鹿特丹规则》，目前还没有生效。该规则确立了管辖托运人、承运人和发货人在含有国际海上运程的门到门运输合同下所享权利和所承担义务的统一现代法律制度。规则借鉴了先前各项与海上国际货物运输有关的公约，特别是：《海牙规则》及其各项议定书（《维斯比规则》）以及《汉堡规则》，并成为其替代文书。《鹿特丹规则》提供了一个法律框架，其中考虑到了自先前那些公约通过以来在海运中发生的许多技术和商业发展情况以及整合和更新现有公约的必要性，包括集装箱化运输的增长、对单一合同下门到门运输的渴望，以及电子运输单证的编制。《鹿特丹规则》为托运人和承运人提供了一种有约束力的普遍制度，以支持可能涉及其他运输方式的海运合同的运作。

《鹿特丹规则》共有 18 章、96 条，分别规定了总则，适用范围，电子运输记录，承运人的义务，承运人对灭失、损坏或迟延所负的赔偿责任，托运人对承运人的义务，运输单证和电子运输记录，货物交付，控制方的权利，权利转让，赔偿责任限额，时效，管辖权，仲裁，合同条款的有效性，公约不管辖的事项及最后条款。该规则至今尚未生效。

2.《鹿特丹规则》的特点

与先前的海运国际公约相比，《鹿特丹规则》最大的变化是对承运人规定了更加严格的责任。其具体内容如下：

(1) 适用范围扩大。

1) 公约首次确立了“海运加其他”(海运区段以及海运前后其他运输方式的区段）的法律制度。“海运加其他”将公约的适用范围扩大到传统的海上区段以外的其他领域，包括与海上运输连接的陆上运输，铁路、公路、内河水上运输甚至是航空运输都包括在内。但值得注意的是，该规则原则上适用于海上运输，如果货物运输合同在涵盖了海上运输的同时还包括其他非海上运输阶段，而且货物是在其他运输区段发生损失的，在这种情况下，如果该运输区段有强制适用的国际公约，就适用相关的国际公约。但如果该运输区段没有强制性的国际公约，就要

① 参见我国《海商法》第 46 条。

适用《鹿特丹规则》的规定。

2）适用范围扩大到港口经营人。《海牙规则》和《维斯比规则》的责任主体是承运人，《汉堡规则》将承运人分为缔约承运人和实际承运人。《鹿特丹规则》的责任主体除了承运人之外，还包括履约方和海运履约方。承运人是与托运人订立运输合同之人。履约方是指承运人以外的，履行或承诺履行承运人在运输合同下有关货物接收、装载、操作、积载、运输、照料、卸载或交付的任何义务之人，以该人直接或间接在承运人的要求、监督或控制下行事为限。"海运履约方"，是指凡在货物到达船舶装货港至货物离开船舶卸货港期间履行或承诺履行承运人任何义务的履约方。内陆承运人仅在履行或承诺履行其完全在港区范围内的服务时方为海运履约方。从上述规定可以看出，海运履约方包括港口经营人以及为货物提供运输服务的各方。在港内提供服务的公路、驳船运输等都属于海运履约方。港口经营人与海运承运人具有同样的地位。

（2）加重了承运人的责任。具体体现在：第一，取消了"承运人的航海过失免责"条款，海运承运人承担完全过失责任。第二，扩大了承运人对船舶的适航义务，从"开航前和开航当时"扩展到"全航程"。第三，承运人对货物的责任期间，自承运人或履约方为运输而接收货物时开始，至货物交付时终止。第四，提高了赔偿限额。承运人所负赔偿责任的限额，按照索赔或争议所涉货物的件数或其他货运单位计算，每件或每个其他货运单位 875 个计算单位，或按照索赔或争议所涉货物的毛重计算，每公斤 3 个计算单位，以两者中较高限额为限，但货物价值已经由托运人申报且在合同事项中载明的，或承运人与托运人已另行约定高于该条规定赔偿责任限额的，不在此列。对迟延造成经济损失的赔偿责任限额，相当于迟交货物应付运费两倍半的数额，但赔付总额不得超过所涉货物全损时的赔偿限额。

（3）明确了电子运输记录的效力。与先前海运公约不同，《鹿特丹规则》确认了电子运输记录的法律效力，并将电子运输记录分为可转让与不可转让电子运输记录。

（4）明确了托运人的义务。公约基于对等、平衡原则参照承运人的责任规定，明确了托运人和"单证托运人"的义务和赔偿责任。托运人是与承运人订立运输合同之人。单证托运人，则是指托运人以外的，同意在运输单证或电子运输记录中记名为"托运人"的人，享有与托运人同样的权利与义务。

（5）为便于解决国际贸易中容易产生的一些与运输相关的问题，公约增加了有关控制权和权利转让等方面的规定。

（6）专门为批量合同（Volume contract）作出了特别规定。公约第 80 条允许当事人在批量合同中可以增加或减少公约规定的权利、义务和赔偿责任。所谓批量合同，是指在约定期间内分批转运特定数量货物的运输合同。货物数量可以是最低数量、最高数量或一定范围的量。公约赋予批量合同当事人如此大的合同自由，允许其合法规避公约的义务和责任，这对于其他合同当事人，特别是小货主，显然是不公平的。

五、租船运输合同

与提单运输不同，规范承租人与出租人关系的法律文件是租船运输合同（charter party）。值得注意的是，租船运输中的提单（charterer's bill of lading）一般为只有正面内容的简式提单，并注明"All Terms and Conditions as Per Charter Party"，或"Freight Payable as Per Charter Party"。因这种提单受租船契约约束，故银行一般不愿接受这类提单，除非信用证另有规定。

（一）航次租船合同

航次租船合同在租船运输中得到广泛应用。它是为完成特定航次运输，由船舶出租人向承租人提供船舶或船舶的部分舱位，装运约定的货物，从一港运至另一港，由承租人支付约定运费的合同。

航次租船合同多以标准格式出现，常见的有波罗的海国际航运公会（The Baltic and International Maritime Conference，BIMCO）制定的《统一杂货租船合同》（Uniform General Charter Party，Gencon），简称“金康合同”；澳大利亚航运工会制定的《澳大利亚谷物租船合同》（Chamber of Shipping Australian Grain Charter Party，Austral），简称“奥斯特拉尔合同”等。

下面主要介绍《金康合同》和我国《海商法》关于航次租船合同的规定。

1. 金康合同

金康合同（Gencon）于1922年公布，后经1976年、1994年、2022年3次修订，至2022年10月底，《统一杂货租船合同2022版》（GENCON 2022）正式发布，主要反映的是英国的实践和《海牙—维斯比规则》。GENCON 2022对出租人和承租人间的权利和义务进行了更详尽的划分，减弱了合同的模糊性、增强了实践性，以期大大减少在合同解释和适用中产生的纠纷。

GENCON 2022的主要内容

GENCON 2022分为两部分。第一部分是表格部分，共33栏。第二部分是背面条款，共38条。

主要有以下内容：

（1）合同当事人：船舶出租人（船东）和承租人。

（2）船舶说明：包括船名（vessel's name）、船舶国籍（vessel's nationality）或船旗（vessel's flag）、船级（vessel's class）、船舶吨位、船舶动态等。

（3）货物（cargo）：主要规定货物的类别、数量等。

（4）受载日/港口（地点）（Loading ports/places），卸载日/港口（地点）（Discharging ports/places）

受载日是指租船人可以接受船舶装货的最早日期。租船人可以接受船舶装货的一段时间，称为受载期。如果出租船舶在受载期内没有到达装货港，承租人有权针对延误到达进行索赔。

（5）出租人责任（Owners' Responsibilities）。

Subject to any risks or responsibilities that the Charterers have assumed under this Charter Party，

(a) (i) the Owners shall exercise due diligence to provide a Vessel that shall：

(1) at the commencement of loading Cargo at each loading port or place under this Charter Party be properly manned，equipped and supplied for its loading and have holds，refrigerating and cool chambers and all other parts of the Vessel in which such Cargo is to be carried fit and safe for its reception，carriage and preservation；and

(2) at the commencement of each Cargo-carrying voyage be seaworthy and properly

manned，equipped and supplied；and

(ii) the Owners shall，from the time when it is loaded to the time when it is discharged，properly and carefully carry，keep and care for the Cargo.

(b) The Owners shall be entitled to rely on all rights，defences，immunities，time bars and limitations of liability that are available in any event to a "Carrier" under the Hague-Visby Rules. Furthermore，unless the loss，damage，delay or failure in performance in question has been caused by a breach of subclause (a) (i) above，the Owners shall also be entitled to rely on all other rights，defences，immunities，time bars and limitations of liability that are available to a "Carrier" under the Hague-Visby Rules. All such rights，defences，immunities，time bars and limitations of liability are deemed to be applicable to any claim that may be made against the Owners or the ship for loss，damage，delay or failure in performance of whatsoever nature.

1）参照《海牙-维斯比规则》关于提单运输中承运人的责任，金康合同规定了出租人的两项基本义务：提供适航船舶的义务及管货义务。鉴于“开航前和开航时”（before and at the beginning of the voyage）这一表述的不确定性，GENCON 2022 对适航义务的时间范围进行了限制，明确出租人提供适航船舶的义务仅限于“在各装货港或装货地开始装货时”（at the commencement of loading Cargo at each loading port or place）和“在各载货航次开始时”（at the commencement of each Cargo-carrying voyage）（第 2 条 a 款）。

2）出租人的损害范围。GENCON 2022 明确规定出租人可享有《海牙-维斯比规则》中对承运人的权利、抗辩、免责、时效和责任限制，并明确可以适用于“灭失、损坏、延误或不论何种性质的履行不能”（loss，damage，delay or failure in performance of whatsoever nature）（第 2 条 b 款）。

3）留置权（Lien）

当货物还在出租人（船东）处时，出租人（船东）有权就未支付的运费、空舱费（deadfreight）、滞期费及滞期损失对货物行使留置权，并要求承租人赔偿包括诉讼费在内的一切损失（第 15 条）。

4）出租人的中止与终止权

在不损害出租人（船东）行使留置权的情况下，出租人（船东）在未收到应付款项时，有中止履行合同的权利；承担人收到通知后 96 小时内未支付运费、亏舱费、滞期费、滞期损失或其他赔偿的，出租人有权解除合同。出租人因行使中止和终止履行合同的权利而导致损害、费用或责任（包括第三方责任）的，由承租人赔偿；扣船导致的时间损失，由承租人按滞期费率赔偿（第 16 条）。

5）ETA 通知和准备就绪通知书

GENCON 2022 要求出租人及时向承租人、装货人与卸货人发出船舶预计到达（Estimated Time of Arrival，ETA）通知。

另外，出租人应在泊位将书面准备就绪通知书（Notice of readiness，NOR）提交给承租人及装货人与卸货人。当泊位未被指定或无法抵达时，船舶有权在等待地提交通知书，港口拥挤造成的时间损失由承租人承担（第 9 条 A、B 款）。

(6) 承租人责任。

1) 装货和卸货 (Loading and Discharging)

GENCON2022 规定，承租人的货物装卸作业应在船长监督下 (under the supervision of the Master) 进行并承担货物装卸作业的全部风险和费用，确保货物积载在装载航程中或货物转运中不损害船舶的适航性 (第 4 条 a 款)。租船人承担装货、卸货、停靠地的安全风险，赔偿船舶在装货、卸货、停靠地维持船舶安全而承担的额外费用；租船人承担船舶因安全问题而装载部分货物离泊的风险 (第 4 条 b 款)。

2) 滞期费和速遣费 (demurrage and despatch)

滞期费应按运费税 (freight tax) 支付，速遣费按速遣天数 X 滞期费率的一半收取。承租人在收到出租人 (船东) 的发票后支付滞期费 (第 13 条)；

3) 承租人的解约权

GENCON 2022 规定，船舶未在解约日当地时间 23：59 前提交 NOR 的，承租人有解约权并应在 48 小时内行使解约权。如果出租人无法在解约日前提交 NOR，应当无迟延地通知承租人。如承租人未及时履行解约权，则出租人在通知中拟议的新解约日将替代原解约日。解约权是否行使不影响承租人在本租约下要求损害赔偿的权利 (第 14 条)。

4) 提单

GENCON 2022 增加了电子提单条款，规定了承租人有选择使用电子提单的权利。

值得注意的是，此次修订把 CONGENBILL 2022① 与 GENCON 2022 联系起来，从而使承租人承担较大的风险 (第 20 条、第 19 条)。

(7) 法律与仲裁。②

GENCON 2022 表格第 32 栏 "Law and Arbitration" 是关于选择法律与仲裁地的规定。

Box 32. Law and Arbitration (choose law and arbitration venue. If alternative (g) (Other) is chosen, Clause 37 must be appropriately filled in or replaced, failing which alternative (a) (English law/London arbitration) shall apply) (Cl. 37).

也就是说，根据第 32 栏的规定：

1) 当事人有对法律适用与仲裁地点作出选择的权利。

2) 如当事人选择第 37 条之外的仲裁地 (如适用中国《海商法》，中国海仲仲裁)，按照第 32 栏的规定，当事人必须适当地填写或替换第 37 条条文，否则这种选择是无效的，将导致英国法和伦敦仲裁的默认适用。

3) 第 37 条是关于 BIMCO 法律与仲裁条款的规定。

37. BIMCO Law and Arbitration Clause 2020

The Parties have been given a choice of law and arbitration alternatives in Box 32 and this is the clause that shall apply.

(a) This contract shall be governed by and construed in accordance with English law and any dispute arising out of or in connection with this contract shall be referred exclusively to

① GONGENBILL "康金提单" 全称 Conference General Cargo Bill of Lading，中文简称 "公会杂货提单"。它是波罗的海国际航运公共提供的样板提单，适用了航改租船合同，不能作为联运提单使用。

② 参见初北平，裘静宜：金康 2022 修订内容及其实践影响，SH BIMCO 上海 2022-12-27 14：00 发表于上海；史强，易旸，张敏敏：GENCON 2022 法律和仲裁条款法律风险分析，金诚同达律师事务所 2020 京 ICP 备 11044187 号-6 2023-03-16.

arbitration in London in accordance with the Arbitration Act 1996 or any statutory modification or re-enactment thereof save to the extent necessary to give effect to the provisions of this clause. The seat of arbitration shall be London even where any hearing takes place in another jurisdiction.

(b) The reference shall be to three (3) arbitrators unless the Parties agree otherwise.

(c) The arbitration shall be conducted in accordance with the London Maritime Arbitrators Association (LMAA) Terms.

(d) In cases where neither the claim nor any counterclaim exceeds the sum of USD 100，000 (or such other sum as the Parties may agree) the arbitration shall be conducted in accordance with the LMAA Small Claims Procedure. In cases where the claim or any counterclaim exceeds the sum agreed for the LMAA Small Claims Procedure and neither the claim nor any counterclaim exceeds the sum of USD 400，000 (or such other sum as the Parties may agree) the Parties may agree that the arbitration shall be conducted in accordance with the LMAA Intermediate Claims Procedure.

(e) The terms and procedures referred to in subclauses (c) and (d) above shall be those current at the time when the arbitration proceedings are commenced.

(f) Any and all notices and communications in relation to any arbitration proceedings under this clause，including commencement notices and appointment of arbitrators，shall be treated as effectively served from the date and time the e-mail was sent if sent by e-mail to the e-mail addresses below。①

上述内容分别涉及以下仲裁要素：(a) 约定法律适用、仲裁地（arbitration venue）；(b) 三人仲裁庭（但允许当事人另行作出不同约定）；(c) 仲裁规则；(d) 约定了不同仲裁地所对应的小额仲裁规则或其他简易仲裁规则的适用；(e) 规定适用的仲裁规则应为仲裁程序开始时的版本；(f) 有关文件的送达方式。

如当事人使用 SmartCon 电子系统完成合同时，在该系统软件上的选择会自动形成内容完整的仲裁条文。

因此，作为中方当事人，不论是出租人（船东）还是承租人都应慎重考虑解决争议所适用的法律和仲裁地。当采用标准合同 GENCON 2022 及其项下签发的提单 CONGENBILL 2022 的条款时，有权根据自身需要进行删减和修改，并注意不得与我国国内法的强制性规定相冲突。

2. 我国《海商法》的规定

按照我国《海商法》，航次租船合同的主要内容包括：出租人和承租人的名称、船名、船

① GENCON 2022 的第 37 条直接并入了“BIMCO Law and Arbitration Clause 2020”的条文，也是“BIMCO Law and Arbitration Clause 2020”首次将香港与伦敦、纽约和新加坡纳入其措辞统一的标准法律和仲裁条款内。该条文通过对应不同仲裁地点、准据法和仲裁规则等仲裁要素组成 a－f 六种不同的仲裁条款选择：a. English law/London Arbitration/LMAA Terms；b. US laws/New York arbitration/SMA Rules；c. English law/Hong Kong arbitration/HKMAG Terms；d. Hong Kong law/Hong Kong arbitration/HKMAG Terms；e. English law/Singapore arbitration/SCMA Terms；f. Singapore law/Singapore arbitration/SCMA Terms。同时，该条 g 项保留了当事人对法律适用与仲裁作出其他约定的选择权利。

籍、载货重量、容积、货名、装货港和目的港、受载期限、装卸期限、运费、滞期费、速遣费及其他有关事项。

(1) 出租人责任。《海商法》第 94 条规定，出租人的适航责任与不得进行不合理绕航责任与提单运输中承运人的责任相同。此外，出租人应在规定的卸货港卸货，出租人违反约定使承租人蒙受损失时，应负赔偿责任。

(2) 承租人责任。第一，承租人应提供约定的货物，经出租人同意，可更换货物，由此对出租人造成不利时，出租人有权拒绝或解除合同。第二，承租人可将租用的船舶转租第三者，但其原合同权利义务不变。第三，承租人有解约权。我国《海商法》第 96、97 条规定，承租人在出租人未在约定的受载期限内提供船舶，或出租人提供或更换的船舶不符合合同约定的情况发生时，有解除合同的权利。

(3) 提单。根据我国《海商法》第 95 条的规定，依照船次租船合同运输货物签发的提单，当提单持有人是非承租人时，承运人与该持单人之间的权利义务关系适用提单的约定。当提单中载明适用航次租船合同条款时，则适用航次租船合同条款。

值得注意的是，除出租人的责任外，我国《海商法》中有关当事人的权利义务规定，仅在航次合同中没有约定或者没有不同约定时，才适用于航次租船合同的出租人和承租人。

(二) 定期租船合同

定期租船合同，是指出租人在一定期限内把配备船员的船舶出租给承租人供其按约定的用途使用的书面协议。在定期租船合同中，出租人出租整个船舶，承租人按月或日支付租金。

国际上常见的定期租船标准合同有纽约物产交易所（New York Produce Exchange, NYPE）制定的《定期租船合同》（Time Charter）、波罗的海国际航运公会（BIMCO）制定的《统一定期租船合同》（Uniform Time Charter）。中国租船公司也制定了《中外定期租船合同》（Sino Time Charter）等。

1. 定期租船合同的主要内容

中国租船公司制定的《中外定期租船合同》主要规定了以下条款。[①]

(1) 船东保证条款。

该条款主要包括船舶适航、航行范围、交船等方面的保证。

船舶适航保证包括：1）船东保证在交船之日及在整个租期内船舶与船东提供的船舶规范相符，如有不符，租金应予以降低至足以赔偿承租人遭受的损失。2）在交船之日及在整个租期内，船舶紧密、坚实、牢固，处于良好的工作状态，在各方面适于货运。船壳、机器、设备处于充分有效状态，并按规定人数配齐合格船长、船员、水手。

航行范围保证：期租约中，通常船东只保证承租人在有限的营运范围内活动。超出该范围，则由承租人承担船舶保费和其他一切损失。中国租船公司的期租约保证，是指本船在伦敦保险业学会保证条款的范围内在本船能安全浮起的安全港口（safe port），锚地或地点进行合法贸易。在船东保险人承保的情况下，租船人可到许可以外的地区或在船东支付附加保费的地区进行贸易。如本船航行中国受阻，租船人有解除租约的选择权。

---

① 我国《海商法》对定期租船合同内容的规定比较简要、原则，主要包括出租人和承租人名称、船名、船籍、船内吨位、容积、船速、燃料消耗、航区、用途、租船期间、交船和还船的时间、地点及条件、租金及其支付以及其他有关事项。《中外定期租船合同》比法律的规定更为详尽，便于操作。

交船（delivery of vessel）保证：船东要向租船人发出预计交船日和确定交船日通知，如交船日船东未准备就绪并交付，则承租人有解除租约的选择权。交船时，货仓须打扫干净，适于接收货物。交船港口应是租船人指定的、能安全浮起的港口。租船人接受了交船，不构成承租人放弃其依据租约享有的权利。

船东供应项目保证：船东供应并支付船长、船员、水手的全部食品、工资、领事费及其他费用；供应并支付甲板、房舱、机舱照明及必需用品；供应并支付全部润滑油及淡水、船舶保险金及修船和保养费。

提单保证：《海牙规则》不适用于租船合同，却适用于租船合同下签发的已转让给第三人的提单。中国租船公司的期租约规定，根据船长签发的或应承租人要求授权承租人签发的提单，船东或其经理人作为承运人，按《海牙规则》第 3 条和第 4 条的规定（第 3 条第 6 款除外，第 4 条第 5 款中以 700 元人民币代替 100 英镑），对提单下所载货物的短少、灭失、残损负责。

（2）租船人责任条款。

该条款主要包括以下方面。

租船人供应项目：租船人供应并支付航行所需燃油、港口、运河、码头的各种捐、税、费以及装舱、理货、上船执行公务官员所需各种费用。

租金（hire）：与航次租船合同不同，租金不考虑货物重量或航线。中国期租约规定的租金是按船舶载重吨每月计算，每半月支付一次。第一次租金在交船后 7 个银行营业日内支付，以后各次在到期日前 7 个银行营业日内预付。租船人未履行支付义务时，出租人有权撤船并可对船上货物行使留置权。

停租（off hire）：在发生以下情况时，承租人有停止支付租金的权利：1）船东违反船舶规范与适航义务以及其他租约义务，导致停工和时间延误；2）船舶或货物遇到海损事故及维修造成延误；3）船长、船员或水手罢工、拒航或失职；4）因船东及其雇佣人员的原因导致船舶被扣留；5）因恶劣天气发生的绕航、折返或挂靠非租船人指示的港口；6）因装卸设备损坏导致开工不足或时间延误。当延误时间达 6 周以上时，租船人有解约的选择权。停租时间可计入租期内，并且由时间延误导致的额外费用（装卸工的停时费、罚金等），由船东承担并可由承租人从租金中扣除。

租期（charter period）和还船（redelivery of vessel）：租期届满，租船人应将预计还船时间和港口提前 10 天通知船东。返还的船舶应保持与出租时大体相同的良好状态并应在安全、没有冰冻的港口返还。当还船日超过租期时，则按返还时较高租率支付超期租金。

装卸：装卸工和理货员由租船人安排，但作为船东的雇员，接受船长的指示和指导。因此，租船人对装卸人员的疏忽、过失或判断错误，以及引水员、拖船或装卸人员因疏忽或装载不良造成的船舶灭失或损坏不承担责任。

2.《海商法》关于定期租船的规定

根据我国《海商法》，定期租船合同的主要内容包括出租人和承租人的名称、船名、船籍、船级、吨位、容积、船速、燃料、消耗、航区、用途、租船期间、交船和还船的时间、地点及条件、租金及其支付及其他有关事项。

（1）出租人保证条款。出租人保证船舶在整个租期内适航且适于约定用途。出租人应在约定的时间交付船舶，如违反约定给承租人造成损失，承租人有权要求损害赔偿并解除合同。

（2）承租人责任。承租人承担以下责任：第一，承租人保证船舶在约定的航区内的安全港口或地点之间从事约定的海上运输。第二，保证船舶用于运输约定的货物。第三，承租人可将租用的船舶转租，但其原合同的权利义务不受影响。第四，合同期内，船舶进行海难救助的，承租人有权获得扣除救助费用、损失赔偿、船员应得部分及其他费用后的救助款项的一半。第五，按合同约定支付租金。在承租人违反约定时，出租人有权解除合同，要求损害赔偿并对船上属于承租人的货物和财产以及转租船舶的收入享有留置权。第六，还船。承租人按约定向出租人还船时，要使船舶处于与出租人交船时相同的良好状态。超期还船时，承租人应按照合同约定的租金率支付租金；市场租金率高于合同租金率时，按市场租金率支付租金。

案例[①]

1. Dairy Containers Limited appeals against a decision of the Court of Appeal (Keith, Blanchard and Anderson JJ, 17 June 2002), reversing a decision of Williams J made on 27 July 2001. The short, but financially significant, issue in the appeal concerns the correct interpretation of a damage limitation clause in a contract for the carriage of goods by sea. The contract was contained in or evidenced by a bill of lading, issued on behalf of Tasman Orient Line CV as carrier, of which Dairy Containers became the holder.

2. The contract was for the carriage of 70 coils of electrolytic tin plate from Busan in Korea to Tauranga in New Zealand aboard the carrier's vessel *Tasman Discoverer*. The bill of lading form used was apt for combined transport or port to port shipment, but the notation "tackle/wharf" and the identification of Tauranga as both the port of discharge and the place of delivery, on the face of the bill, made plain that this was intended to be (as in fact it was) port to port shipment. On delivery, 55 of the coils were found to be irreparably damaged by sea water, and the carrier has accepted liability for that damage. The loss suffered by Dairy Containers is agreed to be NZ D 613 667. 25, a sum which would be recoverable on its construction of the damage limitation clause, and was awarded by the judge. But the carrier contends (and the Court of Appeal held) that Dairy Containers' right of recovery is limited to 100 sterling, lawful money of the United Kingdom (or its equivalent in another currency), per damaged coil, a total of 5 500 sterling.

3. The cargo of 70 coils was recorded on the face of the bill as: "Accepted by the Carrier from the Shipper in apparent good order and condition (unless otherwise noted herein) the total number or quantity of containers or other packages or units indicated above (for purposes including limitation of Carrier's liability).

(*) stated by the Shipper to comprise the goods specified below for transportation subject to all the terms hereof (including the terms on the reverse hereof and the terms of the Carrier's applicable tariff) from the Place of Acceptance or the Port of Loading, whichever

① Privy Council Appeal No. 34 of 2003; Dairy Containers Limited, Appellant v. Tasman Orient Line CV, Respondent; From the Court of Appeal of New Zealand; Judgment of the Lords of the Judicial Committee of the Privy Council, Delivered the 20th May 2004, Present at the hearing: Lord Bingham of Cornhill, Lord Hoffmann, Lord Phillips of Worth Matravers, Lord Carswell, Dame Sian Elias; [Delivered by Lord Bingham of Cornhill].

applicable, to the Port of Discharge or the Place of Delivery, whichever applicable. On presentation of this document (duly endorsed) to the Carrier, by or on behalf of the Holder, the right and liabilities arising in accordance with the Terms hereof shall (without prejudice to any rule of common law or statute rendering them binding on the Shipper, Holder and Carrier) become binding in all respects between the Carrier and Holder as though the contract contained herein or evidenced hereby had been made between them."

The asterisk in brackets referred to the total number of packages, 70 coils, recorded in the box immediately above this clause. No declaration of value was made.

4. The terms on the reverse of the bill begin with a series of definitions. On a strict application of these, the present carriage would be "combined transport" and not "port to port shipment", but the parties are content to treat it as the latter and the distinction does not affect the outcome of the appeal but only the textual route by which the outcome is reached.

5. Clause 5 of the printed terms is in these terms:

Carrier's Responsibility

(1) The Carrier shall be liable for loss of or damage to the Goods occurring between the time when it accepts the Goods for transport and the time of delivery, in accordance with the provisions of Clauses 6 (A), (B) and 7 of this Bill of Lading.

(2) Subject to any limitation of the Carrier's liability which is applicable under Clauses 6 (A), (B) and 7, when the Carrier is liable for compensation, in respect of loss of or damage to the Goods, such compensation shall be calculated by reference to the invoice value of the Goods plus Freight and Insurance if paid and the Carrier shall not be responsible for any loss of profit or any consequential loss.

Clauses 6 (A), (B) and 7, to which reference is there made, distinguish between (a) combined transport when the stage of transport where the loss or damage occurred is not known, (b) combined transport when the stage of transport where the loss or damage occurred is known, and (c) port to port shipment.

6. The rules governing the first of these categories (set out in clause 6 (A) (1)) are plainly inapplicable in the present case, since the stage of transport where the loss or damage occurred is known. When these rules apply, the carrier is not to be liable for loss or damage caused by a series of specified causes and is to be liable only for such loss or damage as is not attributable to any of those causes, the burden of proving causation by one of the excluded clauses being on the carrier. Where, under this provision, the carrier is liable for compensation for loss or damage to goods, "such compensation shall not exceed US$2.50 per kilo of gross weight of the Goods lost or damaged".

Mr Rzepecky, in the course of his able and attractive argument for Dairy Containers, relied on this limitation provision as being, in any ordinary transaction, more generous and commercially realistic than the limitation contended for by the carrier in the present case.

7. The second of these categories (combined transport when the stage of transport where the loss or damage occurred is known) is sub-divided. The carrier's liability may be governed (clause 6 (B) (a)) "by the provisions contained in any international convention or national law, which provisions: (i) cannot be departed from by private contract to the detriment of the Merchant [an expression defined to include the holder of the bill of lading, consignee and receiver of the goods], and (ii) would have applied if the Merchant had made a separate and direct contract with the Carrier in respect of the particular stage of transport where the loss or damage occurred and received as evidence thereof any particular document which must be issued in order to make such international convention or national law applicable".

This provision has no application in the present case, since it has been common ground throughout that this carriage was not governed by any international convention nor by the law of either Korea or New Zealand. The carrier's liability was the subject of contract only, which is the subject of clause 6 (B) (b) (i): "By the Hague Rules contained in the International Convention for the Unification of Certain Rules relating to the Bills of Lading dated 25 August 1924 (hereinafter called the Hague Rules), if the loss or damage is proved to have occurred at sea or on inland waterways; for the purpose of this sub-paragraph the limitation of liability under the Hague Rules shall be deemed to be 100 Sterling, lawful money of the United Kingdom per package or unit and references in the Hague Rules, to carriage by sea, shall be deemed to include references to carriage by inland waterways and the Hague Rules shall be construed accordingly."

8. The third category of case (port to port shipment) is governed by clause 7: "In case of Port to Port shipment, the liability of the Carrier in respect of loss or damage to the Goods shall be determined by the national law, which would be applicable to the similar carriage by sea under paragraph (B) of Clause 6, or failing which, by the Hague Rules as referred to in paragraph (B) (b) (i) of Clause 6 irrespective of whether the loss or damage is proved to have occurred while the Goods are on board a sea-going vessel, or prior or subsequent thereto."

9. Reference should be made, lastly, to clause 8 (2) of the terms, which provides: "If any provision of this Bill of Lading is held to be repugnant to any extent to any international convention or national law which is applicable to this Bill of Lading by virtue of Clauses 6 and 7 and sub-clause (1) above or otherwise, such provision shall be null and void to that extent but no further."

10. The parties are agreed, and the judge and the Court of Appeal rightly accepted, that the carrier's liability is governed by clause 6 (B) (b) (i), either as applying directly or (preferably) as incorporated by clause 7. Thus the Hague Rules, to which reference is made in both clauses, are of obvious relevance. Three provisions have been referred to. Article Ⅳ rule 5 (so far as relevant) provides: "Neither the carrier nor the ship shall in any event be

or become liable for any loss or damage to or in connection with goods in an amount exceeding 100 [100 *livres sterling* in the authentic French text] per package or unit, or the equivalent of that sum in other currency unless the nature and value of such goods have been declared by the shipper before shipment and inserted in the bill of lading."

Article IX of the Rules provides: "The monetary units mentioned in this convention are to be taken to be gold value. Those contracting States in which the pound sterling is not a monetary unit reserve to themselves the right of translating the sums indicated in this convention in terms of pound sterling into terms of their own monetary system in round figures. The national laws may reserve to the debtor the right of discharging his debt in national currency according to the rate of exchange prevailing on the day of the arrival of the ship at the port of discharge of the goods concerned."

The third relevant provision is article Ⅲ rule 8, which is in these terms: "Any clause, covenant, or agreement in a contract of carriage relieving the carrier or the ship from liability for loss or damage to or in connection with, goods arising from negligence, fault, or failure in the duties and obligations provided in this article or lessening such liability otherwise than as provided in this convention, shall be null and void and of no effect. A benefit of insurance *in favour of the carrier* or similar clause shall be deemed to be a clause relieving the carrier from liability."

11. Two observations may be made on these Rules. Firstly, the effect of article Ⅸ is to make plain that what article Ⅳ rule 5 refers to is the gold value of the pound sterling not its nominal or paper value: see The "Rosa S" [1988] 2 Lloyds Rep 574, 581, per Hobhouse J. In Brown Boveri (*Australia*) *Pty Ltd. v. Baltic Shipping Co.*, Yeldham J decided that the limitation confining recovery to 100 per unit in article Ⅳ rule 5 was, in the light of article Ⅸ, to be calculated by reference to "the quantity of gold which was the equivalent of 100 sterling in 1924", and his decision was upheld by the Court of Appeal of New South Wales: (1989) 93 ALR 171, 172, 175, 188, 192. This interpretation of these two provisions, read together, has been accepted in this appeal. With the passage of 80 years since the Rules were adopted in 1924, and with the marked depreciation in the value of the pound sterling over that period, the practical effect of article Ⅸ has become increasingly great. Secondly, where the Hague Rules (including both article Ⅳ rule 5 and article Ⅸ) have compulsory effect by the operation of domestic law, any limitation of the carrier's liability to a figure lower than that yielded on application of both those provisions will fall foul of article Ⅲ rule 8 and will be null and void. That result may, or may not, follow where (as here) the application of the Rules is the result of contractual incorporation and not compulsory application by operation of law.

12. In the present case, therefore, all turns on the correct interpretation of clause 6 (B) (b) (i). This clause must be construed in the context of the contract as a whole. The general rule should be applied that if a party, otherwise liable, is to exclude or limit his liability or to rely on an exemption, he must do so in clear words; unclear words do not suffice;

any ambiguity or lack of clarity must be resolved against that party: *Homburg Houtimport BV v. Agrosin Private Ltd* [2003] UKHL 12, [2003] 2 WLR 711, paragraph 144, per Lord Hobhouse of Woodborough. There may reasonably be attributed to the parties to a contract such as this such general commercial knowledge as a party to such a transaction would ordinarily be expected to have, but with a printed form of contract, negotiable by one holder to another, no inference may be drawn as to the knowledge or intention of any particular party. The contract should be given the meaning it would convey to a reasonable person having all the background knowledge which is reasonably available to the person or class of persons to whom the document is addressed (*Homburg*, supra, paragraph 73, per Lord Hoffmann), which would certainly include a holder such as Dairy Containers.

13. The opening words of clause 6 (B) (b) (i) serve to incorporate the Hague Rules if no international convention or national law governs and the loss or damage is proved to have occurred at sea or on inland waterways. There then follow two deeming provisions expressed to take effect "for the purposes of this subparagraph". The limitation of liability under the Rules is deemed to be "100 Sterling, lawful money of the United Kingdom per package or unit". References in the Rules to carriage by sea are deemed to include references to carriage by inland waterways. The Rules are to be construed in accordance with these deemed meanings. In each instance, the need for the deeming provision arises because without it the term in question does not have the meaning it is to be deemed to have. The limitation of liability under the Rules is not "100 Sterling, lawful money of the United Kingdom per package or unit": it is the limitation provided by article Ⅳ rule 5 as qualified by article Ⅸ. The references to carriage by sea in the Rules do not include carriage by inland waterways. Thus the purpose of the deeming provision is to give the Rules a meaning different from that which they would have in the absence of a deeming provision. The deemed extension of the Rules to include inland waterways is irrelevant to this case. But the deemed limitation provision lies at the heart of it, because it stipulates a limit of 100 sterling, lawful money of the UK, a nominal or paper value (although article Ⅳ rule 5 would permit payment of the equivalent of that sum in another currency). The deemed limitation provision gives effect to article Ⅳ rule 5 as if it were unqualified by article Ⅸ.

14. In seeking to resist this conclusion, Mr Rzepecky for Dairy Containers placed strong reliance on advice given by John Richardson FCII in *The Hague and Hague-Visby Rules*, 4th edn, 1998, at page 43, when, having referred to The "Rosa S" [1988] 2 Lloyd's Rep. 574, he said: "Fortunately for carriers this result is not disastrous, as most nations where Hague Rules are still mandatorily applicable have converted the package limitation into local currency instead of using the gold limitation. However, great care is needed in drafting bill of lading contracts (which usually contractually apply Hague Rules to shipments from those nations that have no mandatorily applicable law) to write in only Articles Ⅰ to Ⅷ of the Hague Rules and then provide separately for a package limitation of 100 (or whatever), thereby avoiding the 'Gold Clause' trap."

Thus Mr Rzepecky relied on the failure to exclude article Ⅸ when incorporating the Hague Rules in this bill in support of the inference for which he contended, that article Ⅳ rule 5 was intended and should be understood to be qualified by article Ⅸ. It may be accepted that if the draftsman of clause 6 (B) (b) (i) had followed the course recommended by Mr Richardson, the present argument would not in all probability have arisen. But this argument does not, in the Board's opinion, take Mr Rzepecky far enough. Firstly, to accept that the carrier could have achieved the limitation it seeks by using Mr Richardson's formula is not to say that it is the only drafting formula capable of achieving that result: the question is whether the language of clause 6 (B) (b) (i) as it stands is also effective to achieve it. Secondly, as shown above, the language of the clause has the purpose of altering the effect of the limitation provision in the Hague Rules, and it is difficult to see what alteration could have been intended other than to exclude the effect of article Ⅸ. The object cannot have been to make plain that it was British and not other pounds which were referred to, as is evident from the reference in the authentic French text to "livres sterling". It cannot be supposed that commercial parties, in a form of contract intended to be used all over the world, would have wished to stipulate for payment in British currency.

15. The language of clause 7, in the opinion of the Board, throws no light on the problem. If a claim is governed by a compulsorily applicable national law, clause 6 (B) (a) is applicable. If not, the Hague Rules "as referred to in paragraph (B) (b) (i) of Clause 6" apply. The words "as referred to" can only mean, in effect, "as modified in" or "subject to".

16. Clause 8 (2) is equally unhelpful to Dairy Containers. On a natural reading, the reference here is to an international convention or national law which is compulsorily applicable. In any event, a term in the bill cannot be repugnant to any provision of the Hague Rules if the term in question represents a modification of the Hague Rules provision agreed by the parties in exercise of their freedom to agree what they will. It would similarly be absurd to hold that a clear contractual limitation agreed by the parties is invalidated by article Ⅲ rule 8 of the Hague Rules.

17. If it could be assumed that the terms of this bill had been drafted by a single hand and that they expressed a single coherent intention, there would be force in the point made by Mr Rzepecky, that the limitation of US$2.50 per kilo of gross weight in clause 6 (A) (4) appears much more generous to the cargo owner who has suffered damage than the limitation of 100 sterling in clause 6 (B) (b) (i). But these would be most unsafe assumptions to make when construing a document such as this. It is notorious that clauses are added and amended by different draftsmen at different times in response to the exigencies of commercial life, when and as they arise. A single draftsman expressing a single coherent intention would have been unlikely to provide one limitation in US dollars per kilo and another in British pounds per package or unit.

18. The judge held that, since the Hague Rules were incorporated by clause 6 (B) (b) (i),

the effect of clause 8 (2) was to nullify the limitation in that clause to the extent that it conflicted with the Hague Rules limitation provided by article Ⅳ rule 5 and article Ⅸ; the Hague Rules were given contractual primacy, and so article Ⅲ rule 8 invalidated the restriction. But the Court of Appeal took a different view. In the unanimous judgment delivered by Keith J it held (paragraph 30), rightly in the opinion of the Board, that the express limitation stated by the parties in clause 6 (B) (b) (i) had the purpose of altering the limitation aspect of the Hague Rules and that effect had to be given to that contractual purpose.

19. Despite the arguments advanced for Dairy Containers the Board, like the Court of Appeal and for essentially the same reasons, finds no lack of clarity in clause 6 (B) (b) (i). The carrier's liability is limited to 5 500 sterling in ordinary or paper currency, and Dairy Containers is entitled to an amount in New Zealand currency which it can exchange for that amount at the date of payment. The Board will humbly advise Her Majesty that the appeal should be dismissed, and that the unsuccessful appellant should pay the respondent's costs of this appeal to the Board.

QUESTIONS FOR DISCUSSION

1. Why did the court hold that the limitation contained in Clause 6 (B) (b) (i) shall apply instead of Article Ⅳ rule 5 combined with Article Ⅸ of the Hague Rules?
2. As a general rule, how shall a damage limitation clause be devised in order to be effective?
3. Considering Art. Ⅲ rule 8 of the Hague Rules, will the result of this case be different if this carriage contract is governed by the law of a nation which is a contracting state to the Hague Rules?

第二节 其他国际货物运输法律制度

一、国际航空货物运输法律制度

(一) 国际航空货物运输公约

随着国际航空事业的发展，航空运输方式在国际贸易中得到日益广泛的使用。航空货物运输快捷、方便、卫生、安全，特别适于运送鲜活商品、易碎易损和贵重物品。

目前，调整国际航空货物运输关系的国际公约主要有四个。

1.《统一国际航空运输某些规则的公约》

《统一国际航空运输某些规则的公约》(Convention for the Unification of Certain Rules Relating to International Air Carriage) 简称《华沙公约》(Warsaw Convention)。在《华沙公约》产

生之前，已经产生了有关国际航空方面的国际公约，如1919年在巴黎制定的《航空管理公约》、1926年的《伊比利亚-美洲航空公约》、1928年的《泛美商业航空公约》，但上述公约基本上是有关国际航空运输公法方面的规定，对私法方面的问题涉及很少。为此，1925年，在法国政府的主持下，第一次航空私法国际会议召开了，成立了“航空法专家国际技术委员会”，专门负责起草国际航空私法方面的公约。1929年9月，第二次航空私法国际会议在华沙召开，经过与会国的反复讨论，23个国家终于在10月12日签订了《华沙公约》。至此，国际航空运输合同及承运人和托运人责任无序和不统一的局面结束了。《华沙公约》于1933年2月13日生效，至2014年7月有152个国家加入，我国于1958年加入该公约。

《华沙公约》共41条，包括如下5章内容：范围和定义、运输凭证（客票、行李票、航空货运单）、承运人的责任、关于联合运输的规定、一般和最后条款。关于该公约的适用范围，公约第1条明确规定：“一、本公约适用于所有以航空器运送人员、行李或者货物而收取报酬的国际运输。本公约同样适用于航空运输企业以航空器履行的免费运输。二、就本公约而言，‘国际运输’系指根据当事人的约定，不论在运输中有无间断或者转运，其出发地点和目的地点是在两个缔约国的领土内，或者在一个缔约国的领土内，而在另一国的领土内有一个约定的经停地点的任何运输，即使该国为非缔约国。就本公约而言，在一个缔约国的领土内两个地点之间的运输，而在另一国的领土内没有约定的经停地点的，不是国际运输。三、运输合同各方认为几个连续的承运人履行的运输是一项单一的业务活动的，无论其形式是以一个合同订立或者一系列合同订立，就本公约而言，应当视为一项不可分割的运输，并不因其中一个合同或者一系列合同完全在同一国领土内履行而丧失其国际性质。”

2.《修订1929年10月12日在华沙签订的统一国际航空运输某些规则的公约的议定书》

自《华沙公约》生效至今的国际航空运输实践证明，《华沙公约》确立的规则基本上公平合理，也发挥了卓有成效的积极作用。但是，众所周知，自1933年《华沙公约》生效以来，世界经济和科技（包括航空科技）发生了巨大变化，其中最突出的是，随着一些国家经济的迅猛发展，人民生活水平大幅度提高，人权的意识也更加强烈，从而使《华沙公约》有关承运人赔偿限额的规定招致许多国家特别是发达国家的反对。发达国家认为，《华沙公约》规定的赔偿限额明显过低，应该改变不合理条款，提高甚至取消赔偿限额。而发展中国家则对提高甚至取消赔偿限额表示强烈反对。尽管如此，在发达国家的支持下，还是陆续出现了一系列对《华沙公约》的修改和补充文件（包括《海牙议定书》和《瓜达拉哈拉公约》），这些修改和补充文件构成华沙公约体系的有机组成部分。但遗憾的是，不断的修正和补充却始终没有能够使华沙公约体系及时适应时代发展的需要，有的文件未及生效，新的文件就又产生。

《修订1929年10月12日在华沙签订的统一国际航空运输某些规则的公约的议定书》又称为《海牙议定书》(Hague Protocol)，于1955年9月28日在海牙外交会议上签订，1963年8月1日生效，2024年7月有137个参加国，我国已加入该议定书。①

《海牙议定书》共有27条，主要对《华沙公约》的第1、2、3、4、6、8、9、10、15、20、22、23、25、26、34、40条作了修改、补充和完善。特别是将旅客死亡或伤害的责任限额提高一倍，即250 000金法郎（合16 600美元）。同时还完善了“故意不当行为”的定义，明确了

① 我国是《华沙公约》与《海牙议定书》的加入国。与《华沙公约》成员国之间的货物运输，适用《华沙公约》；与《海牙议定书》成员国之间的货物运输，适用《海牙议定书》。

承运人雇员和代理人的责任，简化了有关运输凭证的要求等。总体而言，《海牙议定书》对《华沙公约》的实质条款并没有修改，仍保留了推定过失责任制和限额赔偿。

3.《统一非缔约承运人所办国际航空运输某些规则以补充华沙公约的公约》

由于《华沙公约》没有明确规定"承运人"的含义和范围，由此产生了不适应运输实际需要的情况。国际民航组织（International Civil Aviation Organization，ICAO）于1960年9月18日在墨西哥主持召开了瓜达拉哈拉外交会议，通过并签订了《统一非缔约承运人所办国际航空运输某些规则以补充华沙公约的公约》（以下简称《瓜达拉哈拉公约》）。该公约于1964年5月1日生效，到2024年7月有86个国家加入。我国未加入。

《瓜达拉哈拉公约》（Guadalajara Convention）只是对《华沙公约》的"承运人"（carrier）的范围进行了补充，而对《华沙公约》其他部分并未进行修改。该公约将承运人分为缔约承运人和实际承运人，缔约承运人和实际承运人均受《华沙公约》的约束。

缔约承运人（contracting carrier）是指以业主身份与旅客或托运人，或与旅客或托运人的代理人订立一项适用《华沙公约》的运输合同的人；实际承运人（actual carrier）是指缔约承运人以外，根据缔约承运人的授权办理全部或部分运输的人。缔约承运人对全部运输合同负责，实际承运人只对参与的部分运输负责。实际承运人及其受雇人或代理人在授权范围内行事，对实际承运人所办运输的行为或不行为，视为缔约承运人的行为或不行为；缔约承运人及其受雇人或代理人在授权范围内行事，对实际承运人所办运输的行为或不行为，视为实际承运人的行为或不行为。原告有权选择缔约承运人或实际承运人提出赔偿诉讼，被诉的承运人有权要求另一承运人参加应诉。原告也有权同时或分别向缔约承运人和实际承运人提出赔偿诉讼。

从《瓜达拉哈拉公约》对缔约承运人和实际承运人予以分类的规定看，似乎"承运人"的概念已经得到明确，但实际上，"缔约承运人"和"运输代理人"并没有明确地区分开，导致实践中两者的混乱。

4.《蒙特利尔公约》

1999年《蒙特利尔公约》产生之前的公约体系被称为旧的华沙公约体系。其中每个文件均是独立的条约，而这些文件的参加国又不完全相同，加之前几次的修改补充不仅没有实现国际航空运输规则的进一步统一，反而使得《华沙公约》原本确立的统一航空承运人责任制度处于严重混乱状态，甚至遭到破坏，可适用的责任制度高达44种之多。很容易导致同一事件适用不同责任制度，旅客或货主所得赔偿可能大不相同，有失法律的公平和公正，与《华沙公约》的制定宗旨也完全相悖。随着旅客流动性的日益增加和航空运输的全球化，旧华沙公约体系的问题越来越突出。1974年，国际民用航空组织在72个国家进行了航空承运人责任限额的社会经济分析调查。① 其中，52个国家对华沙公约体系现有旅客责任限额表示不满；55个国家对华沙公约体系现有行李责任限额表示不满；51个国家对华沙公约体系现有货物责任限额表示不满。实际上，责任限额制度自创立之初便招致了众多的非议和责难。有鉴于此，在1975年的蒙特利尔外交会议上，一些国家建议国际民航组织起草一个合并所有华沙公约体系文件的统一文本，改变承运人责任制度的混乱状况。但也有的国家主张废除华沙公约体系。

1995年，国际民航组织决定起草一部新的统一的公约，并将拟订的草稿定名为《统一国际航空运输某些规则的公约》（Convention for the Unification of Certain Rules for International

① 参见唐明毅主编：《现代国际航空运输法》，95页，北京，法律出版社，1999。

Carriage by Air，与《华沙公约》同名），旨在全面修订和合并旧华沙公约体系的各个文件。从1996年6月开始，国际民航组织法律委员会就开始讨论新公约草案，以后又陆续讨论多次。1997年11月，国际民航组织成立专家研究小组，专门负责协助法律委员会完成全面修订华沙公约体系的工作。1999年5月10日，国际民航组织在加拿大的蒙特利尔召开由国际民航组织的成员国和主要航空运输组织及一个非成员国的525位代表参加的航空法国际会议的外交大会，5月28日新公约——《统一国际航空运输某些规则的公约》（简称1999年《蒙特利尔公约》)通过了。到2024年7月，已经有188个国家批准该公约，我国于2005年2月28日批准。公约已经于2003年11月4日生效。

1999年《蒙特利尔公约》（Montreal Convention）共有57条，分为如下7章：总则，关于旅客、行李与货物运输的凭证和当事方的责任，承运人的责任和赔偿损害的范围，联合运输非缔约承运人履行的航空运输，其他规定和最后条款。新公约对国际航空旅客和货物运输规则作了实质性的改动。

公约的宗旨是使《华沙公约》及相关文件实现现代化和一体化，确保国际航空运输中消费者的利益，本着恢复原状原则公平赔偿，促进国际航空运输运转的有序发展和旅客、行李与货物顺畅流动，进一步协调管理国际航空运输的一些规则并使之规范化，实现公平的利益平衡。上述宗旨与旧的华沙公约体系相比，范围更加广泛，更加切合实际。

（二）《蒙特利尔公约》关于国际航空货物运输的规定

国际航空货物运输通常是由托运人（或货主）与承运人通过签订货物运输合同进行的。鉴于我国已加入《蒙特利尔公约》，了解该公约关于国际航空货物运输的规则至关重要。[①]

1. 航空货运单

根据《蒙特利尔公约》的规定，承运人有权要求托运人填写航空货运单并对多包货物要求分别填写航空货运单。任何保存将要履行的运输记录的其他方法都可以用来代替出具航空货运单。因此，只要能起到识别货物并能获得履行运输记录的方法，包括纸质单证和电子单证、货物收据等都可以起到航空货运单的作用。

货运单一式三份，第一份经托运人签字后交承运人；第二份附在货物上，由托运人和承运人签字后交收货人；第三份由承运人在收货后签字交托运人。货运单是双方订立合同、接受货物和承运条件以及记载货物重量、尺寸、包装、件数等的书面凭证。作为货物的权利凭证，货运单不可转让。

航空货运单或货物收据的主要内容包括：(1）起运地、目的地。(2）经停地点。如起运地和目的地是在一个当事国的领土内，而在另一国领土内有一个或几个约定的经停地点，则至少要标示出一个经停地点。在必要时，经停地点可以由承运人加以变更，但不得使该运输丧失其国际性。按照《蒙特利尔公约》的规定，所谓国际航空运输是指出发地和目的地分处两个缔约国境内，或在一个缔约国领土内，但在另一缔约国或非缔约国内有经停地点。在后一种情况下，如承运人将经停地点变更为也在起运地和目的地所在国领土内，则该运输就会丧失国际性。(3）货物重量。根据《蒙特利尔公约》第9条的规定，即使未遵守上述关于航空货运单规定的，也不影响运输合同的存在或有效，该运输合同受《蒙特利尔公约》规则的约束包括有关

① 我国是《华沙公约》与《海牙议定书》的加入国。与《华沙公约》成员国之间的货物运输，适用《华沙公约》；与《海牙议定书》成员国之间的货物运输，适用《海牙议定书》。

责任限制的约束。

根据《蒙特利尔公约》的规定，如果承运人接受了货物但未填写货运单，则承运人无权援引《蒙特利尔公约》关于免除或限制承运人责任的规定。

2. 托运人的责任

根据《蒙特利尔公约》的规定，托运人承担以下责任。

(1) 托运人对货运单上关于货物的各项说明和声明的正确性及由于延误、不符合规定、不完备，给承运人及其代理人造成的损失承担责任。

(2) 托运人在履行运输合同所规定的一切义务的情况下，有权在起运地、目的地将货物提回或在途中经停时终止运输，或将货物运交非货运单上指定的收货人并偿付由此产生的费用，同时不得使承运人或其他托运人遭受损害。

(3) 托运人需提供各种必要资料以便完成货交收货人前的海关、税务或其他公共当局手续，并将有关证件附货运单交给承运人并承担因资料或证件缺乏、不足或不符合规定给承运人造成的损失。

3. 承运人的责任与免责

根据《蒙特利尔公约》的规定，承运人的责任如下：(1) 承运人对航空期间发生的货损、货物灭失、延误承担责任。所谓航空期间，是指在承运人保管之下的期间，包括在航空站内、航空器上或航空站外降落的任何地点，不包括航空站外任何陆运、海运或河运。但如果这种运输是为了履行空运合同，是为了装货、交货或转运，也视为航空期间。(2) 承运人对货物损失的赔偿责任为每千克 17 个特别提款权。如果托运人在交货时特别声明货物价值，并交纳了必要的附加费，则承运人的赔偿额以所声明的价值为限。

在发生下列情况时，免除承运人应承担的责任：(1) 承运人证明自己和其代理人已经为避免损失采取了一切必要措施或不可能采取这种措施；(2) 损失的发生是由于驾驶上、航空器的操作上或领航上的过失；(3) 货物的灭失或损失是由货物的属性或本身质量缺陷造成的；(4) 损失是由受害人的过失引起或助成的。

《蒙特利尔公约》中规定的承运人免责和损害赔偿限额是一个最低标准，任何超出公约免责范围并规定更低赔偿金额的合同条款，一律无效。

当货物的损坏和灭失是由承运人及其代理人和受雇人员故意地或明知可能造成损失而轻率地作为或不作为造成的时，承运人无权援引该公约关于免责和限制责任的规定。

4. 索赔与诉讼时效

收货人在发现货损时，最迟应在收货后 14 日内提出异议；如果发生延误，则最迟应在收货后 21 日内提出异议。异议要以书面方式提出。除非承运人有诈欺行为，否则超过规定期限，收货人不能对承运人起诉。有关赔偿的诉讼，应在航空器到达目的地之日起 2 年内提出，否则收货人丧失要求损害赔偿的权利。

诉讼地点由原告选择，可以是承运人的住所地、主要营业所在地、目的地或合同订立地的法院。

根据《蒙特利尔公约》的规定，由几个连续承运人办理的航空运输，第一承运人和每一段运输的承运人要对托运人和收货人负连带责任。

(三)《蒙特利尔公约》关于国际货物运输的特点

与旧的华沙公约体系相比，1999 年《蒙特利尔公约》在国际货物运输方面具有如下特点。

1. 关于货物运输的凭证和当事方的责任更加详细

1999 年《蒙特利尔公约》第二章专门规定了关于货物运输的凭证和当事方的责任问题，比《华沙公约》第二章的规定更加详细、具体。该章主要吸收了《蒙特利尔第 4 号议定书》和《危地马拉议定书》的相关内容并加以完善。该章主要规定如下：（1）承运人除可提交传统的纸质单证外，也可以用任何其他保存客票资料的方法或任何保存所作运输的记录的方法代替交给客票或航空货运单，并出具书面说明或货物收据，作为签订合同、接受承运标的与运输条件的证明。（2）《华沙公约》和《海牙议定书》规定了惩罚性的条款，即如果承运人不交客票或行李票、航空货运单而承运，或客票或行李票、航空货运单没有载明受《华沙公约》或《海牙议定书》约束的条款，承运人无权援用公约中的免除或限制责任条款。1999 年《蒙特利尔公约》取消了该惩罚性的条款。（3）在航空货运单或货物收据的内容方面，要求载明托运货物的性质与重量，但取消了载明受《华沙公约》或《海牙议定书》约束的条款的要求。同时规定，承运人必要时可要求托运人提交说明货物性质的证件。（4）托运人和承运人的签字可以印刷或盖章。同时取消了承运人应该在货物装入航空器之前签字的要求。

2. 对承运人责任制度和赔偿损害的范围进行修改

在货物毁灭、遗失或损坏方面，《蒙特利尔公约》基本上采用了《蒙特利尔第 4 号议定书》的规定，即实行严格责任。对于因货物有毁灭、遗失或损坏而产生的损失，只要造成损失的事件是在航空运输期间发生的，承运人就应当承担责任。但是，若承运人证明货物毁灭、遗失或损坏是由下列一个或几个原因造成的，则承运人不承担责任：货物的固有缺陷、质量或瑕疵；货物非由承运人或其受雇人或代理人包装，包装有缺陷；战争或武装冲突行为；公共当局对货物入境、出境、过境所实施的行为。

在运输中造成货物毁灭、遗失、损坏或延误的，该公约仍实行限额赔偿，即以每公斤 17 个特别提款权为限，除非交运货物时特别申报其价值。

3. 货物延误的限额赔偿

《蒙特利尔公约》规定：货物在航空运输中因延误引起的损失，承运人应当承担责任。但是，承运人证明本人及其受雇人或代理人为避免损失的发生，已经采取一切可合理要求的措施或不可能采取此种措施的，承运人不承担责任。由此可见，该公约对货物在航空运输中因延误引起的损失仍实行推定过失责任制和限制责任制度。

4. 关于赔偿限额例外的引用

由于《华沙公约》第 25 条有关责任限制的例外表述不清，提供了避开限额规定的借口，因此，《蒙特利尔公约》取消了“有意和不良行为”的提法，而是具体规定为，如能够证明损失是由承运人或其受雇人或代理人有意造成或知道很可能造成损失而不顾后果的行为或不行为引起的，关于客运延误、行李与货物的赔偿限额规定将不适用。

5. 惩罚性或其他非补偿性的损害赔偿

《蒙特利尔公约》第 29 条规定，在任何旅客、行李或货物的损害赔偿和延误赔偿诉讼中，均不得判处惩罚性、惩戒性或其他非补偿性的损害赔偿。该条旨在防止以惩罚、惩戒等理由突破责任限额。

6. 增加了仲裁条款

《蒙特利尔公约》规定，货物运输合同的当事人可以约定，有关公约中的因承运人责任所发生的任何争议通过仲裁解决；仲裁协议应该以书面形式订立。

7.《蒙特利尔公约》与旧《华沙公约》体系文件的关系

为厘清1999年《蒙特利尔公约》与旧《华沙公约》体系文件的关系，《蒙特利尔公约》规定，在下列条件下，该公约优先于国际航空货物运输适用的任何规则：(1) 在《蒙特利尔公约》当事国间进行的国际航空运输，并且当事国都是1929年《华沙公约》、1955年《海牙议定书》、1961年《瓜达拉哈拉公约》、1971年《危地马拉议定书》、1975年四个《蒙特利尔议定书》的缔约方；(2) 在《蒙特利尔公约》一个当事国进行，而该当事国是上述公约中一个或几个文件的缔约国。

二、国际铁路货物运输法律制度

(一) 国际铁路货物运输的特点

在由两个及两个以上国家铁路部门承担的货物运输中，由参加国铁路共同使用一份运输票据，在由一国铁路向另一国铁路移交货物和车辆时，不需要收发货人参加，并以连带责任办理货物的全程铁路运输，称为国际铁路货物运输（international carriage of goods by railway)。

国际铁路货物运输具有如下特点：(1) 涉及境外铁路部门。每运送一批货物都要涉及两个或两个以上国家、几个国境站。(2) 运输条件高。每批货物的运输条件如包装、转载、票据的编制、添附文件及车辆使用都要符合有关国际联运的规章、规定。(3) 办理手续复杂。货物必须由两个或两个以上国家铁路参加运送，在办理国际铁路联运时，其运输票据、货物、车辆及有关单证都必须符合有关规定和一些国家的正当要求。但是，发货人只需在发站办理一次性托运手续即可将货物运抵另一国的铁路到站。(4) 使用一份铁路联运票据完成货物的跨国运输。(5) 运输责任方面采用统一责任制。(6) 运输连贯性强，不易受天气和季节变化影响，载货量比空运大，速度比海运快，风险较海运和空运都小。

国际铁路运输主要适用于内陆接壤国家之间的货物运输。我国除东南沿海地区外，利用地缘优势与周边国家开展了广泛的经济贸易合作。世界上最大的一条国际铁路运输线，大陆桥运输横贯我国，东起连云港，西至新疆阿拉山口，可穿越独联体各国，直通西亚到欧洲鹿特丹。随着我国“一带一路”倡议的实施，国际铁路货物运输在我国对外经济贸易中大有可为。

(二) 国际铁路货物运输公约

目前关于国际铁路货物运输的公约有两个：《国际货约》(CIM) 和《国际货协》(CMIC)。

1.《国际货约》

《关于铁路货物运输的国际公约》(Convention Concerning International Carriage of Goods by Rail, CIM) 简称《国际货约》。其最早名为《国际铁路运送规则》，签订于1890年伯尔尼，并于1893年生效，1934年改称《国际铁路货物运输公约》，后经1952年、1961年、1970年修改并于1980年与《国际铁路旅客和行李运输公约》合并为《国际铁路货物运输公约》，1985年生效，经1990年、1999年修改，施行至今。《国际货约》的成员国包括法国、德国、比利时、意大利、瑞典、瑞士、西班牙及一些东欧国家，此外，还有西亚的伊朗、伊拉克、叙利亚，非洲西北部的阿尔及利亚、摩洛哥、突尼斯等国，至2024年7月，共52国。《国际货约》主要规范上述国家之间的货物、旅客及行李的运输。

主要内容：

（1）适用范围。

适用按联运单托运的，其运程至少通过两个缔约国的领土。

（2）运输合同。

运单是运输合同。

（3）发货人的权利和义务。

1）发货人对运单记载和声明的正确性负责。

2）发货人应遵守载货限制，按要求包装货物。

3）发货人对包装标记同运单相符负责。承担由此引起的装车不当而带来的损失，并应赔偿铁路损失。

4）发货人可以按规定变更和修改运输合同。

（4）收货人的权利和义务。

1）交付应付一切费用，并于到达站领取运单和货物。

2）如已证实货物灭失或在规定期限内未到达，收货人有权以本人名义按合同向铁路提出赔偿请求。

3）收货人有权在发货人未支付有关运费或未按规定填写运单时，变更运输合同：如指示货物中途停留；延迟交付货物；将到达货物交于非运单中的指定收货人。

（5）承运人的权利和义务。

1）承运人有权检查运单记载事项是否正确，并可将实际检查结果载入运单。

2）发货人超装时，有权收取差额运费并对可能产生的损失提出索赔要求。

3）承运人对全程运输负责。

4）对因发货人或收货人的错误、疏忽行为或货物固有缺陷等所致的损害灭失，承运人免责。

（6）关于运费、期限和索赔规定。

《国际货约》规定了运费计算标准。索赔应以书面形式提出，诉讼时效为期 1 年。

案例 Bundesgerichtshof（Germany）Ruling of 26 June 2003

"Other amounts incurred in connection with carriage of the lost goods" within the meaning of Article 23（4）of CMR and Article 40 § 3 of CIM only include such expenses as would also have been incurred to the same extent in carriage according to contract and which would have contributed to the value of the goods at the place of destination，i. e. which have not been incurred as the result of loss.

Cf. Article 40 § 3 of CIM.

The facts：

The plaintiff is the insurer of M. GmbH（hereinafter referred to as the insured party），which manufactures cigarettes in Germany. She is claiming from the defendant，D. AG，under transferred and assigned law，as a result of the loss of duty unpaid cigarettes，the refunding of，inter alia，tobacco duty.

Between 1995 and 1997, the insured party sent duty unpaid cigarettes to a French consignee under the tax suspension procedure. For intra-Community consignments under tax suspension, cigarettes manufactured in Germany are brought from a tax warehouse to undertakings of authorized consignors in other Member States. The tax liability for the tobacco goods comes into being when they are accepted into the undertaking of the authorized consignor, who then becomes the person liable to pay the tax. If the tobacco goods are withdrawn from the tax suspension procedure during transport, the consignor is liable to pay the tax.

In the period between October 1995 and August 1997, cigarettes were stolen eight times during transport to France. The defendant paid part of the tobacco duty the insured party incurred thereby, for reasons of goodwill. The plaintiff reimbursed the outstanding tax to the insured party-with the exception of the excess.

The plaintiff was of the view that the defendant was also obliged, in accordance with Article 40 § 3 of CIM, to reimburse the outstanding tobacco duty incurred by the insured party as a result of the theft of the cigarettes. The defendant opposed this.

The court of first instance found against the defendant as claimed. The court of appeal dismissed the claim in respect of the tobacco duty.

1 I ZR 206/00; first instances: Landgericht Berlin, ruling of 29 July 1999, and Kammergericht Berlin, ruling of 11 August 2000, see Bulletin 2/2001. 2.

With the appeal, which the defendant applied to have dismissed, the plaintiff pursued her claim for the defendant to be ordered to reimburse the tobacco duty she had paid, in the sum of 279, 889. 53 DM plus 947, 283 FF and a further 91, 523. 10 DM, including interest in each case.

Grounds for the ruling:

I. The court of appeal denied the defendant's obligation to reimburse the tobacco duties to the plaintiff imposed on the insured party by the French tax authorities as a result of the removal of the cigarettes from the tax suspension procedure. The court's grounds were as follows:

The tobacco duty was not to be reimbursed in accordance with Article 40 § 3 of the Uniform Rules concerning the Contract for International Carriage of Goods by Rail (CIM). According to this provision, the railway had refund carriage charges, customs duties and other amounts in connection with carriage of the lost goods. Tobacco duty did not form part of the amounts incurred "in connection with carriage of the lost goods", as it had arisen as a result of the cigarettes being stolen. Tobacco duty was part of the consignor's consignment risk. The consignor could protect himself against this either by declaring a special interest in accordance with Article 46 of CIM or by concluding a special insurance policy.

In so doing, the court accepted that the development of the railways' freight liability law away from liability for the full value of the goods at the place of delivery, towards the value of the damaged or lost goods at the place of consignment meant that the objective of reducing the railway's risk of loss or damage could be acknowledged. The consignor then justifiably should have received a claim for reimbursement of those expenses that he had incurred in connection with carriage. Because the aggrieved party did not receive the full value at the place of consignment if he had to pay the carriage charges, customs and other costs himself, as these amounts decreased the value of the goods. Starting out from this position, only those customs duties, carriage charges and other amounts in connection with carriage are refundable which contributed to the goods achieving a higher value at the place of delivery. Expenses due to damage did not therefore have to be reimbursed, because-untypically-they did not increase the delivery value. However, the tobacco duty due as a result of the cigarettes being removed from the tax suspension procedure does in fact constitute costs due to damage. It does not therefore-unlike, for example, an import turnover tax, which has to be paid in every case-form part of the amounts paid "in connection with carriage of the lost goods" within the meaning of Article 40 § 3 of CIM.

Ⅱ. This ruling holds against the charges of the appeal.

The Court of Appeal denied without legal defect a claim by the plaintiff under Article 40 § 3 of CIM in conjunction with § 67 (1) of the German Insurance Contract Act (VVG), § 398 of the German Civil Code (BGB) for reimbursement of the sums of tobacco duty the insured party incurred from the French tax authorities as a result of the removal of cigarettes from the tax suspension procedure.

1. According to Article 36 § 1 of CIM, the railway is in principle liable for loss or damage resulting from the total or partial loss of, or damage to, the goods between the time of acceptance for carriage and the time of delivery. The losses in this case occurred during this period.

2. The level of compensation to be paid in the event of loss is determined under Article 40 of CIM. According to Article 40 § 1 of CIM, in the event of total or partial loss of the goods the railway must pay, to the exclusion of all other damages, compensation calculated according to the commodity exchange quotation or, if there is no such quotation, according to the current market price, or if there is neither such quotation nor such price, according to the normal value of goods of the same kind and quality at the time and place at which the goods were accepted for carriage. The contents of this provision therefore correspond broadly to the rules contained in Article 23 (1) and (2) of CMR.

The Court of Appeal denied refundability of the tobacco duty paid by the insured party in accordance with Article 40 § 1 of CIM, because the marketprice for the cigarettes removed from the tax suspension procedure did not incorporate the tax in question.

This means an error in the law cannot be recognized and is also not objected to in the appeal.

3. In addition to the value of the goods, according to Article 40 § 3 of CIM, the contents of which correspond to Article 23 (4) of CMR, the railway must also refund carriage

charges, customs duties and other amounts incurred in connection with carriage of the lost goods. In the literature and case law, it is contentious as to which costs fall under the "other amounts incurred in connection with carriage of the lost goods".

(a) It is broadly agreed that costs incurred before the carrier accepted the goods are in principle not to be refunded, because they have already been reflected in the consignment value of the goods (cf. Koller, Transportrecht (Transport Law), 4_{th} edition, Art. 23 of CMR, marginal 10; Münchener Kommentar Handelsgesetz buch (Munich Commentary Commercial Code) /Basedow, Art. 23 of CMR, marginal 33; Münchener Kommentar Handelsgesetz buch (HGB) /Mutz, Art. 40 of CIM, marginal 8; Herber/Piper, Art. 23 of CMR, marginal 26; Helm, Frachtrecht (Freight law) II, CMR, 2nd edition, Art. 23, marginal 19). Thus Article 40 § 3 of CIM/Article 23 (4) of CMR only covers such costs as arise after carriage has begun and which have not yet therefore increased the value of the goods at the place where they are accepted for carriage.

(b) With regard to the latter costs, the view is held that in accordance with Article 23 (4) of CMR and in accordance with Article 40 § 3 of CIM, as this provision has the same regulatory content as the CMR provision, they are reimbursable if they were closely related to the actual transport operation. It is immaterial as to whether the party to be compensated had paid them in view of the transport operation running according to contract or whether they would only have arisen as a result of the transport operation not running according to contract. This view, which is especially held in France, Great Britain and Denmark, but also in other countries (see evidence in the Münchener Kommentar HGB/Basedow, Art. 23 of CMR footnotes 138 - 141) is substantiated mainly by the imprecise fixing of the correlation (shall, in addition refund carriage charges, customs duties and other amounts incurred in connection with carriage of the goods...) between the costs and the transport operation (cf. Münchener Kommentar HGB/Basedow, Art. 23 of CMR, marginal 37).

(c) According to another (more narrow) view, only such costs in accordance with Article 23 (4) of CMR are to be reimbursed which would likewise have arisen in the event of carriage according to contract and which would have contributed to the value of the goods at the place of destination, i. e. which did not arise as a result of loss or damage (cf. Bundesgerichtshof ruling of 13. 2. 1980-IV ZR 39/78, Versicherungsrecht (Insurance Law) 1980, pp. 522, 523 = Neue Juristische Wochenschrift (NJW-New Legal Weekly) 1980, p. 2021; Oberlandesgericht, Munich, Transportrecht (Transport Law) 1991, p. 427, 428; Koller, reference as above, Art. 23 of CMR, marginal 10 with further evidence; Helm, reference as above, Art. 23, marginal 18; Münchener Kommentar HGB/Basedow, Art. 23 of

CMR, marginal 38; Herber/Piper, reference as above, Art. 23, marginal 26; Piper, Höchstrichterliche Rechtsprechung zum Speditions-und Frachtrecht (Supreme Court Case Law on Forwarding and Freight Law), 7th edition, marginal 425).

(d) In principle, the Senate (≈ appeals court) shares the view advocating a narrow interpretation of Article 23 (4) of CMR. The liability rules of Article 23 (1) to (4) of CMR, like those of Article 40 § 1 to 3 of CIM distinguish between the damage caused by the loss of the goods and the consignor's/consignee's costs in connection with carriage. In accordance with Article 23 (1) and (2) of CMR, Article 40 § 1 of CIM, damage or loss is compensated by refunding the value and-according to the explicit prohibition of Article 23 (4) of CMR and Article 40 § 1 of CIM-nothing else. Above all, consequential costs, which include all charges arising as a result of loss or damage, are not reimbursed. In principle, the loading side of the operation bears the risk for this, including the risk of lost profit or lost output on the part of the consignee (cf. Münchener Kommentar HGB/Basedow, Art. 23 of CMR, marginal 38). This narrow interpretation of Article 23 (4) of CMR (Art. 40 § 3 of CIM) may indeed mean there will be gaps in the payment of compensation, because according to Article 23 (1) and (2) of CMR (Art. 40 § 1 of CIM), only the commodity exchange/market price/normal value of the lost goods will be reimbursed. However, this interpretation corresponds both to the wording and to the limited purpose of Article 23 (4) of CMR. Only "other amounts incurred in connection with carriage of the lost goods" are refundable. This wording means that these must be costs that would also have been incurred if the transport operation had been carried out according to contract (cf. Helm, reference as above, Art. 23, marginal 18; Herber/Piper, reference as above, Art. 23, marginal 28). If the consignor of the goods lays emphasis on the carrier's liability for material consequential damages not covered by Article 23 of CMR (Art. 40 of CIM), he has the possibility-as the court of appeal correctly pointed out-in accordance with Article 26 of CMR (Art. 46 of CIM) of declaring an interest in delivery (Münchener Kommentar HGB/Basedow, Art. 23 of CMR, marginal 38; Herber/Piper, reference as above, Art. 23, marginal 9).

4. On the basis of this legal starting point, the court of appeal rightly assumed that the tobacco duty paid by the insured party constituted costs incurred as a result of loss, the refundability of which was not covered by Article 40 § 3 of CIM. The cigarettes carried under the tax suspension procedure (§ § 15 to 17 of the Tabaksteuergesetz (Tobacco Duty Act)) were put into circulation as a result of theft during transport. According to § 18, paras. 1, 3 and 4 No. 1 of the Tobacco Duty Act, the insured party thereby becomes the taxpayer. If the transport operation had proceeded according to contract, the costs in question would not have been incurred. It is therefore a matter of costs incurred by the loss itself, which in accordance with Article 40 § 3 of CIM (Art. 23 (4) of CMR) are not refundable (Herber/Piper, reference as above, Art. 23, marginal 39 concerning the payment of taxes due to loss of goods carried under the tax suspension procedure and removed from the procedure as a result of theft; also Piper, reference as above, marginal 425).

The appeal cannot be endorsed on the grounds that it was not the theft, but transport itself of the cigarettes under the tax suspension procedure which caused liability to tax, because during transport, the goods had been latently subject to taxation. The appeal does not take sufficient account of the fact that carriage of the goods under the tax suspension procedure does not present a case of tax accrual. In the transport of tobacco goods under the procedure in accordance with §§15 to 17 of the Tobacco Duty Act, the tax in accordance with §8, para. 1 No. 2 of the Tobacco Duty Act is in the first instance suspended and therefore has not yet been incurred. In this case, the cigarettes were consigned in accordance with §16, para. 1 No. 2 of the Tobacco Duty Act, so that §8, para. 1 No. 2 of the Tobacco Duty Act applies. In such a case, the tobacco duty does not therefore arise as a result of carriage, but as a result of the fact that the cigarettes were removed from the tax suspension procedure during transport (§18, para. 1 of the Tobacco Duty Act).

Ⅲ. Accordingly, the appeal with the cost consequence under § 97, para. 1 of the Zivil prozessordnung (Code of Civil Procedure) had to be rejected.

Cour d'Appel de Paris

Ruling of 14 December 2011

Period of limitation if claims are not rejected

Headnote:

Written claims from the consignor and his agent, which have the effect of suspending the period of limitation in accordance with Article 32, para. 2 of the CMR, having been received but not rejected, mean that the action that was brought is admissible, even 9 years later.

Article 48 § 3 of CIM contains a similar provision. International rail transport law also suspends the period of limitation until the carrier rejects the claim by notification in writing and returns the documents submitted with it.

The facts:

On 4 and 5 September 1997, a carrier was entrusted with the transport of packages of textiles from Belgium to Italy. At around 4 a. m. on 7 September, he stopped in the parking area of a service station on the Rome/Naples motorway. It was then that two individuals threatened him with a weapon and gagged and bound him before driving the vehicle away. The loss, which amounted to 96 336. 20, was covered by the insurance to the amount of 95 440. 50. On 3 March 2006 (almost 10 years after the event), the subrogated insurers and the consignor, for the excess it had to pay, summonsed the carrier and the company that covered its liability.

Grounds:

The first question is obviously that of the limitation of actions. It should be recalled that in the CMR, in the case of total loss, the one year period of limitation begins to run from the 30th day after the expiry of the agreed time limit or where there is no agreed time limit, from the 60th day from the date on which the goods were taken over by the carrier. This time had long since elapsed.

2. However, the Convention lays down a special reason for suspending the period of limitation:

a claim notified in writing, sent to the carrier, which freezes the period until the carrier has rejected it (also in writing) and returns the documents submitted with it. This is a *sine qua non* condition which the French Cour de cassation is particularly keen on. If the document has to contain a real claim in writing (or any other equivalent process) attributing the damage to the carrier and specifying the approximate amount, this may come from the consignor's agent (e. g. the broker or the duly authorised insurer). Proof of reception which, in French law, is incumbent upon the person entitled or his representative (French Civil Code, Art. 1315, para. 1) is not formalistic and may be demonstrated by any commercial instrument (French Commercial Code, Art. 110 - 3). In this case, three salvos were fired:

—on 11 September 1997, i. e. the day after he was informed of the theft, the consignor sent the carrier a claim by registered letter with acknowledgement of receipt, together with supporting invoices;

—on 23 December 1997, his agent did the same and attached the CMR consignment notes and packing lists;

—lastly, on 1 September 1998, the latter did the same by fax (which also counts as written notification), but without specifying whether there were any attachments.

It was highly unlikely that the carrier did not receive the various documents and moreover, on 3 September 1998 (at the limit of the "usual" period of limitation), his broker told the agent that he should contact the liability insurer. As he had not rejected the various claims in any way by returning the attachments, the carrier had let the period of limitation freeze, so that 9 years later, he was still exposed!

Decision:

While the claim for compensation is admissible, it is nevertheless ill-founded. Bearing in mind the fact that with a revolver pointing at his forehead, the driver could only do as he was told, the court notes the inevitable and unavoidable circumstances which relieve the international road carrier of liability (CMR, Art. 17, para. 2). [Similar provision: Article 23 § 2 of CIM]

2.《国际货协》

《国际铁路货物联合运输协定》(Agreement Concerning International Carriage of Goods by Rail) 简称《国际货协》，1951 年在华沙订立。我国于 1953 年加入。1974 年 7 月 1 日生效的修订本，其成员国主要是苏联等几个东欧国家加上中国、蒙古、朝鲜、越南等共计 12 国。1991 年苏联解体，15 个独联体国家各自独立，除亚美尼亚外，其他国家都加入了《国际货协》。2015 年修订公布的《国际货协》、《国际货协办事细则》及其附件，为我国《推动共建丝绸之路经济带和21世纪海上丝绸之路的愿景与行动》以及中欧班列的运行提供了法律保障。[①] 2017年国际铁路合作组织按《国际货协》附件6颁布了《国际货约/国际货协运单指导手册》（以下简称《指导手册》），据此，《国际货约》和《国际货协》的运单可以相互转换。[②] 至2024年7月，《国际货协》已有26个成员国。[③]

下面重点介绍2024年7月1日修订生效的《国际货协》的主要内容。

三、《国际货协》的主要内容

1.《国际货协》的适用范围

《国际货协》是调整从事国际铁路货物运送参加方即发货人、承运人和收货人之间关系的法律规范。《国际货协》规定了在国际铁路直通联运和国际铁路—轮渡直通联运中货物运输合同的统一法律标准，对发货人、承运人和收货人都具有约束力。

所谓货物运送：是指国际铁路直通联运中的货物运送和国际铁路—轮渡直通联运中的货物运送；

国际铁路直通联运中的货物运送：指全程按统一票据（运单）办理，经由两个或两个以上国家境内的铁路货物运送；

国际铁路—轮渡直通联运：是指在国际铁路直通货物联运中经过水运区段且货物从发站至到站始终在车辆中运行或自轮运行；

发货人：指货物托运人，即运单中注明的货物发送人；

承运人：指参加货物运送（包括在国际铁路-轮渡联运水运区段）的缔约承运人和所有接续承运人；

缔约承运人：指根据《国际货协》同发货人缔结运输合同的承运人；

接续承运人：指从缔约承运人或其他接续承运人处接运货物以继续运送并进而加入运输合同（由缔约承运人缔结）的承运人；

收货人：指运单中注明的货物领受人。如协定各方同时是规定铁路货物运输合同法律标准的其他国际协定的参加方，则上述各方铁路车站之间的运送可按这些国际协定的条件办理。

2. 运输合同

《国际货协》第14条规定，根据运输合同，承运人有偿将发货人托运的货物，按发货人与缔约承运人商定的线路运至到站并将其交付收货人。发货人在托运货物的同时，应对每批货物按规定的格式采用中文或俄文填写运单或办理电子运单。[④] 运单主要包括以下内容：（1）发货人名称及其通信地址；（2）收货人名称及其通信地址；（3）缔约承运人名称；（4）发送路及发

---

① 《国际货协办事细则》（简称《办事细则》）是根据《国际货协》第54条“国际货协办事细则”的规定出版的，每年都有变化。其只适用于调整按国际货协条件参加货物运送的承运人间的相互关系，其内容主要涉及补送运行报单、承运人的戳记、运输合同的变更、货物的交接与查寻、赔偿请求的查核等；不适用于调整发货人和收货人为一方与承运人为另一方之间的法律关系。在按国际货协条件参加货物运送的承运人之间无其他协议时，则适用《办事细则》的规定。现实行的是2024年7月1日生效的修订文本。

② 《指导手册》包括国际货约/国际货协运单样式及其填写和使用规则；用于在转发地点从国际货协运单向国际货约运单的改办，或者从国际货约运单向国际货协运单的改办。现实行的是2022年6月9日生效的修订文本。

③ 《国际货协》中的26个成员国分别为：阿塞拜疆、阿尔巴尼亚、阿富汗、白俄罗斯、保加利亚、匈牙利、越南、格鲁吉亚、伊朗、哈萨克斯坦、中国、朝鲜、吉尔吉斯斯坦、老挝、拉脱维亚、立陶宛、摩尔多瓦、蒙古、波兰、俄罗斯、斯洛伐克、塔吉克斯坦、土库曼斯坦、乌兹别克斯坦、乌克兰和爱沙尼亚斯坦。

④ 运单的式样、填写及适用规则见《国际货协》附件6。

站名称；(5) 到达路及到站名称；(6) 国境口岸站名称；(7) 货物名称及其代码；(8) 批号；(9) 包装种类；(10) 货物件数；(11) 货物重量；(12) 车辆（集装箱）号码，运送货物的车辆由何方提供（发货人或承运人）；(13) 发货人附在运单上的添附文件清单；(14) 关于支付运费的事项；(15) 封印数量和记号；(16) 确定货物重量的方法；(17) 缔结运输合同的日期。如果需要还应包括：(1) 接续承运人名称；(2) 发货人有关货物的声明；(3) 港口附近的铁路车站和移交水运的港口；(4)《货物运送规则》[①] 所规定的其他信息。

运单（railway bill）是缔结运输合同的凭证，是铁路收取货物、承运货物的凭证，也是在终点站向收货人核收运杂费用和点交货物的依据。与海运提单不同，铁路运单作为货物权利凭证不能转让。铁路运单副本在加盖印戳后退还发货人，并成为买卖双方结清货款的主要单据。根据《国际货协》的规定，运单中记载的事项不正确或不准确，或者承运人丢失运单，均不影响运输合同的存在及效力。

3. *承运人的权利义务*

(1) 承运人的责任期间。《国际货协》第 37 条规定，承运人按《国际货协》规定的办法和范围，对发货人或收货人承担仅由运输合同产生的责任。承运人自承运货物时起，至交付货物时为止，对货物灭失、短少、毁损（腐坏）、逾期所造成的损失负责。货物灭失、短少、毁损（腐坏）情况，以商务记录作为证明。

(2) 核查运单和货物。承运人有权按照国内法律检查发货人是否遵守了运送条件以及货物，发货人在运单中所记载事项是否正确；发货人未在运单中注明其在运单上所附的添附文件的，缔约承运人有权拒绝承运货物。

(3) 执行或拒绝变更合同。根据《国际货协》的规定，在下列情况下，承运人有权拒绝托运人（发货人或收货人）变更运输合同或延缓执行这种变更：1）执行变更的铁路车站在收到变更申请或发站或到站的通知后无法执行；2）违反铁路营运管理；3）在变更到站的情况下，货物价值不能抵偿运到新指定到达站的一切费用，但能立即缴付或能保证支付这种费用款额时除外；4）在变更到站的情况下，运单上记载的承运人发生了变化，但新承运人未商定时。

当承运人按托运人指示变更运输合同时，承运人有权要求托运人支付附加运送费用和由于其变更运输合同而产生的费用。根据收货人的申请书而变更运输合同时，发货人对由此而产生的后果概不负责。

(4) 连带责任。按《国际货协》的规定，按运单承运货物的铁路，应负责完成货物的全程运输，直到在到达站交付货物时止。每一继续运送货物的铁路，自接收附有运单的货物时起，即作为参加这项运输合同的一方并因此而承担义务。运输合同各方对各自工作人员，以及各自为履行运输合同而利用其服务的其他人在履行职责时的行为负责；铁路基础设施管理者被视为是承运人为履行运输合同而利用其服务的人。

(5) 免责。承运的货物，由于下列原因发生灭失、短少、毁损（腐坏）的，承运人不予负责：1）铁路不能预防和不能消除的情况；2）因货物、容器、包装质量不符合要求或由于货物、容器、包装的自然和物理特性，导致其毁损（腐坏）；3）因发货人或收货人的过失或由于其要求而不能归咎于承运人；4）因发货人或收货人装车或卸车的原因；5）因货物没有运送该

---

① 《国际货协》第 8 条规定，《货物运送规则》是公约规定的某些货物的特殊运送条件（详见《国际货协》附件 1)。发货人、收货人和参与运输的承运人可以在合同中约定货物的特殊运送条件，且优先于《货物运送规则》的规定。

货物所需的容器或包装；6）发货人在托运货物时，使用不正确、不确切或不完全的名称，或未遵守本协定的条件；7）因发货人将货物装入不适于运送该货物的车辆或集装箱；8）发货人错误地选择了易腐货物运送方法或车辆（集装箱）种类；9）发货人、收货人未执行或未适当执行海关或其他行政手续；10）由于与承运人无关的原因，国家机关检查、扣留、没收货物；11）在按特殊合同条件运送货物时，承运人对此不予负责，且这些特殊条件应对免责事宜作出规定。

在国际铁路—轮渡直通联运中，货物于下列情况下发生灭失、短少、毁损（腐坏）或运到逾期的，承运人免责：

1）火灾，需要承运人能证明火灾不是由于其过失，也不是由于在其履行运输合同时为其提供服务的其他人在履行职责时的过失造成；2）为拯救生命或为抢救财产而采取的合理措施；3）风险、危险或不幸事故。

上述免责仅适用于承运人能够证明货物灭失、短少、毁损（腐坏）或货物运到逾期发生在水路区段上，即从车辆上的货物装到水运交通工具上开始，直至从水运交通工具卸下为止的期间内。

在下列情况下，承运人对货物短少不予负责：

1）货物在交付收货人时件数齐全或容器或包扎完好，没有划痕；2）由发货人装入运输工具的货物，交付收货人时发货人的封印完好；如是集装箱货物在运送途中没有重新摆放；3）用敞车类货车承运的货物，在运送途中未经换装且到达时车辆完好；4）对于施封的多式运输单元或汽车运输工具内的可拆零件和备用零件，如将这些多式运输单元或汽车运输工具交付收货人时发货人的封印完好。

（6）留置权。为了保证核收运输合同项下的一切费用，承运人对货物可行使留置权。留置权的行使，依承运人行使留置权所在国的国内法确定。

（7）赔偿限额。根据《国际货协》第 39 条的规定，承运人的赔偿限额不应超过货物灭失时承运人应支付的赔偿额度。

当货物全部或部分灭失时，赔偿额按外国售货者在账单上所开列的价格计算；如发货人对货物价格另有声明时，按声明的价格给予赔偿。灭失或部分灭失货物的运送费用，以及承运人向发货人（收货人）收取的与运送有关的其他费用，如未纳入货物价内，均应予以退还。对于品名、质量相同且由同一发货人发往同一收货人的货物，包括运送途中换装的该货物，如发现一份运单运送的货物短少，而按另一份运单运送的货物多出，在计算货物重量不足的赔偿额时，承运人可用多出的重量抵补不足的重量。

当逾期交货时，承运人应以所收运费为基础，按逾期长短，向收货人支付规定的逾期罚金。当逾期不超过总运到期限的 1/10 时，支付相当于运费 6%的罚款；当逾期超过总运到期限 1/10，但不超过 3/10 时，为运费的 18%；当逾期超过总运到期限的 3/10 时，应支付相当于运费的 30%的罚金。

（8）承运人之间的清算。如某承运人收到或应收到由运输合同产生的、属于参加运送的其他承运人应得的运费时，必须将其支付给这些承运人；承运人间由于适用本协定所发生的清算事宜，按承运人间缔结的关于清算办法的协议办理。

根据《国际货协》规定，已向发货人、收货人支付了赔款的承运人，有权向参加运送的其他承运人提出返还赔偿要求，即：1）如损失是由一个承运人的过失造成的，则该承运人为此负完全责任；2）如损失是由参加运送的数个承运人的过失造成的，则每一承运人各自对其造成的损失负责；3）如不能证明损失是因一个或数个承运人过失所致的，则由承运人商定责任分担办法。如承运人不能商定责任分担办法，则其间的责任按该批货物在各承运人进行运送时，实际行经的运价公里比例分担，但能够证明损失不是由其过失所致的承运人除外。

4. 发货人的权利义务

根据《国际货协》的规定，发货人承担以下义务：

（1）运单填写与如实申报。

发货人应对其在运单中记载和所声明的事项的正确性负责。由于记载和声明的事项不正确、不确切或不完备，以及由于将上述事项记入运单中无关的栏而发生的一切后果，均由发货人负责。发货人应将在货物运送全程为履行海关和其他行政手续所需要的与所载货物有关的添附文件附在运单上。如因发货人未提出必要的添附文件或提出并记载在运单中的文件不齐全或不正确，致使货物运送或交付发生滞留，则应按《国际货协》第 31 条关于“运送费用和违约金的支付”的规定，向承运人支付由此产生的附加运送费用和杂费，以及国内法律规定的违约金。

在缔结运输合同前，如承运人发现运单中的事项不正确、不确切或不完备，且根据《货物运送规则》，不允许修改运单中记载的事项和声明，则发货人必须填制新运单。如承运人在运单中记载了发货人的指示，则认为承运人是以发货人的名义行事，除非提出相反证据。

（2）违约金。

在缔结运输合同以后，如承运人发现发货人在运单中记载的事项和声明不正确、不确切或不完备且存在下列情况，则发货人应向承运人支付违约金：1）发送禁运物品：承运的货物中有禁止经由任何一国的国境运送的物品；2）承运了危险货物且未遵守其运送条件；3）超载。发货人装车的货物超过车辆最大载重量；4）运送费用额度过低；5）有危及行车安全的情况。

根据《国际货协》第 31 条关于“运送费用和违约金的支付”的规定，违反上述第 1、2、4、5 款的违约金为承运人运费的 5 倍；违反第 3 款的违约金，按承运人超载部分的运费的 5 倍核收。

承运人按上述规定核收违约金，不考虑赔偿可能损失及发货人或收货人根据本协定条件支付的其他违约金如何。

（3）货物的查寻、交付和拒收。

货物到达到站后，承运人必须将运单和货物交付收货人，收货人必须领取货物和运单。只在货物因承运人的过错而质量发生变化，以致部分货物或全部货物不能按原用途使用时，收货人方可拒绝领取货物。收货人应支付运单所载的所有货物的运送费用，即使运单中所载货物短少、毁损，也应按运单向承运人支付全部运费。

如在货物运到期限届满后 10 天内未将货物交付收货人，则发货人或收货人有权向缔约承运人或交付货物的承运人提出货物查寻申请书。申请查寻不等于提出货物灭失的赔偿请求。如在货物运到期限届满后 30 天内未将货物交付收货人，则视为货物已灭失。如货物在运到期限期满 30 天后到达到站，则承运人应将此事通知收货人。如货物在运到期限期满后 6 个月内到达，则收货人应领取货物，并将承运人已付的货物灭失赔款、运送费用及有关货物运送的其他费用退还承运人。如货物灭失赔偿已付给发货人，则发货人必须将该赔款退还承运人。在这种情况下，对逾期交货的违约金，货物重量不足、毁损（腐坏）或质量降低的赔偿金，保留向承运人提出赔偿请求的权利。

（4）运送费用的计算。

运送费用包括：运费，押运人乘车费，汽车、列车司机乘车费，杂费以及自缔结运输合同至货物交付收货人期间发生的其他费用，包括货物换装费和更换转向架的费用。

运送费用按照办理运送的承运人所适用的《运价规程》计算。《运价规程》是确定运送费用额度的费率体系和运送费用计算规则。[①]

运送费用按运输合同缔结当日有效的运价规程计算；由参加运送的每一承运人按运送里程，根据适用于该种国际运送的运价规程所确定的货币分别计算；水运区段的运送费用根据该种运送适用的运价规程计算。

计算运费时，分整车、轮式集装箱、集装箱、零担办理，重量按吨计算，500 千克及以上进至 1 吨，以下则忽略不计。零担运费及杂费均按 100 千克起算。

对于超载部分的货物，其运送费用按照超载当日的有效运价规程，按单独一批货物计算；由于运单中记载的事项不正确、不确切或不完备，则发现该种不符的承运人及接续承运人按实际运送的货物计算运送费用；非承运人原因，发生货物运送阻碍而变更货物运送经路，则按变更后的运送经路计算运送费用。

运送途中，非承运人原因，需将一辆车上的货物换装到同一轨距的两辆或两辆以上车内，对于装到每辆车上的货物，其运送费用按单独一批货物分别计算；在相邻国境站，需将一种轨距的一辆车上的货物换装到另一轨距的两辆或两辆以上车内，则对于装载到每辆车上的货物，承运人有权按单独一批货物分别计算运送费用；如变更运输合同，则按到达变更站以前所通过的运送里程和从该站至新到站的运送里程分别计算运送费用。

(5) 变更合同

按照《国际货协》的规定，发货人和收货人在填写变更申请书后，有权在协定允许的范围内对运输合同作必要的变更。发货人变更合同的权利包括：1) 变更到站；2) 变更收货人。收货人变更合同的权利包括：1) 可以在到达国范围内变更货物的到达站；2) 变更收货人。

但无论是发货人还是收货人，在变更合同时，不得将一批货物分开办理。同时，变更合同的当事人要对因变更合同而发生的费用和损失负责。

5. 赔偿请求与诉讼时效

《国际货协》第 46 条规定，发货人和收货人有权向承运人提出赔偿请求。赔偿请求以书面方式或电子方式由发货人向缔约承运人，收货人向交付货物的承运人提出，并附上相应根据，注明款额。

承运人在收到向其提出索赔请求之日起，必须在 180 天内审查该项请求，并予以答复。发货人或收货人在请求得不到答复或满足时，有权向被告所在地的司法机关提起诉讼。

关于货物运到逾期的诉讼应在 2 个月内提出；其他理由的诉讼应在 9 个月内提出。其具体起算日如下：1) 关于货物短少、毁损（腐坏），以及运到逾期的赔偿请求，自货物交付之日起算；2) 关于货物灭失的赔偿请求，自货物运到期限期满后 30 天起算；3) 关于退还运费多收款额的赔偿请求，自付款之日起算；4) 对于其他请求，自查明提出赔偿请求依据成立之日起算。

---

① 《运价规程》全称为《国际铁路货物联运统一过境运价规程》，是参加该协定的成员国之间办理联运货物的手续与各种运杂费计算的规章。由于 20 世纪 80 年代末至 20 世纪 90 年代初，苏联东欧发生巨大变化，1991 年 6 月 27 日保加利亚、中国、朝鲜、蒙古、罗马尼亚和苏联的铁路部门在波兰华沙签订了《关于统一过境运价规程的协约》。按照该协约规定，《运价规程》不再从属于《国际货协》，而成为独立的国际协定。实务中，《国际货协》各铁路之间的货物运输由原来的各路之间相互结算，改为可以由与铁路定有代理协议的各货运代理人之间进行清算。其费率原以卢布，现以瑞士法郎计价。自 1991 年 7 月 1 日起施行，中国铁路自 1991 年 9 月 1 日起施行上述规定。现实行的是 2024 年 1 月 1 日生效的修订文本。17 个成员国参加了《运价规程》。

掌握《国际货协》主要注意以下几点：

（1）公约的调整范围扩及“国际铁路-轮渡直通联运”。

（2）2017年出台的《指导手册》目的是通过运单的相互转化建立起《国际货约》和《国际货协》成员之间国际铁路货物运输的联系并为此作出专门规定。①

（3）经每年修改公布的《国际货协办事细则》及其附件专门用于处理承运人之间一些纯属程序性、技术性的事项。

（4）自1991年起，曾为《国际货协》附件的《运价规程》变成独立的国际协定。

（5）以往《国际货协》的成员国和《国际货约》的成员国存在重叠，这样《国际货协》国家的进出口货物可以通过铁路转运到《国际货约》的缔约国去；《指导手册》认可《国际货约》与《国际货协》运单的相互转换，再加上独立的《运价规程》，为沟通欧亚国际间铁路货物运输提供了更为便利的条件。

四、国际货物多式联运法律制度

（一）国际货物多式联运的含义及其发展

随着国际贸易中越来越多地使用集装箱运送货物，出现了一种新的运输方式——国际货物多式联运。国际货物多式联运，是指以至少两种不同的运输方式将货物从一国接管货物的地点运至另一国境内指定交付货物的地点。

与传统的单一运输方式相比，集装箱多式联运，特别是在成组运输的情况下，大大简化和加速了货物的装卸、搬运程序，运输服务可以从过去的港至港一直延伸到门至门，减少货损货差，减少成本和费用，为国际贸易提供了一个更为理想、畅通、安全、经济、便利的运输方式。

与此同时，多式联运提出了许多新的法律问题，如：（1）货物风险的划分。包括买卖双方之间如何确定风险转移以及在若干不同的承运人之间如何确定货物损失的分担。（2）法律适用问题。对传统的单一运输方式，国际上都已有相应的国际公约来调整有关当事人之间的关系。例如，海运适用《海牙规则》中的有关规定，空运有《华沙公约》和《海牙议定书》，铁路运输有《国际货协》的规定等。这些公约对承运人的责任、免责、赔偿限额等各有不同的规定。在多式联运中，由于货物是装在集装箱中运输的，有时难以确定货物损失究竟发生在联运中的哪一个区段，于是出现了适用哪种运输方式的公约来确定承运人的责任和赔偿金额的问题。（3）运输单据的性质问题。根据《海牙规则》，海运提单不但是运输合同的凭证，还可作为货物的权利凭证进行转让。而《华沙公约》和《国际货协》规定空运单和铁路运单虽具有权利凭证的性质，但不能转让。② 当多式联运中包括海运、空运和（或）陆运时，联运单据是否可以具有货物权利凭证的性质和作用？（4）承运人和货主的关系问题。在单一运输方式中，运输合同确定了承运人和货主之间的关系。在多式联运中，有多式联运的经营人和某一运输区段的实

---

① 2017年7月1日《指导手册》生效，意味着自此：（1）《指导手册》对国际铁路运输委员会成员及其客户，国际货协参加者及其收、发货人均具有约束力。（2）明确了《国际货约》《国际货协》运单样式及其填写和使用规则的统一，以及在转发地点可以相互替代改办。（3）就货物来说，《指导手册》适用于：《国际货约》《国际货协》的货物，按《国际货约》《国际货协》运单提交运送的货物，《指导手册》附件1所载的《国际货约》《国际货协》承运人运送的货物，在转发地点由《国际货约》或《国际货协》承运人承运的货物。（4）在《国际货约》范围内，《指导手册》的规定仅在客户与承运人之间，以及承运人相互间有此约定的情况下适用，且采用《国际货约》《国际货协》运单也证明有此约定。在《国际货协》范围内，《指导手册》的规定仅在适用《指导手册》的《国际货协》参加者声明的经路上适用。

② 《海牙议定书》对《华沙公约》作了修改，规定航空货运单可以作成可转让单据。

际承运人。当发生索赔案件时，发货人或收货人应向谁索赔？

（二）《联合国国际货物多式联运公约》

为了解决上述法律问题，国际社会作出了各种努力。1980 年 5 月 24 日在联合国贸易与发展会议的主持下，通过了《联合国国际货物多式联运公约》（United Nations Convention on International Multimodal Transport of Goods，以下简称联运公约）。我国在会议最后文件上签了字。根据公约规定，公约在 30 个国家的政府签字但无须批准、接受或认可，或者向保管人交存批准书、接受书、认可书或加入书后 12 个月生效。公约目前尚未生效。

1. 国际货物多式联运的概念

联运公约第 1 条规定："国际多式联运是指按照多式联运合同，以至少两种不同的运输方式，由多式联运经营人将货物从一国境内接管货物的地点运至另一国境内指定交付货物的地点。为履行单一方式运输合同而进行的该合同所规定的货物接送业务，不应视为国际多式联运。"

2. 多式联运单据

联运公约第 1 条规定："多式联运单据是指证明多式联运合同以及证明多式联运经营人接管货物并负责按照合同条款交付货物的单据。"

根据公约规定，多式联运单据依发货人的选择可作成可转让单据或不可转让单据。实践中，只有单据的签发人承担全程责任时，才有可能作成可转让的单据。此时，多式联运单据具有货物权利凭证的性质和作用。在作成可转让单据时，应列明按指示或向持票人交付。凭指示交付，经背书方可转让；向持票人交付，无须背书即可转让。当签发一份以上可转让多式联运单据正本时，应注明正本份数。收货人只有提交可转让多式联运单据才能提取货物。多式联运经营人按其中一份正本交货后，即履行了交货义务。如签发副本，则应注明"不可转让副本"字样。如签发不可转让多式联运单据，则应指明记名的收货人。多式联运承运人将货物交给不可转让单据所指明的记名收货人才算履行了交货义务。

联运公约第 8 条规定了多式联运单据的 15 项内容：（1）货物品类、标志、危险特征的声明、包数或件数、毛重；（2）货物的外表状况；（3）多式联运经营人的名称与主要营业地；（4）发货人名称；（5）收货人名称；（6）多式联运经营人接管货物的时间、地点；（7）交货地点；（8）交货日期或期间；（9）联运单据可转让或不可转让的声明；（10）联运单据签发的时间、地点；（11）联运经营人或其授权人的签字；（12）每种运输方式的运费，用于支付的货币，运费由收货人支付的声明等；（13）航线、转运方式和转运地点；（14）关于多式联运遵守本公约规定的声明；（15）双方商定的其他事项。

根据公约规定，以上一项或数项内容之缺乏，不影响单据作为多式联运单据的性质。

如果多式联运经营人及其代表知道或有合理根据怀疑多式联运单据所列货物品类、标志、包件数和数量、重量等没有准确地表明实际接管货物的状况，或无适当方法进行核对，经营人应在单据上作出保留，注明不符之处及怀疑根据或无适当核对方法。如不加批注，则视为他已在多式联运单据上注明货物外表状况良好。

多式联运单据的签发，并不排斥在必要时按照适用的国际公约或国家法律签发同国际多式联运所涉及的运输或其他服务有关的其他单据，但这种单据的签发不得影响多式联运单据的法律性质。

3. 联运经营人的赔偿责任

联运公约第 1 条规定："多式联运经营人是指其本人或通过其代表订立多式联运合同的任

何人，他是事主，而不是发货人的代理人或代表或参加多式联运的承运人的代理人或代表，并且负有履行合同的责任。”

（1）责任期间。

联运公约实行的是联运经营人的全程统一责任制，即在自其接管货物之日起，到交付货物时为止的整个期间承担责任。当收货人无理拒收货物时，则按照合同或交货地点适用的法律或特定行业惯例，将货物置于收货人支配之下，或交给依交货地点适用的法律或规章必须向其交付的当局或其他第三方。

（2）赔偿范围与责任限制。

根据公约确定的推定过失或疏忽原则，多式联运经营人对在其掌管货物期间内发生的货物灭失、损坏和延迟交付引起的损失承担赔偿责任。所谓延迟交付，指未在约定的时间里交货或未在根据具体情况对一个勤奋的多式联运经营人所能合理要求的时间内交付。当确定的交货日届满后连续 90 天内未交货，则视为货物已经灭失。

多式联运经营人应对其受雇人或代理人在其受雇范围内行事的行为或不行为，以及为履行多式联运合同而使用其服务的任何其他人的行为或不行为，视同他本人的行为或不行为一样，承担赔偿责任，除非联运经营人能证明其本人、受雇人或代理人为避免事故发生及其后果已采取了一切所能合理要求的措施。

联运公约规定了多式联运经营人对货物灭失和损坏的赔偿责任，限制为每件 920 记账单位或按毛重每公斤不超过 2.75 记账单位，以较高者为准。如多式联运中，不包括海运或内河运输，则按毛重每公斤 8.33 记账单位计算。所谓记账单位，是指国际货币基金组织规定的特别提款权。对延迟交货的损害赔偿相当于对延迟交付的货物应付运费的 2.5 倍，但不得超过联运合同规定的应付运费的总额。

如果能确切知道货物的灭失或损坏发生于多式联运的某一特定阶段，而这一阶段适用的一项国际公约或强制性国家法律规定的赔偿限额高于联运公约规定的赔偿限额，则多式联运经营人的赔偿限额由适用于该特定区段的国际公约或强制性国家法律规定予以确定。

如经证明货物的灭失、损坏或延迟交付是由于多式联运经营人有意造成或明知可能造成而毫不在意的行为或不行为所引起的，或多式联运经营人意图诈骗，在多式联运单据上列入有关货物的不实资料，或漏列有关货物品类标志、件数、重量及货物外表状况，则联运经营人无权享受联运公约规定的赔偿责任限制的利益，并须负责赔偿包括收货人在内的第三方因依赖该多式联运单据所载明的货物状况行事而遭受的任何损失、损坏或费用。

如货物灭失、损坏或延迟交付是由于多式联运经营人、其受雇人或代理人等的过失或疏忽与其他原因相结合而产生的，则多式联运经营人仅就自己及其受雇人、代理人等的过失或疏忽部分承担责任，但必须证明由其他原因造成的灭失、损坏和延迟交货部分。

未经发货人告知，而多式联运的经营人又无从得知危险货物特性时，多式联运经营人可视情况需要，随时将货物卸下、销毁或使其无害而无须承担赔偿责任。

4. 发货人的赔偿责任

（1）保证责任。在多式联运经营人接管货物时，发货人应视为已向多式联运经营人保证他在联运单据中所提供的货物品类、标志、件数、重量、数量及危险特性的陈述准确无误，并应对违反这项保证造成的损失负赔偿责任。

（2）凡因发货人或其受雇人或代理人在受雇范围内行事时的过失或疏忽给联运经营人造成

损失的，发货人应负赔偿责任。

(3) 运送危险品的特殊规则。发货人将危险品交给多式联运经营人时，应告知危险品的危险特性，必要时应告知应采取的预防措施。否则，要对多式联运经营人因运送这类货物遭受的损失负赔偿责任。

5. 索赔与诉讼

(1) 收货人和多式联运经营人的通知义务。

收货人在收货的次一工作日应将货损、灭失情况的书面通知送交多式联运经营人。如货损灭失不明显时，则在收货后连续 6 日内提出书面通知。如在收货时，当事人各方已进行了联合调查和检验，则无须再提交书面通知。对于延迟交货，收货人应在交货后 60 天内向联运经营人提交书面通知，否则，联运经营人对延迟交货造成的损失不承担责任。

多式联运经营人应在损失发生后 90 天内，或在提交货物后 90 天内，以较迟者为准，将损失通知递交发货人。

(2) 时效。

任何争议，在两年期间内未提起诉讼或提交仲裁，则失去时效。但在货物交付后 6 个月内或在货物未交付时，在应交付之日后 6 个月内没有提出书面索赔通知的，则诉讼在此期限届满后失去时效。诉讼时效可由受索赔人在索赔期间内向索赔人提出书面声明加以延长。

与联运公约的规定不同，我国《海商法》中的“多式联运合同”，是指多式联运经营人以两种以上的不同运输方式，其中一种是海上运输方式，负责将货物从接收地运至目的地交付收货人，并收取全程运费的合同。但在承担责任期间和承担责任方式上，我国《海商法》与《联运公约》的规定是一致的，即多式联运经营人对多式联运货物的责任期间，自接收货物时起至交付货物时止，并对全程运输负责。多式联运经营人也可与参与联运的各区段承运人另以合同约定相互之间的责任，但这种约定不得影响多式联运经营人对全程运输应承担的责任。在损害赔偿额方面，我国《海商法》规定，在损失发生在多式联运的某一区段时，多式联运经营人的赔偿责任和责任限额，适用调整该区段运输方式的有关法律规定；运输区段不能确定时，则依照本法关于海上运输合同中承运人赔偿责任和责任限额的规定负赔偿责任。①

案例

Fujitsu Limited v. Federal Express Corporation②

(United States District Court for the Southern District of New York)

OPINION

ORDER and MEMORANDUM

ALVIN K. HELLERSTEIN, U. S. D. J. :

The issue put to me is whether an air carrier, asked to return rejected merchandise and performing the air carriage without a duly issued airway bill, is entitled to the damage limitation

① 参见我国《海商法》第 102～106 条。
② 76 F. Supp. 2d 474; 1999 U. S. Dist.

of the Warsaw Convention，（“the Convention”），for goods damaged during the air carriage. The issue was put to me for decision by Defendant Federal Express Corporation's motion for partial summary judgment and Plaintiff Fujitsu Limited's cross-motion for partial summary judgment. I hold that the air carrier is not entitled to the damage limitation and must respond to the plaintiff for the diminished value of the merchandise.

Plaintiff Fujitsu Limited，as consignor，engaged defendant Federal Express，through an affiliate，to transport by air a shipment of silicon wafers from Tokyo，Japan，to the consignee，Ross Technology，in Austin，Texas. Fujitsu caused airway bill 023－3665－3691 to be completed and executed，conforming to the requirements of the Convention，modified by the Hague Protocol，49 U. S. C. §40105.

The consignee decided not to accept the merchandise，and engaged Federal Express to return the merchandise to the consignor in Tokyo at the consignee's expense. No new airway bill was created. Federal Express brought the merchandise back to its terminal in Memphis，Tennessee，for reshipment back to Japan. The silicon wafers were accidentally damaged in Memphis，causing approximately a ＄900 000 loss.

In Memphis，Federal Express created an airway bill，number 023－3682－3010，claiming that it did so to facilitate tracking of the merchandise. The airway bill did not provide all the details specified in the Warsaw Convention. It did not，for example，specify the place and date of its execution or the agreed stopping places of the shipment，as required by Articles 8（a）and 8（c）of the Convention.

Article 5 of the Convention provides for a consignor to complete an airway bill，and to require a carrier to transport merchandise covered by such airway bill. Articles 6 through 8 specify the details that are to be provided. Article 9 provides that if an air carrier transports merchandise covered by a conforming airway bill，the carrier is entitled to a limited liability of ＄9.07 per pound of transported merchandise；if there is no airway bill，or if the airway bill omits required details，a contract of carriage may still exist，but the carrier is not entitled to the limited liability provided by the Convention.

The question at issue is whether the return of rejected merchandise is covered by the same airway bill that covered the original passage. Counsel represent to the court that no case treats this question，and that the issue is of first impression. I hold that the original airway bill does not cover the return of rejected merchandise.

An airway bill，like all contracts，expresses an agreement of the parties. The consignor and the air carrier agree，and set out in the airway bill，“the place and date of its execution”，“the place of departure and of destination” and “the agreed stopping places” among other things. Art. 8. Airway bill “3691” set out Tokyo，Japan as “the place and date of its [the airway bill's] execution” and “the place of departure” and set out Austin，Texas as “the place of...Destination”. Nothing was said with respect to the possibility of return of merchandise.

Federal Express represents that the consignee, upon rejecting the shipment, engaged Federal Express to return the merchandise, at the consignee's expense. Thus, the consignee became the consignor of the return carriage. But no new airway bill was created. Although Federal Express had the right to insist that the consignor create a new airway bill, Federal Express failed to do so. Thus, a contract of carriage was effected between Federal Express and the consignee, but Federal Express failed to create the mechanism giving it limited liability under the Convention. Federal Express' late creation of an airway bill did not conform to the Convention and was ineffective to give it limited liability. Without conforming provisions and procedures, the limitations of liability provided by Article 9 of the Convention for an air carrier cannot be invoked.

At oral argument, I commented that custom and usage might be relevant to show that a return carriage may be covered by the original airway bill. It appears, however, that custom and usage may not modify a clear provision of a contract, and airway bill "3691" is clear and unambiguous as to the places of departure and destination of the goods in question.

Accordingly, I grant Fujitsu's cross-motion.

QUESTIONS FOR DISCUSSION

1. Why did the Court hold that the return of rejected merchandise is not covered by the same airway bill that covered the original passage?
2. Why Federal Express' late creation of an airway bill did not conform to the Convention and was ineffective to give it limited liability?

第三节 国际公路运输公约(TIR)

一、《国际公路运输公约》的背景与性质

最早的国际公路运输公约(Transports Internationaux Routiers, TIR)是1949年在联合国欧洲经济委员会(以下简称欧洲经委会)的主持下,在少数欧洲国家之间缔结而成的。该公约于1959年通过,于1960年生效。1975年11月,在联合国欧洲经委会的主持下,《1975年国际公路运输公约》(以下简称《TIR公约》)诞生了,该公约也称1975年《TIR国际货物运输海关公约》。《TIR公约》于1978年生效。

需要注意的是,《TIR公约》与本章前四节关于国际海上、航空、铁路及多式联运货物运输的公约不同,它并不是一个调整国际公路货物运输发货人与承运人之权利义务关系的私法性运输公约,而是一个为国际公路运输提供海关便利的公法性国境制度公约。随着新的运输技术,如海运和内陆集装箱、公路、铁路车体调换技术的采用,该公约为提供通关便利、提高海

关监管的效率与可靠性，平衡海关、运输经营人、运输发证机关的利益起了重要作用。该公约最初仅适用于少数欧洲国家，目前已扩展成普遍适用于欧洲、非洲、亚洲、美洲的海关过境制度的公约。该公约已被证明是迄今为止唯一具有普遍性的、规定海关过境制度的公约，是最成功的国际运输公约之一。《TIR 公约》及其过境制度背后的思想已成为许多区域性过境制度的基础，直接和间接地为便利国际公路运输作出了贡献。随着我国“一带一路”倡议的实施，2016 年 10 月，我国加入该公约，成为该公约第 70 个缔约国。[①] 该公约通过国家担保制度建立起的国际风险防范机制，对预防和减少我国“一带一路”倡议实施中在贸易、投资、金融等领域的风险，具有一定的借鉴作用。

自 1975 年以来，该公约经历数十次修改，现实行的是 2020 年 6 月的修订本。《TIR 公约》包括正文（含解释性说明和评注）及 11 个附件（含解释性说明和评注）。[②] 该公约规定的 TIR 制度的好处在于：(1) 平衡海关当局的要求与运输经营人的要求。由其建立的海关过境制度尽最大可能方便国际贸易中海关加封货物的流动，并提供必要的海关管控和保障，使之对海关官员来说不会过于烦琐，对运输经营人及其代理人来说不会过于复杂。(2) 减少过境程序对国际运输造成的费用、延误和干扰。特别是考虑到当货物在国际公路运输中穿越多国领土时，各国海关当局在边境检查货载实行本国的管控和过境程序方面存在差异，因而 TIR 制度可降低各国实施的货物保障要求（如担保、保税、关税押金等）以及减少采取货物在穿越各国领土过境时潜在的涉险税费等措施。(3) 保障每个国家能从过境货运中得到财政收入。TIR 制度减少了运输经营人遇到的上述困难，同时，为海关当局提供一种统一的国际管控制度，还能有效地保护货物运输所经过的国家能从过境货运中得到财政收入。

二、《TIR 公约》的主要内容

（一）定义

《TIR 公约》第 1 条涉及 18 个定义：(a)“TIR 运输”是指根据本公约规定的“TIR 程序”，将货物从起运地海关运至目的地海关；(b)“TIR 作业”是指一项 TIR 运输在缔约方境内，从起运地海关或入境（沿途）海关到目的地海关或出境（沿途）海关进行的 TIR 运输部分[③]；(c)“TIR 作业开始”是指为管制目的向起运地海关或入境（沿途）海关交验公路车辆、

---

① 《TIR 公约》于 2017 年 1 月 5 日在中国生效。值得注意的是，中国对该公约第 57 条第 2 款至第 6 款提出保留，就该条约的解释和适用方面的任何争端，中国只适用第 57 条第 1 款之规定，即应尽可能通过相互谈判或其他解决方法解决。

② 根据《TIR 手册》，解释性说明提供了一种方法，使《TIR 公约》及其附件的规定得以按照技术的发展和经济需要加以实施。《TIR 手册》所载评注主要反映《1975 年国际公路运输公约》的行政委员会和联合国欧洲经委会对于影响运输的海关问题工作组的意见。于对《TIR 公约》的解释、统一和适用来说，这些评注十分重要，但对公约的缔约方没有法律约束力。附件 1 是 TIR 证的样本；附件 2 是关于可接受作为海关加封的国际运输公路车辆所适用的技术条件的规定及附图；附件 3 是符合附件 2 所载规定列出的技术条件的公路车辆批准程序；附件 4 是公路车辆批准证明书样本；附件 5 是 TIR 标识牌；附件 6 是解释性说明；附件 7 是关于集装箱的批准及第一部分和附图、第二部分和附录、第三部分和附图；附件 8 是行政委员会和 TIR 执行理事会的组成、职能和议事规则；附件 9 是 TIR 程序的适用条件及第一部分关于担保协会颁发 TIR 证和提供担保的授权、第二部分关于自然人和法人使用 TIR 证的授权、关于第 6 条所指负责一个国际担保制度的有效组织和运作并印制及颁发 TIR 证的国际组织的授权；附件 10 是缔约方应向得到授权的协会（根据《TIR 公约》第 42 条之三）和国际组织（根据《TIR 公约》第 6 条第 2 款之二）提供的信息。附件 11 是关于 eTIR 程序的规定。

③ 关于第 1 条 (b) 项的解释性说明：第 1 条 (b) 项意味着，当有若干个起运地或目的地海关设在同一个或几个国家时，在一个缔约方境内可能有一次以上的 TIR 作业。在这种情况下，在连续两个海关之间进行的国内段运输，不论是起运地、目的地还是沿途海关，均可视为一次 TIR 作业。

车辆组合或集装箱及其负载和相应的 TIR 证，并且 TIR 证已得到海关接受；(d)“TIR 作业结束”是指为管制目的向目的地海关或出境（沿途）海关交验公路车辆、车辆组合或集装箱及其负载和相应的 TIR 证；(e)“TIR 作业的放行”是指海关当局承认一项 TIR 作业已在缔约方境内正确无误地结束；(f)“进、出口税费”是指对进、出口货物或有关进、出口货物所征收的关税和所有其他税费、规费和其他费用，不包括为数有限的相当于所提供服务大致成本的规费和费用[①]；(g)“公路车辆”包括动力驱动的任何公路车辆，以及与之挂接的任何拖车或半拖车；(h)“车辆组合”是指作为一个单位在公路上行驶的相互挂接的车辆；(I)“集装箱”是指全部或部分封闭的能装载货物、可重复使用的、能以一种或多种运输方式运输货物、无须中途换装的、内部容积在 1 立方米或 1 立方米以上的一件运输设备（货箱、可移动货罐箱或其他类似结构的“可卸车身”均视为集装箱）；(J)“可卸车身”视为集装箱，是指无动力的货箱，尤其是为装在公路车辆上运输而设计的，其底盘及车身的副车架为此目的作了特别改装，它还兼指一种调换箱，即为公路和铁路联合运输而特别设计的装载箱；(k)“起运地海关”是指全部或部分货载开始 TIR 运输时，所在缔约方的任何海关；(l)“目的地海关”是指全部或部分货载结束 TIR 运输时，所在缔约方的任何海关；(m)“沿途海关”是指在 TIR 运输过程中，公路车辆、车辆组合或集装箱进入或离开一缔约方，经过的该缔约方的任何海关；(n)“人”既指自然人，又指法人；(o) TIR 证“持证人”是指根据本公约的有关规定持有 TIR 证的人，并以他的名义用 TIR 证的形式提出海关申报，按 TIR 程序在起运地海关上货，并负责向起运地海关、沿途海关和目的地海关交验公路车辆、车辆组合或集装箱及货载和相应的 TIR 证，并遵守本公约的其他有关规定；(p)“长大笨重货物”是指因重量、体积或特性而通常无法用封闭型车辆或封闭型集装箱运载的任何沉重物体或大体积物体[②]；(q)“担保协会”是指由缔约方海关当局授权、为使用 TIR 程序的人提供担保的协会；(r)“国际组织”是指经行政委员会授权，负责一套国际担保制度的有效组织和运作的机构。(s)“eTIR 程序”是指通过电子数据交换提供动能等同于 TIR 程序的电子 TIR 程序。

（二）适用范围

公约适用于[③]：在无须中途换装的情况下用公路车辆、车辆组合或集装箱运输货物，跨越一缔约方起运地海关与同一或另一缔约方目的地海关之间一个或多个边界。其条件是：(1) TIR 运输起点与终点之间行程有一部分是公路。[④] (2) 进行 TIR 运输作业必须使用事先得

---

① 第 1 条 (f) 项规定的排除在外的规费和费用是指，除缔约方对于或有关进口或者出口所征收的进出口税费以外的一切其他款项。这些款项的数额应限为相当于所提供服务的大致成本，不应构成对国内产品的间接保护或者形成出于财政目的而对进出口的征税。这类规费和费用包括与下述情况有关的付款：(1) 过境所需的原产地证明；(2) 海关实验室为管制目的进行的分析；(3) 在正常工作时间以外或海关工作地点以外进行的海关检查和其他结关活动；(4) 出于公共卫生、兽医或植物病理学方面的理由进行的检查。

② TIR 证的封面和所有凭单，应使用英文或法文黑体字印上“长大笨重货物”(heavy or bulky goods) 字样。(参见《TIR 公约》第 32 条)。

③ 参见《TIR 公约》第 2 条。

④ 关于《TIR 公约》第 2 条的解释性说明：2-1 规定，如行程的一部分在外国境内，使用 TIR 证的运输作业的起点与终点可以在同一个国家。在这类情况下，除 TIR 证之外，起运地国海关当局还完全可以要求出示目的在于确保货物免税再进口的另一项国别单证。然而，仍建议海关当局不要坚持有关方面使用这类单证，而是接受 TIR 证上的相应的批注。2-2 规定，货物在行程只有一部分是公路的情况下，即可用 TIR 证运输。这些规定未明确说明行程哪一个部分应是公路，只需是在 TIR 作业起点与终点之间某处即可。然而，由于未预见的商业方面的原因或事出偶然，可能出现行程任何一部分都不是公路的情况，尽管发货人在行程开始时曾拟经由一段公路加以运输。在这些例外情况下，缔约方仍应接受 TIR 证，担保协会的责任应继续有效。参见《TIR 公约》第 3 条 (a) (b) 项。

到批准的公路车辆、车辆组合或集装箱[①]，包括长大笨重货物。(3) 运输作业必须由按照公约（第6条）规定得到批准的协会予以担保，必须持有TIR证。

（三）原则及其基本内容

概括起来，TIR制度共有五项基本规定，即TIR过境制度的五大支柱。

(1) 货物及车辆监控。货物应由具有海关管控设置的车辆或集装箱装运。

(2) 担保监控。为避免海关关税风险，公约规定整个运送途中涉险税费应得到国际上有效的担保，即由经缔约国主管机关授权的担保协会，负责颁发TIR证，并充任担保人，在该国内为支付因TIR运输作业过程中承运人发生任何违章行为时可能缴纳的任何税费提供担保。

(3) 海关监控。货物应附带在起运地国采用的国际公认的海关文件（TIR证），作为在起运地国、过境国和目的地国的海关管控凭证。

(4) 海关监控措施的相互承认。起运地国采取的海关管控措施应为所有过境国和目的地国所接受。

(5) 程序授权。使用TIR程序，需获得国家主管部门或TIR行政委员会授权。具体内容包括：(a) 授权国家协会提供担保并颁发TIR证；(b) 授权自然人和法人使用TIR证；(c) 授权一国际组织负责国际担保制度有效组织和运作。

公约保证过境运输自由的承诺：过境提供必要的原产地证明。

基于满足公约程序的过境货物始终处于联合担保之下，因而无须支付进出口税费或任何抵押。

在起运国、过境国和目的国三者之间，起运地海关的监管至关重要。TIR证书不得用于目的地海关管控下的货物储存。

公约有效提高过境货物的通关效率，满足海关对过境货物的监管要求，避免潜在的走私活动，遏制贸易壁垒。

本章小结

1. 国际贸易法的核心是国际货物买卖，但是，国际货物运输是实现国际货物买卖必不可少的环节。没有国际货物运输，货物不可能实现跨越国境的移动，买方不可能实现对货物的真正控制。
2. 国际货物运输的方式主要有国际海上货物运输、国际航空货物运输、国际陆上货物运输（国际铁路货物运输和国际公路货物运输）、国际货物多式联运。其中，国际海上货物运输在国际贸易运输中是广为采用的运输方式。
3. 国际海上货物运输有班轮运输和租船运输两种方式。在班轮运输中，提单是重要的法律文件。规范提单运输的国际规则主要有《海牙规则》、《维斯比规则》、《汉堡规则》以及尚未生效的《鹿特丹规则》。在租船运输中，有航次租船、定期租船和光船租船三种方式。船舶出租人和承租人之间的关系由租船合同规范。在每种不同的租船运输上都有一些国际组织或行业协会制定的标准格式合同。

---

① 批准的前提是需符合根据TIR公约第三章(a)(c)部分所列的条件。公路车辆或特种车辆，如大型轿车、吊车、清扫车、混凝土铺放机等，如是出口车辆，将被视为根据第三章(c)规定的条件从起运地以自身动力运行至目的地海关的货物。在这类车辆载有其他货物时，也应符合上述(a)(c)所列的条件。

4. 国际航空货物运输主要适用于价值比较大且运输时间要求强的货物。规范国际航空货物运输的国际公约主要有《华沙公约》《海牙议定书》《瓜达拉哈拉公约》《蒙特利尔公约》。航空货物运输法律制度在很多方面继承了海运承运人制度，但又有所发展。
5. 国际铁路货物运输主要适用于内陆国家之间的运输。这个方面主要的国际公约有《国际货约》和《国际货协》，其中前者主要由欧洲国家参加，后者主要由苏联、东欧和一些亚洲国家参加。中国参加了《国际货协》。国际铁路货物运输法律制度在很多方面继承了海运承运人制度，但也有所发展。
6. 国际货物多式联运是建立在成组化运输基础上的，由于它由两种以上运输方式组成，出现了许多特有的法律问题，所以，联合国制定了联运公约。该公约主要规范了多式联运经营人的责任。

QUESTIONS AND COMMENTS

1. A contract for the carriage of goods by sea is made with a shipowner in pursuance of a c. i. f. or f. o. b. contract. What factors are relevant in determining whether it is the buyer or the seller who is a party to the original contract of carriage?
2. What are the main differences between a contract for the carriage of goods by sea effected by a bill of lading, and a contract for the carriage of goods by sea effected by charter party?
3. Goods are carried by sea under a contract covered by a bill of lading (i. e. the carriage contract is not a charter party). How would you determine: (a) when the contract was made? (b) whether the bill of lading was only evidence of the contractual terms or "contained" the contract?
4. Goods are carried in a chartered ship under bills of lading issued to a person other than the charterer. What factors are relevant in determining whether it is the shipowner or the charterer who is a party to the contract covered by the bill of lading?
5. Distinguish demise, voyage and time charter parties. What is the nature of the rights conferred on the charterer by each type of contract? Is this classification of charter parties exhaustive?
6. To what extent may a person who is not a party to a contract for the carriage of goods by sea be protected or adversely affected by a provision in the contract excluding or limiting the liability of the carrier?
7. What grounds are there for dissatisfaction with the Hague-Visby Rules?
8. What principles govern the extent of the liability of a carrier of goods by sea for loss or deterioration of the goods: (a) when the Hague-Visby Rules do apply? (b) when the Hamburg Rules do apply?
9. As regards the Hague-Visby Rules: (a) where does the burden of proof lie? (b) what is the relationship between the carrier's failure to properly and carefully carry the goods and the exclusion as to negligent navigation or management of the ship ? (c) what is the relationship between the carrier's failure to use due diligence to make the ship seaworthy and the exclusion as to fire and for shipment of dangerous goods ?
10. Give your comments to Rotterdam Rules.
11. 什么是 TIR 运输？简述《TIR 公约》的适用范围与基本原则。

第四章 国际货物运输保险法

提要

国际货物运输保险也是一种国际服务贸易。国际上没有统一的国际货物运输保险公约，保险人与被保险人的权利义务是由各国国内法和当事人双方订立的保险合同确定的。国际货物运输保险合同，是指进出口商对进出口货物按照一定的保险险别向保险公司投保，缴纳保险费，当货物在国际运输途中遇到风险时，由保险公司对进出口商遭受保险事故所造成的货物损失负责赔偿。国际货物运输保险的种类根据国际货物运输方式划分，分为国际海上货物运输保险、国际陆上货物运输保险、国际航空货物运输保险和国际货物多式联运保险。

重点问题

- ❑ 国际货物运输保险合同订立的原则
- ❑ 国际货物运输保险单的性质
- ❑ 国际货物运输保险承保的主要风险和损失
- ❑ 伦敦保险协会保险条款
- ❑ 中国保险条款

第一节 国际货物运输保险法概述

由于国际货物运输保险业的国际惯例非常发达，国际上并没有制定统一的国际货物运输保险公约，保险人与被保险人的权利义务主要由各国国内法以及当事人订立的保险合同确定。中国于1995年6月30日通过并颁布了《保险法》，后经2002年、2009年两次修订。修改后的《保险法》(Insurance Law of the People's Republic of China) 有8章187条：包括总则、保险合同（一般规定、财产保险合同、人身保险合同）、保险公司、保险经营规则、保险代理人和保险经纪人、保险业的监督管理、法律责任以及附则。此外，我国于1993年7月1日起开始实施《海商法》，该法第十二章专门规定了海上保险合同问题。

一、国际货物运输保险合同

（一）国际货物运输保险合同的内容和订立

1. 国际货物运输保险合同及其内容

国际货物运输保险属于财产保险的一种，因此，适用财产保险的一般制度。《保险法》第33条规定：财产保险合同（property insurance contract）是以财产及其有关利益为保险标的的保险合同。《海商法》第216条第1款规定："海上保险合同，是指保险人按照约定，对被保险人遭受保险事故造成保险标的的损失和产生的责任负责赔偿，而由被保险人支付保险费的合同。"参照上述规定，国际货物运输保险合同，就是保险人对跨越国境运输的货物予以承保，并对被保险人遭受保险事故所致保险标的的损失负责赔偿，被保险人支付保险费的合同。

关于国际货物运输保险合同的内容，《保险法》第18条规定，保险合同（insurance contract）应当包括下列事项：(1) 保险人（insurer）名称和住所；(2) 投保人（insurant）、被保险人（insured）名称和住所，以及人身保险的受益人（beneficiaries of life insurance）的名称和住所；(3) 保险标的（objects of insurance）；(4) 保险责任（insurance liability）和责任免除（liability exemption）；(5) 保险期间（insurance term）和保险责任开始时间；(6) 保险金额（insured amount）；(7) 保险费（insurance premiums）以及支付办法；(8) 保险金（insurance money）赔偿或者给付办法；(9) 违约责任（liabilities for breach of contract）和争议处理；(10) 订立合同的年、月、日。此外，《海商法》第217条对海上保险合同也作出了特别规定："海上保险合同的内容，主要包括下列各项：（一）保险人名称；（二）被保险人名称；（三）保险标的；（四）保险价值；（五）保险金额；（六）保险责任和除外责任；（七）保险期间；（八）保险费。"参照上述规定，国际货物运输保险合同除必须具备海上保险合同的一般条款之外，还必须列明运输工具、运输路线、投保险别、法律适用等条款。在国际贸易中，当由收货人向保险公司投保时，需填制投保单一式两份，其中一份交保险公司，供其出具保险单，另一份交投保人作为承保凭证。投保单上主要列明货物名称、保险金额、运输工具、运输路线、投保险别等。当外贸进出口公司投保时，则由保险公司在出口单据（通常是货物发票）上加注承保险别、保险金额、保险编号等代替投保单并作为承保凭证。

2. 国际货物运输保险合同的订立

在英美国家，保险合同由投保人通过保险经纪人（insurance broker）才能订立。保险经纪人出具承保单，保险公司在承保单上签字，合同即告成立。保险经纪人缴纳保险费并从保险公司收取佣金。如投保人不交保险费，则不能从保险经纪人手中得到保险单。而在我国，当事人可以自行投保，也可以通过保险经纪人投保。根据《保险法》的规定，保险代理人（insurance agents）是根据保险人的委托，向保险人收取代理手续费，并在保险人授权的范围内代为办理保险业务的单位或者个人。[①] 保险代理人根据保险人的授权代为办理保险业务的行为，由保险人承担责任。保险代理人为保险人代为办理保险业务，有超越代理权限行为，投保人有理由相信其有代理权，并已订立保险合同的，保险人应当承担保险责任；但是保险人可以依法追究越权的保险代理人的责任。[②] 而保险经纪人是基于投保人的利益，为投保人与保险人订立保险合同提供中介服务，并依法收取佣金的机构。[③]

3. 国际货物运输保险合同的成立时间

根据我国《保险法》，投保人提出保险要求，经保险人同意承保，并就合同的条款达成协议，保险合同成立。保险人应当及时向投保人签发保险单或者其他保险凭证，并在保险单或者其他保险凭证中载明当事人双方约定的合同内容。[④]《海商法》也特别规定，被保险人提出保险要求，经保险人同意承保，并就海上保险合同的条款达成协议后，合同成立。保险人应当及时向被保险人签发保险单或者其他保险单证，并在保险单或者其他单证中载明当事人双方约定的合同内容。[⑤] 由此可见，国际货物运输保险合同的成立时间是当事人针对保险合同达成一致的时间。合同成立后，保险人应当及时向被保险人签发保险单或者其他保险凭证，并在保险单或者其他保险凭证中载明当事人双方约定的合同内容。

4. 国际货物运输保险合同的转让和解除

《保险法》第 20 条规定，在保险合同有效期内，投保人和保险人经协商同意，可以变更保险合同的有关内容。变更保险合同的，应当由保险人在原保险单或者其他保险凭证上批注或者附贴批单，或者由投保人和保险人订立变更的书面协议。此外，《海商法》第 229 条对保险合同的转让作出专门规定：海上货物运输保险合同可以由被保险人背书或者以其他方式转让，合同的权利、义务随之转移。合同转让时尚未支付保险费的，被保险人和合同受让人负连带支付责任。

关于保险合同的解除，《保险法》第 15 条规定："除本法另有规定或者保险合同另有约定外，保险合同成立后，投保人可以解除合同，保险人不得解除合同。"第 50 条规定，货物运输保险合同和运输工具航程保险合同，保险责任开始后，合同当事人不解得解除合同。《海商法》第 227 条又规定："除合同另有约定外，保险责任开始后，被保险人和保险人均不得解除合同。根据合同约定在保险责任开始后可以解除合同的，被保险人要求解除合同，保险人有权收取自保险责任开始之日起至合同解除之日止的保险费，剩余部分予以退还；保险人要求解除合同，应当将自合同解除之日起至保险期间届满之日止的保险费退还被保险人。"

（二）订立国际货物运输保险合同的基本原则

与订立其他财产保险合同一样，订立国际货物运输保险合同应遵守以下原则。

1. 最大诚信原则（utmost good faith）

与《民法典》中要求的诚信原则相比，保险合同要求双方当事人按绝对诚信原则办事，尤其是投保人。这是因为，投保标的的情况如何，决定了保险人是否承保、费率的高低以及在发生保险事故后如何进行赔偿。而对投保标的的情况，只有投保人了解得最详细、最全面、最真实。为此，各国保险法通常都规定了订立保险合同的最大诚信原则。我国《保险法》第 5 条规

① 参见《保险法》第 117 条。
② 参见《保险法》第 127 条。
③ 参见《保险法》第 118 条。保险经纪人因过错给投保人、被保险人造成损失的，依法承担赔偿责任第 128 条。
④⑤ 参见《保险法》第 13、《海商法》第 221 条。

定："保险活动当事人行使权利、履行义务应当遵循诚实信用原则。"该法第16条还规定，订立保险合同，保险人应当向投保人说明保险合同的条款内容，并可以就保险标的或者被保险人的有关情况提出询问，投保人应当如实告知。投保人故意隐瞒事实，不履行如实告知义务的，或者因过失未履行如实告知义务，足以影响保险人决定是否同意承保或者提高保险费率的，保险人有权解除保险合同。投保人故意不履行如实告知义务的，保险人对于保险合同解除前发生的保险事故，不承担赔偿或者给付保险金的责任，并不退还保险费。投保人因过失未履行如实告知义务，对保险事故的发生有严重影响的，保险人对于保险合同解除前发生的保险事故，不承担赔偿或者给付保险金的责任，但可以退还保险费。

具体而言，最大诚信原则包括以下方面的要求：(1) 投保人或被保险人必须披露重大事实 (disclosure of material facts)。所谓重大事实，指一个谨慎的保险人在决定是否承保或确定费率时可以依据的事实，如货物性质、货物的价值等。某一事实是否重大是个事实问题，而不是法律问题，通常由法院依据案件的具体情况加以决定。有些事实虽然可能重要，但如保险人未提出询问，投保人或被保险人没有义务予以披露，如：1) 使风险减少的事实；2) 保险人知道或应当知道的事实；3) 经保险人告知无须披露的事实；4) 保险单中列明的明示或默示条款、无须告知的事实。如投保人隐瞒应当披露的事实，保险人可以解除合同；如发生承保事故，保险人可以拒赔并照收保险费。(2) 对重要事实的陈述必须真实。所谓真实是指"基本正确" (substantially correct)。非实质性的非重要事实的陈述，不能算作虚假陈述。陈述是指对事实的陈述，包括对可能的或期望的事实的陈述。只要是善意的，不能构成虚假陈述。(3) 不得违反保证 (warranties)。保证是指在订立保险合同时，投保人或被保险人明示或默示作出的保证，如作为或不作为的保证，某种状态存在或不存在的保证等。投保人或被保险人日后违反这些保证，则保险人可以解除合同，并对违反这些保证之后发生的损失不予赔偿。

2. 保险利益原则

保险利益又称可保利益 (insurable interest)。那么，如何理解可保利益？英国《1906年海上保险法》第5条第2款规定："当一个人与某项海上冒险有利益关系，即因与在冒险中面临风险的可保财产有着某种合法或合理的关系，并因可保财产完好无损如期到达而受益，或因这些财产的丢失、损坏或被扣押而利益上受到损失，或因之而负有责任，则此人对此项海上冒险就具有可保利益。"我国《保险法》第12条第6款规定："保险利益是指投保人或者被保险人对保险标的具有的法律上承认的利益。"

被保险人对保险标的有可保利益才能订立保险合同，否则订立的是赌博合同，在法律上是无效的。[①] 对于财产保险来说，可保利益只要在保险事故发生时存在，即为合法。投保人在投保时尚未取得可保利益，不影响保险合同的有效性。

在财产保险中，可保利益包括：(1) 财产的现有利益；(2) 期待利益，又称预期利益，即由现有财产产生出来的可期望得到的利益；(3) 责任利益，即根据法律和合同承担义务产生的责任利益。按照各国法律的解释，可保利益来自被保险人，包括：1) 对保险标的享有的所有权、占有权；2) 担保物权和债权；3) 依法承担的风险和责任；4) 因标的物的保全可得到利益或期待利益。

概括而言，作为可保利益，必须具备以下条件：(1) 确定性。被保险人的可保利益必须是已经确定的或可以确定的。例如，财产的现有利益是确定的；而期待利益是可以确定的。(2) 合法性。可保利益不得违反国家的强制性法律规定及公共利益和善良风俗。(3) 有价性。可保利

① 参见英国《1906年海上保险法》。

益是可以计算的。在财产保险中，这种损失通常是用金钱加以计算的。非经济利益，如精神损失，则不能给予补偿。

在国际海上货物运输过程中有关当事人的保险利益认定方面，有关案例表明，CIF的卖方在货物装运后，对货物不再享有保险利益，无权根据预约保险签发的保险单索赔。① 见下文案例。此外，"In practice the requirement that the insured must possess an insurable interest at the time of loss appears to have occasioned the most controversy. This issue arises most frequently in connection with cargo insurance and often requires careful examination of the terms of contracts for the sale of goods to ascertain exactly when property or risk in the insured cargo passed to an insured. For example, in *Anderson v. Morice* a cargo of rice was loaded but before loading was complete the vessel sank. One of the issues raised was whether or not risk had passed to the buyer. The House of Lords held that under the terms of the contract risk only passed to the buyer when a complete cargo had been shipped and, therefore, the buyer did not have an insurable interest in the goods. Similarly, in *Colonial Insurance Company of New Zealand v. Adelaide Marine Insurance Company* the vessel and cargo were lost after loading had begun but before completion of loading. However, in this instance, the insurance policy provided cover for cargo 'now on board or to be shipped' and the Privy Council held that risk passed to the buyer as and when any portion of the cargo was loaded on board the vessel. Therefore, the buyer did have an insurable interest in the goods on board the vessel"② .

案例③

YORK-SHIPLEY, INC., Plaintiff-Appellee,
v. ATLANTIC MUTUAL INSURANCE COMPANY et al., Defendants-Appellants.

In this cargo insurance case, the district court found that at the time of the damage, the plaintiff-appellee, York-Shipley, Inc., was the owner of the boiler in question. This was clearly erroneous since the cargo was shipped C. I. F. port of destination. Title to the boiler passed to the consignee when it was shipped from Miami in accordance with the terms of the contract. York-Shipley had no property rights in the boiler at the time it was damaged, and therefore had no insurable interest. Because York-Shipley, Inc. lacks standing to bring this suit, we need not reach the other errors assigned. We reverse.

York-Shipley held an ocean marine open cargo policy issued to it by the appellant, Atlantic Mutual Insurance Co., covering all of York-Shipley's international shipments of "lawful goods and merchandise consisting principally of heating equipment and parts". The policy contained a provision reading in pertinent part, as follows: "Authority is hereby given to the assured to issue this company's special policies of insurance which will be supplied on request. Such special policies are to be issued only in accordance with the terms and conditions

① 参见［英］戴维·M. 萨逊著，郭国汀主译：《CIF和FOB合同》，220页，上海，复旦大学出版社，2000。
② Insurable interest (s 10－12), Discussion Paper 63: Review of the Marine Insurance Act 1909.
③ See United States Court of Appeals, Fifth Circuit, No. 72－2361, Feb. 23, 1973.

of the policy, and are not transferable unless countersigned by the assured."

Such special policies are used when an assured sells on terms (e.g., C. I. F.) which require it to obtain insurance for the benefit of its customers abroad. The special policy takes the place of the open policy with respect to the particular shipment for which it is issued and contains, in full or by reference, all of the provisions necessary to single shipment insurance.

In the instant case, such a special policy was issued covering two boilers while in transit from Miami to Guatemala, and the policy was forwarded, along with the bill of lading and freight receipt, to York-Shipley's consignee in South America.

In effect, then, as regards the insurance, York-Shipley was merely the agent of its foreign customer for obtaining insurance on the goods sold.

Article 2, § 320 of the Uniform Commercial Code defines the term "C. I. F." to mean "that the price includes in a lump sum the cost of goods and the insurance and freight to the named destination..." Section 320 also spells out the duties of the seller under a C. I. F. destination contract: (1) he must put the goods into the possession of a carrier at the port of shipment and obtain a bill of lading; (2) load the goods and obtain a receipt from the carrier showing that the freight has been paid; (3) obtain a policy of insurance covering the goods while in transit; (4) prepare an invoice of the goods and procure any other documents required to offset shipment or comply with the contract; and (5) forward and tender with commercial promptness all the documents in due form and with any indorsement necessary to perfect the buyer's rights. Section 320 concludes that "under the term C. I. F. ... unless otherwise agreed the buyer must make payment against tender of the required documents and the seller may not tender nor the buyer demand delivery of the goods in substitution for the documents". (Emphasis supplied). Under the UCC, as well as at common law, title to goods shipped C. I. F. passes upon their delivery to the carrier. UCC Art. 2, § 401; see id. art. 2, § 509; Smith Co. v. Marano, 1920, 267 Pa. 107, 110 A. 94. *See generally Bender's* U. C. C. Service, Dursenberg & King, Sales and Bulk Transfers § 8.02 [2] [b] at 8-17 (1968).

Accordingly, once York-Shipley put the boilers in the possession of the carrier in Miami, it no longer had any interest in them. Indeed, it was prohibited from tendering the goods instead of the appropriate documents. York-Shipley therefore has no insurable interest in the cargo and, consequently, has no standing to sue. Standing depends upon whether the party has such a "personal stake in the outcome of the controversy as to assure...concrete adverseness..." Baker v. Carr, 1962, 369 U. S. 186, 204, 82 S. Ct. 691, 703, 7 L. Ed. 2d 663; See Sierra Club v. Morton, 1971, 405 U. S. 727, 732, 92 S. Ct. 1361, 31 L. Ed. 2d 636; Flast v. Cohen, 1968, 392 U. S. 83, 101, 88 S. Ct. 1942, 20 L. Ed. 2d 947. York-Shipley has no interest in the outcome of this suit, other than that of an unsecured creditor of its foreign customer. Such an interest is insufficient to meet the requisites of standing.

Reversed.

3. 补偿责任原则

当发生了承保范围内的风险后，保险公司须按保险合同规定承担赔偿责任，给予被保险人以经济上的补偿。保险公司赔偿后，取得代位求偿权。代位求偿权（subrogation right）是各国保险法承认的债权转移制度，也是赔偿原则的具体化。代位求偿权，指当货物损失是由第三者的过失或疏忽引起时，保险公司向被保险人支付保险赔偿后，享有取代被保险人向第三者进行索赔的权利。在赔付部分损失的情况下，如果保险公司的追偿所得大于赔付给被保险人的金额，则多出部分应返还给被保险人。在赔付全部损失的情况下，保险公司取得代位权的同时还取得残存货物的所有权。即使残存的货值大于保险公司的赔付额，超出部分仍归保险公司所有。

我国《保险法》第 60 条规定："因第三者对保险标的的损害而造成保险事故的，保险人自向被保险人赔偿保险金之日起，在赔偿金额范围内代位行使被保险人对第三者请求赔偿的权利。前款规定的保险事故发生后，被保险人已经从第三者取得损害赔偿的，保险人赔偿保险金时，可以相应扣减被保险人从第三者已取得的赔偿金额。保险人依照本条第一款行使代位请求赔偿的权利，不影响被保险人就未取得赔偿的部分向第三者请求赔偿的权利。"

此外，保险中的重复保险是指投保人对同一保险标的、同一保险利益、同一保险事故分别向两个以上保险人订立保险合同的保险。重复保险的投保人应当将重复保险的有关情况通知各保险人。重复保险的保险金额总和超过保险价值的，各保险人的赔偿金额的总和不得超过保险价值。除合同另有约定外，各保险人按照其保险金额与保险金额总和的比例承担赔偿责任。[①] 这种规定也体现了保险的补偿原则。

4. 近因原则

近因（proximate cause）是指对事故的发生起到直接的、决定性的、有效的、统帅性的、不可避免的因素。与哲学上的因果关系尚有不同。保险法中的近因，更强调法律后来的公平合理性，而不拘泥于通常所谓的因果关系。在多个原因导致一个事故发生时，法院强调的是主因的作用。主因在时间上不一定是最接近的原因。是否是主因，由法院来判断。[②] 货物损失的发生与承保范围内的意外事故之间须存在直接的因果关系。如果货物损失不是由承保范围内的意外事故引起的，或在承保免责范围之内，则保险人不予赔偿。

二、保险单的性质和种类

（一）保险单的性质

保险单（insurance policies）是保险人签发的一种文件。它包含保险人与被保险人之间订立的保险契约，是保险人对被保险人的承保证明。根据我国《保险法》，投保人提出保险要求，经保险人同意承保，并就合同的条款达成协议，保险合同成立。保险人应当及时向投保人签发保险单或者其他保险凭证，并在保险单或者其他保险凭证中载明当事人双方约定的合同内容。[③] 此外，《海商法》第 234 条规定：除合同另有约定外，被保险人应当在合同订立后立即支付保险费；被保险人支付保险费前，保险人可以拒绝签发保险单证。由此可见，保险合同的成

---

① 参见《保险法》第 56 条。
② 英国保险法关于近因原则的规定，属任意条款，双方可作改变。我国法律对此未作规定。
③ 参见《保险法》第 13 条。

立时间是当事人达成一致的时间。合同成立后，保险人应当及时向被保险人签发保险单或者其他保险凭证，并在保险单或者其他保险凭证中载明当事人双方约定的合同内容。因此，保险单本身并不是保险合同，它是保险合同成立的证明。

（二）保险单的内容

谈到保险，就必须要提到英国的劳合社（劳埃德保险社，Corporation of Lloyd's）。劳合社的前身是由 Edward Lloyd 于 1688 年在伦敦塔街（Tower Street）开设的咖啡馆（Lloyd's Coffee House）。开设之初的主要目的是为客人提供交流航运信息的场所。1713 年 Edward Lloyd 去世，但这个咖啡馆已经成为商人聚会的一个著名场所，也成为进行船舶拍卖的场所。直到 1720 年前后，它开始与海上保险有关，并且在 20 年以后发展成为伦敦最著名的保险市场。1871 年经议会通过法案，劳合社正式成为一个社团组织。它只向其成员提供交易场所和有关的服务，本身并不具有承保业务。劳合社由其社员选举产生的一个理事会来管理，下设理赔、出版、签单、会计、法律等部门，并在一百多个国家设有办事处。该社为其所属承保人制订保险单、保险证书等标准格式，此外还出版有关海上运输、商船动态、保险海事等方面的期刊和杂志，向世界各地发行。劳合社设计的条款和保单格式在世界保险业中有广泛影响，其制定的费率也是世界保险业的风向标。

旧保险单 S. G. Form，全称“劳氏 S. G. 保险单格式”，于 1779 年开始在伦敦保险市场上采用，1795 年在英国取代所有其他海上保险单，成为船舶与货物运输保险的标准海上保险单。但由于旧保险单语言晦涩难懂，内容不明确，且许多危险已无意义，所以，“劳氏保险人协会”和“伦敦海上保险人协会”共同组成了“联合货物委员会”和“联合船舶委员会”，起草了新的保险单和保险条款。① 英国伦敦保险市场从 1982 年 1 月 1 日起启用了新的海上保险单格式和新的协会货物保险 A、B、C 条款，又从 1983 年 10 月 1 日起使用新的协会船舶定期/航次保险条款，标志着海上保险发展史上的重大变革。② 新的保险单主要包括以下内容：保险单编号（policy number）、被保险人（name of assured）、船名（vessel）、保险航次（voyage of insurance）或保险期限（period of insurance）、保险标的（subject-matter insured）、约定价值（agreed value）、保险金额（amount insured hereunder）、保险费（premium）、条款（clauses）及批单（endorsements）和特别条件（special conditions）及保证（warranties）等。

（三）保险单的种类

货物运输保险单从不同角度可以有不同分类。

1. 按保险价值是否确定，可分为定值保险单和不定值保险单

定值保险单（valued policy），是指载明保险标的的约定价值的保险单，该价值就是保险公司在保险事故发生后的赔偿价值，通常为货物的 CIF 价或 CIP 价加上 10%的买方预期利润。定值保险单签发后，如发生保险事故，造成财产全部损失时，无论保险标的的实际价值是多少，保险人都应当以合同中约定的保险价值作为计算赔偿金额的依据，而不必对保险标的重新估价。如果是部分损失，只需要确定损失的比例，该比例与双方确定的保险价值的乘积，即为保险人应支付的赔偿金额。

不定值保险单（unvalued policy），是指在保险单中不记载有保险合同当事人事先确定的保

①② 参见杨良宜、汪鹏南：《英国海上保险条款详论》，作者自序，5 页，大连，大连海事大学出版社，1996。

险标的价值的保险单。这种保险单仅记载保险金额，而将保险标的的实际价值留待需要确定保险赔偿的限额时才去估算。由于在这种保险单中所载的保险标的的实际价值可能变动，因而据此理赔的价值也是不固定的。

2. 按保险期限，可分为航程保险单、定期保险单及混合保险单

航程保险单（voyage policy）是指以一次或多次航程为期限的保险单。航程保单中通常订有“运输条款”（transit clause）或更改航程条款（change of voyage clause）。依据前者，如航程中发生了被保险人不能控制的绕航、卸货、重装、转船、延误等，保险合同继续有效。依据后者，如遇变更目的港或不正当绕航，保险公司在增收保费的情况下，保险合同继续有效。

定期保险单（time policy）是指保险人的承保责任为某一时期，在这一时期内货物发生损失由保险人负责的保险单。

混合保险单（combination policy）是指兼有航程和定期两种性质的保险单。在这种保险单下，保险人仅对在保险期限内和规定的航程所发生的损失负赔偿责任。

3. 按船名是否确定，可分为定名保险单、流动保险单、预约保险单及总括保险单

定名保险单是指投保人投保时，载运船舶已经确定，并在保险单上注明船名及开航日期的保险单，通常使用的多是这种保险单。

流动保险单（floating policy），也称统保保险单或报告式保险单，是一种连续有效的保险单。保险当事人预先规定一个总保险金额，每批货物装运后，被保险人将投保金额通知保险人，保险人即从总保险金额中逐笔予以扣除，直到总金额用完，保险单自动注销。具体而言，在流动保险单中，保险人与被保险人就总的承保条件，如承保风险、费率、总保险金额、承保期限等事先予以约定，细节留待以后申报。被保险人按承保期间内可能起运的货物价值预交保费存款（premium deposit），在每批需要承保的货物装运后通知保险人，保险单自动生效。每批货值从货物的总价值中扣除，直至保险总金额用完，保险合同终止。因此，在流动保单中，被保险人得不到保单本身，而是得到保险公司开出的保险凭证。为此，买卖合同一般都规定“买方必须接受保险单和（或）保险凭证”，否则，卖方必须提供正式保险单。流动保单手续简便，所以在实践中，特别当托运人是大规模从事出口贸易的商人时，使用非常普遍。流动保险单适用于一定期限内（一般为一年）陆续分批出运的货物的保险，例如，包销合同形式的贸易和定期发运的货物保险。

预约保险单（open policy），又称开口保险单。保险单中规定保险范围、货物种类、保险费率等条件，只是在保单中未规定保险总金额。承保货物一经起运，被保险人通知保险人后，保单自动生效。合同终止取决于被保险人和保险人之间的约定，任何一方在收到对方终止合同的通知后，合同即告终止。

总括保险单，又称闭口保险单，指保险人在约定的保险期间内承保存放在同一地点的多种货物或存放在一个以上地点的一种或多种货物的保险单，保险单内被保险人和保险人商定一个总保险金额、承保险别、起运地点费率水平等，被保险人支付一笔总的保险费，在约定的保险期间内，保险人对于被保险人每批出运的货物全部承保，被保险人不必逐笔向保险人发出装船通知，直到总保险金额扣净后，保险人不再承担保险责任。

4. 按保险单的形式和内容分为保险单、联合保险凭证、暂保单和保险凭证

保险单就是由保险公司签发的内容全面的正式保险文件。通常有正面条款和背面条款。

联合保险凭证（combined insurance certificate）又称承保证明，是一种发票和保险单相结合的比保险凭证更为简化的保险单证，是在商业发票内加注保险的内容，并由保险人签章表示发票内的货物已经按所注内容投保。我国在对港澳地区的贸易中采用这种保险单据。

暂保单（cover note）又称临时保险单，是保险人在签发正式保险单前所出具的临时证明，被保险人接到国外出口商装船通知前，先将被保险货物的大概情况通知保险公司，预定保险契约，保险人先行开立暂保单，待装运情况落实后再签发正式保险单。由于暂保单内容比较简单，又不是保险契约的证明，所以一般不为进出口商所接受。

保险凭证（insurance certificate）则是一种简式保险单。通常仅载有正式保险单正面所具有的条款，如被保险人名称、保险货物名称、运输工具种类与名称、投保险别、保险期限、保险金额等，而对正式保单背面有关被保险人和保险人权利义务的规定则不予登载。当事人在采用流动保单和预约保单的方式投保时，被保险人得不到正式保单，只能得到保险凭证。

关于保险凭证的法律效力问题，各国法律与国际惯例的态度不同，归纳起来有三种：(1) 视保险凭证具有保险单的效力，如美国和 Incoterms。《美国统一商法典》和美国《对外贸易定义》(1941 年修订本) 规定，卖方有权取得保险单或可转让的保险凭证。[①]《1990 年国际贸易术语解释通则》中 CIF 合同规定，卖方负责取得可转让的保险单。如在提供单据时不能及时取得，则另提供保险人所提供的保险凭证，与持保险单者无异。CIP 合同规定，卖方提供给买方保险单或其他办妥保险的凭证。《Incoterms 2000》中 CIF 和 CIP 术语明确规定，卖方提供保险单和其他保险凭证。INCOTERMS® 2010 在其 CIF 和 CIP 术语中的规定中改变了“卖方提供保险单或其他保险凭证”的表述，规定“卖方须向买方提供保险单或其他保险证据”(The seller must provide the buyer with the insurance policy or other evidence of insurance cover.)。1993 年修订的《跟单信用证统一惯例》(500 号) 明确规定，除非信用证另有规定，银行将接受由保险公司或承保人或他们的代理人预签的预保单项下的保险证明或保险声明。[②] (2) 除非合同中有明确规定，否则不承认保险凭证具有保险单的效力。根据英国有关判例，在 CIF 合同中，卖方必须提交正式保险单，保险凭证不等于保险单，不足以构成有效的卖方交单。[③] (3) 折中态度。如国际法协会 1932 年《华沙—牛津规则》中规定，CIF 合同中卖方负责取得海运保险单。在未取得保单时，买方应接受保险商签发的保险凭证，并在买方要求时，尽速提出保险单。如卖方提不出保险单，则保险凭证无效。

此外，无论如何，由保险经纪人出具的承保书或暂保单不能代替保险单。[④]

三、国际货物运输承保的风险与损失

（一）国际货物运输承保的风险

风险是指可能发生的损失，是一种意外，而非一定会发生的事情。货物在国际运输中可能遇到各种风险，这些风险一般分为以下几种：(1) 自然灾害，指不以人的意志为转移的自然界力量所引起的灾害。在海运中表现为飓风、巨浪、雷电（lightning）、海啸（tsunami）、地震

---

① 参见《美国统一商法典》第 2—320 条 (2) (c)，美国《对外贸易定义》(1941 年修订本) 中 CIF 合同卖方义务的规定。

②④ 参见《跟单信用证统一惯例》(500 号) 第 34 条 (c)、(d)。《跟单信用证统一惯例》(600 号) 第 28 条 (c)、(d) 规定：可以接受保险单或预约保险项下的保险证明书或声明书。但不接受暂保单。

③ Koskas v. Standard Marine Insurance Co. Ltd.

(earthquake) 或火山爆发 (volcanic eruption) 等。(2) 意外事故，指由于偶然的非意料之中的原因所造成的事故。在海运中表现为船舶搁浅、触礁、沉没、碰撞、失踪、失火、爆炸等。(3) 外来风险 (extraneous risks)，在海运中，外来风险是指海上风险以外的其他外来原因造成的风险。分为一般外来风险、特别外来风险和特殊外来风险。关于一般外来风险，中国人民银行在银函 (1997) 210 号《关于海洋运输货物一切险条款的解释的请示的复函》中，将"外来原因"明确为"仅指偷窃、提货不着、淡水雨淋、短量、混杂、沾污、渗漏、碰损、串味、受潮受热、钩损、包装破裂、锈损"。特别外来风险，主要是指交货不到险、进口关税险、舱面险、拒收险、黄曲霉素险、出口货物到香港（九龙）或澳门存仓火险责任扩展险及卖方利益险。特殊外来风险，是指由于战争、罢工、拒绝交付货物等政治、军事、国家禁令及管制措施所造成的风险与损失。如因政治或战争因素，运送货物的船只被敌对国家扣留而造成交货不到；某些国家颁布的新政策或新的管制措施以及国际组织的某些禁令，都可能造成货物无法出口或进口而造成损失。

但是，有些风险和损失是保险人不予承保的，例如：《海商法》第 242 条规定："对于被保险人故意造成的损失，保险人不负赔偿责任。"第 243 条又规定："除合同另有约定外，因下列原因之一造成货物损失的，保险人不负赔偿责任：(一) 航行迟延、交货迟延或者行市变化；(二) 货物的自然损耗、本身的缺陷和自然特性；(三) 包装不当。"

（二）国际货物运输保险赔偿的损失

国际货物运输保险赔偿的损失可分为两类：货物本身遭受的全部损失和部分损失，以及为营救货物支出的费用。以国际海上货物运输保险承保的损失为例，这些损失可以分为如下类型：

1. 全部损失 (total loss)

全部损失包括实际全损 (actual total loss) 和推定全损 (constructive total loss)。保险标的发生全损，保险人支付全部保险金额的，取得对保险标的的全部权利；但是，在不足额保险的情况下，保险人按照保险金额与保险价值的比例取得对保险标的的部分权利。

(1) 实际全损。

按照英国保险法解释，所谓实际全损，指货物全部毁灭或因受损而失去原有用途，或被保险人已无可挽回地丧失了保险标的。我国《海商法》第 245 条也规定："保险标的发生保险事故后灭失，或者受到严重损坏完全失去原有形体、效用，或者不能再归保险人所拥有的，为实际全损。"对于实际全损，保险人应给予全部赔偿。

(2) 推定全损。

我国《海商法》第 246 条第 2 款规定："货物发生保险事故后，认为实际全损已经不可避免，或者为避免发生实际全损所需支付的费用与继续将货物运抵目的地的费用之和超过保险价值的，为推定全损。"

对推定全损的赔偿，由被保险人选择：1) 按全损进行索赔。保险标的发生推定全损，被保险人要求保险人按照全部损失赔偿的，应当向保险人委付 (abandonment) 保险标的。保险人可以接受委付，也可以不接受委付，但是应当在合理的时间内将接受委付或者不接受委付的决定通知被保险人。委付不得附带任何条件。委付一经保险人接受，不得撤回。保险人接受委付的，被保险人对委付财产的全部权利和义务转移给保险人。所以，委付是指在推定全损的情况下，被保险人把残存货物的所有权转让给保险公司，请求取得全部保险金额的行为。可见，委付是被保险人的单方行为。2）按部分损失进行索赔。如按实际全损索赔，必须向保险人发出委付通知（notice of abandonment），把全损货物委付给保险人。如不发通知，视为按部分损失进行索赔。

2. 部分损失（partial loss）

根据《海商法》第 247 条，不属于实际全损和推定全损的损失，为部分损失。在海上货物运输保险中，分为共同海损、单独海损和单独费用。

(1）共同海损（general average)。

《海商法》第 193 条第 1 款规定："共同海损，是指在同一海上航程中，船舶、货物和其他财产遭遇共同危险，为了共同安全，有意地合理地采取措施所直接造成的特殊牺牲、支付的特殊费用。"

共同海损的成立需具备以下条件：1）必须有危及船、货共同安全的危险存在。这种危险是共同的、真实的，不是臆想和推断。2）作出的牺牲和费用是特殊的、直接的。如海上遇到台风，船开往避风港，不算特殊。3）牺牲和费用是有意的。即是人为的、有意识的行为，而不是意外事故。4）牺牲和费用是合理的。共同海损行为之作出，是必要的、节约的，符合全体利益的。例如，抛货是价低体重的，符合当时情况的需要，牺牲和费用是为共同安全作出的。5）共同海损措施是有效的。经过有意采取这些合理措施后，船货得到部分挽救和保留。

作为构成共同海损的以上条件，缺一不可。对于共同海损所作牺牲（general average sacrifice）和支出的费用，用船舶、货物、运费获救后的价值按比例在所有与之有利害关系的受益人之间进行分摊。因此，共同海损属于部分损失，保险公司对共同海损牺牲和费用以及共同海损分摊（general average contribution）都给予赔偿。在共同海损理算方面，《约克-安特卫普规则》(York - Antwerp Rules）以及《北京理算规则》都具有较大影响。

(2）单独海损（particular average)。

单独海损指货物由承保风险引起的不属于共同海损的部分损失。单独海损是海上运输中非任何人的有意行为造成的，只涉及船舶或货物单独一方利益的部分损失。因此，这种损失只能由受损失方自己承担。保险公司对单独海损造成的部分损失是否给予赔偿，取决于当事人投保的险别以及保险单的条款是如何规定的。

(3）单独费用（particular charges)。

单独费用指为了防止货物遭受承保风险造成的损失或灭失而支出的费用。由于保险单上通常都载有"诉讼与营救条款"（又称"损害防止条款"），所以，单独费用都能得到保险公司补偿。

第二节　国际海上货物运输保险法律制度

在国际海上货物运输保险中，当事人常用的是伦敦保险协会制定的货物保险条款。此外，我国进出口货物运输最常用的保险条款是C.I.C.（中国保险条款），该条款是由中国人民财产保险股份有限公司（Property and Casualty Company Limited，PICC）制定，中国人民银行及中国保险监督委员会审批颁布的。C.I.C.保险条款按运输方式来分，有海洋、陆上、航空和邮包运输保险条款四大类；对某些特殊商品，还配备有海运冷藏货物、陆运冷藏货物、海运散装桐油及活牲畜、家禽的海陆空运输保险条款。

一、伦敦保险协会货物保险条款

伦敦保险协会（the Insurance Institute of London，IIL）于1907年6月18日成立，由大不列颠及爱尔兰保险联盟总裁发起，联盟总裁同时是商业协会的总经理。协会成立的目的是确保“培育各保险分支机构各方面的知识和信息”。伦敦保险协会制订的《协会货物条款》（Institute Cargo Clauses）是对世界各国保险业影响最大、应用最为广泛的保险条款。英国伦敦保险市场从1982年1月1日起启用新的海上保险单格式和新的协会货物保险A条款、B条款、C条款以及其他条款。在1982年新条款实施前，所适用的是1963年6月1日“协会货物平安险保险条款”、“协会货物水渍险保险条款”、“协会货物一切险保险条款”以及为适应特种货物而涉及的协会货物保险条款。其中，“协会货物平安险保险条款”是协会货物保险条款中最早的条款，于1912年制定。

（一）伦敦保险协会货物保险条款的特点

新的协会货物保险条款与旧保险条款相比具有如下特点。

1. 用英文字母表示原来各基本险别名称

伦敦保险协会的新货物保险条款共有六种：（1）协会货物保险A条款（institute cargo clause A）；（2）协会货物保险B条款（institute cargo clause B）；（3）协会货物保险C条款（institute cargo clause C）；（4）协会战争险条款（institute war clauses-cargo）；（5）罢工险条款（institute strike clauses-cargo）；（6）恶意损害险条款（malicious damage clause）。除恶意损害险条款以外，各条款均规定了承保范围、除外责任、期限、赔偿、保险受益、减少损失、避免延误、法律和惯例等共19项条款。此外，上述A、B、C等各条款都受英国法律和惯例调整。如果不这样规定，就可能失去近百年来对该法进行司法解释所积累下来的确定性以及伦敦保险市场上的一些习惯做法。英国的海上保险成文法是1906年的《海上保险法》。该法在总结国际海上保险实践后形成，对世界各国保险业具有深远影响。

新的货物保险条款基本上是按照保险险别划分。A条款主要规定了一切险的内容，B条款主要规定了水渍险的内容，C条款主要规定了平安险的内容。上述名称和分类避免了过去因险别名称含义不清且与承保范围不符而容易产生误解的情况，同时也便于称呼。

2. 消除了原险别之间的交叉和重叠

例如，原水渍险和平安险承保的范围基本上是重叠的。水渍险只增加了平安险不承保的那一部分，即对由于自然灾害引起的货物部分损失给予赔偿。而平安险虽称对单独海损不赔，但对在运输工具发生触礁、搁浅等意外事故的情况下，如在此之前或之后又遇自然灾害，给货物造成部分损失，又给予赔偿。这样，水渍险和平安险之间的差别更小了。修改后的B条款承保因自然灾害造成的全部或部分损失以及因重大或非重大意外事故（如装卸时货物落海或摔落致整件全损）造成的货物全部或部分损失，而C条款只承保由重大意外事故造成的货物全损或部分损失。这样，两种险别之间减少了交叉和重叠，界限更为清楚。

3. 增加了承保陆上风险的规定

例如，B条款和C条款承保由于陆上运输工具的颠翻、出轨、碰撞引起的保险标的的损失或损害以及湖水、河水浸入船舶造成的损害。

4. 增加了可独立投保的保险险别

与旧货物保险条款不同，新的协会战争险条款和罢工险条款既可以在投保了A条款、B条款或C条款后加保，也可以在需要时，作为独立险别进行投保。也就是说，上述六种险别中，A险、B险、C险属于基本险，其他属于附加险。除恶意损害险外，前五种险别可以单独投保。

（二）协会货物保险各条款

1. 货物保险A条款

A条款主要规定了旧协会货物保险"一切险"的内容。

（1）风险条款（risk clause）。A条款承保保险标的损失或损害的一切风险，但不包括某些除外责任。也就是说，A险的承保范围较广，采用"一切风险减除外责任"的方式，即除了"除外责任"项下所列的风险保险人不予负责外，其他风险均予负责。可见，在A险情况下，举证责任主要在于保险人，而不是被保险人。被保险人只需证明发生了不可预见的风险，而保险人则需证明该风险是否属于除外责任的范围。

案例①

Gaunt v. British & Foreign Marine Insurance Company

Marine Insurance: Water Damage to Wool Insured From Sheep's Back to Ocean Steamer.

This was an appeal from a decision of Mr. Justice Bailhache in the Commercial Court, reported in Ll. L. Rep. V., 289. The action was by Mr. William Clifford Gaunt, wool merchant, of Bradford, against the British & Foreign Marine Insu-rance Company, Ltd., of Liverpool, to recover the sum of 7 694 under a policy of insurance on 484 bales of wool carried by the steamship Lime Branch from South America to England in 1917. Defendants denied liability, and Mr. Justice Bail-hache dismissed the claim. The plaintiff's case was that the wool, when it arrived at Bradford, was found to be damaged by wet to the extent of 7 694 out of the total value of 21 983. Plaintiff sued as the assignee from the consignors, the Sociedad Explotadora de Tierra del Fuego, of an all-risk policy of insurance covering the wool from the time it left the sheep's back until it was loaded on the ocean-going steamer in South America. Plaintiff said the wool was damaged before arrival on the steamer, and therefore he was entitled to recover from defendants under this policy. The vessel, the Lime Branch, was torpedoed and damaged on the way home. Mr. Justice Bailhache held that there was evidence of some damage to the wool, but that probably that damage was done to the

① See Court of Appeal. CA, Wednesday, June 1, 1921. Before Lord Justice Bankes, Lord Justice Warrington, and Lord Justice Scrutton. (1921) 8 Ll. L. Rep. 15.

wool before it was loaded on the ship. He was, however, satisfied that the damage was nothing approaching the 35 per cent. claimed by the plaintiff, and he accordingly entered judgment for the defendants. Hence the present appeal.

Representation

Sir J. Simon, K. C. , Mr. F. D. Mackinnon, K. C. , and Mr. R. I. Simey (instructed by Messrs. Ballantyne, Clifford & Co.) appeared for the plaintiff, the appellant; Mr. R. A. Wright, K. C. , Mr. C. T. Le Quesne and Mr. G. R. Mitchison (instructed by Messrs. Waltons & Co.) were for the defendants, the respondents. Sir JOHN SIMON contended that Mr. Justice Bailhache ought not to have dismissed the claim, but ought to have awarded the plaintiff a substantial amount of compensation even though it was not as much as 35 per cent. Mr. WRIGHT, opposing the appeal, said the plaintiff's case was based on a cast-iron figure of a loss of 35 per cent. , and he failed to prove anything like that.

Judgment

Mr. Justice BANKES

in giving judgment, said: In this action the plaintiff seeks to recover a very large sum of money, over 7 000, from the defendants under a policy of insurance upon wool, of which he was the owner. He was the assignee of a policy of insurance which was upon the wool from sheep's back to the port at which it was to be loaded on board ship. The entire parcel consisted of 484 bales. It was shipped and curried, I am not sure whether the whole way, but at any rate for the main portion of the voyage, on a vessel called the Lime Branch. She was torpedoed shortly before she arrived off the coast of England. A large hole was blown in her side, but she managed to get under her own steam to the Port of London, where the wool was discharged. It was subsequently convoyed by the Midland Railway to Bradford, and delivered to the plaintiff at his place of business there. It turned out that of the 484 bales two bales were missing. Of the 482 bales delivered, a certain number-whether 170 or 138 I am not sure-appear never to have been taken into the plaintiffs' mill before inspection took place. These bales remained in a shed in the stable-yard adjoining the mill. After the wool had arrived, it was examined by the plaintiff himself and by his mill manager, and they asserted that the wool was very seriously damaged, and damaged by causes which were covered by the policy. The Salvage Association instructed a Mr. Watson to examine the wool, and he made an examination. The Salvage Association instructed another gentleman to make a further examination, and he was represented by a Mr. Roberts, who also made an examination. The result of Mr. Watson's examination was that he made a report which purported to state that Mr. Watson had examined every bale carefully. It agreed with Mr. Gaunt that the damage was represented by 35 per cent. depreciation on the whole lot. On that certificate the action was brought. The case was tried before Mr. Justice Bailhache, and Mr. Gaunt himself was called. He stated that he examined the wool, and that it was very seriously damaged, and that it was damaged to a larger extent than an average of 35 per cent. , but that he was willing to agree with Mr. Watson, not because that figure fairly represented the damage, but because he was prepared to accept it. Another witness, Mr. Harris, did not put any figure upon the damage. Mr. Watson was called and he was examined. In cross-examination he said that he had in fact examined every bale, but, when asked definitely what number, he said he had examined enough of them to form an opinion, and that he had examined 400 bales. That was a mistake. He had never seen the other 138 bales at all. Mr. Roberts was not called. For the defendants no witness was called who examined the wool, because after Mr. Watson's examination the wool had been worked up into whatever it was ultimately used for.

The defendants first of all called the mate from the vessel on which the wool was laden. He stated that there was nothing on the outside of the packages indicating anything of the serious nature of the damage to which the plaintiff's witnesses deposed; and another witness was called from the Port of London Authority who apparently had taken special care to examine the wool because of the vessel having been torpedoed, and he deposed also to the fact that the exterior of the packages gave no indication at all of the kind of damage of which the plaintiff was complaining. That was the case before Mr. Justice Bailhache.

I am not going to say anything indicative of my own opinion in reference to any of these matters in dispute, because of the course, and the only course, which I think it is possible for this Court in the circumstances to take. Mr. Justice Bailhache in giving judgment stated that the following were the conclusions at which he had arrived: —He said, first of all, that he did not think that the plaintiff's witnesses had any intention of deceiving the Court, but he said that he thought that Mr. Watson's estimate of the amount of damage was not reliable. He stated definitely that he came to the conclusion that the goods were damaged, and that he had definitely come to the conclusion that they were damaged by some of the perils covered by the policy. So that there shall be no mistake as to exactly what the learned judge said, I will refer to just one or two passages in his judgment. In reference to the mistake Mr. Watson made in stating that he had examined each of the bales, the learned Judge said:

"I think he was mistaken in fact in his own mind, because he was dealing with an enormous quantity of wool, and I daresay 350 bales or 344 bales of wool look a very considerable quantity. He did not count them and may have thought they were all there. But, as to the evidence that the bales were damaged, I think I must accept that they were damaged to some extent. There is the evidence of Mr. Gaunt, there is the evidence of his mill manager, and there is the evidence of Mr. Watson, which, although I reject it as to the percentage, I think I cannot reject it to the extent of saying that there is not sufficient evidence that there was some damage to these goods."

In another passage the learned Judge says:

"The conclusion at which I have arrived is this: There was some damage to this wool; probably that damage, to the extent to which there was damage, was done to the wool-I am only going upon the evidence and not upon any theory and supposition, which is quite different-but upon the evidence before me that damage was probably done before the loading upon the Lime Branch; but I am satisfied that the damage was nothing approaching the damage which is claimed in this case, nothing approaching 35 per cent."

Then the learned Judge says in conclusion:

"There was some damage, I have little doubt, to this wool-I should be sorry to think there was no damage to the wool, because if that were so, that would be equivalent to saying that Mr. Gaunt and Mr. Watson have come here to deceive the Court on very vital matters. I do not say anything of the kind, but what I do say is that the damage which they noticed was, if I am to act solely upon the evidence and not upon my own supposition and theory, nothing like the damage that they claimed. Mr. Gaunt has to satisfy me not only that there was damage, but also to satisfy me of the percentage of the damage, and, if he fails in that, he fails in this action. In that he fails and, therefore, he fails here, and this claim must be dismissed with costs."

Now, each of the parties before us complains of the learned Judge's conclusions. The appellant complains that they were too unfavourable to his evidence, and that there was no reason why the learned Judge should have rejected Mr. Watson's evidence, and that the defendant was entitled to the whole amount of his claim upon the evidence given. On the other hand, the respondents say that the learned Judge was not sufficiently favourable to their case, and that upon the evidence of the mate and upon the evidence from the Port of London Authority and from the fact that the Bills of Lading were clean Bills of Lading, we ought to come to the conclusion that there was no substantial damage at all. As between these two contentions I am not going to express any opinion at all. The matter we have to decide is whether upon the conclusions at which the learned Judge arrived he had any right to enter judgment for the defendants, and, if he had not that right, what is the proper course for this Court to take. In my opinion the learned Judge had no right upon his own findings to enter judgment for the defendants. This case was one in which damage was essential to the cause of action, and upon the learned Judge's findings that there was damage and damage covered by the policy I do not think he was within his rights in entering judgment for the defendants.

He might have done one of several things. He might and it would be perfectly justifiable for him upon the plaintiff's case-have made his own estimate of what would be the proper sum to award for the damage done, and he would necessarily arrive at that estimate according to the view he took or considered of the plaintiff's exaggeration of the case. He might have taken that course. It is constantly done by juries or by judges who have evidence before them of the damage suffered by the plaintiff, though wholly unreliable evidence, and they are left to form their own conclusion upon the evidence before them. Or, he might have said: "If the plaintiff leaves me in this position, he cannot complain if I do not attempt to estimate for myself, but give him nominal damages." Or, he might have said: "In the circumstances,

I leave the parties to move for judgment upon my findings." However, he did neither of these things, but gave judgment for the defendants.

For the reasons I have endeavoured to indicate, the learned Judge had no right to enter judgment against the party who, upon his own conclusions of fact, was entitled to succeed as against the defendants.

Now, what is the right course for this Court to take There may be cases of this kind in which it is perfectly obvious that the whole of the available material is before the Court and every possible point has been debated, and in such circumstances I assume the Court would have jurisdiction to do what the learned Judge ought to have done, namely, estimate the amount of the damage. But this is not one of those classes of cases, and I think so for two reasons. One is because it is made manifest that there is another witness who was not called, Mr. Roberts, whose evidence may throw considerable light on the matter and may turn the scale either in favour of the plaintiff or of the defendants. Another matter which influences me is that for the first time, as I understand, in this Court the question has been raised as to the 3 per cent. average clause, and it is said that, if the right view of the matter is that the plaintiff is entitled to nominal damages only, the defendants would be entitled to succeed because of that clause. Mr. Mackinnon for the plaintiff contends that the 3 per cent. average clause ought not to be treated as being included in this policy. I express no opinion as to that. But I think the matter should be debated, and that the learned Judge at the new trial ought to have present to his mind this question of the average clause.

I think the right course for this Court to take is to send the case back for a new trial, not limited in any way, but for a new trial de novo. The appeal is allowed, the judgment of the Court below set aside, and a new trial ordered. The costs of this appeal and of the first trial will abide the result of the new trial.

Lord Justice WARRINGTON and Lord Justice SCRUTTON concurred.

（2）共同海损条款，即承保根据运输合同、准据法和惯例理算确定的共同海损和救助费用。

（3）双方有责碰撞条款，即对被保险人根据运输合同中的双方有责碰撞条款分摊的比例给予赔偿。

（4）除外责任（exclusions），指保险人不予以承保的风险。

A 条款的除外责任有：

1）普通除外条款（general exclusions clause），包括以下七个方面：a）被保险人（the assured）的故意行为（willful misconduct）造成的损失、损害或费用。被保险人是指为其利益而投保的人，或者是对保险标的有利害关系的人。被保险人仅指其本人，不包括其代理人或者雇员。此外，被保险人也包括 CIF 的托运人。被保险人的故意行为是指明知自己的行为会发生损害保险标的的后果，并且故意或放任让这种结果发生。[①] b）保险标的自然渗漏、重量或体积

① 参见杨良宜、汪鹏南：《英国海上保险条款详论》，280、291 页。

损失或通常磨损。c）因保险标的包装或准备不充分（insufficient package）或不适当（unsuitable package）造成的损失、损害或费用（“包装”，包括用集装箱或海运集装箱装载的，但该项装载以本保险开始生效前或由被保险人或其受雇人完成为限）。d）因保险标的固有缺陷（inherent vice）或性质引起的损失、损害或费用。e）因延迟（delay）直接造成的损失、损害或费用，即使该延迟是由于承保风险引起的。f）因船舶所有人、经理人、租船人或经营人的破产或经济困境造成的损失、损害和费用。g）因使用任何原子或核裂变和（或）聚变或其他类似反应堆或放射性力量或物质所制造的战争武器而造成的损失、损害或费用。

2）不适航和不适运除外条款（unseaworthiness and unfitness exclusion clause），包括以下两个方面：a）船舶或驳船不适航，船舶、驳船、运输工具、集装箱或托盘对保险标的安全运输不适合，而且在保险标的装于其上时，被保险人或其雇员对上述不适航或不适运有私谋。私谋是指实际悉情而且放任不管。① b）保险人放弃载运保险标的到目的港的船舶不得违反默示适航或适运保证，除非被保险人或其雇员对此种不适航或不适运有私谋（privity）。英国1906年《海上保险法》规定在航次保险中，被保险人必须默示保证船舶适航，这对货物被保险人很不公平，因为货主很难影响或控制承运船舶的适航情况。② 该款旨在令保险人放弃对被保险人的默示适航要求，即不会以此作为拒绝赔偿的理由，除非该不适航或不适运是被保险人或其雇员私谋的。

3）战争除外条款（war exclusion clause），包括以下三个方面：a）战争、内乱、革命、叛乱、造反，或由此引起的骚乱，或任何交战方之间的敌对行为。b）捕获、拘留、扣留、禁制或扣押（海盗行为除外）及因此引起的后果或进行此种行为的任何企图；根据该款规定，海盗行为在A险中是承保的，而B险和C险不予以承保。c）被遗弃的水雷、鱼雷、炸弹或其他被遗弃的战争武器。

4）罢工除外条款（strikes exclusion clause），包括以下三个方面：a）由罢工工人、被迫停工工人或参加工潮、暴动或民变的人员造成者。b）因罢工、停工、工潮、暴动或民变造成者。c）因任何恐怖主义者或任何带有政治动机的人的行为造成的。

（5）保险期间（duration）。

1）运送条款，载于协会货物保险A条款的第8.1～8.3款。该规定实际上是旧协会条款中的“仓至仓条款”。

第8.1款主要规定了保险生效时间和终止时间。

保险生效时间：保险责任自货物运离保险单所载明的起运地仓库或储存处所开始运输时起生效。实践中，关于货物是否离开仓库或储存处所开始运送或货物是否在运送过程中，也是一个复杂的问题。Plata American Trading Inc. v. Lancashire（1957）对此作了较好的解释。该案情况是，某船从美国休斯敦装运501吨油脂到汉堡，保险期间也是订明由休斯敦到汉堡。这些油脂是从一个储藏罐通过油泵打入船舱的。船到了卸货港，却只卸下了375吨。经过调查发现，货物短少的原因是储存油脂的罐与另外两个储存罐是相通的，装船时一部分油脂打入了船舱，另一部分却打入了另外两个储存罐。买方向保险公司索赔，因为货物已经离开了储存罐，保险期间也应开始。但纽约州最高法院判决这部分货物并未离开储存处所开始运输，所以，对这部分货物的保险期间也未开始，保险公司也无须负责赔偿。法院的解释是，油脂只有在经过

①② 参见杨良宜、汪鹏南：《英国海上保险条款详论》，280、291页。

泵并离开泵准备装上船时，也就是货物不能回头时，才算是开始运送。因此，离开储存罐不能就算做开始运输了，只有在离开泵以后才可以算，打到其他储存罐上的油脂也就不能算开始运送之后的风险损失，保险人没有赔偿责任。由此案例可见，如果收货人少收货物是因发货人少装所致，则保险人不承担责任，因为风险对这部分货从未开始。①

保险责任终止时间：保险责任自货物运离保险单所载明的起运地仓库或储存处所开始运输时起生效，包括正常运输过程，直至运到下述地点时终止，终止时间以先发生者为准：(a) 保险单所载明的目的地收货人或其他最后仓库或储存处所。(b) 在保险单所载明的目的地之前或目的地的任何其他仓库或存储处所，由被保险人选择用作在正常运输过程之外储存货物，或分配或分派货物。作出这种规定的原因在于，在运输途中的任何地方将货物堆放或转卖，特别这是投保人自己决定的，是他可以控制的，这个地方就是保险终止的地点。也就是说，投保人将中途一个货仓用来储存，并非属于承保过程中的短暂储存待运，则货物一到达那个货仓，保险就终止了，尽管这不是收货人的最后货仓。关于储存的理解，要根据投保人的行为和目的判断。如果投保人的行为是为了正常的运输，例如，堆些时间就合理快速地运走，这个货仓就不是用来储存的。如果不是为了正常的运输，例如，是因为收货人自己的货仓没有地方，或其他一些原因如费用低或方便，这个货仓就是用来储存的货仓。② (c) 被保险货物在最后卸载港全部卸离海轮后满 60 天为止。

第 8.2 款规定，如果货物于最后卸载港卸离海轮，而保险责任还没有终止时，该批货物需转运到非保险单载明的其他目的地时，在依然受第 8.1 款关于终止规定制约的同时，该项货物开始转运时，保险责任终止。

根据该规定，如果由于某种原因例如转卖，货物转运到另外的目的地，而不是保险单上载明的目的地，货物一开始转运，保险就终止，即使当时货物尚未离开保险单所载明的目的港范围，这是因为保险公司并不知道货物要转运到什么地方，用什么方式，因而也不知道危险程度，相当于增加了无法估计的风险。③

第 8.3 款规定，在被保险人无法控制的运输延迟、任何绕道、被迫卸货、重新装载、转运以及船东或租船人运用运输契约赋予的权限所作的任何航海上的变更期间，保险仍继续有效。例如，承运船遇难后，为了续航的安全，必须进避难港进行损害修理，从而可能发生不得不将货物卸到岸上，以便进行船舶修理工作，在这种情况下，根据该款规定，保险继续有效，并承保货物在岸上的风险。④

2) 运输合同终止条款，载于协会货物保险 A 条款第 9 条，它是运送条款的例外。该款规定，如果由于被保险人无法控制的情况，致使运输合同在非保险单载明的目的地港口或处所终止，或者运输在按上述运送条款规定交付货物前终止，保险在下列情况下终止，除非被保险人立即通知保险人并提出续保要求，且在必要时加缴保险费，该保险继续有效：(a) 直至货物在该港口或处所出售并交付，或除非有特别的约定，在被保险货物抵达该港口或处所后满 60 天为止，以先发生者为准。根据该项规定，如果出于被保险人无法控制的原因，例如，航程受阻和船东决意放弃航程，而货方将货物就地转卖，并不是转运，则保险责任在出售该货物时终止；或者如果无法转卖则自被保险货物抵达该港口或处所后满 60 天为止，以先发生者为准。⑤

---

① 参见杨良宜、汪鹏南：《英国海上保险条款详论》，299 页。

②③④⑤ 参见杨良宜、汪鹏南：《英国海上保险条款详论》，304、306 页。

(b) 或如果货物在上述60天期限内（或任何约定的延长期限内），继续运往保险单所载明的目的地或任何其他目的地时，保险责任仍按上述运送条款的规定终止。该项规定针对货方自己安排转运到目的地的情况，如果在60天内转运，保险继续有效。

3）航程变更条款，也是运送条款的例外。指当保险责任开始后，被保险人变更目的地，应立即通知保险人，经另行商定保险费和条件，保险仍然有效。

（6）索赔。

在发生损失时，被保险人必须对保险标的具有可保利益（insurable interest），才能获得保险单项下的赔偿。被保险人有权对在保险期限内发生的承保损失获得赔偿，即使损失发生在保险契约之前；但在缔约时被保险人已经知道损失发生，而保险人并不知晓者除外。这就是“不论损失与否”原则。

此外，A条款还规定了续运费用条款、增值条款、保险受益、减少损失、放弃、防止延误、法律适用等条款。

2. 货物保险B条款（institute cargo clause B）和货物保险C条款（institute cargo clause C）

B条款主要规定了旧协会货物保险“水渍险”的内容。C条款则主要规定了旧协会货物保险“平安险”的内容。B条款、C条款的承保范围采用除外责任之外“列明风险”的方式，即将其承保的风险一一列举出来。总体而言，与1963年的协会货物保险水渍险条款和平安险条款相比，B险和C险的承保范围有所缩小。

（1）B条款承保的风险和损失范围。

除了除外责任，B条款承保下列原因引起的保险标的物的损失：1）火灾或爆炸；2）船舶或驳船遭受搁浅、擦浅、沉没或倾覆；3）陆上运输工具的倾覆或出轨；4）船舶、驳船或其他运输工具同除水以外的任何外界物体碰撞或接触；5）在避难港卸货；6）地震、火山爆发或雷电。

赔偿的损失包括由于下列原因引起的保险标的的损失：1）共同海损的牺牲；2）抛货或浪击落海；3）海水、湖水或河水进入船舶、驳船、其他运输工具、集装箱或海运集装箱贮存处所；4）货物在船舶或驳船装卸时落海或跌落造成任何整件的全损。

（2）C条款承保的风险和损失范围。

C条款承保的风险是B条款承保的前5项风险。也就是说，地震、火山爆发或雷电不在C险承保之列。这一承保范围小于1963年的协会货物保险平安险条款。

赔偿的损失则是共同海损的牺牲和抛货。也就是说，浪击落海，海水、湖水或河水进入船舶、驳船、其他运输工具、集装箱或海运集装箱贮存处所，货物在船舶或驳船装卸时落海或跌落造成任何整件的全损，不在赔偿之列。

（3）除外责任。

B险和C险的除外责任相同，除包括A险的除外责任以外，“海盗行为”与“恶意损害险”也在除外责任之列。

3. 协会货物战争险条款（institute war clause-cargo）

承保范围包括：1）战争等敌对行为对货物造成的损害。2）因战争行为引起的捕获、扣留、扣押等。3）非敌对行为使用原子武器造成的损失。对海盗（pirates）行为、敌对行为使用原子武器不予承保。

4. 协会货物罢工险条款（institute strike clause-cargo）

承保范围包括：1）由罢工者及参与罢工的人员造成的货物损失或损害。2）因罢工、停工等给保险标的造成的损害。3）恐怖分子或出于政治动机而行动的人对保险标的造成的损害。但对航程终止后因罢工造成的存仓费、重新装船费等不予承保。

5. 恶意损害险条款（malicious damage clause）

与修改前的“罢工、暴动和民变险”内容基本相同。其承保由于恶意行动、故意破坏行动而导致的保险标的灭失或损害。但如是出于政治动机的人的行为，则不予承保。

二、中国保险条款——海洋运输货物保险条款

中国保险条款海洋运输货物保险条款分一般保险条款和特殊保险条款。一般保险条款包括三种基本险别：平安险、水渍险和一切险。特殊保险条款包括一般附加险、特别附加险和特殊附加险三种。

（一）一般保险条款

1. 承保范围

中国保险条款参照伦敦保险协会旧保险条款制定，在协会新保险条款于 1982 年 1 月 1 日起采用后，中国保险条款并没有作出改变。在保险险别方面，中国保险条款海洋运输货物保险条款将基本险别仍分为平安险、水渍险和一切险三种。

（1）平安险（free from particular average）。

原意为“单独海损不赔”。该险别负责赔偿：1）货物在运输途中由于恶劣气候、雷电、海啸、地震、洪水等自然灾害造成整批货物的全部损失或推定全损。当被保险人要求赔付推定全损时，须将受损货物及其权利委付给保险公司。被保险货物用驳船运往或运离海轮的，每一驳船所装的货物可视作一个整批。推定全损是指被保险货物的实际全损已经不可避免，或者恢复、修复受损货物以及运送货物到原定目的地的费用超过该目的地的货物价值。2）由于运输工具遭受搁浅、触礁、沉没、互撞、与流冰或其他物体碰撞以及失火、爆炸意外事故造成货物的全部或部分损失。3）在运输工具已经发生搁浅、触礁、沉没、焚毁意外事故的情况下，货物在此前后又在海上遭受恶劣气候、雷电、海啸等自然灾害所造成的部分损失。4）在装卸或转运时由于一件或数件整件货物落海造成的全部或部分损失。5）被保险人对遭受承保责任内危险的货物采取抢救、防止或减少货损的措施而支付的合理费用，但以不超过该批被救货物的保险金额为限。6）运输工具遭遇海难后，在避难港由于卸货所引起的损失以及在中途港、避难港由于卸货、存仓以及运送货物所产生的特别费用。7）共同海损的牺牲、分摊和救助费用。8）运输契约订有“船舶互撞责任”条款，根据该条款规定应由货方偿还船方的损失。

平安险是三种基本险别中保险人责任最小的一种。所谓“单独海损不赔”实际上是不确切的。它仅指对由自然灾害造成的单独海损不赔，对由意外事故发生导致的单独海损以及运输工具在运输途中发生搁浅、触礁、沉没、焚毁等意外事故前后导致的单独海损，保险公司仍要赔偿。

（2）水渍险（with particular average，W. P. A.）。

原意为“单独海损负责”。除包括上列平安险的各项责任外，该保险还负责被保险货物由恶劣气候、雷电、海啸、地震、洪水等自然灾害所造成的部分损失。即水渍险包括平安险以及

平安险中不包括的那部分单独海损损失。

(3) 一切险（all risks)。

除包括上列平安险的各项责任外，该保险还负责被保险货物在运输途中由外来原因所致的全部或部分损失。这里的外来原因是指一般附加险承担的责任，而不包括特别附加险和特殊附加险。因此，投保一切险，并不意味着保险公司承担一切损失责任。

2. 除外责任

该保险对下列损失不负赔偿责任：1）被保险人的故意行为或过失所造成的损失。2）属于发货人责任所引起的损失。3）在保险责任开始前，被保险货物已存在的品质不良或数量短差所造成的损失。4）被保险货物的自然损耗、本质缺陷、特性以及市价跌落、运输延迟所引起的损失或费用。5）海洋运输货物战争险条款和货物运输罢工险条款规定的责任范围和除外责任。

3. 责任起讫

(1)"仓至仓"（warehouse to warehouse clause，W/W）责任。又称运输条款（transit clause)。自被保险货物运离保险单所载明的起运地仓库或储存处所开始运输时生效，包括正常运输过程中的海上、陆上、内河和驳船运输在内，直至该项货物到达保险单所载明目的地收货人的最后仓库或储存处所或被保险人用做分配、分派或非正常运输的其他储存处所为止。如未抵达上述仓库或储存处所，则以被保险货物在最后卸载港全部卸离海轮后满 60 天为止。如在上述 60 天内被保险货物需转运到非保险单所载明的目的地时，则以该项货物开始转运时终止。

(2) 扩展责任条款，又称运输合同终止条款（termination of contract of carriage clause)。由于被保险人无法控制的运输延迟、绕道、被迫卸货、重行装载、转载或承运人运用运输契约赋予的权限所作的任何航海上的变更或终止运输契约，致使被保险货物运到非保险单所载明目的地时，在被保险人及时将获知的情况通知保险人，并在必要时加缴保险费的情况下，保险仍继续有效，保险责任按下列规定终止：被保险货物如在非保险单所载明的目的地出售，保险责任至交货时为止，但不论任何情况，均以被保险货物在卸载港全部卸离海轮后满 60 天为止；被保险货物如在上述 60 天期限内继续运往保险单所载原目的地或其他目的地时，保险责任仍按上述第 1 款的规定终止。

4. 被保险人的义务

被保险人应按照以下规定的应尽义务办理有关事项，如因未履行规定的义务而影响保险人利益时，保险人对有关损失，有权拒绝赔偿：(1) 当被保险货物运抵保险单所载明的目的港（地）以后，被保险人应及时提货，当发现被保险货物遭受任何损失，应即向保险单上所载明的检验、理赔代理人申请检验，如发现被保险货物整件短少或有明显残损痕迹应即向承运人、受托人或有关当局（海关、港务当局等）索取货损货差证明。如果货损货差是由于承运人、受托人或其他有关方面的责任所造成，并应以书面方式向他们提出索赔，必要时还须取得延长时效的认证。(2) 对遭受承保责任内危险的货物，被保险人和保险公司都可迅速采取合理的抢救措施，防止或减少货物的损失，被保险人采取此项措施，不应视为放弃委付的表示，保险人采取此项措施，也不得视为接受委付的表示。(3) 如遇航程变更或发现保险单所载明的货物、船名或航程有遗漏或错误时，被保险人应在获悉后立即通知保险人并在必要时加缴保险费，保险才继续有效。(4) 在向保险人索赔时，必须提供下列单证：保险单正本、提单、发票、装箱单、磅码单、货损货差证明、检验报告及索赔清单。如涉及第三者责任，还须提供向责任方追偿的有关函电及其他必要单证或文件。(5) 在获悉有关运输契约中“船舶互撞责任”条款的实际责任后，应及时通知保险人。

5. 索赔时效

保险索赔时效，从被保险货物在最后卸载港全部卸离海轮后起算，最多不超过 2 年。

(二) 特殊保险条款

特殊保险条款包括一般附加险、特别附加险和特殊附加险三种。

1. 一般附加险

中国人民财产保险股份有限公司的一般附加险有如下 11 种。

(1) 偷窃、提货不着险 (theft, pilferage and non-delivery, TPND)。承保对货物造成的下列损失：1) 偷窃行为所致损失；2) 整件提货不着；3) 根据运输契约规定船东和其他责任方免除赔偿的部分。被保险人必须及时提货，遇有第 1) 项所列的损失，必须在提货后 10 日内申请检验；遇有第 2) 项损失，必须向责任方取得整件提货不着的证明。公司有权收回被保险人向船东或其他有关责任方面追偿到的任何赔款，但其金额以不超过公司支付的赔款为限。

(2) 淡水、雨淋险 (rain fresh water damages)。承保被保险货物直接遭受雨淋或淡水所致的损失，但包装外部应有雨水或淡水痕迹或有其他适当证明。被保险人必须及时提货，并在提货后 10 天内申请检验。该险别与平安险和水渍险的不同之处在于，后者承保的仅是海水所致损失。

(3) 短量险 (risk of shortage)。承保被保险货物在运输过程中，因外包装破裂或散装货物发生数量短少和实际重量短缺的损失，但不包括正常的途耗。

(4) 混杂、沾污险 (risk of intermixture and contamination)。承保被保险货物在运输过程中，因混杂、沾污所致的损失。

(5) 渗漏险 (risk of leakage)。承保被保险货物在运输过程中，因容器损坏而引起的渗漏损失，或用液体储藏的货物因液体的渗漏而引起的货物腐败等损失。

(6) 碰损、破碎险 (risk of clashing and breakage)。承保被保险货物在运输过程中，因震动、碰撞、受压造成的破碎和碰撞损失。所谓碰损，主要指对金属货物或木制家具等在运输过程中因受震、受压、碰击造成货物本身凹瘪、脱瓷等。所谓破碎，主要指对易碎货物（如玻璃、瓷器等）在运输过程中因受震、受压、受撞造成的破碎。

(7) 串味险 (risk of odour)。承保被保险食用物品、中药材、化妆品原料等货物在运输过程中，因受其他货物的影响而引起的串味损失。如茶叶、食品、药材、化妆品等与樟脑放在一起，受樟脑味影响发生的串味损失。

(8) 受潮、受热险 (damages caused by sweating and/or heating)。承保被保险货物在运输过程中，因气温突然变化或船上通风设备失灵舱内水汽凝结、发潮或发热造成的损失。

(9) 钩损险 (hook damages)。承保被保险货物在装卸过程中，因遭遇钩损而引起的损失，以及对包装进行修补或调换所支付的费用。

(10) 包装破裂险 (loss and/or damages caused by breakage of packing)。承保被保险货物在运输过程中，因搬运或装卸不慎，使包装破裂所造成的货物损失，以及为继续运输安全所需要对包装进行修补或调换所支付的费用。

（11）锈损险（risk of rusting）。承保被保险货物在运输过程中发生的锈损。

以上 11 种一般附加险不能单独投保，它们全部包括在一切险之中；或是由投保人在投保了平安险或水渍险之后，根据需要，再选择加保其中的一种或几种险别。

2. 特别附加险

中国人民财产保险股份有限公司还设立了 7 种特别附加险和 3 种特殊附加险。与一般附加险不同，这些险别不包括在一切险之中，而需要投保人向保险公司提出申请，经特别同意后，在投保了基本险别的情况下，保险公司予以承保。

7 种特别附加险包括交货不到险、进口关税险、舱面险、拒收险、黄曲霉素险、出口货物到香港（九龙）或澳门存仓火险责任扩展险及卖方利益险。

（1）交货不到险（failure to deliver）。指自货物装上船舶时开始，满 6 个月未运到原目的地交货，则不论任何原因，保险公司按全损予以赔付。对于战争险下可以赔付的损失或因未申领进口许可证不能进口导致的交货不到，保险公司不予赔偿。

（2）进口关税险（import duty）。承保被保险货物发生保险范围内损失，被保险人仍要按完好货物的价值缴纳进口关税时，保险公司对这部分关税损失给予赔偿。

（3）舱面险（on deck）。承保货物因置于舱面被抛弃或风浪冲击落水的损失。

（4）拒收险（rejection）。承保被保险货物在进口时，不论什么原因，在进口港遭有关当局禁止进口或没收发生的损失。为此，被保险人必须保证提供所保货物进口所需要的许可证及其他证明文件。

（5）黄曲霉素险（aflatoxin）。承保被保险货物经进口国卫生当局化验发现其所含黄曲霉素超过规定的限制标准，被拒绝进口、没收或强制改变用途而造成的损失。

（6）出口货物到香港（九龙）或澳门存仓火险责任扩展条款（fire risk extension clause-for storage of cargo at destination Hong Kong including Kowloon or Macao）。承保出口到香港（包括九龙）或澳门的货物，卸离运输工具后，如直接存放于保单所载明的过户银行所指定的仓库时，保单存仓火险责任扩展，自运输责任终止时开始，直至银行收回押款解除对货物的权益后终止，或自运输责任终止时起算，满 30 天为限。

（7）卖方利益险（contingency insurance covers sellers interest only）。承保在 FOB 和 CFR 合同中以托收方式支付货款的情况下，买方拒绝付款赎单时卖方蒙受的货物损失。

3. 特殊附加险

3 种特殊附加险包括战争险、战争险的附加费用和罢工险。

（1）战争险（war risk）。承保范围包括：1）由战争、类似战争行为、敌对行为、武装冲突或海盗行为直接引起或作为上述行为的后果造成的被保险货物的损失；或 2）上述事件导致货物被捕获、没收、扣留、禁制或扣押造成的损失；3）各种常规武器包括水雷、鱼雷和炸弹造成的损失；4）由上述原因导致的共同海损牺牲、分摊和救助费用。但对于敌对行动使用原子和核武器造成的损失和费用，基于执政者、当权者或任何其他武装集团扣留、限制或扣押造成的承保航程损失或落空提出的索赔，保险公司不予赔偿。与其他险别不同，战争险的承保责任是自被保险货物在保单所载明的装运港装上海轮或驳船时开始，至保单所载明的目的港卸离海轮或驳船为止。如果被保险货物不卸离海轮，则保险责任从船舶到达该港口之日午夜时起算，满 15 天为限。当需要中途转船时，不论被保险货物是否卸载，则保险责任在该转运港的最长期限从船舶到达该港口或卸货地之日午夜起算，满 15 天为限。然而，如果被保险货物装上续运海轮，则本保险恢复有效。

（2）战争险的附加费用（additional expenses-war risks）。承保因战争后果所引起的附加费用，如卸货、存仓、转运、关税等。

（3）罢工险（strikes risk）。承保因罢工被迫停工，工潮、暴动或民变造成被保险货物的直接损失。按照国际保险习惯，罢工险通常与战争险同时承保，投保人只需在保单上注明战争险包括罢工险，并附上罢工险条款即可，无须另加付保险费。

案例

深圳南天油粕工业有限公司、中国人民保险公司辽宁省分公司诉斯坦斯蒂船务有限公司

海上货物运输货损赔偿纠纷案[①]

原告：深圳南天油粕工业有限公司。住所地：广东省深圳市蛇口赤湾。

原告：中国人民保险公司辽宁省分公司。住所地：辽宁省沈阳市和平区和平北路 77 号。

被告：斯坦斯蒂船务有限公司。住所地：塞浦路斯利马索约翰肯尼迪街 IRIS 大厦 740 室。

原告南天公司诉称：1999 年 5 月 20 日，“巴拿马之星”轮承运巴西大豆 47 250.992 吨，由巴西运至深圳赤湾港。船长签发了两套提单，后经合法转让至南天公司。该轮于 5 月 20 日装货完毕，于 8 月 6 日抵达深圳赤湾港后，原告发现第五舱的货物已经大部分灭失，其他各舱货物也由于非货物本身原因遭受不同程度的损害，有的颜色已经变成灰色，有的已烧成了黑色。经查，“巴”轮属被告所有。请求判令被告赔偿因货物灭失与损坏造成的经济损失 5 553 510.20 美元及利息，并承担诉讼费用。在辽宁人保参加诉讼后，南天公司将其诉讼请求更改为要求被告赔偿货损损失 2 423 579.03 美元，以及额外支出的卸货费用、困难作业费、卸货工人加班作业费、清舱费、货物转堆费、额外堆存费、货物检验费用、为保全证据而支付的登轮拖轮费、向安得隆有限公司支付的检验费共计为 271 609.90元人民币和 40 525 美元，并承担诉讼费用。

原告辽宁人保诉称：辽宁人保根据编号为 SY65/I99013 保险单，向受益人南天公司支付了保单项下因货物短量 7 001.992 吨而造成损失的保险赔款 1 713 754.04 美元。南天公司向辽宁人保出具了收据及权益转让书。因南天公司已作为原告对造成保险事故的被告提起诉讼，要求赔偿货物短少及损坏而造成的一切损失。根据《海事诉讼特别程序法》以及《海商法》，请求以共同原告的资格参加诉讼，请求判令被告赔偿因货物短少 7 001.992吨而造成的损失 1 409 921.11 美元及自货物交付之日起至实际支付之日止的银行贷款利息。

① 案例来源：广州海事法院（1999）广海法深字第 92 号民事判决书。引用时进行了部分删减。

被告辩称：(1) 南天公司营业执照和工商登记资料表明，南天公司无进口大豆的经营范围和许可证。因此，本案货物不合法，南天公司与卖方签订的买卖合同无效。首先，南天公司无权向被告索赔不合法货物的损失。其次，南天公司未能提交有效证据，证明其取得了本案货物的所有权。因此，南天公司主体不适格。(2) 辽宁人保以共同原告的资格参与诉讼，于法无据。(3) 辽宁人保在2000年7月3日开庭时所交保险单与南天公司于1999年9月22日向法院所交保险单有多处不同，两份保单显然不是同一份保单。但两份保单的号码均为SY65/I99013。辽宁人保向法院提交的保单是不真实的，辽宁人保不应按该保单向南天公司赔款。假设第二份保单是真实有效的，但投保人（被保险人）嘉里粮油贸易有限公司投保时尚未取得货物所有权，对本案货物不具有保险利益，该保单无效，保险合同无效。辽宁人保未举证证明被保险人嘉里公司向辽宁人保缴纳了保险费。投保人未交保费或在保险事故发生后缴纳保费的，保险人不负赔偿责任。如保险人作了赔付，亦属赔付错误。因此，辽宁人保并未真正取得代位追偿权，主体不适格。(4)“巴”轮在本航次开航前和开航当时，船体及其设备处于良好状态。证书齐全，配备了齐全、合格的船员，船舶适航，货舱适货。被告对货物灭失、损坏，依法免责。“巴”轮第5舱货物灭失、受损，是该轮于1999年5月21日在巴西伊塔夸蒂马拉港（下称伊港）河道内移泊时与“奥克”轮碰撞所造成的。碰撞事故造成了“巴”轮第5舱有一道约8米长的破洞，部分货物从该破洞掉入河水中，且大量河水涌进货舱，造成该舱中、下层大部分货物水湿。为了对船舶进行修理，以继续航程，“巴”轮船长向巴西港口当局申请将无使用价值的水湿货物倒进河中，并将第5舱货物顶部未受损部分卸至两艘趸船，数量约1 280吨。当时，货方和货物保险人委托的检验员及货方委托的律师对此做法并未提出任何反对意见。被告对因碰撞造成的上述部分的货物损失，依法免责。假设卸落河中的货物有使用价值，且租船人不同意将其卸落河中，亦应按共同海损处理，按船、货价值进行共同海损分摊。此外，被告妥善、谨慎地装载、积载、运输、保管、照料和卸载了所运大豆。“巴”轮的修理历时31天，对货物的发热及其后果有一定影响。“巴”轮抵赤湾港，打开各舱舱盖卸货前，经检查发现没有海水、河水、雨水等渗漏入各货舱。“巴”轮从1999年8月6日抵赤湾锚地至9月7日卸货完毕，由于收货人未及时疏港，卸货速度缓慢，使本已发热、正日趋变坏的货物加剧了发热变坏，货损的数量大幅度增加。(5) 深圳商检局出具的“残损鉴定”记载货物的含水量为13.4%，被告提交的卡文海事顾问及勘察服务公司的《报告》载明的货物在装货港的含水量为13.74%。不论是含水量为13.4%，还是13.74%，都是偏高的。而且原告提交的《质量证书》已证明货物于装船前已有约520吨大豆发热受损，很明显部分大豆的含水量已超出14%。过高的含水量造成货物内在的微生物不稳定，加剧了货物发热变坏。货物发热变坏的根本原因，在于货物本身的自然特性或固有缺陷。(6) 本案所涉货物在装上船之前已存在货损，该部分货损理应从原告索赔损失数额中扣除。其中受损大豆占3.2%，因此，原告索赔损失数额中，首先应扣除货物装上船之前的损失数额304 462.76美元。另在货物装船前，已有1.1%大豆发热受损，价值104 659.06美元，也应做相应扣减。短卸货物的重量应扣除货物总量的0.4%作为正常损耗。(7) 南天公司、辽宁人保没有提交任何有效证据材料，证明其损失的存在和损失数额的构成，其所诉称的损失没有依据，且数额明显不合理。故请求法院驳回两原告起诉，并判令其承担诉讼费以及被告为诉讼所支出的有关费用。

法院经审理查明：南天公司于1999年4月29日与嘉里公司签订的买卖合同约定，南天公司向后者购买1999年收成的巴西大豆45 000吨，运至中国赤湾；成本加保险加运费价（CIF赤湾）每吨201.36美元，货物的基准含油量18.5%，含水量最大14%，杂质基准量1%，最大值2%，杂质每超出1%，则价格相应补偿1%，小数点按比例计算，其他根据ANEC 41条规定。

5月20日，被告所属“巴”轮在巴西亚马孙河中的伊港装载完毕，船长签发了1、2号提单各一份。两份提单均记载，“巴”轮在伊港装载1999年收成的巴西大豆23 625.496吨。独立检验人林弥拉服务有限公司于5月20日出具的质量证书记载，“巴”轮装载的47 250.992吨大豆的含水量12.3%，杂质0.7%，受损大豆3.2%，其中发热受损大豆1.1%，破裂大豆12.9%。5月21日，“巴”轮船长向伊港主管当局递交海事声明称：“巴”轮完成装货作业后，离开装货码头，驶往临时锚地，等待船舶文件。在航行过程中，另一艘名为“奥克”的船停在航道的中央。尽管“巴”轮尽力避免碰撞该船，但是在强大的水流（大约7节）和风力的作用下，两船靠得很近。“巴”轮接触到该轮的锚链，使该船进一步转向左舷，“巴”轮5号货舱的右舷撞到“奥克”轮的球鼻艏上。碰撞致使“巴”轮第5舱右舷100～116肋骨处有长约15米的压痕，103～113肋骨处则有长约8米的裂缝，部分货物从裂缝漏入水中。

原告以信用证方式付款取得“巴”轮船长签发的上述提单及嘉里公司出具的发票，发票记载，47 250.992吨大豆的单价为CIF赤湾每吨201.36美元，总价款为9 514 459.75美元。

8月5日，“巴”轮抵达深圳赤湾港，9月7日卸货完毕。根据南天公司的申请，深圳商检局对该轮所载货物进行了计重和品质检验。该局于9月15日出具的检验证书（衡器计重）记载，经校准之衡器衡重，计得“巴”轮实际到货数量为40 249吨（其中剔卸出来的已被烧黑的大豆为2 330.850吨）。10月12日，深圳商检局出具残损鉴定。为了将损失减少到最低限度，深圳商检局人员建议港口和收货人尽可能地将不可用于加工的货物及可用于加工的货物分卸开来。不可用于加工的货物是指因舱内温度过高而完全被烧黑或大部分被烧黑、小部分已被烧为棕黑色的货物，已完全失去原有的使用价值，建议给予100%贬值；可用于加工的货物是指不可用于加工的货物以外，卸货过程中进入收货人仓库，直接用于加工的货物，其中包括部分外观颜色明显变为棕色或深棕色及剔卸过程中不可避免的混入的极少量已烧黑的货物，实际存在一定损失。经测量，第3舱烧黑部分的货物的平均温度达85摄氏度，第4舱的平均为85摄氏度，第7舱表层烧黑部分货物温度达88摄氏度。本批货物残损系由于卸货前舱内货物温度过高所致。各舱可用于加工及不可用于加工的货物均用电子衡器过磅。“巴”轮各舱卸下的可用于加工的货物数量为37 918.15吨，第1、3、4、7舱部分烧黑、不可用于加工的货物数量为2 330.85吨。提单记载的载货数量47 250.992吨，与上述可用于加工及不可用于加工的货物数量之和相比较，“巴”轮短卸7 001.992吨。该鉴定还记载，经查阅Thionville do Brasil Ltd.于1999年5月7日在装货港出具的分析报告，货物装货时的水含量为13.4%。

南天公司的企业法人营业执照记载的营业范围是：生产、加工豆油、菜油、花生油及其他食用油脂；豆粕、菜粕、花生粕、饲料原料及其他高蛋白食品。

南天公司于1999年8月5日向法院提出诉前证据保全申请，并得到许可。但被告未能提交“巴”轮与“奥克”轮碰撞前后的航海日志和轮机日志，称碰撞事故发生时的航海日志、轮机日志在船东的香港律师处，无法提交。8月11日，南天公司向法院提出诉前财产保全申请，请求扣押“巴”轮，责令被告提供220万美元的担保。9月3日，南天公司再次向法院提出财产保全申请，请求责令被告追加340万美元的担保，得到法院许可。9月1日，被告也向法院提出诉前证据保全申请，要求南天公司提交货物的买卖合同……以进行证据保全，得到许可。

根据南天公司的申请，法院于1999年9月3日裁定对“巴”轮做强制检验，并委托中国船级社实施检验。中国船级社于9月30日出具了“巴”轮检验报告。

辽宁人保提交了其于1999年5月12日出具的SY65/I99013海洋货物运输保险单及其于2000年6月16日向南天公司支付保险赔款的银行凭证。保险单记载被保险人为嘉里公司，承保货物为47 250.992吨散装巴西大豆，保险金额为12 180 057.77美元，装载工具为“巴”轮，开航日期1999年5月4日，自巴西伊港至中国赤湾，按1982年1月1日的伦敦协会货物保险A条款承保一切险加若干附加险。嘉里公司在该保险单上作了空白背书。银行凭证记载，辽宁人保于2000年6月16日委托中国银行沈阳市分行营业部向南天公司支付赔款1 713 754.04美元。南天公司确认已收到上述赔款，并出具了“赔款收据及权益转让书”，将已取得赔款部分保险标的（“巴”轮短卸货物7 001.992吨）之一切权益转让给辽宁人保。在诉前证据保全程序中，南天公司向法院提交了一份编号、出单日期与上述保险单相同的保险单，但该保险单中无被保险人名称、货物数量、保险金额的记载，保险险别也不相同。

原告和被告对以上事实均无异议。

本案争议的货物损失分为两个部分，即原告南天公司索赔的烧黑的货物2 330.85吨和可用于加工的货物37 918.15吨的贬值损失，以及原告辽宁人保索赔的短卸货物7 001.992吨的损失。

为证明可用于加工的37 918.15吨货物的贬值率，南天公司提交了一份安德隆公司于1999年10月4日出具的检验报告。该检验对可用于加工的37 918.15吨货物的贬值情况的总结是：8 000吨货物贬值10%，29 684吨货物贬值30%。南天公司陈述，可用于加工的37 918.15吨货物由南天公司自己加工处理。南天公司没有提供加工该货物存在损失的证据。被告认为，安德隆公司的检验报告得出的上述贬值情况，没有任何依据，且明显不合理，依法不应作为定案的依据。法院合议庭认为：安德隆公司是我国境外的公司，南天公司未提供证据证明该公司可在我国进行合法经营及其具有对货物进行检验的能力与资格，故对安得隆公司的报告不予采信。

为证明碰撞发生后，从船舶破洞掉落水中及因水湿变质而抛弃的货物重量，被告所提供的证据有：(1)“巴”轮船长于1999年5月31日发出的电传。该电传称，从受损区域裂缝掉落的货物约1 000吨。(2)一份被告称为“水尺检验报告”的便笺。该“水尺检验报告”手写在一张海滨海事检验服务有限公司便笺上，内容为：“船长申报的常数为342吨，根据船上所进行的吃水检查，以下为计算出来的装船大豆货品的数量：40 956.561吨。”

下面有未注明身份的两个签名和“巴”轮船长的签收，日期为1999年6月20日。辽宁人保认为，船长电传中所说的掉落河中货物的重量只是估计数，并不是实际货物重量，并且不认可“水尺检验报告”的真实性。法院合议庭认为：该“水尺检验报告”签署人的身份、资格不明，计算货物重量依据的资料为“巴”轮船长所申报。故该“水尺检验报告”之合法性、真实性均无法确认，又没有其他证据可以印证，故对其证据效力不予确认。

为了证明“巴”轮不适航，辽宁人保提交了相应证据，被告提出异议并提交了证据。

关于“巴”轮的证书问题，辽宁人保提出，被告提供的“巴”轮“安全管理证书”和“符合证明”显示，证书持有人为塞浦路斯航运公司。“巴”轮所有其他证书上显示的公司均是被告，单从证书上无法判断“巴”轮的营运者。被告也未提供“巴”轮由塞浦路斯航运公司营运的证明。如被告不能证明这一点，就应认定被告是“巴”轮的所有人，同时是该轮的经营人。这表明“巴”轮由一个并不具有营运资格的公司来营运，这严重违反国际安全管理规则，最终结果只能使“巴”轮处于严重不适航的状态。被告辩称，根据《国际安全管理规则》1.1.2条的规定，船舶所有人或经营人均可持有主管机关签发的符合《国际安全管理规则》规定的“符合证明”，并没有强制要求船舶所有人必须持有“符合证明”。“巴”轮的管理人为塞浦路斯海运有限公司，美国海运局于1998年3月25日向该公司签发了“符合证明”，1999年3月12日给“巴”轮签发了“安全管理证书”。两原告对上述两份证书的真实性没有异议。根据上述证书的记载，1998年3月25日，美国海运局在美国休斯敦按塞浦路斯共和国政府的授权向塞浦路斯海运有限公司颁发了《符合证明》，该公司的安全管理体系业已审核，所列的散装船符合国际船舶安全营运及防止污染管理规则（《国际安全管理规则》）的要求，“符合证明”的有效期至2003年3月12日，但必须经强制年度审核。1999年6月20日，美国海运局在希腊雅典对该证书作了第一次年度审核。1999年3月12日，美国海运局在巴哈马斯自由港根据塞浦路斯共和国政府的授权，向“巴”轮签发了“安全管理证书”。该证书记载，船名“巴拿马之星”轮，公司名称塞浦路斯海运有限公司，该轮的安全管理体系符合国际海事组织第A.788（19）号决议所采用的《国际安全管理规则》附件指南第3.3.4段和第3.3.5段之规定。该证书的有效期至1999年9月12日。法院合议庭认为：“巴”轮的“安全管理证书”及塞浦路斯海运有限公司的“符合证明”是根据塞浦路斯共和国政府的授权签发，可以认定塞浦路斯海运有限公司为“巴”轮的经营人。该两证书证明“巴”轮及塞浦路斯海运有限公司符合《国际安全管理规则》的要求。

关于船员配备问题，辽宁人保提出，根据被告提供的船员名单和船员适任证书，持证的无线电普通操作员只有一人，且不是由甲板部的高级船员兼任的。船员配备与“巴”轮的《远洋航行安全配员证书》不符。可见，“巴”轮的船员配备是不适当的。被告辩称，“巴”轮配备了一名专职一级电报员，该电报员持有无线电普通操作员证书和一级电报员证书。根据《人命安全公约》和《73/78船员培训、发证和值班公约》的规定，配备了一名专职电报员，就无须要求两名驾驶员持有无线电普通操作员证书。被告提交了“巴”轮的远洋航行安全配员证书。该证书的背面条款记载，“甲板部高级船员中应有两名船员胜任根据国际海上人命安全公约及其议定书第Ⅳ条第16款的规定发布遇险及安全通讯，并持有普通报务员以上职位的证书”。被告提交了“巴”轮船员约瑟夫·B. 阿格纳斯持有的菲律宾交通部国家电信委员会颁发的普通操作员证书和一级电报员证书。根据“巴”轮的船员名单，约瑟夫·B. 阿格纳斯为该轮的电报员。原、被告对上述证书及名单均无异议。

关于引航员问题，辽宁人保提出，“巴”轮引航员完全不懂用英语进行交流，是“巴”轮与他船发生碰撞的原因之一。其依据是“巴”轮船长在碰撞发生后于5月21日发给塞浦路斯海运有限公司的电传。该电传称，船长的意见，（碰撞的原因可归咎于）年老而健忘的引航员和粗心的操纵风格，这些可退休的引航员完全不懂以英语进行交流。被告对该电传的真实性没有异议。对此，被告在庭审结束后向法院提交了一份巴西亚马孙河引航员协会于2000年7月11日出具的一份声明。该声明称，根据巴西的法律规定，当船舶在巴西水域包括亚马孙河航行时，必须雇请当地称职的引航员，1999年5月21日为“巴”轮引航的两名引航员均具有46年的引航经历，他们完全称职而且有义务掌握英语中的专业术语。法院合议庭认为：被告对辽宁人保向法院提交的电传真实性没有异议，应予认定。但巴西亚马孙河引航员协会的声明不能证明1999年5月21日为“巴”轮引航的两名引航员具备与船员以英语交流与引航有关的内容的能力。在谈及引航员的英语能力时，该证明所使用的字眼是，“有义务掌握英语中的专业术语”，并未表示引航员已实际掌握英语中的专业术语。

关于海图、航行通告、航海日志、轮机日志等航海资料的问题，辽宁人保认为，“巴”轮船长在法院登“巴”轮作证据保全时，未能提供在船舶碰撞发生前后的航海日志和轮机日志，对在诉讼过程中被告提交的航海日志、轮机日志的真实性提出异议。证据保全时，被告提交的海图是碰撞发生水域的海图，是“巴”轮开航前和开航时采用的海图，但该海图是葡萄牙文版本而非英文版本。“巴”轮全体船员都是菲律宾人，船舶安全管理体系文件全部是用英文书写，从“巴”轮与公司的来往电报可以看出，船员与当地引航员在沟通上存在语言障碍，也就是说船员并不懂葡萄牙文。由此可知，“巴”轮的工作语言是英语。该海图上以葡萄牙文所作的说明、通告或警示的内容包括亚马孙河涨水期和枯水期的情势告示、不同月份水流及湍急的情况以及通过何种方式了解每天水位情报的办法等。因此，在该水域航行时，船长及船员难以参阅海图上的通告、警示以及其他资料来正确操纵船舶。该轮配备了一份不恰当的海图。对此，被告辩称，因“巴”轮与“奥克”轮发生碰撞后，当地主管机关调查时，调取了“巴”轮在发生碰撞期间的航海日志、轮机日志等原件。所以，法院作证据保全时，没有看到碰撞事故当天的航海日志、轮机日志原件。至于证据保全只保全到事故地点的葡萄牙语版的海图，并不等于该轮本航次开航前和开航当时未配备英文版海图。法院登“巴”轮作证据保全时，要求被告提交本航次航海日志及轮机日志、本航次使用过的海图、航向记录及其他文件。“巴”轮船长未能提交“巴”轮与“奥克”轮碰撞前后的航海日志和轮机日志，并向法院作了书面说明称，碰撞事故发生时的航海日志、轮机日志在船东的香港律师处，无法提交。“巴”轮船长还提交了三份葡萄牙文版的海图。在本案审理的过程中，斯坦斯蒂公司未提交“巴”轮备有亚马孙河航道的英文版海图的相关证据。法院合议庭认为：在本院作证据保全时，“巴”轮船长称，碰撞事故发生时的航海日志、轮机日志在船东的香港律师处。

而被告在本案的答辩中称，在本院对“巴”轮作证据保全时，碰撞发生时的航海日志、轮机日志被伊港船舶管理当局调取。因被告在证据保全时无正当理由拒绝提交，且该公司对碰撞发生时的航海日志、轮机日志的去向的说明相互矛盾，且没有证据证明。其在本案诉讼过程中提交的航海日志、轮机日志的真实性无法确认，故其中对被告有利的内容，未经原告认可的，应不予采信。“巴”轮船长仅向本院提交了与碰撞发生水域有关的葡萄牙文版海图，而未对是否配备英文版海图作任何说明，被告在诉讼过程中也未作任何实质性的说明，未提供任何证据证明“巴”轮当时配备了碰撞水域的英文版海图。应当认定，“巴”轮当时并未配备碰撞水域的英文版海图。辽宁人保主张，“巴”轮右锚机及通信设备存在故障，但未提交相应的证据。

被告为证明“巴”轮适航、货舱适合装载货物，提供了下列证据：(1) 船舶船体、轮机、无线电以及各种设备的证书。(2) 美国海岸警备队官员于 1999 年 3 月 22 日对“巴”轮签发的“登船报告”。该报告称，经进行操舵试验，在驾驶台和舵机室以各种模式操舵正常，未见任何缺陷。(3)“巴”轮船长、船员在船舶抵达亚历山大港、直布罗陀港及本案所涉货物装货港前以及离开上述港口前对船舶设备的检查清单。这些检查清单记载的内容包括对航行计划、海图和航行出版物的更新，有关航区的最新航行信息的检查，对舵机、航海仪器、通信设备、信号设备、甲板照明系统、缆绳及缆机、主机等方面的检查。(4) 巴西农业与粮食部驻亚马孙河地区联邦农业局农业监督出具的一份文件。该文件记载，经农业部技术人员检查，“巴”轮各货舱处于良好状态，农业部批准该轮装载货物，并将稍后签发植物检疫证书。(5) 货物积载图。(6) 林弥拉公司出具的货舱检验证书的复印件，检验结论是所有货舱状况良好，适于装货。(7)“巴”轮从 1999 年 6 月 21 日至 1999 年 8 月 8 日每两天一次的货舱温度测量记录。(8) 卡文公司的报告，该报告记录了“巴”轮从装载本案所涉货物至卸货完毕的过程及对货物检测的相关数据。其中记载，“巴”轮装货完毕时，第 5 舱载货量为 8 039.916 吨；1999 年 6 月 9 日至 11 日，对货物抽样进行检验，货物的水分含量在 12.4%到 13.7%之间（第 5 舱货物没有抽样）；该报告的结论称，“载运散装巴西大豆的各船舱发生的广泛发热情况，基本上由所装载的部分货物内在的微生物不稳定情况所致”。“由于发热情况属于累进性质，时间因素对最终显现的发热程度产生重要作用，因而延长的航程无疑对发热程度及其后果有不利的影响。在妥善贮存情况下，微生物稳定的大豆的潜在贮存期，一般远较装运在‘巴’轮有关货物的期间为长，而在抵达目的地时大豆将具商业上完好状况，唯最初开始有关货物须处于微生物稳定情况。”南天公司认为，卡文公司的报告结论缺乏公正性，不予接受，对被告提交的其他证据的真实性没有异议。但认为，被告提供的证据不能证明其在开航前或开航当时做到了谨慎处理使货舱适货。卡文公司在卸货港对货物抽样检验的报告表明，第 5 舱以外各舱货物的含水量比货物装船前有明显的增加，货物内部的水分含量增加导致货物升温、变色，直至部分大豆炭化。而水分增加的唯一原因是在航程中有大量水分进入货舱。第一，装货时遇雨不能关舱导致雨水进舱；第二，航行途中通风不当，在恶劣天气时仍进行通风；第三，该轮的第 5、6、7 舱舱口后部的泄水管下端无止回球阀，第 3、7 舱以及其他各舱夹扣有的缺失，有的严重锈蚀。船舶在航程中遇浪簸动的时候，可能导致舱盖位移，使舱盖不能够水密。而在航行途中，确实发生过甲板上浪的情况。因此，被告没有履行妥善地、谨慎地运输、保管、照料货物的义务。南天公司提交了下列证据：(1)“巴”轮在装货港所作的事实记录：5月20日0132～0148时，因为下雨，第4舱的装货作业停止；0148～0250时，等待修理第4舱的关舱系统以关闭舱盖。(2)“巴”轮船长于7月12日、8月2日发给塞浦路斯海运有限公司的电传及“巴”轮7月12日的航海日志记录。电传称，“经检验所有货舱，发现2、5、6舱货物变色，在1、3、4、7舱货物顶部的部分货物脱水发霉，也受影响……通风仍在进行”。航海日志：从0400时至2400时，天气和海况为阴天、大浪、长涌，船舶一直颠簸，1200时和1600时的记录增加了“海水扑上甲板”。8月2日的电传报告“巴”轮自7月12日至7月31日的主要工作，其中自12日至20日，主要对甲板及甲板上的部分设施检修及除锈、油漆；21日，“除锈/油漆，收集/处理第1舱受湿/霉变而导致部分受损的货物”；22日，“收集/处理第1舱受湿/霉变而导致部分受损的货物”；23、24、26、27、28、29日，“收集/处理第1舱部分受损的货物”。(3)中国船级社的检验报告：“巴”轮第5号、第6号、第7号舱舱口后部泄水管下端无止回球阀。被告对南天公司提交的上述证据没有异议。法院合议庭认为：南天公司与被告提交的上述证据，因各自对对方证据的真实性均没有异议，应予确认。但卡文公司的报告结论只是对货物发热的原因进行分析，该结论不具有证据效力。

为证明因货损而支出的额外费用，南天公司向法院提交了以下证据：(1)其与深圳市赤湾码头有限公司（下称赤湾公司）签订的赤湾港货物装卸仓储合同。该合同载明，双方就“巴”轮水湿变质散装大豆在赤湾港装卸、仓储事宜达成协议，赤湾公司向南天公司收取该批货物卸船、进出仓、装车费用……(2)赤湾公司1999年9月9日开具的计费单、运输装卸发票……(3)赤湾公司开具的费用结算单及相应的发票……(4)深圳商检局开具的检验费收据……(5)深圳市检通实业有限公司开具的其他服务收入专用发票……(6)赤湾轮船运输公司开具的费用单、发票……(7)安德隆公司开具的账单……被告认为，南天公司提出的上述费用不合理，并对其真实性提出异议。法院合议庭认为：南天公司支付上述费用，有货物装卸仓储合同、计费单、发票、收据可以证明，可予确认。被告对其真实性提出的质疑，没有理由和证据，不予采信。

在庭审中，两原告、被告均主张本案应适用中华人民共和国法律。法院合议庭成员一致认为：本案属于涉外海上货物运输合同货损赔偿纠纷，合同当事人可以选择处理合同争议所适用的法律。原告、被告一致选择适用中华人民共和国法律，故以中华人民共和国法律处理本案实体争议。

南天公司持有企业法人营业执照，是依法成立的企业法人，具有民事诉讼主体资格。其持有本案所涉提单，在货物到港后办理了海关手续，向被告提取了货物。在没有相反证据的情况下，应认为其对货物具有所有权。被告关于南天公司非法进口货物，对涉案货物没有所有权，主体不适格的主张，因没有提供相应的证据，不应支持。

被保险人对保险标的应当具有保险利益。嘉里公司是货物卖方，其已取得了货物提单并转让给南天公司，被告关于嘉里公司投保时尚未取得货物所有权，没有保险利益的主张，因没有证据支持，不予采信。支付保险费并不是保险合同成立的法定要件，嘉里公司是否已经支付保险费，不影响保险合同的成立。南天公司在诉前证据保全程序中向法院提交的保险单，因其无货物数量、保险金额和被保险人的记载，仅为辽宁人保接受“巴”轮所载货物的投保的意向的证明，对涉案保险合同的成立和效力没有影响。海上货物保险合同可以转让，嘉里公司将涉案保险合同转让给南天公司不违反法律规定。辽宁人保向本院提交了货物保险单原件及赔款的支付凭证，南天公司确认已收到短少货物的赔款，根据《海商法》第252条第1款的规定，南天公司就短少货物向第三人要求赔偿的权利，已相应转移给辽宁人保。保险人取得的追偿权，应包括实体权利和程序性的权利，即包括民事权利和诉讼权利。保险人取得追偿权后，有权使自己处于被保险人的地位，行使被保险人有关该项损失的一切权利。有权替代被保险人对第三人提起诉讼，也有权与被保险人共同参加被保险人已经向第三人提起的诉讼。因此，辽宁人保申请作为原告参加本案诉讼，符合有关法律规定，应予准许。

“巴”轮短卸货物7 001.992吨，被告抗辩是由碰撞事故所造成的。但据“巴”轮船长于1999年5月31日发出的电传称，从碰撞受损区域裂缝掉落的货物约1 000吨，2 500吨货物完好，其余4 500吨货物水湿受损。且不论“巴”轮船长提及的货物吨数的准确性，可以确定的是，碰撞事故发生后，从船体裂缝中流入河中的货物只是“巴”轮第5舱所载货物一小部分，这是碰撞事故所引起的货物直接损失。对水湿的货物，如能及时妥善处理，应该可以避免或减少损失。被告未提交任何证据证明伊港不具备处理水湿货物的设备和条件，也没有证据证明其已及时采取措施进行处理，被告也没有提供证据证明其抛弃的货物已失去商业价值，故不能认为这部分货物灭失是由船舶碰撞造成的。据“巴”轮船长7月12日和8月2日所发出的电传，“巴”轮发现各舱的货物发霉变质，并在7月21日至29日收集处理了部分霉变的货物。碰撞发生后，一些货物掉落水中，水湿货物被抛弃，“巴”轮在航行过程中又处理了部分货物，这些造成货物短少的原因中，只有掉落水中的部分短少货物是由船舶碰撞事故直接造成的，但被告不能证明该部分货物的实际重量。因被告不能证明短少是因船舶碰撞事故造成的，其关于短卸货物损失是由船长驾驶船舶过失造成的主张，不能成立。被告主张，因水湿被抛弃的货物损失计算应以共同海损进行分担，但因被告未按中国法律提起共同海损诉讼程序，在本案中，法院不作审理。

为了船舶的航行安全，被告应谨慎处理，为“巴”轮配备适当的、船长船员能正确阅读理解的海图。“巴”轮在伊港在只配备了葡萄牙文版的当地海图，该海图记载了船舶在亚马孙河航行所需的各种资料，包括亚马孙河涨水期和枯水期的情势告示、不同月份水流及湍急的情况以及通过何种方式了解每天水位情报的办法等。“巴”轮全体船员都是菲律宾人，从“巴”轮与公司的来往电报可以看出，船员与当地引航员在沟通上存在语言障碍，也就是说船员并不懂得葡萄牙文。船长、船员在无法与引航员进行交流的情况下，就无法理解葡萄牙文海图中的相关航行信息，以引导船舶的安全航行。应认为该轮在伊港进行移泊前和开始移泊当时没有适当配备海图，致使该轮处于不适航状态。根据“巴”轮船长的海事声明记载，该轮发生碰撞事敌，与航道的强大水流和风力的作用有关。故应认为，“巴”轮的碰撞与没有适当配备海图有直接的因果关系，被告应对因碰撞所导致的货物损失承担赔偿责任。

“巴”轮碰撞事故与该轮是否适当配备报务员没有因果关系；仅凭船长的一个电传也

不能证明“巴”轮在“伊”港的引航员不适任。

根据《海商法》的规定，海上货物运输的承运人在船舶开航前和开航当时，应当谨慎处理，使船舶处于适航状态，使货舱适于并能安全收受、载运和保管货物，并应妥善地、谨慎地装载、搬移、积载、运输、保管、照料和卸载所运货物，以保证货物的安全运送。被告主张，在本案所涉航次的开航前与开航当时，“巴”轮船体及其设备处于良好状态。但其所提交的“巴”轮在亚历山大港、直布罗陀港的检查记录，只是船员的自检，而不是有资格的检验机构对船舶的公正检验。美国海岸警卫队的“登船报告”仅记载了“巴”轮的操舵系统的检查情况。而且上述检查也只能证明“巴”轮在检查地时的检查结果，对“巴”轮在抵达伊港前的船舶实际状态不具有证明力。根据被告提交的“巴”轮抵达伊港前的检查清单，船员并未对货舱的各项设备进行检查。而“巴”轮在伊港的事实记录表明，在装货作业过程中的 5 月 20 日 0132 时至 0250 时，部分时间下雨，而第 4 舱的关舱系统发生故障，货舱无法及时关闭。中国船级社的检验报告记载，“巴”轮第 5、第 6、第 7 舱舱口后部泄水管下端无止回球阀，海水可能经泄水管进入货舱。这些事实可以证明，被告没有履行在开航前和开航当时谨慎处理，使货舱适于并能安全收受、载运和保管货物的义务。“巴”轮货舱存在的这些缺陷，可能导致货物在装、卸或载运过程中遭受水湿。被告关于在开航前和开航当时“巴”轮船体及其设备处于良好状态的主张不成立。

根据“巴”轮船长 7 月 12 日发出的电传，船舶正在对货舱进行通风，而根据航海日志的记录，这一天 12 时至 16 时，因大浪海水扑上甲板。在这种情形之下对货舱进行通风是不适当的，可能将大浪带来的大量水汽引向货物，直接危害货物的正常保管。

“巴”轮在伊港多停留了 31 天以进行修理，是被告在碰撞发生后可以合理预见的，其有义务妥善地保管、照料船上所载货物。如其认为停留时间过长，无法正常地保管货物，就应该及时将货物转运往目的港，以防止货物损坏。无论被告是否可以对碰撞造成的损失免责，都不能免除被告在碰撞发生后妥善保管照料货物的义务。

林弥拉公司出具的质量证书上记载的含水量为 12.3%，深圳商检局出具的残损鉴定上转抄的 Thionille do Brasil Ltd. 出具的分析报告载明货物在装货港的含水量为 13.4%，被告提交的卡文公司出具的报告，所载明的货物在装货港的含水量为 13.74%。并无证据表明，货物的含水量已经超过了海上货物安全运输允许的正常值。林弥拉公司出具的质量证书记载，因发热受损的货物占货物总量的 1.1%。从证书上的文字表达看，因受热受损（heat damaged）的货物并不是指货物正在发热，而是指在检验之前货物因受热而致受损的事实。被告签发的提单上没有关于货物正在发热受损的记载。

综上所述，在“巴”轮开航前和开航当时，船长、船员并未履行谨慎处理，使船舶适航，货舱适于并能安全收受、载运和保管货物的义务，在船舶航行过程中，船长、船员保管照料货物亦有不当。被告关于货物在装船前已开始发热及货物的含水量过高，货损是由货物的本身缺陷所造成的主张，缺乏证据，不能证明“巴”轮所载货物受损是货物内在缺陷的必然结果。故被告应对货物损坏承担赔偿责任。被告主张南天公司及其代理人在其完全清楚货物发热情形及严重性的情况下，没有恪尽职责，没有采取任何措施防止货物变坏及损失减少，因没有证据，法院不予支持。

关于南天公司的损失金额，根据深圳商检局的残损鉴定，已被烧黑的 2 330.85 吨大豆，实际构成了全损，被告应按货物的 CIF 赤湾的价格予以赔偿。可用于加工的 37 918.15 吨大豆，由于深圳商检局没有作出残损程度鉴定，南天公司将其直接用于加工，又未能提供因使用这些大豆而实际遭受损失的证据，南天公司关于此项损失的索赔，不予支持。

被告提出的"巴"轮装载的货物在装船前已存在部分损坏，在计算损失时应作相应扣减。合议庭认为，南天公司在"巴"轮抵达赤湾港前已按信用证的要求对外付款，取得了包括提单、质量证书在内的全套议付单证。质量证书上记载的货物品质在买卖双方认可的范围内，也就是说，买卖合同中约定的货价是针对质量证书上记载的货物品质而确定的。如果按被告的主张将装船前受损的货物扣减，那么，南天公司购买的是另外一种品质的货物，其商业价格也会不同。因此，被告的这一主张不合理，不予支持。被告关于应从货损损失中扣减 0.4%正常损耗的主张，因货物灭失和损坏并非正常运输所造成，故被告的主张缺乏相应依据，不予支持。

赤湾公司的装卸费用计费单中，坏货 2 330.85 吨的卸船费，因该批货物已全损，卸货费用损失应由被告赔偿；因部分货物发生损坏，需要分拣，产生困难作业费；为确定损坏的程度及数量，南天公司向商检部门申请检验，支出检验费和过磅费。这些费用是因处理受损货物所额外支付的费用，被告应予赔偿。南天公司未提供证据证明安德隆公司可在我国进行合法经营及其具有对货物进行检验的能力与资格，其委托安德隆公司进行检验，所产生的费用应由其自行承担。南天公司索赔的其他装卸货物产生的费用，不能确认为货物受损而支出的额外费用，法院不予支持。

辽宁人保支付保险赔款的时间是 1995 年 6 月 16 日，在支付保险赔款之前其并无利息损失，其请求利息损失从货物交付之日起算不合理。其利息损失应从实际赔付之日起算。

依据《海商法》第 47 条、第 48 条、第 55 条，《民法通则》第 111 条、第 112 条的规定，法院判决如下：(1) 被告赔偿原告南天公司货损损失 469 339.96 美元及其利息（利息从 1999 年 9 月 8 日起，至本判决确定的付清款项之日止，按中国人民银行同期同币种流动资金贷款利率计算）；(2) 被告赔偿原告南天公司卸货费114 211.65 元、困难作业费 88 139.13 元、检验费 21 270 元、过磅费 40 249 元及上列费用的利息（利息从 1999 年 9 月 10 日起至本判决确定的付清款项之日止，按中国人民银行同期同币种流动资金贷款利率计算）；(3) 被告赔偿原告辽宁人保货物短少损失 1 409 921.11 美元及其利息（利息从 2000 年 6 月 16 日起，至本判决确定的付清款项之日止，按中国人民银行同期同币种流动资金贷款利率计算）；(4) 驳回原告南天公司的其他诉讼请求。案件受理费……以上给付金钱的义务，应在判决发生法律效力之日起 15 日内履行完毕。如不服判决，原告可在判决书送达之日起 15 日内，被告可在判决书送达之日起 30 日内，向本院递交上诉状，并按对方当事人人数提出副本，上诉于广东省高级人民法院。

思考题：

本案是一桩综合性案件，它涉及了国际贸易术语（CIF）的解释、货物风险的转移、承运人的责任、保险公司的代位求偿权、协会保险条款 A 条款、外贸经营权等。因此，对该案件的讨论将是对国际贸易法前几章内容掌握程度的重要检验。在讨论中，需要特别思考和研究以下问题：

（1）辽宁人保在何种情况下才能取得代位求偿权？辽宁人保在取得代位求偿权后，与南天公司作为共同原告的法律依据是什么，其行使代位求偿权的范围是否有所限制？法院应如何处理两原告的共同索赔关系？

（2）如果买卖合同无效，保险公司是否应赔偿买卖合同项下货物的运输风险损失？

（3）被告认为投保人（被保险人）嘉里粮油贸易有限公司在投保时尚未取得货物所有权，因此对本案货物不具有保险利益，法院没有予以支持。你认为应如何理解这个问题？如何理解保险利益及拥有保险利益的时间？

（4）如何理解保险合同的成立与缴纳保险费的关系？

（5）承运人适航责任与航行过失免责在适用上有什么关系？

（6）伦敦协会货物保险 A 条款的承保范围是什么？南天公司可以向辽宁人保索赔哪些损失？

（7）对于本案，你有哪些体会和感受？

第三节 其他国际货物运输保险法律制度

一、国际航空货物运输保险条款

中国保险条款——航空运输货物保险条款规定了以下内容。

（一）责任范围

国际航空货物运输保险分为航空运输险和航空运输一切险两种。

1. 航空运输险

该保险负责赔偿：（1）被保险货物在运输途中遭受雷电、火灾或爆炸或由于飞机遭受恶劣气候或其他危难事故而被抛弃，或由于飞机遭受碰撞、倾覆、坠落或失踪意外事故所造成的全部或部分损失。（2）被保险人对遭受承保责任内危险的货物采取抢救、防止或减少货损的措施而支付的合理费用，但以不超过该批被救货物的保险金额为限。

2. 航空运输一切险

除包括上列航空运输险的责任外，还负责被保险货物由于外来原因所致的全部或部分损失。

（二）除外责任

保险人对下列损失不负赔偿责任：（1）被保险人的故意行为或过失所造成的损失。（2）属于发货人责任所引起的损失。（3）保险责任开始前，被保险货物已存在的品质不良或数量短差所造成的损失。（4）被保险货物的自然损耗、本质缺陷、特性以及市价跌落、运输延迟所引起的损失或费用。（5）本公司航空运输货物战争险条款和货物运输罢工险条款规定的责任范围和除外责任。

（三）责任起讫

（1）“仓至仓”责任。自被保险货物运离保险单所载明的起运地仓库或储存处所开始运输时生效，包括正常运输过程中的运输工具在内，直到该项货物运达保险单所载明目的地收货人的最后仓库或储存处所或被保险人用作分配、分派或非正常运输的其他储存处所为止。如未运抵上述仓库或储存处所，则以被保险货物在最后卸载地卸离飞机后满 30 天为止。如在上述 30 天内被保险的货物需转送到非保险单所载明的目的地时，则以该项货物开始转运时终止。

（2）扩展责任。由于被保险人无法控制的运输延迟、绕道、被迫卸货、重新装载、转载或承运人运用运输契约赋予的权限所作的任何航行上的变更或终止运输契约。致使被保险货物运到非保险单所载目的地时，在被保险人及时将获知的情况通知保险人，并在必要时加缴保险费的情况下，本保险仍继续有效，保险责任按下述规定终止：被保险货物如在非保险单所载目的地出售，保险责任至交货时为止，但不论任何情况，均以被保险的货物在卸载地卸离飞机后满 30 天为止；被保险货物在上述 30 天期限内继续运往保险单所载原目的地或其他目的地时，保险责任仍按上述（1）规定终止。

（四）被保险人的义务

被保险人应按照以下规定的应尽义务办理有关事项：（1）当被保险货物运抵保险单所载目的地以后，被保险人应及时提货，当发现被保险货物遭受任何损失，应即向保险单上所载明的检验、理赔代理人申请检验，如发现被保险货物整件短少或有明显残损痕迹应即向承运人、受托人或有关当局索取货损货差证明，如果货损货差是由于承运人、受托人或其他有关方面的责任所造成，并应以书面方式向他们提出索赔。必要时还须取得延长时效的认证。（2）对遭受承保责任内危险的货物，应迅速采取合理的抢救措施，防止或减少货物损失。（3）在向保险人索赔时，必须提供下列单证：保险单正本、提单、发票、装箱单、磅码单、货损货差证明、检验报告及索赔清单，如涉及第三者责任还须提供向责任方追偿的有关函电及其他必要单证或文件。

（五）索赔时效

保险索赔时效，从被保险货物在最后卸载地卸离飞机后起计算，最多不超过 2 年。

二、国际陆上货物运输保险

中国保险条款——陆上货物运输保险条款规定了如下内容。

（一）保险险别

根据中国人民财产保险股份有限公司陆上货物运输保险条款，承保险别有：

1. 陆运险

其承保范围包括：被保险货物在运输途中遭受暴风、雷电、洪水、地震等自然灾害或由于运输工具遭受碰撞、倾覆、出轨或在驳运过程中因驳运工具遭受搁浅、触礁、沉没、碰撞，或由于遭受隧道坍塌、崖崩或失火、爆炸意外事故所造成的全部或部分损失。

2. 陆运一切险

其承保范围除包括上述陆运险的责任外，还负责承保被保险货物在运输途中由外来原因所致的全部或部分损失。

（二）除外责任

保险公司对由下列原因造成的货物损失，不负赔偿责任：(1) 被保险人的故意行为或过失造成的损失。(2) 属于发货人责任引起的损失。(3) 在保险责任开始前，被保险货物存在的品质不良或数量短差造成的损失。(4) 被保险货物的自然损耗、本质缺陷、特性以及市价跌落、运输延误造成的损失和费用。(5) 陆上运输货物战争险条款和货物运输罢工险条款规定的责任范围和除外责任。

（三）责任起讫

“仓至仓”责任，即自被保险货物运离保险单所载明的起运地仓库或储存处所开始运输时

生效，包括正常运输过程中的陆上和与其有关的水上驳运在内，直至该项货物运达保险单所载目的地收货人的最后仓库或储存处所或被保险人用作分配、分派的其他储存处所为止。如未运抵上述仓库或储存处所，则以被保险货物运抵最后卸载的车站满 60 天为止。

（四）被保险人义务

被保险人应按照以下规定的应尽义务办理有关事项：(1) 被保险货物运抵目的地以后，被保险人应及时提货，当发现保险货物遭受任何损失，应即向保险单上所载明的检验、理赔代理人申请检验。如发现被保险货物整件短少，或有明显残损痕迹，应即向承运人、受托人或有关当局索取货损货差证明。如货损货差是由承运人、受托人或有关方面责任造成的，则应以书面方式向他们提出索赔，必要时须取得延长时效的认证。(2) 对遭受承保责任内危险的货物，被保险人应迅速采取合理的抢救措施，防止或减少货物的损失。(3) 在向保险人索赔时，须提供下列单证：保险单正本、运单、发票、装箱单、磅码单、货损货差证明、检验报告及索赔清单。当涉及第三者责任时，还须提供向第三者追偿的有关函电及其他必要单证或文件。

（五）索赔时效

索赔时效自被保险货物在最后目的地车站全部卸离车辆后计算，最多不超过 2 年。

三、国际联运货物保险条款

关于国际联运货物保险，目前我国尚无单独的保险条款。实践中，采取按各个承保区段分别计算的办法处理。

本章小结

1. 国际上没有统一的国际货物运输保险法。实践中保险人与被保险人的权利义务是由各国国内法和当事人订立的保险合同确定的。中国已经颁布了《保险法》，也颁布了包括海上货物运输保险在内的《海商法》。
2. 国际货物保险合同是当事人针对作跨国运输的货物所达成的一致协议。在签订国际货物运输保险合同时，当事人必须遵守诚实信用原则。
3. 在国际货物运输保险方面，伦敦保险协会的保险条款具有重要影响。此外，中国保险条款

也是中国保险业的主要行为规则。

4. 无论是哪种运输保险，其保险险别均分为基本险别和附加险别。在海运方面，根据中国保险条款，基本险别包括平安险、水渍险、一切险，附加险别包括一般附加险、特别附加险和特殊附加险。

QUESTIONS AND COMMENTS

1. What does "insurable interest" refer to?
2. What remedies does the insurer have if the insurant breaches the principle of "utmost good faith" when entering into the insurance contract?
3. "General Average" and "Particular Average" are two types of partial loss in marine cargo transportation insurance. What's the difference between them? What conditions must be met to establish "General Average"?
4. The Institute Cargo Clause A of the Insurance Institute of London covers all risks minus exclusions. Please enumerate those exclusions.
5. What are the three basic categories of risks covered by the general insurance clause of the C. I. C. marine cargo transportation insurance?

第五章
国际贸易支付

提要

国际贸易支付是实现国际货物买卖必不可少的环节。国际贸易支付远比国内贸易支付复杂得多。国际贸易支付可能遇到国内贸易支付所没有的汇率变动风险、外汇管制风险、法律冲突所带来法律适用的不确定性风险等特殊问题。此外，由于买卖双方位于不同国家，相互之间缺乏信任，因而，金融机构在国际贸易支付中的作用至关重要。目前，国际贸易支付方面的国际统一法主要体现为国际惯例。本章将重点介绍国际支付惯例的规定。

重点问题

- ❑ 国际贸易支付工具的类型及其含义
- ❑ 汇票的流通程序及其法律意义
- ❑ 国际贸易支付的方式及其特点
- ❑ 买方直接付款方式的分类
- ❑ 跟单托收的类型及其含义
- ❑ 《跟单托收统一规则》的主要规定
- ❑ 托收行和代收行的权利与义务
- ❑ 代收行与委托人之间的法律关系
- ❑ 不可撤销信用证的含义和特点
- ❑ 不可撤销信用证的当事人及其责任
- ❑ 不可撤销信用证开证行与受益人之间的关系
- ❑ 《跟单信用证统一惯例》的主要内容

❑ 我国最高人民法院信用证司法解释的主要内容
❑ 我国对信用证欺诈的认定及防范

第一节
国际贸易支付工具

支付工具是指买卖双方支付货款时使用的工具。国际贸易中使用的支付工具主要有货币（currency）和票据（instruments）。无论在国际贸易还是国内贸易中，以货币（现金）支付货款既不方便，也不安全，因而很少被采用，更常见的是使用代替货币的票据。

一、国际贸易支付货币

国际货物买卖合同通常规定与计价货币一致的支付货币，以避免汇率风险的发生。当事人也可以约定与计价货币不同的货币作为支付货币，但是，支付货币必须为可以自由兑换的货币。

合同当事人可以选择进口国货币、出口国货币或者第三国货币作为支付货币。在选择时应注意以下问题：第一，货币是否具有可自由兑换性（convertibility）。国际贸易结算的款项需要从一国转移到另一国，因此，只有可自由兑换和流通的货币才能充当支付货币。第二，货币币值是否稳定。货币币值的上涨或下降对买卖双方具有重大影响。如果支付时的货币币值高于合同签订时的币值，则卖方受益，买方受损；反之则卖方受损，买方受益。第三，政治风险。所选定货币的发行国或支付地所在国应不会对买方或卖方所属国采取冻结资产等使支付不能进行或不能顺利进行的措施。第四，行业习惯。在国际贸易中，某些商品的买卖习惯上以某种货币计价和支付，买卖双方通常遵循这种习惯。在国际贸易中，常用支付货币是美元、日元、马克、英镑、欧元等可自由兑换货币。

二、国际贸易支付中的票据

（一）票据的概念和法律特征

广义上的票据包括各种有价证券和凭证。狭义上的票据则是指出票人依法签发的，载明由自己或其他人在见票时或指定的日期向收款人或持票人无条件支付一定金额的有价证券。具体而言，票据（instruments）具有如下特征。

1. *票据是流通证券*

多数国家的立法都倾向于肯定和保护票据的流通性，它主要表现在：（1）规定票据可以自由转让，让与人或受让人不必通知债务人（付款人）就可以使受让人能以自己的名义对债务人行使权利。而民法上的债权（如合同权利）虽然一般亦可转让，但以通知债务人为转让生效的条件。（2）规定正当持票人享有优于前手的权利，而合同权利的受让人则不受此种保护，合同的无效或被撤销会导致受让人合同权利的无效或终止，债务人对让与人（原债权人）享有的抗辩权利对受让人照样有效。例如，某人将偷得或拾得的来人式抬头汇票转让给受让人，受让人在接受汇票时对此并不知情并支付了对价，那么承兑人（债务人）不能以让与人的权利有缺陷而拒绝向该受让人（正当持票人）付款。

2. 票据是无因证券

票据是支付命令或承诺。出票人作出这种命令或承诺，通常是由于他与受款人之间存在某种法律关系（如买卖合同关系等）。在该法律关系中，他负有向受款人支付一定金额的义务。这一基础法律关系就是票据的因。票据不要因是票据中的权利义务关系不受基础法律关系的影响，基础法律关系的履行情况不影响票据的权利义务关系，这种关系完全以票据上的文字记载为准。例如，甲、乙签订了10万美元价金的买卖合同，甲为卖方、乙是买方，甲方以乙或其指定人为付款人开出了以某银行为受票人的即期汇票，该汇票经该银行承兑后甲将之转让给丙。乙方收到货物后，发现质量与合同不符，并将此情况通知银行要求银行拒绝付款，但是在丙要求付款时，承兑人（银行）无权拒绝付款。现在国际上除了法国以外，其他国家的法律都把票据的基础法律关系与票据上的权利义务关系严格区分开来，将票据视为不要因的证券，以保护票据的流通性。

3. 票据是一种要式证券

要式是指票据必须以书面作成，必须具备法律规定的某些格式（如背书一般在背面书写），更重要的是，必须记载法律规定的事项和内容。票据作为一种流通证券，其权利和义务完全凭票据法上的文义来确定，如果票据上的记载事项不划一，或者对其中某些重要事项没有载明或记载不清，则当事人间的权利义务就难以确定，票据的流通性也会因而受到影响。

4. 票据是完全的有价证券

指票据的权利与票据本身不可分离，离开了票据根本不能主张权利。

5. 票据为设权证券

指票据上的权利，必须作为证券才能发生，但票据的形成并非证明已经存在其权利，其票据上的权利完全是由票据行为所创设。

6. 票据是文义证券

指票据上的权利义务必须而且只能根据票据上所记载的文义来确定其效力。

（二）票据的分类

各国对票据（instruments）分类的理解不尽相同。法国和德国法律认为，票据只包括汇票和本票两种，不包括支票。支票由单行法规予以规定。日本商法典则规定，票据包括汇票、本票和支票三种。《美国统一商法典》规定的可流通票据则包括汇票、本票、支票、银行存单等。中国《票据法》则规定：“本法所称票据，是指汇票、本票和支票。”①

1. 汇票（Bills of Exchange/Draft）

英国《1882年汇票法》将汇票定义为：由出票人向受票人开出，并由出票人签名，要求受票人于见票时或规定的某一将来时间或可以确定的将来时间，对某人或某人指定的人或持票人无条件支付一定金额的命令。它是国际贸易中常用的支付工具。中国《票据法》将票据定义为：“汇票是出票人签发的，委托付款人在见票时或者在指定日期无条件支付确定的金额给收

---

① 《票据法》第2条。

款人或者持票人的票据。"[①] 可见，汇票是出票人签发的无条件支付一定金额的命令。

2. 本票（Promissory Note/Note）

又称期票，是出票人于见票时或某一确定的将来时间，向某人或其指定的人无条件支付一定金额的书面承诺。本票多用于借贷、赊销和现存债务的证明。中国《票据法》第 73 条所述本票是指银行本票，即银行本票是出票人签发的，承诺自己在见票时无条件支付确定的金额给收款人或者持票人的票据。可见，本票的本质特征与汇票相反，它是出票人出具的支付一定金额的承诺。

本票与汇票有许多共同之处，汇票法中有关出票、背书、付款、拒绝证书以及追索权等规定，基本上都可适用于本票。二者的区别主要有：(1) 汇票有三个当事人，即出票人、付款人与受款人，而本票只有两个当事人，即出票人（同时也是付款人）与受款人。(2) 汇票必须经过承兑之后，才能使承兑人（付款人）处于主债务人的地位，而出票人居于从债务人的地位；本票的出票人始终居于主债务人的地位，自负到期偿付的义务，不必办理承兑手续。

3. 支票（Check）

支票是出票人签发的，委托办理支票存款业务的银行或者其他金融机构在见票时无条件支付确定的金额给收款人或者持票人的票据。[②] 可见，支票是一种特殊的汇票，它是以银行为受票人的见票即付的汇票。

支票和汇票同样有三个当事人，即出票人、付款人与受款人。但支票与一般汇票相比具有如下不同：(1) 支票的付款人或受票人限于银行；而汇票的付款人则不以银行为限，可以是公司、个人等。(2) 支票均为见票即付，而汇票则不限于见票即付。此外，使用支票需要满足下列条件：出票人在银行有存款；与银行订有使用支票的协议；不得透支。因此，支票在国际贸易中不太常用。

(三) 票据法律体系和票据法的统一

1. 票据法律体系

票据法是指规定票据的种类、形式、内容以及各当事人之间权利义务关系的法律规范的总称。中国于 1995 年 5 月 10 日正式通过《票据法》，并于 1996 年 1 月 1 日起施行，2004 年修订。该法规定了总则、汇票（出票、背书、承兑、保证、付款、追索权）、本票、支票、涉外票据的法律适用、法律责任和附则。此外，中国人民银行还制定了与票据有关的部门规章。纵观世界各国的票据法，从立法形式上看，一些国家（如英国、德国及中国等国）采取单行立法形式；一些国家（如法国、美国等）将票据法规范纳入商法典（《美国统一商法典》第三篇调整可流通票据）；还有一些国家（如瑞士）将票据法规范纳入债务法典内。此外，在 1930 年日内瓦票据法公约制定前，根据各国票据法的内容，可以将这些票据法律体系分为法国法系、英国法系、德国法系。

(1) 法国法系。

法国票据法历史最久，1673 年法国商事条例中就有票据的规定。之后经过修订，编入 1807 年商法典内，作为其中的一章。法国票据法体系的主要特点是，仅把票据作为代替现金输送的工具，很少考虑以票据作为流通手段和信用工具。其具体表现是，没有把票据关系与其

① 《票据法》第 19 条。

② 参见《票据法》第 81 条。

基础关系严格区别开来。按照法国法律，票据必须载明对价文句，表明已收到对价，否则就不产生票据法上的效力。同时，法国法强调，在汇票和支票的出票人与付款人之间要有资金关系，即出票人必须在银行有资金，付款人才承担对该项汇票或支票的付款义务。而且此项资金可随票据的转让而转移。上述规定同法国制定票据法时所处的历史条件有直接关系，因为法国票据法制定最早，当时票据在经济生活中主要是用作输送现金的工具，而票据作为流通工具及信用工具的作用在当时尚未充分显示出来。因此，当时的票据法也只能反映当时社会经济生活的客观要求。法国票据法对欧洲各国早期的票据立法曾产生重大影响。但是，随着时代的推移和经济的发展，法国票据法的某些原则已不能适应近代经济发展的需要，因此，某些原来仿效法国票据法的国家，如意大利、西班牙、比利时等国后来都舍弃法国法转而采用德国票据立法原则，不再要求在出票人与付款人之间有资金关系。

（2）英国法系。

英国法系包括英国、美国以及某些受英国普通传统影响的国家，其中有代表性的是英国《1882 年汇票法》和《美国统一商法典》第三编。英美票据法的主要特点是，注重票据的流通作用与信用工具作用，保护正当执票人。其具体表现是，把票据关系与其基础关系分离开来，即不问票据的对价关系或资金关系如何，凡正当执票人均受法律保护，而且在形式上也采取较灵活的态度，不像大陆法国家那样严格。这对于发挥票据在经济生活中的作用，扩大票据的流通，加速资金的周转都是有利的。

（3）德国法系。

又称日耳曼法系。德国票据法于 1871 年公布，它也注重票据的流通作用和作为信贷工具的职能。其特点是，在某些方面与英国票据法相近，而与法国票据法不同。德国法认为，票据是一种不要因证券，票据上的权利不受其基础关系的影响。但德国法对票据的形式要求比英国法严格。现在，欧洲大陆许多国家如意大利、西班牙、比利时、瑞典、瑞士等国的票据法，都属于德国法系。

2. 票据法的统一

各国票据法存在重大分歧，给票据在商业上的使用，特别是在国际结算中的流通使用带来了许多不便。从 19 世纪开始，一些国际组织主张把各国票据法加以统一，制定一套有关票据的统一法公约。经过长期的酝酿和准备，国际联盟于 1930 年和 1931 年在日内瓦召开了票据法统一会议和支票法统一会议，分别通过了如下关于票据的公约（也称日内瓦票据法公约）：（1）1930 年《统一汇票和本票法公约》(Convention providing a Uniform Law for Bills of Exchange and Promissory Notes，ULB)。该公约正文共有 11 条，两个附件。附件 1：统一汇票和本票法。该部分有 2 编：汇票（汇票的签发和款式、背书、承兑、保证、到期日、付款、因拒绝承兑或拒绝付款的追索权、参加、复本及副本、变造、时效、一般规定）；本票。附件 2 主要规定了加入的问题。公约于 1930 年 6 月 7 日签署、1943 年 1 月 31 日生效。（2）1930 年《解决汇票和本票的若干法律冲突公约》(Convention for the Settlement of Certain Conflicts of Laws in connection with Bills of Exchange and Promissory Notes)。公约共有 20 条，于 1930 年 6 月 7 日签署、1934 年 1 月 1 日生效。（3）1930 年《汇票和本票印花税法公约》(Convention on the Stamp Laws in connection with Bills of Exchange and Promissory Notes)。公约共有 10 条，于 1930 年 6 月 7 日签署、1934 年 1 月 1 日生效。（4）1931 年《统一支票法公约》(Convention providing a Uniform Law for Cheques)。该公约共有 57 条，于 1931 年 3 月 19 日签署、1934 年 1 月 1 日生效。(5) 1931 年《解决支票的若干法律冲突公约》(Convention for the Settlement of Certain Conflicts of Laws in connection with Cheques)。该公约共有 18 条，于 1931 年 3 月 19 日签署、1934 年 1 月 1 日生效。(6) 1931 年《本票印花税法公约》(Convention on the Stamp Laws in connection with Cheques)。该公约共有 10 条，于 1931 年 3 月 19 日签署、1933 年 11 月 29 日生效。

目前，许多欧洲国家（如法国、德国、意大利、瑞士、瑞典、比利时、奥地利、希腊、荷兰、挪威、丹麦、芬兰）以及日本和某些拉丁美洲国家已经采用了上述日内瓦票据法公约。但是，英美等国则自始就拒绝参加上述公约。因为日内瓦票据法公约主要是调和德国法系和法国法系分歧的产物，而这两个法系又同属于大陆法体系，所以，日内瓦票据法公约主要是按照大陆法传统，特别是德国法传统制定的。英美等国认为，如果参加日内瓦票据法公约，将会影响英美法系各国之间已经实现的统一，并且认为日内瓦票据法公约的某些规定与英美法系各国之间已经实现的统一有矛盾。所以，从国际范围来说，目前在票据法方面基本上可以分为两大法律体系：英美法系（包括英国、美国和英联邦各国）、日内瓦票据法法系（包括参加日内瓦票据法公约的所有国家）。中国也没有加入日内瓦票据法公约。

由于日内瓦《统一汇票和本票法公约》没有能够达到统一各国票据法的目的，英美法系各国的票据法同日内瓦票据法公约在许多问题上一直存在重大分歧。这种状况的存在，对汇票在国际范围内的使用流通十分不利。为促进各国票据法的协调和统一，联合国国际贸法会从 1971 年起着手起草国际汇票统一法公约，并于 1973 年提出了《统一国际汇票法（草案）》。该草案是日内瓦票据法公约体系与英美票据法体系相互协调和折中的产物。但由于各国在许多问题上的分歧一时难以解决，该草案迟迟未能通过。1979 年其又被改名为《国际汇票和国际本票公约（草案）》，之后又进行了多次修改，最终于 1988 年 12 月 9 日在联合国大会第 43 届会议上通过《国际汇票和国际本票公约》(United Nations Convention on International Bills of Exchange and International Promissory Notes，CIBN)，但至今尚未生效。到 2019 年年底只有加蓬、几内亚、洪都拉斯、利比里亚、墨西哥批准该公约。

该公约有 90 条，分为如下 9 章：适用范围和票据格式；解释（总则、正式条件的解释、不完整票据的补齐）；转让；权利和责任（持票人和受保护的持票人的权利、当事人的责任）；提示、不获承兑或不获付款而遭退票和追索；解除责任；丧失票据；时效；最后条款。从上述各章设置可以看出，公约既不同于日内瓦票据法公约，也不同于英美票据法体系。公约没有将汇票和本票各自立为独立章节，而是把汇票和本票规定在一起，该体例主要参照了《美国统一商法典》“商业证券”编。在具体内容上，公约则吸收了日内瓦票据法公约的某些规定。因此，公约是日内瓦票据法公约与英美票据法体系折中的产物。

该公约提供了关于供国际商业交易当事方选择使用新国际票据的法律规则的全面法典，并旨在克服国际支付所使用的票据目前存在的主要差别和不确定性。如果当事方使用特定形式的流通票据表明该票据受贸易法委员会公约管辖，则适用此公约。公约适用于载有“国际汇票”和“国际本票”字样的汇票和本票。国际汇票（International Bills of Exchange）是列明至少下列两处地点并指出所列明的任何两处地点位于不同国家的汇票：(a) 汇票开出地点；(b) 出票人签名旁所示地点；(c) 受票人姓名旁所示地点；(d) 受款人姓名旁所示地点；(e) 付款地点。但汇票上须列明汇票开出地点或汇票付款地点，而且两个地点均位于一个缔约国境内。国际本票（International Promissory Notes）是列明至少下列两处地点并指出所列明的任何两处地点位于不同国家的本票：(a) 本票签立地点；(b) 签票人签名旁所示地点；(c) 受款人姓名旁所示地点；(d) 付款地点。但本票上须列明付款地点，而且该地点位于一个缔约国境内。

三、汇票

汇票的使用行为主要有出票、提示、承兑和付款。如需转让，通常应经过背书行为。如汇票遭拒付，还需作成拒绝证书和行使追索权。

（一）汇票的出票

1. 出票的含义

出票是指出票人签发票据并将其交付给收款人的票据行为。[①] 出票（Issue）包括两个行为。

(1) 由出票人（drawer）制作汇票并在其上签名。由于汇票多采用印刷的格式，制作汇票实际就是填上格式中的空缺，如汇票金额、受款人姓名等，但出票人签名是必不可少的。签名一般是手写完成，但各国法律也多允许记名盖章，且规定法人在为出票行为时不能只记法人名称和盖法人印章，还须法人代表签字或记名盖章。英美法对签名的要求更为灵活，根据《美国统一商法典》，签名通常是手写体书写的名字，但也可以是用手、机器或其他手段添加于票据的符号，符号可以是名字、名字首字母缩写、商号、假名、印章或指印，但采用手写体以外的签名将会损害汇票的可流通性，因为这种异常方式的签名将带来签名真伪的不确定性，将要求主张票据权利的人对票据签名的真实性进行调查和举证。

(2) 将汇票交给受款人，即自愿转移对汇票的占有。出票人制作汇票并签名后，如果将汇票留在自己手中或交给第三者代为保管，那么出票行为还没有完成。只有在出票人自愿地将对汇票的占有转移给受款人时出票行为才告完成。

2. 出票的法律效力

出票后，汇票对不同当事人产生不同法律效力。

(1) 出票人（drawer）：完成出票行为的人，在国际贸易中通常是出口人。出票人签发汇票后，即承担保证该汇票承兑和付款的责任。出票人在汇票得不到承兑或者付款时，应当向持票人清偿规定的金额和费用。[②] 也就是说，出票使出票人成为票据的第二债务人。如果票据被拒绝承兑或拒付，出票人必须对受款人及其他正当持票人承担支付汇票金额的义务。根据日内瓦《汇票和本票统一法公约》第 9 条，出票人可以免除自己保证承兑的责任，但不得免除自己保证付款的责任。

(2) 受票人（drawee）：接受汇票上命令并付款的人，通常是进口人或其往来银行。对受票人来说，汇票无任何约束力，受票人无义务付款，除非他承兑了汇票。如果出票人与受票人另外订有协议，规定受票人有义务承兑或付款，则是基础协议的效力，而非票据本身的效力。

(3) 受款人（payee）：有权受领汇票上规定金额的人，通常是进口人本人或其指定的银行。对受款人来说，出票使其可以享受汇票上的权利，可以要求支付汇票金额，也可以放弃这一权利，还可以将汇票转让。但受款人必须遵守有关背书、提示、发出拒付或拒绝承兑通知、时效等法律规定。

---

① 参见《票据法》第 20 条。
② 参见《票据法》第 26 条。

3. 汇票记载的事项

汇票是要式证券，很多国家都要求汇票必须载明一定内容，否则汇票无效。中国《票据法》第22条规定："汇票必须记载下列事项：（一）表明'汇票'的字样；（二）无条件支付的委托；（三）确定的金额；（四）付款人名称；（五）收款人名称；（六）出票日期；（七）出票人签章。汇票上未记载前款规定事项之一的，汇票无效。"日内瓦《统一汇票和本票法公约》也要求汇票必须记载规定的事项才属有效的汇票，英美法则要求汇票载有法定事项才能被承认为"可以流通的票据"。

日内瓦《统一汇票和本票法公约》主要规定了如下应记载的事项。

（1）汇票上必须写明"汇票"字样。

公约第1条要求在汇票上标有"汇票"字样，此字样所用文字应以该票据所用文字为准。但英美法系各国则不要求必须注明汇票字样。

（2）无条件支付一定金额的命令。

这是日内瓦票据法公约和英美法系的共同要求。所谓"命令"，是指汇票的措辞应是命令式的，一般是"向XX支付"，不能是请求式的，如"盼能给付I wish you would pay""如蒙付款，不胜感激"之类。但是，使用"请支付"之类的礼貌用语并不改变命令语气。

所谓"无条件"，是指汇票上关于付款义务的措辞应是绝对的，不是附带任何有损于该义务的条件、但书、限制或保留。例如，规定受款人提交货物的质量符合买卖合同才予以付款就是明显的附带条件。根据《美国统一商法典》，如果票据上规定票据服从于另外的协议，或规定受另外协议的支配（subject to or governed by any other agreement），或者规定票据是根据另一协议订立，另一协议视为并入票据，这样的票据是附带条件的，不能作为"可流通票据"。但是，如果仅仅指出票据是源于另一协议（arise out of another agreement），这并非有条件的命令。另外，《美国统一商法典》规定，如果票据规定只能从某项资金中付款，则视为附带条件的票据。

所谓"一定金额"（sum-certain），是指汇票金额是确定或可以确定的，或者按照《美国统一商法典》的规定，如果在票据到款日，持票人仅仅根据汇票本身而不必依靠外部根据，通过必要的计算就能确定应付款的，一律视为"一定金额"。各国关于一定金额的差异集中表现在是否允许票据载有利息条款。日内瓦《统一汇票和本票法公约》规定，见票即付或见票后定期支付的汇票，出票人可以规定票据金额应有利息。某种汇票如无此项规定，视为不记载，不影响票据的有效性，仅仅不支付利息。应付利息的利率应在汇票上载明，其未载明者，该项规定视为无记载（公约第5条）。英美法系的态度则比较宽松，根据《美国统一商法典》，下列规定都视为"一定金额"：规定了利息率；规定了付款日前的折现率和付款日后的升水率；为违约前后付款规定了不同的利率；规定有利息但没有规定利息率；但是，如果规定"按现行利率"计算利息，则不视为"一定金额"，因为此时仅仅根据票据本身已不能确定应付款项，而需要查阅外部根据（市场利率）。

（3）付款人姓名。

各国法律大都要求汇票应载明受票人或付款人的姓名，否则，无条件支付一定金额的命令就毫无意义。付款人一般是一个，有的国家也允许载有一个以上的付款人。在这种情况下，任何一个付款人均须承担支付全部汇票金额的责任，不能由各人分别仅就金额的一部分负责。当其中一个人按汇票所载金额付款后，其余付款人可解除付款责任。根据《美国统一商法典》，当其中任何一个付款人拒绝承兑或拒绝付款时，受票人可直接向出票人要求付款。在美国，关于数个付款人的规定主要是适应公司向分散于各地的股东发放股息的需要，数个付款人在国际贸易中并不多见。付款人通常是出票人以外的人，但日内瓦《统一汇票和本票法公约》和英美法都规定出票人得以自己为付款人（“对己汇票”），这种情况多见于公司的一个部门（如理赔部门）向同一公司的另一个部门（如财务部门）发出的汇票，在国际贸易支付中比较罕见。这种票据是属于汇票还是本票，各国法律有不同规定。根据《美国统一商法典》，这种汇票视为本票，这意味着持票人无须再提示、发出拒绝承兑或拒付通知。

（4）汇票的受款人。

日内瓦《统一汇票和本票法公约》规定，汇票上必须载明受款人的名称，不得开出以“交付来人”（Payable to Bearer）为抬头的无记名式汇票，而英美法则允许开立“交付来人”汇票。

汇票上的受款人通常有以下三种写法：1）限制性抬头：在汇票上载明“只能付给某公司”（pay A Co. only）或在汇票上载明“不得转让”的字样。2）指示式抬头（pay to）：在汇票上载明“付给A或其指定的人”（Pay A or Pay to the order of A）。如果只填写“付给A”（Pay A），但没有说明“不得转让”或相似词句（如只能付给A），根据日内瓦《统一汇票和本票法公约》，此类汇票视为指示式抬头的汇票。根据《美国统一商法典》，此类汇票如果载有“汇票”（exchange）字样，也视为指示式抬头汇票。3）来人式抬头（bearer）：在汇票上不载明受款人的姓名，而只填写“付给来人”（Payable to Bearer）字样。因为汇票多是印就的格式，有时格式上印就了“给付××指定的人”（to the order of），出票人会在后面加上“来人”变成“给付持票人指定的人”（to the order of the bearer），这种汇票也是来人式抬头。

根据受款人的不同写法，可将汇票划分为限制性抬头汇票、指示性抬头汇票和来人式抬头汇票。这种分类关系到汇票的转让。限制性抬头汇票权利的转让只能按民法上合同权利的转让办理；指示性抬头汇票的转让必须经背书和交付汇票；来人式抬头汇票只需交付即可。

（5）汇票的到期日。

汇票的到期日是指汇票上所载金额的支付日期。日内瓦《统一汇票和本票公约》要求汇票必须载明付款日期；《美国统一商法典》要求汇票金额必须是见票即付或在某一确定时间支付才能视为可流通票据。但两者都规定，如果汇票没有载明付款日期时，汇票视为见票即付。

汇票到期日有如下写法①：1）见票即付（at sight 或 on Demand），即在汇票上规定付款人必须于持票人提示汇票时即予以付款。2）定日付款（Fixed Date），即在汇票上载明付款的具体年月日。3）出票日后定期付款（at days after date），如规定“于出票日后六个月付款”。4）见票后定期付款（at days after sight），如规定“见票之日后三个月付款”。根据汇票到期日规定的不同，见票即付的汇票称为“即期汇票”（sight bill，demand bill），其他三种称为“远期汇票”（time bill）。根据日内瓦《汇票和本票统一法公约》的规定，票据只能采用这4种方法规定到期日，规定他种到期日或分期付款的汇票无效。

除以上主要方法外，《美国统一商法典》还规定下列到期日也视为“确定的时间”：票据规定于某一天或此天之前支付；规定特定时间发生时可提前要求支付；规定持票人或承兑人可延

① 《票据法》第25条也有类似规定：“付款日期可以按照下列形式之一记载：（一）见票即付；（二）定日付款；（三）出票后定期付款；（四）见票后定期付款。前款规定的付款日期为汇票到期日。”第23条规定：“汇票上记载付款日期、付款地、出票地等事项的，应当清楚、明确。汇票上未记载付款日期的，为见票即付。”

长支付时间。根据英国汇票法，如果某事件将来肯定要发生，即使无法预知其发生的确切时间，票据也可以此规定到期日，比如规定“于某甲死后三个月付款”。《美国统一商法典》和多数国家的法律对此不予承认。当然，如果某一事件可能发生亦可能不发生，则以此规定到期日（如规定某号货轮抵达目的港后三个月付款），则各国对此一般都不承认。

（6）汇票的出票日期及地点。

日内瓦《统一汇票和本票法公约》规定，汇票的出票日期及地点是汇票的要件，必须在汇票上载明。这是因为，出票时间和地点在法律上具有重要意义。出票日期对于出票后定期付款的汇票（如出票后 90 天付款）具有确定付款日期的作用；对于见票即付的汇票起着决定提示时效的作用。出票地点关系到汇票的法律适用。英美法国家则认为，这些内容并不是汇票必须记载的事项，不论汇票上是否载明都不影响汇票的有效性和可流通性。如果汇票上没有载明出票日期，任何合法执票人都可以将其认为正确的日期补填在汇票上；如果汇票上没有载明出票地点，则以出票人营业所、住所或居住地作为出票地点。《美国统一商法典》还允许倒填或后填出票日期。

按照日内瓦《本票和汇票若干法律冲突公约》，汇票形式应依出票地所在国的法律来确定。如果票据上未载明出票地，则以出票人姓名旁边的地点为出票地。

（7）汇票的付款地点。

日内瓦《统一汇票和本票法公约》要求汇票上必须载明付款地点；没有载明时，以付款人姓名旁的地点为出票地。①

（8）必须由出票人在汇票上签名。

根据出票人的不同，汇票可以分为银行汇票和商业汇票。银行汇票（Bank's Draft）是指出票人为银行而以另一家银行为付款人的汇票。商业汇票（Commercial Draft），是指出票人和付款人是私人或公司。

实际中使用的票据多是印就的格式票据，其记载的事项一般多于法律的要求，但无论其内容繁简，只要具备法律要求的以上记载事项或者符合法律规定的条件，该票据即是合法有效的（按照日内瓦票据法公约）或“可流通票据”（按照英美法）。

《联合国国际汇票和国际本票公约》关于票据的记载事项基本上采纳了英美法原则，但在下列两点上采纳了日内瓦《统一汇票和本票法公约》的精神：汇票上必须载有出票日期；不得开立来人式抬头汇票，但背书人可以用空白背书的方法，使汇票在实际上变成为来人式抬头汇票或称无记名式汇票。

（二）汇票的背书

1. 背书的含义及要求

持票人可以将汇票权利转让给他人或者将一定的汇票权利授予他人行使。背书（endorsement）就是转让汇票权利的一种方式。指示式抬头的汇票只能以背书方式转让。出票人在汇票上记载“不得转让”字样的，汇票不得转让。②

---

① 《票据法》第 23 条规定：“汇票上记载付款日期、付款地、出票地等事项的，应当清楚、明确。汇票上未记载付款日期的，为见票即付。汇票上未记载付款地的，付款人的营业场所、住所或者经常居住地为付款地。汇票上未记载出票地的，出票人的营业场所、住所或者经常居住地为出票地。”

② 参见《票据法》第 27 条。

背书是指持票人（holder）在票据背面或者粘单上记载有关事项并签章的票据行为。背书的一方称为背书人（endorser），受让汇票的人称为被背书人（endorsee）。前手是指在票据签章人或者持票人之前签章的其他票据债务人。后手是指在票据签章人之后签章的其他票据债务人。

背书一般书写于票据背面，如背书太多超过了背书的容量，日内瓦《统一汇票和本票法公约》和英美法都允许在粘单上背书。除日内瓦《统一汇票和本票法公约》规定背书人（endorsor）仅签名而为空白背书时必须在汇票背面或其粘单上为之外，日内瓦《统一汇票和本票法公约》和英美法都不要求背书必须在背面为之。《美国统一商法典》还规定，若无法确定汇票上的签名人的身份（是承兑人、受票人还是其他人），则一律视为背书人。

（1）关于背书是否必须载明背书日期的问题。各国法律有不同规定。法国、比利时、意大利、荷兰等国法律认为，背书必须载明日期。中国《票据法》第29条规定："背书由背书人签章并记载背书日期。背书未记载日期的，视为在汇票到期日前背书。"但英美等国法律则认为，是否载明日期并不是背书的必要条件。日内瓦《统一汇票和本票法公约》对此无明确规定，但在第20条第2款规定，"如无反证时，凡未载明日期之背书视为在规定作成拒绝证书的时限未满前所为者"。由此可以推论，日内瓦《统一汇票和本票法公约》并不要求背书注明背书日期。

（2）关于背书转让的金额。日内瓦《统一汇票和本票法公约》规定，部分背书视为无效，因此背书必须转让全部票据金额。英美法的态度与此基本相同，《美国统一商法典》规定，背书必须转让全部票据金额；如票据已得到部分付款者，则必须转让全部剩余金额；如果背书只转让部分金额，那么此转让只是普通债权的转让，受让人不能取得正当持票人（holder in due course）的地位。

2. 背书的种类

（1）记名背书与空白背书。

记名背书（special endorsement）与空白背书和（blank endorsement）两者都必须有背书人的签名，所不同的是，记名背书尚需写上被背书人（受让人）的姓名或在后面加上"或其指定的人"。而空白背书则不写被背书人的姓名或写上"付给来人"（Pay bearer）。各国法律皆承认记名背书和空白背书。但是，中国《票据法》第30条则规定："汇票以背书转让或者以背书将一定的汇票权利授予他人行使时，必须记载被背书人名称。"

无论是指示式抬头的汇票还是无记名式汇票，都可以用记名背书或空白背书转让，经过记名背书或空白背书的票据还可以用空白背书或记名背书人任一种方式再度背书转让。从广义上说，指示式抬头的汇票既包括票据证明的受款人是指示式写法的汇票，也包括最后一次背书是记名背书的汇票。同样，无记名汇票既包括前述来人式抬头汇票，也包括最后一次背书是空白背书的汇票。由上可知，指示式抬头汇票和无记名式抬头汇票是可以因背书而相互转换的，日内瓦《统一汇票和本票公约》虽然规定出票时不得出立来人式抬头汇票，但允许背书人为空白背书，因此，来人式抬头汇票完全可以因空白背书成为无记名式汇票。

（2）限制性背书与非限制性背书。

限制性背书（restrictive endorsement）是禁止汇票再度背书转让的背书。非限制性背书（non-endorsement）是指没有此种限制的背书。

各国对限制性背书的效力规定不同。日内瓦《汇票和本票统一法公约》第15条第2款规定："背书人得禁止再为背书；禁止后，该背书人对于再以背书取得汇票的人，不负保证之责。”根据上述规定，背书人得为限制性背书；限制性背书的直接背书人仍是正当持票人，享有其权利，即可向其直接前手背书人（为限制性背书者）和所有前手背书人追索；在票据被拒绝承兑或拒付时，限制性背书直接被背书人以后的被背书人丧失了向限制性背书人进行追索的权利，但并不丧失向除此之外的其他前手背书人追索的权利。英美法则更注重保护汇票的可流通性。根据《美国统一商法典》的规定，限制性背书无效，不影响汇票的流通。

(3) 免予追索与不免受追索的背书。

根据各国法律规定，在票据被拒绝承兑或拒付时，背书人对于其后手（即以后的被背书人）负有保证承兑和付款的责任，背书人若在背书时注明“免予追索”(without recourse) 或类似措辞，则背书为免予追索背书 (qualified endorsement)。无此类字眼的背书是不免受追索的背书 (unqualified endorsement)。

英美法允许作免予追索的背书。日内瓦《汇票和本票统一法公约》第 15 条第 1 款规定“如无相反的规定时，背书人保证其承兑与付款”，可见日内瓦《汇票和本票统一法公约》也承认这种汇票。这种汇票如遭到拒付，持票人在向其前手（即之前的背书人）追索时，就不能向该背书人追索。

3. 背书的效力

对背书人来说，除限制性背书和免受追索背书外，合法有效的背书使他成为票据的从债务人，必须对包括被背书人在内的所有后来取得该汇票的人（即后手）保证该汇票必将得到承兑或付款。在票据被拒绝承兑或拒付时后手持票人可向他请求承兑或付款。汇票被拒绝承兑、被拒绝付款或者超过付款提示期限的，不得背书转让；背书转让的，背书人应当承担汇票责任。①

对被背书人来说，背书使他取得了背书人对票据的一切权利。被背书人可以用自己的名义向付款人要求承兑、付款；也可以将汇票再度背书转让给他人；当该汇票遭到拒付时，被背书人有权向其直接的背书人以及曾在汇票上签名的一切前手直至出票人进行追索。

大多数国家都要求背书必须是连续且真实的，否则不具有法律效力。中国《票据法》第 31 条规定：“以背书转让的汇票，背书应当连续。持票人以背书的连续，证明其汇票权利；非经背书转让，而以其他合法方式取得汇票的，依法举证，证明其汇票权利。前款所称背书连续，是指在票据转让中，转让汇票的背书人与受让汇票的被背书人在汇票上的签章依次前后衔接。”第 32 条规定：“以背书转让的汇票，后手应当对其直接前手背书的真实性负责。后手是指在票据签章人之后签章的其他票据债务人。”第 33 条规定：“背书不得附有条件。背书时附有条件的，所附条件不具有汇票上的效力。将汇票金额的一部分转让的背书或者将汇票金额分别转让给二人以上的背书无效。”

4. 伪造背书

伪造背书的情况主要有：雇员捏造一个受款人，使雇主开立以此人为受款人的汇票，然后该雇员或其同伙伪造背书，将汇票转让与第三者；雇员将开立给某一真实存在的受款人的汇票，伪造其签名，背书转让该汇票；某人在拾得/偷窃或骗得的汇票上冒名背书转让票据；等等。

背书的伪造者当然要负刑事或民事责任，这不是票据法上的问题。票据法所关心的是谁来

① 参见《票据法》第 36 条。

承担伪造背书的经济损失。在这一问题上，日内瓦《统一汇票和本票法公约》与《美国统一商法典》基本一致，而与英国法分歧较大。按照日内瓦《统一汇票和本票法公约》，尽管票据曾发生过遗失、被窃或其中一个签名被伪造等情事，但对于善意而且没有重大过失的、通过一系列没有间断的背书而取得该票据的人来说，这项背书仍然有效，他仍可享有票据上的权利，凡在票据上有真实签名的人包括出票人、承兑人、保证人等仍须对其负责。如果付款人已对这张被伪造背书的汇票付款，他也可以解除责任。但有一个重要例外，即如果付款人是在票据到期以前付款，他就必须自行承担不当付款的风险。《美国统一商法典》第3—405条（1）规定："如果有下列情况之一者，任何人以冒名的受款人的名义背书是有效的：(a) 通过使用邮政或其他途径，冒名人促使制票人或出票人以受款人的名义向其或其同伙发行票据，或（b）作为或代表制票人或出票人的签名人，企图使受款人丧失对票据的权益；或（c）制票人或出票人的代理人或雇员向其提供受款人的姓名，企图使后者丧失上述权益。"按照《美国统一商法典》，即使背书是伪造的，正当持票人也可以要求受票人付款；受票人拒绝承兑或拒付时，正当持票人可以向所有前手包括出票人追索；假如付款人付款，则可以向出票人要求补偿，这样，伪造背书的经济损失最终由出票人负责。日内瓦《统一汇票和本票法公约》和美国法律的目的是保护善意持票人，使他放心接受票据，从而有利于票据的流通转让。

英国法也承认正当持票人的权利优于其前手，但这项原则有一个重要例外，就是任何人都不能通过伪造背书而取得票据权利。例如，一张经过特别背书的汇票的被背书人甲不慎将该汇票遗失，乙拾得后冒用甲的签名，将该汇票转让给另一个不知情且支付了对价的第三者丙，则丙不得享有汇票上的权利。如果付款人对这张被伪造背书的汇票付了款，也不能解除付款人的付款义务。因为按照英国法，伪造的背书是不起任何作用的。取得这种汇票的人也不能成为持票人，不能取得票据上的权利，因此，即使付款人向这种人付款，也不能认为是向汇票的持票人付了款，所以，也就不能解除其对该汇票真正所有人的付款义务。唯一例外是以银行为付款人的见票即付支票。如果银行出于善意，在正常业务中对有伪造背书的支票付了款，则可以解除责任。按照英国法的上述规定，伪造背书的风险最终由直接从伪造者手中取得票据的人承担。这样做的目的是保护票据的真正所有人。因为英国法认为，受让人应该了解出让票据的人，如果受让人不慎买进了伪造背书的汇票，则应由他自己承担损失，而不应让真正的所有人承担损失。

《联合国国际汇票和国际本票公约》用折中方法来调和上述分歧。该公约第16条规定，凡是拥有经过背书转让给他或前手的背书为空白背书的票据，并且票据上有一系列连续背书的人，即使其中任何一次背书是伪造的或者未经授权的代表人签字的背书，只要他对此不知情，就应当认为他是票据的持票人而受到保护。同时，第26条又规定，如果背书是伪造的，则被伪造背书的人或者在伪造发生之前签署了票据的当事人有权对因受伪造背书所遭受的损失直接向伪造人、从伪造人手中直接受让票据的人以及向伪造人直接支付了票据款项的当事人或受票人索取赔偿。但是，向伪造人直接支付票据款项的当事人或者受票人如果在付款时对伪造背书一事不知情，则可不承担上述赔偿责任，除非这种不知情是由于他未依诚信原则行事或未尽适当注意所致，前一项规定是为了保护善良的受让人，它反映了日内瓦票据法公约的原则；后一项规定是倾向于保护真正的所有人，它反映了英美国家的传统做法。按照该公约的规定，伪造背书的风险最终是由伪造者负责的，如果伪造者逃逸不获或破产，则由从伪造者手中取得票据的人负责。

（三）汇票的提示

1. 提示的含义

提示（presentment）是指持票人向付款人出示汇票，要求其承兑或付款的行为。提示包括承兑提示（presentment for acceptance）和付款提示（presentment for payment）。根据《美国统一商法典》，付款人有权要求提示人：出示票据；合理地证明提示者的身份；如果是代理他人提示，则出示授权证明；在付款人付款后签上“收讫”字样等。

2. 提示的义务或权利

一般来说，如果要求付款人承兑，必须作承兑提示；如果要求付款人付款，必须作付款提示。持票人在下列情况下必须作承兑提示：汇票规定必须作承兑提示，付款地在付款人住所或营业地以外的地方；汇票是见票后定期付款。根据日内瓦《统一汇票和本票法公约》，除后两种情况外，汇票的出票人可以在票据上载明禁止提示承兑；如果出票人没有禁止作提示承兑，所有背书人均必须提请承兑。除以上持票人必须提请承兑和不得提请承兑的情况外，持票人有权于汇票到期日前向付款人所在地为承兑人进行提示。在实践中，即期汇票一般不作承兑提示，远期汇票（尤其是见票后定期付款）需作承兑提示，再作付款提示。

3. 提示的时间

无论是承兑提示还是付款提示，都必须在法律或票据规定的时间内提示。关于付款提示的时间，《美国统一商法典》要求应于票据到期日作付款提示，即期汇票则应在合理时间内作付款提示。日内瓦《统一汇票和本票法公约》规定，远期汇票应于到期日或以后两个营业日为付款提示。

关于承兑提示的时间，英美法规定应在合理时间内提示。日内瓦《统一汇票和本票法公约》规定见票后定期付款的汇票，应自出票日起一年内为承兑的提示，出票人可以延长或缩短该期限，背书人可以缩短；如果出票人或背书人规定必须提请承兑，他们可以规定承兑提示的期限。一般来说，承兑提示应在票据到期日之前承兑。

中国《票据法》规定：“定日付款或者出票后定期付款的汇票，持票人应当在汇票到期日前向付款人提示承兑。提示承兑是指持票人向付款人出示汇票，并要求付款人承诺付款的行为。”① “见票后定期付款的汇票，持票人应当自出票日起一个月内向付款人提示承兑。汇票未按照规定期限提示承兑的，持票人丧失对其前手的追索权。见票即付的汇票无须提示承兑。”② “持票人应当按照下列期限提示付款：（一）见票即付的汇票，自出票日起一个月内向付款人提示付款；（二）定日付款、出票后定期付款或者见票后定期付款的汇票，自到期日起十日内向承兑人提示付款。持票人未按照前款规定期限提示付款的，在作出说明后，承兑人或者付款人仍应当继续对持票人承担付款责任。通过委托收款银行或者通过票据交换系统向付款人提示付款的，视同持票人提示付款。”③

4. 持票人没有适当提示的后果

多数国家规定，如果持票人有义务作承兑提示和付款提示，而他没有适当地履行这一义务（包括没有提示和没有在规定的时间内提示），这就免除了出票人和前手背书人保证承兑和付款

① 《票据法》第39条。
② 《票据法》第40条。
③ 《票据法》第53条。

的责任。但是，如果票据已得到承兑，承兑人仍需对付款负责，除非法律规定的时效届满（日内瓦《统一汇票和本票法公约》规定为 3 年，英国规定为 6 年）。《美国统一商法典》规定，在持票人拖延提示期间或拖延发出拒付或拒绝承兑期间，因受票人破产而使出票人失去了在出票人处存放的资金，只有在这种情况下出票人才能在将对受出票人享有的破产权益转移给持票人时解除自己保证付款的责任。

（四）汇票的承兑

承兑（acceptance）是指汇票付款人承诺在汇票到期日支付汇票金额的票据行为。承兑的作用在于确定付款人对汇票的付款义务。因为汇票上的付款人是由出票人单方面指定的，付款人是否愿意承担付款义务，在其对签字承兑以前尚不能确定。

按照承兑人的不同，汇票可分为商业承兑汇票和银行承兑汇票。远期的商业汇票，经企业或个人承兑后，称为商业承兑汇票。远期的商业汇票，经银行承兑后，称为银行承兑汇票。银行承兑后成为该汇票的主债务人，所以银行承兑汇票是一种银行信用。

1. *承兑的效力*

只有当付款人承兑汇票之后，他才成为汇票的债务人，从而就承担了按汇票金额到期付款的义务。如果付款人拒绝承兑汇票，由于他尚未成为该汇票的债务人，持票人就不能对他起诉，而只能对背书人及出票人进行追索。但是，如果付款人承兑了汇票，他就成为汇票的承兑人（acceptor）。按照各国的法律，承兑人是汇票的主债务人，而出票人和背书人只是从债务人。在这种情况下，如果承兑人到期拒绝付款，持票人就可以直接对他起诉。但付款人承兑汇票并不能解除出票人和背书人对汇票的责任，因此，如果承兑人在汇票到期时拒绝付款，执票人除有权对承兑人起诉外，仍可向任何前手背书人或出票人行使追索权。

2. *承兑的期限与承兑方式*

承兑的方式通常是由付款人在汇票正面横写“承兑”（accepted）字样，签字并注明承兑日期。中国《票据法》第 41 条规定：“付款人对向其提示承兑的汇票，应当自收到提示承兑的汇票之日起三日内承兑或者拒绝承兑。付款人收到持票人提示承兑的汇票时，应当向持票人签发收到汇票的回单。回单上应当记明汇票提示承兑日期并签章。”“付款人承兑汇票的，应当在汇票正面记载‘承兑’字样和承兑日期并签章；见票后定期付款的汇票，应当在承兑时记载付款日期。汇票上未记载承兑日期的，以前条第一款规定期限的最后一日为承兑日期。”①

3. *承兑的类型*

承兑主要有以下两种类型：(1) 普通承兑（general acceptance），即没有任何附加条件的承兑，这种承兑在法律上是完全有效的。(2) 附有限制条件的承兑（qualified acceptance），即有条件的承兑。例如在承兑时限定付款的地点，或者只承兑汇票金额的一部分等。对于这种有条件的承兑的效力，各国法律有不同的规定。根据英国票据法，执票人可以拒绝接受附条件的承兑，并可认为这是付款人拒绝承兑汇票的行为。如果执票人接受附条件的承兑，他必须征得出票人和背书人的同意，否则出票人和背书人可以解除对汇票所承担的义务。德国票据法则认为，执票人必须接受就部分金额所作的承兑，但对未获承兑的部分应做成拒绝证书以保留其权利。至于其他方面的附条件的承兑，德国法原则上也是不允许的。中国《票据法》规定：“付

---

① 《票据法》第 42 条。

款人承兑汇票，不得附有条件；承兑附有条件的，视为拒绝承兑。”①

(五) 汇票的付款

付款人依法足额付款后，全体汇票债务人的责任解除。②

日内瓦《统一汇票和本票法公约》规定，汇票付款人付款时，有权要求持票人交出汇票并记载收讫字样；付款人有权只支付汇票金额的一部分并要求持票人在票上记载已付金额，向自己开立收据；如果持票人未在规定期限内进行付款提示，付款人可以将金额提存于相应机构，其费用及风险由持票人负责，付款人负证明背书连续合格之责，但不负证明背书签字真伪之责；持票人在到期日前无接受付款的义务，付款人若在此之前付款则承担因此引起的风险。

关于持票人向付款人提示汇票要求付款时，付款人能否要求给予恩惠日的问题，各国法律亦有不同的规定。英国汇票法规定，对远期付款的汇票，可以有三天的恩惠日，但日内瓦《统一汇票和本票法公约》及德国、瑞士、法国、意大利、西班牙等国的法律都明文禁止恩惠日。不过，按照各国的法律或惯例，如果汇票的到期日是节假日，则付款的日期可以顺延至下一个营业日。

中国《票据法》关于付款则作了如下规定：“持票人依照前条规定提示付款的，付款人必须在当日足额付款。”③ “持票人获得付款的，应当在汇票上签收，并将汇票交给付款人。持票人委托银行收款的，受委托的银行将代收的汇票金额转账收入持票人账户，视同签收。”④ “付款人及其代理付款人付款时，应当审查汇票背书的连续，并审查提示付款人的合法身份证明或者有效证件。付款人及其代理付款人以恶意或者有重大过失付款的，应当自行承担责任。”⑤ “对定日付款、出票后定期付款或者见票后定期付款的汇票，付款人在到期日前付款的，由付款人自行承担所产生的责任。”⑥

(六) 汇票的拒付及追索

1. 拒付的含义

拒付 (dishonors) 是指付款人拒绝承兑和拒绝付款的行为。在汇票遭到拒付时，持票人有权向其前手背书人、出票人、承兑人及担保人追索 (recourse)。

除付款人明确拒绝外，根据日内瓦《统一汇票和本票法公约》，拒绝承兑和拒绝付款还包括以下情况：因承兑而变更汇票的文字（只承兑部分金额除外）；无论汇票是否已承兑，付款人已被宣告破产或裁决虽未确定，付款人已停止付款或对其财产执行尚无结果；不获承兑的票据其出票人已破产。根据《美国统一商法典》和其他国家法律的规定，拒付还包括付款人避而不见、死亡、付款人宣告出票人的存款不足以支付汇票金额等。但是，下列情况一般不视为拒付：付款人要求提示人满足法定要求（如出示汇票、证明身份等）；付款人为了审查汇票而推迟付款或承兑（《美国统一商法典》规定对付款提示的答复应于当天作出，对承兑提示的答复应于次个营业日结束前作出，否则亦将视为拒付）。

---

① 《票据法》第 43 条。
② 参见《票据法》第 60 条。
③ 《票据法》第 54 条。
④ 《票据法》第 55 条。
⑤ 《票据法》第 57 条。
⑥ 《票据法》第 58 条。

中国《票据法》第 61 条规定："汇票到期被拒绝付款的，持票人可以对背书人、出票人以及汇票的其他债务人行使追索权。汇票到期日前，有下列情形之一的，持票人也可以行使追索权：（一）汇票被拒绝承兑的；（二）承兑人或者付款人死亡、逃匿的；（三）承兑人或者付款人被依法宣告破产的或者因违法被责令终止业务活动的。"

2. 持票人行使追索权的对象

被追索人可以是出票人、前手背书人以及所有在汇票上签字对汇票金额的支付承担责任的人（如承兑人、担保人）。持票人可向其中一人追索，也可向他们共同追索。需要注意的是，如果持票人欲向一个以上的人追索，就必须向所有目标发出拒付通知。日内瓦票据法公约规定，在被追索人之间，如有一人履行了付款义务，他可以向其前手追索。

中国《票据法》规定："汇票的出票人、背书人、承兑人和保证人对持票人承担连带责任。持票人可以不按照汇票债务人的先后顺序，对其中任何一人、数人或者全体行使追索权。持票人对汇票债务人中的一人或者数人已经进行追索的，对其他汇票债务人仍可以行使追索权。被追索人清偿债务后，与持票人享有同一权利。"① 该法第 69 条还规定："持票人为出票人的，对其前手无追索权。持票人为背书人的，对其后手无追索权。"

3. 持票人可以追索的金额

根据日内瓦《统一汇票和本票法公约》，持票人可向被追索人请求支付下列金额：(1) 被拒付的票据金额，追索权如在到期日前行使，票据金额应按照持票人行使追索权时其所在地银行当日公布的贴现率计算；(2) 到期日起的利息；(3) 作成拒绝证书与通知的费用及其他费用。

中国《票据法》规定："持票人行使追索权，可以请求被追索人支付下列金额和费用：（一）被拒绝付款的汇票金额；（二）汇票金额自到期日或者提示付款日起至清偿日止，按照中国人民银行规定的利率计算的利息；（三）取得有关拒绝证明和发出通知书的费用。被追索人清偿债务时，持票人应当交出汇票和有关拒绝证明，并出具所收到利息和费用的收据。"② "被追索人依照前条规定清偿后，可以向其他汇票债务人行使再追索权，请求其他汇票债务人支付下列金额和费用：（一）已清偿的全部金额；（二）前项金额自清偿日起至再追索清偿日止，按照中国人民银行规定的利率计算的利息；（三）发出通知书的费用。行使再追索权的被追索人获得清偿时，应当交出汇票和有关拒绝证明，并出具所收到利息和费用的收据。"③

4. 持票人行使追索权的条件

持票人在行使追索权后，往往引起连索追索，即被持票人追索的人又向其前手背书人或出票人追索，因此，时间显得十分重要。各国法律都要求持票人必须在规定时间内作成拒付证书和发出拒付通知。如果持票人没有适当地获得拒付证书或发出通知，其效果与没有适当提示相同。

(1) 拒付证书 (protest)。这是一种由付款地的公证人或法院、银行公众等作成的，证明付款人拒付的书面文件。日内瓦《统一汇票和本票法公约》规定，持票人应在到期日后两个营业日内（远期汇票）或付款提示后次营业日内（即期汇票）作成拒付证书，除非付款人或出票

① 《票据法》第 68 条。
② 《票据法》第 70 条。
③ 《票据法》第 71 条。

人被宣告破产，此裁决可代替拒付证书；或者票据上载有“无费退回”，“无须拒付证书”之类的措辞。

中国《票据法》规定：“持票人行使追索权时，应当提供被拒绝承兑或者被拒绝付款的有关证明。持票人提示承兑或者提示付款被拒绝的，承兑人或者付款人必须出具拒绝证明，或者出具退票理由书。未出具拒绝证明或者退票理由书的，应当承担由此产生的民事责任。”① “持票人因承兑人或者付款人死亡、逃匿或者其他原因，不能取得拒绝证明的，可以依法取得其他有关证明。”② “承兑人或者付款人被人民法院依法宣告破产的，人民法院的有关司法文书具有拒绝证明的效力。承兑人或者付款人因违法被责令终止业务活动的，有关行政主管部门的处罚决定具有拒绝证明的效力。”③ “持票人不能出示拒绝证明、退票理由书或者未按照规定期限提供其他合法证明的，丧失对其前手的追索权。但是，承兑人或者付款人仍应当对持票人承担责任。”④

(2) 拒付通知。根据日内瓦《统一汇票和本票法公约》和《美国统一商法典》的规定，拒付通知可以以任何方式进行，如打电话、电报、邮寄被拒付的汇票等。中国《票据法》规定：“持票人应当自收到被拒绝承兑或者被拒绝付款的有关证明之日起三日内，将被拒绝事由书面通知其前手；其前手应当自收到通知之日起三日内书面通知其再前手。持票人也可以同时向各汇票债务人发出书面通知。未按照前款规定期限通知的，持票人仍可以行使追索权。因延期通知给其前手或者出票人造成损失的，由没有按照规定期限通知的汇票当事人，承担对该损失的赔偿责任，但是所赔偿的金额以汇票金额为限。在规定期限内将通知按照法定地址或者约定的地址邮寄的，视为已经发出通知。”⑤ “依照前条第一款所作的书面通知，应当记明汇票的主要记载事项，并说明该汇票已被退票。”⑥

（七）汇票转让人的保证义务

根据《美国统一商法典》，无论票据是按普通债权的方式转让（限制性抬头汇票），还是按票据法转让，无论是背书转让还是仅凭交付而转让，无论是不是免予追索的转让，除非有相反协议，获得对价的转让人都负有下列保证义务：(1) 保证自己对票据享有合法的所有权；(2) 保证其前手背书人签字的真实性；(3) 保证在其转让时票据未受实质性改动；(4) 保证对票据不存在合法有效的抗辩或权利主张；(5) 保证自己不知道对出票人或承兑人开始了破产程序。

根据美国法律，违反保证义务这一瑕疵从第一个转让人当然转移给第二个转让人。例如，A将偷来的汇票（无记名式汇票）转让给B，B又转让给C，则不仅A违背了保证义务，B也是如此（正当持票人例外）。

背书人（无论是否注明免受追索）不仅对其直接受让人负责上述保证义务，而且对所有善良后手受让人都负有上述义务；未经背书而转让票据的人只对其直接受让人负有上述义务。

各国法律规定，凡在汇票上签字的人（出票人、背书人、承兑人等）都对票据金额的支付承担责任，在票据遭到拒付时持票人有权向处于从债务人地位的出票人、背书人追索。这一规

① 《票据法》第62条。
② 《票据法》第63条。
③ 《票据法》第64条。
④ 《票据法》第65条。
⑤ 《票据法》第66条。
⑥ 《票据法》第67条。

定使持票人在大多数情况下都能得到支付。那么，为什么法律还为所有的转让人设定保证义务，持票人（受让人）为什么会以违反保证为由起诉转让人而不行使追索权呢？其原因主要有：(1) 在票据是无记名式时或背书注明免予追索时持票人无合适的追索对象；(2) 持票人因没有适当提示或没有适当制作拒付证书或者发出拒付通知而失去了追索权；(3) 即使持票人还享有追索权，他也可能更愿意以转让人违反保证而起诉，因为在到期日和可能的拒付发生之前持票人一旦发现转让人有违反保证行为，持票人就可以起诉；(4) 以违反保证为由起诉不仅可以要求赔偿损失，而且可以撤销票据。

（八）对持票人和正当持票人的法律保护

为了使票据具有流通性，各国票据法对善意或合法持票人都给予有力保护，他可以享有优于其前手的权利。但各国法律对何谓善意或合法或正当持票人的规定并不完全相同。

英国汇票法把持票人分为持票人、付了代价的持票人和正当持票人三种，法律上对这三种持票人所给予的保护也有所不同。持票人（holder）是指票据的受款人、被背书人或无记名汇票的持有人。付了代价的持票人（holder for value）是指在任何时候曾对票据付了代价的持票人。“代价”包括一切能使简式合同有约束力的对价（consideration），如金钱、货物或劳务等。正当持票人（holder in due course）是指在票据完整、正常、在没有过期的情况下，出于诚信，不知悉票据曾经遭到拒付，不知悉转让人的权利有任何瑕疵，并且付了代价而取得票据的持票人。英国法给予正当持票人以充分保护，他可以享有优于其前手的权利，不受其前手票据的任何权利瑕疵的影响，也不受其他人对票据可能享有的衡平权益的影响。按照英国法的解释，所谓“知悉”是指实际知悉，如果仅仅是拟制知悉或推定知悉，即仅依据周围情况推定持票人知道转让人的票据权利有瑕疵，还不能动摇正当持票人的地位。

《美国统一商法典》把持票人分为正当持票人与其他持票人，正当持票人的条件与英国相似，持票人在取得票据时符合下列要求才能取得正当持票人的地位：支付了对价；善意；对票据已过期或已被拒付或针对票据存在着抗辩或者所有权争议不知情。知情（notice）包括持票人实际上知道上述事实、他已经收到通知、根据当时他知道的事实情况他有理由知道上述事实。最后一点意味着可以推定持票人知道上述事实，或者可以以重大过失为由否认其正当持票人的地位。这一点不同于英国法。美国法律给正当持票人的保护也比一般持票人要充分得多，包括第三人可以对正当持票人的前手提出的抗辩对正当持票人无效；即使票据曾被偷窃、骗走，其前手也不得向正当持票人追回票据；正当持票人可以豁免转让人的某些保证义务，如不向承兑人保证出票人签字的真实性等。

日内瓦《统一汇票和本票法公约》中也提到了“合法持票人”。该公约第 16 条为正当持票人规定了三个条件：(1) 持票人能以一系列不间断的背书证明其票据的所有权。这意味着如果汇票一开始是无记名汇票，且以后的转让没有背书时持票人不能成为受特殊保护的“合法持票人”，这一点不同于英美法；(2) 票据是以正当手段取得的，持票人不能以捡得、盗窃或欺诈获得票据，这一点相当于英美法上的善意或诚信要求；(3) 持票人在获得票据时没有重大过失，这主要是指在了解其转让人的权利瑕疵方面没有重大过失，这一点类似于《美国统一商法典》的规定，但不同英国法。因为日内瓦体系是建立在大陆法系的基础上，而大陆法系没有对价或代价的概念，所以日内瓦票据法公约没有为“合法持票人”规定“付出代价”这一条件。

《联合国国际汇票和国际本票公约》把持票人分为持票人和受保护的持票人两种。根据该公约第30条，受保护的持票人必须具备下列条件：（1）持票人在取得票据时，该票据是完整的；（2）他在成为持票人时对有关票据责任的抗辩不知情；（3）他对任何人对该票据的有效请求权不知情；（4）他对该票据曾遭拒付的事实不知情；（5）该票据未超过提示付款的期限；（6）他没有以欺诈、盗窃手段取得票据或参加与票据有关的欺诈或盗窃行为。这些条件多相似于英国法对正当持票人规定的条件，但没有以支付代价为条件，这是对大陆法系的折中。该公约对受保护的持票人给予强有力的保护。根据该公约第31条，除公约特别指出的几种情形外，当事人不得对受保护的持票人提出任何其他抗辩，而且受保护的持票人的权利不受任何第三人对该票据的任何请求权的限制，除非这种请求是由于他本人同提出请求权的人之间的基础交易所引起的。公约的这些规定，对于促进汇票在国际范围内的流通，保证国际交易的安全都是十分必要的。

中国《票据法》没有规定“正当持票人”的概念。

案例

韩国中小企业银行与天津三星电机有限公司票据付款请求权纠纷上诉案

上诉人（原审原告）：韩国中小企业银行。

被上诉人（原审被告）：天津三星电机有限公司（以下简称“三星电机公司”）。

2004年9月，三星电机公司向SMART ALLOY PARTS公司购买价值10 420美元的离心片。就付款问题，SMART ALLOY PARTS公司委托韩国中小企业银行托收，并于2004年9月24日签发了金额为10 420美元、见票后60天付款的商业汇票。2004年9月29日，三星电机公司提取了货物。2004年10月13日，中国建设银行天津市分行（以下简称“建行天津分行”）向韩国中小企业银行发送电文，说明该汇票已被三星电机公司承兑，汇票到期日为2004年12月7日。2004年11月15日，三星电机公司根据SMART ALLOY PARTS公司的指示，通过中国工商银行天津市西青开发区支行，以电汇方式向SMART ALLOY PARTS公司指定的ShinHan Bank，Hwaseong-Byeongjeom MMBC Br账户支付了10 420美元。汇票到期后，韩国中小企业银行没有收到三星电机公司的付款，故诉请三星电机公司支付汇票金额10 420美元以及逾期付款利息，诉讼费用由三星电机公司负担。

一审庭审中，韩国中小企业银行向法院提交了金额为10 420美元的汇票一张以及承兑通知两份证据；三星电机公司提交了报关单、银行信息、进口付汇核销单、外汇业务委托书、银行电传、对建行天津分行的通知六份证据。

一审法院（天津市第二中级人民法院）经审理认为：

关于法律适用问题，根据《中华人民共和国民法通则》第145条第1款规定，涉外合同的当事人可以选择处理合同争议所适用的法律，法律另有规定的除外。双方当事人在诉讼中均选择适用中华人民共和国国内法作为处理本案争议的法律，故本案应适用中华人民共和国国内法。

韩国中小企业银行依据票据关系向三星电机公司行使付款请求权，根据《中华人民共和国票据法》第42条第1款的规定，付款人承兑汇票的，应当在汇票正面记载“承兑”字样和承兑日期并签章；见票后定期付款的汇票，应当在承兑时记载付款日期。韩国中小企业银行持有的SMART ALLOY PARTS公司出具的汇票系见票后定期付款的汇票，三星电机公司没有在该汇票上记载“承兑”字样、承兑日期并签章，韩国中小企业银行仅凭银行间的电文就认为三星电机公司对汇票已经承兑的观点欠妥。《中华人民共和国票据法》第44条规定：付款人承兑汇票后，应当承担到期付款的责任。三星电机公司没有承兑，因此没有向韩国中小企业银行付款的义务。韩国中小企业银行的诉讼请求依据不足，该院不予支持。综上，该院依据《中华人民共和国民事诉讼法》（1991年）第64条第1款、《中华人民共和国票据法》第42条第1款的规定，判决驳回韩国中小企业银行的诉讼请求，案件受理费3 011元人民币，由韩国中小企业银行负担。

韩国中小企业银行不服一审判决，向天津市高级人民法院提起上诉，称：一审法院只注重票据行为的要式性及文义性，忽略了三星电机公司未履行法定义务而对韩国中小企业银行造成损害的事实。韩国中小企业银行将汇票及商业单据提交给三星电机公司后，该行除收到承兑电文外，从未收到过三星电机公司的任何拒绝承兑或付款的书面文件，致使该行无从行使票据追索权，三星电机公司应当为其未出示拒绝证明或退票理由书的行为承担民事责任。韩国中小企业银行认为三星电机公司已经承兑，是有事实和法律依据的。D/A汇票即承兑交单，只有付款人承诺付款，银行才能将单据交给付款人，而三星电机公司已经取得了商业票据。韩国中小企业银行收到建行天津分行的电报即认为三星电机公司已承兑并无不妥。韩国中小企业银行请求撤销原审判决，改判由三星电机公司承担民事责任以及诉讼费用。韩国中小企业银行将三星电机公司承担的民事责任确定为支付汇票金额10 420美元以及逾期付款利息。

三星电机公司未作书面答辩，在二审庭审中辩称：本案适用《中华人民共和国票据法》是正确的。三星电机公司按照建行天津分行的要求填写了付款委托书，该行就视为三星电机公司已经承兑，并向韩国中小企业银行发出承兑电文，但票据行为具有文义性和要式性，建行天津分行所认可的这种承兑方式不符合《中华人民共和国票据法》的有关规定。在本案中，三星电机公司是愿意承兑的，也没有拒绝付款，但韩国中小企业银行在汇票到期日后并未向三星电机公司提示付款。此外，三星电机公司在承兑前就收到SMART ALLOY PARTS公司寄来的商业票据并已据此提货，并非承兑后才取得商业票据。三星电机公司请求驳回上诉，维持原判。

二审庭审中，韩国中小企业银行向法院补充提交了以下证据。证据一，托收文件，证明韩国中小企业银行办理了汇票托收手续；证据二，询问电文，证明韩国中小企业银行向代收行询问汇票是否承兑的事实；证据三，外汇交易表，证明韩国中小企业银行取得汇票的依据；证据四，情况说明，证明代收行未返还商业单据，韩国中小企业银行未获付款也未收到拒绝付款证明；证据五，出口汇票表，证明汇票金额、到期日以及未付款的情况。

三星电机公司质证认为，依据最高人民法院《关于民事诉讼证据的若干规定》以及最高人民法院《关于审理票据纠纷案件若干问题的规定》中的有关规定，韩国中小企业银行应当在一审期间提交全部证据，且上述证据在一审期间就已存在，不属于“一审庭审结束后新发现的证据”；认为证据三不能证明韩国中小企业银行将汇票款划入SMART ALLOY PARTS公司账内，但对上述证据的真实性无异议。

二审法院除认定原审判决查明的事实外，另查明：韩国中小企业银行为涉案汇票的收款人，三星电机公司为汇票付款人。2004 年 11 月 9 日 SMART ALLOY PARTS 公司向三星电机公司发送传真，指示三星电机公司将货款汇至其指定账户。

二审法院经审理认为：

本案为票据付款请求权纠纷，因涉案汇票的出票地在韩国，承兑及付款行为地在我国，依据《中华人民共和国票据法》第 95 条的规定，涉案汇票属涉外票据，应依据该法第五章的规定确定准据法。由于本案纠纷是基于汇票的承兑和付款行为产生，依据《中华人民共和国票据法》第 99 条“票据的背书、承兑、付款和保证行为，适用行为地法律”的规定，本案应适用中国法律。韩国中小企业银行提出本案应适用《托收统一规则》，依据《中华人民共和国票据法》第 96 条的规定，在该法和我国缔结或参加的国际条约没有规定的情况下，本案可以适用该国际惯例。

本案双方当事人主要基于涉案汇票是否经过承兑而产生争议。关于承兑问题，依据《中华人民共和国票据法》第 42 条第 1 款“付款人承兑汇票的，应当在汇票正面记载‘承兑’字样和承兑日期并签章；见票后定期付款的汇票，应当在承兑时记载付款日期”，以及该法第 9 条第 1 款“票据上的记载事项必须符合本法的规定”之规定，付款人在汇票上注明“承兑”字样、付款或承兑日期并签章是完成汇票承兑的必要事项，否则就不构成承兑。涉案汇票为见票后定期付款的汇票，而汇票正面并没有“承兑”字样、付款日期以及付款人三星电机公司的签章。虽然三星电机公司有承兑涉案汇票的意思表示，代收行建行天津分行也将其承兑意思以电文方式告知韩国中小企业银行，但由于三星电机公司的承兑方式不符合上述法律规定，涉案汇票未得到承兑，故三星电机公司没有义务向韩国中小企业银行支付票面金额。韩国中小企业银行以三星电机公司已经取走涉案商业单据、该公司未出示拒绝证明以及韩国中小企业银行得到建行天津分行的承兑电文为由，认为三星电机公司已对涉案汇票作出承兑的主张，没有法律依据，本院不予支持。

综上，原审判决认定事实清楚，法律适用正确，应予维持。依照《中华人民共和国民事诉讼法》第 153 条第 1 款第 1 项之规定，判决如下：驳回上诉，维持原判。二审案件受理费 1 959 元人民币，由上诉人韩国中小企业银行负担。

思考题：

（1）本案双方当事人主要基于涉案汇票是否经过承兑而产生争议。什么是票据法上的承兑行为？承兑人作出承诺后，在法律上产生哪些法律责任？

（2）你对两审法院的判决如何认识？

第二节 国际贸易支付方式

国际贸易支付方式主要分为两大类三种。一类是收付双方不由银行提供信用，但通过银行办理的方式，如买方直接付款和银行托收。另一类是由银行提供信用，收付双方从银行得到信用保证和资金融通的便利，如信用证。在三种支付方式中，汇付和托收这两种支付方式都是由买卖双方根据买卖合同互相提供信用的，属于商业信用。而信用证属于银行信用，因此最为常用。此外，从资金的流向与支付工具的传递方向上，可以将支付方式分为顺汇和逆汇两种方法。顺汇是指资金的流动方向与支付工具的传递方向相同。汇付方式采用的是顺汇方法。逆汇是指资金的流转方向与支付工具的传递方向相反。托收方式以及信用证方式采用的是逆汇方法。

一、汇付

（一）汇付的概念和当事人

汇付（remittance）是指付款人通过银行将款项汇交收款人。在国际贸易中如采用汇付，通常是由买方按合同规定的条件和时间（如预付货款或货到付款或凭单付款）通过银行将货款汇交卖方。汇付属于商业信用。

汇付涉及如下当事人：（1）汇款人（remitter）：在国际贸易中为买方；（2）汇出行（remitting bank）：通常是买方委托汇出汇款的银行，通常为买方所在地银行。（3）汇入行（paying bank）：汇出行的代理行，通常为卖方所在地银行。（4）收款人（payee）：在国际贸易中为卖方。其中付款人与汇出行之间订有支付合约关系，汇出行与汇入行之间订有代理支付合约关系。

汇付采用顺汇法。在办理汇付业务时，汇款人应向汇出行填交汇款申请书，汇出行有义务根据汇款申请书的指示向汇入行发出付款书；汇入行收到汇出行委托书后，有义务向收款人解付货款。但汇出行和汇入行对不属于自身过失而造成的损失（如付款委托书在邮递途中遗失或延误等致使收款人无法或迟期收到货款）不承担责任，而且汇出行对汇入行工作上的过失也不承担责任。

汇付手续简便、费用低廉，但风险较大，因为：以汇付方式结算，可以是货到付款，也可以是预付货款。如果是货到付款，则由卖方向买方提供信用并融通资金；如果是预付货款，则由买方向卖方提供信用并融通资金。不论哪一种方式，风险和资金负担都集中在一方。在贸易实践中，汇付一般只用来支付订金货款尾数、佣金等项费用，不是一种主要的结算方式。

（二）汇付的方式

汇付根据汇出行向汇入行发出汇款委托的方式分为三种形式。

（1）电汇（telegraphic transfer，T/T）：指汇出行接受汇款人委托后，以电传方式将付款委托通知收款人当地的汇入行，委托它将一定金额的款项解付给指定的收款人。电汇因其交款迅速，在汇付方式中使用最广。但因银行利用在途资金的时间短，所以电汇的费用较高。

（2）信汇（mail transfer，M/T）：指汇出行接受汇款人委托后，以向汇入行航寄付款委托的方式将付款委托通知收款人当地的汇入行，委托它将一定金额的款项解付给指定的收款人。信汇汇款速度比电汇的慢。因信汇方式的人工手续较多，目前一些银行已不再办理信汇业务。

（3）票汇（demand draft，D/D）：是以银行即期汇票为支付工具的一种汇付方式。由汇出行应汇款人的申请，开立以其代理行或账户行为付款人，列明汇款人所指定的收款人名称的银行即期汇票，交由汇款人自行寄给收款人。由收款人凭票向汇票上的付款人（银行）取款。

（三）付款时间

汇付可以是见单付款或交单付现。见单付款是指卖方在发运货物之后，将有关装运单据寄交买方，买方在收到单据后按合同规定汇付货款，这种方法显然不利于卖方，如果买方在收到单据后拒不付款，或拖延付款，卖方就要承担钱货两空的风险。交单付现要求买方在付款时才能得到装运单据，当卖方对买方的信誉和资信能力不了解或认为有问题时，一般会在合同中规定交单付现。

过去在国际贸易中还有一种买方直接付款的方法，现已不常用。卖方在发运货物取得装运单据后，开立以买方为受票人，以其本人或指定人为受款人的汇票，将汇票与单据一起寄给买方，买方在收到汇票与单据后在汇票上承兑然后寄回给卖方。这种方法的优势是卖方可向银行贴现汇票而获得资金流转的便利，买方亦可凭借收到的提单等及时处理货物，但这种方法使卖方承担的风险很大，如果买方在收到汇票和单据后拒不承兑汇票，或者如果卖方将承兑的汇票转让给银行后，买方却拒绝付款，那么卖方也会面临钱货两空的风险。

二、托收

（一）托收概念和法律规范

根据《托收统一规则》第 2 条，托收是指银行依据所收到的指示处理金融单据和商业单据，以便于取得付款和/或承兑，或凭以付款或承兑交单，或按照其他条款和条件交单。简单而言，国际贸易中的托收（collection）是指卖方以买方为付款人开立汇票，委托银行代其向买方收取货款的一种结算方式。值得注意的是，银行在托收过程中严格地限于作为代理人按照托收指示行事，它对付款人能否支付代收款项不承担任何责任。因此，从信用性质上说，托收与汇付方式一样，属于商业信用，而不是银行信用。

为规范银行托收业务，国际商会于 1958 年草拟了《商业单据托收统一规则》（Uniform Rules on the Collection of Commercial Paper），并于 1967 年进行了修订。1978 年，其根据国际贸易的发展变化再次修订，并改名为《托收统一规则》（Uniform Rules for Collections）（第 322 号出版物）（自 1979 年 1 月 1 日起实施）；1995 年又对该规则又进行了修订，在国际商会第 522 号出版物上出版（以下简称 URC 522）（修订后的规则自 1996 年 1 月 1 日起实施）。该规则有 26 条、七个部分：总则和定义、托收的形式和结构、提示的形式、义务和责任、付款、利息及手续费和费用、其他条款。

《托收统一规则》是对国际惯例的总结，具有国际惯例的效力，即只有在当事人自愿采用或没有明示排除时，才对当事人有法律的拘束力。目前，它已经得到各国银行的广泛承认和使用。除这一国际惯例外，许多国家都制定有关支付方面的法律，即使当事人选择了《托收统一规则》，也不得违背国内法中的强制性规定（如外汇管制规定等）。这一原则也为《托收统一规则》所承认。该规则规定：根据外国法律或惯例对银行规定的义务和责任，委托人应受约束并负赔偿的责任；以付款地国以外的货币（外国货币）支付时，该项外国货币应能够依照托收指示书规定立即汇出；关于光票托收的部分付款，仅在付款地现行法律准许部分付款的限度和条件下才可以接受。特别重要的是，该规则“总则和定义”A 款规定：除非规则与一国、一州或地方不得违反的法律规定相抵触外，否则，规则适用于一切没有明示同意排除适用的当事人。实际上，《托收统一规则》的制定充分考虑了国际支付的特点和需要。

（二）托收的种类

《托收统一规则》将托收分为光票托收和跟单托收。

1. 光票托收

光票托收（clean collection）是指不附有商业单据的金融单据项下的托收。在光票托收中，买方付款或承兑后可能不能获得货物或代表货物所有权的单据，所以很少被采用，通常只用于收取货款尾数、佣金、样品费等项费用。

2. 跟单托收

跟单托收（documentary collection）是指附有商业单据的金融单据项下的托收或者不附有金融单据的商业单据项下的托收。金融单据（financial documents）是指汇票、本票、支票或其他类似的可用于取得款项支付的凭证；商业单据（commercial documents）是指发票、运输单据、所有权文件或其他类似的文件，或者不属于金融单据的任何其他单据。国际贸易货款的支付，一般都是采用跟单托收的方式。每一笔具体交易是采用光票托收还是跟单托收，跟单托收须附具什么单据，或哪些款项用跟单托收、哪些款项用光票托收，由当事人在买卖合同中约定并由卖方填于付款指示书中。

根据《托收统一规则》和国际贸易支付的实践，跟单托收根据交单条件的不同又可分为付款交单和承兑交单两种。《托收统一规则》规定，委托人（卖方）在托收指示书中应载明是付款交单还是承兑交单，否则银行按付款交单处理。

(1) 付款交单（documents against payment，D/P）。

指付款人在向代收行支付了货款后才能取得商业单据的托收。付款交单可以分为即期付款交单和远期付款交单。

即期付款交单（D/P at sight）是指收款人出具的是即期汇票，付款人于见票时立即支付托收款项后即获得商业单据的托收。

远期付款交单（D/P at __ days sight）是指收款人出具远期汇票，付款人先承兑，到期日时再付款赎单的托收。在远期付款交单的条件下，买方在承兑汇票后、付清货款前，是不能取得商业单据的。因此，如果汇票的到期日晚于货物运抵目的地的日期，买方就必须设法在汇票的到期日之前拿到装运单据，以便及时提取到货。在这种情况下，有些国家的银行往往允许买方在承兑远期汇票后，凭信托收据（trust receipt）借出装运单据去提货，待远期汇票到期时再付还货款。信托收据是由买方向银行出具的、表示愿意以银行的受托人（trustee）身份代银行保管和处理货物，并承认货物的所有权属于银行，出售货物后所得货款将交给银行或代收行暂为保管的一种书面文件。通过这种办法，买方在付款之前，就可以取得货物，并可及时转售货物获得利润，然后再用出售所得于汇票到期日偿付汇票金额，以达到通融资金的目的。凭信托收据借单据的办法，如果是进口地的代收行自行做主对买方给予资金通融方便，在这种情况下，代收行必须承担汇票到期付款的责任。如果买方到期因某种原因而不能或不愿付款，付款责任转移到了代收行身上。如果卖方在托收指示书中指示银行允许买方预借单据提货，则日后买方拒付的风险由卖方承担。在采取这种办法时，卖方所承担的收汇风险同承兑交单类似，因此，除非买方是信用可靠的老客户，卖方一般不轻易采取这种做法。

(2) 承兑交单（documents against acceptance，D/A）。

指付款人承兑汇票后即可获得商业单据，于汇票到期日再付款。因为只有远期汇票才需办理承兑手续，所以，承兑交单方式只适用于远期汇票的托收。

在付款交单和承兑交单两种方式中，承兑交单对卖方的风险更大，卖方甚至可能钱货两空。这些风险是：买方虽有偿付能力，但不讲信用拒不付款；买方于到期日或之前被宣告破产或开始破产程序；买方出售货物后携款潜逃，不知下落；即使货物的所有权尚在买方手中，但卖方需要对他提起诉讼，从而冒败诉和增加额外费用的风险。在付款交单时，如果买方不付款，至少卖方手中还掌握着代表货物所有权的提单等票据，可以通过处理货物减少损失，这一点要优于承兑交单。但即使如此，如果买方拒不付款赎单，由于货物已运往国外，托收行通常不负责提货、存仓、保管和转售等事宜，卖方往往需要指定一名“需要时的代理人”代为处理货物，这就需要支出一笔额外费用，如果货物在国外找不到买主，还要把它运回本国，支付本不需要支付的运费、滞期费、仓储费。除此之外，还可能因拖延时日而冒货物市价跌落的风险等。

由上述可知，无论是付款交单还是承兑交单，卖方都冒着一定的风险，但由于它对买方较为有利（例如，买方不必像申请开立信用证那样向银行交纳开证押金、银行费用比较低廉等），所以这种支付方式对促进出口成交还是有一定作用的。

（三）托收的关系人

《托收统一规则》第3条规定：托收的关系人有委托人、托收行、代收行、提示行。此外，还有付款人。

1. 委托人（Principle）

即委托银行办理托收的有关人员。在国际贸易支付中，委托人是国际货物买卖合同的卖方。

委托人和托收行是委托代理关系，代理关系的基础的托收指示。委托人所有送往托收的单据必须附有一项托收指示（collection instruction），并且指示应完整和明确。银行只根据该托收指示中的命令行事。除非托收指示中另有授权，银行将不理会来自除了他所收到托收的有关人/银行以外的任何有关人/银行的任何指令。

托收指示应当包括下述各项内容：（1）收到该项托收的银行详情，包括全称、邮政和SWIFT（环球银行金融电讯协会）地址、电传、电话和传真号码和编号。（2）委托人的详情包括全称、邮政地址或者办理提示的场所以及，如果有的话，电传、电话和传真号码。（3）付款人的详情包括全称、邮政地址或者办理提示的场所以及，如果有的话，电传、电话和传真号码。（4）提示银行（如有的话）的详情，包括全称、邮政地址以及，如果有的话，电传和传真号码。（5）待托收的金额和货币。（6）所附单据清单和每份单据的份数。（7）（a）凭以取得付款和/或承兑的条件和条款；（b）凭以交付单据的条件：付款和/或承兑；其他条件和条款。发出托收指示的一方有责任确保单据的交付条件表述清楚、明确，否则，银行对由此产生的任何后果不负责任。（8）待收取的手续费，并表明是否可以放弃。（9）待收取的利息（如有的话），并表明是否可以放弃，包括利率、计息期、计息基础（例如一年按360天还是365天）。（10）付款方法和付款通知的形式。（11）对于在不付款、不承兑和/不遵从其他指示时如何处理的指示。

此外，托收指示应载明付款人或提示地的完整地址。如果地址不完整或有错误，代收银行可以试图确定正确的地址，但对此不承担任何义务和责任。代收银行对因所提供地址不全或有误所造成的任何延误将不承担责任或对其负责。托收指示还应当表明要求付款人完成任何行为的确切期限。

2. 托收行（Remitting Bank）

托收行是指委托人委托办理托收的银行。在国际贸易支付中，通常是卖方营业地所在地银行。

（1）托收的拒绝。银行没有义务必须办理某一托收或任何托收指示或以后的相关指示。如果银行无论出于何种理由选择了不办理它所收到的托收或任何相关的托收指示，它必须毫不延误地采用电讯，或者如果电讯不可能时采用其他快捷的工具向它收到该项指示的当事人发出通知。

（2）单据和托收指示的交付。在托收行接受托收指示后，单据和托收指示可以由托收行直接或者通过另外的中间银行发送给代收行。

3. 代收行（Collecting Bank）和提示行（Presenting Bank）

代收行是指除托收行以外的任何参与处理托收业务的银行。提示行是指向付款人作出提示的代收行。提示是指提示行根据托收指示，使付款人获得并可以使用单据的程序。单据必须以银行收到时的形态向付款人提示。

（1）代收行或者提示行的选择。为办理委托人的指示，托收行将以委托人指定的银行作为代收行。如无此指定，托收行将使用它自己或另一银行选择的在支付国或者承兑国或者其他托收条款履行地的银行作为代收行。如果托收行未指定特定的提示行，代收行可以自行选择提示行。

（2）提示时间。如果是即期付款的单据，提示行必须毫不迟延地提示，以获得付款。如果是远期付款单据，若要求承兑，提示行必须毫不迟延地提示，以获得承兑；若要求付款，提示行必须在到期日之前提示，以获得付款。也就是说，提示行负有及时向付款人提示的义务。

（3）付款。代收行必须毫不迟延地向对其发出托收指示的银行发出已经收到付款或者已经取得承兑的通知，说明有关事项。已经收妥的款项必须按照托收指示的条款和条件毫不迟延地支付给向其发出托收指示的一方。

（4）拒付或拒绝承兑通知。提示行应当努力确定被拒绝付款或拒绝承兑的原因，并毫不迟延地将有关结果通知向其发出托收指示的银行。提示行必须向对其发出托收指示的银行毫不迟延地发出被拒绝付款的通知或被拒绝承兑的通知。收到上述通知后，托收行必须就单据的进一步处理作出适当指示。

有些国家法律规定，如果汇票持票人向付款人提示汇票遭到付款人拒绝承兑或者拒绝付款时，为使持票人向汇票背书人和出票人行使追索权，持票人应及时请求付款地的法定公证人、法院、银行等机构作出证明拒付事实的文件，该文件就是拒绝证书（protest），它是持票人向其前手进行追索的法律依据。但是，也有一些国家并不要求将拒绝证书作为持票人向其前手索赔的依据，因此，URC 522 规定，托收指示应当就如果发生拒绝支付或拒绝承兑时的拒绝证明等作出明确指示。如果没有此类指示，托收的有关银行没有义务就拒绝支付或拒绝承兑的单据作出拒绝证明或其他文件。

4. 付款人（Payer）

付款人即根据托收指示向其提示单据的人。在国际贸易支付中，通常是国际货物买卖合同的买方。

（四）银行的责任与免责

根据《托收统一规则》的规定，银行应以善意（good faith）行事，并且以合理的谨慎

(reasonable care) 履行职责。

但是，在以下情况下，银行可以免除责任。

1. 对被指示方行为的免责

该免责包括如下内容：(1) 托收银行使用其他银行的服务以办理委托人的指示，费用和风险由委托人承担；(2) 托收银行对其所发出的指示未被执行不承担任何责任，即使是托收银行自主选择了这些银行；(3) 指示他方提供服务的一方，应受外国法律或者惯例加诸被指示方的义务的约束，并对被指示方因履行该义务所承担的责任和费用负偿付之责。上述规定明确了委托人应承担托收后果的情形以及托收行对提示行的行为后果的责任。根据上述规定，尽管委托人与代收行没有直接的合同关系，但代收行的行为后果由委托人承担。

2. 对所收单据责任和免责

该免责包括：(1) 银行必须确定所收到的单据在表面上与托收指示中所列的相符。当有单据短缺或者与托收指示所列不相符时，银行必须以电讯方式，或者如不可能，则以其他快速方式毫不迟延地通知向其发出托收指示的一方。(2) 如果表面看来单据未在托收指示中列明，则托收行不得对代收行声称所收到的单据的种类和数量提出异议。(3) 除上述规定外，银行将按收到的单据进行提示而不作进一步审查。

在某些托收业务中，委托人不仅要求银行证实付款人承兑汇票时签字的真实性，还要求银行检查签字人是否有权签署承兑。在修改 URC 的过程中，大多数意见认为，上述强加给银行的义务将使托收义务的处理更加困难。因为代收行或提示行与付款人通常是没有直接业务关系的，代收行或提示行无法证实付款人签字的真实性，所以，不可能对此承担责任。因此，URC 作出了上述规定，即银行对任何签字的真实性不承担责任。

3. 对单据有效性 (effectiveness of documents) 的免责

该免责是指对单据的形式、充分性、准确性、真实性、伪造或者法律效力，或者单据中所规定或添加的一般及/或特殊条件，银行不承担责任。对于单据所代表货物的描述、数量、重量、质量、状况、包装、交货、价值或存在，或者货物的发货人、承运人、货运代理人、收货人、保险人，或者任何其他人的诚信或者作为及/或不作为、偿债能力、履行情况或者信誉，银行也不承担任何责任。

4. 对于翻译以及传递中的延误、遗失的免责

该免责包括：(1) 对任何讯息、信件或者单据在传递中因延误及/或遗失所引起的后果，或者任何在电讯传递过程中所发生的延误、毁损或其他错误，或者对技术术语的翻译及/或解释中的错误，银行不承担责任。(2) 对因澄清所收到的指示而产生的任何延误，银行不承担责任。

5. 不可抗力 (force majeure) 免责

对于自然灾害、暴乱、骚乱、叛乱、战争或者银行不可控制的任何其他原因，或者罢工或停工所导致的银行营业中断而产生的后果，银行不承担责任。

三、银行信用证

(一) 信用证概述

1. 有关信用证的法律规范

信用证是银行商业惯例的产物，而不是由立法机关创设的，因此，各国基本上没有专门

调整信用证的法律。但《美国统一商法典》则属例外，该法第五编对信用证作了规定，但也并不详尽完备。遇有争议，法院将根据合同法、代理法的一般原则以及银行界的习惯做法作出判决，留下的判例不仅分散而且不成套。总之，有关信用证的法律规范主要是国际商业惯例。

鉴于信用证在国际贸易中的广泛使用，为了统一各国对跟单信用证条款的解释，明确各有关当事人的权利和义务，国际商会于1930年编纂了《跟单信用证统一惯例》（Uniform Customs and Practice for Documentary Credit，UCP），供各国银行和银行公会自愿采用。UCP曾于1951年、1962年、1967年、1974年、1983年、1993年、2006作过七次修改。现在使用的是2007年7月1日生效的修订本，通称为国际商会第600号出版物（UCP 600）。

UCP 600的条文编排参照了ISP 98的格式，对UCP 500[①]的49个条款进行了大幅度的调整及增删，变成现在的39条。第1～5条为总则部分，包括UCP的适用范围、定义条款、解释规则、信用证的独立性等；第6～13条明确了有关信用证的开立、修改、各当事人的关系与责任等问题；第14～16条是关于单据的审核标准、单证相符或不符的处理的规定；第17～28条属单据条款，包括商业发票、运输单据、保险单据等；第29～32条规定了有关款项支取的问题；第33～37条属银行的免责条款；第38条是关于可转让信用证的规定；第39条是关于款项让渡的规定。

以信用证项下的汇票是否附有货运单据划分为跟单信用证及光票信用证。UCP 600适用于跟单信用证（包括备用信用证）。目前，UCP已为世界上绝大多数国家和地区的银行所采用。“UCP的影响力如此之大，以至于全世界的银行业务实际上都无一例外地予以适用。此项惯例是世界上第一个通过当事人合意而成为真正的国际贸易法，并得到世界上所有银行的适用。”[②]

2. 信用证的概念

UCP 600最大的变化之一是取消了“可撤销信用证”。因此，根据UCP600第2条：“信用证意指一项约定，无论其如何命名或描述，该约定不可撤销并因此构成开证行对于相符提示予以兑付的确定承诺。”

信用证方式与托收方式的最大区别是在前者中，银行有条件地承担了支付货款的责任，卖方能否收到货款是以银行信用为基础的，而不依赖于买方的商业信用，而一般来说，银行信用比商业信用要可靠得多，所以卖方更有保证收到货款；而在托收方式中，银行只是代理人，他们对货款的支付与否不承担任何责任，卖方只能以买方的商业信用作为其货款的基础，所以卖方所承担的风险较大，尤其是承兑交单。正因为如此，所以信用证方式在国际贸易中比托收方式更为常用。

（二）信用证的关系人

信用证业务通常涉及以下关系人。

（1）开证申请人（Applicant）：意指发出开立信用证申请的一方。即向银行申请开立信用证的人，在国际贸易中是国际货物买卖合同中的买方。

（2）开证行（Issuing Bank）：意指应申请人要求或代表其自身开立信用证的银行。即接受

---

① UCP 500共有49条，分为以下部分：A. 总则与定义；B. 信用证的形式与通知；C. 责任与义务；D. 单据；E. 杂项规定；F. 可转让信用证；G. 款项让渡。

② ［英］施米托夫著，赵秀文译：《国际贸易法文选》，第123页。

开证申请人的委托，为其开出信用证的银行，通常是买方所在地的银行。信用证是开证行的有条件的付款保证。信用证开立后，开证行负有第一性的付款责任。因此，开证行的资信和付款能力等成为关键性的问题。所以，要了解开证行的资信。

倘若规定的单据被提交至被指定银行或开证行并构成相符提示，开证行必须按下述信用证所适用的情形予以兑付：由开证行即期付款、延期付款或者承兑；由被指定银行即期付款而该被指定银行未予付款；由被指定银行延期付款而该被指定银行未承担其延期付款承诺，或者虽已承担延期付款承诺但到期未予付款；由被指定银行承兑而该被指定银行未予承兑以其为付款人的汇票，或者虽已承兑以其为付款人的汇票但到期未予付款；由被指定银行议付而该被指定银行未予议付。自信用证开立之时起，开证行即不可撤销地受到兑付责任的约束。开证行保证向对于相符提示已经予以兑付或者议付并将单据寄往开证行的被指定银行进行偿付。无论被指定银行是否于到期日前已经对相符提示予以预付或者购买，对于承兑或延期付款信用证项下相符提示的金额的偿付于到期日进行。开证行偿付被指定银行的承诺独立于开证行对于受益人的承诺。

（3）通知行（Advising Bank）：意指应开证行要求通知信用证的银行。即接受开证行的委托，负责将信用证通知受益人的银行，通常是受益人所在地、与开证行有业务往来的银行。

（4）受益人（Beneficiary）：意指信用证中受益的一方，即有权享有信用证上的利益的人，亦即国际贸易中的卖方。

（5）付款行（Paying Bank）：信用证上指定的向受益人付款的银行，可以是开证行自己，亦可以是其他银行。

（6）议付行（Negotiating Bank）。议付，意指被指定银行在其应获得偿付的银行日或在此之前，通过向受益人预付或者同意向受益人预付款项的方式购买相符提示项下的汇票（汇票付款人为被指定银行以外的银行）及/或单据。议付行是指愿意买入或贴现受益人按信用证所开立的汇票的银行，可以是开证行、开证行指定的银行，开证行亦可授权任何银行作为议付行。

（7）承兑行：根据承兑信用证在卖方出具的汇票上承兑的银行，可以是开证行或其他银行。

（8）保兑行（Confirming Bank）。保兑，意指保兑行在开证行之外对于相符提示作出兑付或议付的确定承诺。保兑行，意指应开证行的授权或请求对信用证加具保兑的银行。

（9）偿付行（Reimbursing Bank）：指按照开证行偿付授权的指示和/或授权作出偿付的银行。偿付授权独立于信用证之外，即使偿付授权引用了信用证的有关条款，偿付行也与该信用证条款无关或不受其约束。[①] 如果信用证规定被指定银行（“索偿行”）须通过向另一方银行（“偿付行”）索偿获得偿付，则信用证中必须声明是否按照信用证开立日正在生效的国际商会《银行间偿付规则》办理。如果信用证中未声明是否按照国际商会《银行间偿付规则》办理，则适用于下列条款：开证行必须向偿付行提供偿付授权书，该授权书须与信用证中声明的有效性一致。偿付授权书不应规定有效日期，不应要求索偿行向偿付行提供证实单据与信用证条款及条件相符的证明。如果偿付行未能按照信用证的条款及条件在首次索偿时即行偿付，则开证行应对索偿行的利息损失以及产生的费用负责。偿付行的费用应由开证行承担。然而，如果费用系由受益人承担，则开证行有责任在信用证和偿付授权书中予以注明。如偿付行的费用系由

① 参见《跟单信用证项下银行间偿付统一规则》（国际商会第 525 号出版物，URC 525）第 3 条。

受益人承担，则该费用应在偿付时从支付索偿行的金额中扣除。如果未发生偿付，开证行仍有义务承担偿付行的费用。如果偿付行未能于首次索偿时即行偿付，则开证行不能解除其自身的偿付责任。

（三）信用证的流转程序

1. 国际货物买卖合同当事人在合同中规定信用证支付条款

国际货物买卖合同中的信用证支付条款主要规定：信用证的类型、开证日期（以到达日期为准）、开证金额、信用证的有效期、提交单据和交单日等。有时也对开证行、保兑行提出特别要求。

实践中，信用证支付条款的内容因国际货物买卖合同种类的不同而各异，又因信用证种类的各异而不同。例如，有的合同采用即期信用证结算方式："买方应于装运月份前××天，通过卖方可接受的银行开立并送达卖方不可撤销的即期信用证，有效期至装运月份后 20 天在中国议付。（The Buyers shall open through a bank acceptable to the Sellers an Irrevocable Sight Letter of Credit to reach the Sellers ×× days before the month of shipment，valid for negotiation in China until the 20th day after the month of shipment. ）"。有的规定远期信用证支付方式："买方应于××年×月×日前（或接到卖方通知后×天内或签约后×天内）通过××银行开立以卖方为受益人的不可撤销（可转让）的见票后××天（或装船日后××天）付款的银行承兑信用证，信用证议付有效期延至上述装运期后 20 天在中国到期。[The Buyers shall arrange with ×× Bank for opening an Irrevocable（Transferable）banker's acceptance Letter of Credit in favour of the Sellers before...（or within...days after receipt of Seller's advice；or within...days after signing of this contract)，The said Letter of Credit shall be available by draft（s）at sight（or after date of shipment）and remain valid for negotiation in China until the 20th after the aforesaid time of shipment.]"有的规定循环信用证支付方式："买方应于第一批装运月份前通过卖方可接受的银行开立并送达卖方不可撤销即期循环信用证，该证在 2×××年期间，每月自动可供××（金额），并保持有效至 2×××年 2 月 20 日在北京议付。[The Buyers shall open through a bank acceptable to the Sellers an Irrevocable Revolving Letter of Credit at sight to reach the Sellers ×× days before the month of first shipment. The Credit Shall be automatically available during the period of 2××× for ××（value）per month，and remain valid for negotiation in Beijing until February. 20，2×××]"

国际货物买卖合同中的信用证支付条款为买方设定了开立信用证的义务。这就意味着买方必须开出符合该条款规定的信用证，否则，构成违反合同的支付条款。卖方作为信用证的受益人，有权要求开证申请人修改与买卖合同规定不相符的信用证。

如果买方履行了开立信用证的义务，就视为买方履行了支付货款的义务，卖方在一般情况下就不得再向买方直接要求付款，即不允许信用证"短路"（short circuit）。在英国 1966 年的著名案件[①] [Soproma SPA v. Marine & Animal By-Products Corpn.（1966）1 Weekly Law Reports 367] 中，卖方提交的单据不符合信用证的要求：提单背书不是空白背书；提单上载有"运费到付"而不是"运费预付"；商品成分分析证明书显示蛋白含量仅 67%，而信用证规定

① 1 Lloyd's Rep. 367.

最低 70%。这些单据被银行拒绝。后来卖方又获得了合格的单据，但信用证期限届满，银行不再支付货款，因此，卖方向买方提交单据要求付款，被买方拒绝。法院在该案中判决，买方履行开证义务就视为履行了付款义务，卖方的要求无效。值得注意的是，上述原则有一个例外，即除非合同有明确或默示的相反规定，付款银行应资能抵债，有财力支付货款。如果银行破产，买方的付款责任不能解除。在英国 1977 年的著名案件①（ED & F Man Ltd. v. Nigerian Sweets & Confectionery Co. Ltd. 1977）中，银行接受了卖方提交的单据，并承兑了卖方开具的汇票，买方向开证行付款赎单，但银行在对汇票付款前破产，因而，卖方向买方起诉，要求买方支付货款。法院准许了原告的请求，虽然买方已付款赎单。关于这种例外的法律依据，有人认为，买方用信用证付款并非绝对付款（absolute payment），而是附条件付款（conditional payment），这个条件就是银行有支付能力。还有人认为，买卖合同中关于信用证付款的规定有一项默示条款，即买方保证银行的付款能力。但无论其根据如何，这个例外的确能使信用证“短路”。

2. 开证申请人申请开立信用证（application for credit）

买方必须按照买卖合同规定的条款向开证银行（Issuing bank）提出开证申请，填具开证申请书，并交纳一定的开证押金或提供其他保证，请求银行向受益人（卖方）开出信用证。开证申请书以及据此开出的信用证是确定各当事人权利义务关系的最重要的文件和证据。

（1）开证申请书。

开证申请书包括两方面内容：一是指示银行开立信用证的具体内容，例如，要求银行开立的信用证的种类、金额、有效期限、装运方式及期限、保险条件、商品名称、对单据的要求以及交单付款的条件等。该内容应与合同条款相一致，是开证行凭以向受益人或议付行付款的依据。申请人也可附上合同，由银行据以缮制信用证后交申请人确认。二是关于信用证业务中申请人和开证行之间权利和义务关系的声明。这些内容包括：申请人承认在付清货款前开证行对单据及其代表的货物拥有所有权，必要时，开证行可以出售货物，以抵付开证申请人的欠款；承认开证行有权接受“表面上合格”的单据，对于伪造单据、货物与单据不符或货物中途灭失、受损、延迟到达，开证行概不负责；保证单据到达后如期付款赎单，否则，开证行有权没收开证申请人所交付押金，以抵偿开证申请人应付价金；承认电讯传递中如有错误、遗漏或单据邮递损失等，银行不负责任。

开证申请人申请开证时，应向开证行交付一定比例的押金或其他担保品，押金为信用证金额一定比例，比例的高低由开证行规定，与申请人的资信和市场行情有关。对于资信良好的客户，有的银行会授以一定的开证额度，在规定额度内开证，可免交保证金。

（2）买方开立信用证的义务与货物合同的成立和履行。

根据英国法院的解释，买方开立信用证义务的性质或者属于合同有效成立的先决条件，或者属于卖方履行交货义务的先决条件。如属前者，只有在买方履行了开证义务时合同才能成立，否则，就不存在任何有效的合同；如属后者，在买方不履行开证义务时，卖方就有权拒绝进一步履行已经成立的合同所规定的义务，并要求买方赔偿损失。在英国 1952 年的著名案件②（Trans Trust SPRL v. Danubian Trading CO. ltd）中，卖方并非原始供货人，他需要凭借买方

① 2 Llyod's Rep. 50.

② ［1952］2 QB 297.

开出的信用证从他的供应商处购得货物，买方对此事实是知情的。丹宁法官在此案中判决，如果买卖合同规定合同成立“以开出信用证为条件”，那么，此时买方的开证义务即合同成立的前提条件。但是，在多数情况下，买方的开证义务仅是卖方履行交货义务的先决条件。也就是说，如果买方不开立信用证，卖方有权不交货。

买方在履行开证义务时，所开立的信用证应符合国际货物买卖合同关于信用证的规定，否则卖方有权解除合同。根据英国法院的解释，如果信用证与合同不符而卖方已接受，则视卖方放弃了解除合同的权利。

（3）开立信用证的时间（Issuing Date）。

关于开立信用证的时间，实践中有如下做法：1）如果买卖合同规定了具体的开证日期，买方应根据该日期开证。2）如果国际货物买卖合同规定买方应“立即”开立信用证，按照英国法院的解释，“立即”是指应在“一个合理勤勉的人开立信用证所需要的时间内”。参见下列案例 1。3）如果国际货物买卖合同对开证时间规定不明确，那么，买卖合同中装运时间的规定就具有特别重要的意义。根据国际习惯和英国的判例法，卖方有权期待在自己发运货物时就能得到信用证保证的付款，因此，信用证在装运期第一天前的合理时间内应该开出，或最迟不能迟于该天开出。例如，买卖合同规定的装船期限是 4 月上旬，那么，买方应在 4 月 1 日之前的合理时间内开出信用证。需要注意的是，买方应在合同规定的装运期第一天前开证，并不是在卖方实际开始装船前开证，因为只要符合合同规定的期限，卖方可能在第一天、最后一天或中间某一天装船，这是卖方的权利。在下列案例 2 中，买卖合同没有约定开立信用证的时间，买方认为，应在卖方付运后要去结汇时再开立信用证，但上诉庭没有接受这一抗辩。4）如果国际货物买卖合同既没有规定开证日期，也没有规定交货和装运日期，法院通常认为，买方应该在买卖合同成立后一段合理时间开立信用证。参见下列案例 3。

案例 1[①]：

Sale of goods-Payment-Condition precedent-Waiver-Letter of credit to be opened “within a few weeks” -Time of the essence-Acquiescence by sellers in delay in opening letter of credit-Subsequent justified-Term that letter of credit to be opened within a certain time not reimposed by sellers-Buyers unable to fulfil condition precedent as to payment within reasonable time-Meaning of “reasonable time.”

Sale of marine engine units by defendants to plaintiff French company in July, 1951 - Payment to be by a letter of credit payable against shipping documents in favour of [sellers] to be opened in London within a few weeks.

Delivery to start in eight months from July 1 - Buyers unable immediately to obtain sterling enabling them to furnish letter of credit-Time for opening letter of credit of the essence of the contract-No complaint of delay by sellers-Intimation given by buyers to sellers on Oct. 9 that sterling was then available accepted without comment by sellers on Oct. 11 - Contract

① Etablissements Chainbaux S. A. R. L. v. Harbormaster, LTD. Before Mr. Justice Devlin, Queen's Bench Division, Feb. 28, Mar. 1, 1955. Lloyd's Rep. [1955] vol. 1.

cancelled by sellers on Oct. 22 "having regard to the protracted delay that has occurred over the establishment of letter of credit" -Claim by buyers for damages for non-delivery-Letter of credit to be opened "within a few weeks" -Meaning-Effect of acquiescence by sellers in buyers' offer to provide letter after "a few weeks" had expired-No reimposition by sellers of term that time was of the essence-Whether sellers justified in cancelling.

—*Held*, that buyers were in breach of their obligation to open a letter of credit "within a few weeks," which was a condition precedent to the delivery of the goods, but that breach was waived by the subsequent conduct of the sellers; that although the sellers' letter of Oct. 11 made it plain that they were not reimposing any term that time was of the essence, they had nevertheless proved that at the time of cancellation the buyers could not have complied with their obligation to provide a letter of credit within any reasonable extension of time; and that accordingly the sellers were justified in cancelling-Judgment for defendants.

案例 2①：

Sale of goods (c. & f.) -Payment-Confirmed credit to be opened by buyers-Time for opening-Sale of 3000 tons of Brazilian groundnuts c. & f. Genoa-Shipment of 1500 tons in February and/or March and/or April, 1949; of further 1500 tons in March and/or April and/or May, 1949 - Brazilian export licence to be obtained by sellers; Italian import licence to be obtained by buyers-Confirmed credit to be opened by buyers in favour of sellers and to be utilizable by sellers against delivery of documents-Buyers notified by sellers on Feb. 9 that export licence had been obtained-Request to buyers to open credit-Credit not made available to sellers until Apr. 22, 1949 - Claim by sellers for damages-Arbitration-Dispute as to time when credit should be made available to sellers-Contention by sellers that credit should be made available to them as far as reasonably practicable throughout shipping period-Contention by buyers that there was no obligation on their part to open credit in sellers' favour until sellers were themselves ready to tender the documents or had taken steps to ship the goods-Award in favour of sellers-Appeal by buyers-Consultative case stated by appeal arbitrators.

Held, that the credit under such a contract should be opened by buyers, if reasonably practicable, within such time as would enable sellers to ship at any moment during the contract period; and that in the present case a credit should have been opened, in the case of the first 1500 tons, as soon as possible after Feb. 9, 1949 (the date when buyers were notified by sellers that an export licence had been obtained), and in the case of the further 1 500 tons, as soon as possible after Mar. 1, 1949 (the earliest permissible date for shipment).

---

① Pavia & CO., S. P. A. v. Thurmann-nielsen. Before Mr. Justice McNair, King's Bench D: Vision, Wednesday, Oct. 17, 1951. Lloyd's Rep. [1951] vol. 2.

案例 3[①]**：**

Sale of goods-Non-delivery of full quantity-Delay by buyers in opening letter of credit-aiver-Substituted contract in respect of balance-Non-delivery by sellers under substituted contract-Alleged exemption from liability by Force majeure clause in substituted contract-Whether term of substituted contract-Consensus ad idem.

Sale by defendants to plaintiffs on June 10，1952，of 1000 tons lead f. o. b. London for prompt delivery，part shipments allowed，latest until 5th July，1952. The letter of credit is expected in a day or two and will be deposited with Merchants Finance Corporation Ltd.，in the normal way. Contract of June 10 entered into to implement contract by plaintiffs to supply Russian buyers with like quantity，delivery to be made within fourteen days after opening letter of credit by [Russian] buyers.

Merchants Finance Corporation，Ltd.，acting as financial clearing house between parties-Defendants aware that they were to be paid out of proceeds of price paid by Russian buyers-Delay by Russian buyers in establishing letter of credit，which was not opened until June 25 - Delivery date extended until July 20，by which time 68834 tons had been delivered-Plaintiffs then informed by defendants that they were unable to ship any more lead owing to delay in opening letter of credit；that furnaces were being repaired；and that no more deliveries could be made until September，1952 - Fall in market price-Negotiations for further contract (in alleged substitution for contract of June 10) entered into in October，1952，between plaintiffs and defendants for sale by defendants of 250 tons at lower price，later increased to 311 tons to cover outstanding balance undelivered under contract of June 10 - Disputed terms of substituted contract-Whether agreement reached upon inclusion of *Force majeure* clause proposed by defendants-Failure by defendants to deliver outstanding balance-Claim by plaintiffs for damages-Plea by defendants that letter of credit was not opened in time and that plaintiffs were estopped from asserting that defendants were in breach-Waiver-Further plea by defendants that，assuming they had waived the delay in opening the letter of credit，the contract of June 10 was rescinded and the substituted contract was entered into for delivery of the balance；and that they were exempted from liability by *Force majeure* clause in that substituted contract-*Consensus ad idem*.

—*Held*，that although there was delay in opening the letter of credit，the possibility of delay was within the contemplation of both parties when the contract of June 10 was entered into，and that defendants could not complain of the delay which ensued (further，that in any event defendants had waived the requirement that the letter of credit should be opened in time to enable them to comply with their obligation to deliver by July 5 and had agreed to an extension up to July 20)；that the parties were never *ad idem* as to the terms of the alleged

① "Baltimex" Baltic Import & Export Company，Ltd v. Metallo Chemical Refining Company，Ltd. Before Mr. Justice Sellers，Queen's Bench Division，Nov. 14，15，16，17，1955. Lloyd's Rep. [1955] vol. 2.

substituted contract; and that accordingly defendants were in breach of the contract of June 10 in failing to make complete delivery by July 20 - Judgment for plaintiffs.

3. 开立并通知信用证（issuance of credit）

开证行接受开证申请人的开证申请后，应严格按照开证申请书的指示拟定信用证条款，有的草拟完信用证后，还应将其送交开证申请人确认。

（1）信用证的通知。

开证行应将其所开立的信用证由邮寄或电传或通过 SWIFT（环球银行金融电讯协会）电讯网络送交受益人所在地的联行或代理行，请他们代为通知或转交受益人。通知行收到信用证后，经核对签字印鉴或密押无误，应立即将信用证转知受益人，并留存一份副本备查。通知行通知受益人的方式有两种：一种是将信用证直接转交受益人；另一种是当该信用证以通知行为收件人时，通知行应以自己的通知书格式照录信用证全文经签署后交付受益人。这两种形式对受益人都是有效的信用证文本。

根据 UCP600 第 9 条的规定，信用证及其修改可以通过通知行通知受益人。除非已对信用证加具保兑，通知行通知信用证不构成兑付或议付的承诺。通过通知信用证或修改，通知行即表明其认为信用证或修改的表面真实性得到满足，且通知准确地反映了所收到的信用证或修改的条款及条件。

通知行可以利用另一家银行的服务（“第二通知行”）向受益人通知信用证及其修改。通过通知信用证或修改，第二通知行即表明其认为所收到的通知的表面真实性得到满足，且通知准确地反映了所收到的信用证或修改的条款及条件。如一家银行利用另一家通知行或第二通知行的服务将信用证通知给受益人，它也必须利用同一家银行的服务通知修改书。如果一家银行被要求通知信用证或修改但决定不予通知，它必须不延误通知向其发送信用证、修改或通知的银行。如果一家被要求通知信用证或修改，但不能确定信用证、修改或通知的表面真实性，就必须不延误地告知向其发出该指示的银行。如果通知行或第二通知行仍决定通知信用证或修改，则必须告知受益人或第二通知行其未能核实信用证、修改或通知的表面真实性。

经证实的信用证或修改的电讯文件将被视为有效的信用证或修改，任何随后的邮寄证实书将被不予处理。若该电讯文件声明“详情后告”（或类似词语）或声明随后寄出的邮寄证实书将是有效的信用证或修改，则该电讯文件将被视为无效的信用证或修改。开证行必须随即不延误地开出有效的信用证或修改，且条款不能与电讯文件相矛盾。只有准备开立有效信用证或修改的开证行，才可以发出开立信用证或修改预先通知书。发出预先通知的开证行应不可撤销地承诺将不延误地开出有效的信用证或修改，且条款不能与预先通知书相矛盾。

（2）开证方式。

信用证的开证方式有信开（Open by Airmail）和电开（Open by telecommunication）两种。信开是指开证行以航邮将信用证寄给通知行，请其转知受益人；电开是由开证行将信用证加注密押后，以电讯方式通知受益人所在地的代理行（即通知行），请其转知受益人。电开方式又分“全电开证”和“简电开证”。“全电开证”是将信用证的全部内容加注密押后发出，该电讯文本为有效的信用证正本。“简电开证”是将信用证主要内容发电预先通知受益人，银行承担必须使其生效的责任，但简电本身并非信用证的有效文本，不能凭以议付或付款，银行随后寄出的“证实书”才是正式的信用证。目前，大多数银行采用“全电开证”的方式开立信用证。

（3）受益人交单。

受益人（卖方）在收到信用证后，对信用证进行审核。如果信用证与国际货物买卖合同的约定不符，受益人有权通过通知行退回信用证，并要求开证申请人指示开证行对信用证进行修改。申请人向开证行提交修改申请书，开证行作成修改通知书后按原来信用证的传递方式交付通知行，经通知行审核签字密押无误后转知受益人。

受益人对信用证的内容审核无误，或收到修改通知书审核后可以接受，即可根据信用证的规定发运货物，缮制并取得信用证规定的全部单据，开立汇票（或不开汇票，视信用证规定），连同信用证正本和修改通知书（如果有修改通知书），在信用证规定的有效期和交单期内，递交给通知行或与自己有往来的银行或信用证中指定的议付银行办理议付。

4. 付款或议付（negotiate）

议付是受益人利用信用证取得资金融通的一种方式。它是指被指定银行在其应获得偿付的银行日或在此之前，通过向受益人预付或者同意向受益人预付款项的方式购买相符提示项下的汇票（汇票付款人为被指定银行以外的银行）及/或单据。受益人向议付行递交信用证规定的全套单据后，议付银行在单证一致的情况下，扣除预付款的利息和手续费后，购进受益人出具的汇票和全套单据。议付又俗称“埋单”或“出口押汇”。

卖方可从如下方面获得信用证金额（汇票金额）：（1）信用证上指定的付款行或议付行（Restricted Negotiation），这些银行可以是开证行、保兑行、通知行或其他银行；（2）在信用证允许时向任何银行议付，当然，银行在议付时会对汇票金额打折扣，而不会免费贴现汇票。

5. 开证申请人付款赎单

开证行在向议付行偿付后，即通知开证申请人付款赎单。开证申请人应到开证行审核单据，若单据无误，即应付清全部货款与有关费用（如开证时曾交付押金，则应扣除押金的本息）；若单据和信用证不符，申请人有权拒付。开证申请人付款后，即可从开证行取得全套单据。此时，申请人与开证银行之间因开立信用证而构成的契约关系即告结束。至于买方如何凭单据提货，以及在提货时如果发现卖方所交货物与买卖合同不符，买方能否拒收货物或向卖方请求损害赔偿，则应由买卖双方根据买卖合同的规定来处理，与信用证交易无关，银行对此不承担责任。

（四）信用证的主要内容

目前，国际上没有统一的信用证格式，但各银行大多采用全电开信用证，内容基本类似，主要包括以下事项。

1. 信用证当事人的名称和地址

当事人主要包括开证申请人、开证行、通知行和受益人、议付行或付款行，有的信用证还包括保兑银行等。

2. 信用证的种类和号码（Documentary Credit Number）

载明该信用证是不是不可撤销信用证、经保兑否等，并注明开证银行的开证编号。

3. 开证行保证条款（Special Conditions）

由开证行向受益人、议付行或汇票的持票人保证，银行在收到符合信用证要求的单据后，即对根据信用证开出的汇票承担付款责任。

4. 信用证的金额（Currency Code Amount）

规定信用证下应支付的最高金额。凡“约”或“大约”用于信用证金额或信用证规定的数量或单价时，应解释为允许有关金额或数量或单价有不超过10%的增减幅度。

信用证一般多规定受益人有权按信用证金额的100%开立汇票要求付款，但有时也可以规定受益人只能按信用证金额的百分之若干（如90%）开立汇票，其目的是使开证申请人能把货款的部分余额（如10%）留在自己手中，暂时不付给受益人，如货到检验后发现卖方所交货物在品质或数量上与合同不符，买方可在这项余额中扣除。如有不足，可再向卖方索赔；如扣除后仍有剩余，则应付还卖方。如果信用证规定了货物数量，而该数量已全部发运，即如果信用证规定了单价，而该单价又未降低，或当第30条b款①不适用时，则即使不允许部分装运，也允许支取的金额有5%的减幅。若信用证规定有特定的增减幅度或使用第30条a款②提到的用语限定数量，则该减幅不适用。

5. 货物条款

规定对货物的要求，包括货物名称、规格、数量、包装、单价以及合约号码等。在信用证未以包装单位件数或货物自身件数的方式规定货物数量时，货物数量允许有5%的增减幅度，只要总支取金额不超过信用证金额。

6. 汇票条款

主要规定汇票的金额、种类、份数及付款人的名称。开证行对于它所开出的信用证，不论是否出具汇票，均应承担付款义务。如果受益人开出汇票，不论受票人（付款人）是谁（开证行、开证申请人、信用证指定的付款行或者议付行或在信用证允许时的任何银行），开证行都需最后承担付款的责任。

7. 单据条款（Documents Required Clause）

规定单据的种类及份数。这是信用证最重要的条款，因为银行仅凭单据付款。如果银行认为卖方所提交的单据不符合信用证的要求，银行有权拒付；但只要单据与信用证的要求相符，银行就必须付款。即使单据项下的货物与合同的要求不符，银行对此也不负责任。

信用证中规定的各种单据必须至少提供一份正本。除非单据本身表明其不是正本，银行将视任何单据表面上具有单据出具人正本签字、标志、图章或标签的单据为正本单据。如果信用证要求提交副本单据，则提交正本单据或副本单据均可。如果信用证使用诸如“一式两份”“两张”“两份”等术语要求提交多份单据，则可以提交至少一份正本，其余份数以副本来满足。单据本身另有相反指示者除外。

信用证所要求的单据主要是提单、保险单和商业发票，但有时也可以要求卖方提交其他单据，如商品检验证明书、原产地证书等，但信用证必须列明其出单人及内容。如信用证不作规定，银行不审核额外单据。

8. 装运条款

主要规定装运单据所应反映的启运地、目的地、装运期限（Shipment Date）及是否允许分批装运等内容。

（1）装运期限。

信用证应该明确规定装运单据所表明的装运期限。除非确需在单据中使用，银行对诸如

---

① b. 在信用证未以包装单位件数或货物自身件数的方式规定货物数量时，货物数量允许有5%的增减幅度，只要总支取金额不超过信用证金额。

② a.“约”或“大约”用于信用证金额或信用证规定的数量或单价时，应解释为允许有关金额或数量或单价有不超过10%的增减幅度。

“迅速”“立即”“尽快”之类词语将不予置理。“于或约于”或类似措辞将被理解为一项约定，按此约定，某项事件将在所述日期前后各五天内发生，起讫日均包括在内。

承运人或代理人的出单日期被认为是装运日期。如果装运单据表明受益人的实际装运日期迟于信用证允许的最后装运期限，银行有权拒绝接受受益人提交的单据。

（2）转运和分批装运。

UCP 600 允许分批支款或分批装运。表明使用同一运输工具并经由同次航程运输的数套运输单据在同一次提交时，只要显示相同目的地，将不视为部分发运，即使运输单据上标明的发运日期不同或装卸港、接管地或发送地点不同。如果交单由数套运输单据构成，其中最晚的一个发运日将被视为发运日。含有一套或数套运输单据的交单，如果表明在同一种运输方式下经由数件运输工具运输，即使运输工具在同一天出发运往同一目的地，仍将被视为部分发运。有一份以上快递收据、邮政收据或投邮证明的交单，如果单据看似由同一块地或邮政机构在同一地点和日期加盖印戳或签字并且表明同一目的地，将不视为部分发运。如信用证规定在指定的时间段内分期支款或分期发运，任何一期未按信用证规定期限支取或发运时，信用证对该期及以后各期均告失效。

9. 交单日

根据 UCP 600，（1）如果信用证的截止日或最迟交单日适逢接受交单的银行非因不可抗力原因而歇业，则截止日或最迟交单日，视何者适用，将顺延至其重新开业的第一个银行工作日。（2）如果在顺延后的第一个银行工作日交单，指定银行必须在其致开证行或保兑行的面函中声明交单是在根据上述（1）规定顺延的期限内提交的。最迟发运日不因上述（1）规定的原因而顺延。

信用证必须规定提示单据的有效期限。规定的用于兑付或者议付的有效期限将被认为是提示单据的有效期限。可以有效使用信用证的银行所在的地点是提示单据的地点。对任何银行均为有效的信用证项下单据提示的地点是任何银行所在的地点。不同于开证行地点的提示单据的地点是开证行地点之外提交单据的地点。由受益人或代表受益人提示的单据必须在到期日当日或在此之前提交。

10. 开证日和信用证的有效期限（Expiry Date）和地点（Expiry Place）

（1）开证日。

信用证中必须明确表明开证日期。如果信用证中没有开证日期（Date of Issue）字样，则视开证行的发电日期（电开信用证）或抬头日期（信开信用证）为开证日期。信用证的开证日期对于需要使用开证日期计算其他时间或根据开证日期判断所提示单日期是否在开证日期之后等情况非常重要。同时，开证日期还表明开证申请人是否是根据买卖合同规定的开证期限开立的信用证。

（2）信用证的有效期限和地点。

信用证的有效期限是受益人向银行提交单据的最后日期。受益人应在有效期限日期之前或当天向银行提交信用证单据。所有信用证均须规定一个到期日及一个付款、承兑交单地点。对议付信用证尚须规定一个议付交单地点，但自由议付信用证除外。规定的付款、承兑或议付的到期日，将视为提交单据的到期日（Period for Presentation of Documents）。受益人必须于到期日或到期日之前提交单据，否则即使单据符合信用证的要求，银行在该日之后将不再承担付款、承兑或议付的义务。如开证行注明信用证的有效期限为“一个月”、“六个月”或类似规定，但未指明自何日起算，开证行开立信用证的日期即视为起算日。银行应避免用此种方式注明信用证的到期日。除规定一个交单到期日外，凡要求提交运输单据的信用证，尚须规定一个在装运日后按信用证规定必须交单的特定期限。如未规定该期限，银行将不予接受迟于装运日期后 21 天提交的单据。但无论如何，提交单据不得迟于信用证的到期日。所提交的运输单据上的最迟装运日期即视为装运日期。

有效地点是受益人在有效期限内向银行提交单据的地点。国外开立的信用证一般规定有效地点在我国国内，如果有效地点在国外，受益人应特别注意，一定要在有效期限之前提前交单（港、澳、新、马等近洋国家或地区提前 7 天左右；远洋国家或地区提前 10～15 天），以便银行在有效期限之内将单据寄到有效地点的银行。如果信用证未列明有效地点，应立即要求开证行进行确认。如果开证行始终不予答复，应视同有效地点在我国国内。

总之，就期限而言，单据及其提交应符合以下条件：(1) 运输单据载明的装运日期不迟于信用证规定的装运期限；(2) 单据应在装运后的交单期限内提交；(3) 无论如何，单据的提交都不得晚于信用证规定的交单日。不具备上述任何一个条件银行都有权拒绝付款、承兑或议付。另外根据 UCP600 的规定，银行在其营业时间外无接受交单的义务。

信用证规定的交单日或出单后的交单期限可因修改或届满之日适逢节假日而延长或顺延，但信用证规定的装运期限并不因此而延长。

11. 其他条款

当事人可根据每一笔交易的具体情况和需要，在信用证中规定不同的条款。例如，可以规定信用证偿付行（Reimbursing Bank）、信用证偿付条款（Reimbursement Clause）、信用证银行费用条款（Banking Charges Clause）、信用证生效性条款（Valid Conditions Clause）、信用证特别条款（Special Conditions）等。

此外，信用证必须规定可以有效使用信用证的银行，或者信用证是否对任何银行均为有效。对被指定银行有效的信用证同样对开证行有效。而且，不得开立包含有以申请人为汇票付款人条款的信用证。

前已述及，UCP 只供当事人自愿采用，并无直接的法律强制力，因此，在信用证的规定与其他惯例有矛盾时，应以信用证的规定为准。

（五）信用证的种类

根据不同的标准可将信用证作不同的分类。

1. 可撤销和不可撤销信用证

(1) 可撤销信用证。

可撤销信用证是指开证行随时可以修改或撤销，不必事先通知受益人的信用证。但是，开证行对办理可撤销信用证项下即期付款、承兑或议付的另一家银行，在其收到修改或撤销通知之前已凭表面与信用证条款相符的单据作出的任何付款、承兑或议付，必须予以偿付；对办理可撤销信用证项下延期付款的另一家银行，在其收到修改或撤销通知之前已接受表面与信用证条款相符的单据，也必须予以偿付。也就是说，只要受益人依信用证条款规定已得到了议付、承兑或延期付款保证时，该信用证就不能被开证行撤销或修改。需要注意的是，虽然可撤销信用证在修改或撤销时，有关银行会通知受益人，但 UCP 和许多国家的司法实践并没有规定或认可开证行或通知行有义务通知受益人。在英国 1921 年的一个案件（凯普石棉有限公司诉劳埃德银行）中，原告是可撤销信用证的受益人，向华沙的买方出售石棉瓦。被告是开证行（又是通知行）。原告发运了一部分货物后，其开立的汇票得到了承兑。原告后来又发运了余下的货物，但汇票被拒绝承兑，因为在此期间，买方撤销了信用证。由于银行没有通知原告，原告以为信用证继续有效，所以继续发运货物。英国法院判决被告有权拒绝承兑。由此可见，可撤销信用证对受益人获得货款没有保障，因此，在国际贸易中很少使用。故此，UCP 600 取消了可撤销信用证。根据 UCP 600，信用证是不可撤销的，即使信用证中对此未作指示也是如此。

（2）不可撤销信用证。

根据 UCP 600 的规定，凡未经开证行、保兑行（如有）以及受益人同意，信用证既不能修改也不能撤销。不可撤销信用证就是指信用证一经开出，在信用证有效期内，未经开证行、保兑行（如有）以及受益人同意，不能修改也不能撤销的信用证。只要受益人按信用证规定提供了符合信用证规定的单据，开证行必须付款、议付或承兑，或保证付款、议付或承兑。不可撤销信用证对受益人收款比较有保障，在国际贸易中使用最为广泛。

如果各方同意修改信用证，自发出信用证修改书之时起，开证行就不可撤销地受其发出修改的约束。保兑行可将其保兑承诺扩展至修改内容，且自其通知该修改之时起，即不可撤销地受到该修改的约束。然而，保兑行可选择仅将修改通知受益人而不对其加具保兑，但必须不延误地将此情况通知开证行和受益人。在受益人向通知修改的银行表示接受该修改内容之前，原信用证（或包含先前已被接受修改的信用证）的条款和条件对受益人仍然有效。受益人应发出接受或拒绝接受修改的通知。如受益人未提供上述通知，当其提交至被指定银行或开证行的单据与信用证以及尚未表示接受的修改的要求一致时，则该事实即视为受益人已作出接受修改的通知，并从此时起，该信用证已被修改。通知修改的银行应当通知向其发出修改书的银行任何有关接受或拒绝接受修改的通知。不允许部分接受修改，部分接受修改将被视为拒绝接受修改的通知。修改书中作出的除非受益人在某一时间内拒绝接受修改，否则修改将开始生效的条款将被不予处理。

需要注意的是，根据 UCP 的精神和英国的判例法，“不可撤销”是指任何当事人不得单方面撤销（受益人当然不会撤销）和修改，尤其是开证行、保兑行和开证申请人不得单方面撤销和修改。在英国 1975 年 Discount Records Ltd. v. Barclays Bank Ltd. 一案中，原告是不可撤销信用证的开证申请人，以收到的货物不符合合同规定、卖方有欺诈行为为由，向法院申请禁令，请求禁止被告根据信用证向卖方付款。法院以欺诈查无实据，仅仅是货物与合同不符不足以发出禁令为由而驳回了原告的请求。从该案可以看出，不可撤销信用证对买方有时会带来不利，特别是当卖方的货物质量与合同不符时。

2. 保兑信用证和不保兑的信用证

保兑的信用证（confirmed L/C）是指开证行开出的信用证又经另一家银行保证对符合信用证条款的单据履行付款义务。对信用证加以保兑的银行，称为保兑行。实践中，保兑行一般是通知行，通知行一般又是受益人（卖方）所在地的银行。开证行开出的信用证没有经过另一家银行保兑的信用证叫作不保兑信用证（unconfirmed L/C）。

保兑行承担与不可撤销信用证开证行同样的第一性义务，即负责付款、承兑和议付或保证付款、承兑和议付。自为信用证加具保兑之时起，保兑行即不可撤销地受到兑付或者议付责任的约束。保兑行保证向对于相符提示已经予以兑付或者议付并将单据寄往开证行的另一家被指定银行进行偿付。无论另一家被指定银行是否于到期日前已经对相符提示予以预付或者购买，对于承兑或延期付款信用证项下相符提示的金额的偿付于到期日进行。保兑行偿付另一家被指定银行的承诺独立于保兑行对于受益人的承诺。如开证行授权或要求另一家银行对信用证加具保兑，而该银行不准备照办时，它必须不延误地告知开证行并仍可通知此份未经加具保兑的信用证。

倘若规定的单据被提交至保兑行或者任何其他被指定银行并构成相符提示，保兑行必须：(1) 兑付，如果信用证适用于：由保兑行即期付款、延期付款或者承兑；由另一家被指定银行即期付款而该被指定银行未予付款；由另一家被指定银行延期付款而该被指定银行未承担其延期付款承诺，或者虽已承担延期付款承诺但到期未予付款；由另一家被指定银行承兑而该被指定银行未予承兑以其为付款人的汇票，或者虽已承兑以其为付款人的汇票但到期未予付款；由另一家被指定银行议付而该被指定银行未予议付。(2) 若信用证由保兑行议付，无追索权地议付。

保兑行在履行上述义务后，有权从开证行获得补偿和/或收取佣金。

3. 可转让信用证和不可转让信用证

根据 UCP600 第 38 条的规定，转让信用证意指明确表明其“可以转让”的信用证。转让信用证 (transferable L/C) 经转让银行办理转让后，可供第二受益人使用。第一受益人可以在其提出转让申请时，表明可在信用证被转让的地点，在原信用证的到期日之前（包括到期日）向第二受益人予以兑付或议付。

(1) 转让银行。转让银行意指办理信用证转让的被指定银行，或者，在适用于任何银行的信用证中，转让银行是由开证行特别授权并办理转让信用证的银行。开证行也可担任转让银行。银行无办理转让信用证的义务，除非该银行明确同意其转让范围和转让方式。

(2) 转让金额。根据受益人（“第一受益人”）的请求，转让信用证可以被全部或部分地转让给其他受益人（“第二受益人”）。倘若信用证允许分批支款或分批装运，信用证可以被部分地转让给一个以上的第二受益人。第二受益人不得要求将信用证转让给任何次序位居其后的其他受益人。第一受益人不属于此类其他受益人之列。

(3) 修改的通知。任何有关转让的申请必须指明是否以及在何种条件下可以将修改通知第二受益人。转让信用证必须明确指明这些条件。如果信用证被转让给一个以上的第二受益人，其中一个或多个第二受益人拒绝接受某个信用证修改并不影响其他第二受益人接受修改。对于接受修改的第二受益人而言，信用证已做相应的修改；对于拒绝接受修改的第二受益人而言，该转让信用证仍未被修改。

(4) 转载。转让信用证必须准确转载原证的条款及条件，包括保兑（如有），但下列项目除外：信用证金额，信用证规定的任何单价，到期日，单据提示期限，最迟装运日期或规定的装运期间。以上任何一项或全部均可减少或缩短。必须投保的保险金额的投保比例可以增加，以满足原信用证或本惯例规定的投保金额。可以用第一受益人的名称替换原信用证中申请人的名称。如果原信用证特别要求开证申请人名称应在除发票以外的任何单据中出现时，则转让信用证必须反映出该项要求。

(5) 单据替换。第一受益人有权以自己的发票和汇票（如有），替换第二受益人的发票和汇票（如有），其金额不得超过原信用证的金额。在如此办理单据替换时，第一受益人可在原信用证项下支取自己发票与第二受益人发票之间产生的差额（如有）。如果第一受益人应当提交其自己的发票和汇票（如有），但却未能在收到第一次要求时照办，或第一受益人提交的发票导致了第二受益人提示的单据中本不存在的不符点，而其未能在收到第一次要求时予以修正，则转让银行有权将其从第二受益人处收到的单据向开证行提示，并不再对第一受益人负责。

（6）提示。由第二受益人或代表第二受益人提交的单据必须向转让银行提示。

（7）转让费用。除非转让时另有约定，所有因办理转让而产生的费用（诸如佣金、手续费、成本或开支）必须由第一受益人支付。

不可转让信用证（Non-transferable Credit）是指受益人不能将信用证的权利转让给他人的信用证。

信用证未表明可转让，并不影响受益人根据所适用的法律规定，将其在该信用证项下有权获得的款项让渡与他人的权利。

值得注意的是，信用证的转让不等于买卖合同亦随之转让，因此，如果第二受益人不履行合同，第一受益人仍须对其与买方签订的买卖合同负责。

在国际贸易中，当某些中间商经营出口业务时，往往要求进口商开出可转让信用证。因为中间商自己手中并不掌握货物，他同进口商订立了出口销售合同之后，需要利用进口商开立的可转让信用证作为他向供货人取得货源的信用工具，这样，中间商不必动用自己的资金就可以从两者的差价中赚取利润。因此，在使用可转让信用证时，第一受益人有权用自己的发票（通常为原信用证规定的金额）替换第二受益人的发票（通常低于原信用证规定的金额），并可把原订的装船日期和有效期限适当提前。这样做的目的是：1）中间商作为第一受益人，可以从两张金额不同的发票中，把二者的差额作为自己赚取的利润；2）中间商可以避免让进口商知道谁是供货人，以防止进口商日后把他甩开而直接同供货人进行交易；3）使中间商可以按原信用证规定的条件和有效期办理交单结汇手续。

在我国出口业务中，有些交易是由总公司统一对外成交后，分口岸交货的，在这种情况下，为了便于各有关口岸在办理交货后，能就地及时结汇，外贸公司往往要求国外进口商开立可转让和可分割信用证。在进口交易中，如国外中间商确有需要，而且信用可靠，外贸公司有时也可要求银行对外开出可转让信用证。

4. 循环信用证和非循环信用证

循环信用证（Revolving L/C）是指信用证准许受益人在每次规定的金额使用后，能够重新恢复至原金额再度使用，直至达到规定的使用次数或总金额限度为止。循环信用证适用于一些定期分批均衡供应、分批结汇的长年供货合同。使用这种信用证，对卖方可以减少按每批交货逐批催证、审证的手续，并可以获得收回货款的保证。对买方则可以减少逐笔开证的手续和费用。我国对港澳地区的某些供货合同往往采用循环信用证付款。凡信用证所列的金额不可循环使用者，为非循环信用证（Non-Revolving L/C）。在实务中，一般的信用证都属非循环信用证。

循环信用证按“时间”依次循环可分为：（1）自动式循环信用证（Automatic Revolving）。每期用完一定金额，不需等待开证行的通知，即可自动恢复到原金额。（2）非自动循环信用证（Non-automatic Revolving）或通知循环信用证（Notice Revolving）。每期用完一定金额后，必须等待开证行通知到达，信用证才能恢复到原金额使用。（3）半自动循环信用证，也称定期循环信用证（Periodic Revolving），即每次用完一定金额后若干天内，开证行未提出停止循环使用的通知，自第×天起即可自动恢复至原金额。也就是说，受益人于装货议付后，必须经过一定期间方可恢复原金额再度使用。定期循环依契约的规定，可按月、按季循环使用，故也称半自动循环（Semi-Automatic Revolving）。

循环信用证按“金额”循环可分为：（1）积累循环信用证（Cumulative Revolving），指上期未使用之余额可转入下期使用。（2）非积累循环信用证（Non-Cumulative Revolving），指本期尚未使用的余额，不能转入下期使用。不能转入下期使用的尚未使用的余额视为过期、放弃和作废的金额处理，故称非积累循环。

5. 付款信用证、承兑信用证和议付信用证。

根据 UCP 600 的规定，信用证必须规定它是否适用于即期付款、延期付款、承兑抑或议付。

（1）付款信用证。

付款信用证（Payment L/C）是受益人在提交单据以及出具或不出具汇票后即可获得货款的信用证。如果信用证是不可撤销的，开证行根据付款信用证承担自己付款或保证指定的付款行付款的义务。

付款信用证又可依据付款时间分为即期付款信用证和远期付款信用证。即期付款信用证（Sight Payment L/C）是开证行或付款行在收到符合信用证规定的汇票或单据后，立即履行付款责任的信用证。由于即期信用证可使受益人通过银行付款或议付及时取得货款，因而在国际贸易结算中被广泛使用。即期信用证一般要求出具汇票，汇票的付款人是银行，但由于信用证有时规定无须开立汇票，所以，凡是凭单据立即付款的信用证，都是即期付款信用证。

远期付款信用证是指开证行或付款行在收到远期汇票或单据后，在规定期限内付款的信用证。其主要作用是便利进口商资金融通。远期信用证又可分为银行承兑信用证（Acceptance L/C）和延期付款信用证（Deferred Payment L/C）。延期付款信用证是受益人提示符合信用证规定的单据后，在规定期限内，由指定银行履行付款责任。延期付款信用证的特点一是板期，即受益人交单时即已确定付款到期日；二是远期付款不需汇票。由于不需要提供汇票的做法有效地规避了印花税，使得延期付款信用证曾在欧洲十分流行。

（2）承兑信用证。

承兑信用证（Acceptance L/C）是指受益人在银行或他人承兑其出具的汇票后即交单的信用证。如信用证是不可撤销的，那么根据该种信用证，开证行将承担下列义务：承兑以自己为付款人的汇票，并到期付款；保证以开证申请人或其他人为付款人的汇票得到承兑和到期付款。当然，只有在受益人开立远期汇票时，这种信用证才能实现。

（3）议付信用证。

议付信用证（Negotiation L/C）是指受益人开立汇票（即期或远期汇票），并附单据，将跟单汇票卖给信用证规定的议付行或（在信用证允许时）卖给任何银行，从而获得货款的信用证。当然，银行在贴现汇票时一般会对汇票金额打折扣。议付行根据受益人依照信用证出具的汇票及/或提交的单据向出票人及/或善意持票人履行付款，不得追索。如果议付信用证又是不可撤销信用证，开证行则承担下列责任：照付汇票金额，并对出票人及/或善意持票人无追索权；规定的议付行不议付时承担上述之付款义务。

议付是指由议付行对汇票和（或）单据付出对价。只审单据而不支付对价，不能构成议付。议付信用证又可分为公开议付信用证和限制议付信用证。公开议付信用证（Open Negotiation L/C）又称自由议付信用证（Freely Negotiation L/C），是指开证行对愿意办理议付的任何银行作公开议付邀请和普遍付款承诺的信用证，也就是说，任何银行均可按信用证条款自由议付信用证。限制议付信用证（Restricted Negotiation L/C）是指开证银行指定某一银行或开证行自己进行议付的信用证。公开议付信用证和限制议付信用证的到期地点都在议付行所在地。这种信用证经议付后，如因故不能向开证行索得票款，议付行有权对受益人行使追索权。

6. 即期信用证、远期信用证和假远期信用证

（1）即期信用证（Sight L/C）。

这是指开证行或付款行在收到符合信用证规定的跟单汇票或装运单据后，立即履行付款义务的信用证。

（2）远期信用证（Usance L/C）。

这是指开证行或付款行在收到信用证规定的单据时，在规定期限内履行付款义务的信用证。

（3）假远期信用证（Usance L/c Payable at sight）。

这是指信用证规定受益人开立远期汇票，由付款行负责贴现，并规定一切利息和费用由开证人承担。这种信用证表面上看是远期信用证，但出口人可以即期收到全部货款，实际上仍属即期收款，但对进口人来说，要承担承兑费和贴现费。因此，这种信用证又称为买方远期信用证（Buyer'Usance L/C）或“假远期信用证”。进口商开立假远期信用证可以套用付款行的资金，并可摆脱某些进口国外汇管制法上的限制。

假远期信用证与远期信用证的区别在于：1）开证基础不同。假远期信用证以即期付款的贸易合同为基础；而远期信用证以远期付款的贸易合同为基础。2）信用证条款不同。假远期信用证中有“假远期”条款；而远期信用证中只有利息由谁负担条款。3）利息的负担者不同。假远期信用证的贴现利息由进口商负担；而远期信用证的贴现利息由出口商负担。4）收汇时间不同。假远期信用证的受益人能够即期收汇；而远期信用证要等汇票到期后才能收汇。

7. 对开信用证

对开信用证（Reciprocal Credit）是指两张信用证申请人互以对方为受益人而开立的信用证。两张信用证的金额相等或大体相等，可同时互开，也可以先后开立。对开信用证多用于易货贸易或来料加工和补偿贸易业务。

在生效时间方面，有两种情况：一是同时生效的对开信用证，即一方开出的信用证虽已为对方所接受，但暂不生效，等另一方开来信用证被该证受益人接受时，通知对方银行两证同时生效；二是分别生效的对开信用证，即一方开出的信用证被受益人接受后随即生效，无须等待另一方开来信用证。

对开信用证的特点是：双方必须承担购买对方货物的义务，一方的出口必须以另一方的进口为条件，互相联系，互相制约，而且两证金额要相等或大致相等；第一张信用证的受益人（出口人）和开证人（进口人）就是第二张信用证的开证人（进口人）和受益人（出口人），两方地位刚好对调，第一张信用证的通知行通常就是第二张信用证的开证行，反过来也是一样。

8. 对背信用证

对背信用证（Back to back L/C）又称转开信用证，指受益人要求原证的通知行或其他银行以原证为基础，另开一张内容相似的新信用证，对背信用证的开证行只能根据不可撤销信用证来开立。对背信用证的开立通常是中间商转售他人货物，或两国不能直接办理进出口贸易时通过第三者以此种办法来沟通贸易。原信用证的金额（单价）应高于对背信用证的金额（单价），对背信用证的装运期应早于原信用证的规定。

9. 预支信用证

预支信用证（Anticipatory Credit，Prepaid Credit）是指开证行授权代付行（通知行）向受益人预付信用证金额的全部或一部分，由开证行保证偿还并负担利息，即开证行付款在前，受益人交单在后，与远期信用证相反。预支信用证凭出口人的光票付款，也要求受益人附一份负责补交信用证规定单据的说明书，当货运单据交到后，付款行在付给剩余货款时，将扣除预支货款的利息。

预支信用证分为全部预支和部分预支两种：(1) 全部预支信用证（Clean Payment Credit）是指仅凭受益人提交的光票预支全部货款，实际上等于预付货款，也有的要求受益人在凭光票预取货款时，须附交一份负责补交货运单据的声明书的信用证；(2) 部分预支信用证是指凭受益人提交的光票和以后补交装运单据的声明书预支部分货款，待货物装运后，货运单据交到银行再付清余款的信用证。其中，预支货款要扣除利息。为醒目起见，预支信用证的预支条款常用红字打出，故也称为“红条款信用证”（Red Clause Credit）。但现在使用的预支信用证的预支条款并非都用红字打出，即使用黑字打出，同样能起红条款信用证的作用。

10. 备用信用证

(1) 备用信用证的概念。

备用信用证（standby L/C）是第二次世界大战后在美国首先发展起来的一种信用工具。又称商业票据信用证、担保信用证。备用信用证是指开证行根据开证申请人的请求，对受益人开立的承诺承担某项义务的凭证。即开证行保证在开证申请人未能履行其义务时，受益人只要提交备用信用证规定的单据（例如提交开证申请人没有履行其义务的证明），即可取得开证行的偿付。备用信用证实质上是银行担保，属于银行信用。对受益人来说是备用于开证人违约时，取得补偿的一种方式。

(2) 有关备用信用证的法律规范。

在 UCP 500 和 UCP 600 中，信用证的概念中包含备用信用证。但是，UCP 对备用信用证不能完全适用，也不适合。即使最不复杂的备用信用证（只要求提供一张汇票），都有 UCP 中未涉及的问题。更复杂的备用信用证（诸如涉及期限较长，自动展期，要求转让，请求受益人为另一受益人作出其自身承诺等），就需要更加专门的行为规则。为此，国际商会于 1998 年在第 590 号出版物上发布了《国际备用证惯例》（international standby practices，ISP），1999 年 1 月 1 日生效。ISP 98 有前言和如下 10 条内容：总则；义务；提示；审核；单据的通知、排除和处理；转让、让渡及法定转让；撤销；偿付义务；时间安排；联合开证/共享。ISP 98 旨在适用于备用信用证（包括履约、金融和直接付款备用信用证）；备用信用证或其他类似承诺，无论如何命名和描述，用于国内或国际，都可通过明确的援引而使其受 ISP 规则的约束。

适用 ISP 的承诺简称“备用证”（standby）。《国际备用证惯例》具有如下特点：1) 适用于备用信用证和类似承诺。2) 适用于国内和国际备用证。3) 明确援引 ISP 98。4) 承认电子交单。5) 优于 UCP 500。6) 扩大了开证人，开证人不局限于银行。

此外，联合国于 1995 年 12 月 11 日还通过了《联合国独立担保和备用信用证公约》（United Nations Convention on Independent Guarantees and Stand-by Letters of Credit），2000 年 1 月 1 日生效。该公约共有 7 章 27 条，规定了适用范围、保证、保证的独立性、保证的国际性等。

目前有 8 个缔约方①，中国没有加入该公约。该公约旨在促进使用独立担保和备用信用证，尤其是在传统上只使用其中一种票证的情况下。该公约还牢固地确认了独立担保和备用信用证的共同基本原则和共有特点。

（3）备用信用证的特点。

备用信用证与一般商业信用证相比，具有以下特点。

第一，一般商业信用证主要涉及买卖合同货款的支付，开证银行仅在受益人（卖方）提交有关单据证明他已经履行买卖合同时，才支付信用证项下的货款；备用信用证则是在受益人提供单证证明债务人（开证申请人）没有履行基础交易中的义务时，开证银行才支付信用证项下的款项。

第二，在正常情况下，当采用一般商业信用证时，开证银行期待并愿意按信用证规定对受益人开出的汇票及单据付款，因为这表明开证申请人和受益人之间的交易（如买卖合同）在正常进行（如卖方已履行交货义务并取得装运单据）；但是，备用信用证的开证银行则并不希望按该信用证规定对受益人开出的汇票及提供的单证付款，因为这表明开证申请人和受益人之间的交易出了问题，在前一种情况下，开证申请人一般也希望开证行对受益人所提供的、符合信用证要求的单据付款，以便取得单据项下的货物，从而使买卖交易的最终目的得以实现；但在后一种情况下，备用信用证的开证申请人则总是力图否认自己有违约行为，设法让开证银行拒绝对受益人付款。

第三，在进出口业务中，一般商业信用证以买方为开证申请人，以卖方为受益人；但在备用信用证中，开证申请人和受益人既可以是卖方也可能是买方。

（4）备用信用证与银行独立保函。

备用信用证在性质上与银行独立保函（Letter of Guarantee，L/G）相类似，它主要用于借款保证、投标保证、履约保证、赊购保证等。由于美国法律不允许银行为其客户提供银行独立保函，因此美国的银行就用开立备用信用证的办法来代替保函。但是近年来，美国等一些国家已开始把备用信用证用于保证买卖合同项下货款的支付，其目的是减轻一般商业信用证所要求的审查单证的麻烦和费用。其做法是：由买方通过银行向卖方开出相等于发票金额的备用信用证，卖方发货后，直接把发票寄交买方，如买方按发票付款，该信用证就备而不用。如果买方不按发票支付货款，卖方就可以根据备用信用证的规定，开立相当于发票金额的汇票，并附具一份证明买方未按发票付款的文件，要求开证银行付款。这样，银行就不必费时去审查各种商业单据，银行费用也会相应降低。

银行保函又称保证书，是指银行、保险公司、担保公司或担保人应申请人的请求，向受益人开立的一种书面信用担保凭证，保证在申请人未能按双方协议履行其责任或义务时，由担保人代其履行一定金额、一定时限范围内的某种支付或经济赔偿责任。银行保函是由银行开立的承担付款责任的一种担保凭证，银行根据保函的规定承担绝对付款责任。银行保函大多属于“见索即付”（无条件保函），是不可撤销的文件。银行保函的当事人有委托人（要求银行开立保证书的一方）、受益人（收到保证书并凭以向银行索偿的一方）、担保人（保函的开立人）。

国际商会曾于 1992 年在第 458 号出版物上发布了《见索即付保函统一规则》（Uniform rules for demand guarantees，URDG）。该规则未涉及备用信用证术语，但在技术上包含备用信

---

① 8 个缔约方是：白俄罗斯、厄瓜多尔、萨尔瓦多、加蓬、科威特、利比里亚、巴拿马、突尼斯。

用证，ICC建议沿用UCP。根据URDG 458的规定，包含通常载明有关当事人（名称与地址）；开立保函的依据；担保金额和金额递减条款；要求付款的条件。

银行保函按用途可分为：1）投标保证书。这是指银行、保险公司或其他保证人向招标人承诺，当申请人（投标人）不履行其投标所产生的义务时，保证人应在规定的金额限度内向受益人付款。2）履约保证书。这是指，保证人承诺如果担保申请人（承包人）不履行他与受益人（业主）之间订立的合同时，应由保证人在约定的金额限度内向受益人付款。此保证书除应用于国际工程承包业务外，同样适用于货物的进出口交易。3）还款保证书。这是指银行、保险公司或其他保证人承诺：如申请人不履行他与受益人订立的合同的义务，不将受益人预付、支付的款项退还或还款给受益人，银行则向受益人退还或支付款项。还款保证书除在工程承包项目中使用外，也适用于货物进出口、劳务合作和技术贸易等业务。

由于独立保函种类繁多，包括履约保函、预付款保函、投标保函等多种形态，相关当事人之间的法律关系复杂，因而独立保函纠纷案件在确定管辖、适用法律和划分责任方面裁判标准不统一的情况较为严重，止付标准低、止付程序不规范的现象时有发生。最高人民法院在2016年发布了《关于审理独立保函纠纷案件若干问题的规定》。该规定共26条，包括6项主要内容：第一，明确界定独立保函的性质，有效统一裁判思路。第二，统一国际国内独立保函交易的效力规则，坚持平等保护当事人权益。第三，明确独立保函的独立性和单据性特征，保证付款的快捷性和确定性。第四，严格界定欺诈情形及证明标准，审慎确定独立性原则的例外。第五，严格规范止付程序，维护程序公正和实体公正。第六，依法确认开立保证金的金钱质权性质，规范针对开立保证金的强制措施。此外，该规定还对独立保函的开立与生效、转让、终止以及涉外独立保函的管辖权和准据法等问题作出了规定。①

（六）信用证独立原则

UCP规定，信用证与可能作为其依据的销售合同或其他合同，是相互独立的交易。即使信用证中提及该合同，银行亦与该合同完全无关，且不受其约束。因此，一家银行作出兑付、议付或履行信用证项下其他义务的承诺，并不受申请人与开证行之间或与受益人之间在已有关系下产生的索偿或抗辩的制约。受益人在任何情况下，不得利用银行之间或申请人与开证行之间的契约关系。开证行应劝阻申请人将基础合同、形式发票或其他类似文件的副本作为信用证整体组成部分的做法。

（七）审单义务

1. 审单范围

UCP规定，银行处理的是单据，而不是单据所涉及的货物、服务或其他行为。按照指定行事的被指定银行、保兑行（如有）以及开证行必须对提示的单据进行审核，并仅以单据为基础，以决定单据在表面上看来是否构成相符提示。提示若包含一份或多份联运单据，提单，非转让海运单，租船合约提单，空运单据，公路、铁路或内陆水运单据，快递收据，邮政收据或投邮证明的正本运输单据，则必须由受益人或其代表按照相关条款在不迟于装运日后的21个公历日内提交，但无论如何不得迟于信用证的到期日。提示信用证中未要求提交的单据，银行将不予处理。如果收到此类单据，可以退还提示人。如果信用证中包含某项条件而未规定需提

① 参见最高人民法院关于《关于审理独立保函纠纷案件若干问题的规定》答记者问，2016年11月22日。

交与之相符的单据，银行将认为未列明此条件，并对此不予处理。单据的出单日期可以早于信用证开立日期，但不得迟于信用证规定的提示日期。

在信用证方式中，不同当事人之间具有不同的权利和义务，但是，也有一些是信用证所涉银行所承担的相同义务和相同的免责理由。

2. 单证、单单表面一致原则

值得注意的是，根据 UCP 500 的规定，银行应该合理谨慎地审核单据，如果单证、单单表面互不一致，银行有权拒绝付款。但是，如何理解如何操作才是合理谨慎 UCP 500 并没有明确规定。因此，在实践中，银行和司法界的做法有两种：严格一致标准和实质一致标准。

（1）严格一致标准（Principle of Strict Compliance）。

严格一致标准，即 ICC 第 511 号出版物所说的"镜像"（Mirror Image）原则，主张单据与信用证条款之间要像照镜子一样逐字逐词地完全相同，而且单据之间必须相互一致。也就是说，信用证受益人向银行提交各种单据请求银行依信用证付款时，单据表面上看必须严格符合信用证条款的要求银行才予以付款，银行有权拒收没有严格符合信用证条款的单据，"哪怕只是微不足道的背离也不例外"。

在 Equitable Trust Company of New York v. Dawson Ratner Ltd. 一案[①]中，被告向雅加达卖方购买一批货物，指示原告即开证行开立一张以卖方为受益人的信用证，凭专家们出具的品质证书等单据付款。开证行根据某个专家出具的证明书付了款，但实际上卖方所装货物大部分为废品，而专家没有察觉。法院认为，原告开证行无权向开证申请人请求偿付，因为它违背被告开证申请人的指示，凭一个专家而不是多个专家的证明书付款。Viscount Sumner 法官指出[②]：

The appellants sued, according to their statement of claim, for damages for breach of the respondents' obligation to accept documents tendered by the plaintiffs and to reimburse to them the amount of a bill of exchange which they had accepted under a confirmed credit opened at the defendants' request. Alternatively, the amount is claimed as an indemnity against all losses and liabilities incurred in consequence of having accepted the bill under the credit. The substance of the claim is really the indemnity for which in terms the letter of credit provides.

The contract sued on—a confirmed credit of an ordinary kind—was made in writing in London between the parties to the action themselves. By its terms reimbursement is to be made on presentation of "the documents", and "the documents," in terms of the credit as ultimately agreed, include "a certificate of quality to be issued by experts who are sworn brokers." What the plaintiffs tendered, as one of the documents and as the only certificate of quality, was one issued by only one expert who was a sworn broker, and by nobody else. There is really no question here of waiver or of estoppel or of diligence or of negligence or of breach of a contract of employment to use reasonable care and skill. The case rests entirely on performance of the conditions precedent to the right of indemnity, which is provided for in the letter of credit.

It is both common ground and common sense that in such a transaction the accepting bank can only claim indemnity if the conditions on which it is authorised to accept are in the matter of the ac-

---

① （1927）27 Ll. L. Rep. 49.

② House of Lords. HL, Thursday, Nov. 25, 1926; Jan. 20, 1927. Before the Lord Chancellor (Viscount Cave), Viscount Sumner, Lord Atkinson, Lord Shaw and Lord Carson.

companying documents strictly observed. There is no room for documents which are almost the same, or which will do just as well. Business could not proceed securely on any other lines. The bank's branch abroad, which knows nothing officially of the details of the transaction thus financed, cannot take upon itself to decide what will do well enough and what will not. If it does as it is told, it is safe; if it declines to do anything else, it is safe; if it departs from the conditions laid down, it acts at its own risk. The documents tendered were not exactly the documents which the defendants had promised to take up, and *prima facie* they were right in refusing to take them.

The plaintiffs sought to bring the certificate tendered within the documents stipulated for by saying that on a business construction of a business document the certificate of one expert really is or may be what is meant by the "certificate of experts." This last expression, it is accordingly suggested, means in a business sense the certificate either of one or of more than one. In plain English, of course, it does not. A certificate of experts may, I suppose, be that of any number from two to infinity, but it cannot be satisfied by the certificate of one expert only. People may, and I dare say do, talk loosely of consulting "solicitors" and of calling in "surveyors" without troubling about the distinction between the case of a single professional man, practising by himself, and that of two or more practising in partnership. So, too, in taking of a ship one speaks of the owners or of the charterers doing this or that, without much troubling whether they actually are of the singular or of the plural number. In a written and highly formal contract this laxity is inadmissible. In the absence of any evidence to prove a special meaning acquired by the word as a term of art or as a commercial slang word, "experts" must be taken to mean what it says, and it does not say "an expert." If support for this is needed, I think it is found in the words "who are sworn brokers." I do not known why brokers are sworn cr what exactly swearing them adds to their integrity or to their status, but, at any rate, the taking of oaths is a personal matter. No one can swear "for self and partners" and "experts who are sworn brokers" are neither a firm of expert brokers, one of whom is sworn, nor one sworn and expert broker carrying on business by himself. The latter was the position of Mr. Droop, of Batavia, who alone issued this certificate of quality, and I think his certificate would not do.

The argument being, as I have said, that on this occasion commercial colloquialism would treat "more than one" and "not more than one" as the same thing, the contention is next raised that the contract contained an ambiguity proceeding from the respondents, who must therefore accept as a sufficient performance the action taken on the message as coded. This alleged ambiguity can only be latent, for the words are as plain as can be. The respondents requested that the credit should be opened by cable. They no doubt knew that the message would be sent in the main, if not entirely, in code. Their own code, the ABC, used the same group of letters— "ECIZX" —for "expert" and for "experts," and in other respects left it to be guessed or otherwise determined whether the singular or the plural was the real meaning. They knew that the Hongkong & Shanghai Bank would use a code of their own, and, if they considered the point, they would see that this code might—as in fact it did—adopt the same loose system of letters. That is all. The clerk in London who coded the written message knew that "experts" was the word in the contract. He knew that the sign be used in the coded message was common to both numbers. The decoding clerk in Batavia did not know which it was to be, and the result was that, when Mr. Rogge presented among his documents the certificate in question, somehow or other it was accepted as a correct compliance with the coded instructions. But for Rogge's frauds, no doubt it would not have mattered, nor did the respondents suppose that it would matter, until detection overtook him. In fact, the certificate was exactly what had been arranged for by Rogge according to his cable of Feb. 19, 1925, though again owing to the old confusion the respondents did not know it. When Rogge's fraud was found out and the documents came forward, its importance became apparent, for it might enable them to escape from taking up the documents and paying for them. Why should they not take the point? In any case, where is the ambiguity in the language and the letter of credit? I fail to find any.

The contention that there was any relation of principal and agent between the respondents and the Hongkong & Shanghai Bank has rightly been given up, and although the respondents' request may amount to saying: "Please send this in the bank's private code," it certainly does not further mean "and do not use and words *en clair*." Nor does it assist us to call that bank the post office selected for the transaction. In effect the introduction of the Hongkong & Shanghai Bank simply made their Batavia branch the plaintiff company's Java correspondents *pro hac vice*. The appellants' case must therefore be either that the possibility of a mistake in transmission constitutes in itself an ambiguity in the document to be transmitted, or that the course of business to be pursued in regard to transmission leads to an implied defeasance of the express condition. The contract is to this effect: "Provided that, among other things, you produce a certificate of experts, we will indemnify you against your acceptance and payment of the draft." The prescribed business of coding and cabling, on their contention, accordingly imports an implied defeasance, to this effect: "If, however the certificate mentioned is not forthcoming owning to a mistake in the coding of the messages, we will not rely upon the non-performance of this condition but will indemnify you just the same."

My Lords, the fist alternative is impossible on the face of it. A document that somebody cannot bungle in transmission exists only theoretically. To the other alternative one answer is conclusive, though there may well be others. Everyone concerned could see that the letter group used did not really express the contract word, "experts," but left the message in doubt between "expert" and "experts," but he could see also, that the addition or "two or more," in code or *en clair*, would have cleared it up, would cost the senders nothing since the respondents paid for the cable, and would ensure a correct transmission. It is not as if the Hongkong & Shanghai Bank had had to telegraph in a foreign tongue or to telephone words of identical sound but of different sense and spelling.

How can the required implication arise against plain written words, unless a most complete necessity can be proved? There was no such necessity. Many people might have thought that it did not matter which grammatical number the substantive had, and perhaps neither clerk was to blame; but the result is that the risk, such as it was, rested where it fell, and it did not fall on the respondents' shoulders, nor had they undertaken to bear it.

Accordingly I can see no reason why they should have less than their strict rights on this appeal, and do not think it necessary to deal with the further point debated, namely, that the signature of the Secretary of "De Handels vereeniging te Batavia" to a statement, that he knows Mr. Droop as a sworn broker and the only expert in vanilla in the town, is not a compliance with the words "certificate of quality…signed by the Chamber of Commerce." I think the judgment in the respondents favour was right.

在 Bank Melli Lran v. Barclays Bank（1951 年）一案中，有一家伊朗的买主从英国卖主处购买了美国卡车。伊朗米尔利银行根据买主的指示，开了一张信用证给卖方，巴克莱银行是通知行。开证行在发给通知行的指示中载明：该信用证是用来支付"一百部新的雪佛兰卡车"的价金，并要求提示美国政府有关这方面的证书。但是，提交给巴克莱银行的单据含糊不清和互相矛盾。发票上写的是这些卡车处于"新的状态"（in a new condition），政府的证书把它们称为"新的、好的"（new good），并且没有按信用证的要求注明证明的卡车就是上述买卖合同项下的卡车，提货单却写成"新好"（new-good）。巴克莱银行根据这些单据付了款，并将之转递给伊朗米尔利银行。在该案中，法官首先判决原告有权拒受单据。

银行之所以坚持单证严格一致原则，原因如下：一是违反这个原则将给银行特别是开证行带来严重后果。在行市下跌、质量与买卖合同规定不符、交货延迟或其他情况中，买方往往以单证不符而拒绝付款赎单从而使开证行受损；二是通过信用证方式付款的买卖合同成千上万，从事的交易种类繁多，银行从事的是金融事业，对买卖和其他交易的习惯和术语等所知无几，如果买方在开证指示中要求单据必须载明什么内容，银行并不知道这些内容对买方的重要性或其实际意义和含义，银行不应自作主张允许单证不符或有所不符。

（2）实质一致标准（Principle of Substantial Compliance）。

实质一致标准又称实质性的合理相符原则（Substantial and Reasonable Compliance），它是指当信用证的要求与提示的单据之间存在一定差异时，仍然认定单证相符，即允许单据存在不至于对开证申请人造成伤害的差异。

案例

CROCKER COMMERCIAL SERVICES, INC. v. COUNTRYSIDE BANK①

Beneficiary of letter of credit brought action against bank for dishonoring letter of credit. On cross-motions for summary judgment, the District Court, Shadur, J., held that beneficiary of letter of credit was entitled to payment where it reasonably complied with its terms. Beneficiary's motion granted; bank's motion denied.

Shadur, District Judge.

Crocker Commercial Services, Inc. ("Crocker") sues Countryside Bank ("Bank") for having dishonored Bank's $20, 000 irrevocable letter of credit (the "Letter of Credit") in Crocker's favor as beneficiary, issued for the account of Bank's customer Everyone's Effort, Inc. ("Effort"). Crocker and Bank have filed cross-motions for summary judgment. For the

① United States District Court, N. D. Illinois, Eastern Division, No. 81 C 1257, Dec. 30, 1981.

reasons stated in this memorandum opinion and order Crocker's motion is granted and Bank's is denied.

Facts:

This fact statement is based on the parties' stipulation (including documents incorporated as part of the stipulation).

Crocker, a California corporation, is a wholly owned subsidiary of Crocker National Bank engaged in the factoring business. It provides financial services to manufacturers and suppliers of clothing, in part by purchasing accounts receivable generated by their sales of that clothing. On January 17, 1980 its corporate name was changed from Crocker United Factors, Inc. to Crocker Commercial Services, Inc.

Some two weeks later Bank issued the Letter of Credit to Crocker reading in relevant part (emphasis added to indicate the material language for purposes of this action):

Drafts must be accompanied by:

Your signed statement certifying that the funds drawn hereunder are due you on account of Everyone's Effort, Inc., failure to pay, within terms quoted therein, invoice (s) issued to them by Crocker Commercial Services, I IBM Plaza, Suite 3335, Chicago, Illinois 60611 that demand for payment has been made and the funds have not been forthcoming from Everyone's Effort, Inc., or any other source.

Crocker proceeded to factor the accounts receivable of its several customers who sold clothing to Effort. Concurrently with each sale the resulting account receivable was assigned to Crocker on the invoices preprinted with legends reflecting the assignment and identifying the assignee as Crocker United Factors, Inc.

Apparently most of Crocker's customers continued to use invoice forms with its old corporate name, although a few of the invoices did name Crocker Commercial Services, Inc. as assignee.

Crocker made every reasonable effort to collect from Effort but was not successful. On January 16, 1981, within the extended period of the Letter of Credit (which by renewal was to expire January 21, 1981), Crocker delivered to Bank its $20,000 sight draft and the following certification (again emphasis has been added for the same reason as above):

We hereby certify that the funds drawn hereunder are due us on account of Everyone's Effort Inc. 'sfailure to pay, within terms quoted therein, invoices issued to them by factored clients of Crocker Commercial Services, and which are assigned to Crocker Commercial Services, 1 IBM Plaza, Suite 3335, Chicago, Illinois 60611. We also certify that demand for payment has been made, and the funds have not been forthcoming from Everyone's Effort, Inc. or any other source.

Although not required to do so Crocker accompanied the draft and certification by copies of the underlying invoices and a summary schedule on a "Crocker United Factors, Inc." form, listing past due invoices aggregating $37,392.50. Its forwarding letter concluded:

Please use the enclosed return envelope for your payment, otherwise it may result in unnecessary delays in processing. If you have any questions, please retain all documents and place an urgent telephone call to the undersigned at (312) 853 - 3460.

Instead Bank waited until the Letter of Credit had expired and wrote Crocker January 30, 1981 stating: The documents on their face are not in accordance with the terms and conditions of the credit.

It referred to the disparity in language reflected by the emphasis in the previous quotations and the fact that the accompanying invoices and the invoice schedule were those of Crocker United Factors, Inc. and not Crocker Commercial Services. This action followed.

Applicable Law:

This diversity action (Bank is an Illinois corporation) looks to Illinois conflict of laws rules under Klaxon Co. v. Stentor Mfg. Co., 313 U.S. 487, 61 S. Ct. 1020, 85 L. Ed. 1477 (1941). Under the test employed by the Illinois courts (Cook Associates, Inc. v. Colonial Broach & Machine Co., 14 Ill. App. 3d 965, 971, 304 N.E. 2d 27, 31 - 32 (1st Dist. 1973)) Illinois substantive law applies, for Bank issued the Letter of Credit here to Crocker at its Chicago office for the account of Effort, an Illinois-based customer.

Crocker's Substantial Compliance:

This time of year invariably brings forth a spate of dramas in which the hard-hearted banker is the villain, sometimes regenerate (Scrooge in Dickens' Christmas Carol), sometimes unregenerate (as in Frank Capra's It's a Wonderful Life). By chance this is the second occasion during the past two weeks in which the Court has had to deal with the unregenerate type-which tries to extricate itself from an unquestioned obligation by the kind of hypertechnical argument that has often tended to give the term "banker" pejorative connotations.

See this Court's opinion in American Employers Insurance Co. v. Pioneer Bank and Trust Co., —F. Supp.—, 81 C 4308 (Dec. 18, 1981), in which the same First Arlington decision relied on in the text of this opinion defeated similar efforts by a bank to escape just liability.

Illinois law however rejects Bank's position. Last year's decision in First Arlington National Bank v. Stathis, 90 Ill. App. 3d 802, 814 - 16, 46 Ill. Dec. 175, 185 - 86, 413 N.E. 2d 1288, 1298 - 99 (1st Dist. 1980) turned away from the "traditional standard" of strict compliance to confirm that reasonable compliance with a letter of credit entitles beneficiary to payment.

Under a fair application of the First Arlington reasonable compliance doctrine, Crocker is clearly entitled to payment:

(1) Its certification conformed precisely to the Letter of Credit by referring to "Crocker Commercial Services." Although it gratuitously enclosed documents that referred to "Crocker United Factors, Inc.," and though that disparity might possibly have relieved Bank of

responsibility had it been a real discrepancy, the fact is that no discrepancy existed. Crocker United Factors, Inc. was Crocker Commercial Services, and Bank will not be permitted to palter with justice by its less than specious argument. Because the same corporation was involved, the change in corporate name does not negate "reasonable compliance."

Bank seeks to rely on Article 7 of the Uniform Customs and Practices for Documentary Credits (1974 revision), incorporated by reference in the Letter of Credit. Crocker however points out that UCC s 5-114 (1), Ill. Rev. Stat. ch. 26, s 5-114 (1), deals with "specified documents," so that the issuer cannot predicate dishonor on unspecified documents. Pastor v. National Republic Bank, 76 Ill. 2d 139, 151, 28 Ill. Dec. 535, 540, 390 N. E. 2d 894, 899 (1979); First Arlington, 90 Ill. App. 3d at 807-08, 46 Ill. Dec. at 180-82, 413 N. E. 2d at 1293-94. Crocker has the better of the argument under Illinois law, so that Bank would not be successful even on its own terms. In any case the text analysis defeats Bank on independent grounds.

(2) Bank's parsing of the language to distinguish invoices "issued...by Crocker" from invoices "issued by factored clients of Crocker...and...assigned to Crocker" is pretextual and will also not be allowed to prevail. Bank's Letter of Credit agreed to guarantee credit extended by Crocker for the account of Effort, and that is precisely what took place-albeit by factoring the sale of goods to Effort instantaneously with such sales. Moreover the accompanying documentation (on which Bank seeks to rely so heavily for its other purposes) discloses the facts plainly. Crocker's six-page billing directly to Effort refers to and itemizes "invoices." First Arlington's standard of reasonable compliance is unquestionably satisfied.

Bank's Waiver or Estoppel:

There is another and self-sufficient ground that, though not mentioned by either party, also defeats Bank's nit-picking position. Bank's conduct may fairly be viewed as creating either a waiver or an estoppel, for it stood by silently and permitted the Letter of Credit to run out, even though an identification of the claimed deficiencies would have enabled Crocker to cure them.

Crocker hand-delivered its draft, certificate, accompanying documents and forwarding letter to Bank January 16, 1981 (a Friday). Under UCC s 5-112 (1) Bank was given "until the close of the third banking day following receipt" to pay the draft, failing which it was dishonored. No Illinois case has decided whether the day of receipt is counted for that purpose (in which case Bank would have had to notify Crocker of dishonor by the close of the banking day January 20) or is not counted (in which case the date would be January 21).

Nor does the stipulation indicate whether Saturday, January 17 was a banking day for Bank. It it were the relevant date would be one day earlier on either hypothesis.

If Bank had to notify Crocker before the Letter of Credit expired January 21, First Arlington would again point the way, for it confirms the doctrine of waiver in connection with the dishonor of letters of credit，90 Ill. App. 3d at 812，46 Ill. Dec. at 183，413 N. E. 2d at 1296. This Court will simply quote from its opinion in American Employers（see n. 3），538 F. Supp. at 1357：

That argument（that failure to respond waives objections to the demand under a letter of credit）has force as to many kinds of defective compliance by a beneficiary. In First Arlington the Bank was held to have waived all objections not specifically stated in its pre-litigation refusal to honor the letter of credit. It should follow a fortiori that an issuer's failure to present any objections waives all objections. If First Arlington were not so applied，the issuer would be better off to raise no objections. But the whole point of requiring a response is to enable the beneficiary to correct any curable defects. By failing to provide any indication of why an issuer is dishonoring a demand the issuer forces the beneficiary to file suit. See Barclays Bank D. C. O. v. Mercantile National Bank，481 F. 2d 1224，1236 - 37（5th Cir. 1973）.

First Arlington is further supported by the Illinois Code comment to Section 5 - 114：

A party may be precluded from raising the issue of conformity on grounds of waiver or estoppel. Continental National Bank v. National City Bank，69 F. 2d 312（9th Cir. 1934）；Lamborn v. National Bank of Commerce，276 U. S. 469，48 S. Ct. 378（72 L. Ed. 657）（1928）；Consolidated Sales Co. v. Bank of Hampton Roads，193 Va. 307，68 S. E. 2d 652（1952）.

Other jurisdictions are in accord. Barclays Bank D. C. O. v. Mercantile National Bank，481 F. 2d 1224（5th Cir. 1973）；Chase Manhattan Bank v. Equibank，550 F. 2d 882（3d Cir. 1977）.

For that reason the failure to make timely objection is a waiver of any curable flaws in the beneficiary's demand. Had Bank voiced its objections to Crocker at any time through January 20，Crocker could have cured the hypertechnical language difficulties now relied upon by Bank. It is only equitable to apply the doctrine of waiver-if the time sequence permits-to bar Bank's purported defenses.

If Crocker had delivered a certification in verbatim compliance with the Letter of Credit，Bank would not have been entitled to go behind the certification. Pastor；First Arlington；Baker v. National Boulevard Bank，399 F. Supp. 1021，1024（N. D. Ill. 1975）. Crocker would of course have been liable to Effort were that certification false.

It would seem more reasonable，though，to construe UCC s 5 - 112（1）to exclude the day of receipt from the three-banking-day count. If so（and if the factor referred to in n. 5 is inapplicable）Bank could have deferred honor of the draft until the close of the January 21 banking day，in which event the Letter of Credit would have expired.

Though waiver could not then be held to have occurred，the situation nonetheless calls for invocation of an estoppel against Bank. Each of the matters it now relies on was apparent on the face of the certification-Bank needed no time for investigation. Indeed Bank's arguments simply contrast the language of the certification and accompanying documents with the literal language of the Letter of Credit. Had Bank done what Crocker reasonably requested in the form of an "urgent telephone call" identifying the now-alleged problems, Crocker could have timely delivered a conforming document. All the classic components of estoppel are present.

Accordingly alternate grounds of waiver or estoppel serve to support summary judgment in Crocker's favor. It should be stressed that this holding is independent of the doctrine of "reasonable compliance," which alone requires the same result.

Conclusion:

There is no genuine issue as to any material fact, and Crocker is entitled to a judgment as a matter of law. Crocker's motion for summary judgment is granted, while Bank's is denied. Because Crocker has not identified the basis for its prayer that it be allowed reasonable attorney's fees, this opinion does not rule on that aspect of its motion.

实质相符原则与严格一致原则相比，更加注重开证行处理单据的灵活性和弹性。赞同该标准的学者认为，应当抛开信用证条款的字面意思来考虑不符点是否给审单员在审查关键问题时造成了不确定感、该不符点是否将误导审单员认为其与信用证的规定相符等因素。ICC专家委员会在解释UCP 500第13条中的国际标准银行实务时认为：有经验的银行知道在单据和信用证条款之间，一个字与一个字的，一个字母与一个字母的相符，实际上是不可能的。此外，国际商会中国国家委员会也指出："在银行信用证业务中，由于仅以单据的表面相符为基础决定是否付款，因此，一般应对单据的形式审查采取严格标准。但任何严格都是相对的，不存在绝对的一致……在实践中，如果片面采取严格相符的标准，不仅有碍国际贸易的正常进行，而且事实上也是无法操作的。因此，国际上对运输单据、保险单据、商业发票等对申请人实质利益有重大影响的单据审查采取从严标准，而对其他一般单据及不影响申请人和开证行实质利益的地方有审查从宽的趋势，具体的掌握分寸都以合理为限度，合理平衡对当事人各方利益的保护，杜绝权利滥用。至于何谓合理，一般以行业在具体情况下的普遍认同标准为准。"①

根据英国判例法，单证一致原则未必要求整套单据的每一份单据都要载明信用证所要求的细节，只要整套单据结合起来能反映信用证规定的内容即可，特别是对货物的描述。在英国1955年Midland Bank Ltd. v. Seymour②一案中，一家英国商行向香港卖方购买了一批鸭毛，条件是C&F汉堡。它给银行的指示是：单据必须表明"下述货物系由香港装船运往汉堡"。同时，在"品名、规格、数量及价格"中还规定："香港鸭毛，净毛86%；十二包，每磅重量约一百九十磅；每磅五先令"。提单只把货物填成"香港鸭毛十二包"。可是，如果把所有单据，即提单、发票、重量单和原产地证明书结合起来审阅，却包含了对货物的完整描述。买方主张银行无权根据信用证借记他的账户，因为提单上没有对货物进行全面描述。德夫林（Devlin）法官驳回了这种论点，判决银行已经信守了对它的委托。这一精神已为UCP所接受，其第37条C款规定："商业发展中的货物描述，必须与信用证规定相符。其他一切单据则可使用货物

① ICC CHINA银行委员会意见汇编（1998—2003），99页，北京，民主法制出版社，2003。
② ［1955］2 Lloyd's Rep. 147.

统称，但不得与信用证规定的货物描述有抵触。”这在一定程度上缓和或者说削弱了单证一致的要求。

正是由于银行和司法实践对单证表面一致标准有不同理解，因此，UCP600 采取了更加切合实际的审单标准，即采取“不冲突”标准。它要求单据中内容的描述不必与信用证、信用证对该项单据的描述以及国际标准银行实务完全一致，但不得与该项单据中的内容、其他规定的单据或信用证相冲突。除商业发票外，其他单据中的货物、服务或行为描述若需规定，可使用统称，但不得与信用证规定的描述相矛盾。如果信用证要求提示运输单据、保险单据和商业发票以外的单据，但未规定该单据由何人出具或单据的内容，只要所提交单据的内容看来满足其功能需要且其他方面与第 14 条（d）款①相符，银行将对提示的单据予以接受。当受益人和申请人的地址显示在任何规定的单据上时，不必与信用证或其他规定单据中显示的地址相同，但必须与信用证中述及的各自地址处于同一国家内。用于联系的资料（电传、电话、电子邮箱及类似方式）如作为受益人和申请人地址的组成部分将被不予处理。显示在任何单据中的货物的托运人或发货人不必是信用证的受益人。当开证行确定提示相符时，就必须予以兑付。当保兑行确定提示相符时，就必须予以兑付或议付并将单据寄往开证行。当被指定银行确定提示相符并予以兑付或议付时，必须将单据寄往保兑行或开证行。

如单据表面与信用证条款不符，银行可以拒绝接受。也即当按照指定行事的被指定银行、保兑行（如有）或开证行确定提示不符时，可以拒绝兑付或议付。此外，银行也可以自行确定联系申请人对不符点予以接受。当开证行确定提示不符时，可以依据其独立的判断联系申请人放弃有关不符点。

3. 及时通知全部不符点原则

该义务包括以下方面：(1) 通知必须以电讯方式发出，或者，如果不可能以电讯方式通知时，则以其他快捷方式通知，但不得迟于提示单据日期翌日起第五个银行工作日终了。② (2) 按照指定行事的被指定银行、保兑行（如有）或开证行可以在提供要求提供的通知后，于任何时间将单据退还提示人。(3) 当开证行拒绝兑付或保兑行拒绝兑付或议付，并已经发出通知时，该银行将有权就已经履行的偿付索取退款及其利息。(4) 当按照指定行事的被指定银行、保兑行（如有）或开证行决定拒绝兑付或议付时，必须一次性通知提示人。通知必须声明：银行拒绝兑付或议付；及银行凭以拒绝兑付或议付的各个不符点；及银行持有单据等候提示人进一步指示；或开证行持有单据直至收到申请人通知弃权并同意接受该弃权，或在同意接受弃权前从提示人处收到进一步指示；或银行退回单据；或银行按照先前从提示人处收到的指示行事。(5) 如果开证行或保兑行未能按照本条款的规定行事，将无权宣称单据未能构成相符提示。

4. 合理审单时间原则

按照指定行事的被指定银行、保兑行（如有）以及开证行，自其收到提示单据的翌日起

---

① d. 单据中内容的描述不必与信用证、信用证对该项单据的描述以及国际标准银行实务完全一致，但不得与该项单据中的内容、其他规定的单据或信用证相冲突。

② UCP 500 则规定不得迟于收到单据的翌日起算第七个银行工作日。在 Bank Melli Lran v. Barclays Bank 一案中，Bank Melli Lran 银行在收到巴克莱银行寄来的单据后，虽认为单据有缺点，但没有拒受，并且后来还授权 Barclays Bank 增加信用证金额，买方也在第一批货到达伊朗时进行了检验。大约在六个星期后，Bank Melli Lran 银行拒收了单据。麦克奈尔法官判决：单据不符合信用证，Barclays Bank 本应拒受，但 Bank Melli Lran 银行已经批准了这项付款，因而丧失了拒收权。

算，应各自拥有最多不超过 5 个银行工作日的时间以决定提示是否相符。该期限不因单据提示日适逢信用证有效期或最迟提示期或在其之后而被缩减或受到其他影响。

（八）银行的免责

与托收一样，UCP 600 也规定了银行免责的情况。

（1）对单据有效性的免责。

银行对任何单据的形式、充分性、准确性、内容真实性、虚假性或法律效力，或对单据中规定或添加的一般或特殊条件，概不负责；银行对任何单据所代表的货物、服务或其他履约行为的描述、数量、重量、品质、状况、包装、交付、价值或其存在与否，或对发货人、承运人、货运代理人、收货人、货物的保险人或其他任何人的诚信与否，作为或不作为、清偿能力、履约或资信状况，也概不负责。

（2）对文电传递和翻译的免责。

当报文、信件或单据按照信用证的要求传输或发送时，或当信用证未作指示，银行自行选择传送服务时，银行对报文传输或信件或单据的递送过程中发生的延误、中途遗失、残缺或其他错误产生的后果，概不负责。如果指定银行确定交单相符并将单据发往开证行或保兑行，无论指定的银行是否已经承付或议付，开证行或保兑行必须承付或议付，或偿付指定银行，即使单据在指定银行送往开证行或保兑行的途中，或保兑行送往开证行的途中丢失。银行对技术术语的翻译或解释上的错误，不负责任，并可不加翻译地传送信用证条款。

（3）不可抗力免责。

UCP 600 将恐怖主义作为不可抗力看待。UCP 600 规定，银行对由于天灾、暴动、骚乱、叛乱、战争、恐怖主义行为或任何罢工、停工或其无法控制的任何其他原因导致的营业中断的后果，概不负责。银行恢复营业时，对于在营业中断期间已逾期的信用证，不再进行承付或议付。

（4）对被指示方行为的免责。

该免责包括以下方面：为了执行申请人的指示，银行利用其他银行的服务，其费用和风险由申请人承担。即使银行自行选择了其他银行，如果发出指示未被执行，开证行或通知行对此亦不负责。指示另一银行提供服务的银行有责任负担被执释放因执行指示而发生的任何佣金、手续费、成本或开支（“费用”）。如果信用证规定费用由受益人负担，而该费用未能收取或从信用证款项中扣除，开证行依然承担支付此费用的责任。信用证或其修改不应规定向受益人的通知以通知行或第二通知行收到其费用为条件。至于外国法律和惯例加诸银行的一切义务和责任，申请人应受其约束，并就此对银行负补偿之责。

（九）信用证当事人之间的关系

信用证的运转可能涉及许多当事人，且几个当事人的角色可能集中于一家银行，所以，相互间的关系比较复杂。

（1）开证申请人与开证行。

开证申请人与开证行之间的关系是以开证申请书及其他文件所确定的合同关系。在这种合同关系中，开证行承担的主要义务是：1）根据开证申请书开立信用证；2）承担付款、承兑、议付或保证付款、承兑或议付的责任；3）合理谨慎地审核一切单据，确定单据在表面上符合信用证。开证申请人的主要义务是：1）交纳开证押金或提供其他保证，缴纳开证费用。2）银行为有效地执行开证申请人的指示而利用另一银行或其他银行的服务，这是代该申请人办理的，其风险当由申请人承担；开证申请人应受外国法律和惯例加诸银行的一切义务和责任的约束，并承担赔偿之责。3）付款赎单，包括偿付银行所付的款项及其利息。

（2）开证行与受益人。

关于开证行与受益人之间的关系一直存在争议。开证行与受益人的关系是以信用证为依据的，因此，信用证的种类不同，相互之间的关系也有所不同。

如果开证行开出的是可撤销信用证，则受益人并不能从开证行获得任何有约束力的允诺(Binding promise)，由于可撤销信用证在议付行议付单据之前，可以随时由开证行撤销，而且无须事先通知受益人，因此，对受益人来说，可撤销信用证的作用不如一项要约（offer)，因为要约人如欲撤销其要约，必须向受要约人发出撤销通知，在该撤销要约的通知送达受要约人之前，受要约人有权对要约予以承诺，从而成立一项对双方均有约束力的合同。据此，有人认为，在可撤销信用证下，开证行与受益人之间并不存在对双方有约束力的合同关系。

但是，如果开证行开出的是不可撤销信用证，则当该信用证送达受益人时，在开证行与受益人之间就成立了一项对双方都有约束力的合同，这是普遍接受的观点。但这种观点在英美法学理论上却遇到了一个难以解决的问题，即所谓缺乏“对价”(Consideration）的问题。按照英美法，一个合同如果没有对价是没有约束力的，不能强制执行，而且对价必须来自订约的一方。但不可撤销信用证只是开证行对受益人的一项不可撤销的允诺，受益人在收到信用证时并未付出对价，这就很难说在他们之间成立了一项对双方有约束力的合同。为了克服这一障碍，英国法院在一些判例中，曾试图从以下两方面给予解释：第一，受益人接受了不可撤销信用证，就承担了按买卖合同交货的义务，并且放弃了直接向开证申请人（买方）收取货款的权利，这都可以作为信用证的对价；第二，按照商业惯例，银行开出不可撤销信用证就构成开证行与受益人之间的一项交易（bargain)，它使开证行承担了绝对的付款义务。这是长期形成的商业惯例，英国法院亦应尊重此项惯例。美国对这个问题解决得比较彻底，《美国统一商法典》第5—105条明文规定，信用证无须对价。无论是开出信用证还是修改信用证，都不要求要有对价。

按照各国法律和惯例，不可撤销信用证是开证行与受益人之间的一项独立合同，它既独立于买卖双方之间订立的买卖合同，也独立于买方与开证行之间根据开证申请书成立的合同。因此，开证行应按照不可撤销信用证条款对受益人承担付款义务，不受买卖合同或其他合同的影响。而且开证行按信用证规定向受益人（卖方）付款后，即使开证申请人（买方）破产或由于其他原因拒绝付款赎单，开证行也不能对受益人（卖方）行使追索权追回已付款项。因为开证行在信用证中已向受益人作出保证，只要受益人所提交的单据符合信用证的要求，开证行就必须付款，不能因买方破产或拒付而不承担信用证项下的付款义务。

（3）通知行与开证行、受益人、开证申请人。

通知行与开证行之间的关系是委托代理关系，通知行接受开证行的委托，代理开证行将信用证通知受益人，并从开证行获取佣金。UCP对双方的关系没有规定，因此，二者的关系主要受有关国家代理法的调整。

通知行与受益人之间不存在合同关系。通知行之所以通知受益人，是因为它对开证行负有义务，而不是对受益人负有此项义务。因此，通知行在通知信用证时往往在通知书中声明它并不是当事人，不因其把信用证通知受益人而在他们中间产生任何合同关系。但是，UCP和英国的判例法也为通知行设定了一定的责任。但鉴于国际贸易中伪造信用证的事情时有发生，所以，如该行决定通知信用证，则应合理谨慎地审核所通知信用证的表面真实性，所谓表面真实性是指信用证上的签名或押码的真实性。如通知行不能确定该证表面真实性，它必须不迟延地通知从其收到该指示的银行。按照英国的判例，如果通知行在把开证行开出的信用证通知受益人时，歪曲了信用证的条款，使受益人所提交的单据不符合信用证的要求而遭到开证行拒付，则通知行对其疏忽行为负责。因此，有些英国学者认为，英国的判例法为通知行设定了对受益人谨慎行事的责任。

通知行与开证申请人之间无直接合同关系，通知行只是开证行的代理人。

（4）开证行与付款行、承兑行、议付行。

如果开证行指定或授权其他银行付款、承兑或议付，其他银行接受，则在两者之间形成了合同关系。根据这种合同关系，开证行应接受付款行、承兑行或议付行寄交的符合信用证的单据，并偿付上述银行。上述银行则对开证行负有单证一致的义务，如果上述银行所据以付款、承兑或议付的单据与信用证的规定不符，开证行有权拒绝。

（5）受益人与付款行、承兑行、议付行。

受益人无权要求开证行所授权或要求的银行付款、承兑或议付，但是，一旦开证行以外的银行根据开证行的授权承兑或议付了受益人出具的汇票，他们之间的关系将受有关国家票据法的调整，他们之间的关系将是承兑人与受款人之间的关系、转让人与受让人之间的关系。

（十）信用证支付方式的特点

1. 信用证是独立的法律文件

根据 UCP 600 第 4 条的规定：信用证与可能作为其依据的销售合同或其他合同，是相互独立的交易。即使信用证中提及该合同，银行亦与该合同完全无关，且不受其约束。因此，一家银行作出兑付、议付或履行信用证项下其他义务的承诺，并不受申请人与开证行之间或与受益人之间在已有关系下产生的索偿或抗辩的制约。开证行应劝阻申请人将基础合同、形式发票或其他类似文件的副本作为信用证整体组成部分的做法。

2. 信用证是单据交易

UCP 600 第 5 条规定：银行处理的是单据，而不是单据所涉及的货物、服务或其他行为。也就是说，只要受益人或其指定人提交的单据表面上符合信用证规定，开证行就应承担付款或承兑并支付的责任。

信用证与托收的最大区别在于，在信用证中，银行有条件地承担了支付货款的责任，卖方能否收到货款是以银行信用为基础，而不是依赖于买方的商业信用。一般来说，银行信用比商业信用可靠得多，所以卖方更有保证收到货款；而在托收方式中，银行只是代理人，对货款的支付与否不承担任何责任，卖方只能以买方的商业信用作为其货款的基础，所以卖方所承担的风险较大，尤其是承兑交单。正因为如此，信用证方式在国际贸易中比托收方式更为常用。但是，当买方或银行付款后发现货物质量与合同不符，虽然买方可依据买卖合同索赔，但在许多情况下要承担损失，这种风险无论在托收还是在信用证中都是存在的，这是由国际贸易的特点所决定的：货物所有权的转移由单据的转移取代，买方在获得单据时货物经常还没有到达，因此没有机会对货物进行检验。此外，信用证支付方式虽然对卖方收取货款较有保障，但也存在风险，例如银行破产无法付款。具体选择哪一种支付方式，取决于款项的数额、性质、双方交易的历史、了解情况及各自的资信等因素。

（十一）信用证欺诈

如前所述，信用证是独立于买卖合同或其他合同的交易。这些合同虽然是开立信用证的基础，但银行却与这些合同无关，也不受其约束。在信用证业务中，银行所关心的是受益人所提交单据是否与信用证要求相符，而不是受益人所提交的货物是否与买卖合同的要求相符，那是买卖双方的事情，应由买卖双方根据买卖合同的规定解决，而不应当影响银行按信用证规定付款的义务。这是一项公认的原则，也是信用证赖以存在的基石。如果信用证受基础合同的左右，允许开证申请人以受益人违反合同为理由阻止银行按信用证规定付款，信用证将失去其存在的价值，受益人也将失去收回货款的保障。

但是近年来，由于在国际贸易中不断发生欺诈案件，如伪造提单、以假货充真货等，使信用证独立原则受到巨大威胁。因为如果固守单证表明一致原则，不允许有任何例外，在遇到受益人有欺诈行为时，银行仍按单证表面一致即予付款，开证申请人就会遭受严重损失。有鉴于此，有些国家的法律和判例认为，在承认信用证独立于基础合同的同时，也允许有例外。即主张信用证欺诈例外（fraud exception）原则，如果受益人确有欺诈行为，开证申请人可以要求法院下禁令（injunction），禁止银行对信用证付款。在这方面，美国法律和判例具有代表性。

但是，UCP在这方面没有作出任何规定。UCP强调，只要受益人所提交的单据符合信用证的要求，开证行就必须付款。UCP 400前言中指出："我们应该注意目前存在的欺诈这个主要问题，清楚地认识到欺诈的起因首先是由于商业一方与一个无赖签订合约，但是跟单信用证只是为商业交易办理付款，它不可能当'警察'来控制欺诈的发生。"UCP 500和UCP 600继续维持这一基本精神，目的在于维护银行的利益，使银行不致卷入基础交易中。但其客观后果是让开证申请人承担了可能遭受受益人欺骗的风险。

最早将欺诈（fraud）概念引入信用证交易中的是美国1925年的Maurice O'Meara v. National Park Bank一案。该案中，卡多佐（Cardozo）法官指出："我不同意这种观点。如果（开证）银行作出进行调查的选择，并通过调查发现所提交的货物并不真正是单据所描述的货物，银行可以在有过失的卖方的迫使下支付货款，而将他对欺诈行为已经知情置于不顾。"卡多佐的观点第一次向传统的信用证独立原则提出挑战。①

美国法院以卖方欺诈（fraud）为由，下令禁止银行拒绝按信用证向受益人付款的典型案例是Sztejn v. J Henry Schroder Banking Corp.（1941）案。该案涉及一笔猪鬃交易，买卖合同规定以信用证凭单付款。但卖方所交货物不是猪鬃，而是垃圾、废纸和牛毛。纽约最高法院根据买方的请求，下令禁止银行对卖方按信用证开出的汇票及单据付款。法院在判决中指出："如果卖方确有欺诈行为，即他所交付的货物不仅仅是质量低劣，而是一文不值的垃圾，而且银行在付款之前已经获悉了这种欺诈行为，那么，让银行拒绝付款是不为苛刻的。"法院强调指出，本案的关键在于它所涉及的不是货物的质量问题，而是卖方所装运的根本不是货物，只是一文不值的垃圾。这个案例开创了法院下令禁止银行按信用证要求向受益人付款的先河。其后，美国法院在其他案件中也曾经以受益人有欺诈行为为由，作出了禁止银行按信用证向受益人付款的决定。这是根据衡平法原则所采取的一种救济方法。

① Maurice O'Meara v. National Park Bank，239，N. Y. 386，146N. E. 636（1925）. 卡多佐的观点由于与信用证独立原则相悖，故而未能得到法庭的支持和认同。

《美国统一商法典》采纳了上述判例所确立的法律原则。它一方面承认信用证独立于其基础交易，同时也承认有例外，欺诈行为即属于例外（fraud exception）。按照该法 5—114（1）的规定，开证行必须按符合信用证条款开出的汇票或单据付款，而不管货物或单据是否与开证申请人和受益人之间的基础买卖合同相符。这项规定肯定了信用证独立于基础合同的原则。

但该法典第 5—114（2）又规定，除另有约定外，如果各项单据在表面上看来符合信用证条款，但其中一份必要的单据在表面上不符合它在转让物权凭证时所作出的保证，或者是伪造的，或者是带有欺诈性的，或者在交易中有欺诈行为，则：(1) 如果要求付款的人是汇票的正当持票人，则开证行必须对其汇票付款（不包括出票人）。(2) 在其他情况下，尽管开证申请人已经把欺诈、伪造或其他在单据表面上没有显露出来的瑕疵通知了开证行，开证行如出于诚信，仍可对信用证项下的汇票付款，但有管辖权的法院可以禁止开证行付款。

按照该项规定，当开证行已获悉受益人有欺诈行为时，它只要根据诚信原则，就可以自行决定是否对受益人开出的汇票或单据付款。如果开证行诚信地认为应予付款，即使在付款后证实受益人确有诈欺行为，开证行也不承担责任。开证申请人仍须付还开证行按信用证支付的款项；但如果开证行诚信地认为应予拒付，在拒付后如查明受益人并无诈欺行为，开证行就要对其错误拒付负责。此外，如果法院确认受益人有欺诈行为，也可下令禁止开证行付款。然而，《美国统一商法典》对“伪造、欺诈、交易中的欺诈”都没有下定义，故在法律界产生不同理解。

《美国统一商法典》1994 年修订本第 5—109 条对原第 5—114 条作了修订。归纳起来，应注意以下方面：(1) 欺诈行为必须属于文件（单据）欺诈，或必须是受益人针对开证人或开证申请人所为[①]；(2) 欺诈必须是实质性的（material）。为此，法院必须对“实质性的含义”加以界定，即对单据的购买人来说，该单据的欺诈性是实质性的；或该欺诈行为对参与基础合同的各当事人来说是严重的（significant）。(3) 开证申请人的拒付规定是选择性的，而非开证申请人的义务。

允许开证行在卖方有欺诈行为时拒付这一法律原则目前尚没有被国际惯例和众多国家所接受。这一原则本身对防止和矫正欺诈的作用亦是有限的，开证行除非在极端的情况（如买方破产将无法交款赎单）中才会自行决定拒付以免自己承担经济和信誉受损的风险，法院下禁令亦仅能适用于银行尚没有承兑、付款（迟期付款信用证和承兑信用证），且这一规定又不能对抗正当持票人。因此，目前尚没有行之有效地对付欺诈的法律办法，买方应该对卖方的资信多做了解以防自己受损。

（十二）中国关于信用证的规定

在 20 世纪 80 年代末，以信用证欺诈为由，当事人向法院申请诉讼保全、冻结开证行信用证项下货款的案件不断出现。1989 年 6 月，最高人民法院在《关于印发〈全国沿海地区涉外、涉港澳经济审判工作座谈会纪要〉的通知》中，对冻结信用证项下货款问题作了专门指示。通知指出：信用证交易和买卖合同属于两个不同的法律关系。在一般情况下，不要因为涉外买卖合同发生纠纷，轻易冻结中国银行所开信用证下货款，影响中国银行的信誉。如有充分证据证明卖方是利用签订合同进行欺诈，而中国银行在合理时间内尚未付款的，人民法院可根据买方

① Cromwell v. Commerce & Energy Bank，464 So. 2d. 721（La. 1985）.

的请求，冻结信用证下的货款。在远期信用证的情况下，如中国银行已承兑了汇票，中国银行在信用证上的责任已变成票据上无条件付款责任，人民法院不应加以冻结。上述指示带有司法解释的性质，指出了在信用证欺诈情况下法院处理该问题的三个原则：(1) 坚持信用证的独立性；(2) 承认欺诈例外；(3) 欺诈例外不可滥用。这些原则符合国际商业惯例的要求，也和其他国家的司法实践相符合。上述司法解释对于法院处理信用证欺诈案件起了重要作用。

但是，上述司法解释经过试行后，存在很多问题，因此，最高人民法院于2005年11月14日发布了《最高人民法院关于审理信用证纠纷案件若干问题的规定》(自2006年1月1日起施行)。该规定根据我国法律，并参照国际商会《跟单信用证统一惯例》等相关国际惯例，结合审判实践制定。该规定共有18条，主要规定了以下内容。

1. 规范的范围

开证申请人与开证行之间因申请开立信用证而产生的欠款纠纷、委托人和受托人之间因委托开立信用证产生的纠纷、担保人为申请开立信用证或者委托开立信用证提供担保而产生的纠纷以及信用证项下融资产生的纠纷，适用该规定。信用证纠纷案件，是指在信用证开立、通知、修改、撤销、保兑、议付、偿付等环节产生的纠纷。

2. 法律适用

人民法院审理信用证纠纷案件时，当事人约定适用相关国际惯例或者其他规定的，从其约定；当事人没有约定的，适用国际商会《跟单信用证统一惯例》或者其他相关国际惯例。因申请开立信用证而产生的欠款纠纷、委托开立信用证纠纷和因此产生的担保纠纷以及信用证项下融资产生的纠纷应当适用中国相关法律。涉外合同当事人对法律适用另有约定的除外。

3. 信用证欺诈例外

开证行在作出付款、承兑或者履行信用证项下其他义务的承诺后，只要单据与信用证条款、单据与单据之间在表面上相符，开证行应当履行在信用证规定的期限内付款的义务。当事人以开证申请人与受益人之间的基础交易提出抗辩的，人民法院不予支持。但存在信用证欺诈时例外。

凡有下列情形之一的，应当认定存在信用证欺诈：(1) 受益人伪造单据或者提交记载内容虚假的单据；(2) 受益人恶意不交付货物或者交付的货物无价值；(3) 受益人和开证申请人或者其他第三方串通提交假单据，而没有真实的基础交易；(4) 其他进行信用证欺诈的情形。开证申请人、开证行或者其他利害关系人发现有信用证欺诈情形，并认为将会给其造成难以弥补的损害时，可以向有管辖权的人民法院申请中止支付信用证项下的款项。

该规定第10条规定，人民法院认定存在信用证欺诈的，应当裁定中止支付或者判决终止支付信用证项下款项，但有下列情形之一的除外：(1) 开证行的指定人、授权人已按照开证行的指令善意地进行了付款；(2) 开证行或者其指定人、授权人已对信用证项下票据善意地作出了承兑；(3) 保兑行善意地履行了付款义务；(4) 议付行善意地进行了议付。

当事人在起诉前申请中止支付信用证项下款项符合下列条件的，人民法院应予受理：(1) 受理申请的人民法院对该信用证纠纷案件享有管辖权；(2) 申请人提供的证据材料证明存在本规定第八条的情形；(3) 如不采取中止支付信用证项下款项的措施，将会使申请人的合法权益受到难以弥补的损害；(4) 申请人提供了可靠、充分的担保；(5) 不存在上述第10条的情形。当事人在诉讼中申请中止支付信用证项下款项的，应当符合前述第 (2) (3) (4) (5) 项规定的条件。

人民法院接受中止支付信用证项下款项申请后，必须在 48 小时内作出裁定；裁定中止支付的，应当立即开始执行。人民法院作出中止支付信用证项下款项的裁定，应当列明申请人、被申请人和第三人。

当事人对人民法院作出中止支付信用证项下款项的裁定有异议的，可以在裁定书送达之日起 10 日内向上一级人民法院申请复议。上一级人民法院应当自收到复议申请之日起 10 日内作出裁定。复议期间，不停止原裁定的执行。

人民法院在审理信用证欺诈案件过程中，必要时可以将信用证纠纷与基础交易纠纷一并审理。当事人以基础交易欺诈为由起诉的，可以将与案件有关的开证行、议付行或者其他信用证法律关系的利害关系人列为第三人；第三人可以申请参加诉讼，人民法院也可以通知第三人参加诉讼。

人民法院通过实体审理，认定构成信用证欺诈并且不存在第 10 条的情形的，应当判决终止支付信用证项下的款项。

4. 单据审查

人民法院在审理信用证纠纷案件中涉及单证审查的，应当根据当事人约定适用的相关国际惯例或者其他规定进行；当事人没有约定的，应当按照国际商会《跟单信用证统一惯例》以及国际商会确定的相关标准，认定单据与信用证条款、单据与单据之间是否在表面上相符。

信用证项下单据与信用证条款之间、单据与单据之间在表面上不完全一致，但并不导致相互之间产生歧义的，不应认定为不符点。

开证行有独立审查单据的权利和义务，有权自行作出单据与信用证条款、单据与单据之间是否在表面上相符的决定，并自行决定接受或者拒绝接受单据与信用证条款、单据与单据之间的不符点。

开证行发现信用证项下存在不符点后，可以自行决定是否联系开证申请人接受不符点。开证申请人决定是否接受不符点，并不影响开证行最终决定是否接受不符点。开证行和开证申请人另有约定的除外。开证行向受益人明确表示接受不符点的，应当承担付款责任。开证行拒绝接受不符点时，受益人以开证申请人已接受不符点为由要求开证行承担信用证项下付款责任的，人民法院不予支持。

5. 保证人责任

保证人以开证行或者开证申请人接受不符点未征得其同意为由请求免除保证责任的，人民法院不予支持。保证合同另有约定的除外。

开证申请人与开证行对信用证进行修改未征得保证人同意的，保证人只在原保证合同约定的或者法律规定的期间和范围内承担保证责任。保证合同另有约定的除外。

四、国际保理

（一）国际立法与文件

国际保理（international factoring）最早起源于 19 世纪末期的美国，20 世纪 60 年代后在全球范围内迅猛发展。国际保理是集贸易融资和国际银行信用于一身、发生在国际结算环节的资金与信用融通范畴的经济活动。[①] 国际保理业务的发展与国际商品交易中赊销形式的商业信

---

① 参见张军、李茂华、于立新：《加入 WTO 与中国国际保理发展》，1 页，西安，西北大学出版社，2002。

用的发展有密切关系。保理业务能够为客户提供许多便利：一是贸易融资功能。保理融资可办理收汇核销和退税手续。二是销售分户账管理和催收服务。三是信用风险控制。四是坏账担保。目前，欧美国家 80%的进出口业务都是非信用证方式，并由保理商代理收款。对出口方来说，不论进口方是否付款，货款都由保理商负责收付。[①] 虽然保理便于出口商融资和收款以及进口商以赊销方式购买货物，但是保理商收取的管理费通常高于信用证和托收的手续费。

目前，在国际保理方面主要有以下国际文件：

1.《国际保理业务通用规则》

《国际保理业务通用规则》（General Rules for International Factoring，IFC）由国际保理商联合会[②]发布，供保理当事人选用。它属于惯例性质的文件，不是国际条约。该文件主要规定了总则、信用风险的承担、付款责任、出口保理商和进口保理商的陈述和保证及其他义务、转让的合法性、补偿、预付款、期限、财务、报告和酬金、违反规则、规则修改。

2.《国际保理公约》

《国际保理公约》由国际统一私法协会（UNIDROIT）于 1988 年 5 月 28 日在加拿大首都渥太华通过，1995 年 5 月 1 日生效。到 2023 年 8 月 31 日，有 9 个国家（比利时、法国、德国、匈牙利、意大利、拉脱维亚、尼日利亚、俄罗斯、乌克兰）批准了该公约。该公约共有 23 条和如下四章：适用范围和总则、当事人各方的权利和义务、再转让和最后条款。该公约适用于国际保理合同（factoring contracts）和应收账款转让（assignments of receivables)。

3.《国际贸易应收款转让公约》

《国际贸易应收款转让公约》(United Nations Convention on the Assignment of Receivables in International Trade）由联合国国际贸法会于 2001 年 12 月 12 日通过，到 2023 年 8 月 31 日尚未生效，因为只有利比里亚和美国批准该公约。由于适用于应收款转让的法律规定和法律选择存在不确定性并对国际贸易构成障碍，因此公约制定的主要目的是便利当事人更多地获得低成本信贷机会，以促进货物和服务的跨国流动。为了实现该目标，公约特别强调应消除某些国际融资做法的法律障碍（例如确立应收款转让和整批转让的有效性；废止对应收款转让的合同限制等）；提高关键问题（例如相竞债权之间的优先次序）法律适用的确定性和可预见性；为各国提供可选用的相竞债权优先次序，以协调各国法律规定。

该公约共有 47 条和一个附件，主要规定了适用范围、总则、转让的效力、权利、义务和抗辩、法律冲突规则、最后条款。公约适用于国际应收款的转让和应收款的国际转让。“应收款转让”（assignment of receivables）是指一人（转让人）以达成协议的方式向另一人（让人）转移其应从第三人（债务人）获得款项（应收款）项下的全部或部分合同权利或者其中的未分割权益。公约规定，原始合同订立时转让人和债务人的所在地在不同国家的，该应收款具有国际性。转让合同订立时转让人和受让人的所在地在不同国家的，该转让也具有国际性。

（二）我国与保理有关的立法

我国首次在《民法典》中对保理合同作出明确规定，保理合同由此成为有名合同。《民法

① 参见张军、李茂华、于立新：《加入 WTO 与中国国际保理发展》，55 页。

② 国际保理商联合会（Factors Chain International，FCI）于 1968 年 11 月成立，是目前全球最大的保理商组织，会员遍及 90 个国家和地区，其跨国境的保理业务量超过全球国际保理业务总量的一半。

典》第三编（合同编）第十六章是保理合同的专门规定（共有9条），并载明“本章没有规定的，适用本编第六章关于债权转让的有关规定”。

（三）保理的概念和当事人

1. 国际保理的概念

《牛津简明词典》对“保理”（Factoring）给予了广义界定，即保理是指从他人手中以较低价格买下属于该人的债权并负责收回债款从而获得盈利的行为。① 在狭义层面，保理是指承作保理的一方与以赊销方式出售商品或提供服务的一方达成具有连续性的协议，由承作保理方针对由出售的商品和提供的服务产生的应收账款提供以下服务：(1) 以即付方式买下所有应收账款；(2) 负责应收账款的会计分录和其他记账工作；(3) 到期收回债款；(4) 承担债务人资不抵债的风险。②

我国《民法典》对保理作出了明确规定。依该法第十六章，保理合同是应收账款债权人将现有的或者将有的应收账款转让给保理人，保理人提供资金融通、应收账款管理或者催收、应收账款债务人付款担保等服务的合同。保理合同应当采用书面形式，其内容一般包括业务类型、服务范围、服务期限、基础交易合同情况、应收账款信息、保理融资款或者服务报酬及其支付方式等条款。

国际统一私法协会《国际保理公约》第一条规定：公约适用于保理合同和应收账款的转让。保理合同是指一方当事人（销售商）与另一方当事人（保理商）订立的合同。根据该合同：(1) 销售商可以向或将要向保理商转让销售商与其客户（债务人）所订货物销售合同产生的应收账款，但是主要供债务人个人、家人或家庭使用的货物销售产生的应收账款除外；(2) 保理商应至少履行其中两项职能：为销售商融通资金（包括贷款和预付款）；保存与应收账款有关的账目（分类账）；收取应收账款；防止债务人拖延付款。第二条进一步规定：公约适用于通过保理合同进行让予的应收账款，此类应收账款产生于供方与债务人之间的销售合同，债务人的业务处于不同国家，而且债务人营业地所在国和保理商营业地所在国都是公约签字国，或者销售合同和保理合同都是由签字国的法律管辖。

根据上述规定，保理商可以从事下列保理业务：(1) 贸易融资。即为销售商融通资金，包括贷款和预付款。保理商在承做保理业务时，出口保理商先从出口商处购买应收账款或对出口商的应收账款进行贷款。保理商通常向出口商提供无追索权的贸易融资。即当出口商向国外进口商发货或提供服务后，只要将发票通知送交出口保理商，就可以获得不超过80%的发票金额和无追索权的预付款。对于出口保理商而言，在受让应收账款后，可以对有关债权行使权利。(2) 销售分户账管理。即提供分类账管理。保理商可以为出口商设立管理账户，在收到出口商提供的销售发票后可以根据管理账户记载的有关信息进行记账处理，包括清算债务金额、利息结算、债务收取往来记录、定期出具账务清单等。(3) 收取应收账款。即在卖方叙做保理业务后，保理商根据卖方的要求，定期或不定期向其提供关于应收账款的回收和逾期账款情况、信用额度变化情况、对账单等各种财务和统计报表，协助卖方进行销售管理。(4) 应收账款催收。为了防止债务人拖延付款，保理商通常有专业人员进行账款追收，并根据应收账款逾期时间采取信函通知、电话、上门催款等方式直至采取法律手段。(5) 信用风险控制与坏账担

---

①② 参见［英］芙瑞迪·萨林格著，刘园、叶志壮译：《保理法律与实务》，1页，北京，对外经济贸易大学出版社，1995。

保。保理商在与出口商签订保理协议前，通常对进口商进行资信调查，并对进口商核定信用额度（Credit Line）。对于出口商在核定信用额度内发货产生的应收账款，保理商提供100%的坏账担保。对于超过核定信用额度的应收账款，保理商不承担责任。即保理商只承担其核定信用额度内的货款，其余坏账损失由出口商承担。

概括而言，国际保理是指保理商在国际贸易当事人在采用赊销（O/A）或跟单托收项下承兑交单（D/A）方式进行结算的情况下，为卖方提供的将出口贸易融资、账务处理、收取应收账款和买方信用担保融为一体的综合性金融服务。[①]

2. 国际保理的当事人

参与国际保理业务的各当事人包括[②]：（1）卖方：指对所提供货物或服务出具发票的一方，其应收账款交由出口保理商叙作保理；（2）债务人：指对因提供货物或服务产生的应收账款负有付款责任的当事人。（3）出口保理商：根据保理协议对卖方的应收账款叙做保理业务的当事人。（4）进口保理商：指同意代收以卖方所出具发票表示并转让给出口保理商的应收账款的一方。进口保理商对其受让并承担信用风险的应收账款必须付款。

（四）国际保理的类型

保理商从事保理业务的主要收益是利息和手续费。由于保理商从购入单据并向出口商支付相关款项时起到收到进口商或进口保理商支付的货款时止，向出口商提供了资金融通，因此可以收取相应利息，并且利率通常高于优惠利率。利息通常是在向出口商支付货款时预先扣除。除了利息，保理商还可以就其提供的其他服务（例如资信调查等）收取手续费。但是保理商也存在一定风险，这些风险随保理业务类型的不同而有所差异。

1. 单保理和双保理

按照涉及保理商数量的不同，可以将保理分为单保理和双保理。在国际保理业务中，保理商包括出口保理商和进口保理商，其中位于进口商所在地的保理商称为进口保理商，位于出口商所在地的保理商称为出口保理商。

（1）单保理（Single Factor System）。

在国际保理业务中，只涉及一方保理商的保理业务属于单保理。单保理是国际保理的早期形式，主要适用于国内保理业务或者进出口双方中有一方没有保理商的情况。由于单保理对于保理商而言风险较大，因此随着国际保理业务的发展，单保理模式逐渐被双保理模式取代。

单保理仅涉及三方当事人：出口商、进口商、保理商（或为出口保理商，或为进口保理商）。当出口商、进口商和出口保理商均参与保理业务时，这种保理业务称为“直接出口保理”（Direct Export Factor System）。如果保理业务涉及出口商、进口商和进口保理商，则称为“直接进口保理”（Direct Import Factor System）。直接进口保理主要用于出口方的客户集中在某个国家或地区的情况。在直接进口保理模式下，出口商与进口保理商直接订立保理协议，出口商在发货后将发票和相关单据直接交给进口保理商，进口保理商负责收款和提供坏账担保。而在直接出口保理模式下，出口商与出口保理商签订保理协议，并在发货后将发票和相关单据交给出口保理商，出口保理商负责向债务人收款和提供坏账担保。

---

① 参见张军、李茂华、于立新：《加入WTO与中国国际保理发展》，56页。

② 参见国际保理商联合会1998年《国际保理义务惯例规则》第1条。

（2）双保理（Two-Factor System）。

双保理商模式涉及进出口双方的保理商，参加国际双保理业务的当事人有四方：出口商、出口保理商、进口商、进口保理商。在双保理模式中，有两份保理合同：一是出口商与出口保理商签订的保理合同，约定将其在国外的应收账款转让给出口保理商；二是出口保理商与进口保理商签订代理协议，约定由出口保理商向进口保理商转让应收账款，由进口保理商直接向进口商收款并提供坏账担保、债款催收和销售额度核定等服务。

双保理模式的业务流程如下[①]：1）出口保理商与进口保理商签订国际保理协议；2）出口保理商与出口商签订国际保理合同；3）出口商向出口保理商申请债务人（进口商）的信用额度；4）出口保理商将信用申请提交给进口保理商，由进口保理商对相关事项进行调查；5）进口保理商对进口商进行资信调查和评估；6）进口保理商将批准的额度制成信用额度证实书并通知出口保理商，再由出口保理商将该文件交给出口商；7）出口商根据信用额度证实书载明的额度发运货物；8）货物出运后，如果出口商需要获得资金融通，则将全套正本单据寄给出口保理商。如果不需要进行资金融通，则将发票副本交给出口保理商；9）出口保理商将上述单据交给进口保理商；10）出口保理商根据出口需要，提供发票金额70%至90%的资金融通；11）进口保理商在规定时间内，按照商业惯例向进口商催收货款；12）在货款到期日进口商将货款交给进口保理商，进口保理商将其转交给出口保理商；13）出口保理商在扣除预付款和服务费等款项后，将货款全部支付给出口商。

总之，在双保理机制下，出口商只需与出口保理商签订保理合同，而无须与进口保理商签署保理合同，从而为其融资提供了极大便利。对出口保理商而言，通过与进口保理商合作，分担了其承担的应收账款转让风险和损失。但是，双保理与单保理模式相比，出口商需承担更高费用。

2. *有追索权的保理和无追索权的保理*

按照保理商对保理项下提供的融通资金是否具有追索权，可以将保理分为有追索权的保理和无追索权的保理。

（1）有追索权的保理。

有追索权（Recourse）的保理是指保理商在与出口商签订保理合同并向出口商融通资金后，如果债务人由于某些原因而无力或拒绝支付货款，保理商有权向出口商要求偿还其为出口商所融通的资金款项。实践中，有追索权的保理通常是无论由于任何原因，只要货款到期不能收回，保理商都有权向出口商追索。也就是说，在有追索权保理的情况下，保理商不承担债务人的信用风险。因此，有追索权保理业务适用于债务人信用较好的情况。我国《民法典》第766条规定，当事人约定有追索权保理的，保理人可以向应收账款债权人主张返还保理融资款本息或者回购应收账款债权，也可以向应收账款债务人主张应收账款债权。保理人向应收账款债务人主张应收账款债权，在扣除保理融资款本息和相关费用后有剩余的，剩余部分应当返还给应收账款债权人。

（2）无追索权的保理。

无追索权（non-recourse）的保理是指保理商在与出口商签订保理合同，并为出口商提供融通资金后，在某些情况下放弃向出口商追索融通资金的权利。如果债务人由于出现合同约定

① 参见张军、李茂华、于立新：《加入WTO与中国国际保理发展》，62页。

的情形而无力付款或拒绝付款，保理商只能自行承担该风险。在这类保理业务中，保理商需要承担债务人的信用风险，以及为债务人的坏账提供担保服务。在国际保理实践中，当事人经常采用的是无追索权保理。

我国《民法典》对无追索权的保理作出了明确规定。该法第767条规定，当事人约定无追索权保理的，保理人应当向应收账款债务人主张应收账款债权，保理人取得超过保理融资款本息和相关费用的部分，无须向应收账款债权人返还。

3. 到期保理和预付保理

根据保理商在购入应收账款单据后是否立即向出口商付款，可以将保理分为到期保理和预付保理。到期保理（Maturity Factoring）是指出口商将有关单据交给保理商后，保理商不会立即向出口商支付货款，而是在确认相关事项后，并且票据到期时，无追索权地向出口商支付票据金额。预付保理（Advance Factoring）是指出口商将有关单据交给保理商后，保理商立即向出口商支付票款。实践中，当事人经常采用的是预付保理。

案例1

新加坡星展银行与无锡湖美热能电力工程有限公司信用证纠纷上诉案

上诉人（一审被告）：新加坡星展银行（DBSBANKLTD.）（以下简称“星展银行”）。

被上诉人（一审原告）：无锡湖美热能电力工程有限公司（以下简称“湖美公司”）。

该案由江苏省高级人民法院在2014年作出一审判决，上诉人上诉后由最高人民法院在2017年作出二审判决。该案的争议点主要是信用证项下的单据是否存在不符点。

湖美公司起诉称：2013年6月10日，星展银行以湖美公司为受益人，开立了553-01-1165349号信用证，用以支付信用证中所描述货物的货款。2013年11月29日，湖美公司向星展银行提示付款。2013年12月5日，星展银行以原产地证明第九栏所列FOB价格与发票显示CIF价格相同、构成不符点为由拒付。星展银行提出的拒付信用证项下款项的理由不能成立。故请求判令星展银行支付553-01-1165349号信用证下全部款项，共计8 938 290.98美元，折合人民币55 448 732.79元（按湖美公司与中国建设银行无锡分行汇率掉期合同约定的汇率即1：6.203 505计算）及其自2013年12月6日起至2014年5月1日（暂定）止按中国人民银行同期贷款基准利率6%计算的利息1 321 654.7元。

一审法院查明：2013年6月10日，星展银行以湖美公司为受益人，开立了553-01-1165349号即期付款信用证。信用证32B规定：信用证总金额为8 938 290.98美元；31D规定：信用证到期日为2013年12月5日；44C规定：最晚装船日期为2013年11月20日；46A单据要求规定：湖美公司交单时应当提交商业发票、原产地证明等单据；40E规定：适用最新版UCP；44E规定：装货港为中国上海；44A货物描述为：合同HWM12-002下用于PTDABIOLEO2X90T/H＋15MW电站的一套电厂设备，CIF印度尼西亚杜迈。

星展银行于2013年10月8日及2013年10月12日分别发出信用证修改通知，将最晚装船日期及信用证到期日分别修改为2013年11月30日和2013年12月16日。

2013 年 11 月 29 日，湖美公司经通知行中国建设银行无锡分行将信用证所要求的全套单据通过 DHL 快递寄送给星展银行。商业发票显示涉案交易的价格条件为 CIF 印度尼西亚杜迈，价值 8 938 290.98 美元。原产地证明第七栏包装件数及种类、产品名称（包括相应数量及进口方 HS 编码）除其他相关内容外，还填写有"合同 HWM12-002 下用于 PTDABIOLEO2X90T/H+15MW 电站的电厂设备，CIF 印度尼西亚杜迈"；第九栏毛重或其他数量及价格（FOB）项下除其他相关内容外，还填写有"USD：8 938 290.98"。

2013 年 12 月 5 日，星展银行通过通知行中国建设银行无锡分行发出拒付通知，称："原产地证明第九栏所列 FOB 价格为 8 938 290.98 美元，而发票显示 CIF 价格与之相同，即 8 938 290.98 美元，构成了冲突。前述的不符点我行无法接受，故我行拒绝支付信用证下款项。"

一审法院（江苏省高级人民法院）认为，本案争议焦点是星展银行主张的不符点是否成立。

（1）关于本案的法律适用。

星展银行为在新加坡登记注册的法人，故本案信用证关系属于涉外民事关系。信用证 40E 明确约定适用"最新版 UCP"，即《跟单信用证统一惯例》（国际商会第 600 号出版物，以下简称 UCP600）。根据最高人民法院《关于审理信用证纠纷案件若干问题的规定》第 2 条的规定，本案应首先适用 UCP 600 的相关规定。由于信用证关系属于合同关系且当事人未协议选择信用证关系中 UCP 600 未规定部分应适用的法律，因而根据《中华人民共和国涉外民事关系法律适用法》第 41 条的规定，该部分应适用履行义务最能体现该合同特征一方当事人经常居所地法律或其他与该合同有最密切联系的法律。在信用证关系中，受益人的义务是提交相符单据，开证行的义务是在确定交单相符时承付，即受益人只要提交相符单据即可获得信用证项下的款项。受益人履行交付相符单据的义务最能体现信用证关系的特征，故对涉案信用证关系中 UCP 600 未规定的部分应适用湖美公司住所地法律，即中华人民共和国法律。

（2）星展银行主张的不符点不能成立，其应当向湖美公司支付涉案信用证项下款项，并承担相应的违约责任。

1）星展银行主张的不符点不能成立。UCP 600 第 14 条 f 款规定："如果信用证要求提交运输单据、保险单据或商业发票之外的单据，却未规定出单人或其数据内容，则只要提交的单据内容看似满足所要求单据的功能，且其他方面符合第 14 条 d 款，银行将接受该单据。" UCP 600 第 14 条 d 款规定："单据中的数据，在与信用证、单据本身以及国际标准银行实务参照解读时，无须与该单据本身中的数据、其他要求的单据或信用证中的数据等同一致，但不得矛盾。"本案争议所涉及的原产地证明属于信用证要求提交的运输单据、保险单据或商业发票之外的单据，且信用证未规定原产地证明的出单人或数据内容。据此，该原产地证明只要满足以下两个条件，银行就必须予以接受：一是原产地证明的内容看似满足中国—东盟自由贸易区原产地证明的功能；二是其他方面符合第 14 条 d 款的规定。涉案交易系 CIF 交易，原产地证明记载的发票编号及日期、货物名称、合同编号、CIF 价格与发票内容相符，且原产地证明签发人声明一栏中已明确表示"根据所实施的监管，兹证明出口商所做申报正确无误"。显然，该原产地证明能够与涉案货物适当联系起来，并经有权签字人签署，涉案原产地证明的内容看似满足中国—东盟自由贸易区原产地证明的功能。星展银行对此并无异议。星展银行凭以拒付的不符点是原产地证明第九栏所列 FOB 价格与商业发票显示 CIF 价格相同，均为 8 938 290.98 美元，构成冲突，违背 UCP 600 第 14 条 d 款的规定。一审法院认为，星展银行主张的上述不符点不能成立。理由如下：首先，星展银行将不同种类的数据进行比较违反 UCP 600 第 14 条 d 款规定的比较同类数据的审单规则。UCP 600 第 14 条 d 款规定中的"等同一致"要求银行在审单时比较的数据必须是同一种类的数据，否则就不可能"等同一致"。"无须等同一致"并不意味着授权银行可以将不同种类的数据进行比较，而是要求银行在比较同一种类数据时，不能过于机械，以至于按照"镜像标准"去比较，应当允许同一种类的数据之间存在一些细微的差别，但这些细微的差别不得导致矛盾或歧义，其体现的仍然是比较同类数据的审单规则。国际标准银行实务（以下简称 ISBP 745）、国际商会银行委员会及中华人民共和国的司法实践均持此观点。ISBP 745 第 A22 条规定："如果拼写或打字错误并不影响单词或其所在句子的含义，则不构成单据不符。例如，在货物描述中的'machine'显示为'mashine'，'fountainpen'显示为'fountanpen'，或'model'显示为'modle'均不视为 UCP 600 第 14 条 d 款项下的矛盾数据。但是'model321'显示为'model123'将视为该款项下的矛盾数据。"国际商业银行委员会官方意见 R740（咨询 TA722rev）认为，其他单据上的合同号与发票上的涉案合同号不同，构成 UCP 600 第 14 条 d 款项下的矛盾数据。中华人民共和国最高人民法院在韩国外换银行株式会社诉青岛银行股份有限公司信用证纠纷一案的（2010）民申字第 112 号民事裁定中认为："非木质包装材料声明"中标注的信用证号码与案涉信用证号码不一致，构成 UCP 600 第 14 条 d 款项下的矛盾数据。在上述实例中，被比较的数据均为"货物描述""合同号码""信用证号码"等同类数据。由此可见，银行在审单时必须遵循比较同类数据的审单规则，这不仅是 UCP 600 的内在要求，也是国际标准银行实务、国际银行委员会和司法判例的一致要求。因此，首先，在本案中，如果要审查货物价格的话，星展银行应审查的是单证之间、单单之间的 CIF 价格是否存在矛盾，因为涉案信用证、商业发票和原产地证明中均出现了涉案货物的 CIF 价格，而不是将货物的 CIF 价格与 FOB 价格进行比较。星展银行将货物的 CIF 价格与 FOB 价格进行比较，显然违反 UCP 600 第 14 条 d 款比较同类数据的审单规则。其次，星展银行无权审查涉案货物 FOB 价格的适当性。原产地证明第九栏出现货物的 FOB 价格是原产地证明本身的要求，审查涉案货物的 FOB 价格是否适当是目的地国海关的职权。除原产地证明以外，信用证和其他单据中均未出现，亦不可能出现货物的 FOB 价格。这表明，涉案信用证的开证申请人和受益人均无意授权星展银行在审单时对货物的 FOB 价格进行审查。故本案不存在审查单证之间、单单之间的 FOB 价格是否一致或矛盾的基础，星展银行无权就涉案货物的 FOB 价格进行审查。星展银行擅自将货物的 FOB 价格与 CIF 价格进行比较，并以货物 FOB 价格与 CIF 价格相同构成不符点为由拒付信用证项下货款，系对货物 FOB 价格适当性的审查，是对基础交易的介入。星展银行的这一做法违背了 UCP 600 关于银行审单不得介入基础交易的基本原则。综上，星展银行在将货物的 CIF 价格与 FOB 价格两种不同类型的数据进行比较的基础上提出不符点，不符合 UCP 600 第 14 条 d 款的规定，是无效的。

2）星展银行应当支付涉案信用证项下的款项并赔偿相应的损失。由于星展银行凭以拒付的不符点不能成立，其应当向湖美公司支付涉案信用证项下的款项 8 938 290.98 美元。关于履行方式，湖美公司主张上述美元按湖美公司与中国建设银行无锡分行汇率掉期合同约定的汇率即 1∶6.203 505 计算，请求判令星展银行折合支付人民币 55 448 732.79元，星展银行未提出异议。一审法院对湖美公司的请求予以支持。故湖美公司应支付的款项为人民币 55 448 732.79 元。根据 UCP 600 第 14 条 b 款的规定，星展银行应当自其收到提示单据的翌日起算 5 个银行工作日内决定交单是否相符。湖美公司于 2013 年 11 月 29 日经通知行中国建设银行无锡分行将信用证所要求的全套单据通过 DHL 快递寄送给星展银行。2013 年 12 月 5 日，星展银行经通知行中国建设银行无锡分行发出拒付通知。这表明，星展银行至迟在 2013 年 12 月 5 日前已完成审单，符合上述规定。因涉案信用证为即期付款信用证，根据 UCP 600 第 15 条 a 款的规定，交单相符时，银行必须即期付款。因此，星展银行履行付款义务的时间至迟为 2013 年 12 月 5 日。星展银行不当拒付，构成违约，应当承担相应的违约责任。因双方对违约责任的承担方式未作约定，故应当按照法定方式确定星展银行应承担的违约责任。湖美公司主张星展银行应向其支付自 2013 年 12 月 6 日起至实际支付之日止按中国人民银行人民币同期贷款基准利率计算的逾期付款损失赔偿金，符合《中华人民共和国合同法》的有关规定，予以支持。

综上，星展银行主张的不符点不能成立，其应当向湖美公司支付涉案信用证项下的款项，并赔偿其逾期付款给湖美公司造成的损失。一审法院依照 UCP 600 第 14 条 a 款、b 款、d 款、f 款，第 15 条 a 款，《中华人民共和国合同法》第 174 条，最高人民法院《关于审理买卖合同纠纷案件适用法律问题的解释》第 24 条第 4 款、第 45 条第 2 款，《中华人民共和国民事诉讼法》第 142 条的规定，判决如下：（1）星展银行于判决生效之日起 10 日内支付湖美公司人民币 55 448 732.79 元；（2）星展银行于判决生效之日起 10 日内支付湖美公司上述款项自 2013 年 12 月 6 日起至实际支付之日止按中国人民银行人民币同期贷款基准利率计算的逾期付款损失赔偿金。如果未按判决指定的期间履行给付金钱的义务，应当依照《中华人民共和国民事诉讼法》第 253 条之规定，加倍支付迟延履行期间的债务利息。案件受理费人民币 325 652 元，由星展银行承担。

星展银行不服上述一审判决，向最高人民法院提起上诉，称：（1）一审判决遗漏了重要事实。2013 年 12 月 24 日，湖美公司向星展银行发出“对 553－01－1165349 号信用证拒付通知的异议”，该函中认可原产地证明上 FOB 价格处填写的是 CIF 价格，目的是让该 FOB 价格的金额与保险单和发票上 CIF 价格的金额完全一样，以确保交单相符。该事实证明湖美公司基于对 UCP 600 单据相符原则的错误理解而主动造成了单据上的不符点。（2）一审判决限制开证行根据其开立的信用证条款本身对单据和单据内容的要求审查单据的核心权利，是错误的。根据 UCP 600 第 14 条 a 款、d 款和 f 款的相关规定，开证行仅仅基于单据本身确定是否在表面上构成相符交单，单据中的数据不得与该单据本身、其他要求的单据以及信用证中的数据矛盾。本案信用证要求受益人提交的单据在信用证条款第 46A 行作出了清晰规定，原产地证明是信用证所要求的主要单据，其主要功能除了要证实货物的原产地外，就是要通过显示详细的货物 FOB 价格来显示和证实该货物及或服务来源及原产地的认定依据，以及作为货物或服务通关纳税的计算依据。开证行有权依照信用证条款第45A行显示的“货物及/或服务”描述的CIF价格条款审查所有要求的单据以及单据的内容，也有权根据信用证条款第32B行的金额以及第39A行是否在允许的金额浮动范围内，审查单据以及单据的内容。开证行有权对原产地证明第九栏内容进行审查，因为该栏位标明的货物描述以及货物的价值特别是和信用证项下受益人所能提取的金额、信用证金额允许浮动的百分比范围密切相关。在原产地证明第九栏显示的货物的FOB价格仅仅包括在中国的装运港货物越过船舷的货物价格，而信用证要求的以及商业发票、保险单显示的CIF价格是货物运送到到货港的货物价格。这两个价格后面的数字丝毫不差，均为8 938 290.98美元，明显构成单据之间内容的矛盾，这是商业常识。本案不是有关单据中出现打字错误的情形。开证行仅仅根据信用证条款第45A行、第32B行以及第39A行的要求对单据及其内容进行表面审查并据此作出单据不符的结论，进而拒付，并未对FOB价格在基础合同项下的适当性进行审查。一审法院所谓审单只能“比较同类数据”而不能将不同种类的数据进行对比的观点是错误的。本案原产地证明中的FOB价格并非信用证要求受益人提供的内容，而是受益人额外提交的内容，当然属于开证行审查的内容。开证行基于该单据中有关货物价值信息出现的商业上不合理的不一致，认定构成不符点并无不当。(3) 一审判决判令星展银行支付信用证本金折算的人民币金额及以人民币贷款利率计算的利息，缺乏法律依据。本案所涉信用证交易是以美元为币种的国际交易，湖美公司主张的是信用证项下的应付金额，因此应以美元为单位计算。此外，信用证本金的利息应当采用国际金融市场通行的美元基础利率，即伦敦银行间同业拆借利率（以下简称LIBOR）。根据公布的LIBOR利率，湖美公司主张的付款到期日2013年12月6日美元的年利率是0.576 70%。综上，一审判决认定事实不清，适用法律错误。请求撤销一审判决，改判驳回湖美公司的全部诉讼请求。

湖美公司答辩，称：(1) 一审法院认定事实准确，关于星展银行拒付理由不成立的说理清楚、全面并有充分的根据。本案所涉原产地证明属于信用证要求提交的运输单据、保险单据或商业发票单据以外的单据，且信用证未规定原产地证明的出单人或数据内容。一审法院认定，原产地证明只要满足两个条件：一是原产地证明的内容看似满足中国—东盟自由贸易区优惠关税原产地证明的功能，二是其他方面符合UCP 600第14条d款的规定，银行必须予以接受，与UCP 600第14条f款的规定完全一致，亦与ISBP745的规定一致。涉案交易系CIF交易，原产地证明记载的发票编号及日期、货物名称、合同编号、CIF价格与发票内容相符，且原产地证明签发人声明一栏中已明确表示“根据所实施的监管，兹证明出口商所做申报正确无误”。显然，该原产地证明看似满足中国—东盟自由贸易区优惠关税原产地证明的功能。原产地证明第八栏填写了“WO”即完全取得(wholly obtained)，说明所涉货物100%产自出口国，因而无论在第九栏中填写什么数字，均不会影响进口方所享受的关税待遇。本案所涉原产地证明所描述的货物与商业发票所描述的货物是同一货物。UCP 600第14条d款规定的“等同一致”要求银行审单时比较的数据必须是同一种类的数据，否则不可能构成“等同一致”。除原产地证明第九栏出现FOB外，信用证及信用证所要求的提单、发票、保单等单据中均没有出现FOB，星展银行没有比较的基础和前提。在信用证及信用证所约定的其他单据没有要求的情形下审核FOB价格，并将其与发票中CIF价格数据相比较，因数据相同推断出FOB价格与CIF价格矛盾，系对基础交易的干预，违背了 UCP 600 的基本原则。湖美公司在提起本案诉讼前就本案所涉争议取得了国际商会国际专家中心（DOCDEX）第 331 号决定，其结论是，星展银行的异议无效并必须向湖美公司支付信用证项下的款项。其认为，原产地证书中的贸易术语 CIF 印尼杜迈与信用证一致；原产地证书第九栏 FOB 这一词汇没有表明本次交易有 CIF 印尼杜迈以外的其他贸易术语；原产地证书第九栏数据（FOB）不是信用证及 UCP 600 所要求的；星展银行的异议无效，因为其源于两类不同数据的比较即贸易术语 CIF 印尼杜迈的价格与毛重或其他数量和 FOB 价格比较，而不是与在 FOB 后面跟有装货港口名字的贸易术语 FOB 进行比较；在没有信用证要求的情形下，这些价格不同或相同均没有关系。此外，本案所涉原产地证书系中国与东盟国家通过国际条约和协定制定的标准格式。中国与东盟国家的条约和协定不会禁止交易双方使用其他贸易术语，更不会约定交易双方只能使用 FOB 贸易术语。因此，将本案所涉原产地证书第九栏中的“（FOB）”推断为贸易术语是错误的。根据 UCP 600 第 14 条 g 款的规定，对于信用证没有要求的单据，银行可以不予理会或退回，据此，在信用证没有要求的情形下，星展银行对“（FOB）”没有审查权。星展银行提出的不符点不符合 UCP 600 第 14 条 a 款、d 款的规定，湖美公司提供的原产地证书和其他单据满足了 UCP 600 第 14 条 f 款的规定，星展银行必须兑付该信用证项下的款项。（2）关于用美元支付信用证项下金额的问题，湖美公司认同星展银行的意见，应当改判星展银行用美元支付本案信用证项下的款项；但 LIBOR 不是双方约定的利率，应该适用中国法律规定的利率。一审判决星展银行向湖美公司支付利息符合《中华人民共和国合同法》及最高人民法院《关于审理买卖合同纠纷案件适用法律问题的解释》的规定，但就星展银行应支付的利息没有按照前述规定的逾期罚息利率标准计算欠妥，应当以 55 448 732.79 元及逾期付款的罚息利率为基础，计算星展银行应当向湖美公司支付的利息。综上，请求驳回星展银行的上诉请求，改判星展银行用美元支付信用证项下的款项，并以 55 448 732.79 元及逾期付款的罚息利率为基础计算星展银行应当向湖美公司支付的利息。

最高人民法院二审期间，双方当事人均未提交新证据。星展银行认为一审判决遗漏了双方在一审过程中没有争议的部分事实，即 2013 年 12 月 24 日，湖美公司向星展银行发出“对 553－01－1165349 号信用证拒付通知的异议”，其中指出：“信用证要求湖美公司提供的由江苏出入境检验检疫局出具的原产地证书能够满足原产地证书的功能，即证明原产地，且该原产地证明第九栏中填写的价格也与商业发票以及保险单中的价格完全一样。即使原产地证明第九栏要求的是 FOB 价格且为了确保保险单、发票和原产地证中显示的金额完全一样，将 CIF 价格填入了原产地证中，将此完全一样的数据视为不符点有违 UCP 第 14 条 d、f 款的规定。”湖美公司对此并无异议。二审法院对此事实予以认定。

二审法院认为：本案系源于开证行与受益人之间因信用证付款产生的纠纷。一审法院适用 UCP 600 以及我国法律的相关规定审理本案正确，当事人对此并无异议。

本案争议的焦点是，本案所涉信用证项下单据是否存在不符点。

（1）关于本案所涉信用证项下单据是否存在不符点的问题

根据本案所涉信用证对单据的要求，受益人湖美公司应当提交“原产地证明正本一份，副本三份”。UCP 600 第 14 条规定了单据审核标准，其中 f 款规定：“如果信用证要求提交运输单据、保险单据或者商业发票之外的单据，却未规定出单人或其数据内容，则只要提交的单据内容看似满足所要求单据的功能，且其他方面符合第 14 条 d 款，银行将接受该单据。”UCP 600 第 14 条 d 款规定：“单据中的数据，在与信用证、单据本身以及国际标准银行实务参照解读时，无须与该单据本身中的数据、其他要求的单据或信用证中的数据等同一致，但不得矛盾。”根据上述规定，UCP 600 在审单标准方面虽然确立了“表面上”相符的严格相符标准，但并未要求丝毫不差，只要单据与信用证要求以及单据与单据之间并不矛盾，即应当认定交单相符，开证行即应予付款。最高人民法院《关于审理信用证纠纷案件若干问题的规定》第 6 条第 1 款规定：“人民法院在审理信用证纠纷案件中涉及单证审查的，应当根据当事人约定适用的相关国际惯例或者其他规定进行；当事人没有约定的，应当按照国际商会《跟单信用证统一惯例》以及国际商会确定的相关标准，认定单据与信用证条款、单据与单据之间是否在表面上相符。”该条第 2 款规定：“信用证项下单据与信用证条款之间、单据与单据之间在表面上不完全一致，但并不导致相互之间产生歧义的，不应认定为不符点。”该条的规定与 UCP 600 第 14 条的规定就审单标准而言体现的精神是一致的。

本案中，受益人潮美公司向开证行星展银行提交了原产地证明，该原产地证明系“中国—东盟自由贸易区优惠关税原产地证书（申报与证书合一）表格 E”格式文本，其中第七栏“包装件数及种类、产品名称（包括相应数量及进口方 HS 编码）”下填写有“合同 HWM12 - 002 下用于 PTDABIOLEO2X90T/H＋15MW 电站的一套电厂设备，CIF 印度尼西亚杜迈”等信息；第八栏“原产地标准”下填写有“WO”（指出口国完全生产的产品）；第九栏“毛重或其他数量及价格（FOB）”下填写有“USD：8938290.98”等信息；第十二栏“证明”下由发证人签署“根据所实施的监管，兹证明出口商所做申报正确无误”。根据上述 UCP 600 第 14 条 f 款和 d 款的规定，只要该原产地证书的内容看似满足其功能，且其中的数据与信用证要求的数据以及信用证要求的其他单据的数据不矛盾，即应当认为构成相符交单。

由于上述原产地证书系格式文本，因而当事人无法就其中的栏目名称进行修订。第九栏中的“（FOB）”是栏目名称自带内容，该“（FOB）”表述不应被理解为国际贸易术语项下货物的 FOB 价格，具体理由如下：首先，该表述不符合国际贸易术语的基本格式。国际贸易术语主要描述货物从卖方到买方运输过程中涉及的义务、费用和风险的分配。根据 2011 年 1 月 1 日起实施的《国际贸易术语解释通则® 2010》的规定，FOB 是“船上交货（……指定装运港）”的简称，是指“卖方在指定的装运港，将货物交至买方指定的船只上，或者指（中间销售商）设法获取这样交付的货物。一旦装船，买方将承担货物灭失或损坏造成的所有风险”；CIF 是“成本，保险加运费付至（……指定目的港）”的简称，是指“卖方将货物装上船或指（中间销售商）设法获取这样交付的商品。货物灭失或损坏的风险在货物于装运港装船时转移向买方。卖方须自行订立运输合同，支付将货物装运至指定目的港所需的运费和费用”。本案中的“（FOB）”表述后缺乏“（……指定装运港）”，明显不符合国际贸易术语的格式要求。其次，从上述《国际贸易术语解释通则® 2010》的规定可以看出，国际贸易术语项下的 FOB 价格与 CIF 价格构成明显不同，且无法简单套用某种公式或者以其他形式相互转化。上述原产地证书格式表格服务于中国—东盟自由贸易区内的国际贸易，中国—东盟自由贸易区内的国际贸易不可能仅仅允许当事人使用FOB价格而排除其他价格。如果将表格第九栏中的“(FOB)”理解为国际贸易术语项下货物的FOB价格，明显不符合市场需求。综上，将上述原产地证书表格第九栏中的“（FOB)”理解为国际贸易术语项下的FOB价格，不符合常理。对该“（FOB)”的合理理解应当是指引性的，即指引当事人在此栏中填入相应的货物价格。

本案基础合同约定的货物价格是“CIF印度尼西亚杜迈”，信用证金额为8 938 290.98美元，受益人湖美公司为符合信用证要求，在原产地证书第九栏中直接填写了8 938 290.98美元。本案所涉原产地证明第七栏中已经填写有“合同HWM12－002下用于PTDABIOLEO2X90T/H＋15MW电站的一套电厂设备，CIF印度尼西亚杜迈”等信息，加上第九栏填写的“USD：8938290.98”，二者能够相互印证，且能够与信用证以及信用证要求的其他单据商业发票记载的货物价格相互印证。更重要的是，第八栏“原产地标准”填写有“WO”（指出口国完全生产的产品），足以表达该单据的功能。也就是说，尽管本案所涉原产地证书上第九栏数据与信用证及其单据要求的CIF价格数据一致，但单据之间并不矛盾，不会导致对该单据的理解产生歧义。因此，不应以此认定构成不符点。

综上，开证行星展银行主张的不符点不能成立。在受益人湖美公司交单相符的情况下，星展银行应当向湖美公司付款。星展银行关于一审判决就不符点的认定错误、其有权拒付信用证项下款项的上诉理由不能成立。

（2）关于本案信用证项下付款币种及计息标准的问题

本案信用证项下货款是以美元计算的，然而，湖美公司作为本案原告提出的诉讼请求是，要求判令星展银行支付553－01－1165349号信用证下全部款项，共计8 938 290.98美元，折合人民币55 448 732.79元（按湖美公司与中国建设银行无锡分行汇率掉期合同约定的汇率即1∶6.203 505计算）及其自2013年12月6日起至2014年5月1日（暂定）止按中国人民银行同期贷款基准利率6%计算的利息1 321 654.7元。可见，一审判决在判项中以人民币计算本金并根据中国人民银行同期贷款基准利率计算利息，符合当事人的诉讼请求，并无不妥。星展银行关于一审判决以人民币计算信用证项下付款金额并以人民币贷款利率计利缺乏法律依据的上诉理由不能成立。湖美公司作为原告，在一审法庭辩论终结后不能变更诉讼请求，其亦未提起上诉，因此其在二审期间要求就本金币种及其计息标准改判的抗辩理由，不能得到支持。

综上所述，星展银行的上诉请求不能成立，应予驳回。一审判决除遗漏部分事实外，认定基本事实清楚，适用法律正确，应予维持。本院依照《中华人民共和国民事诉讼法》第170条第1款第1项的规定，判决如下：驳回上诉，维持原判。二审案件受理费人民币325 652元，由新加坡星展银行负担。

思考题：

（1）开证行向受益人履行信用证项下付款义务的前提条件是什么？为什么规定此种条件？

（2）根据两审法院的判决结果，你如何理解单证相符原则？

案例 2

UNTTED CITY MERCHANTS (INVESTMENTS)
LTD. AND GLASS FIBRES AND EQUIPMENTS LTD.
V.
ROYAL BANK OF CANADA, VIROREFUERZOS S. A AND BANCO CONTINENTAL S.

Before Lord DIPLOCK, Lord Fraser OF TULLYAELTON. LORD RUSSELL OF KILLOWEN, Lord SCARMAN and Lord BRIDGE HARWICH

HOUSE OF LORDS

Mar. 16, 17, 18 and 22, 1982

THE FACTS

A Peruvian company, Vitrorefuerzos S. A. ("the buyers") agreed to buy from the Glass Fibers (second appellants) for the manufacture of glass fibers ("the goods") at a price of $662, 086 f. o. b. London for shipment to Callao. Payment was to be in London by confirmed irrevocable transferable letter of credit for the invoice price plus freight, payable as to 20%. Of the invoice price upon the opening of the credit, as to 70%. Of the invoice price and 100%. Of the freight on presentation of shipping documents and as to the balance of 10%. Of the invoice price on completion of erection of the plant in Peru.

The buyers arranged with a Peruvian bank, Banco Continental S. A. ("the issuing bank") to issue the necessary credit and the issuing bank appointed the respondents, Royal Bank of Canada ("the confirming bank") to advise and confirm on its behalf the credit to the sellers. The confirming bank duly notified the sellers on Mar. 30, 1976, of the opening of the confirmed irrevocable transferable letter of credit. So far as concerned the 70% of the invoice price and 100% of freight. It was expressed to be subject to the Uniform Customs and Practice for Documentary Credit (1974 Revision) of the International Chamber of Commerce ("the Uniform Customs") and to be available by sight drafts on the issuing bank against delivery inter alia of a full set "on board" bills of lading evidencing receipt for shipment of the goods from London to Callao on or before a date in October, 1976, which was subsequently extended to Dec. 15, 1976.

The initial payment of 20 percent of the invoice price was duly made by the confirming bank to the sellers. The goods were ready for shipment by the beginning of December, 1976. It was intended by the loading brokers acting as agents on behalf of Prudential Lines Inc. ("the carriers") that they should be shipped on a vessel ("*American Legend*") belonging to the carriers due to arrive at Felixstowe on Dec, 10, 1976. (The substitution of Felixstowe for London as the loading port is immaterial. It was acquiesced in by all parties to the transaction.) The arrival of *American Legend* at Felixstowe was cancelled and another vessel, *American Accord*, was substituted by the loading brokers, but its date of arrival was scheduled for Dec. 16, 1976, one day after the latest date of shipment required by the documentary credit. The goods were in fact loaded on American Accord on Dec. 16, 1976; but the loading brokers issued a set of "received for shipment" bills of lading dated Dec. 15, 1976, and handed them over to the sellers in return for payment of the freight. On presentation of the shipping documents to the confirming bank on Dec, 17, that bank raised various objections to their form, of which the only one relevant to the documentary credit point was that the bills of lading did not bear any dated "on board" notation. The bills of lading were returned to the carriers' freight brokers who issued a fresh set bearing the notation, which was untrue: These goods are actually on board 15th December 1976. E. H. Mundy and Co. (Freight Agents) Ltd. as agents. The amended bills of lading together with the other documents were represented to the confirming bank on Dec. 22, 1976. But the confirming bank again refused to pay on the ground that they...had information in their possession which suggested that shipment was not effected as it appears in the bill of lading.

The additional facts that give rise to the Breton Woods point may be stated that the sellers' original quotation for the sale price of the glass fiber making plant was half the figure that ultimately became the invoice price for the purposes of the documentary credit. The buyers who were desirous of converting Peruvian currency into U. S. dollars, a transaction which was contrary to Peruvian exchange control regulations, persuaded the real sale price in U. S. dollars and to agree that they would within 10 days after drawing upon the documentary credit for each of the three instalments of the invoice price, remit one half of the amount so drawn to the dollar account in Miami, Florida, of an American corporation controlled by the buyers. This the sellers agreed to do: and of the first instalment of 20%, of the now doubled invoice price of $662, 086, which was the only drawing that they succeeded in making under the credit, they transmitted one half, $66, 208 to the American corporation in Florida. They would have done the same with one half of the next drawing of 70% of the invoice price payable against shipping documents, if the confirming bank had paid this instalment. The defendants therefore contended that the agreement between Glass Fibers and Vitro was illegal and/or unenforceable as contrary to public policy as having been entered into to secure the transfer of funds of Vitro out of Peru contrary to that country's exchange control regulations, and that the agreement was unenforceable by reason of the Bretton Woods Agreements Order in Council 1946, art, VILL. 2, (b)

PROCEDURE BEFORE THE COURT

According to judgment held by Q. B. (com, ct.) (MOCATTA, Jj.), As to the bill of lading, judgment was made in favor of the plaintiffs; and as to the illegality of the letter of credit, the judgment was for the defendants. The plaintiffs then filed an appeal which was dismissed by C. A. (STEPHENSON, ACKNER and GRIFFITHS, L, JJ): (1) whether the learned Judge was right in holding that the contract should not by enforcing the confirmed letter of credit enable the Breton Woods Agreements Order in Council to be avoided? (2) Whether the nature of the sale contract had any relevance to the contract sued upon? and (3) Whether the holder of an irrevocable letter of credit was entitled to payment by the bank if the supporting documents, although appearing on their face to conform to the requirements of the letter of credit, had in fact been fraudulently prepared to present false information? However, on May 20, 1982, the H. L. (lord DIPLOCK, Lord FRASER OF TULLYBELTON, Lord RUSSELL OF KILLOWEN, Lord SCARMAN and Lord BRIDGE OF HARWICH) hold somewhat differently from the court of appeal.

JURISDICTION

Merits: The appeal raised two distinct questions of law. The first relates to the mutual rights and obligations of the confirming bank and the beneficiary under a documentary credit. Whether an allegations of fraud were made out and whether defendants was entitled to refuse payments against document presented. The second question is whether the letter of credit is in breach of Peruvian exchange Control regulations and whether the letter of credit is enforceable, which turns upon the construction of the Breton Woods Agreements Order in Council, 1946 and its application to the effect on certain special provisions in an agreement between the sellers and the buyers that was collateral to their contract of sale.

(a) The documentary credit point

The learned Judge held that (1) having considered the evidence of Mr. Baker (the loading broker), the way he gave it, its many inconsistencies and the strangeness of his theory justifying when goods said to be shipped or on board a ship, the conclusion was that in issuing bills of lading dated Dec, 15, with a signed on board notation of the date, he was making a false representation as to the date of shipment without belief in its truth or recklessly careless whether it be true or false and he did this knowing that the correct date was a matter of importance in relation to a letter of credit.

(2) it was clear that the defendants knew about shipment at Felixstowe before Dec, 22, and on Dec, 21the United States Lines had informed Vitro that the vessel had left Felixstowe on Dec. 17 and Banco were also aware of this.

(3) although Mr. Baker had acted fraudulently, neither he nor his company were acting on behalf of either of the plaintiffs but were acting as loading brokers on behalf of the American Prudential Lines from whom they received their remuneration in the form of a commission on freight.

(4) despite the absence of oral evidence called on behalf of either of the plaintiffs, the evidence fell short of that which was required to establish fraud against them on the occasions

when the plaintiffs (U. C. M) presented documents to the defendants;

(5) there was no fraud by the plaintiffs nor was there any finding that they knew the date on the bills of lading to be false when they presented the documents; there was no plea either by way of an implied term or by way of a warranty imposed by the law that the presenter of documents under a letter of credit warranted their accuracy and the plaintiffs were entitled to succeed.

The C. A. hold that: (1) whether or not a forged document was a nullity. it was not a genuine or valid document entitling the presenter of it to be paid and if the banker to which it was presented under a letter of credit knew it to be forged, then he must not pay;

(2) the letter of credit in this case was expressly made subject to the Uniform Customs for Documentary Credits issued by the International Chamber of Commerce and although in the ordinary case visual inspection of the actual documents presented was called for, banks had to examine all documents with reasonable care to ascertain that they appeared on their face to be in accordance with the terms and conditions of the letter of credit; this was no ordinary case in that there was a finding of fraud in relation to the bill of lading; and if a document false in the sense that it was forged by a person other than a beneficiary could entitle the bank to refuse payment there was no reason why a document in any way false to the knowledge of a person other than the beneficiary should not have the same effect;

(3) in a situation in which a fraud, in known to the issuing or confirming bank would entitle the bank to refuse payment, the bank owed no duty to the beneficiary to pay and owed a duty to the customer not to pay; here the defendants, when they knew that they had been intentionally deceived as to a date material to their liability to pay, were right to refuse to honor the plaintiffs' credit even though there was no finding that B. was the plaintiffs' agent in making the bill or presentation to the defendants; the bill of lading was therefore a dishonest document, it was not a genuine document and the defendants were entitled to reject it.

The H. L. 's judgment was as follows:

(1) the whole commercial purpose for which the system of confirmed irrevocable documentary credits had been developed in international trade to give the seller an assured right to be paid, before he parted with control of the goods, that did not permit of any dispute with the buyer, as to the performance of the contract of sale, being used as a ground for non-payment or reduction or deferment of payment (see p. 6, col. 2);

(2) the submission by the defendants, that a confirming bank was not under any obligation, legally enforceable against it by the seller/beneficiary of a documentary credit, to pay to him the sum stipulated in the credit against presented, although conforming on their face with the terms of the credit, nevertheless contained some statement of material fact that was not accurate, would be rejected in that to accept it would undermine the whole system of financing international trade by means of documentary credits (see p. 7, col. 1);

(3) since the defendants' submission had been rejected, there was no reason for drawing any distinction between apparently conforming documents, unknown to the seller, in fact contained a statement of fact that was inaccurate where the inaccuracy was due to inadvertence by the maker of the document, and the like documents where the same inaccuracy had been inserted by the maker of the document with intent to deceive, among others, the seller/beneficiary himself (see p. 9, col. 1);

(4) here the bill of lading with the wrong date of loading placed on it by the carriers' agent was far from being a nullity; it was a valid transferable receipt for the goods giving the holder a right to claim them at their destination and was evidence of the terms of the contract under which they were being carried (see p. 9, col. 2);

(5) in the circumstances the learned judge Mr. Justice Mocatta was right in deciding this issue in favor of the plaintiffs (see p. 9, col. 2) and the Court of Appeal were wrong in reversing him on this point.

(b) The Breton Woods point

As to the illegality of the letter of credit, the learned Judge held that:

(1) having considered the evidence as a whole, such money as did reach Nanke from the: "draw down" was held beneficially for Vitro and that constituted a breach of art. 1; since Vitro had initiated from Peru, the letter of credit by Banco which was confirmed by the defendants, under arrangements made by them (Vitro) for siphoning off about half the amount of credit in dollars to an account in Miami held to their benefit they had committed a breach of art, 1 in Peru;

(2) the overvaluation of imports payable in foreign currency would be an offence under art, 7 in that such action would be contrary to the principle that the regime of foreign exchange control was seeking to preserve;

(3) if the sale contract could be described as a monetary transaction in disguises contrary to the exchange control regulations of Peru, it was, by the very strong language of the Breton Woods Agreements Order in Council, unenforceable in the territories of any member and once any payment was made by the defendants under the confirmed letter of credit, effect was to some extent being given to an exchange contract contrary to the exchange control regulations in Peru, as happened in the case of one half of the "draw down" which found its way into Nanke's account in Miami; and the Court should not, by enforcing the confirmed credit, enable the Breton woods Agreement to be avoided;

(4) the submission by Glass Fibers that it might be possible to serve Glass Fibers' claims here so that they would recover one half of their claim under the letter of credit would be rejected since it was not possible for this Court to serve the letter of credit which was either enforceable in full according to its terms or not at all; and there would be judgment for the defendants.

The C. A. hold that:

(1) the Court was not required or entitled by the nature of the letter of credit to look at

it in all cases and circumstances, including the circumstances of this case, in isolation from those circumstances and so lend its aid to the enforcement of a contract declared unenforceable by art, VILL, 2 (b) of the Breton woods Agreements Order in Council;

(2) this Court could best carry out the double duty of preventing breaches of the Breton Woods Agreements and promoting both international comity and international trade by enforcing the part of it which was a disguised monetary transaction in breach of that law; and there was no reason why the Court ought not to have given judgment upon the letter of credit that sum which was in payment for the machinery and freight in that there was nothing in the order in Council which rendered them unenforceable and these sums were readily identifiable.

The H. L. 's judgments were as follows:

(1) there was no difficulty in identifying the monetary transactions that was sought to be concealed by the actual words used in the documentary credit and in the underlying contract of sale; it was to exchange Peruvian currency provided by the buyers (Vitro) in Peru for U. S. $331, 043 to be made available to them in Florida and since this was contrary to the exchange control regulations of Peru, that part of the documentary credit was therefore unenforceable; the payment of the other half of the invoice price and of the freight was not unenforceable since the plaintiffs would have received that part of the payment under the documentary credit on their own behalf and would have retained it as the genuine purchase price of goods sold by them to Vitro and the Court of Appeal were right in holding that there was nothing in the Breton Woods Agreements Order in Council 1946 that prevented the payment under the documentary credit to that extent (see p, 10, col. 2; p. 11, col. 1);

(2) the plaintiffs were therefore entitled to judgment for that part of the second instalment which was not a monetary transaction in disguise (see p. 11, col. 1).

QUESTIONS FOR DISCUSSION

1. What is the letter of credit and what is its character?
2. What is the irrevocable transferable letter of credit?
3. What are the legal relations resulted from a letter of credit?
4. What is the relation between the sale contract and the letter of credit?
5. How is the letter of credit used for payment?
6. In which conditions can the beneficiary be entitled to payment?
7. What are the obligations of the bank to which the documents are presented?
8. What is the function of the other documents required by the letter of credit?
9. What can be the qualified and valid documents?
10. Which event entitle the bank to refuse the payment?
11. What is the Breton Woods Agreements Order and what is its legal effect?
12. What is the provision of the Breton Woods Agreements Order in relation to the "monetary transactions"?

13. How did the Breton Woods Agreements Order affect the contract of sale?
14. How did the Breton Woods Agreements Order affect the letter of credit?

案例 3

UNITED BANK LTD. v. CAMBRIDGE SPORTING GOODS CORP.

Court of appeals of New York. 1976

THE FACTS

In April 1971, the appellant Cambridge Sporting Goods Corporation (Cambridge) entered into a contract for the manufacture and sale of boxing gloves with Duke Sports (Duke). Duke committed itself to the manufacture of 27, 936 pairs of boxing gloves at a sale price of $42, 576.80, and arranged with its two Pakistani bankers for financing of the sale. Cambridge was requested by these banks to cover payment of the purchase price by opening an irrevocable letter of credit with its bank, Manufactures Hanover Trust Company (Manufactures).

Following confirmation of the opening of the letter of credit, Duke informed Cambridge that it was impossible to manufacture and deliver the merchandise within the time period required by the contract, and sought an extension of time for performance. Cambridge replied that it would not agree to a postpone of performance because of its resale commitments and, hence, it promptly advised Duke that the contract was canceled and the letter of credit should be returned.

Despite the cancellation of the contract, the Manufactures received documents from those two Pakistani bankers documents purporting evidence of shipment of the boxing gloves under the terms of canceled contract, and drafts drawn by the Duke upon Manufacturers and made payable to those two Pakistani banks. An inspection upon the shipments revealed that Duke had shipped old, unpadded, ripped and mildewed gloves rather than the new gloves as agreed upon. Cambridge then commenced an action against Duke and obtained a preliminary injunction prohibiting the latter from paying drafts drawn under the letter of credit; subsequently, Cambridge levied on the funds subject to the letter of credit and the draft.

Those two Pakistani banks instituted the present proceeding to vacate the levy made by Cambridge and to obtain payments of the drafts on the letter of credit.

PROCEDURE BEFORE THE COURT

In its judgment, the trial court concluded that the burden of proving that the banks were not holders in due course lay with Cambridge, and directed a verdict in favor of the banks on the ground that Cambridge had not met that burden to demonstrate that the banks themselves had participated in the seller's acts of fraud. The Appellate division affirmed, agreeing that while there was proof tending to establish defenses against the seller, Cambridge had not shown that the seller's acts were "connected to the petitioners [banks] in any manner." Cambridge then appealed to Courts of appeals of New York, and the appellate body reversed the verdict of the trial court and hold that it was improper to direct a verdict in favor of the petitioning Pakistani banks.

JRUISDICTION

The court of appeal hold that the defense of fraud in the transaction was established and in that circumstance the burden shifted to petitioners to prove that they were holders in due course and took the drafts for value, in good faith and without notice of any fraud on the part of Duke. The failure of the banks to meet their burden of proof is fatal to their claim for recovery of the proceeds of the drafts and their petition must therefore be dismissed.

MERITS: whether fraud on the part of a seller-beneficiary of an irrevocable letter of credit may be asserted as a defense against holders of the drafts drawn by the seller pursuant to the credit, and, if the defense may be interposed by the buyer who procured the letter of credit, whether the courts below improperly imposed upon the appellant buyer the burden of proving that respondent banks to whom the drafts were made payable by the seller-beneficiary of the letter of credit, were not holders in due course.

(a) Exceptionalcircumstances to the duties and obligations of the issuer of a letter of credit

According to Article 5 of the Uniform Commercial Code and the Uniform Customs and Practice for Documentary Credits, a letter of credit is a commitment on the part of the issuing bank that it will pay a draft presented to it under the terms of the credit. Banks issuing letters of credit deal in documents and not in goods and are not responsible for any breach of warranty or nonconformity of the goods involved in the underlying sales contract. Subdivision (2) of section 5－114, however, indicates certain limited circumstances in which an issuer may properly refuse to honor a draft drawn under a letter of credit or a customer may enjoin an issuer from honoring such a draft. Thus, where "fraud in the transaction" has been shown and the holder has not taken the draft in circumstances that would make it a holder in due course, the customer may apply to enjoin the issuer from paying drafts drawn under the letter of credit. This case is different from the typical posture of a lawsuit between the bank issuing the letter of credit and presenters of drafts drawn under the credit seeking payment, since the shipment of old, unpadded, ripped and mildewed gloves rather than the new boxing gloves as ordered by Cambridge, constituted fraud in the transaction within the meaning of Subdivision (2) of section 5－114, and Cambridge has obtained an injunction against payment of the drafts and has levied against the proceeds of the drafts.

(b) **Shift of burden of proof**

Since the defense of fraud in the transaction was shown, the burden shifted to the banks by operation of subdivision (3) of section 3-307 to prove that they were holders in due course and took the drafts without notice of duke's alleged fraud. This burden must be sustained by "affirmative proof" of the requisites of holder in due course status. In order to qualify as a holder in due course, a holder must have taken the instrument "without notice of any defense against it on the part of any person." Pursuant to subdivision (2) of section 5-114, fraud in transaction is a valid defense to payment of drafts drawn under a letter of credit. It was error for the trial court to direct a verdict in favor of the Pakistani banks because this determination rested upon a misallocation of the burden of proof, and the court of appeal concluded that the banks have not satisfied the burden of proving that they qualified in all respects as holders in due course by any affirmative proof.

QUESTIONS FOR DISCUSSION

1. What is the relation between the letter of credit and the contract of sales?
2. What are the ordinary duties and obligations of the issuer of the letter of credit?
3. What are the exceptional circumstances to the duties and obligations of the issuer of the letter of credit?
4. What are the rights of the customer in the exceptional circumstances?
5. What is the fraud on the part of the seller-beneficiary?
6. How does the fraud on the part of the seller-beneficiary affect an irrevocable letter of credit?
7. What is the relation between the letter of credit and the drafts drawn pursuant to the credit?
8. What is the character of the drafts?
9. Could the fraud on the part of a seller-beneficiary of an irrevocable letter of credit be a defense to payment of the drafts drawn under the credit?
10. Who bears the burden of proving the existence of the fraud on the part of the seller?
11. What is the meaning of "holder in due course"?
12. Who should prove that the holder of the drafts is the holder in due course?
13. Why is there a shift of burden of proof?

本章小结

1. 国际支付是国际货物买卖实现的必不可少的环节。在国际货物买卖合同中，当事人应当在支付条款明确规定支付工具、支付方式。
2. 国际货物买卖支付工具有货币和票据两种，其中，货币用于货款尾数的结算，而主要款项采用票据，特别是汇票方式结算。
3. 汇票和支票同属出票人开给受票人的付款命令，而本票是出票人开给售票人的支付承诺。

汇票分为即期汇票和远期汇票，两种汇票的流通程序也各不相同。其中，远期汇票要经过承兑程序，承兑后，承兑人成为主债务人，对承兑后的汇票负有到期付款的责任。

4. 国际贸易支付方式有汇付、托收和信用证方式。其中，汇付和托收依赖商业信用，信用证依赖银行信用。此外，国际保理在近些年也成为国际结算的一种可选方式。
5. 汇付分为电汇、信汇和票汇。三者费用有很大差别。
6. 银行托收主要是跟单托收。跟单托收又分为付款交单和承兑交单。付款交单又分为即期付款交单和远期付款交单。规范托收业务的主要是国际商会编纂的国际惯例《托收统一规则》。该规则对托收当事人的责任作出了详细规定。
7. 银行信用证是开证行在开证申请人申请下开给受益人的，在受益人提交了符合信用证要求的单据后承担付款责任的书面文件。信用证关系独立于买卖合同关系，而且只处理信用证规定的单据，与货物无关。信用证从不同角度分为不同类型，其中最常用的是不可撤销信用证。此外，规范银行信用证业务的是国际商会编纂的 UCP。信用证虽然建立在银行信用基础上，但也有其固有的弊病，就是可能产生信用证欺诈。UCP 对该问题没有规范，因此，对信用证欺诈问题的处理主要依赖各国国内法。
8. 国际保理是近些年广泛采用的结算方式，主要在赊销的情况下采用。通过保理，进出口商可以从保理商处得到资金融通。
9. 在我国最高人民法院发布了《关于审理信用证纠纷案件若干问题的规定》《关于审理独立保函纠纷案件若干问题的规定》，这些司法解释是我国法院审理信用证纠纷和独立保函纠纷的重要法律依据。

QUESTIONS AND COMMENTS

1. What's the major characteristics of negotiable instruments?
2. What is a "holder in due course" of a negotiable instrument? How is a "holder in due course" protected by law compared to an ordinary assignee of a contract?
3. If a remitting bank utilize the services of another bank of other banks for the purpose of giving effect to the instructions of the principal, who bear the risk of such services?
4. What do you think are the advantages of letter of credit that make it a popular payment arrangement in international trade?
5. Please describe the role of bank in a letter of credit arrangement. Under what circumstances is a bank allowed to refuse to honour a letter of credit? What's the practice in China regarding the bank's obligation of honouring a letter of credit?
6. What's the function of international factoring in international trade?

第六章 世界贸易组织法律制度

提要

世界贸易组织（WTO）是全球唯一一个处理跨境贸易关系的多边国际组织，其成员达成了多个贸易协定（包括争端解决方面的协定），并设立了争端解决机构，目的是确保各成员间的贸易在自由、平稳和可预见的基础上进行。WTO 创立了全球性贸易规则体系，为各成员提供了进一步自由化的谈判平台。这套多边贸易体制的核心是消除贸易歧视和贸易壁垒，促进贸易自由化。我国在 2001 年 12 月 11 日成为 WTO 成员，在享有《WTO 协定》项下权利的同时，也必须履行《WTO 协定》规定的义务。因此了解和掌握 WTO 规则对于我国政府和企业至关重要。

重点问题

- ❑ 世界贸易组织的宗旨和法律地位
- ❑ 世界贸易组织的机构设置及其决策方式
- ❑ 世界贸易组织的法律体系及其法律效力
- ❑ 世界贸易组织规则的主要原则
- ❑ 世界贸易组织规则的一般例外和安全例外
- ❑ 世界贸易组织对发展中国家的特殊与差别待遇
- ❑ 世界贸易组织的主要协定

第一节
世界贸易组织概述

一、世界贸易组织法律体系的组成及其约束力

世界贸易组织（World Trade Organization，以下简称“WTO”）是乌拉圭回合（Uruguay Round）谈判的结果，于1995年1月1日成立。其法律体系由60多个协定和决定等法律文件组成，其中的绝大部分是在乌拉圭回合（1986—1994年）期间达成的一揽子协定，只有《贸易便利化协定》《信息技术协定》等少数协定是在WTO成立后达成的。此外在2023年7月，WTO框架下的《投资便利化协定》文本谈判成功结束，其在生效后将是全球首个多边投资协定。这些法律文件既包括实体法规则，也包括程序法规则。与《关税与贸易总协定》（以下简称“GATT”）相比，WTO规则规制的范围非常广泛，不仅包括货物贸易，也包括服务贸易以及与贸易有关的知识产权和投资措施，并且建立了专门的贸易政策评审机制和争端解决机制。

（一）世界贸易组织法律体系的组成

WTO法律体系主要是由《建立世界贸易组织协定》及其四个附件构成。

1.《建立世界贸易组织协定》

《建立世界贸易组织协定》（Agreement Establishing the World Trade Organization），简称《WTO协定》（WTO Agreement），于1994年4月15日在摩洛哥马拉喀什召开的部长级会议上签订，因而也称《马拉喀什建立世界贸易组织协定》（Marrakesh Agreement Establishing the World Trade Organization）。

在性质上，《WTO协定》是WTO这一国际组织的章程性文件，是WTO的核心和基础性协定。除附件外，《WTO协定》正文共有15条，主要是对WTO的范围、职能、机构、法律地位、政策制定、预算与捐款、秘书处、与其他组织的关系、协定的修改、原始成员方的地位、新成员的加入、协定的接受、生效、保存、退出等事项作出详细规定。概括而言，《WTO协定》的正文主要是对WTO这一国际组织的设立和机构等方面的事项作出规定，并不直接涉及WTO成员方在实体上的权利和义务，这些具体权利与义务主要体现在《WTO协定》附件的各项协定中。

2. 附件1

附件1包括如下3部分文件：一是附件1A，关于货物贸易的多边协定；二是附件1B，《服务贸易总协定》（General Agreement on Trade in Services，简称GATS）；三是附件1C，《与贸易有关的知识产权协定》（Agreement on Trade Related Aspects of Intellectual Property Rights, Including Trade in Counterfeit Goods，简称TRIPS协定）。[①]

附件1A由如下13项货物贸易多边协定（Multilateral Agreements on Trade in Goods）组成[②]：

① 《与贸易有关的知识产权协定》通过2005年达成的《关于修正〈与贸易有关的知识产权协定〉的议定书》进行了修正。

② 《纺织品与服装协定》（Agreement on Textiles and Clothing，简称ATC）在2005年1月1日已终止。

(1) 1994年《关税与贸易总协定》(General Agreement on Tariffs and Trade 1994,简称GATT 1994)。GATT 1994包括GATT 1947(不包括临时适用议定书)以及《WTO协定》生效之前在GATT 1947下生效的以下补充和修改文件:1)有关关税减让的议定书或证明书;2)加入议定书(不包括有关临时适用或撤销临时适用的规定、GATT 1947第二部分应在最大程度上与在订立议定书之时现有立法不相抵触的条件下临时适用的规定);3)在《WTO协定》生效之日仍有效的按GATT 1947第25条批准的免除义务的决定;4)GATT 1947缔约方全体作出的其他决定;5)GATT 1994关于解释第2条第1款(b)的谅解;6)第17条的谅解;7)第24条的谅解;8)第28条的谅解以及有关国际收支条款;9)豁免义务条款的谅解;10)马拉喀什议定书。

(2)《农业协定》(Agreement on Agriculture)。

(3)《实施卫生与植物卫生措施协定》(Agreement on Sanitary and Phytosanitary Measures,简称SPS)。

(4)《技术性贸易壁垒协定》(Agreement on Technical Barriers to Trade,简称TBT)。

(5)《与贸易有关的投资措施协定》(Agreement on Trade Related Aspects of Investment Measures,简称TRIMs)。

(6)《反倾销协定》[Agreement on Implementation of Article VI (Anti-dumping)]。

(7)《海关估价协定》[Agreement on Implementation of Article VII (Customs Valuation)]。

(8)《装运前检验协定》(Agreement on Preshipment Inspection)。

(9)《原产地规则协定》(Agreement on Rules of Origin)。

(10)《进口许可程序协定》(Agreement on Import Licensing Procedures)。

(11)《补贴与反补贴措施协定》(Agreement on Subsidies and Countervailing Measures,简称SCM协定)。

(12)《保障措施协定》(Agreement on Safeguards)。

(13)《贸易便利化协定》(Agreement on Trade Facilitation)。

3. 附件2

《关于争端解决规则和程序的谅解》(Understanding on Rules and Procedures Governing the Settlement of Disputes,简称DSU)。

4. 附件3

《贸易政策评审机制》(Trade Policy Review Mechanism,简称TPRM)。[①]

5. 附件4

附件4中的协定也称诸边贸易协定或复边贸易协定(Plurilateral Trade Agreements),主要包括《民用航空器贸易协定》(Agreement on Trade in Civil Aircraft)、《政府采购协定》[②](Agreement on Government Procurement,简称GPA)、《国际奶制品协定》《国际牛肉协定》。其中,《国际牛肉协定》和《国际奶制品协定》已于1997年年底终止,不再执行。

(二)《WTO协定》的法律效力

根据《WTO协定》的规定,附件1、附件2和附件3中的各项协定属于多边贸易协定

① 《贸易政策审议机制》因WTO总理事会2017年7月26日作出的决定进行了修正。

② 《政府采购协定》依据2012年达成的《关于修正〈政府采购协定〉的议定书》进行修正,修订文本于2014年生效。自2021年1月1日起,修订后的《政府采购协定》(GPA)对《政府采购协定》的所有缔约方生效。

(multilateral trade agreements)，各成员方在加入 WTO 时必须一揽子接受。即上述协定对所有成员方具有法律约束力，必须遵守，不得在加入 WTO 时提出保留。

对于附件 4 下的诸边贸易协定，在加入时可以提出保留。即附件 4 中的协定只适用于接受该协定的成员。对于不接受此类协定的成员，不具有约束力。到目前为止，只有少数 WTO 成员批准了附件 4 项下的相关协定。在乌拉圭回合中，各谈判方一直希望将东京回合达成的各项诸边贸易协定纳入一揽子接受范围，但是由于分歧较大，只有 5 个诸边贸易协定被纳入多边协定中，其余 4 个协定（上述 4 个诸边贸易协定）仍然作为诸边贸易协定保留在 WTO 体制内。这些诸边贸易协定设置了各自机构，负责协定的管理工作，并在 WTO 框架下运行。①

《WTO 协定》还规定了互不适用条款。如果任何一方在成为 WTO 成员或者在另一方成为 WTO 成员时不同意相互适用《WTO 协定》及其附件 1 和附件 2 所列的各项协定，则这些协定在这些成员之间不再适用。

二、世界贸易组织的宗旨、职能、法律地位和加入

（一）世界贸易组织的宗旨

《WTO 协定》序言规定了 WTO 的宗旨，即 WTO 旨在建立一个完整（包括货物贸易、服务贸易、与贸易有关的知识产权、争端解决等内容）、更具活力、更加持久的多边贸易体系，并且将 GATT 时期达成的所有协定（包括乌拉圭回合多边贸易谈判的所有成果）纳入其法律框架。为了实现上述宗旨，WTO 成员必须通过削减关税和其他贸易壁垒，消除歧视性待遇，扩大市场准入、提高贸易政策的透明度，并对发展中国家成员给予特殊和差别待遇。

（二）世界贸易组织的职能

根据《WTO 协定》，WTO 的主要职能是管理各项贸易协定，为各成员方提供多边贸易谈判场所以及争端解决服务，对各成员方的贸易政策进行审查。为实现全球经济决策的更大一致性，WTO 应该与国际货币基金组织和国际复兴开发银行进行合作。WTO 成立后，在 2001 年 11 月召开的部长级会议上启动了新一轮谈判——多哈回合（也称多哈发展回合，Doha Development Agenda)，但是由于各方分歧较大，至今未取得更多的实质性进展。

（三）世界贸易组织的法律地位

WTO 是国际法意义上的国际组织，具有如下法律地位：(1) 具有法律人格 (legal personality)②，每一成员均应给予 WTO 为履行职能所必需的法定资格。(2) 每一成员均应给予 WTO 为履行职能所必需的特权和豁免 (privileges and immunities)。(3) 每一成员应给予 WTO 官员和各成员方代表以独立履行与 WTO 有关的职能所必需的特权和豁免。(4) 每一成员应该给予 WTO、WTO 官员及其成员方代表与《联合国专门机构特权及豁免公约》(Convention on the Privileges and Immunities of the Specialized Agencies) 类似的特权和豁免。(5) WTO 可订立一总部协定。

---

① 参见赵维田：《世贸组织 (WTO) 的法律制度》，31 页，长春，吉林人民出版社，2000。

② 参见对外贸易经济合作部国际经贸关系司译：《世界贸易组织乌拉圭回合多边贸易谈判结果法律文本》，8 页，北京，法律出版社，2000。

（四）世界贸易组织的加入资格

根据《WTO 协定》的规定，任何国家或者在处理对外贸易关系方面拥有完全自主权的单独关税区（separate customs territory），都可以按照其与 WTO 谈判协商的条件加入 WTO，成为 WTO 成员（member）。[①] WTO 成员有义务根据总理事会确定的金额缴纳会员费。截至 2023 年 8 月 31 日，WTO 共有 164 个成员，其中包括中国香港特别行政区、澳门特别行政区以及台湾地区（台澎金马）这三个单独关税区成员。[②]

一国家、地区或单独关税区加入 WTO 通常需要经历如下程序：(1) 第一阶段，提交备忘录。申请方必须向 WTO 提交与《WTO 协定》有关的其贸易和经济政策备忘录，由处理该方加入申请的 WTO 工作组进行审议。(2) 第二阶段，出价和要价谈判。申请方与 WTO 成员举行双边关税、市场准入等方面的谈判，达成市场准入等方面的协定，并根据最惠国待遇原则自动适用于其他成员。(3) 第三阶段，起草加入 WTO 议定书。当工作组对申请方的贸易体制审查结束并完成双边谈判后，工作组开始起草该申请方加入 WTO 基本条件的议定书、工作组报告和承诺清单。(4) 最后阶段，签署加入 WTO 议定书。在将工作组报告、加入议定书草案以及承诺清单呈交 WTO 总理事会或部长议会审议后，如果得到 2/3 成员通过，申请方即可签署加入 WTO 议定书。如果加入议定书必须经过申请方立法机关或国会批准，在加入方批准后的 30 日即正式加入 WTO，成为 WTO 成员。

三、世界贸易组织的机构设置及其决策制度

（一）机构设置

WTO 设立了部长级会议、总理事会和秘书处。

1. 部长级会议

部长级会议（Ministerial Conference）是 WTO 的最高权力机构，由所有成员方代表组成，至少每 2 年召开一次会议。部长级会议有权对与多边贸易协定有关的所有事项作出决定，包括 WTO 立法、准司法程序的审议、豁免成员方的特定义务、审批加入申请、批准观察员资格等。部长级会议还设立了多个委员会，例如，贸易与发展委员会，国际收支限制委员会和预算、财务与行政委员会，各委员会负责行使《WTO 协定》指定的职能以及总理事会指定的附加职能。从 1995 年成立到 2023 年 8 月，WTO 已经召开了 12 次部长级会议。其中在 2001 年 11 月在卡塔尔首都多哈举行的第四次部长级会议上，各成员以协商一致方式通过了中国和“中国台北”加入 WTO 的决定，并达成了《多哈部长宣言》，决定启动新一轮多边贸易谈判（即多哈回合谈判）。

2. 总理事会

总理事会（General Council）是部长级会议的常设执行机构，在部长级会议休会期间负责执行部长级会议的各项职能和《WTO 协定》授予的职能，例如，争端解决、贸易政策评审等。

---

① 由于 GATT 1947 只是一个多边协定，不是国际组织，因而对 GATT 1947 的参加者称“缔约方”（contracting party）。而 WTO 为一个国际组织，对其参加者称为“成员”（member）或“成员方”。

② 英国和葡萄牙均为 GATT 1947 的缔约方。1986 年 4 月，中英两国政府发表声明，香港以单独关税区的名义成为 GATT 的缔约方。1997 年 7 月 1 日香港回归中国后，继续成为 WTO 的单独关税区类成员，并使用“中国香港”的称谓。1991 年 1 月，中葡发表联合声明，澳门以单独关税区的名义成为 GATT 的缔约方。1999 年 12 月 20 日澳门回归中国后继续成为 WTO 的单独关税区类成员，并使用“中国澳门”的称谓。2001 年 11 月 11 日，WTO 第四次部长级会议通过决定，同意我国台湾地区以“台湾、澎湖、金门、马祖单独关税区（简称‘中国台北’）”的名义加入 WTO。

总理事会由所有成员方的代表组成，并在适当时召开会议。

WTO总理事会下设货物贸易理事会（Council for Trade in Goods）、服务贸易理事会（Council for Trade in Services）、与贸易有关的知识产权理事会（Council for Trade-Related Aspects of Intellectual Property Rights），分别负责监督各相关协定的执行。上述理事会的成员从所有成员方的代表中产生。诸边贸易协定也设立了各自的管理机构（民用航空贸易委员会、政府采购委员会），这些机构在WTO的组织机构内运作，分别对总理事会负责，定期向总理事会报告其活动。

为了履行争端解决和贸易政策审查职能，总理事会分别设立了争端解决机构（DSB）和贸易政策审议机构（TPRB）。在争端解决（settlement of dispute）方面，截至2023年8月31日，WTO争端解决机构已经受理618个案件。在贸易政策评审（trade policy review）方面，贸易政策评审机构对各成员方的贸易政策和做法及其对多边贸易体制的影响进行定期评估并发布评估报告，目的是提高各成员方贸易政策和做法的透明度，促使其更好地遵守WTO规则和所作承诺，以便多边贸易体制平稳运行。但是，贸易政策评审结果不是履行《WTO协定》项下具体义务或者争端解决的基础，也不向各成员方强加新的政策承诺。根据《贸易政策评审机制》的规定，WTO的前4个贸易实体（欧盟被视为一个实体）每2年审议一次，其后的16个实体每4年审议一次，其他成员每6年审议一次，对最不发达国家成员可以在更长的周期内进行审查。根据WTO总理事会在2017年7月26日对《贸易政策审议机制》作出的修改决定，从2019年1月1日起，对各成员的审议周期作出如下调整：前4个贸易体（欧盟作为一个贸易体）每3年审议一次，其后的16个贸易体每5年审议一次，其他成员每7年审议一次，对最不发达国家成员可以在更长时间内审议一次。

3. 秘书处

WTO秘书处（Secretariat）是日常工作机构，设在瑞士日内瓦，由总干事（Director-general）领导，总干事由部长级会议任命。总干事和秘书处根据部长级会议的规定履行职责，包括：为总理事会、委员会、工作组或谈判组等机构监督协定的执行和进行谈判提供行政和技术支持；为发展中国家特别是最不发达国家提供技术援助；对贸易情况和贸易政策进行分析；处理非WTO成员的加入谈判等事项。

（二）决策机制

1. 协商一致

“协商一致”（consensus）原则适用于部长级会议和总理事会进行的决策事项，它是上述机构的首要决策方式。根据《WTO协定》第9条规定，WTO继续实行GATT 1947遵循的经协商一致作出决定的决策方式。《WTO协定》进而对“协商一致”进行了如下注释：“The body concerned shall be deemed to have decided by consensus on a matter submitted for its consideration, if no Member, present at the meeting when the decision is taken, formally objects to the proposed decision.”该规定实际上是赋予了任何成员方以否决权，而且只有正式提出反对意见，才构成行使否决权。

但是，“协商一致”不等于事实上的意见一致或者各成员方对一项决定都表示支持。不出席会议，或者出席会议但保持沉默或弃权，或者其发言只属于一般的评论等，都不构成正式的反对意见。“协商一致”原则是各成员方对提交的表决建议作出的一般合意，是无须投票达成的相互妥协和和解。正如有学者所言，“协商一致”规则的微妙之处在于，有些成员对某项决定并不十分赞同，但又不想得罪某些贸易大国时，可以很体面地避免这种局面。[①]

虽然 100 多个成员达到“协商一致”难度很大，进而在一定程度上影响决议的迅速作出。但是，在“协商一致”基础上作出的决定可以使所有成员方的利益得到适当考虑，从而更容易为各成员执行。但是，也经常有成员建议，WTO 应该像国际货币基金组织和世界银行那样，建立董事会，由董事会作出决定。[②]

WTO 争端解决机制采用了与“协商一致”原则不同的做法——“反向一致”。如果一项建议没有被所有成员方否决，则该项建议或争端解决报告即获得通过，这等同于一票赞同。对争端解决的“反向一致”决策机制是乌拉圭回合达成的创造性成果，是对 GATT 1947 争端解决机制的发展和完善。

2. 投票表决

《WTO 协定》规定，当成员方无法经“协商一致”方式作出决定时，可以采用投票方式（voting）作出决定。即 WTO 的决策以“协商一致”方式为主，投票方式为辅。

在部长级会议和总理事会会议上采取投票方式时，每一成员各拥有一票。如果欧盟行使投票权，则其拥有的票数与欧盟成员国（仅限于加入 WTO 者）的数量相等。在 GATT 1947 时期，一国一票制曾成为早期的争论焦点，特别是随着 20 世纪 60 年代大批发展中国家的加入，这一问题更加突出。美国认为，占世界贸易总额一半以上的贸易大国与占世界贸易总额 1%以下的发展中小国具有同等权利，是不合理的。在东京回合中，美国曾主张进行 GATT 决策机制谈判，建议仿效国际货币基金组织的“加权表决制”按贸易份额分配表决权，或者仿效欧共体依国家大小和实力强弱分配表决权。但是，美国的建议没有得到大多数 GATT 缔约方的采纳。[③]

根据《WTO 协定》的规定，原则上，部长级会议和总理事会的决定应该以所投票数的简单多数作出。在 WTO 决策实践中，简单多数规则很少使用。而且在很多情况下，WTO 对某些事项的决策规定了特殊投票规则，例如，2/3 多数通过、3/4 多数通过、所有成员一致通过等规则。其中，所有成员一致通过的表决方式与“协商一致”原则有很大区别，前者主要是对重大事项进行的表决，要求每个成员以明确方式进行表决，不能沉默。由于一致表决方式存在很大难度，从而确保了 WTO 重大原则和制度的稳定性。对于 3/4 多数、2/3 多数通过的特殊表决规则，主要适用于《WTO 协定》及其附件的解释权、WTO 成员相关义务的豁免权、《WTO 协定》的修正等事项。

第二节

世界贸易组织规则的基本法律原则

WTO 成立的宗旨之一就是建立完整、更具有活力和永久的多边贸易体系，以巩固 GATT 1947 时期达成的贸易自由化成果，包括 GATT 乌拉圭回合谈判成果。所以尽管 WTO 取代了 GATT 这一事实上的国际组织，但是并未改变 GATT 1947 的宗旨与目标，而是继续坚持

① 参见曹建明、陈治东主编：《国际经济法专论》，第 1 卷，524 页，北京，法律出版社，1999。

② 参见世界贸易组织秘书处编，张江波、索必成译：《贸易走向未来》，111 页，北京，法律出版社，1999。

③ 参见曹建明、陈治东主编：《国际经济法专论》，第 1 卷，523 页，北京，法律出版社，1999。

GATT 的各项基本原则，继续推动货物贸易和服务贸易自由化。

一、非歧视贸易原则

在 WTO 规则中，非歧视贸易原则（trade without discrimination）主要通过最惠国待遇和国民待遇加以实现。

（一）最惠国待遇原则

1. 最惠国待遇原则的产生和发展

最惠国待遇（most-favoured-nation treatment，MFN）条款产生于地中海沿岸各国家。当时，地中海沿岸的意大利各城邦以及法国、西班牙城市的商人纷纷开辟市场，寻求在外国获取同等进入市场和竞争的机会。为此，西北非阿拉伯王子们发布命令，给予其与威尼斯、比萨等城邦以同样特许权。12 世纪，威尼斯也向拜占庭当局要求享有与热那亚、比萨的商人同等的权利。到了 15 世纪和 16 世纪，MFN 条款开始出现在双边贸易条约中。英国与法国在 1713 年签订《乌特勒支通商条约》规定：一缔约方保证将其给予第三国在通商与航运方面的优惠同样给予另一缔约方。1778 年，美国在其与法国签订的条约中规定了“有条件”的 MFN 条款。到了 19 世纪，欧洲各国开始相互给予无条件的 MFN。例如，1860 年，英法签订的通商条约规定了无条件的 MFN。第一次世界大战之后，无条件的 MFN 条款受到严峻挑战。很多国家实行以高关税为主要特征的贸易保护主义政策，纷纷对进口贸易进行限制。特别是 19 世纪 30 年代发生的世界经济危机使贸易保护主义更加严重，甚至一贯奉行自由贸易政策的英国也放弃了无条件的 MFN 转而实行大英帝国特惠制度。

为了改变各国的高关税保护做法，GATT 1947 将 MFN 条款纳入多边贸易体系，使其成为多边贸易的重要原则，目的是充分保证公平与自由贸易的开展，使缔约各方在世界市场上能够享有平等贸易机会，实现非歧视和无差别待遇。

1978 年 8 月，联合国国际贸易法委员会经过多年努力，拟订了《最惠国条款最后草案》(Final Draft Articles on Most-Favoured-Nation Clauses)，该草案第 4 条和 5 条对最惠国待遇作出如下解释：“A most-favoured-nation clause is a treaty provision whereby a State undertakes an obligation towards another State to accord most-favoured-nation treatment in an agreed sphere of relations.” “Most-favoured-nation treatment is treatment accorded by the granting State to the beneficiary State，or to persons or things in a determined relationship with that State，not less favourable than treatment extended by the granting State to a third State or to persons or things in the same relationship with that third State.”

2. 最惠国待遇的形式

纵观最惠国待遇原则的产生和发展，其实施主要有以下形式。

(1) 无条件的最惠国待遇和有条件的最惠国待遇。

无条件的最惠国待遇（unconditional MFN）最早是在英国与其他国家签订的通商条约中被使用。它是指一缔约方现在或将来给予任何第三方的优惠、豁免或特权，应该立即无条件、无补偿和自动地适用于缔约另一方。有条件的最惠国待遇（conditional MFN）最先在美国采用，它是指一缔约方已经或将来给予任何第三方的优惠、豁免或特权，只有在另一缔约方提供补偿的情况下才给予该另一缔约方。由此可见，无条件的最惠国待遇是一种更为优惠的待遇，因此，发展中国家通常要求发达国家给予无条件的最惠国待遇。

（2）无限制的最惠国待遇和有限制的最惠国待遇。

无限制的最惠国待遇是指对最惠国待遇的适用范围不进行限制，不仅适用于货物进出口关税及其征收程序和方法，也适用于移民、投资、商标、专利等方面。有限制的最惠国待遇则是指将适用范围限制在某些特定经济贸易领域，即仅在条约约定的范围内适用。

（3）互惠的最惠国待遇和非互惠的最惠国待遇。

互惠的最惠国待遇（reciprocal MFN）是指缔约双方相互给予最惠国待遇，并且待遇水平同等。非互惠的最惠国待遇则是指一缔约方有义务给予另一缔约方以最惠国待遇，但是无权从另一缔约方获得最惠国待遇，即无权要求反向优惠。实践中，发展中国家通常要求发达国家给予非互惠的最惠国待遇，即发展中国家无须给予反向优惠。

（4）双边最惠国待遇和多边最惠国待遇。

双边最惠国待遇是指仅在两个签约方之间适用的最惠国待遇。多边最惠国待遇则是指在两个以上（不包括两个）缔约方之间适用的最惠国待遇。与双边最惠国待遇相比，多边最惠国待遇在适用范围上更加广泛。

3. GATT 中的最惠国待遇原则及其例外

如前所述，GATT 1947/1994 的签署旨在取消国际贸易中的歧视性待遇，以便提高缔约各方的生活水平，保证充分就业以及实际收入和有效需求的显著持续增长，扩大世界资源的充分利用以及商品的生产与交换。最惠国待遇原则的采用可以确保关税减让成果的实施，进而实现贸易自由化目的。因此，GATT 1947/1994 在第 1 条就对最惠国待遇条款作出规定，这表明了最惠国待遇条款在 GATT 1947/1994 中的核心和基石地位。

GATT 1947/1994 第 1 条第 1 款规定："With respect to customs duties and charges of any kind imposed on or in connection with importation or exportation or imposed on the international transfer of payments for imports or exports, and with respect to the method of levying such duties and charges, and with respect to all rules and formalities in connection with importation and exportation, and with respect to all matters referred to in paragraphs 2 and 4 of Article Ⅲ, any advantage, favour, privilege or immunity granted by any contracting party to any product originating in or destined for any other country shall be accorded immediately and unconditionally to the like product originating in or destined for the territories of all other contracting parties." 根据上述规定，最惠国待遇是指一缔约方现在和将来给予原产于或运往任何第三方的产品在贸易上的利益、优惠、特权和豁免，应该立即和无条件地给予原产于或运往所有其他缔约方的产品。

概括而言，GATT 1947/1994 中的最惠国待遇原则有以下特点。

（1）适用的产品与事项范围。

最惠国待遇适用于以下方面：1）与进出口商品有关的关税（customs duties）及费用（charges）；2）与进出口商品有关的对国际收支转账征收的关税及费用；3）上述第 1）和 2）款所述关税及费用的征收方法；4）进出口贸易规则及其程序和方法；5）GATT 1947/1994 第 3 条第 2 款所述事项①，

① 该款规定：The products of the territory of any contracting party imported into the territory of any other contracting party shall not be subject, directly or indirectly, to internal taxes or other internal charges of any kind in excess of those applied, directly or indirectly, to like domestic products. Moreover, no contracting party shall otherwise apply internal taxes or other internal charges to imported or domestic products in a manner contrary to the principles set forth in paragraph 1.

即国内税或其他国内费用的征收。6）GATT 1947/1994 第 3 条第 4 款所述事项。[①] 即产品的国内销售、出售、购买、运输、分配或使用的全部法令、条例和规定。

GATT 1947/1994 中的最惠国待遇要求将给予第三方的待遇无条件地直接给予原产于或运往其他缔约方的同类产品（like product）。其中，第三方既包括 GATT 缔约方，也包括非 GATT 缔约方。而且对于原产于 GATT 缔约方的同类产品，即使经非缔约方转口到另一缔约方，仍然享受最惠国待遇。关于"相同产品"，GATT 1947/1994 第 1 条并没有给予明确解释，通常情况下，在关税税率表中列为同项者，就可视为是"相同产品"。此外，最惠国待遇只给予"原产于或运往"（originating in or destined for）GATT 缔约方的产品。对于产品的原产地，国际上通常采用两种标准：加工标准和增值标准。

（2）适用的条件。

GATT 1947/1994 规定的最惠国待遇是立即、互惠、多边和无条件的。其中，"互惠"（reciprocal）是指 GATT 缔约各方必须相互给予最惠国待遇。"多边"（multilateral）是指 GATT 一缔约方提供给其他缔约方的优惠或特权应该无条件地立即给予 GATT 的所有其他缔约方，不得歧视任何缔约方。"无条件"（unconditionally）是指 GATT 一缔约方给予第三方的优惠必须立即（immediately）、无限制、无补偿和自动地给予 GATT 其他缔约方，不得要求其他缔约方承担相应义务或满足某些条件或提供相应补偿。

（3）最惠国待遇的例外。

最惠国待遇原则的例外是指在某些情况下，GATT 缔约方可以背离 GATT 的最惠国待遇要求，给予某些缔约方以更加优惠的待遇。例如，一些缔约方之间存在历史遗留的特惠安排。

4.《服务贸易总协定》中的最惠国待遇原则及其例外

在 GATT 乌拉圭回合中，谈判各方对于服务贸易是否纳入最惠国待遇原则问题产生分歧。例如，美国不愿对某些国家给予最惠国待遇，除非这些国家向其对等开放服务业尤其是金融业、电信业市场。欧共体及其成员国也承认，在服务贸易中实行无条件的最惠国待遇存在一定困难。总体而言，大多数谈判方认为在服务贸易领域应该适用有条件的最惠国待遇原则。为此，最终签署的《服务贸易总协定》（GATS）虽然纳入了最惠国待遇原则，但仅限于作出市场准入承诺的领域。

最惠国待遇同样是服务贸易自由化的基石。GATS 第 2 条对最惠国待遇原则作出了如下规定。

1. With respect to any measure covered by this Agreement, each Member shall accord immediately and unconditionally to services and service suppliers of any other Member treatment no less favourable than that it accords to like services and service suppliers of any other country.

2. A Member may maintain a measure inconsistent with paragraph 1 provided that such a measure is listed in, and meets the conditions of, the Annex on Article II Exemptions.

3. The provisions of this Agreement shall not be so construed as to prevent any Member from

---

① 该款规定：The products of the territory of any contracting party imported into the territory of any other contracting party shall be accorded treatment no less favourable than that accorded to like products of national origin in respect of all laws, regulations and requirements affecting their internal sale, offering for sale, purchase, transportation, distribution or use. The provisions of this paragraph shall not prevent the application of differential internal transportation charges which are based exclusively on the economic operation of the means of transport and not on the nationality of the product.

conferring or according advantages to adjacent countries in order to facilitate exchanges limited to contiguous frontier zones of services that are both locally produced and consumed.

与货物贸易最惠国待遇原则相比，GATS 的最惠国待遇原则也具有立即、互惠、多边和无条件的特点，但是，GATS 的最惠国待遇适用于服务（services）和服务提供者（service suppliers）。即 WTO 一成员对于其他成员的服务和服务提供者，应该立即和无条件地给予不低于其提供给任何第三方的同类服务及其服务提供者的待遇。与 GATT 最惠国待遇类似，GATS 也规定了最惠国待遇例外。即在如下方面，WTO 成员可以不给予最惠国待遇：（1）列入 GATS《关于第 2 条豁免的附件》中的措施。在此类例外中，豁免清单是在谈判确定各成员方的第一份服务贸易减让表时通过谈判最终形成的，并且豁免期不得超过 10 年。我国在加入 WTO 时也对 GATS 中的最惠国待遇列出了豁免清单，该清单载于《中华人民共和国加入议定书》附件 9。（2）为促进毗邻边境地区的生产和消费而对相邻国家提供或给予的服务贸易优惠，即边境服务贸易例外。

5.《与贸易有关的知识产权协定》中的最惠国待遇原则及其例外

与 GATS 类似，最惠国待遇也被纳入《与贸易有关的知识产权协定》（以下简称 TRIPS 协定）。而且，这是首次将最惠国待遇原则引入知识产权国际公约。

关于最惠国待遇的 TRIPS 协定第 4 条规定：

With regard to the protection of intellectual property, any advantage, favour, privilege or immunity granted by a Member to the nationals of any other country shall be accorded immediately and unconditionally to the nationals of all other Members. Exempted from this obligation are any advantage, favour, privilege or immunity accorded by a Member:

(a) deriving from international agreements on judicial assistance or law enforcement of a general nature and not particularly confined to the protection of intellectual property;

(b) granted in accordance with the provisions of the Berne Convention (1971) or the Rome Convention authorizing that the treatment accorded be a function not of national treatment but of the treatment accorded in another country;

(c) in respect of the rights of performers, producers of phonograms and broadcasting organizations not provided under this Agreement;

(d) deriving from international agreements related to the protection of intellectual property which entered into force prior to the entry into force of the WTO Agreement, provided that such agreements are notified to the Council for TRIPS and do not constitute an arbitrary or unjustifiable discrimination against nationals of other Members.

与 GATT 和 GATS 相比，TRIPS 协定最惠国待遇原则也具有立即、互惠、多边和无条件的特点。但是，TRIPS 协定中的最惠国待遇给予的对象是 WTO 其他成员方的国民（nationals）。WTO 一成员方给予任何第三方国民在知识产权保护方面的待遇，也应立即和无条件地给予 WTO 其他成员方的国民。

与 GATT 和 GATS 类似，TRIPS 协定也规定了最惠国待遇原则的例外。即在下列情况下，一成员方可以不给予其他成员方以最惠国待遇：（1）自一般性、并非专门限于知识产权保护的涉及司法协助（judicial assistance）或法律实施的国际协定所派生。（2）根据《伯尔尼公约》（Berne Convention）或《罗马公约》（Rome Convention）不按国民待遇而按互惠原则提供的待遇。该例外是指按照《伯尔尼公约》和保护邻接权《罗马公约》中的选择性条款在某些国家之间所特有的保护（即带有互惠性质的保护）。[①]（3）TRIPS 协定未作出规定的有关表演者、录音制品制作者以及广播组织的权利。TRIPS 协定第 14 条虽然详细规定了表演者、录音制品制作者和广播组织的权利，但是并不全面。根据该例外，TRIPS 协定中未列入的那部分表演者、录制者及广播组织权利，即使承认这些权利的 WTO 成员之间相互予以保护，也可以不必适用到未提供保护的其他成员。[②]（4）《WTO 协定》生效之前已经实施的保护知识产权国际条约所给予的优惠，只要该国际条约已经向 TRIPS 协定理事会作出通知，并对其他成员方的国民不构成任意（arbitrary）或不合理的歧视（unjustifiable discrimination）。

（二）国民待遇原则

1. 国民待遇原则的产生和发展

早期的国民待遇主要是赋予外国人享有与本国国民同等的民事权利。在这方面，1804 年《法国民法典》是最早纳入国民待遇（national treatment）条款的立法。1804 年《法国民法典》第 1 卷第 1 编第 11 条规定："在法国，外国人享有与其本国根据条约给予法国人的同样民事权利。" 19 世纪后半叶，很多国家效仿法国做法，将国民待遇条款纳入本国立法。而且许多欧美国家签订的通商条约也大都纳入国民待遇条款，相互给予对方侨民国民待遇。

随着各国经济交往范围的扩大，国民待遇逐渐适用于贸易和投资等领域，从而使国民待遇和最惠国待遇成为实现非歧视贸易和投资的两大重要政策工具。在贸易方面，与最惠国待遇类似，国民待遇条款的设立也是为了保证公平贸易，防止歧视外国产品。但是与最惠国待遇不同的是，最惠国待遇主要是确保两个或两个以上国家或地区的同类产品在同一国家或地区境内获得同等待遇。而国民待遇则旨在确保外国产品在本国境内享有与本国同类产品同等的待遇。由此可见，国民待遇提供的优惠高于最惠国待遇。

2. GATT 中的国民待遇原则及例外

最早将国民待遇原则纳入多边贸易协定的是 GATT 1947。GATT 1947 第 3 条专门规定了"国内税与国内规章的国民待遇"（national treatment on internal taxation and regulation）。该条载明如下内容。

1. The contracting parties recognize that internal taxes and other internal charges, and laws, regulations and requirements affecting the internal sale, offering for sale, purchase, transportation, distribution or use of products, and internal quantitative regulations requiring the mixture, processing or use of products in specified amounts or proportions, should not be applied to imported or domestic products so as to afford protection to domestic production.

2. The products of the territory of any contracting party imported into the territory of any other contracting party shall not be subject, directly or indirectly, to internal taxes or other internal charges of any kind in excess of those applied, directly or indirectly, to like domestic products. Moreover, no contracting party shall otherwise apply internal taxes or other internal charges to imported or domestic products in a manner contrary to the principles set forth in paragraph 1.

3. …

---

①② 参见郑成思：《WTO 知识产权协议逐条讲解》，39 页，北京，中国方正出版社，2001。

4. The products of the territory of any contracting party imported into the territory of any other contracting party shall be accorded treatment no less favourable than that accorded to like products of national origin in respect of all laws, regulations and requirements affecting their internal sale, offering for sale, purchase, transportation, distribution or use. The provisions of this paragraph shall not prevent the application of differential internal transportation charges which are based exclusively on the economic operation of the means of transport and not on the nationality of the product.

5. No contracting party shall establish or maintain any internal quantitative regulation relating to the mixture, processing or use of products in specified amounts or proportions which requires, directly or indirectly, that any specified amount or proportion of any product which is the subject of the regulation must be supplied from domestic sources. Moreover, no contracting party shall otherwise apply internal quantitative regulations in a manner contrary to the principles set forth in paragraph 1.

6. …

7. No internal quantitative regulation relating to the mixture, processing or use of products in specified amounts or proportions shall be applied in such a manner as to allocate any such amount or proportion among external sources of supply.

8. (*a*) The provisions of this Article shall not apply to laws, regulations or requirements governing the procurement by governmental agencies of products purchased for governmental purposes and not with a view to commercial resale or with a view to use in the production of goods for commercial sale. (*b*) The provisions of this Article shall not prevent the payment of subsidies exclusively to domestic producers, including payments to domestic producers derived from the proceeds of internal taxes or charges applied consistently with the provisions of this Article and subsidies effected through governmental purchases of domestic products.

9. …

10. …

根据上述规定，GATT 1947 规定的国民待遇原则具有如下特点。

（1）在国内税和其他国内费用方面（internal taxes and other internal charges），给予国民待遇。当来自一 WTO 成员领土的产品进入其他成员领土时，该进口成员不得对该出口成员的产品直接或间接征收超过（excess）对本国同类产品直接或间接征收的国内税或其他国内费用。即外国产品在进口国国内税和其他国内费用方面享有国民待遇。其中，国内税不包括海关关税（custom duty）。也就是说，在一 WTO 成员的产品进入其他成员的市场后，给予国民待遇。

（2）在产品的国内销售、出售、购买、运输、分销或使用方面，给予国民待遇。即当一 WTO 成员的产品出口到其他成员领土时，在该进口产品的国内销售（internal sale）、出售（offering for sale）、购买（purchase）、运输（transportation）、分销（distribution）或使用（use）方面，享有的待遇不得低于（no less favourable than）进口国同类产品享有的待遇。

（3）在国内数量限制规则方面（internal quantitative regulation），给予国民待遇。即一 WTO 成员不得制定（establish）或维持（maintain）与产品的混合、加工或使用数量或比例有关，直接或间接要求受其管辖的产品数量或比例必须由国内供应的国内数量限制法规。此外，与产品混合、加工或使用数量或比例有关的国内数量法规不得以在外部供应渠道之间分配此种数量或比例的方式加以实施。

（4）国民待遇原则具有以下例外。1）国民待遇要求不适用于政府机构（governmental agencies）购买供政府使用、并非以商业转售为目的或者不以生产供商业销售产品为目的之产品的采购法律、法规或规定。即在政府采购方面，豁免国民待遇义务。2）国民待遇要求不妨碍给予国内生产者（domestic producers）补贴（subsidies），包括从国内税费所得收入中产生的对国内生产者的支付和政府购买国产品给予的补贴。3）国民待遇要求不妨碍 WTO 成员建立或者维持与已经曝光电影片有关的国内数量限制法规。

3.《服务贸易总协定》中的国民待遇原则及其例外

在 GATT 乌拉圭回合服务贸易谈判中，发达国家和发展中国家对是否在服务贸易领域实行国民待遇原则存在很大分歧。一些国家认为，由于服务贸易是无形的，故无法对其按正常的有形商品贸易征收关税，如果将 GATT 的国民待遇原则适用于服务贸易领域，等于允许外国服务业享受与国内服务业相同的待遇。但是，一些服务行业与国家主权和国家安全密切相关，在所有服务行业实施国民待遇并不现实。发展中国家还认为，其服务业发展水平无法与发达国家相比，竞争能力很差，实施国民待遇将导致其服务业甚至整个经济结构恶化。发达国家则主张在服务贸易领域实行广泛的国民待遇原则。经过各方讨价还价，最后达成的《服务贸易总协定》（以下简称 GATS）在协调各方利益的原则下纳入了国民待遇条款。

GATS 第 17 条专门规定了国民待遇原则。

1. In the sectors inscribed in its Schedule, and subject to any conditions and qualifications set out therein, each Member shall accord to services and service suppliers of any other Member, in respect of all measures affecting the supply of services, treatment no less favourable than that it accords to its own like services and service suppliers. ①

2. A Member may meet the requirement of paragraph 1 by according to services and service suppliers of any other Member, either formally identical treatment or formally different treatment to that it accords to its own like services and service suppliers.

3. Formally identical or formally different treatment shall be considered to be less favourable if it modifies the conditions of competition in favour of services or service suppliers of the Member compared to like services or service suppliers of any other Member.

与 GATT 规定的国民待遇原则相比，GATS 规定的国民待遇原则具有以下特点。

（1）每一成员方仅在其服务贸易承诺表（schedule）所列部门（sectors）范围内，按照承诺表所列条件向其他成员方提供国民待遇。不在承诺表内的服务部门不必给予国民待遇，即 GATS 并不要求各成员方在所有服务部门给予国民待遇，而是只限于作出国民待遇承诺的部门。

（2）享受国民待遇的对象是服务（services）和服务提供者（service suppliers）。即一 WTO 成员在其承诺的部门范围内给予其他成员的待遇不得低于（no less favourable than）其给予本国同类服务和服务提供者的待遇。而且一成员可以通过对其他成员的服务或服务提供者给予与

---

① Specific commitments assumed under this Article shall not be construed to require any Member to compensate for any inherent competitive disadvantages which result from the foreign character of the relevant services or service suppliers.

本国同类服务或服务提供者形式上相同或不同的待遇实现上述“不低于”要求。

4.《与贸易有关的知识产权协定》中的国民待遇原则及其例外

鉴于《保护工业产权巴黎公约》《伯尔尼公约》等许多知识产权国际公约均规定了国民待遇原则，TRIPS 协定也将其纳入其中。

TRIPS 协定第 3 条规定：

1. Each Member shall accord to the nationals of other Members treatment no less favourable than that it accords to its own nationals with regard to the protection[①] of intellectual property, subject to the exceptions already provided in, respectively, the Paris Convention (1967), the Berne Convention (1971), the Rome Convention or the Treaty on Intellectual Property in Respect of Integrated Circuits. In respect of performers, producers of phonograms and broadcasting organizations, this obligation only applies in respect of the rights provided under this Agreement. Any Member availing itself of the possibilities provided in Article 6 of the Berne Convention (1971) or paragraph 1 (b) of Article 16 of the Rome Convention shall make a notification as foreseen in those provisions to the Council for TRIPS.

2. Members may avail themselves of the exceptions permitted under paragraph 1 in relation to judicial and administrative procedures, including the designation of an address for service or the appointment of an agent within the jurisdiction of a Member, only where such exceptions are necessary to secure compliance with laws and regulations which are not inconsistent with the provisions of this Agreement and where such practices are not applied in a manner which would constitute a disguised restriction on trade.

TRIPS 协定国民待遇原则具有如下特点。

(1) 每一 WTO 成员给予其他成员的国民 (nationals) 在知识产权保护方面的待遇，不得低于 (no less favourable than) 其给予本国国民的待遇。

(2) 国民待遇原则的例外。在下列情况下无须给予国民待遇：1) 存在《巴黎公约》1967 年文本、《伯尔尼公约》1971 年文本、《罗马公约》或《集成电路知识产权条约》规定的例外情形。2) 存在《伯尔尼公约》第 6 条或《罗马条约》第 16 条第 1 款 (b) 项规定的情形，但应通知 TRIPS 协定理事会。《伯尔尼公约》第 6 条或《罗马条约》第 16 条第 1 款 (b) 项允许各成员国在特殊情况下以互惠原则取代国民待遇原则。这意味着，WTO 成员有权选择以互惠原则取代国民待遇原则。[②] 3) 司法和行政程序。由于在司法和行政程序上实施国民待遇存在很大困难，许多知识产权国际条约将其作为国民待遇的例外，TRIPS 协定也采用该做法。

(3) 对于表演者、录音制品制作者以及广播组织承担的国民待遇义务，只限于 TRIPS 协定规定的特定权利。TRIPS 协定第 14 条详细规定了对表演者、录音制品制作者和广播组织的保护，对于第 14 条没有规定的权利，无须给予国民待遇。

---

① For the purposes of Articles 3 and 4, "protection" shall include matters affecting the availability, acquisition, scope, maintenance and enforcement of intellectual property rights as well as those matters affecting the use of intellectual property rights specifically addressed in this Agreement.

② 参见郑成思：《WTO 知识产权协议逐条讲解》，33 页，北京，中国方正出版社，2001。

二、贸易自由原则

贸易自由原则（free trade）是指各方通过谈判逐步实现贸易自由化。WTO在货物贸易和服务贸易领域均规定了贸易自由原则。其中，在货物贸易领域实现贸易自由化的措施主要是各成员方实质性消减关税和减少其他贸易壁垒，在服务贸易领域的贸易自由化措施主要是开放各成员方的服务贸易市场。

（一）关税减让原则

关税减让（tariff concessions）主要是指货物进口关税的降低或取消。进口关税的高低直接影响一个国家的货物出口量，尤其是高关税在很大程度上排斥了他国商品的进口。因此，降低进口关税是实现贸易自由的重要措施。早在《哈瓦那宪章》和GATT 1947谈判过程中，各方曾讨论关税、海关手续、数量限制、补贴、政府采购等贸易限制措施的使用问题，最终达成的共识是，允许采取关税和海关程序方面措施，限制或禁止使用数量限制、补贴、政府采购措施。因为关税措施是稳定和透明的，可以通过谈判逐步降低。海关程序方面措施也可以通过法律规则予以简化和透明，使其最终不会构成具有决定影响力的限制。①

关税减让是GATT自始就确立的货物贸易基本原则，一直是各轮谈判的重要议题。在乌拉圭回合中，各方达成了关税减让表，包括对进口产品关税削减和约束的承诺。有些进口产品的关税削减到零，约束关税的数量也大大增加。

GATT 1947/1994第2条、第27条、第28条对关税减让作出详细规定，具体特点如下。②

1. 实行约束关税

GATT实行的是约束关税，即每一WTO成员给予其他成员的待遇不得低于（no less favourable than）所承诺减让表（schedules of concessions）中规定的税率待遇。关税减让表构成GATT的一部分，具有强制约束力，各成员必须受各自关税承诺的约束，不得将关税提高到超过减让表所列税率的水平，即税率被约束。也就是说，关税减让表中的约束税率是各成员承诺的最高税率，成员方对相关产品征收的关税不得高于承诺税率，但是可以低于承诺税率。GATT对关税水平的约束方式有以下几种：（1）对现有关税税率进行一定幅度的削减，并对削减后的关税税率水平进行约束；（2）维持现行关税税率，不得提高；（3）对关税税率的最高水平进行约束，不得超过该最高水平；（4）对免税待遇进行约束，对免税品的税率应保持为零。在上述减让方式中，对关税税率的最高水平进行约束是一种相对较松的平均水平减让方式，它可以是对单个税目的关税税率水平作出上限约束，也可以是对一组产品的平均关税税率进行上限约束。在后一情况下，某种产品的关税税率可以超过最高上限，但是，该组所有产品的平均关税税率不得超过最高上限。

根据GATT的规定，已约束的关税税率在3年内不得提高，但是可以在GATT规定的条件下按照特定程序进行修改。即一成员只能在与其他成员谈判并达成一致之后，才能对其约束税率进行修改。修改关税减让表并不需要全体成员同意。根据GATT第28条第1款的规定，

---

① 参见赵维田：《世贸组织（WTO）的法律制度》，10页，长春，吉林人民出版社，2000。

② GATT 1994包括GATT 1947的各项条款（不包括临时适用议定书）以及在WTO生效之前已实施的法律条款的更正，修正或修改。就关税减让而言，除GATT 1947第2、27、28条外还有GATT 1994中《关于解释1994年关税与贸易总协定第2条第1款（6）项的谅解》《关于解释1994年关税与贸易总协定第28条的谅解》。

拟修改关税减让表的成员方必须与原议定减让的成员方以及在产品供应上有主要利害关系（principal supplying interest）的其他成员方进行谈判并达成修改协议，同时还要与和关税减让有实质利害关系（substantial interest）的成员方进行协商。当一成员方与原议定减让的成员方相比在谈判前的一段时期内在申请方市场上已经占有较大份额，或者在申请成员方不维持歧视性数量限制措施的情况下将占有如此较大份额，并且该关税减让的修改将影响该成员方的大部分出口贸易，才可以将其认定为“在产品供应上有主要利害关系的成员方”。“有实质利害关系的成员方”是指在拟修改关税减让表的成员方市场占有重要份额或者在无歧视性数量限制措施影响其出口的情况下可以合理预期在该市场占有重要份额的成员方。如果主要成员之间已经达成协议，但是有实质利害关系的其他成员对此并不满意时，该其他成员有权在不迟于按照该协议采取行动后的 6 个月内、自部长级会议接到撤销通知之日起届满 30 日以后，撤销先前与申请方达成的关税减让水平相当的减让承诺。

2. 通过谈判方式进行关税减让

GATT 1947 第 28 条之二对关税谈判问题作出详细规定。根据该条规定，各成员方进行关税谈判时应遵循下列原则。

（1）在互惠互利基础上进行关税谈判，以便实质性消减关税和其他进出口费用的总体水平，特别是消减阻碍最低数量进口的高关税。

（2）关税谈判可以在产品对产品（production by production）基础上进行，或者通过多边程序进行。

关税减让谈判通常是在主要供应方和进口方之间进行。GATT 关税谈判委员会允许若干国家或地区单独或集体就其为主要供应者的产品向进口方提出关键减让要求，即主要供应者可以是一个国家或地区，也可以是多个国家或地区组成的一个集体。非主要供应者也可以参加谈判。产品对产品的谈判在双边（特定产品的最大供应者与最大进口国）基础上进行，一方先提出具体请求，另一方随后提出开价表，谈判委员会主持谈判。如果在互惠（reciprocal）基础上达成一致并形成关税减让表，则通过 GATT 最惠国待遇原则无条件和自动地适用于所有成员方。即双边谈判成果在多边层面实施，每一成员均可以从其他成员方的关税减让成果中获益。双边关税减让谈判的结果主要是按减让产品和减让税率幅度进行列表，形成关税减让表。减让表通常包括以下 4 部分①：第一部分，最惠国税率。主要是纳入在各成员之间实行最惠国待遇的关税减让项目。具体包括：第 1 节，农产品。其中：第 1A 节，关税；第 1B 节，关税配额；第 2 节，其他产品。第二部分，优惠关税（如适用）。主要是对保留的宗主国与其殖民地、附属国或属地之间的关税优惠。随着大部分殖民地的独立，该部分内容已经失去意义。第三部分，非关税减让。该部分包括了发展中国家之间谈判达成的优惠关税税率。第四部分，农产品：限制补贴的承诺。内容包括：第 1 节，国内支持：综合支持总量承诺；第 2 节，出口补贴：预算支出与数量削减承诺；第 3 节，限制出口补贴范围的承诺。在上述 4 个部分中，第一部分是核心，是给予最惠国待遇的依据。

在 GATT 关税减让谈判实践中，前 5 轮回合谈判都采用了产品对产品方式。但是随着谈判方的增加和少数国家对双边谈判的控制，双边谈判的弊病日益突出。早在 50 年代中期，法国就主张高关税者的关税减让幅度应该大于低关税者的降税幅度。到了 1964 年肯尼迪回合，

① 参见世界贸易组织秘书处编，索必成、胡盈之译：《乌拉圭回合协议导读》，76 页，北京，法律出版社，2000。

GATT 的谈判范围除了关税减让，还包括了消减非关税壁垒。考虑到产品对产品谈判方式取得的成果非常有限，各方决定采用线性减让关税方式（linear method of cutting tariffs）。线性减让方式是指各方按规定的减税幅度进行相同程度的减税，从而大大简化了谈判程序。在肯尼迪谈判中，美国主张对所有产品实行线性减税，减税幅度为 50%。欧共体则主张“协调一致”减税方式，关税税率越高，减幅应越大，目的是促使各国关税体制更加统一。经过各方协商，最终同意对工业制成品实行“线性减税法”，降税幅度应为 50%。由于线性减让关税方式无法解决关税税率存在的差异，在后来启动的东京回合谈判中，各方提出了多种关税减让方案。例如，美国提出按关税额的 1.5 倍再加 50%的一揽子线性减税方案，减税的最大幅度应为 60%。发展中国家则要求发达国家给予差别待遇，对发展中国家有较大贸易利益的产品实行减税例外。瑞士则提出了一个折中公式，$Z = A * x/(A + x)$，其中，x 为原税率，Z 为减税后的新税率，A 为减税系数。该公式平衡了线性减让与关税协调公式之间的利弊，使得高关税按更高幅度减税，缩小了关税差别。最终，东京回合采用了瑞士公式对工业品进行关税减让谈判。瑞士公式（Swiss Formula）提高了关税减让谈判效率，通过对所有产品进行一揽子减税和差别减税，推动了全面的贸易自由化。由于不存在双边谈判多边化的问题，瑞士公式简化了谈判程序。但是，由于瑞士公式无法解决某些部门的高关税问题，因而在乌拉圭回合中，各方又采用了按部门进行关税减让谈判的方式，即将特定产品部门的关税税率约束在某一水平。

（3）关税减让谈判应该关注 GATT 的目的与各成员方的不同需要，具体包括以下因素：各成员和相关产业的需要；发展中国家成员为了发展经济灵活运用关税保护措施以及为了财政收入维持关税措施的需要；各成员在财政、发展、战略和其他方面的需要。

（二）消减非关税壁垒原则

非关税壁垒是指关税以外的其他贸易限制措施。随着关税的逐步降低，这类措施形式多样，隐蔽性也越来越强，成为妨碍贸易自由的主要障碍。为了规范非关税措施的使用，WTO 成员针对非关税壁垒达成了多个协定，以确保贸易自由化的实现。

1. 普遍取消数量限制原则

在非关税壁垒中，数量限制措施（quantative restriction）使用最多，它是指一国政府从进出口数量、重量、金额等方面进行量的限制，主要包括禁止进出口措施、进出口配额措施、进出口许可证措施等。这类措施缺乏透明度，隐蔽性较强，对贸易自由化造成极大妨碍。因此，GATT 1947 规定了普遍取消数量限制原则（general elimination of quantitative restrictions），为保障国际收支平衡实施的限制、数量限制的非歧视原则及其例外。在服务贸易方面，GATS 规定，各成员不得限制服务提供者的数量、服务的地域，不得采取配额方式限制服务总量等。

GATT 关于数量限制措施的规定主要体现在第 11 条至第 14 条。根据这些条款的规定，GATT 的数量限制规则具有如下特点。

（1）原则上，各成员方不得采取数量限制措施。除征收关税、税收或其他费用外，任何成员不得设立或维持配额、进出口许可证或其他措施，用以限制或禁止其他成员方产品出口本国或者本国产品向其他成员方出口。

（2）GATT 规定了普遍取消数量限制措施原则的例外，即基于如下目的，各成员方可以采取数量限制。第一，为了防止或缓解出口成员的粮食或其他必需品严重缺乏，临时禁止或限制出口。第二，为了对国际贸易中的商品进行分类、分级或营销，有必要适用相关标准或法规对进出口进行禁止或限制。第三，对以任何形式进口的农产品或渔产品采取进口限制措施，并且这些措施是为了执行如下目的的政府措施所必需：1）限制许可销售或生产的同类产品的数量，或者在不存在同类产品国内大量生产的情况下对可直接代替进口产品的产品数量进行限制；2）消除同类产品的暂时过剩，或者在不存在同类产品国内大量生产的情况下消除可直接替代进口产品的产品暂时过剩，但是应该使某些国内消费者可以免费或者用低于市场水平的价格使用或购买过剩产品；3）在某一产品的国内生产相对很少的情况下，对全部或主要部分直接依赖进口产品的动物产品的生产数量进行限制。第四，保障国际收支（balance of payments）例外。为了保障对外金融地位和国际收支平衡，各成员可以对进口商品数量或价值进行限制，但是必须遵守下列规定：1）限制程度：各成员建立、维持或强化的进口限制不得超过为了防止货币储备严重下降的迫近威胁或阻止货币储备严重下降所必需的程度，或者对货币储备很低的成员为了使其储备合理增长所必需的程度。2）措施的取消：各成员方实施的上述限制应该在相关情况得到改善时逐步放宽，相关措施应该维持在仍有必要实施的范围内。3）其他要求：各成员在执行国内政策时，应该充分注意其国际收支平衡得以维持或恢复到健全持久程度以及避免生产性资源未能经济性使用的需求。为此，各成员应该尽可能采取相应措施扩大而非缩小国际贸易；采取限制措施的成员可以对不同进口产品或不同类别的进口产品实施不同程度的限制，但是应该使必需产品优先进口；采取限制措施的成员应该避免对其他成员的贸易或经济利益造成不必要损害，不得不合理地限制任何种类货物的最低商业进口数量从而损害正常贸易渠道，不得限制商业样品进口或遵守专利、商标、版权或类似程序。

（3）数量限制措施的非歧视性要求及其例外。尽管 GATT 允许在某些特殊情况下采取数量限制措施，但是 GATT 1947 第 13 条要求这些措施必须以非歧视方式实施。即在采用数量限制措施时应该遵守最惠国待遇原则。根据 GATT 1947 第 13 条的规定，一成员方采取数量限制措施必须符合如下非歧视性要求：第一，惠国待遇。除非对第三国同类产品进口或对同类产品向第三国出口采取同样的禁止或限制措施，一成员方不得限制或禁止其他成员产品的进口，也不得禁止或限制其产品向其他成员出口。第二，限制程度。为了确保配额或其他数量限制措施以非歧视性方式实施，一成员对任何产品实施进口限制时应该使该产品的配额分配尽可能与不存在该限制措施时其他成员可预期获得的份额相匹配。第三，透明度要求。在为实施进口限制签发进口许可证时，如果与特定产品贸易有利害关系的成员提出要求，实施限制措施的成员应该提供相关信息。如果采取配额措施，采取措施的成员应该公布进口产品总量或总值。第四，数量限制非歧视性要求的例外。在下列情况下，无须满足非歧视性要求：1）对于为保障国际收支平衡采取的数量限制措施，其对歧视性要求的背离与该成员按照国际货币基金组织（IMF）规定或特别外汇协定的类似规定对国际交易支付和转让实施限制所产生的影响等同。2）对外贸易中的较少部分暂时背离非歧视性要求，并且对相关成员带来的利益远超过对其他成员贸易造成的损害。3）在 IMF 有共同配额的成员方对来自其他国家的进口进行限制，但并不限制其相互间的进口。

2. *其他非关税措施*

除数量限制措施之外，WTO 还对其他类型的非关税措施进行规制。

（1）技术性贸易壁垒与动植物检验检疫措施：为了避免技术法规和标准以及动植物检疫措施对贸易活动造成不必要的障碍，WTO 成员达成了《技术性贸易壁垒协定》（TBT）、《实施卫生与植物卫生措施协定》（SPS）。上述协定规定，各成员应保证卫生与植物卫生措施应仅在为保护人类、动物或植物的生命或健康所必需的限度内实施并以科学性为依据，保证其卫生与植物卫生措施不在情形相同或相似的成员之间构成任意或不合理的歧视，卫生与植物卫生措施的实施方式不得构成对国际贸易的变相限制。对于技术性法规，各成员应该确保技术法规的制定、采用或实施在目的或效果上不会对国际贸易造成不必要的障碍，技术法规对贸易的限制不会超过为实现合法目标所必需的限度，并考虑合法目标未能实现时可能带来的风险。

（2）贸易救济措施：针对出口产品的倾销和补贴以及进口数量的大量增加，WTO成员达成了《反倾销协定》《补贴与反补贴措施协定》《保障措施协定》，允许各成员方在符合规定条件的情况下对来自其他成员方的进口产品采取反倾销措施、反补贴措施、保障措施。

（3）海关估价措施和原产地措施：为了防止各成员方的海关采取任意估价措施以及进出口货物原产地措施对贸易活动造成障碍，WTO成员方达成了《海关估价协定》《原产地规则协定》。其中，《海关估价协定》旨在建立公平、统一和中性的货物海关估价制度，以阻止使用任意或虚构的完税价格。而且海关对货物估价的依据应该在最大可能限度内为被估价货物的成交价格，完税价格应该依据与商业惯例一致的简单而公正的标准，估价程序应该普遍适用而不应区分供应来源。《原产地规则协定》则是旨在确保各成员方的原产地规则以公正、透明、可预测、一致和中性的方式制定和实施。虽然到目前为止各成员方在该协定项下并未达成统一的原产地标准，但是提出了采用不同原产地标准时的具体建议，例如，在适用税则归类改变标准时，该标准及其例外必须列明所针对的税则目录中的子目或品目。

（三）服务贸易市场准入原则

GATS规定了服务贸易逐步自由化要求。每一成员对其他成员的服务和服务提供者给予的待遇，不得低于（no less favourable than）其在服务贸易承诺表中同意和列明的条款、限制和条件。在作出市场准入承诺的服务部门，除非承诺表中另有规定，一成员不得在其全部或部分领土范围内维持或采取以下措施：（1）通过配额、垄断、服务提供者专营形式或者经济需求测试要求，限制服务提供者的数量；（2）通过配额或经济需求测试要求，限制服务交易或资产总值；（3）通过配额或经济需求测试要求，限制服务业务的总数或者以指定数量单位表示的服务产出总量；（4）通过配额或经济需求测试要求，限制特定服务部门或者服务提供者可以雇用和提供具体服务所必需的直接相关自然人的总数；（5）限制或要求服务提供者通过特定类型的法律实体或合营企业提供服务；（6）通过限制外国股权最高百分比或者限制单项或总体外国投资总额，限制外国资本的参与。

三、透明度原则

透明度原则（transparency）是指一成员方有关影响贸易活动的政策和措施必须及时公开，以便其他成员方政府和企业知晓。

（一）GATT中的透明度要求

GATT第10条对透明度原则作了如下规定：（1）任何成员在以下方面有效实施并具有普遍适用性的法律法规、司法判决和行政决定，应该迅速公布：供海关使用的产品归类或估价规则；关税、税收或其他费用的征收标准；对进口或出口，或者进出口款项转移，或者影响进出口货物销售、分销、运输、保险、仓储、检验、展览、加工、混合或其他使用方式的要求、限制或禁止。一成员方政府或政府机构与其他成员方政府或政府机构缔结的影响国际贸易政策的协定也必须公布。但是，各成员方无须公开妨碍法律法规实施以及违反公共利益或损害企业正当商业利益的保密信息。(2) 任何成员方不得在产生以下效果的普遍适用措施正式公布之前采取此类措施：根据既定和统一做法提高进口产品关税或其他费用的征收标准或者对进口产品或进口产品款项的支付实施新的或者更加严格的要求、限制或禁止。(3) 各成员方应该以统一、公正和合理方式实施上述法律法规、司法判决和行政决定。(4) 各成员方应该维持或尽快建立司法、仲裁或行政法庭或程序，以便对与海关事务有关的行政行为进行迅速复审和纠正。该法庭或程序独立于作出行政行为的机构，决定由此类行政机构予以执行，除非进口商在规定时间内向上级法院或法庭提出上诉。

(二)《服务贸易总协定》中的透明度要求

GATS 第 3 条是关于透明度的规定，其要求与 GATT 类似，主要包括如下方面：(1) 除紧急情况外，每一成员应该迅速公布有关或影响 GATS 运用的所有普遍适用的措施，并且最迟应该在此类措施生效前公布。一成员签署的有关或影响服务贸易的国际协定也应予以公布。如公布此类信息不可行，则应该以其他方式使此类信息可以被公开获得。(2) 对于 GATS 项下具体承诺所涵盖的对服务贸易有重大影响的新的法律法规及其变更，每一成员应该迅速并至少每年向服务贸易理事会报告。(3) 每一成员对其他成员关于提供立法信息的所有请求应该迅速予以答复，并应设立咨询点，以便向其他成员方提供具体信息。(4) 任何成员方可以将其认为影响 GATS 的其他成员措施通知服务贸易理事会。(5) 对于一经披露即妨碍执法或违背公共利益或损害企业合法商业利益的保密信息，无须提供。

(三)《与贸易有关的知识产权协定》中的透明度要求

TRIPS 协定也作出了与 GATT 和 GATS 类似的透明度要求。TRIPS 协定第 63 条规定：各成员实施的与 TRIPS 协定有关并具有普遍适用性的法律法规、司法判决和行政决定以及与其他成员方签订的国际协定，应该以本国语言公布或者使公众可以获得，并向 TRIPS 协定理事会报告。但是，对于披露后将妨碍法律执行或违背公共利益或有损于企业正当商业利益的保密信息，无须公布。

四、公平竞争原则

公平竞争（fair competition）原则要求各成员方避免采取扭曲市场竞争的措施。[①] 公平竞争原则体现在 WTO 的许多协定和制度之中。例如，最惠国待遇和国民待遇确保了不同成员间的货物和服务以及外国与本国间的货物和服务在同等条件下进行竞争；《反倾销协定》和《补贴与反补贴措施协定》则授权进口成员对妨碍公平竞争的倾销和补贴行为采取反倾销措施和反补贴措施。《农业协定》、TRIPS 协定、GATS 也都体现了公平竞争要求。

五、发展原则

发展（development）原则是指在促进贸易自由化的同时，应充分考虑各成员的发展问题，特别是发展中国家成员（包括最不发达国家成员）的发展。WTO 对最不发达国家成员的资格

---

① 参见石广生主编：《中国加入世界贸易组织知识读本（一）世界贸易组织基本知识》，37 页，北京，人民出版社，2001。

认定采用联合国标准，即凡是在联合国认定的最不发达国家之列的国家，均属于 WTO 中的最不发达国家。对发展中国家，则采用自我选定、其他成员质疑的做法。即在加入 WTO 时，如果加入方主张以发展中国家成员身份加入，其他成员没有提出质疑或者经谈判后接受加入方的自我定位，则视为 WTO 框架下的发展中国家。目前，WTO 有 3/4 的成员属于发展中国家成员或者正在向市场经济转型的成员。

根据《WTO 协定》序言的规定，WTO 将维护发展中国家特别是最不发达国家成员的利益放在重要地位。为此，《WTO 协定》附件中的许多协定纳入了体现发展理念的条款，包括对发展中国家成员的特殊与差别待遇条款（Special and Different Treatment，S&D）。为了促进发展原则的实现，WTO 设立了“贸易与发展委员会”，并在该委员会下设立了“最不发达国家成员委员会”。

概括而言，《WTO 协定》给予发展中国家成员（含最不发达国家成员）的特殊与差别待遇主要表现在如下方面：(1) 增加发展中国家成员贸易机会的条款；(2) 确保发展中国家成员利益的条款；(3) 在承诺、措施、政策工具利用方面的灵活性条款；(4) 过渡期条款；(5) 技术援助条款；(6) 给予最不发达国家成员更加优惠待遇条款。

(一) GATT 关于发展中国家成员特殊与差别待遇的规定

货物贸易协定中的特殊与差别待遇条款主要体现在 GATT 中。此外，《农业协定》《反倾销协定》《补贴与反补贴措施协定》《保障措施协定》《与贸易有关的投资措施协定》《技术性贸易壁垒协定》《实施卫生与植物卫生措施协定》《装船前检验措施协定》《进口许可程序协定》《贸易便利化协定》等都对发展中国家的特殊与差别待遇问题作出规定。

1. GATT 第四部分（贸易与发展）

GATT 第四部分（贸易与发展）是在 1966 年肯尼迪回合谈判期间新增加的内容。该部分的纳入主要是基于以下考虑：(1) 在提高所有成员生活水平和发展所有成员经济的同时，应该特别考虑发展中国家成员（包括最不发达国家成员）的出口收入在其经济发展中的重要作用。(2) 应该充分考虑发展中国家成员与其他成员在生活水平方面仍然存在很大差距。(3) 应该允许发展中国家成员采用特别措施，以便促进其贸易和发展。

基于上述考虑，GATT 第 36 条至第 38 条对贸易与发展（trade and development）问题作出详细规定。其中，第 36 条规定了实现贸易与发展的以下原则：(1) 应作出积极努力，以确保发展中国家成员在国际贸易中占有与其经济发展需要相适应的份额。(2) 由于许多发展中国家成员长期依靠初级产品出口，因而应尽最大可能对其此类产品进入世界市场提供更加有利和满意的条件，并在适当时拟定措施，以便稳定和改善此类产品在世界市场的状况，特别是应拟定可以实现稳定、公平和有利价格的措施，使世界贸易和相关需求有所发展，发展中国家成员出口的实际收入持续和稳定增长，从而为其经济发展提供更多资源。(3) 经济结构多样化和避免过分依赖初级产品出口将有利于发展中国家成员经济的迅速发展，因此，对于和发展中国家成员现有或潜在出口利益有关的某些加工品或制成品，应该在有利条件下尽最大可能增加其进入市场的机会。(4) 由于发展中国家成员长期缺乏出口收入和其他外汇收入，贸易和财政援助对于其发展有着重要关联，WTO 应该与国际信贷机构进行紧密和持久合作，以减轻发展中国家成员在经济发展中的负担。(5) WTO 应该与致力于发展中国家经贸发展的其他国际组织和联合国机构进行合作。(6) 发达国家成员在贸易谈判中对发展中国家成员作出削减关税和其他贸易壁垒承诺的，不得要求发展中国家成员给予反向优惠。(7) 各成员应该努力为实现上述原则和目标采取相应措施。

GATT 第 37 条要求发达国家成员尽最大努力采取下列措施：优先考虑消减和取消对欠发达国家成员有特殊出口利益产品的现有或潜在贸易壁垒；对欠发达国家成员现有或潜在具有特殊出口利益的产品避免采用关税或非关税进口壁垒或者增加关税或非关税进口壁垒的影响范围；避免实施新的财政措施等。

2. GATT 第 18 条（政府对经济发展的援助）

GATT 第 18 条是 GATT 1947 缔结时就存在的条款。与 GATT 第四部分相比，该条给予发展中国家的特殊和差别待遇非常有限，仅限于政府对经济发展的援助问题。概括而言，第 18 条主要建立了以下制度。

(1) 幼稚产业保护例外：只能维持低生活水平并且其经济处在发展初期的成员，可以采取影响进口的保护性措施或其他措施，以便在关税结构方面保持足够弹性，进而为特定产业的建立提供所需的关税保护。此类国家认为有必要修改或撤销减让表所列某项减让的，应该通知部长级会议，并与先前谈判成员以及对此有实质利害关系的其他成员进行谈判。在 GATT 历史上，斯里兰卡、希腊、苏里南、韩国、印度均曾利用幼稚产业保护例外条款，修改或撤销其减让表所列的某项减让。古巴、海地、印度、斯里兰卡、希腊、印尼、马来西亚等国家还曾采用数量限制措施保护幼稚产业。[①] 幼稚产业保护理论的经济学基础源于德国著名经济学家李斯特。李斯特主张，经济相对落后的国家可以实行保护贸易政策，以便使其幼稚产业经过保护后变得更加成熟，具有与国外进行竞争的能力。贸易保护并非保护所有产品，粮食和原料等产品的贸易无须保护，因其会受到大自然的保护，不惧竞争。以奢侈品为主的精制产品贸易也无须保护或者只需轻度保护，因其来自国外的竞争不会对国家的经济发展造成威胁。只有与国家产业发展有关的幼稚产业，即具有发展前途但刚刚发展，并且面临国外强有力竞争者的产业，才需要保护。这些产业经过一段时间的保护变得成熟后，就不需要继续给予保护，届时应取消保护制度。李斯特还提出，对于某些工业品，可以禁止进口或者通过规定高关税实现事实上的全部或部分禁止进口。

(2) 国际收支平衡例外：为了保护对外金融地位和确保足够水平的储备以满足经济发展计划的实施需要，仅能维持低生活水平并处于发展初期的成员可以采取措施限制进口商品数量或价值从而控制进口总体平衡。但是，建立、维持或强化的进口限制措施不得超过为防止货币储备严重下降或阻止货币储备下降所必需的水平，或者货币储备不足的成员为了使货币储备能够增长到必需水平。在实施进口限制时，可以对不同进口产品或不同类别进口产品确定不同限制方式，但是应该避免对其他成员的贸易或经济利益造成不必要的损害，不应任意阻碍任何商品最低贸易进口数量以及商业样品进口、专利、商标、版权或类似程序的遵守。因建立新限制措施或者强化现有措施导致限制水平有所提高的成员，应该在建立或强化限制措施后立即与部长级会议就其国际收支困难的性质、可能采取的其他补救办法以及这些限制对其他成员的经济影响进行协商。在 GATT 的历史上，许多发展中国家因发生国际收支困难实施过进口限制。

(二)《服务贸易总协定》对发展中国家成员的特殊和差别待遇

在 GATS 谈判过程中，各方认识到：为实现国家政策目标，发展中国家特别需要对其领土

---

① 参见王磊：《成员国如何免除义务》，载《国际商报》，2001-03-04。

范围内的服务提供问题进行管理和制定相关法规，因此，各方应该促使发展中国家更多地参与服务贸易和扩大服务出口，提高其国内服务能力、效率和竞争力。同时还应充分考虑最不发达国家因其特殊经济状况以及在发展、贸易和财政方面的需要而存在的严重困难。为此，GATS第4条专门规定了发展中国家的更多参与条款。该条规定：（1）各成员应通过谈判达成以下方面的具体承诺，以便推动发展中国家成员更多地参与世界贸易：提高其国内服务能力、效率和竞争力，特别是在商业基础上获得技术的能力；改善进入分销渠道和利用信息网络的机会；在其存在出口利益的部门和服务提供方式上实现市场准入自由化。（2）发达国家成员和其他成员应设立联络点，以便使发展中国家成员的服务提供者获得服务贸易方面的信息。在实施上述规定时，应该对最不发达国家成员给予优先照顾，对其在具体承诺方面存在的严重困难给予特殊考虑。

（三）《与贸易有关的知识产权协定》对发展中国家成员的特殊和差别待遇

与发达国家相比，发展中国家尤其是最不发达国家的知识产权创造能力相对较弱。因此，TRIPS协定序言特别载明，应承认最不发达国家成员在实施国内法律和法规方面需要最大的灵活性，以便创造一个健全和有活力的技术基础。在TRIPS协定中，对发展中国家成员（含最不发达国家）的特殊与差别待遇主要体现在如下方面：（1）发展中国家自2000年1月1日起实施TRIPS协定。如果一发展中国家成员根据TRIPS协定有义务将产品专利保护扩大到技术领域，而TRIPS协定生效时该技术领域在本国并不受其法律保护，该成员可以再延长5年（2005年）。（2）最不发达国家成员自2006年起实施TRIPS协定。（3）发达国家成员应该鼓励国内企业和机构促进对最不发达国家成员的技术转让，以便使这些国家建立稳妥可行的技术基础。（4）应发展中国家成员的请求或者按照双边达成的条件，发达国家成员应该向其提供技术和财政援助。

（四）《贸易政策评审机制》和《关于争端解决规则与程序的谅解》对发展中国家成员的特殊和差别待遇

《贸易政策评审机制》对发展中国家成员的特殊和差别待遇主要体现在定期审议的间隔时间方面。根据该协定，所有成员的贸易政策和做法均应接受贸易政策审议机构（TPRB）的定期审议。其中，排名前4位的成员每2年进行一次审议，排名紧随其后的16个成员每4年审议一次，其余成员每6年审议一次，最不发达国家的间隔期限更长。为了实现最充分的透明度，每一成员应定期向TPRB报告相关信息。对于最不发达国家成员编写报告方面存在的困难应给予特别考虑。应请求，WTO秘书处应该向发展中国家成员尤其是最不发达国家成员提供技术援助。根据WTO总理事会在2017年7月26日对《贸易政策审议机制》作出的修改决定，从2019年1月1日起，对各成员的审议周期作出如下调整：前4个贸易体（欧盟作为一个贸易体）每3年审议一次，其后的16个贸易体每5年审议一次，其他成员每7年审议一次，对最不发达国家成员可以在更长时间审议一次。

《关于争端解决规则与程序的谅解》（DSU）是关于各成员方之间贸易争端解决的规定。鉴于发展中国家尤其是最不发达国家成员在争端解决方面存在的困难，DSU规定了如下差别待遇：（1）在争端解决磋商程序中，各成员应该特别关注发展中国家成员的特殊问题和利益。（2）当贸易争端发生在发展中国家成员与发达国家成员之间时，经发展中国家成员请求，专家组中至少应有一位来自发展中国家成员的专家。（3）如果争端方一方是发展中国家成员，专家组报告应该说明以何种形式对发展中国家成员提出的差别待遇问题给予考虑。(4) 应该特别关注争端解决措施对发展中国家成员利益的影响。如果发展中国家成员已经就争端解决裁决或建议执行中的问题向争端解决机构提出，WTO争端解决机构应当采取适当程序，以维护发展中国家成员的经济贸易利益。(5) 在涉及最不发达国家成员争端的提起和争端解决程序的所有阶段，应该特别考虑最不发达国家的特殊情况。各成员在提出涉及最不发达国家的指控时应该进行适当克制。如果DSU认定最不发达国家采取的措施造成其他成员利益的丧失或减损，起诉方在请求补偿或寻求中止减让或其他义务的授权时，应该进行适当克制。在涉及最不发达国家成员的争端中，如果经磋商未能达成一致，应最不发达国家成员的请求，WTO总干事或DSB主席应该进行斡旋、调解和调停，以便在设立专家组请求提出前帮助争端各方解决争端。(6) 应成员请求，WTO秘书处在争端解决方面应向发展中国家成员提供法律建议和协助。

六、规则例外原则

为了避免贸易自由化带来的不利影响，WTO在一般规则之外规定了一般例外（general exceptions）和安全例外（security exceptions），两种类型的例外规则服务于不同目的。如果一WTO成员被诉违反了WTO规则，其有权援用一般例外或安全例外条款，在满足规定条件的情况下其不符合规定措施可以得到豁免。在《WTO协定》中，GATT和GATS都纳入了一般例外条款，TRIPS协定规定了安全例外而没有规定一般例外条款。此外，GATT和GATS还规定了边境贸易、关税同盟和自由贸易区例外以及解除义务例外。

（一）一般例外

GATT和GATS均规定了一般例外条款，TRIPS协定没有单独设置此类条款。

1. GATT中的一般例外条款

GATT 1947的最初草案曾经采纳美国的建议，将一般例外和安全例外规定在一个条款中。但是在1946年召开的伦敦会议上，一些国家认为一般例外和安全例外有可能被滥用。为此，英国建议在一般例外条款中增加新规定，以防止滥用行为的发生。即实施例外措施不得导致武断或不合理的差别待遇或者构成对国际贸易的变相限制。在GATT 1947的最终版本中，一般例外和安全例外分别规定在两个条款中，各自适用于不同情况，并纳入了防止滥用的规定。

GATT在第20条对一般例外作出详细规定。对于被诉违反GATT规定的措施，被诉成员方可以援用GATT第20条进行抗辩。根据GATT第20条载明的内容，尽管GATT规定了成员方的多项义务，但是在10种例外情况下可以背离GATT项下的义务。与此同时，背离GATT义务的措施不得在情形类似的国家之间构成任意或不合理的歧视，或者对国际贸易构成变相限制。这10种例外情况分别是：(1) 为了维护公共道德所必需的措施。(2) 为了保障人类、动植物的生命或健康所必需的措施。(3) 与出口或进口黄金或白银有关的措施。(4) 为了确保与GATT相符的法律法规得以实施所必需的措施，包括为强化海关法、正当性垄断、专利权、商标权、版权和防止欺骗所必需的措施。(5) 与监狱劳动产品有关的措施。(6) 为了保护本国具有艺术、历史或考古价值的文物所采取的措施。(7) 与限制生产和消费的国内措施相配合，为了有效保护可用竭自然资源实施的措施。(8) 为履行国际商品协定项下义务所采取的措施。(9) 在相关国内原材料价格低于国际价格的情况下，作为政府稳定计划的组成部分，为了保证国内加工业对此类原材料的基本需要所必须采取的限制其出口的措施。但是，该措施不得增加此类国内产业出口或对其提供保护，也不得背离非歧视要求。(10) 在存在普遍性或局部性供应不足的情况下，为了获得或分配产品所必须采取的措施。但是，所有成员在此类产品的国际供应中应获得公平份额。

2.《服务贸易总协定》中的一般例外条款

在借鉴 GATT 第 20 条一般例外条款的基础上，GATS 结合服务贸易的特点，也规定了一般例外条款。根据 GATS 第 14 条的规定，在下列情况下，各成员方可以背离 GATS 规定的义务，但是，此类措施不得在情形类似的国家之间造成任意或不合理的歧视或者对服务贸易构成变相限制：(1) 为了保护公共道德或维护公共秩序所必需的措施；(2) 为了保护人类、动植物生命或健康所必需的措施；(3) 为了使与 GATS 相符的法律法规得到遵守所必需的措施。这些法规包括：防止欺骗和欺诈或者应对服务合同违约所致影响、保护与个人信息处理和传播有关的个人隐私以及保护个人记录和账户的机密性与安全方面的法规。(4) 为了确保对其他成员的服务或服务提供者在同等和有效的基础上课征或收取直接税所采取的与国民待遇要求不一致的措施。(5) 为了执行对其有约束力的避免双重征税协定或者其他国际协定或安排中的避免双重征税条款所采取的与最惠国待遇要求不一致的措施。

（二）安全例外

国家安全直接涉及一个国家的主权和领土完整，任何贸易自由化措施均不得威胁国家安全。为此，《WTO 协定》纳入了安全例外条款（Security Exceptions），为了维护安全，成员方可以背离相关协定规定的义务。

1. GATT 中的安全例外条款

GATT 第 21 条是关于安全例外的专门规定。根据该条款，各成员方在以下情况下可以背离 GATT 项下的义务：(1) 当其认为（it considers）披露相关信息将违背其基本安全利益（contrary to its essential security interests）时，无须提供此类信息。(2) 可以在以下方面采取其认为（it considers）对保护其基本安全利益（its essential security interests）所必需的措施：与裂变物质或衍生此类物质的物质有关的措施；与武器、弹药和作战物资的贸易或者直接和间接供军事机构使用的其他货物和物资的贸易有关的措施；在战时或国际关系中的其他紧急情况下采取的措施。(3) 为了履行其在《联合国宪章》项下维持国际和平与安全义务所采取的措施。

2.《服务贸易总协定》中的安全例外条款

在借鉴 GATT 第 21 条安全例外条款并结合服务贸易特点的基础上，GATS 第 14 条之二纳入了安全例外条款。在以下情况下，成员方可以背离 GATS 项下的义务：(1) 在其认为（it considers）披露某些信息将违背其基本安全利益（contrary to its essential security interests）的情况下，无须提供此类信息。(2) 可以在以下方面采取其认为（it considers）对保护其基本安全利益（its essential security interests）所必需的措施：与直接或间接为军事机构提供给养的服务有关的措施；与裂变和聚变物质或衍生此类物质的物质有关的措施；在战时或国际关系中的其他紧急情况下采取的措施。(3) 为了履行其在《联合国宪章》项下维护国际和平与安全义务所采取的措施。

3.《与贸易有关的知识产权协定》中的安全例外条款

在借鉴 GATT 第 21 条安全例外条款并结合知识产权特点的基础上，TRIPS 协定第 73 条专门规定了安全例外条款。根据该条规定，在以下情况下可以背离 TRIPS 协定项下的义务：(1) 在其认为 (it considers) 披露相关信息将违背其基本安全利益 (contrary to its essential security interests) 时，无须提供此类信息。(2) 在下列方面为了保护其基本安全利益 (its essential security interests) 采取其认为 (it considers) 必需的措施：与裂变物质或衍生裂变物质的物质有关的措施；与武器、弹药和作战物资交易或者直接或间接为供军事机构使用的其他货物和物质的交易有关的措施；在战时或国际关系中的其他紧急状态下采取的措施。(3) 为履行《联合国宪章》项下维护国际和平与安全义务所采取的措施。

(三) 边境贸易和区域经济一体化例外

为了促进边境贸易和区域经济一体化，许多国家相互缔结了国际协定和相关文件，为此类区域的经贸活动提供更加优惠的待遇。但是，由于对边境贸易 (frontier traffic) 和区域经济一体化 (economic integration) 给予更加优惠的待遇将与 WTO 最惠国待遇原则产生冲突，GATT 和 GATS 对开展边境贸易以及经济一体化规定了严格条件，从而构成最惠国待遇原则的例外。

1. GATT 中的边境贸易和区域经济一体化例外条款

在货物贸易中，区域经济一体化的主要实施形式就是通过缔结国际协定建立关税同盟和自由贸易区。为了规范对边境贸易和区域经济一体化活动的管理，GATT 第 24 条对边境贸易和经济一体化协定下的 GATT 义务履行问题作出规定。[①] 根据该条规定，关税同盟 (customs union) 是指两个或两个以上单独关税领土国家通过缔结国际协定取消各自关境，形成一个单独关税领土，对同盟成员之间的实质上所有贸易 (substantially all the trade) 或者原产于此类关税领土的实质上所有贸易取消关税或其他贸易限制措施，对同盟外关税领土的贸易实行实质相同 (substantially the same) 的关税和其他贸易措施。自由贸易区 (Free Trade Area) 是指两个或两个以上关税领土组成的一组关税领土，对于组成领土之间的实质上所有贸易取消关税和其他贸易限制措施，对非区内成员的其他国家实施的关税和其他贸易措施不得高于或严于自由贸易区形成前的关税和其他贸易措施水平。与关税同盟相比，自由贸易区成员对非自由贸易区成员并不实行实质相同的关税征收标准，各方在区外产品的关税征收方面仍然保留关税主权，因此，自由贸易区的经济一体化程度低于关税同盟。关税领土 (customs territory) 是指在该领土与其他领土之间贸易的实质部分维持独立的关税或其他贸易机制的区域。

由于对边境贸易、关税同盟和自由贸易区给予更加优惠的待遇将与 GATT 最惠国待遇原则产生冲突，GATT 第 24 条对开展边境贸易以及设立关税同盟和自由贸易区规定了严格条件。根据该条规定，WTO 各成员方具有如下方面的权利和义务：(1) 为了促进边境贸易，成员方可以对邻国给予优惠。(2) 的里雅斯特 (Trieste) 自由区的毗邻国家可以对与该自由区的贸易给予优惠，但是此类优惠不能与二战后缔结的和平条约相抵触。(3) 各成员之间可以建立关税联盟或自由贸易区或者为建立关税联盟或自由贸易区签署临时协定，但是必须满足规定条件。对于关税同盟，应该在同盟内对实质上的所有贸易 (substantially all the trade) 或者至少对于原产于同盟的产品的实质上所有贸易取消关税和其他贸易限制措施，对同盟外国家的贸易实行实质相同的关税和其他贸易措施。并且在建立此类同盟时，同盟成员对未参加同盟的其他 WTO 成员的贸易实施的关税和其他贸易措施在总体上不得高于或严于未建立关税同盟前所实

---

① WTO 还通过了《关于 1994 年关税与贸易总协定第 24 条的解释谅解》。

施关税和其他贸易措施总体限制水平。对于自由贸易区，对原产于区内成员的产品在实质上所有贸易（substantially all the trade）中取消关税和其他贸易限制措施。并且在自由贸易区建立后对非区内成员的贸易实施的关税和其他贸易措施不得高于或严于在设立自由贸易区之前实施的关税和其他贸易措施。任何 WTO 成员决定加入关税联盟或自由贸易区或者签订设立关税联盟或自由贸易区协定的，应当及时通知 WTO 并提供相关信息。

2. GATS 中的区域经济一体化例外

在借鉴 GATT 第 24 条并结合服务贸易特点的基础上，GATS 第 5 条对经济一体化（Economic Integration）问题作出如下详细规定：(1) 任何成员均可参加或订立旨在实现相互间服务贸易自由化的国际协定，但是必须符合以下条件：第一，涵盖众多服务部门（substantial sectoral coverage）。该条件主要是指部门数量、受影响的贸易量和提供方式。第二，在此类国际协定生效时或一段合理时间后，对于涵盖的服务部门通过取消歧视性措施或者禁止实施新的或更多歧视性措施，在相互间不再实行或取消实质上的所有歧视（substantially all discrimination）。(2) 经济一体化协定应该旨在促进协定参加方之间的贸易，并且与订立该协定之前相比，对非协定成员不得提高相关服务部门或分部门服务贸易壁垒的总体水平。此外，GATS 第 5 条之二还对劳动力市场一体化协定（Labour Markets Integration Agreements）作出规定。根据该条规定，任何成员方均可参加旨在实现劳动力市场完全一体化的国际协定，但前提条件是，对该协定参加方的公民免除与居留和工作许可有关的要求，并向服务贸易理事会报告。

（四）WTO 义务豁免例外

WTO 义务豁免例外是指经一成员方申请，解除其 WTO 义务的情形。该规定的设置目的是应对和处理《WTO 协定》在执行中出现的意外情况。在 GATT 历史上，美国曾经援用解除义务条款解除了其在农产品补贴方面应承担的义务。《WTO 协定》第 9 条详细规定了解除 WTO 义务的条件。该条规定，在一成员方提出申请后，由部长级会议以 3/4 多数同意的方式对此作出是否给予豁免的决定。在给予豁免的决定中，应该载明可以证明该决定具有合理性的特殊情况、给予豁免的条款和条件、豁免授权终止日期。

案例 1

United States—Tariff Measures on Certain Goods from China (DS543)

Consultations

Complaint by China

On 4 April 2018, China requested consultations with the United States concerning certain tariff measures on Chinese goods which would allegedly be implemented through Section 301 - 310 of the US Trade Act of 1974.

China claimed that the measures appear to be inconsistent with:

- Articles Ⅰ: 1 and Ⅱ: 1 (a) and (b) of the GATT 1994; and
- Article 23 of the DSU.

On 13 April 2018, the United States requested the Chair of the DSB to circulate to Members a communication where it indicated that the United States was willing to enter into consultations with China, without prejudice to the US view that China's letter of 4 April 2018 did not satisfy the requirements of Article 4 of the DSU. On 25 April 2018, China requested the Chair of the DSB to circulate to Members a communication responding to the United States' communication of 13 April 2018. While disagreeing with the US view that China's letter of 4 April 2018 did not satisfy the requirements of Article 4 of the DSU, China indicated its willingness to schedule a mutually convenient date for consultations within the scope of China's request.

On 6 July 2018, China requested additional consultations that supplemented its consultations request of 4 April 2018. China referred to the publication by the United States on 15 June 2018 of a list of products of Chinese origin to be subject to an ad valorem duty of 25% imposed by the United States on the importation of certain Chinese products, since 6 July 2018. China maintained that these duties were only applied to China's products and in excess of the United States' bound rates.

On 16 July 2018, the United States requested the Chair of the DSB to circulate to Members a communication referring to China's 6 July 2018 supplement to its consultations request of 4 April 2018. The United States also referred to certain additional duties imposed by China on the importation of certain products from the United States.

On 16 July 2018, China requested additional consultations that supplemented its original consultations request of 4 April 2018 as well as its supplemental request of 6 July 2018. China referred to the publication by the United States on 10 July 2018 of a list of products of Chinese origin to be subject to an ad valorem duty of 10% to be imposed by the United States on the importation of certain Chinese products. China maintained that these duties were only to be applied to China's products and in excess of the United States' bound rates.

On 26 July 2018, the United States requested the Chair of the DSB to circulate to Members a communication referring to China's 16 July 2018 supplement to its consultations request. The United States indicated that the United States was willing to enter into consultations with China, without prejudice to the US view that China's letter of 4 April 2018 did not satisfy the requirements of Article 4 of the DSU. The United States also referred to certain additional duties that China announced it would impose on the importation of certain products from the United States.

On 18 September 2018, China requested additional consultations that supplemented its original consultations request of 4 April 2018 as well as its supplemental requests of 6 July 2018 and of 16 July 2018. On this occasion, China referred to the publication by the United States on 17 September 2018 of a list of products of Chinese origin to be subject to an ad valorem duty of 10% from 24 September 2018 and of 25% from 1 January 2019. China maintained that these duties were only to be applied to China's products and in excess of the United States' bound rates.

On 28 September 2018, the United States requested the Chair of the DSB to circulate to Members a communication referring to China's 18 September 2018 supplemental consultations request. The United States indicated that it was willing to enter into consultations with China, and referred to certain additional duties on the importation of products from the United States that China had announced on 18 September 2018.

Panel and Appellate Body proceedings

On 6 December 2018, China requested the establishment of a panel. At its meeting on 18 December 2018, the DSB deferred the establishment of a panel.

At its meeting on 28 January 2019, the DSB established a panel. Brazil, Canada, the European Union, India, Indonesia, Japan, Kazakhstan, Korea, New Zealand, Norway, the Russian Federation, Singapore, Chinese Taipei and Ukraine reserved their third-party rights.

On 24 May 2019, China requested the Director-General to compose the panel. On 3 June 2019, the Director-General composed the panel. Following the resignation of a panelist on 25 September 2019, and further to a request from China, the Director-General on 17 October 2019 appointed a new panelist.

On 9 April 2020, the Chair of the panel informed the DSB that based on the timetable agreed between the parties and the panel, the panel expected to issue its final report to the parties by the end of June 2020. The Chair apprised the DSB that the report would be available to the public once it was circulated to the Members in all three official languages, and that the date of circulation depends on completion of translation.

On 15 September 2020, the panel report was circulated to Members.

Summary of key findings

This dispute concerns China's challenge to the additional duties that the United States imposed on certain products from China. The United States imposed these additional duties pursuant to the findings of a Section 301 Report addressing China's practices related to technology transfer, intellectual property, and innovation, which the United States considers to be unfair and distortive policies of "state-sanctioned theft", misappropriation of US technology, intellectual property, and commercial secrets.

Before the Panel, China challenged:

- the 25% additional duties imposed in June 2018 on a first set of products with an approximate annual trade value of USD 34 billion (List 1); and
- the additional duties on a second set of products with an approximate annual trade value of USD 200 billion (List 2), initially imposed in September 2018 at 10% and subsequently raised in May 2019 to 25%.

China claimed that these additional duties were inconsistent with Articles I: 1 and II: 1 (a) and (b) of the GATT 1994.

The United States raised two main sets of arguments in response:

● that by engaging in bilateral negotiations to address several trade concerns—including some matters covered by this dispute—the parties had decided to settle their dispute outside the WTO, and thus reached a "settlement of the matter" within the meaning of the third sentence of Article 12.7 of the DSU; for that reason the Panel should confine its report to a brief statement of the facts and a notation that a settlement has been reached; and

● that, in any event, the additional duties were justified under Article XX (a) of the GATT 1994, as measures necessary to protect US public morals. The United States argued that China's acts, policies, and practices addressed in the relevant Section 301 Report amounted to "state-sanctioned theft" and misappropriation of US technology, intellectual property, and commercial secrets, and this violated the public morals prevailing in the United States.

Panel's findings

The Panel recognized that an ongoing bilateral process was taking place between China and the United States. However, the Panel observed that this bilateral process seemed to be parallel to the panel proceedings, and not intended, by China at least, to replace them. The Panel found that the parties had not reached a settlement of the matter within the meaning of the third sentence of Article 12.7 of the DSU.

The Panel found that the challenged additional duties were prima facie inconsistent with Article I: 1 of the GATT 1994 because they applied only to products from China; and prima facie inconsistent with Article II of the GATT 1994, because they were applied in excess of the rates to which the United States bound itself in its Schedule of Concessions.

With respect to the United States' defence under Article XX (a) of the GATT 1994, the Panel adopted a holistic approach to determining whether the measures at issue were "necessary to protect public morals". This approach involved an overall assessment based on the Panel's interpretation of each element of Article XX (a) and on its application to the specific facts of this dispute. Following this holistic approach, the Panel refrained from reaching any intermediate conclusions before completing the entire analysis of whether the measures could be shown by the United States to be provisionally justified.

With respect to the identification of the public morals objective invoked by the United States, the Panel observed that the "standards of right and wrong" invoked by the United States (including norms against theft, misappropriation and unfair competition) could—at least at a conceptual level—be covered by the concept of "public morals" in Article XX (a).

With respect to the necessity of the measures, the Panel focused its analysis on the United States' explanation of how the specific measures that it chose to impose, i.e. additional duties on a wide range of selected products from China, contributed to the public morals objective invoked. The Panel directed its enquiry towards seeking to identify the nexus between the measures the United States had chosen and the US public morals concerns, in order to inform the examination of the question of whether and how the measures contributed, and could therefore be demonstrated to be "necessary", to protect public morals within the meaning of Article XX (a).

Regarding the imposition of additional duties on List 1 products, the Panel found that the United States had not provided an explanation demonstrating a genuine relationship of ends and means between the imposition of additional duties on these products and the public morals objective invoked by the United States. The Panel found, in particular, that the United States had not provided evidence in support of its assertion that the products on which it imposed additional duties benefited from practices of China that the United States considered to be contrary to its public morals, nor evidence that would more generally demonstrate how the additional duties it applied to selected products otherwise contributed to its public morals objective.

Regarding the imposition of additional duties on List 2 products, the Panel found that the United States had not provided an explanation that would allow the Panel to understand an "ends and means" relationship between the additional duties on List 2 products and the public morals objective invoked by the United States.

In summary, the Panel concluded that the United States had not provided an explanation demonstrating how the imposition of additional duties on the selected imported products in List 1 and List 2 was apt to contribute to the public morals objective invoked, and, following on from that, how they were necessary to protect public morals. The Panel found, accordingly, that the United States had not met its burden of demonstrating that the measures are provisionally justified under Article XX (a).

The Panel Report contains additional "Concluding Comments" emphasizing the Panel's awareness of the wider context in which the WTO system currently operates, which was "one reflecting a range of unprecedented global trade tensions". The Panel pointed out that its role was not to draw any legal conclusions or make recommendations on any matters other than those it had been specifically tasked to deal with. In this connection, the Panel recalled that the Government of the United States had not, up to the present time, initiated action under the WTO DSU with respect to measures that China had imposed in response to the United States measures at issue in this dispute. The Panel emphasized that it had sought to perform diligently its adjudicatory role under Article 11 of the DSU in relation to the matters that fell within its terms of reference. Finally, the Panel expressed its encouragement to the parties to continue to work for a mutually agreed solution to the matters raised in the dispute.

On 26 October 2020, the United States notified the DSB of its decision to appeal to the Appellate Body certain issues of law and legal interpretations in the panel report.

QUESTIONS FOR DISCUSSION

1. How to interpret the necessity principle stipulated by the general exception clause in GATT?
2. Why does GATT provide exceptions for performance of obligations?

案例 2

EC-Trademarks and Geographic Indications (DS174, 290)

Facts:

On 1 June 1999, the United States requested consultations with the European Communities regarding EC Council Regulation (EEC) No. 2081/92 of 14 July 1992 on the protection of geographical indications and designations of origin for agricultural products and foodstuffs (GIs). The United States claimed that the measures at issue were inconsistent with the obligations of the European Communities under the TRIPS and GATT 1994. The United States and the European Communities held consultations on 9 July 1999, and thereafter, but these consultations failed to resolve the dispute. On 18 August 2003, the United States requested the Dispute Settlement Body ("DSB") to establish a panel and on 2 October 2003 the panel was established. Argentina, Australia, Brazil, Canada, China, India, etc. participated as third parties.

Summary of Key Panel Findings①:

National treatment

1. Availability of protection: According to Article 12 (1) of the EC Regulation, for registration in the European Communities of third-country GIs, third countries were required to adopt a GI protection system equivalent to that in the European Communities and provide reciprocal protection to products from the European Communities. The Panel found that, by providing "formally identical", but in fact different procedures based on the location of a GI, the equivalence and reciprocity conditions modified the "effective equality of opportunities" with respect to the availability of persons who wish to obtain GI protection under the Regulation, to the detriment of those who wish to obtain protection in respect of geographic areas located in third countries including WTO members. Thus, the equivalence and reciprocity conditions in respect of GI protection under the EC Regulation violated the national treatment obligation under TRIPS Art. 3 by according less favourable treatment to non-EC nationals than to EC nationals. The Regulation was also found to accord less favourable treatment to imported products inconsistently with GATT Art. Ⅲ: 4.

2. Application procedures: The Panel found that the application procedures under the Regulation requiring non-EC nationals to file an application in the European Communities through their own government (but not directly with EC member states) for a GI registration located in their own countries, provided formally less favourable treatment to other nationals in violation of Art. 3. 1. The Regulation was also found to accord less favourable treatment to imported products inconsistently with GATT Art. Ⅲ: 4.

3. Objection procedures (verification and transmission): The Panel found that the objection

① WTO Dispute Settlement: One-Page Case Summaries, US-POULTRY (CHINA), DS392.

procedures under the Regulation violated Art. 3. 1 to the extent that it did not provide persons resident or established in non-EC countries with a right to directly object to applications for a GI registration in the European Communities.

4. Inspection structures: The Panel found that the "government participation" requirement under the inspection structures violated TRIPS Art. 3. 1 by providing an "extra hurdle" to third-country applicants: for a third country GI to be registered in the European Community, third-country governments were required to provide a declaration that the inspection structures were established on its territory. The Regulation was also found inconsistent with GATT Art. Ⅲ: 4 in respect of these third-country products.

Relationship between GIs and (prior) trademarks

TRIPS Arts. 16. 1 and 17 (trademarks): Having found that Art. 16. 1 obligates Members to make available to trademark owners a right against certain uses, including uses as a GI, the Panel initially concluded that the EC Regulation was inconsistent with Art. 16. 1 as it limited the availability of such a right for the owners of trademarks. However, the Panel ultimately found that the Regulation was justified under Art. 17, which permits Members to provide limited exceptions to the rights conferred by trademarks, including Art. 16. 1 rights, provided that such exceptions take account of the legitimate interests of the owner of the trademark and of third parties.

Other issues addressed in this case:

TRIPS Art. 1, 2, 4; Paris Convention Art. 2, 10; extension of submission deadline; separate panel reports; request for information from WIPO; preliminary ruling; panel request (DSU Art. 6. 2); terms of reference; evidence; specific suggestions for implementation (DSU 19); order of analysis (GATT and TRIPS).

QUESTIONS FOR DISCUSSION

1. What standard did the Panel use when deciding that the equivalence and reciprocity conditions provided under Article 12 (1) of the EC Regulation accorded less favorable treatment to imported products?
2. How did the provisions of the EC Regulation on application procedures, objection procedures and inspection structures at issue contradict the national treatment principles of TRIPS and GATT?

第三节 世界贸易组织的主要协定

一、《农业协定》

农业在发达国家和发展中国家都是直接涉及本国政治、经济、社会和安全问题的最敏感领域之一。因此，为了保护本国农产品供应以及农业生产者的收入，各国采取了农产品补贴在内的诸多农业产业保护政策。正是因为农业产业在各国的重要地位，GATT 1947 对农产品问题给予了关注。虽然 GATT 1947 并未对农产品问题作出专门规定，但是，GATT 第 11 条关于数量限制的规定和第 16 条关于补贴的规定与农产品贸易直接相关。此外，在 GATT 乌拉圭回合谈判中，各方针对农产品贸易达成了专门协定——《农业协定》，对农产品贸易问题作出详细规定。

（一）GATT 与农产品有关的规定

GATT 第 11 条是关于“普遍取消数量限制”（general elimination of quantitative restrictions）的规定。根据该条规定，除了征收关税、税收或其他费用外，任何成员方不得设立或维持配额、进出口许可证或其他措施，用以限制或禁止其他成员方产品进口或者向其他成员方出口或销售其出口。但是，该条又规定了例外情形，即在特殊情况下可以采取数量限制措施。在这些特殊情况中，纳入了农产品数量限制措施例外。根据该例外，为了防止或缓解出口成员方的粮食或其他必需品的严重缺乏，可以临时采取禁止出口或限制出口的措施。此外，对于以任何形式进口的农产品或渔产品采取的进口限制措施，如果这些措施是为了执行特定目的的政府措施所必需，此类措施也不受一般性取消数量限制义务的约束。

GATT 第 16 条是关于补贴（subsidies）的规定。该条规定，各成员方应该力求避免对初级产品的出口给予补贴。但是，如果一成员方直接或间接给予补贴以便增加其某种初级产品出口，则该成员在给予补贴时不应使其在该产品的世界出口贸易中占有不合理份额，并适当注意前一有代表性时期各成员方在此类产品贸易中所占的份额以及影响或可能影响此种产品贸易的特殊因素。该条所述“初级产品”主要是指天然形态的农业、牧业、渔业或矿业产品或者为了在国际贸易中大量销售按照需要进行加工的此类产品。[①] 由此可见，尽管 GATT 1947 禁止对初级产品出口给予补贴，但是又规定了例外情况。

（二）《农业协定》的主要内容

鉴于 GATT 1947 的部分条款为保护农产品贸易提供了灵活性措施，自其临时生效后，通过援用例外规定保护本国农产品贸易的情况十分普遍。而且美国在 1955 年援引 GATT 1947 第 35 条关于在特定缔约方之间不适用 GATT 的规定，使其农产品贸易在 40 年时间里无须承担 GATT 义务，美国可以为执行国会制订的农业计划对农产品进口采取数量限制措施或征收高额关税。1966 年，瑞士加入 GATT 时也允许对农产品进口实施传统限制措施。[②] 此外，欧共体作为关税同盟也因实行共同农业政策的差价税而根据 GATT 的授权背离 GATT 项下的义务。上述情况促使其他缔约方也采取相应措施保护本国农产品市场，从而导致世界贸易总额 13% 的农产品贸易游离于 GATT 义务之外。[③] 特别是 20 世纪 80 年代以后，国际农产品贸易供大于求，各国为了扩大农产品出口和限制进口采取出口补贴和其他非关税壁垒措施，造成国际农产品贸易的严重扭曲，出口国和进口国尤其是欧美之间的贸易摩擦日益严重，影响了国际农产品贸易自由化进程。为了使农产品贸易受到更多国际规则的规范，1960 年在日内瓦举行 GATT 第五轮多边回合贸易谈判时，开始讨论农产品贸易问题，但是，由于各方分歧严重，没有达成

---

① 参见 GATT 1947 附件 9。
② 参见曹建明、陈治东主编：《国际经济法专论》，第 1 卷，北京，法律出版社，1999。
③ 参见赵维田：《世界贸易组织（WTO）的法律制度》，241 页。

一致。到了60年代初，美国和欧共体爆发了“冻鸡贸易战”，国际农产品贸易问题再度成为GATT第六轮回合谈判中的主要谈判议题之一。由于美国和欧共体在农产品市场准入方面分歧较大，也未达成任何协议。在GATT第七轮谈判（东京回合）中，美国提出对农产品与工业品一视同仁的建议，但遭到欧共体反对，最终各方达成了《国际牛肉协议》和《国际奶制品协议》。到了80年代，各国尤其是发达国家采取的农产品保护政策更是多种多样，美国与欧共体对国际农产品市场的争夺更加激烈。加拿大、澳大利亚、阿根廷等农业输出国（又称“凯恩斯集团”）对美国和欧共体出口竞争引起的农产品价格低迷和农产品贸易的混乱状况强烈不满。许多国家意识到，依靠农产品补贴等支持性政策不是长久之计，必须从根本上改变农产品贸易的扭曲问题。

为了推动农产品贸易自由化，1986年启动的乌拉圭回合部长宣言决定将农产品贸易纳入谈判范围，为世界农产品贸易建立更加严格的规则和更大的可预见性，以纠正和防止与农产品结构性过剩有关的限制措施和扭曲做法，减少世界农产品市场的波动、失衡和不稳定因素。在乌拉圭回合谈判期间，因欧共体不愿意放弃或修改其农业政策，使乌拉圭回合谈判几度陷入僵局，并导致整个乌拉圭回合谈判的延期。在国际社会的压力下，欧共体与美国各自作出让步，于1990年11月20日在华盛顿就农产品达成“布莱尔宫协议”，打破了乌拉圭回合谈判僵局。1993年12月15日，谈判各方经妥协达成了《农业协定》(Agreement on Agriculture)，农产品贸易从此在WTO框架下受到严格制约。

《农业协定》共有13个部分、21条和5个附件。其中，正文包括：术语定义、产品范围、减让与承诺的编入、市场准入、特别保障条款、国内支持承诺、国内支持的一般纪律、出口竞争承诺、出口补贴承诺、规避出口补贴承诺的防止、加工产品、出口禁止和限制的纪律、必要的克制、动植物卫生检疫措施、特殊和差别待遇、最不发达国家和食品净进口发展中国家、农业委员会、承诺实施的审议、磋商和争端解决、改革进程的继续以及最后条款。5个附件是：附件1：产品范围；附件2：国内支持：免除削减承诺的基础；附件3：国内支持：总量支持单位的计算；附件4：国内支持：支持等量的计算；附件5：在第4条第2款方面的特殊待遇。概括而言，《农业协定》旨在建立公平和以市场为导向的农产品贸易体制。为了监督《农业协定》的执行，WTO设立了“农业委员会”。

1. 协定约束的农产品范围

《农业协定》附件1列举了适用于协定的农产品范围。该范围涵盖了HS协调编码第1章至第24章（鱼及鱼制品除外）的产品，此外还包括甘露醇、山梨醇、精油、蛋白类物质、改性淀粉、胶、整理剂、生皮、生毛皮、生丝和废丝、羊毛和动物毛、原棉、废棉和已梳棉、生亚麻、生大麻。

2. 减让和承诺义务的遵守

在农产品谈判中，各方达成了国内支持和出口补贴方面的承诺，但是《农业协定》并没有单独列明各成员达成的减让和承诺附件，而是将农产品方面的减让和承诺纳入GATT减让表中。《农业协定》第3条规定，每一成员关税减让表第四部分所列国内支持和出口补贴承诺，构成限制补贴的承诺。成员方提供的有利于国内生产者的资助不应超过上述承诺水平。对农产品提供的出口补贴也不得超过上述承诺水平。此外，成员方不得就减让表中未规定的任何农产品提供补贴。

3. 市场准入及其例外

通常情况下，各国对市场准入的限制主要是采取关税和非关税措施，农产品贸易也不例外。

（1）市场准入：各成员不得维持、采用或重新使用已被要求转换为普通关税的任何下列措施：进口数量限制、进口差价税（import variable duties）、进口最低价格、任意进口许可证、经营国家专控产品企业保留的非关税措施、自动出口限制以及普通关税以外的其他类似的边境措施。也就是说，《农业协定》只允许在农产品方面采用关税措施。先前适用的非关税措施不得再度使用，先前未曾使用的关税措施也不得使用，已经被量化的非关税措施不能再转化回非关税措施加以使用。各成员在将非关税措施关税化时，必须以等效关税加以代替（非关税措施量化为关税的幅度由各成员方自行计算，并纳入减让表），并在实施期内逐年降低关税。减让表中载明了各成员方在实施期结束时的最终关税水平。其中，发达国家和转型经济国家成员承诺平均削减36%的关税并在6年内完成，发展中国家成员则承诺平均削减24%的关税并在10年内完成，最不发达国家成员尽管对其关税进行了上限约束但无削减义务。此外，发达国家成员和发展中国家对每一产品的关税应至少分别削减15%和10%。

（2）市场准入的例外：《农业协定》规定了市场准入义务的以下例外：第一，可以采取特殊保障措施的情形。第二，符合下列条件的初级农产品及其加工产品和精制产品：1）指定产品的进口占1986年至1988年基期内相应国内消费量的3%以下；2）自基期开始起，未对指定产品提供出口补贴；3）对初级农产品实施有效限产措施；4）此类产品在《WTO协定》所附各成员减让表第一部分第1—B节中用“ST—附件5”符号标明，表明这些产品需进行特别处理，以反映粮食安全和环境保护等非贸易关注因素；5）有关成员减让表第一部分第1-B节中列明的指定产品的最低准入机会，自实施期第一年起，应占指定产品基期国内消费量的4%，此后在实施期内其余各年，每年以基期内相应国内消费量的0.8%比例增长。第三，发展中国家成员传统饮食中主要食品的初级农产品，并且这些产品除了应该符合上述第二项1）至4）中列明的有关产品适用条件外，还应遵守以下条件：1）有关发展中国家成员减让表第一部分第1-B节列明的有关产品最低准入机会自实施期第1年年初起占基期国内消费量的1%，此后每年均等增长，实施期第5年年初达到相应基期国内消费量的2%。自实施期第6年年初起，有关产品的最低准入机会占相应基期国内消费量的2%，此后每年均等增长，实施期第10年年初达到相应基期国内消费量的4%。此后按此公式产生的第10年的最低准入机会应维持在有关发展中国家成员的减让表中。2）已对《农业协定》项下的其他产品提供适当的市场准入机会。

4. 特殊保障条款

当关税化的农产品国内生产因进口增加而遭受损失时，各成员可以采取保障措施（SSG，即征收附加税）。在使用农产品特殊保障措施条款时，可以根据《农业协定》第5条规定的条件自动适用于特定进口商品，无须证明国内产业受到严重损害或与出口国磋商。

（1）采用特殊保障措施的条件：已经将非关税措施转换为等效关税的成员可以对减让表中标明“SSG”（可以采取保障措施）的农产品采取特殊保障措施，即对进口产品加征税费（进口附加税）。事实上，几乎所有成员对其承诺减让的农产品都加上了“SSG”标志。农产品特殊保障措施必须在以下任何一个条件发生时方可实施：第一，进口量增加。即该产品在任何年度进入给予减让的成员市场的进口数量，超过与现行市场准入机会有关的启动水平。启动水平（quantity trigger level）主要根据以市场准入机会为基础的公式确定，市场准入机会被定义为等同前3年国内相应消费百分比的进口数量。如果一产品的市场准入机会低于或等于10%，则基准启动水平应等于125%；如果一产品的市场准入机会高于10%但低于或等于30%，则基准启动水平应等于110%；如果一产品的市场准入机会高于30%，则基准触发水平应该等于105%。在任何情况下，如果任何一年有关产品进入给予减让的成员市场的绝对进口量超过以上基准启动水平与前3年平均进口量的乘积，再加上与前一年相比该产品国内消费在当年中的绝对变化量之和，则可征收附加关税。此类附加关税只能维持到征收该项关税的当年年底，并且征收水平不得超过采取该措施当年实施的普通关税水平的1/3。第二，进口价格较低。按进口到岸价格确定并以该成员的本国货币表示的进入已给予关税减让成员方关境的产品进口价格，低于和该产品在1986年至1988年平均参考价格相同的启发价格。此外，协定还规定了此情形下免征和征收附加关税的量的限制。

（2）透明度要求：农产品特殊保障措施的运用应该以透明方式进行。任何根据以上两种情形征收附加税的成员，应以书面形式通知农业委员会并尽可能提前作出，但无论如何，应在采取行动后10天内给予通知。采取措施的成员方应该给予任何有利害关系的成员与其就实施该措施的条件进行磋商的机会。在有关产品的进口量正在下降时，各成员应尽可能不采取保障措施。

5. 国内支持方面的承诺

政府对农产品贸易的国内支持措施（domestic support）是指向国内生产者提供的补贴和市场价格支持措施。国内支持措施主要是通过总量支持单位（AMS）进行量化。

（1）国内支持承诺的范围：每一成员减让表第四部分纳入的削减国内支持承诺，适用于所有支持农业生产者的国内支持措施，但是按规定不需要进行削减的国内支持措施除外。这些承诺以综合支持总量和“年度和最终承诺水平”表示。也就是说，《农业协定》并没有要求各成员方完全取消国内支持措施，而是由各成员在减让表中作出在一定时期内逐步减少的承诺。而且有些国内支持措施可以声明免除减让承诺，但前提条件是，这些国内支持对贸易没有产生扭曲或者只有微小程度的贸易扭曲，或者对生产没有产生作用或者只有微小的作用。声明免除减让承诺的措施应该符合以下条件：应通过由公共基金资助的政府计划提供支持；不应具有为生产者提供价格支持的作用。按照限制生产计划给予的直接补贴不属于国内支持减让承诺的范围，但是，该补贴必须基于固定面积和产量；基于基期生产水平的85%或更低比例；牲畜补贴应基于固定的头数。

（2）对发展中国家的优惠待遇：政府直接或间接鼓励农业和农村发展的援助措施，是发展中国家发展计划的组成部分。对于发展中国家成员农业可普遍获得的投资补贴以及低收入或缺乏财力的生产者可普遍获得的农业投入补贴，应该免于承担国内支持减让义务。即如果不是普遍可获得的补贴，则不在免于承担减让义务的范围。此外，对于发展中国家成员为了鼓励生产多样化而停止种植非法麻醉作物给予生产者的国内支持，也应免除减让承诺。

6. 出口补贴承诺

（1）出口补贴的范围：每一成员应承诺，除了对符合协定和减让表规定的产品提供出口补贴外，对其他产品不再提供任何出口补贴（export subsidy）。即出口补贴仅限于减让表所列产品，对减让表之外的产品不得给予补贴。

（2）承担减让义务的出口补贴：出口补贴是指根据出口实绩给予的补贴。下列出口补贴受减让承诺的约束：1）政府或其代理机构根据出口实绩向公司、行业、农产品生产者以及此类生产者的合作社或其他协会或销售机构提供的直接补贴，包括实物支付；2）政府或其代理机构为出口目的销售或处理非商业性农产品库存，价格低于向国内市场同类产品购买者收取的可比价格；3）依靠政府资金资助支付，无论是否从公共账户中支出；4）为减少农产品出口的营销成本提供的补贴（可广泛获得的出口促销和咨询服务除外），包括处理、升级和其他加工成本以及国际运输成本和运费；5）政府提供或授权的出口货物的国内运费，其条件优于国内货物；6）根据出口产品所含农产品的程度对该农产品提供的补贴。在承诺实施期内，发展中国家成员无须就上述第4）和5）项所列出口补贴作出承诺，但前提条件是，这些补贴不会用来规避减让义务。

（3）出口补贴的实施期与减让幅度：出口补贴应该在实施期内逐步减少。发达国家成员应该在6年内（1995—2000年）依据1986—1990年的平均水平，使其出口补贴下降36%，受补贴的出口产品数量减少21%。发展中国家成员应该在10年内（1995—2004年）将上述方面的比例分别下降24%和14%。最不发达国家成员可以对补贴不作削减。

7. 防止规避出口补贴承诺

此类义务包括：（1）对于未列入出口补贴承诺表中的出口补贴，各成员方不得用于规避出口补贴减让义务，也不得使用非商业性交易以便达到规避应承担义务的目的。（2）各成员应该努力制定与出口信贷、出口信贷担保或保险计划有关的国际协定，并在协议达成后仅以协定规定的方式提供出口信贷、出口信贷担保或保险计划。（3）无偿提供国际粮食援助的成员应该保证，国际粮食援助的提供与对受援国农产品商业性出口之间没有直接或间接关联。国际粮食援助交易（包括货币化的双边粮食援助）应该依照联合国粮农组织《剩余食品处理原则和协商义务》的规定进行，适当时还应遵守通行的营销要求。此类援助应该在可行限度内以完全赠与的形式提供，或者以不低于《1986年粮食援助公约》第4条规定的条件提供。

8. 出口禁止和限制的纪律

如果任何成员对粮食实行任何新的出口禁止或限制，应该遵守下列规定：（1）设立出口禁止或限制的成员，应该适当考虑此类出口禁止或限制措施对进口成员粮食安全的影响；（2）任何成员在设立出口禁止或限制措施之前，应该尽可能提前书面通知农业委员会，并应请求与拥有实质利益并作为进口方的其他成员就有关措施进行磋商。但是，上述规定不适用于发展中国家成员，除非该措施是由作为特定粮食净出口国的发展中国家采取。

9. 适当的克制

尽管GATT和《补贴与反补贴措施协定》均有规定，但是为了避免成员间发生贸易战，在实施期内应该在如下方面进行克制：（1）完全符合《农业协定》附件2关于“免除减让承诺义务”规定的国内支持措施，应该属于不可诉的补贴。（2）完全符合《农业协定》第6条关于“国内支持承诺”规定的国内支持措施，应该免征反补贴税。除非认定存在损害或损害威胁，否则在发起反补贴调查时应该进行适当的克制。（3）完全符合《农业协定》第五部分关于出口竞争承诺、出口补贴承诺、防止规避出口补贴承诺、加工产品的规定，并已反映在每一成员减让表中的出口补贴，只有在根据数量、价格影响或由此产生的影响为依据认定存在损害或损害威胁后，方可征收反补贴税。在发起此类反补贴调查方面，应该进行适当克制。

10. 特殊和差别待遇

发展中国家成员可以在最长10年的时间内实施削减承诺，最不发达国家成员无须作出削减承诺。发达国家成员应该采取《关于改革计划对最不发达国家和粮食净进口发展中国家可能产生消极影响之措施的决定》所规定的措施，农业委员会酌情监督该决定的后续行动。根据上述决定，由于在推动农产品贸易更大自由化之改革计划实施期间将使最不发达国家和粮食净进口发展中国家遭受不利影响，难以按合理条件从国外获取足够的基本食品供应，因此，发达国家成员应当建立适当机制，使其维持在足以继续满足此类需求的水平。这些机制包括提供粮食援助、帮助改善农业生产和基础设施、提供优惠出口信贷等。

（三）《农业协定》的特点

概括而言，《农业协定》对农产品贸易的规制主要有如下特点。

1. 将农产品非关税措施关税化

在GATT乌拉圭回合前，部分农产品贸易可以采用配额和其他非关税措施，使得农产品贸易游离在GATT的规制范围外。为此，乌拉圭回合谈判达成的《农业协定》建立了一套全新规则，要求各成员取消非关税措施（例如，数量限制、随意性许可证以及可变税率），由同等保护程度的关税措施取而代之，即将农产品贸易的非关税措施转化成关税措施。此后，任何成员方不得继续保留或采用与农产品有关的非关税措施。非关税措施的关税化税率由各成员方自行折算，并且各成员方应以关税配额形式承诺一定的准入量。

2. 对约束性农产品关税进行减让

非关税措施转化成关税措施后，各成员方必须承诺按照一定百分比对农产品关税进行减让。关税化后形成的农产品关税税率以及适用于其他产品的约束性关税，不得随意提高。但是在减让安排方面，《农业协定》要求照顾发展中国家和最不发达国家的利益。为了保证每种农产品的削减关税水平，各成员还应作出最低准入义务承诺。

3. 减少农产品出口补贴措施的使用

《农业协定》将农产品补贴分为许可使用但无须承担削减义务的补贴、必须承诺削减义务的补贴，即协定并未完全禁止出口补贴。

总体而言，考虑到农业产业对各国国计民生的重要性，《农业协定》对农产品市场开放的要求是渐进性的，并非自始就要求各成员方进行全面和彻底的开放。

二、与贸易救济措施有关的协定

贸易救济措施主要是指反倾销措施、反补贴措施和保障措施，这三类措施在性质上均属对进口具有限制作用的非关税壁垒措施。尤其是反倾销措施，在国际贸易实践中被进口国大量使用。

（一）《反倾销协定》

反倾销措施是GATT允许各国为维护公平贸易秩序和抵制不正当竞争采取的重要贸易措施之一。GATT 1947第6条对反倾销措施的实施作出专门规定，但是，该条主要是对反倾销税的征收条件作出原则性规定，对重要概念没有作出具体定义，例如，对同类产品、实质损害、国内产业的认定标准等问题没有作出具体界定，而且也没有详细规定反倾销调查程序，从而使各国在运用反倾销措施上具有了很大灵活性，进而成为某些国家的贸易保护主义工具。因此在肯尼迪回合（Kennedy Round）谈判期间，许多国家建议完善GATT 1947反倾销机制，最终经各国谈判达成了《关于执行1947年关税与贸易总协定第6条的协定》（Agreement on Implementation of Article VI of the General Agreement on Tariffs and Trade，即1967年《反倾销守则》）。该协定对GATT 1947第6条进行了解释，规定了征收反倾销税的具体条件和程序。

到了东京回合（Tokyo Round），为了使肯尼迪回合达成的《反倾销守则》与此次回合达成的《补贴与反补贴措施协定》的相关条款就有协调性，各方对《反倾销协定》进行修改和完善，在1979年4月12日达成新的《反倾销守则》(1980年1月1日生效)。1967年和1979年达成的《反倾销守则》均属于诸边协定，由各方自愿签署，仅对签字方具有约束力。虽然东京回合达成的《反倾销守则》对反倾销问题作出了详细规定，但是在倾销额的计算方法、损害的认定方法等方面还是不够明确，从而使反倾销调查、反倾销税的征收等方面仍然存在很大任意性。为此，在乌拉圭回合谈判中，各方对东京回合达成的《反倾销守则》进行大幅修改，使反倾销规则更加全面和清晰，进而达成了《关于执行1994年关税与贸易总协定第6条的协定》(也称1994年《反倾销协定》)。

1994年《反倾销协定》(Agreement on Anti-dumping) 由正文和两个附件组成。正文共有18条，规定了总则、倾销的确定、损害的确定、国内产业的定义、发起调查和后续调查、证据、临时措施、价格承诺、反倾销税的征收、追溯力、反倾销税和价格承诺的期限和复审、公告和裁决的解释、司法复审、代表第三国的反倾销措施、发展中国家成员、反倾销委员会、磋商和争端解决、最后条款。两个附件分别是：附件1，根据第6条第7款规定的现场调查程序；附件2，第6条第8款关于可获得最佳信息的规定。《反倾销协定》设立了“反倾销措施委员会”，负责监督《反倾销协定》的执行。此外，《反倾销协定》第1条明确规定，反倾销措施应仅适用于GATT 1994第6条规定的情况，并应根据《反倾销协定》的规定发起和进行反倾销调查。由此可见，《反倾销协定》是对GATT 1994第6条的补充和完善，而不是取代GATT 1994第6条。

GATT 1994第6条和《反倾销协定》主要规定了如下主要内容。

1. 反倾销的实体要件

(1) 进口产品存在倾销 (dumping) 行为。

如果某一产品从一国出口到另一国的出口价格 (export price) 低于该出口国在正常贸易过程中用于本国消费的同类产品可比价格，即以低于其正常价值 (normal value) 的价格进入另一国的商业领域，该进口产品即可被认定为存在倾销行为 (dumping)。

关于出口价格与正常价值的比较标准，《反倾销协定》作出如下规定：如果在出口国国内市场的正常贸易过程中不存在该同类产品的销售，或者出口国国内市场存在特殊市场状况 (particular market situation) 或在出口国国内市场的销售量较低而不能用于适当比较时，倾销幅度 (margin of dumping) 应该通过与出口国向某一适当第三国出口同类产品的可比价格进行比较而确定，或者与原产地国的生产成本加上合理数额的管理费、销售费用和一般成本以及利润进行比较而确定。其中，“同类产品” (like product) 是指相同产品 (product which is identical)，即在所有方面与该产品相似的产品，或者在缺乏该产品时虽在所有方面与其不尽相同但具有与该产品类似特性的其他产品。对于出口国国内市场供消费的同类产品销售，如果该项销售构成进口成员产品销售的5%或以上，通常应被认定为足以用于确定正常价值。如果有证据表明，较低比例的国内销售仍然具有足够的数量用于适当比较，则该较低比例也应被接受。如果不存在出口价格，或者因出口商与进口商或第三方之间存在关联关系或补偿性安排而使出口价格不可靠时，出口价格可以在进口产品首次转售给某一独立买方的价格基础上推定。如果该产品不是转售给独立的买方或者没有按照进口时的条件转售，可以在合理基础上推定该产品的出口价格。

对出口价格和正常价值的比较应该在公平基础上进行，即进行公平比较（fair comparison）。此类比较应该在同一贸易水平上进行，通常是在出厂前的水平上进行比较，并且应该尽可能针对在相同时期进行的销售进行比较。如果某一产品不是直接从原产地国而是从某一中间国进口，该产品从该出口国向进口国的出口价格通常情况下应该与出口国的可比价格进行比较。但是，如果该产品仅仅是通过出口国转运或者此类产品不在出口国境内生产或者出口国无此类产品的可比价格，则可以与原产地国的此类产品价格进行比较。

倾销幅度的认定通常情况下应该在加权平均正常价值（weighted average normal value）与全部可比的出口交易的加权平均价格（weighted average of prices of all comparable export transactions）之间进行比较的基础上予以确定，或者在逐笔交易的基础上（on a transaction-to-transaction basis）对正常价值与出口价格进行比较的基础上予以确定。

（2）对国内同类产业造成实质损害（material injury）或实质损害威胁（threatens material injury），或对国内产业的建立造成实质阻碍（threatens material injury to an established industry）。

各成员方应该根据确凿证据认定是否存在损害。通常情况下，应从两方面对造成损害的情况进行审查：倾销进口产品的数量及其结果对国内市场同类产品价格造成的影响；此类进口产品对国内同类产品生产商造成的影响。具体而言，主要调查以下方面：1）产品的进口数量。例如，倾销进口的产品是否大量增长，包括绝对增长或相对增长。2）对国内市场同类产品的价格造成的影响。例如，与进口成员的同类产品相比，倾销的进口产品是否大幅度降价销售，或者该进口产品是否严重抑制了国内同类产品价格，或者是否在很大程度上将阻碍产品价格的提高。上述因素应该综合分析，任何一个或多个因素不能起决定性作用。3）对国内该同类产品的生产商造成的影响。在审查倾销的进口产品对国内产业的冲击情况时，应该对产业状况的所有经济因素和指数进行综合性评估。4）倾销进口产品与国内产业损害之间的因果关系。倾销进口产品与国内产业损害之间必须具有因果关系，因由其他因素造成国内产业损害的，不得归咎于倾销的进口产品。其他因素主要包括：以非倾销价格进口的产品数量和价格、需求减少的情况或消费模式的变化、外国与国内生产商之间的竞争情况、贸易限制措施、技术发展以及出口实绩和国内产业的生产能力。5）实质损害威胁。在认定是否存在实质损害威胁时，应该特别考虑以下因素：倾销的进口产品以较大增长率进入进口国国内市场，从而意味着进口大量增长；出口商可以充分自由地处置即将发生的大量增长，从而意味着倾销产品向进口成员国内市场的出口大量增长，但同时也要考虑其他出口市场吸收更多出口的能力；进口产品是否将对国内价格产生重大抑制或抑制性影响，是否将进一步增加进口需求；受调查产品的库存情况。

国内产业（domestic industry）是指同类产品的国内全部生产商，或者其总产量之和构成全部国内产量之大部分的部分生产商。但是，如果生产商与出口商或进口商存在关联性，或者其本身就是被控倾销产品的进口商，国内产业则是指其他生产商。在下列情况下，视为生产商与出口商或进口商存在关联关系：其中一方直接或间接地控制其他方；或者直接或间接地受某一第三方控制；或者共同直接控制某一第三方。如果有理由认为或者怀疑该关联关系是导致有关生产商与无关联关系的生产商具有不同行为，则当一方在法律上或经营活动上能够对另一方实施限制或者指挥时，视为前者控制了后者。此外，有些成员的地域范围可以分成两个或多个竞争市场，则每一市场内的生产者可以视为一个独立产业，但条件是，该市场的生产者在该市场上出售其生产的全部或近乎全部的产品，或者该市场需求实质上不是由位于其他地域的该产品生产者提供。在这种情况下，如果倾销的进口产品集中进入该独立市场，并且该倾销产品正在对该市场的全部或近乎全部产品的生产者造成损害，可以认定存在损害，即使是全部国内产业的主要部分并没有受到损害。反倾销税只应针对进入该地区并用于最终消费的产品征收。当两个或两个以上国家已经实现一体化，即形成了单一市场，则该整个地区应该被视为国内产业。

2. 反倾销程序

（1）发起反倾销调查（investigation）以及调查工作应持续的时间。

国内产业或国内产业的代表可以提出书面申请，要求发起反倾销调查。特殊情况下，即便调查机关没有收到国内产业或其代表的书面调查申请，也可以自行决定发起反倾销调查。

如果是国内产业提出调查申请，调查机关应该审查申请书所中提供证据的准确性和充分性，以便确定是否有足够证据发起反倾销调查。如果反倾销调查申请受到国内生产商支持，其集体产量构成了国内产业同类产品生产商全部产量的50%以上，则可以被视为“由国内产业或者代表国内产业”提出的调查申请。如果表示支持调查申请的国内生产商的产量不足国内产业同类产品全部生产量的25%，则不得发起反倾销调查。如果确定发起调查申请的理由和证据并不充分，则应驳回调查申请或尽快终止调查。如果调查机关确定倾销幅度很小或者实际或潜在的倾销产品数量或损害可以忽略不计，也应终止调查。

除特殊情况外，反倾销调查应该在调查工作开始后1年内结束，最长不得超过调查启动后的18个月。

（2）采取临时反倾销措施。

在下列情况下，方可采取临时反倾销措施（provisional measures）：1）调查已经开始并公告，而且调查机关已经向利害关系方给予提供资料和发表意见的充分机会；2）已经作出存在倾销并因此对国内产业造成损害的肯定性最初裁决（preliminary affirmative determination）；3）调查机关认为采取临时措施是防止调查期间继续发生损害所必需的。临时反倾销措施不得早于调查启动之日起60天，并且临时措施的实施期限应该限制在尽可能短的时间内，通常不超过4个月，经延长也不得超过9个月。临时反倾销措施主要有如下类型：1）征收临时反倾销税（provisional duty）；2）提供担保（security），即由出口商提供现金保证金或保函等担保，担保数额等同于预估的临时反倾销税，但不得高于预估的倾销幅度；3）预扣估算的反倾销税。

（3）作出价格承诺（price undertakings）。

如果进口成员已经作出存在倾销和损害的肯定性初步裁决，调查机关可以主动寻求或者接受出口商的价格承诺。进口成员的调查机构可以提出价格承诺建议，但是不能强迫出口商与其达成价格承诺协议。出口商提出修改出口价格或停止以倾销价格出口的承诺，并且该承诺可以消除对倾销的有害影响的，调查机关可以接受该项价格承诺，不征收临时反倾销税或最终反倾销税，并暂时中止或终止反倾销调查程序。进口成员可以要求作出承诺的出口商定期提供与执行承诺有关的信息。如违反其作出的价格承诺，进口成员调查机关有权迅速采取行动，对在采取临时措施之前进入消费不超过90天的产品征收最终反倾销税。如果调查机关最终作出了不存在倾销或损害的否定性裁决，价格承诺应该自动终止。如果调查机关最终作出存在倾销或损害的肯定性裁决，价格承诺将继续有效。

（4）征收反倾销税（antidumping duties）和对反倾销裁定的行政复审（review）。

在反倾销调查完成后，调查机关应该针对进口产品是否存在倾销以及倾销进口是否对国内同类产业造成实质损害或实质损害威胁作出裁决并公告（public notice）。如果作出肯定性最终裁决，则将根据倾销幅度及其产业影响征收反倾销税。在对所有相关产品征收反倾销税时，应该在非歧视基础上按照适当数额进行征收，并列明相关产品供应商的名称。反倾销税数额不得超过倾销幅度。如果反倾销税小于倾销幅度就足以消除倾销进口对国内同类产业造成的损害，可以从低征税（lesser duty）。最终反倾销税的实施期限自征税之日起不得超过 5 年。在征收最终反倾销税达到一段合理时间后，利害关系方可以向调查机关提出对继续征收反倾销税的必要性进行审查的要求。调查机关对继续征收反倾销税的必要性也可以主动启动复审程序。如果经复审后认定继续征收反倾销税不再合理，应该立即终止反倾销措施。如果复审结果认为在取消反倾销措施后倾销或损害将再度发生，则继续征收反倾销税。复审工作应该自复审开始之日起 12 个月内结束。

（5）反倾销措施的追溯力（retroactivity）。

临时反倾销措施和最终反倾销税只适用于在临时措施裁定或反倾销税裁定生效之后进入消费领域的进口产品。如果最终作出存在损害的裁定或者虽然已经作出存在损害威胁的最终裁定但如不采取临时措施将导致存在损害的最终裁定，可以从采取临时措施之日追溯征收反倾销税。如果最终调查裁决是否定性的，则在临时反倾销措施实施期间收到的现金保证金应该退还出口商，该担保应该尽快解除。如果最终裁决的反倾销税高于已经支付或者应支付的临时反倾销税或预估的担保数额，高出部分的差额不再征收。如果最终认定的反倾销税低于已经支付或应支付的临时反倾销税或预估的担保数额，该差额应予以退还或者重新计算应征收的反倾销税金额。如果调查机关最终作出存在损害威胁或实质阻碍的裁决，则最终反倾销税只能从该损害威胁或者实质阻碍裁决作出之日起征收，在临时反倾销措施实施期间收取的现金保证金应该退还出口商，该担保应该尽快解除。

但是在下列条件下，调查机关可以对临时反倾销措施实施前 90 天内进入消费领域的产品征收最终反倾销税，但是不得对反倾销调查程序开始前进入消费领域的产品追溯征收反倾销税：存在有害倾销记录，或者进口商已经知道或应该知道出口国在此期间正在倾销，并且该倾销将造成损害；损害是因倾销产品在短期内大量进口造成的，而根据倾销进口的时间和数量以及其他情况（例如库存急剧增加）如果给予进口商发表意见的机会将严重破坏最终反倾销税的补救效果。

（6）对反倾销裁决的司法复审（judicial review）。

建立反倾销国内制度的成员应该设立司法诉讼、仲裁或行政诉讼程序，以便对反倾销裁定或相关决定进行快速审查。此类程序应该独立于反倾销调查程序和调查机构。

（二）《补贴与反补贴措施协定》

补贴（subsidy）尤其是生产性补贴是各国常用的国内产业保护措施之一。因补贴措施的实施在一定程度上干扰了正常贸易活动，各国普遍要求对不合理和国际贸易补贴予以消减，并允许对进口产品采取反补贴措施（countervailing measures）。为此，GATT 1947 第 6 条对反补贴问题作出规定，第 16 条对“补贴”的授予作出规定。但是，由于 GATT 第 6 条和第 16 条对一些重要概念（例如，补贴的认定、实质损害、实质损害威胁等）没有给予明确界定，在反补贴程序方面也缺乏可操作性规定，GATT 东京回合（Tokyo Round）将补贴与反补贴问题作为一个重要谈判议题，并最终在 1979 年 4 月 12 日达成了《关税和贸易总协定第 6 条、第 16 条和第

23条的解释和适用协定》(Agreement on Interpretation and Application of Articles VI, XVI, and XXIII of the General Agreement on Tariffs and Trade, 又称《补贴与反补贴守则》)。该守则共有19条，对补贴和反补贴问题作出详细规定，澄清和完善了GATT 1947第6条和第16条中的补贴和反补贴制度。但是，该协定是诸边贸易协定，只对批准该协定的缔约方具有法律效力，因此其影响力有限。为了进一步加强补贴和反补贴机制，GATT乌拉圭回合将补贴和反补贴措施作为重要谈判内容，在东京回合《补贴与反补贴守则》的基础上，最终达成《补贴与反补贴措施协定》(Agreement on Subsidies and Countervailing Measures, SCM协定)。该协定对东京回合达成的《补贴与反补贴守则》进行重大修改，明确了相关定义，细化了补贴分类与相关要求，完善了反补贴机制。而且该协定不再是诸边贸易协定，而是对WTO所有成员都具有约束力的多边贸易协定。

SCM协定共有11个部分、32条和7个附件。正文包括：总则、禁止的补贴、可诉补贴、不可诉补贴、反补贴措施、机构、通知和监督、发展中国家成员、过渡性安排、争端解决以及最后条款。7个附件分别是：附件1：出口补贴例示清单；附件2：关于生产过程中投入物消耗的准则；附件3：关于认定替代退税制度为出口补贴的准则；附件4：从价补贴总额的计算；附件5：搜集关于严重侵害信息的程序；附件6：根据第12条第6款进行实地调查的程序；附件7：第27条第2款(a)项所指的发展中国家成员。SCM协定设立了“补贴与反补贴措施委员会”，负责监督协定的执行。

GATT 1994第6条、第16条以及《补贴与反补贴措施协定》主要是对以下两个方面进行规范。

(1)各成员方如何给予补贴。SCM协定将补贴分为禁止性补贴、可诉补贴、不可诉补贴。其中，禁止性补贴(prohibited subsidies)是指不允许各成员方给予的补贴。可诉补贴(actionable subsidies)是指具有专向性，并对其他成员的利益造成不利影响的补贴。不可诉补贴(non-actionable subsidies)是指不属于禁止性补贴和可诉补贴的一类补贴，WTO允许各成员给予此类补贴，因而构成《补贴与反补贴措施协定》中的一项安全港(safe harbor)制度。但是从2000年1月1日起，SCM协定中的不可诉补贴机制不再适用，原本不可诉的补贴自此转变成为可诉补贴，其他成员可以在WTO争端解决机构提出违规指控，也可以在本国境内发起反补贴调查。有学者将上述三类补贴使用交通信号灯作比喻，将禁止的补贴比喻为红灯补贴，可诉补贴比喻为黄灯补贴，不可诉补贴比喻为绿灯补贴。其中，红灯补贴具有明显的损害作用，黄灯补贴只有在造成不利影响时才可以受到指控，绿灯补贴则不太可能对贸易造成损害。[①]

(2)进口成员方如何对获得补贴的进口产品采取反补贴措施。反补贴措施针对获得专向性补贴的进口产品实施。

概括而言，GATT 1994第6条、第16条以及《补贴与反补贴措施协定》主要规定了如下内容。

1.“补贴”的认定

认定一项补贴(subsidy)是否属于禁止性补贴和可诉补贴，必须首先认定是否存在补贴。SCM协定规定，如果存在下列两种情况之一，并且因此授予利益(benefit)，视为存在补贴：

(1)在一成员方领土内由政府或公共机构(统称为政府)提供财政资助(financial contri-

---

① 参见世界贸易组织秘书处编，索必成、胡盈之译：《乌拉圭回合协议导读》，135页。

bution)，包括：1）涉及资金直接转移的政府行为（例如，赠与、贷款、投资入股）、潜在的资金或债务的直接转移（例如贷款担保）；2）政府本应征收但予以放弃或未予征收的收入（例如，税收减免类的财政支持）；3）政府通过一般基础设施之外的货物或服务或者购买货物；4）政府向某一筹款机构付款或者委托或指示某一私人机构履行以上第1）至3）项所述一种或多种通常属于政府的职能，并且这些做法与政府通常采用的做法没有实质差别。

（2）存在 GATT 1994 第 16 条所述的任何形式的收入或价格支持（support）。

根据上述规定，如果一成员方政府提供了财政资助，并因此授予某种利益（benefit），即视为存在补贴。例如，在 1997 年巴西诉加拿大影响民用飞机出口措施案（Canada-Measures Affecting the Export of Civilian Aircraft，DS70）中，加拿大认为，当公共机构提供的财政资助导致政府开支，同时又为该项财政资助的接受者提供了优于市场条件的更多利益，就视为授予了“利益”。巴西则认为，SCM 协定并未将政府开支作为认定是否提供财政资助的标准。专家组指出，从一般含义看，“利益”是指某些好处，其本身并不包括政府支出。为了确定一项财政资助是否授予了利益，必须分析财政资助是否使得财政资助的接受者处于比未获得财政资助情况下更加有利的地位，进行这一衡量的标准是市场情况。只有财政资助的条件比财政资助接受者从市场上得到资助的条件更加优惠，才有可能视为授予利益。[①]

2.“专向性”补贴的认定

根据 SCM 协定的规定，凡是具有专向性（specificity）的补贴，必须遵守 SCM 协定关于禁止性补贴、可诉补贴、反补贴的规定。也就是说，在专向性补贴中，有些是禁止性补贴，有些是可诉补贴。WTO 多边规则只是规制造成资源分配扭曲的补贴，不具有专向性的补贴因其不会造成扭曲，因而是可以使用的。

判断一项补贴是否属于一成员方政府或公共机构给予其特定企业或产业、特定的一组企业或产业（统称特定企业）的专向性补贴，应适用以下原则：（1）授予补贴的机构或者给予补贴所依据的立法将补贴的获得明确限定在特定企业范围内，此类补贴属于专向性补贴。（2）授予补贴的机构或者给予补贴所依据的立法对于获得补贴的资格和数额规定了客观标准或条件，并且这些标准或条件在法律法规或官方文件已经写明，如果严格遵守这些标准或条件并且一旦符合该资格要求，就能自动获得补贴，此类补贴不具有专向性。（3）如果根据上述第（1）和（2）项认定为不具有专向性，但是又有合理理由确信该项补贴在事实上具有专向性，则应考虑以下其他因素，以便认定是否存在事实上的专向性：有限数量的特定企业使用补贴计划、主要由特定企业使用补贴、向特定企业提供不成比例的大量补贴、补贴授予机关在作出授予补贴的决定时行使决定权的方式。此外，仅给予位于其管辖范围内指定地理区域的某些企业以补贴，构成专向性补贴。但是，成员方政府设立或修改可普遍适用的税率，不应视为专向补贴。

3. 禁止性补贴

禁止性补贴（prohibited subsidies）是指 WTO 成员均不得给予或维持的补贴。凡是在禁止性补贴之列的，均视为构成专向性补贴，根据 SCM 协定的规定，除《农业协定》已经规定者外，下列补贴应该禁止：（1）出口补贴：出口补贴是指在法律或事实上将出口实绩（export performance）作为唯一或多种条件之一给予的补贴，包括 SCM 协定附件1（出口补贴的解释性清单）所列补贴。（2）进口替代补贴，即根据国产货物而非进口货物的使用情况作为给予补

① 参见朱榄叶：《世界贸易组织国际贸易纠纷案例评析》，328 页，北京，法律出版社，2000。

贴的唯一或多个条件之一。从上述规定可以看出，禁止性补贴明显会对贸易造成扭曲，因此在禁止之列。如果一成员方有理由认为其他成员授予或维持了某项禁止性补贴，可以要求与其进行磋商，达成解决方案。如果在提请磋商后 30 天内不能达成解决办法，该成员方可以向 WTO 争端解决机构（DSB）提出设立专家组的请求。

4. 可诉补贴

可诉补贴（actionable subsides）是指具有专向性并对其他成员造成不利影响的补贴。因实施补贴而对其他成员造成不利影响（adverse effects），是指发生如下情况：（1）损害另一成员的国内产业；（2）使其他成员在 GATT 1994 下直接或间接获得的利益丧失或者减损，特别是关税减让利益；（3）严重侵害另一成员的利益。对于是否存在“严重侵害”（serious prejudice），可以从以下方面认定：1）对某一产品的从价补贴总额超过 5%；2）对某一产业的经营亏损给予弥补的补贴；3）对某一企业的经营亏损给予弥补的补贴，但是不包括为长期发展和避免严重的社会问题而向该企业提供的非循环性和不会重复的一次性补贴；4）直接给予的债务免除，即免除政府债权和以提供补助的干事抵销债务。具体而言，如果存在以下情况，即认为存在严重侵害：1）补贴的给予排斥或阻碍了另一成员的某一同类商品进入给予补贴的成员方市场；2）补贴的给予排斥或阻碍了其他成员方的同类产品进入第三国市场；3）补贴的给予导致在同一市场与其他成员方的同类产品价格相比，获得补贴产品的价格明显下降，或者对同一市场的同类产品造成了严重的价格抑制、跌价、销售量减少等后果；4）与过去 3 年的平均市场份额相比，补贴的给予造成给予补贴的成员方获得补贴的初级产品或商品在世界市场上的份额出现增长，并且该增长是自给予补贴后呈现出持续上升的趋势。如果给予补贴的成员方能够证明有关补贴并没有造成上述任何一项结果，则不能认定存在“严重侵害”。如果一成员方有理由认为其他成员方给予或维持了可诉补贴，并对其国内产业造成损害、使其利益丧失或减损，或者造成严重侵害，可以要求与给予可诉补贴的成员方进行磋商，并达成解决方案。如果在提请磋商后 60 天内不能达成解决办法，该成员方可以向 WTO 争端解决机构（DSB）提出设立专家组的请求。

5. 反补贴措施

反补贴措施在程序方面与反倾销程序基本相似，但是在以下方面，反补贴措施有其特点。

（1）微量补贴情形下的终止调查：如果补贴金额属于微量，或者补贴进口产品的实际或潜在数量或损害可以忽略不计，调查机关应该立即终止反补贴调查。如果补贴金额不足从价金额的 1%，该补贴金额应该视为微量。

（2）补贴金额的计算：补贴金额通常以接受者获得的利益为计算基础。各成员应该在国内立法中对调查机关计算接受者所获得补贴利益的方法作出规定，每一调查案件对该计算方法的适用应该透明，并附充分说明。此外，关于补贴金额的计算方法应该符合以下规则：1）政府提供投资股本不得视为授予利益，除非投资决定可以被视为与该成员方领土内私营投资者的通常投资做法（包括提供风险资金）不一致。2）政府提供贷款不得视为授予利益，除非接受贷款的公司支付政府贷款的金额不同于公司支付的可实际从市场上获得的可比商业贷款金额。在这种情况下，获得的补贴利益为两个金额之差。3）政府提供的贷款担保不得视为授予利益，除非获得担保的公司支付政府担保贷款的金额不同于公司支付无政府担保的可比商业贷款金额。在这种情况下，获得的利益为调整费用差别后的两个金额之差。4）政府提供货物或服务或者购买货物不得视为授予利益，除非提供的货物或服务低于适当报酬或者购买价格高于适当报酬。报酬是否适当应该与所涉货物或服务在提供国或购买国市场情况进行比较后确定（包括价格、质量、可获性、适销性、运输和其他购销条件）。

（3）承诺：如果进口成员方的反补贴调查机关已经就是否存在补贴和损害作出初步肯定性裁定，出口商可以向调查机关作出承诺。进口成员方的调查机关也可以主动建议出口商作出承诺，但是不得强迫出口商作出此类承诺。如果被调查产品的出口商提出符合下列要求的承诺方案，调查机关将暂时中止或终止反补贴调查而不采取临时反补贴措施或者征收最终反补贴税：1）出口成员政府同意取消补贴或限制补贴，或者采取与此类影响有关的其他措施；2）出口商同意修改出口价格，使调查机关确信补贴的损害性影响已经消除。根据该承诺提高的价格不得超过为抵消补贴金额所必需的限度。如果提价幅度小于补贴金额就足以消除对国内产业的损害，则应该执行该提价幅度。如果进口成员的调查机关认为接受出口商作出的承诺并不可行，则不必接受该承诺。例如，实际或潜在的出口商数量过大，或者由于其他原因（包括一般政策原因）无法接受出口商作出的承诺。在可行情况下，调查机关应该向出口商提供其认为不宜接受承诺的理由，并给予出口商发表意见的机会。如果承诺被接受，但是出口商提出要求或者调查机关决定仍有必要继续进行调查，关于补贴和损害的调查仍应继续进行。如果调查机关作出关于补贴或损害的否定性裁定，出口商作出的承诺自动失效。如调查机关作出关于补贴和损害的肯定性裁定，出口商作出的承诺应该按其条件继续有效。进口成员方的反补贴调查机关可以要求作出承诺的出口商或其所在国家的政府定期提供履行该承诺的信息，并允许核实有关数据。如果出口商违反承诺，进口成员的调查机关可采取行动，包括使用可获得的最佳信息立即实施临时反补贴措施。在这种情况下，调查机关可以对实施临时反补贴措施前 90 天内进口的供消费产品征收最终反补贴税，但是，该追溯征税不得适用于违反承诺前已经入境的进口产品。

（三）《保障措施协定》

在美国的建议下，GATT 1947 第 19 条（对某种产品进口的紧急措施）对保障措施（safeguard measures）作出专门规定，它是为缔约各方设置的自我保护条款。但是，GATT 1947 第 19 条过于简单，对进口产品“大量增加”“未能预见的发展”“严重损害”“严重损害威胁”等关键术语没有给予解释，从而在保障措施实践中引起很多争议。为了澄清保障措施规则，GATT 东京回合将保障措施问题纳入谈判议题，但未能达成协议。GATT 1947 第 19 条过于原则性的规定为缔约方滥用保障措施提供了便利。为了澄清和加强 GATT 1947 第 19 条建立的保障措施规则，防止缔约各方滥用保障措施，GATT 乌拉圭回合将保障措施列为重要谈判议题。《乌拉圭回合部长宣言》特别规定，保障措施谈判应该以 GATT 基本原则为基础，并应特别考虑保障措施的透明度、适用范围、关键术语的解释等问题。此外还应考虑临时保障措施的实施期限、保障措施的使用程度、保障措施与国内产业结构的调整问题、补偿与报复的处理、争端解决机制的引入问题。经谈判各方反复磋商，最终达成了内容全面的《保障措施协定》。《保障措施协定》旨在澄清和加强 GATT 1994 第 19 条的纪律，重建对保障措施的多边管制，消除规避保障措施规则的各种情形。

《保障措施协定》（Agreement on Safeguards）共有 14 条正文和 1 个附件。正文内容主要包括：总则、条件、调查、严重损害或严重损害威胁的认定、保障措施的实施、临时保障措施、保障措施的期限和审议、减让和其他义务的水平、发展中国家成员、先前存在的第 19 条措施、某些措施的禁止和取消、通知和磋商、监督、争端解决以及第11条第2款提及的例外。一个附件是第11条第2款所指例外。《保障措施协定》设立了"保障措施委员会"，负责监督该协定的执行。

《保障措施协定》以GATT 1994第19条为基础制定，主要规定了如下制度。

1. 采取保障措施的实体条件

如果正在进口的产品与国内生产相比在数量上出现绝对或相对激增，并对生产同类或直接竞争产品的国内产业造成严重损害（serious injury）或严重损害威胁（threat of serious injury），进口成员可以对该进口产品采取保障措施。根据上述规定，各成员采取保障措施必须满足如下实体条件。

（1）正在进口的产品在数量上绝对或相对激增。

《保障措施协定》明确要求正在进口的产品必须出现数量上的绝对或相对激增，对引起进口激增的原因并未作出规定。但是，GATT 1994第19条则要求进口产品数量的激增必须是因未能预见的发展（unforeseen development）以及一缔约方承担GATT义务引起。对于《保障措施协定》与GATT 1947第19条之间的上述差异，WTO争端解决机构作出了裁决。在1997年欧盟诉韩国奶制品保障措施案中（Korea—Definitive Safeguard Measure on Imports of Certain Dairy Products，DS98），韩国认为，GATT第19条与《保障措施协定》之间在内容上存在冲突，对于该冲突，应该根据《保障措施协定》的规定加以解决。欧盟则认为，二者之间没有冲突，GATT第19条规定的义务应该叠加在《保障措施协定》第2条之上。专家组支持了欧美观点，专家组认为，GATT第19条与《保障措施协定》并不存在冲突。GATT第19条的目的是允许缔约各方暂时背离GATT第2条和第11条规定的义务，第19条前半句并没有规定缔约各方的义务，只是解释需要采取保障措施的原因。鉴于GATT的谈判背景及其宗旨，更应当作出此种解释。《保障措施协定》对此没有加以规定是很自然的事。[①] 上诉机构推翻了专家组关于GATT第19条"前半句并没有规定缔约方的义务，只是解释需要采取措施的原因"的观点，上诉机构认为，第19条前半句的含义是，如果采取保障措施，必须证明出现了某些情况。在1998年欧盟诉阿根廷鞋类产品保障措施案中（Argentina—Safeguard Measures on Imports of Footwear，DS121），欧盟指出，阿根廷在保障措施调查中没有审查进口增加是否"因出现意外情况"（也称"未能预见的发展"）和"成员方履行GATT义务，包括关税减让义务"造成。但是该案专家组指出，GATT专家组在50年代初处理的一个争端案中，曾经分析过GATT第19条下的因"未能预见的发展"问题。在进行《保障措施协定》谈判时，如果各国希望明确"未能预见的发展"的含义，完全可以在《保障措施协定》中作出详细规定，而不可能将其完全删除。根据《保障措施协定》的前言，谈判者旨在制定涵盖保障措施各个方面问题的协定，由此看来，谈判者有意删除了"未能预见的发展"这一条件。专家组据此认为，在《WTO协定》生效后发起的保障措施调查和采取的保障措施，只要符合《保障措施协定》的规定，就不会违反GATT第19条的规定。上诉机构并未完全赞同专家组的上述观点，上诉机构认为，《保障措施协定》在第1条和第11条第1款都提到了GATT第19条，从措辞上看，《WTO协定》的起草者绝不是希望以《保障措施协定》取代GATT第19条规定的条件，因此，《WTO协定》生效后采取的保障措施必须同时符合《保障措施协定》和GATT第19条的规定。

---

① 参见朱榄叶：《世界贸易组织国际贸易纠纷案例评析》，473、477页。

（2）造成国内产业严重损害或严重损害威胁。

严重损害（serious injury），是指对生产同类产品或直接竞争产品的国内产业造成重大全面减损。“国内产业”是指同类产品或直接竞争产品的生产者全体，或者同类产品或直接竞争产品的合计产量占此类产品国内总产量主要部分的生产者。严重损害威胁（threat of serious injury），是指明显迫近的严重损害。对于是否存在严重损害威胁，必须基于事实，不能仅凭指控、推测或极小的可能性。在1998年欧盟诉阿根廷鞋类产品保障措施案（Argentina—Safeguard Measures on Imports of Footwear，DS121）中，专家组指出，根据《保障措施协定》第4条第1款（b）项的规定，不论损害威胁是单独存在，还是与已经发展的损害同时并存，调查机关在进行时都应该明确分析有关证据。如果只是进口数量可能出现增加而不是实际增加，就不足以认定存在损害威胁。[1]《保障措施协定》规定，在认定进口增长是否对国内产业已经造成严重损害或严重损害威胁时，调查机关应该评估与该产业状况有关的客观和可以量化的所有因素，特别是有关产品按绝对值和相对值计算的进口增长的比例和数量，增长的进口产品在国内市场所占的份额，以及销售、产量、生产率、能耗、盈亏和就业方面的变化。在1997年欧盟诉韩国奶制品保障措施案中（Korea—Definitive Safeguard Measure on Imports of Certain Dairy Products，DS98），专家小组认为，各成员方必须评估《保障措施协定》列举的上述因素，而韩国没有进行此类评估，例如，韩国没有比较全部产品，没有解释生产总量与国内产业损害之间的关系，没有分析生产率和生产能力的利用因素，没有充分分析损益情况等。在是否需审查进口产品的价格方面，欧盟认为韩国没有审查进口产品的价格，从而违反了《保障措施协定》第2条第1款的规定。韩国则认为，《保障措施协定》并没有要求各成员方对进口产品的价格情况进行审查。专家组认为，尽管价格因素非常重要，但是，《保障措施协定》并没有规定成员方必须对进口产品的价格进行审查。

2. 采取保障措施的程序

各成员方按照规定程序进行调查并得出肯定性结论后，方可采取保障措施。在调查过程中，应该向所有利害关系方发出公告，举行听证会，以便进出口商和利害关系方有机会提交证据和发表意见。

（1）临时保障措施（provisional safeguard measures）。

在拖延采取措施将导致难以弥补的损害时，进口成员方有权根据进口激增已经造成严重损害或严重损害威胁的肯定性初步裁定采取临时保障措施。临时保障措施的实施期限不得超过200天。临时保障措施应该采用提高进口关税形式。但是，如果随后进行的调查未能证实进口激增已经造成严重损害或严重损害威胁，提高的进口关税应该迅速退还。

（2）采取保障措施。

《保障措施协定》作出如下规定。1）保障措施应该针对正在进口的产品实施，不得考虑其来源。即保障措施只能针对所有来源的进口产品实施，不能只针对部分国家或部分国家的产品。2）各成员方只能在防止或补救严重损害以及促进调整所必需的限度内采取保障措施。如果保障措施采用数量限制形式，该措施不得将进口量降到最近一段时期的进口水平以下，即统计数据表明有代表性的前3年平均进口水平，除非有明确和正当的理由表明，某一不同水平对防止和补救严重损害是十分必要的。因此，各成员方应该选择最合适的措施。如果在供应国之

---

① 参见朱榄叶：《世界贸易组织国际贸易纠纷案例评析》，492页。

间分配配额，采取限制措施的成员方应该与在供应有关产品方面具有重大利益的所有其他成员就配额的分配达成协议。如果在分配中该方法不可行，有关成员方必须以先前有代表性的一段时期内该成员在该产品进口总量或总额中所占比例为基础份额，分配给在供应该产品方面具有重大利益的成员方，并适当考虑可能已经或正在影响该产品贸易的任何特别因素。但是在下列条件下，进口成员方可以背离关于配额分配的规定，即在保障措施委员会主持下进行了磋商，并向委员会提供了以下证据：在有代表性的时间内从某一成员的进口在有关产品的进口总增长中占据过大的比例；背离该项规定的正当理由；该背离对产品的所有供应者是公平的。背离措施的实施期不得超过 4 年。但是在严重损害或严重损害威胁的情况下，不允许使用上述背离措施。3）各成员方只能在防止和补救严重损害以及促进调整所必需的时间内采取保障措施，该期限一般为 4 年。但是在下列情况下，可以延长：进口成员调查机关根据规定的程序得出结论，为了防止或补救严重损害，继续采取保障措施是必需的；拥有该产业正在进行调整的证据；有关减让水平和其他义务的规定、关于通知的规定以及磋商的规定得到遵守。一项保障措施的全部适用期限包括临时措施的适用期、最初适用期及其延展期，但最长不得超过 8 年。4）发展中国家成员的特殊和差别待遇：如果来自发展中国家成员产品的进口份额低于 3%，不得对其产品采取保障措施。但是，如果低于 3%份额的发展中国家成员的累积所占份额超过该产品总进口的 9%，则可以对这些发展中国家的产品采取保障措施。发展中国家成员有权在 8 年的最长期限外将保障措施的适用期限予以延长，但是延长时间不得超过 2 年。

（3）维持现有减让水平和其他义务。

拟采取保障措施或延长保障措施的成员，应该努力维持其与受保障措施影响的出口成员之间现存水平实质相等的减让和其他义务水平。有关成员有权就保障措施对其贸易产生的不利影响提出贸易补偿磋商。如果该磋商在 30 天内未能达成协议，受影响的出口成员有权在保障措施实施后的 90 天内以及货物贸易理事会收到中止减让通知之日起 30 天期满时，对采取保障措施的成员中止 GATT 1994 项下实质相等的贸易减让和其他义务。

三、《贸易便利化协定》

（一）《贸易便利化协定》的达成背景

关于贸易便利化（trade facilitation）问题，GATT 1994 已有相关规定。其中，GATT 1994 第 5 条对货物过境自由作出规定，第 8 条对与进出口相关费用和手续作出规定，第 10 条对贸易法规的公布和管理作出规定。但是，由于上述规定并没有形成一套系统化的制度，各成员方于 1996 年 12 月在新加坡举行的 WTO 第一次部长级会议上同意就简化贸易程序问题进行探讨和分析，以便评估制定贸易便利化规则的可行性。

2004 年 7 月，各成员方决定启动贸易便利化规则谈判，同意以厘清和改善 GATT 1994 第 5 条、第 8 条和第 10 条的相关规定为谈判目标，以便进一步加快包括过境货物在内的货物流动、放行和清关。2013 年 12 月，在印尼巴厘岛举行的 WTO 第 9 次部长级会议上，各方通过了《贸易便利化协定》（Agreement on Trade Facilitation，TFA）。这是自 WTO 于 1995 年 1 月 1 日成立以来缔结的第一个多边贸易协定。该协定于 2017 年 2 月 22 日生效，我国在 2015 年 9 月 4 日批准该协定。

《贸易便利化协定》为 WTO 成员提供了更加透明和可预计的营商环境，有助于企业降低贸易成本和提高贸易效率，从而促进了跨境贸易的开展。《贸易便利化协定》设立了“贸易便利化委员会”，每年不能少于一次会议，以给予成员机会就有关协定的运用或促进其目标实现的任何事项进行磋商。委员会承担由协定或成员赋予其的各项职责。每一成员应建立并/或设立一国家贸易便利化委员会或指定一现有机制以促进国内协调和《贸易便利化协定》条款的实施。

（二）《贸易便利化协定》的主要内容

《贸易便利化协定》有三个部分，共24条。其中，第二部分是给予发展中国家成员和最不发达国家成员的特殊和差别待遇条款，对该问题作出了详细规定。具体而言，《贸易便利化协定》主要规定了如下内容。

1. 信息的公布与可获性

（1）信息公布。每一成员应该以非歧视和易获取的方式迅速公布下列信息，以便政府、贸易商和其他利益相关方能够知晓：进口、出口和过境程序（包括港口、机场和其他入境点的程序）及需要的表格和单证；对进口或出口征收的或与进口或出口相关的任何种类的关税和国内税适用税率；政府部门或代表政府部门对进口、出口或过境征收的或与之相关的规费和费用；用于海关目的的商品归类或估价规定；与原产地规则相关的普遍适用的法律、法规及行政裁决；进口、出口或过境的限制或禁止；针对违反进口、出口或过境程序行为的惩罚规定；申诉程序；与任何一国或多国缔结的与进口、出口或过境有关的协定或协定部分内容；与关税配额管理有关的程序。各成员方可以使用本国语言公布或提供信息，但另有规定的除外。

（2）通过互联网提供的信息。每一成员应通过互联网提供并在可行的限度内酌情更新下列信息：关于其进口、出口和过境程序的说明，包括申诉或审查程序，从而使政府、贸易商和其他利益相关方获悉进口、出口和过境所需的实际步骤（可行时还应该以WTO正式语言说明）；对该成员进口、自该成员出口和经该成员过境所需的表格和单证；咨询点的联络信息。鼓励各成员通过互联网提供更多与贸易有关的信息，包括与贸易有关的立法以及其他项目。

（3）咨询点。每一成员应在其可获资源内，建立或设立一个或多个咨询点，以回答政府、贸易商和其他利益相关方提出的合理咨询，并提供需要的表格和单证。一关税同盟的成员或参与区域一体化的成员可在区域一级建立或设立共同咨询点。鼓励各成员不对答复咨询和提供所需表格和单证收取费用。如收费，成员应将其规费和费用限制在所提供服务的近似成本以内。咨询点应在每一成员设定的合理时间范围内答复咨询和提供表格和单证，该时限可因请求的性质或复杂程度而不同。

（4）通知。每一成员应该向贸易便利化委员会通知下列事项：公布相关官方地点；网站链接地址；咨询点联络信息。

2. 评论机会、生效前信息及磋商

（1）评论机会和生效前信息。每一成员应在可行的范围内并以与其国内法律和法律体系相一致的方式，向贸易商及其他利益相关方提供机会和适当时限，就与货物、包括过境货物的流动、放行和结关相关的拟议或修正的普遍适用的法律法规进行评论。每一成员应在可行的范围内并以与其国内法律和法律体系相一致的方式，保证与货物，包括过境货物的流动、放行和结关相关的新立或修正的普遍适用的法律法规在生效前尽早公布或使相关信息可公开获得，以便贸易商和其他利益相关方能够知晓。

（2）磋商。每一成员应酌情规定边境机构与其领土内的贸易商或其他利害关系方之间进行定期磋商。

3. 预裁定

（1）预裁定（advance ruling）的界定。指一成员在申请所涵盖的货物进口之前向申请人提供的书面决定，其中规定该成员在货物进口时有关下列事项的待遇：货物的税则归类；货物的原产地。申请人指出口商、进口商或任何具有合理理由的人员或其代表。一成员可要求申请人在其领土内拥有法人代表或进行注册。在可行的限度内，此类要求不得限制有权申请预裁定的人员类别，并应特别考虑中小企业的具体需要。这些要求应明确、透明且不构成任意的或不合理的歧视。鼓励各成员提供关于下列事项的预裁定：根据特定事实用于确定完税价格的适当方法或标准及其适用；成员对申请海关关税减免要求的适用性；成员关于配额要求的适用情况，包括关税配额；成员认为适合作出预裁定的任何其他事项。

（2）预裁定的作出。每一成员应该以合理方式，并在规定时限内，向已提交包括所有必要信息的书面请求的申请人作出预裁定。如果一成员拒绝作出预裁定，应立即书面通知申请人，列出相关事实和作出决定的依据。如果申请中所提出的问题出现下列情形，则一成员可拒绝对一申请人作出预裁定：所提问题已包含在申请人提请任何政府部门、上诉法庭或法院审理的案件中；或所提问题已由任何上诉法庭或法院作出裁决。

（3）预裁定的效力和撤销。预裁定在作出后应在一合理时间内有效，除非支持该预裁定的法律、事实或情形已变化。如一成员撤销、修改或废止该预裁定，应书面通知申请人，列出相关事实和作出决定的依据。对于具有追溯效力的预裁定，该成员仅可在该预裁定依据不完整、不正确、错误或误导性信息作出的情况下撤销、修改或废止该预裁定。对于寻求作出该裁定的申请人而言，一成员所作预裁定对该成员具有约束力。该成员可规定预裁定对申请人具有约束力。

（4）预裁定的公布和复审。每一成员应至少公布：申请预裁定的要求，包括应提供的信息和格式；作出预裁定的时限；及预裁定的有效期。应申请人书面请求，每一成员应提供对预裁定或对撤销、修改或废止预裁定的复审。每一成员应努力公布其认为对其他利益相关方具有实质利益的预裁定的任何信息，同时考虑保护商业机密信息的需要。

4. 上诉或审查程序

每一成员应规定海关作出的行政决定所针对的任何人在该成员领土内有权向级别高于或独立于作出行政决定的官员或机构提出行政申诉（administrative appeal）或复查（review），或由此类官员或机构进行政申诉或复查，有权对该决定进行司法上诉（judicial appeal）或审查。一成员的立法可要求在司法上诉或审查前开始进行行政申诉或复查。每一成员应保证其上诉或审查程序以非歧视的方式进行。每一成员应保证，如果作出的上诉或审查决定未在其法律或法规所规定的期限内作出或未能避免不适当拖延，则申诉人有权向行政机关或司法机关进一步上诉或由此类机关进一步审查或向司法机关寻求任何其他救济。每一成员应保证提供作出行政决定的理由，以便使其能够在必要时提出上诉或审查。鼓励每一成员将上述规定适用于海关以外的相关边境机构所作出的行政决定。

5. 增强公正性、非歧视性及透明度的其他措施

（1）增强监管或检查的通知。如一成员采用或设立对其有关主管机关发布通知或指南的系统，旨在增强对通知或指南所涵盖食品、饮料或饲料的边境监管或检查水平以保护其领土内的

人类、动物或植物的生命或健康，则通知或指南的发布、终止或中止的方式应适用以下纪律：该成员可酌情根据风险评估发布通知或指南；该成员可发布通知或指南，从而使通知或指南仅统一适用于据以作出通知或指南的卫生和植物卫生条件适用的入境地点；如据以作出通知或指南的情形不复存在或变化后的情形可以具有较低贸易限制作用的方式处理，则该成员应迅速终止或中止该通知或指南；如该成员决定终止或中止通知或指南，则应酌情以非歧视和易获取的方式迅速公布终止或中止声明，或通知出口成员或进口商。

（2）扣留。如申报进口货物因海关或任何其他主管机关检查而予以扣留，则该成员应迅速通知承运商或进口商。

（3）检验程序。在对取自申报进口货物的样品的首次检验为不利结果的情况下，一成员应请求可给予第二次检验的机会。一成员应以非歧视和易获取的方式公布可以进行检验的实验室的名称和地址，或在其提供规定机会的情况下向进口商提供这一信息。一成员在货物放行和结关时应考虑第二次检验的结果，如可行，可接受此次检验的结果。

6. 关于对进出口征收或与进出口和处罚相关的规费和费用的纪律

（1）对进出口征收或与进出口相关的规费和费用的一般纪律。这适用于除进出口关税和GATT国民待遇范围内的国内税外、各成员对进出口征收或与进出口相关的所有规费和费用。有关规费和费用的信息应予以公布。该信息应包括将适用的规费和费用、征收此类规费和费用的原因、主管机关以及支付时间和方式。新增或修订的规费和费用的公布与生效之间应给予足够的时间，但紧急情况除外。此类规费和费用在有关信息公布前不得适用。每一成员应定期审查其规费和费用，以期在可行的范围内减少数量和种类。

（2）对进出口征收或与进出口相关的海关业务办理规费和费用的特定纪律。海关业务办理规费和费用应限定在对所涉特定进口或出口操作提供服务或与之相关服务的近似成本内，并且如果规费和费用针对与办理货物海关业务密切相关的服务而收取，则无须与特定进口或出口作业相关联。

（3）处罚纪律。“处罚”应指一成员的海关针对违反其海关法律、法规或程序性要求而作出的处罚。每一成员应保证对违反海关法律、法规或程序性要求行为的处罚仅针对其法律所规定的违法行为责任人实施。处罚应根据案件的事实和情节实施，并应与违反程度和严重性相符。每一成员应保证采取措施，以避免在处罚和关税的认定和收取方面发生利益冲突以及形成对认定或收取与相关规定不符的处罚的一种激励。每一成员应保证对违反海关法律、法规或程序性要求进行处罚时，应向被处罚人提供书面说明，列明违法性质和据以规定处罚金额或幅度所适用的法律、法规或程序。如一当事人在一成员海关发现其违法行为前自愿向海关披露其违反海关法律、法规或程序性要求的行为，则鼓励该成员在确定对其的处罚时，适当考虑将此事实作为可能的减轻因素。上述规定应适用于对过境运输的处罚。

7. 货物放行与结关

（1）抵达前业务办理。每一成员都应采用或设立程序，允许提交包括舱单在内的进口单证和其他必要信息，以便在货物抵达前开始办理业务，以期在货物抵达后加快放行。每一成员应酌情规定以电子格式提交单证，以便在货物抵达前处理此类单证。

（2）电子支付。每一成员应在可行的限度内，采用或设立程序，允许选择以电子方式支付海关对进口和出口收取的关税、国内税、规费及费用。

（3）将货物放行与关税、国内税、规费及费用的最终确定相分离。每一成员应采用或设立程序，规定如关税、国内税、规费及费用的最终确定不在货物抵达前或抵达时作出或不能在货物抵达后尽可能快地作出，则可在最终确定作出前放行货物，条件是所有其他管理要求均符合。作为此种放行的条件，一成员可要求：支付在货物抵达前或抵达时确定的关税、国内税、规费及费用，对尚未确定的任何数额以保证金、押金等形式或其法律法规规定的另一适当形式提供担保；或以保证金、押金等形式或其法律法规规定的另一种形式提供担保。此类担保不得高于该成员所要求的担保所涵盖货物最终应支付的关税、国内税、规费及费用的金额。如已发现应予以货币处罚或处以罚金的违法行为，则可要求对可能实施处罚和罚金提供担保。相关担保应在不再需要时予以退还。上述规定不得影响一成员对货物进行检查、扣留、扣押或没收或以任何与其 WTO 权利和义务不相冲突的方式处理货物的权利。

(4) 风险管理。每一成员应尽可能采用或设立为海关监管目的的风险管理制度；设计和运用风险管理时应以避免任意或不合理的歧视或形成对国际贸易变相限制的方式进行；将海关监管及在可能的限度内将其他相关边境监管集中在高风险货物上，对低风险货物加快放行。作为其风险管理的一部分，一成员还可随机选择货物进行此类监管；将通过选择性标准进行的风险评估作为风险管理的依据。此类选择性标准可特别包括协调制度编码、货物性质与描述、原产国、货物装运国、货值、贸易商守法记录以及运输工具类型。

(5) 后续稽查。为加快货物放行，每一成员应采用或设立后续稽查以保证海关及其他相关法律法规得以遵守。每一成员应以风险为基础选择一当事人或货物进行后续稽查，可包括适当的选择标准。每一成员应以透明的方式进行后续稽查。如该当事人参与稽查且已得出结果，则该成员应立即将稽查结论、当事人的权利和义务以及作出结论的理由告知被稽查人。在后续稽查中获得的信息可用于进一步的行政或司法程序。各成员在可行的情况下，应在实施风险管理时使用后续稽查结论。

(6) 确定和公布平均放行时间。鼓励各成员定期并以一致的方式测算和公布其货物平均放行时间，使用特别包括世界海关组织（WCO）《世界海关组织放行时间研究》等工具。鼓励各成员与委员会分享其在测算平均放行时间方面的经验，包括所使用的方法、发现的瓶颈问题及对效率产生的任何影响。

(7) 对经认证的经营者的贸易便利化措施。每一成员应向满足特定标准的经营者（经认证的经营者）提供与进口、出口或过境手续相关的额外的贸易便利化措施，或者一成员可通过所有经营者均可获得的海关程序提供此类贸易便利化措施，而无须制订单独计划。成为经认证的经营者的特定标准应与遵守一成员的法律、法规或程序所列要求或未遵守的风险相关。此类标准应予以公布，可包括遵守海关和其他相关法律、法规的适当记录；允许进行必要内部控制的记录管理系统；财务偿付能力，在适当时，包括提供足够的担保/保证；及供应链安全。此类标准不得设计或实施从而在适用相同条件的经营者之间给予或造成任意或不合理的歧视，并且在可能的限度内，限制中小企业的参与。按上述规定提供的贸易便利化措施应至少包括以下措施中的 3 条措施：酌情降低单证和数据要求；酌情降低实际检查和审查比例；酌情加快放行时间；延迟支付关税、国内税、规费和费用；使用总担保或减少担保；在特定时间内对所有进口或出口进行一次性海关申报；及在经认证的经营者的场所或经海关批准的另外地点办理货物结关。此外，鼓励各成员根据国际标准制定经认证的经营者计划，如存在此类标准，除非此类标准对实现所追求的合法目标不适当或无效果。为加强向经营者提供的贸易便利化措施，各成员应向其他成员提供通过谈判互认经认证的经营者计划的可能性。各成员应在委员会范围内就有效的经认证的经营者计划交流相关信息。

（8）快运货物。每一成员应采用或设立程序，在维持海关监管的同时，应申请人申请，至少允许快速放行通过航空货运设施入境的货物。如一成员采用限制申请人的标准，则该成员可在公布的标准中要求申请人作为其快运货物申请获得相关待遇的条件，应提供与处理快运货物相关的充足基础设施并支付海关费用，如申请人满足该成员关于此类处理在一特定设施中进行的要求；在快运货物抵达前，提交放行所需的信息；所确定的费用限于为提供相关待遇所提供服务的近似成本内；通过使用内部安保、物流和自提取到送达的追踪技术，对快运货物保持高度控制；提供自提取到送达的快速运输；承担向海关支付货物全部关税、国内税、规费及费用的责任；在遵守海关和其他有关法律法规方面拥有良好记录；遵守与有效执行成员法律法规和程序性要求直接相关的待遇的其他条件。此外，在符合有关规定的前提下，各成员应最大限度减少放行快运货物所需的单证，并在可能的情况下，规定对某些货物根据一次性提交的信息予以放行；规定在正常情况下当快运货物抵达后尽快放行，但条件是放行所需信息已提交；努力将上述待遇适用于任何重量或价值的货物，同时认可允许一成员要求额外入境程序，包括申报、证明单证及支付关税和国内税，并根据货物种类限制此种待遇，但条件是此种待遇不仅限于如文件等低值货物；在可能的情况下，除某些特定货物外，规定免于征收关税和国内税的微量货值或应纳税额。与以 GATT 国民待遇一致的方式适用于进口的国内税，如增值税和消费税等，不受本条约束。上述规定不得影响一成员对货物进行查验、扣留、扣押、没收或拒绝入境或实施后续稽查的权利，包括使用风险管理系统相关的权利。此外，也不得妨碍一成员作为放行的条件，要求提交额外信息和满足非自动进口许可程序要求的权利。

（9）易腐货物。为防止易腐货物可避免的损失或变质，在满足所有法规要求的前提下，每一成员应规定易腐货物：在通常情况下在可能的最短时间内予以放行；在适当的例外情况下，在海关和其他相关主管机关工作时间之外予以放行。每一成员在安排任何可能要求的查验时，应适当优先考虑易腐货物。每一成员安排或允许一进口商安排在易腐货物放行前予以正确储藏。该成员可要求进口商安排的任何储存设施均已经相关主管机关批准或指定。货物运至该储藏设施，包括经认证的经营者运输该货物，可能需获得相关主管机关的批准。应进口商请求，在可行并符合国内法律的情况下，该成员应规定在此类储藏设施中予以放行的任何必要程序。此外，如易腐货物的放行受到严重延迟，应书面请求，进口成员应尽可能提供关于延迟原因的信函。

8. 边境机构合作

每一成员应保证其负责边境管制和货物进口、出口及过境程序的主管机关和机构相互合作并协调行动，以便利贸易。每一成员应在可能和可行的范围内，与拥有共同边界的其他成员根据共同议定的条款进行合作，以期协调跨境程序，从而便利跨境贸易。此类合作和协调可包括：工作日和工作时间的协调；程序和手续的协调；共用设施的建设与共享；联合监管；一站式边境监管站的设立。

9. 受海关监管的进口货物的移动

每一成员应在可行范围内，并在所有管理要求得到满足的前提下，允许进口货物在其领土内在海关监管下进行移动，从入境地海关移至予以放行或结关的其领土内另一海关。

10. 与进口、出口和过境相关的手续

（1）手续和单证要求。为使进口、出口和过境手续的发生率和复杂度降到最低，并减少和简化进口、出口和过境的单证要求，同时考虑到合法政策目标及情形变化、相关新信息和商业惯例、方法和技术的可获性、国际最佳实践及利益相关方的意见，每一成员应审议此类手续和单证要求，并根据审议结果，酌情保证此类手续和单证要求。以货物，特别是易腐货物的快速放行和结关为目的而通过和/或适用；以旨在减少贸易商和经营者的守法时间和成本的方式而通过和/或适用；如存在两种或两种以上为实现政策目标或有关目标的可合理获得的措施，则选择对贸易限制最小的措施；且如不再要求，则不再维持，包括不再维持其中部分要求。委员会应酌情制定各成员分享相关信息和最佳实践的程序。

（2）副本的接受。每一成员应酌情努力接受进口、出口或过境手续所要求的证明单证的纸质或电子副本。如一成员的政府机构已持有此单证的正本，则该成员的任何其他机构应接受来自持有单证正本部门的纸质或电子副本以替代正本。一成员不得要求将提交出口成员海关的出口报关单正本或副本作为进口的一项要求。

（3）国际标准的使用。鼓励各成员使用或部分使用相关国际标准作为其进口、出口或过境手续和程序的依据，除非本协定另有规定。鼓励各成员在其资源限度内，参加适当国际组织对相关国际标准的制定和定期审议。委员会应酌情制定供各成员分享实施国际标准的相关信息和最佳实践的程序。委员会还可邀请相关国际组织讨论其关于国际标准的工作。委员会可酌情确定对成员具有特殊价值的特定标准。

（4）单一窗口。各成员应努力建立或设立单一窗口，使贸易商能够通过一单一接入点向参与的主管机关或机构提交货物进口、出口或过境的单证和/或数据要求。待主管机关或机构审查单证和/或数据后，审查结果应通过该单一窗口及时通知申请人。如单证和/或数据要求已通过单一窗口接收，参与的主管机关或机构不得提出提交相同单证和/或数据的要求，除非在紧急情况或其他已公开的有限例外情况下。各成员应将单一窗口的运行细节通知委员会。各成员应在可能和可行的限度内，使用信息技术支持单一窗口。

（5）装运前检验。成员不得要求使用与税则归类和海关估价有关的装运前检验。在不损害各成员使用其他形式的装运前检验权利的前提下，鼓励各成员对装运前检验不再采用或适用新的要求。

（6）报关代理的使用。在不影响一些成员目前对报关代理维持特殊作用的重要政策关注的前提下，自本协定生效时起，各成员不得要求强制使用报关代理。每一成员应将其关于使用报关代理的措施向委员会作出通知并予以公布。任何后续修改均应迅速作出通知并予以公布。对于报关代理的许可程序，各成员应适用透明和客观的规定。

（7）共同边境程序和统一单证要求。每一成员应在其全部领土内对货物放行和结关适用共同海关程序和统一单证要求。上述规定不得妨碍一成员：根据货物的性质和类型或其运输方式区分程序和单证要求；根据风险管理区分货物的程序和单证要求；区分提供进口关税和国内税的全部或部分免除的程序和单证要求；使用电子方式提交或办理业务；或以与《实施卫生与植物卫生措施协定》相一致的方式区分其程序和单证要求。

（8）拒绝入境货物。如拟进境货物因未能满足规定的卫生或植物卫生法规或技术法规而被一成员主管机关拒绝，则该成员应在遵守和符合其法律法规的前提下，允许进口商将退运货物重新托运或退运至出口商或出口商指定的另一人。如给出此种选择权而进口商未能在合理时间内行使该权利，则主管机关可采取另一种方法处理此种违规货物。

（9）货物暂准进口及进境和出境加工。关于货物暂准进口，如货物为特定目的运入关税区，并计划在特定期限内恢复出口，且除因该货物的用途所造成的正常折旧和磨损外未发生任何变化，则每一成员应按其法律法规规定，允许该货物运入其关税区，并有条件全部或部分免于支付进口关税和国内税。关于进境和出境加工，每一成员应按其法律法规规定，允许货物进境和出境加工。允许出境加工的货物可依照该成员有效法律法规全部或部分免除进口关税和国内税后复进口。“进境加工”一词指用于制造、加工或修理并随后出口的货物据以有条件运入一关境并有条件全部或部分免于支付进口关税和国内税或有资格获得退税的海关程序。“出境加工”一词指在一关税区内自由流通的货物据以暂时出口至国外用于制造、加工或修理并随后复进口的海关程序。

11. 过境自由（freedom of transit）

一成员实施的与过境运输有关的任何法规或程序，如导致其采用的情形或目标已不复存在，或如情形或目标发生变化可使用贸易限制程度更低的其他可合理获得的方式处理，则不得维持。而且不得以对过境运输构成变相限制的方式适用。过境运输不得以收取对过境征收的规费或费用为条件，但运输费用或过境所产生的行政费用或与所提供服务的成本相当的费用除外。各成员不得寻求、采取或设立对过境运输的任何自愿限制或任何其他类似措施。此规定不妨碍与管理过境相关的且与 WTO 规则相一致的现行或未来国内法规、双边或多边安排。每一成员应给予自任何其他成员领土过境的产品不低于给予此类产品在不经其他成员领土而自原产地运输至目的地所应享受的待遇。鼓励各成员在可行的情况下为过境运输提供实际分开的基础设施（如通道、泊位及类似设施）。为实现以下目的的与过境运输相关的手续和单证要求及海关监管的复杂程度不得超过必要限度：确定货物；及保证符合过境要求。一旦货物进入过境程序并获准自一成员领土内始发地启运，即不必支付任何海关费用或受到不必要的延迟或限制，直至其在该成员领土内的目的地结束过境过程。各成员不得对过境货物适用《技术性贸易壁垒协定》范围内的技术法规和合格评定程序。各成员应允许并规定货物抵达前提交和处理过境单证和数据。一旦过境运输抵达该成员领土内出境地点海关，如符合过境要求，则该海关应立即结束过境操作。如一成员对过境运输要求以保证金、押金或其他适当货币或非货币手段提供担保，则此种担保应仅以保证过境运输所产生的要求得以满足为限。一旦该成员确定其过境要求已得到满足，应立即解除担保。每一成员应以符合其法律法规的形式允许为同一经营者的多笔交易提供总担保或将担保展期转为对后续货物的担保而不予解除。每一成员应使公众获得其用以设定担保的相关信息，包括单笔交易担保，以及在可行的情况下，包括多笔交易担保。在存在高风险的情况下或在使用担保不能保证海关法律法规得以遵守的情况下，成员可要求对过境运输使用海关押运或海关护送。适用于海关押运或海关护送的一般规定应予以公布。各成员应努力相互合作和协调以增强过境自由。此类合作和协调可包括但不仅限于关于下列内容的谅解：费用；手续和法律要求；过境体制的实际运行。每一成员应努力指定一个国家级过境协调机构，其他成员提出的有关过境操作良好运行的所有咨询和建议均可向该机构提出。

12. 海关合作

（1）促进守法和合作的措施。各成员同意保证下列事项具有重要意义，即贸易商知晓守法义务、鼓励自愿守法以允许进口商在适当情况下自我纠错而免予处罚以及对违法贸易商适用守法措施以实施更为严厉的措施。鼓励各成员通过委员会等方式分享保证海关规定得以遵守方面最佳做法的信息。鼓励各成员在能力建设的技术指导或援助和支持方面开展合作，以管理守法措施并提高此类措施的有效性。

（2）信息交换。应请求，并在符合本条规定的前提下，各成员应交换信息，以便在有合理理由怀疑一进口或出口申报的真实性或准确性时，对该项申报进行核实。每一成员应将其用于信息交换的联络点的详细信息通知委员会。

（3）核实。一成员应仅在其已对一进口或出口申报采取适当核实程序后且已检查可获得的相关单证后，方可提出提供信息的请求。

（4）请求。提出请求的成员应向被请求成员以纸质或电子形式以共同议定的WTO工作语文或其他语文提出书面请求，内容包括：所涉事项，在适当和可获得的情况下，包括与所涉进口申报相对应的出口申报的序列号；提出请求成员寻求信息或单证的目的，如可知，并附上该请求相关人员的姓名和联系方式；如被请求成员要求，在适当时，提供对核实的确认；请求提供的具体信息或单证；提出请求机构的身份认证；提出请求成员所援引的管辖保密信息和个人数据收集、保护、使用、披露、保留及处置的国内法律和法律制度相关条款。如提出请求成员无法满足相关规定，则其应在请求中说明。

（5）保护和机密性。提出请求成员应：对被请求成员提供的所有信息或单证严格保密，并至少给予与被请求成员所描述的其国内法律和法律制度规定的同等水平的保护和机密性；仅向处理所涉事项的海关提供信息或单证，并仅为请求中所列明的目的而使用该信息或单证，除非被请求成员书面同意用于其他目的；未经被请求成员明确书面许可，不得披露信息或单证；不得将未经被请求成员验证的信息或单证用作在任何指定情况下减轻疑问的决定性因素；尊重被请求成员就特定案件提出的关于保留和处置保密信息或单证及个人数据的任何条件；应请求，将根据所提供的信息或单证就相关事项作出的任何决定或行动通知被请求成员。如提出请求成员根据其国内法律和法律制度可能无法遵守相关规定，则提出请求成员应在请求中对此予以说明。被请求成员对于收到的任何请求及核实信息，应给予至少与自身类似信息相同的保护和机密性等级。

（6）信息的提供。被请求成员应迅速：通过纸质或电子形式予以书面答复；提供进口或出口申报中所列具体信息，或在可获得的情况下提供申报本身，并附要求提出请求成员给予的保护和保密性等级的描述；如提出请求，提供下列用于证明进口或出口申报的单证中所列具体信息，或在可获得的情况下提供单证本身：商业发票、装箱单、原产地证书以及提单，以单证提交的形式提供，无论纸质或电子形式，并附要求提出请求成员给予的保护和保密性等级的描述；确认所提供单证为真实副本；在可能的情况下，在提出请求之日起90天内提供信息或对请求作出答复。被请求成员可根据其国内法律和法律制度，在提供信息之前要求得到以下保证，即未经被请求成员明确书面许可，特定信息不被用作刑事调查或司法诉讼以及非海关诉讼的证据。如提出请求成员无法满足这一要求，则应向被请求成员予以说明。

（7）对请求的迟复或拒绝。在下列情况下，被请求成员可对提供信息的请求予以迟复或全部或部分拒绝，并应通知提出请求成员迟复或拒绝的原因：与被请求成员国内法律和法律制度所体现的公共利益相抵触；其国内法律和法律制度禁止发布该信息。在此种情况下，应向提出请求成员提供相关具体引文的副本；提供信息将妨碍执法或者干扰正在进行的行政或司法调查、起诉或诉讼；管辖保密信息或个人数据的收集、保护、使用、披露、保留和处理的国内法律和法律制度要求必须获得进口商或出口商同意，而未获同意；提供信息请求在被请求成员关于保留单证的法律规定失效后收到。

（8）对等。如提出请求成员认为，如被请求成员提出类似请求，其本身无法满足或其尚未实施上述规定，应在请求中说明该事实。是否执行此请求应由被请求成员自行决定。

（9）行政负担。提出请求成员应考虑答复信息请求对被请求成员资源和成本的影响。提出请求成员应考虑寻求请求获得答复的财政利益与被请求成员为提供信息所付出努力之间的均衡性。如一被请求成员自一个或多个提出请求成员处收到数量庞大的提供信息请求，或信息请求范围过大，无法在合理时间内满足此类请求，则该成员可要求一个或多个提出请求成员列出优先顺序，以期在其资源限度内议定一可行的限额。如未能达成双方同意的方式，则此类请求的执行应由被请求成员根据其自身优先排序结果自行决定。

（10）限制。不得要求被请求成员：修改其进口或出口申报的格式或程序；要求提供随进口或出口申请提交单证以外的单证；为获得信息而发起咨询；修改保留此类信息的期限；要求对已采用电子格式的单证提供纸质单证；翻译信息；核实信息的准确性；提供可能损害特定公私企业合法商业利益的信息。

（11）未经授权的使用或披露。如发生任何违反本条项下关于交换信息的使用或披露条件的情形，则收到信息的提出请求成员应迅速将此类未经授权的使用或披露的详细情况通知提供信息的被请求成员，同时：采取必要措施弥补违反行为；采取必要措施防止未来的任何违反行为；将采取的措施通知被请求成员。被请求成员可暂停履行对提出请求成员的义务，直至相关措施已采取。

（12）双边和区域协定。允许一成员达成或维持关于海关信息和数据共享或交换，包括自动或在货物抵达前等以安全快速为基础的共享或交换的双边、诸边或区域协定。

关于海关合作的上述规定不会改变或影响各成员在此类双边、诸边或区域协定项下的权利或义务，也不管辖根据其他此类协定项下的海关信息和数据交换。

13. 给予发展中国家成员和最不发达国家成员的特殊和差别待遇条款（special and differential treatment）

发展中国家和最不发达国家成员应该依照不同类别实施《贸易便利化协定》。WTO应向发展中和最不发达国家成员提供能力建设援助和支持，以帮助其依照《贸易便利化协定》条款的性质和范围实施这些条款。实施该协定条款的程度和时限应该与发展中和最不发达国家成员的实施能力相关联。如果一发展中或最不发达国家成员仍然缺乏必要能力，则在获得实施能力前，不要求实施相关条款。仅要求最不发达国家成员作出与其各自发展、财政和贸易需求或其管理和机构能力相一致的承诺。

《贸易便利化协定》将给予发展中国家和最不发达国家的待遇条款分为3类：A类包含一发展中或最不发达国家成员指定的自《贸易便利化协定》生效时起立即实施的条款，或对于最不发达国家成员在生效后1年内实施的条款。B类包含一发展中或最不发达国家成员指定的在《贸易便利化协定》生效后的一过渡期结束后的日期起实施的条款。C类包含一发展中或最不发达国家成员指定的在《贸易便利化协定》生效后的一过渡期结束后的日期起实施、同时要求通过提供能力建设援助和支持以获得实施能力的条款。每一发展中国家和最不发达国家成员应各自自行指定A、B、C类分别包含的条款。《贸易便利化协定》对上述3类条款的通知和实施等问题作出详细规定。

关于适用《关于争端解决规则与程序的谅解》的宽限期，《贸易便利化协定》生效后2年内，经《关于争端解决规则与程序的谅解》详述和适用的GATT 1994第22条和第23条的规定不得适用于针对发展中国家成员的、涉及该成员指定列入A类条款的任何条款的争端解决。

《贸易便利化协定》生效后6年内，经《关于争端解决规则与程序的谅解》详述和适用的GATT 1994第22条和第23条的规定不得适用于针对最不发达国家成员的、涉及该成员指定列入A类条款的任何条款的争端解决。最不发达国家成员实施B类或C类条款后8年内，经《关于争端解决规则与程序的谅解》详述和适用的GATT 1994第22条和第23条的规定不得适用于针对最不发达国家成员的、涉及此类条款的争端解决。尽管存在适用《关于争端解决规则与程序的谅解》的宽限期，但是针对最不发达国家成员的措施，在按照GATT 1994第22条或第23条提出磋商请求前及在争端解决程序各阶段，一成员应对最不发达国家成员的特殊情况给予特别考虑。在此方面，各成员应在《关于争端解决的规则与程序的谅解》项下提出涉及最不发达国家成员的事项方面保持适当的克制。每一成员应请求，在本条允许的宽限期内，应向其他成员提供充分机会，以讨论与实施本协定相关的任何问题。

关于能力建设援助的提供，捐助成员同意依据共同议定的条款，通过双边或适当国际组织，便利向发展中国家和最不发达国家成员提供能力建设援助和支持。目标旨在援助发展中国家和最不发达国家成员实施《贸易便利化协定》第一部分条款。考虑到最不发达国家成员的特殊需要，应向最不发达国家成员提供定向援助和支持，以帮助其增强实施承诺的可持续能力。通过相关发展合作机制，并在与相关能力建设的技术援助和支持原则相一致的前提下，发展伙伴应努力以不妥协现有发展优先事项的方式对此领域提供能力建设援助和支持。各成员应努力在提供实施《贸易便利化协定》的能力建设援助和支持方面适用下列原则：考虑接受国和地区的整体发展框架及在相关和适当时，考虑正在开展的改革和技术援助项目；在相关和适当时，包括用以处理区域和次区域挑战并促进区域和次区域一体化的活动；保证将正在开展的私营部门贸易便利化改革活动纳入援助活动；促进各成员间及与包括区域经济共同体在内的其他相关机构之间的合作，以保证自援助中获得最大效益和结果。为此：主要在提供援助的对象国家和地区中开展的、在合作伙伴成员和援助方之间及在双边和多边援助方之间的协调，应旨在通过技术援助与能力建设干预的紧密协调，避免援助项目的重叠和重复及改革中的不一致性；对于最不发达国家成员，给予最不发达国家贸易相关援助的增强一体化框架应成为该协调过程的一部分；以及各成员在实施本协定和技术援助时，还应促进其在首都和日内瓦的贸易和发展官员之间的内部协调。鼓励使用现有的如圆桌会议和协商小组等国内和区域协调构架，以协调和监督实施活动。在可能的情况下，鼓励发展中国家成员向其他发展中和最不发达国家成员提供能力建设，并考虑支持此类活动。

四、《与贸易有关的知识产权协定》

（一）协定的产生

在GATT时期，各国并未针对与贸易有关的知识产权问题达成任何协议。到了20世纪80年代，世界经济和科技创新快速发展，贸易问题与知识产权保护之间的关系日益密切。虽然已经签订的一系列保护知识产权的国际条约起到了重要作用，但是也存在许多问题。首先，几乎所有知识产权保护的国际条约都未能很好地对解决争议问题作出规定。一旦成员国之间发生条约项下的知识产权保护纠纷，只能谈判解决或者向国际法院提起诉讼。其次，很多知识产权国际条约缔结时间较早，已无法适应国际贸易和技术发展的需要，必须对知识产权进行高水平的保护。此外，知识产权国际条约的约束力和保护范围十分有限，各国知识产权保护的国内立法差异较大，有些国家甚至没有制定保护知识产权的法律法规等等，这些因素使得各国日益关注知识产权的国际保护问题。到了 1986 年 GATT 启动乌拉圭回合谈判，与贸易有关的知识产权保护（包括冒牌货贸易问题）成为此次谈判的重要议题，并最终达成《与贸易有关的知识产权协定》（Agreement on Trade-Related Aspects of Intellectual Property，TRIPS 协定）。

TRIPS 协定的签订旨在减少国际贸易扭曲和阻碍的同时，充分考虑对知识产权的有效和充分保护，并确保知识产权保护措施和程序不会成为合法贸易的障碍。TRIPS 协定建立了高标准的与贸易有关的知识产权保护标准，反映了美欧等发达国家对知识产权保护的利益和要求。可以说，TRIPS 协定是知识产权国际保护最为全面的多边协定，不仅纳入了实体规则，还将与贸易有关的知识产权争端纳入 WTO 争端解决机制。但是对于发展中国家尤其是最不发达国家而言，协定规定的知识产权保护范围、标准、保护期限、实施措施、争端解决等内容超过了其实际经济发展水平，因此，TRIPS 协定纳入了对这类成员的特殊与差别待遇。

在 WTO 成立后，为了便于解决各成员面临的突发性公共健康问题，一些成员于 2005 年 12 月 6 日在日内瓦达成了《关于修正〈与贸易有关的知识产权协定〉的议定书》（The Protocol amending the TRIPS Agreement，2017 年 1 月 23 日生效），对 TRIPS 协定进行修订，在 TRIPS 协定中增加了第 31 条之二以及与该条有关的一个附件和附录（制药部门生产能力评估）。根据上述议定书的规定，各成员方在满足相关条件的情况下，可以授予国内企业生产并出口特定专利药品的强制许可。经修正的 TRIPS 协定仅对接受该协定的成员具有约束力。2007 年 10 月 28 日，我国批准了修订 TRIPS 协定议定书。

（二）《与贸易有关的知识产权协定》的主要内容

TRIPS 协定除序言外，有 7 个部分，共 73 个条款内容。7 个部分分别是：总则和基本原则；知识产权的效力、范围和使用标准；知识产权的实施；知识产权的取得、维持和当事人之间的相关程序；争端的防止和解决；过渡性安排；机构安排和最后条款。概括而言，TRIPS 的主要规定如下。

1. 总则和基本原则

各成员应该遵守 TRIPS 协定的要求，但是没有义务给予高于协定要求的保护，各成员方有权自行决定执行协定的适当办法。也就是说，TRIPS 规定了各成员方对与贸易有关的知识产权的最低保护标准，各方必须满足该最低要求，但也可以在此基础上给予更高程度的保护。

（1）国民待遇（national treatment）：鉴于国民待遇已经成为许多知识产权国际条约的基本原则，TRIPS 协定将该原则纳入其中，明确规定：在知识产权保护方面，在遵守《保护工业产权巴黎公约》、《伯尔尼公约》、《保护表演者、录音制品制作者和广播组织国际公约》（也称《罗马公约》）或《关于集成电路的知识产权条约》所述例外条款的前提下，WTO 一成员方给予其他成员方国民待遇不得低于（no less favourable than）其给予本国国民的待遇。对于表演者、录音制品制作者和广播组织，国民待遇义务只适用 TRIPS 协定规定的权利。

（2）最惠国待遇（most-favoured-nation treatment）。与知识产权其他国际条约相比，最惠国待遇是 TRIPS 协定的特有原则，它是 GATT 最惠国待遇原则在知识产权领域的发展，是 TRIPS 协定高标准保护要求的重要体现。根据 TRIPS 协定第 4 条的规定，在知识产权保护方面，一 WTO 成员向其他国家的国民提供的任何利益、优惠、特权或豁免，应该立即和无条件地（immediately and unconditionally）适用于 WTO 其他成员的国民。但是，一成员提供给其他国家国民的下述利益、优惠、特权或豁免，无须承担最惠国待遇义务：1）一般性司法协助或执法方面的国际协定（不是专门的知识产权协定）中的优惠待遇；2）根据《伯尔尼公约》（1971 年）或《罗马公约》给予的待遇，该待遇不是按国民待遇而是按互惠原则提供的；3）TRIPS 没有作出规定的与表演者、录音制品制作者以及广播组织有关的权利；4）《WTO 协定》生效前已经生效的知识产权保护国际协定中规定并已通知与贸易有关的知识产权理事会的权利。

2. 知识产权的效力、范围及使用标准

根据 TRIPS 的规定，知识产权的范围包括：版权及其相关权利；商标；原产地标志；工业设计；专利；集成电路的外观设计；未披露的信息。

（1）版权及相关权利（copyright and related rights）。各成员必须遵守《伯尔尼公约》的相关规定。在版权方面，TRIPS 的具体要求如下：第一，对版权的保护应该延伸到表达方式，但不得延伸到思想、程序、操作方法或数学概念本身等。第二，对于计算机程序，无论是原代码还是目标代码，应该作为文学作品加以保护。第三，对于数据库或其他资料，无论是机器可读或其他形式，如果对内容的选编或汇制构成了智力创造，也应该给予保护。第四，在计算机程序和摄影作品方面，各成员方应该规定作者及其合法继承人有权或有权禁止对其原作或其版权作品的副本向公众进行商业性出租。第五，对于著作的保护期限，除作者有生之年外，该期限从作品经授权出版之年底起开始，不得少于 50 年。如果作品创作后 50 年内没有出版，则从作品创作之年的年底起算保护 50 年。第六，表演者有权禁止未经其许可就将未被录制的表演予以录制和复制的行为，有权禁止未经其许可就以无线方式广播和向公众播出其现场表演。对于录音制品制作者，有权许可或禁止对其录音制品直接或间接复制。对于广播机构，有权禁止未经其许可录制或复制其广播作品、以无线电方式对其广播作品进行重播、以原样方式向公众播放其电视广播。此外，对表演者和录音制品制作者的有效保护期限，应该从录制或节目表演当年年底开始，至少为 50 年。对广播组织的有效保护期为广播开始当年的年底起，至少 20 年。

（2）商标（trademarks）。对于商标保护，TRIPS 协定规定了如下要求：第一，任何标记或其组合，如果能够将某一企业的货物或服务区别于其他企业，即构成商标。如果一项标记没有能够区别不同货物或服务的固有特征，各成员可以根据实际使用中的区别作为可注册条件。各成员方也可以将一项标志是否能够在视觉上显而易见作为注册条件。第二，各成员可以根据实际使用标准进行注册，但是，实际使用不得作为提出注册申请的前提条件。第三，货物或服务的性质不应成为申请商标注册的障碍。第四，各成员方应该在商标注册前或注册后立即公告，并允许在合理时间内申请撤销注册。第五，注册商标的所有人拥有独占权，有权禁止未经其许可的第三方使用与其已获得商标注册的货物和服务相同或类似的标记。但是，上述权利不应损害已有的优先权利，也不应影响在实际已使用的基础上获得注册权。第六，商标首次注册和每一次续展注册的期限不少于 7 年，商标注册允许无限展期。如果以实际使用维持商标注册，当未使用的时间连续长达 3 年，可以撤销该商标的注册，除非商标所有人提出正当理由证明对该商标的使用存在障碍。经商标所有人同意，由另一方使用该商标者可以视为是为维持商标的注册目的而使用。第七，各成员可以决定商标许可与转让的条件，但是不允许商标的强制许可。

（3）地理标志（geographical indications）。地理标志是指标明某一货物来源于一成员方境内或其境内的某一地区或地域，并且该货物的特定质量、声誉或其他特性主要是因该地理来源而产生。TRIPS协定要求各成员对地理标志提供法律保护，以防止进行不正当竞争以及公众对原产地产生误解。此外，TRIPS协定还对葡萄酒和烈酒地理标志的额外保护问题作出了详细规定。

（4）工业设计（industrial designs）。各成员方应该对全新或原创性独立创造的工业设计提供保护，同时还应对纺织品的设计提供保护。受保护的工业设计的所有权人，有权阻止第三方未经所有人许可为商业目的生产、销售或进口其拥有设计权的物品。各成员方对工业设计的保护期限至少应为10年。

（5）专利（patents）。TRIPS协定的主要规定如下：第一，各成员方可以向所有技术领域的一项发明（包括产品发明或程序发明）授以专利权，但前提条件是，这些发明是全新的，包含发行性程序，并且可供工业领域使用。为了维护公共秩序或公共道德的，包括为了保护人类、动植物的生命或健康或者避免对环境造成严重损害，各成员可以拒绝对某些发明授予专利权。第二，对于以下情形，各成员方可不授予专利权：用于人类或动物治疗的诊断、治疗和外科手术方法；除微生物外的植物和动物以及非生物和微生物方法之外的生产植物或动物的主要生物方法。第三，专利权人拥有如下方面的独占权：对于某种产品，未经专利权人许可，第三方不得制造、使用、标价出售、销售或者为此类目的进口具有专利权的产品。对于一项方法，未经专利权人许可，第三方不得使用该方法、标价出售、销售或者为此目的进口以该方法直接获得产品。专利权人有权转让或以继承方式转让专利并订立许可合同。第四，专利的保护期限自注册登记之日起，不得少于20年。第五，如果一成员允许未经专利权人授权即可使用某项专利，应该遵守TRIPS第31条的相关规定。2017年生效的《关于修正〈与贸易有关的知识产权协定〉的议定书》对第31条规定又作出进一步补充。根据该议定书的规定，各成员方在满足相关条件的情况下，可以授予国内企业生产并出口特定专利药品的强制许可。

（6）集成电路的外观设计（layout-designs（topographies）of integrated circuits）。各成员方应该按照《关于集成电路的知识产权条约》[①] 的有关规定对集成电路的布图设计提供保护。此外，未经权利人授权，下列行为是非法的：为商业目的的进口、销售或出售受保护的外观设计或含有受保护设计的集成电路或含有非法复制该集成电路外观设计的产品。关于保护期限，对于以注册为保护条件的成员方，保护期限从提交注册申请之日或第一次在世界任何地方将其作商业目的使用之日起，不少于10年。对于不以注册为保护条件的成员方，保护期限从第一次在世界任何地方将其作商业目的的使用之日起算，不少于10年。

（7）未披露的信息（undisclosed information）。各成员方应该对未披露信息和提交给政府或政府机构的信息提供保护。自然人和法人有权禁止第三方在未经其同意的情况下以违反诚信商业做法的方式，披露、被他人获得或使用保密性并具有商业价值的信息。

（8）许可协议中的限制竞争行为。由于限制竞争的知识产权许可行为或者条件会对国际贸易产生不利影响，并妨碍技术转让和传播，TRIPS允许各成员方在国内立法中对知识产权滥用并妨碍竞争的行为作出详细规定，各成员方应该采取相应措施，防止或控制此类行为的发生。

---

① 《集成电路知识产权条约》（Washington Treaty on Intellectual Property in Respect of Integrated Circuits）于1989年5月26日在华盛顿签订，我国是签约国之一。该公约要求缔约国保护具有原创性的布图设计（拓扑图）。每一缔约国可通过版权、专利、实用新型、工业品外观设计、不正当竞争的法律或者任何其他法律给予保护，并且应给予其他缔约国国民以国民待遇。各缔约国对集成电路的保护期限至少应为8年。

3. 知识产权的实施

与其他国际知识产权公约相比，TRIPS 协定提供了全方位的知识产权保护措施，包括行政、民事和刑事措施等。

(1) 一般义务。各成员方应该确保其国内法对知识产权保护作出规定，以便对侵犯知识产权的行为采取有效行动，包括防止侵权的快速救济措施和阻止进一步侵权的救济措施。这些程序的实施应该避免对合法贸易造成障碍。此外，知识产权保护措施应该公平和合理，不应设置不必要的复杂程序和高昂的费用，不应限定不合理的时限或造成不合理的拖延。

(2) 民事和行政程序及其补救。各成员方应该使知识产权人能够获得民事司法程序的救济，其司法机关有权责令一当事方停止侵权行为，特别是应阻止涉嫌知识产权侵权行为的进口货物在结关后进入其商业渠道。司法机关应有权责令侵权人向知识产权人进行损害赔偿。此外，司法机关在发现侵犯知识产权的行为时，可以采取其他补救办法，例如，对侵权货物予以处置、销毁侵权货物等。如果一项行政决定授权进行民事救济，则根据民事救济的相关规定执行。

(3) 临时措施。司法机关应该采取及时和有效的临时措施，以防止发生知识产权侵权行为以及保护相关证据，尤其是应防止侵权货物进入其商业渠道。如果延迟将给权利人带来无法弥补的损害或者证据极有可能销毁时，司法机关有权在无须给予事前通知的情况下采取临时措施。

(4) 与边境措施有关的特殊要求。如果知识产权人有证据怀疑仿冒其商标的货物或者盗版货物可能进口，可以向主管行政机关或司法机关提出责令海关中止放行的请求，以防止此类货物进入流通渠道。主管机关有权要求申请人提供保证金或类似担保。申请人对因错误扣押商品造成的进口方损失应予以赔偿。各成员方也可以授权其主管机构依职权主动采取行动。

(5) 刑事程序。对于具有商业规模的故意假冒商标行为或盗版行为，各成员方应该规定刑事程序和处罚机制，处罚措施可以包括监禁、罚金、扣押、没收、销毁侵权货物和用于侵权活动的各类物品等。各成员也可以制定适用于其他知识产权侵权案件（尤其是具有商业规模的故意侵权案件）的刑事处罚程序和处罚机制。

五、《服务贸易总协定》

(一)《服务贸易总协定》的产生

在 GATT 1947 谈判的当时，各国之间的国际服务贸易额非常少，因此，GATT 1947 对服务贸易问题没有作出规定。到了 20 世纪 70 年代中期，随着国际服务贸易的不断发展，美国开始力推将服务贸易纳入多边贸易体制的约束范畴。在 GATT 东京回合期间，美国提出将服务贸易纳入谈判范围，但是未能被其他缔约方接受。在 1982 年于加拿大蒙特利尔召开的 GATT 部长级会议上，美国再次提出进行服务贸易谈判并起草了服务贸易规则框架，但是遭到发展中国家和部分发达国家的抵制。在多边谈判受挫后，美国开始通过单边措施加强对服务贸易的保护。美国在《1984 年贸易和关税法》以及《1988 年贸易综合竞争法》(Omnibus Trade and Competition Act)① 中规定了贸易报复条款，如果外国的政策、法律和做法对美国利益造成了

① 参见陶凯元：《国际服务贸易法律的多边化与中国对外服务贸易法制》，53 页，北京，法律出版社，2000。

损害，美国可以对该外国单方面采取报复措施。这一报复权不仅适用于货物贸易，也适用于服务贸易和知识产权领域。在美国的一再坚持下，GATT在1984年决定设立服务贸易谈判小组。1986年启动GATT乌拉圭回合谈判后，服务贸易成为重要谈判议题之一。《乌拉圭回合部长宣言》对服务贸易谈判目标作出了明确规定："部长们决定发起服务贸易谈判，作为多边贸易谈判的组成部分。这一领域的谈判应该旨在制订服务贸易多边原则和规则的框架，包括对各服务部门制订相应规则，以便在透明和逐步自由化的前提下扩大服务贸易，并以此作为促进所有贸易伙伴经济增长和发展的手段。服务贸易规则框架应该尊重各国服务业法律法规和政策目标，并充分考虑相关国际组织的工作。"

在谈判中，美国建议采取单轨制，将GATT中的最惠国待遇、国民待遇、透明度等原则适用于服务贸易。但是，欧共体认为，服务贸易自由化应该随着服务贸易的日益成熟逐步实现，GATT为货物贸易确立的自由化原则对于服务贸易只具有部分程度上的可适用性。发展中国家则认为，货物与服务是不同概念，不能使用与货物贸易相同的原则和方式处理服务贸易问题，货物贸易自由化规则不能直接适用于服务贸易谈判，服务贸易谈判应该在GATT之外进行，即货物贸易和服务贸易谈判应该分开进行。[①] 经协商，各方最终同意在GATT之外，参照GATT 1947的基本原则另行制定服务贸易协定。在谈判中，发展中国家和发达国家在服务贸易自由化的许多方面都存在严重分歧，最终决定将服务贸易市场准入和国民待遇义务作为承诺性义务，只有经谈判逐一按不同部门作出承诺并列入各国服务贸易减让表后，方可对各方具有约束力。由于服务贸易涉及多个部门，各个服务部门的差异较大，谈判各方在乌拉圭回合最终阶段达成了框架性质的《服务贸易总协定》（GATS），并于1994年4月15日在马拉喀什正式签署。GATS是各国和地区在多边层面达成的第一个服务贸易规则，它建立了服务贸易原则和规则的多边框架，并以逐步实现服务贸易自由化为主要目标。WTO成立后，各成员方按照GATS规定继续就具体部门的服务贸易问题进行谈判，达成多项成果。例如，《信息技术协定》（Information Technology Agreement，ITA）、《基础电讯协定》（Agreement on Basic Telecommunications，WTA）和《金融服务协定》等。

（二）《服务贸易总协定》的主要规定

《服务贸易总协定》（GATS）由正文和附件组成。正文包括如下6个部分，共28条：第一部分，适用范围；第二部分，一般责任与纪律；第三部分，具体承诺；第四部分，逐步自由化；第五部分，机构条款；第六部分，最后条款。GATS共有如下8个附件：第2条（最惠国待遇）豁免；关于GATS项下提供服务的自然人流动；空运服务；金融服务；金融服务的第二附件；海运服务谈判；电信服务；基础电信谈判。GATS还专门设立了"服务贸易理事会"（Council for Trade in Services），负责监督协定的执行。

1. 适用范围

GATS适用于各成员影响服务贸易（affecting trade in services）措施。GATS下的服务包括任何部门的任何服务，但是，在行使政府职权时提供的服务除外。行使政府职权时提供的服务，是指不在商业基础上提供，同时也不与一个或多个服务提供者进行竞争的任何服务。成员的措施（measures by Members），是指中央、地区或地方政府或主管机关采取的措施，以及由

---

① 参见陶凯元：《国际服务贸易法律的多边化与中国对外服务贸易法制》，61页。

中央、地区或地方政府或主管机关授权行使权力的非政府机构采取的措施。措施，是指一成员方的任何措施，包括以法律、法规、规则、程序、决定、行政行为以及任何其他形式体现的措施。在履行 GATS 项下的义务和承诺时，每一成员应该采取合理措施，保证其领土内的地区、地方政府和主管机关以及获得授权的非政府机构遵守 GATS 义务和承诺。各成员影响服务贸易的措施（measures by Members affecting trade in services），包括与下列方面有关的措施：服务的购买、支付或使用；与服务的提供有关、各成员要求向公众普遍提供的服务的获得和使用；一成员的个人为在另一成员领土内提供服务的存在，包括商业存在。

GATS 对“服务”（services）和“国际服务贸易”（international trade in services）均没有作出直接定义。但是对国际服务贸易的形式进行了列举，根据 GATS 规定，国际服务贸易有如下 4 种形式。

（1）跨境提供（cross-border supply）：指自一成员领土向其他成员领土提供服务（from the territory of one Member into the territory of any other Member）。“提供服务”包括服务的生产、分销、营销、销售和交付。

（2）境外消费（consumption abroad）：指在一成员领土内向其他成员的服务消费者提供服务（in the territory of one Member to the service consumer of any other Member）。

（3）商业存在（commercial presence）：指一成员的服务提供者通过设在其他成员领土内的商业存在提供服务（by a service supplier of one Member，through commercial presence in the territory of any other Member）。“商业存在”是指任何类型的商业或专业机构，包括为了提供服务而在一成员领土内设立、收购或维持一法人实体，以及设立或维持一分支机构或代表处。

（4）自然人存在（presence of natural persons）：指一成员的服务提供者通过位于其他成员领土内的自然人存在提供服务（by a service supplier of one Member，through presence of natural persons of a Member in the territory of any other Member）。

从上述分类可以看出，国际服务贸易是指国家间的服务输入或输出。在 4 类形式的国际服务贸易中，跨境提供和境外消费是较为简单的服务方式，“商业存在”和“自然人存在”则相对复杂。根据各成员在 GATS 服务贸易承诺表中的分类，下列 12 类服务贸易部门被纳入上述 4 类国际服务贸易方式：商业服务、通信服务、建筑及有关工程服务、分销服务、教育服务、环境服务、金融服务、健康与社会服务、与旅游有关的服务、娱乐、文化与体育服务、运输服务以及其他服务。

2. 一般义务和纪律

在开放的服务贸易领域，WTO 所有成员应承担下列义务。

（1）最惠国待遇（most-favoured-nation treatment）。

对于 GATS 涵盖的任何措施，一 WTO 成员应该立即和无条件地给予其他 WTO 成员的服务和服务提供者以不低于其给予其他国家的同类服务和服务提供者的待遇。对于列入 GATS《关于第 2 条豁免附件》中的事项（由各成员方提出并列入其各自清单中），无须给予最惠国待遇，但是，第 2 条下的豁免期限不得超过 10 年。此外，为了促进毗邻边境地区与生产和消费有关的服务交换，一 WTO 成员可以对毗邻国家授予或给予利益，而无须履行最惠国待遇义务。

（2）透明度（transparency）。

除紧急情况外，每一成员应该迅速公布与 GATS 有关的具有普遍适用性的相关措施，公布时间最迟应该在此类措施生效时。一成员签署的与服务贸易有关的国际协定也应该予以公布。

每一成员还应该设立一个或多个咨询点，应其他成员的请求提供相关信息。但是，一经披露将妨碍执法或者将违背公共利益或损害特定企业合法商业利益的保密信息，无须提供。

（3）发展中国家的更多参与。

GATS要求各成员应该通过谈判达成具体承诺，以便促进发展中国家成员更多地参与世界贸易，提高其服务能力、效率和竞争力，特别是促使发展中国家在商业基础上获得技术；改善发展中国家进入分销渠道和利用信息网络的机会；在发展中国家有出口利益的部门和服务提供方式上给予市场准入自由化。此外，发达国家成员和其他成员应该设立联络点，向发展中国家成员的服务提供者提供与服务贸易有关的信息。在上述方面，应该对最不发达国家成员给予优先关照。而且鉴于最不发达国家的特殊经济状况及其发展、贸易和财政需要，对于其在作出具体承诺方面存在的严重困难，更应给予特殊考虑。

（4）经济一体化（economic integration）。

各国之间开展的经济一体化活动早期主要是在货物贸易方面，之后逐渐发展到服务贸易、投资、竞争等更多领域。考虑到区域经济一体化对贸易自由化的促进作用，GATS借鉴GATT最惠国待遇原则，将经济一体化也作为GATS最惠国待遇原则的例外。GATS规定：1）任何成员均可以缔结旨在实现服务贸易自由化的区域协定。但是，这类协定必须涵盖众多服务部门，并且对所涵盖部门在缔约方之间取消已有歧视性措施、禁止实施新的或更多歧视性措施。2）服务贸易自由化协定应该旨在便利缔约方之间的贸易，并且对于非协定缔约方不得提高相关服务部门的服务贸易壁垒总体水平。3）如果一成员因服务贸易自由化协定的订立有意修改或撤销某一具体承诺，应该提前90天通知此项修改内容。4）缔结服务贸易自由化协定的成员应该迅速将该协定通知服务贸易理事会。5）缔结服务贸易自由化协定的成员不得针对其他成员从此类协定中获得的贸易利益寻求补偿。

（5）劳动力市场一体化协定（labour markets integration agreements）。

与经济一体化协定类似，劳动力市场一体化协定也是GATS最惠国待遇原则的例外。[①] 根据GATS规定，WTO成员可以缔结旨在实现劳动力市场一体化的协定，并通知服务贸易理事会。但是，该协定应该对缔约方公民在居留和工作许可方面免除相关要求。

（6）国内规制（domestic regulation）。

每一成员应该满足如下要求：1）对于已经作出具体承诺的服务部门，所有影响服务贸易并具有普遍适用性质的措施应该以合理、客观和公正的方式实施。2）应维持或尽快设立司法、仲裁或行政法庭或程序，应受影响的服务提供者请求，对影响服务贸易的行政决定进行迅速审查并提供适当补救。如果此类复审程序并不独立于作出行政决定的机构，应该确保复审程序能够提供客观和公正的审查。3）对于已经作出具体承诺的服务，如果提供此类服务需要得到相关机构的批准，则主管机构应该在该申请提交后的一段合理时间内将对该申请作出的决定通知申请人。4）为了保证与资格要求和程序、技术标准和许可条件有关的措施不会构成不必要的服务贸易壁垒，服务贸易理事会应该制定必要纪律，确保上述要求建立在客观和透明标准基础上，并且不得超出保证服务质量所必需的限度。如果是许可程序，该程序不得限制服务的提供。5）在已经就专业服务作出具体承诺的部门，各成员应该制定适当程序，用于审查其他成员的专业人员的能力。

---

① 参见世界贸易组织秘书处编，索必成、胡盈之译：《乌拉圭回合协议导读》，233页。

（7）承认（recognition）。

为了使服务提供者取得授权、许可或证书的各项标准或准则能够得以全部或部分实施，一成员方可以承认在特定国家获得的教育或经历、已达标的要求、已给予的许可或证书。此类承认可以根据与相关国家达成的协议或安排加以实现，也可以自动给予。一成员给予上述承认的方式，不得构成在各国之间构成歧视或对服务贸易构成变相限制。

（8）垄断和专营服务提供者（monopolies and exclusive service suppliers）。

每一成员应该保证在其领土内的任何垄断服务提供者在有关市场提供垄断服务时符合该成员作出的具体承诺。“服务的垄断提供者”，是指在一成员领土有关市场中由该成员在形式或事实上给予授权或认定为某一服务独家提供者的人。如果一成员的垄断提供者直接或通过其附属公司参与垄断权范围之外的服务提供，并且受该成员的具体承诺约束，则该成员应该确保该服务提供者不会滥用其垄断地位和违反具体承诺。

（9）商业惯例（business practices）。

在其他成员请求下，每一成员应该积极与其进行磋商，取消抑制竞争并限制服务贸易的商业惯例。在磋商中，应该提供与所涉事项有关和可以公开获得的非机密信息。

（10）紧急保障措施（emergency safeguard measures）。

GATS对服务贸易领域的保障措施机制并未达成一致，但是规定了就紧急保障措施问题进行谈判的非歧视原则。到目前为止，WTO成员针对服务贸易保障措施问题仍未达成任何协议。

（11）支付和转移（payments and transfers）。

一成员不得对与其具体承诺有关的经常项目交易下的国际转移和支付活动进行限制，也不得对资本交易设置与其具体承诺不一致的限制。

（12）保障国际收支的限制（restrictions to safeguard the balance of payments）。

处于经济发展或经济转型过程中的成员在国际收支方面经常面临较大压力，通常有必要采用限制措施，以便维持实施其经济发展或经济转型计划所必需的适当财政储备水平。因此，GATS规定，如果发生严重国际收支和对外财政困难或威胁，一成员可以对已经作出具体承诺的服务贸易采取或维持限制措施，包括对与具体承诺有关的交易的支付和转移采取或维持限制措施。但是，这些限制措施必须满足下列条件：不得在各成员之间造成歧视；应该与IMF协定相一致；避免对其他成员的商业、经济和财政利益造成不必要的损害；不得超过解决严重国际收支和对外财政困难或威胁所必需的限度；限制措施应该是暂时的，并应随情况的改善而逐步取消。

（13）政府采购（government procurement）。

GATS规定，最惠国待遇、市场准入、国民待遇要求不适用于服务的政府采购。GATS要求各方就服务的政府采购问题进行多边谈判，但到目前为止仍未达成一致。

（14）一般例外（general exceptions）。

在借鉴GATT一般例外并结合服务贸易自身特点的基础上，GATS纳入了服务贸易的一般例外规则。即允许各成员方采取以下措施，但是不得在情形类似的国家之间构成任意或不合理的歧视或对服务贸易的变相限制：1）为保护公共道德或维护公共秩序所必需的措施。2）为保护人类、动植物的生命或健康所必需的措施。3）为了使与GATS相符的法律法规得以遵守所必需的措施，包括与下列内容有关的法律法规：防止欺骗和欺诈行为或者处理服务合同违约产生的影响；保护与个人信息处理和传播有关的个人隐私、保护个人记录和账户的机密性；安全。4）与国民待遇原则不一致的措施，但前提条件是，实施差别待遇的成员应该保证对其他成员的服务或服务提供者公平或有效地课征或收取直接税。5）与最惠国待遇原则不一致的措施，但前提条件是，差别待遇旨在约束该成员避免双重征税协定或其他国际协定中关于避免双重征税的规定。

（15）安全例外（security exceptions）。

在借鉴GATT安全例外并结合服务贸易自身特点的基础上，GATS也规定了服务贸易的安全例外条款。根据GATS规定，各成员方无须提供其认为（it considers）如披露将会违背其根本安全利益（essential security interests）的任何信息。各成员方有权采取其认为（it considers）对保护其根本安全利益（essential security interests）所必需的任何行动，包括与直接或间接为军事机关提供给养的服务有关的措施，与裂变和聚变物质或衍生此类物质的物质有关的措施，在战时或国际关系中的其他紧急情况下采取的措施。成员方有权为了履行其在《联合国宪章》项下维护国际和平与安全的义务采取措施。

（16）补贴（subsidies）。

鉴于补贴在某些情况下将对服务贸易产生扭曲作用，GATS要求各成员方对服务贸易的补贴问题进行谈判，制定必要的多边纪律，避免服务贸易扭曲。但到目前为止，各成员方仍未对服务贸易补贴的规制达成任何多边协议。

3. 具体承诺（specific commitments）

考虑到各国服务业在竞争力上差距较大，GATS采取按照承诺清单进行开放的原则。具体承诺，是指成员方在作出承诺后方可承担义务的情形，对于没有作出承诺的服务部门和相关事项，无须承担义务。

（1）市场准入（market access）。

市场准入是指服务行业对外开放问题。GATS并不要求所有WTO成员必须开放其全部服务领域，而是允许各成员方自我决定开放的领域以及开放程度。对于作出市场准入承诺的服务部门，除非在其服务减让表中另有规定，不得在其某一地区或全部领土维持或采取以下措施：1）以配额、垄断、专营服务提供者或者经济需求测试要求的形式，限制服务提供者的数量。2）以配额或经济需求测试要求的形式，限制服务交易或资产总值。3）以配额或经济需求测试要求的形式，限制服务业务总数或者以指定数量单位表示的服务产出总量。4）以配额或经济需求测试要求的形式，限制特定服务部门或服务提供者可以雇用并提供具体服务所必需的直接相关自然人的总数。5）限制或要求服务提供者通过特定类型的法律实体或者合营企业提供服务的措施。6）以限制外国股权最高百分比或单个或总体外国投资总额的方式，限制外国资本的参与。

（2）国民待遇（national treatment）。

在GATT中，国民待遇是所有WTO成员均应承担的义务。但是在服务贸易领域，考虑到各国服务业的不同发展水平，GATS将国民待遇作为经承诺后方可承担的义务。即在服务贸易中，国民待遇不是所有WTO成员必须承担的义务。GATS规定，对于列入减让表（schedule）的部门，在遵守所列条件和资格的前提下，每一成员在影响服务提供的所有措施方面给予其他成员的服务和服务提供者的待遇，不得低于（no less favourable than）其给予本国同类服务和服务提供者的待遇。一成员可以对其他成员的服务或服务提供者给予与其本国同类服务或服务提供者在待遇形式上相同或不同的待遇。如果形式上相同或不同的待遇改变了竞争条件，与其他成员的同类服务或服务提供者相比有利于该成员的服务或服务提供者，此类待遇应被视为较为不利的待遇。

（3）附加承诺（additional commitments）。

各成员方可以就没有在市场准入和国民待遇承诺表中但影响服务贸易的措施（包括与资格、标准或许可事项有关的措施），进行谈判并作出承诺。

4. 逐步自由化（progressive liberalization）

与货物贸易全面自由化要求有很大不同，GATS 在服务贸易领域实行逐步自由化原则，即分阶段、分步骤地实现服务贸易的自由。GATS 要求各成员就服务贸易自由化问题继续进行谈判，以期逐步实现更高的服务贸易自由化水平。从 2000 年开始，服务贸易自由化谈判已被纳入多哈回合，但到目前为止，仍未取得实质进展。

六、《关于争端解决规则与程序的谅解》

WTO 争端解决机制是《WTO 协定》有效执行的重要保障，也是多边贸易体制的核心支柱。WTO 争端解决机制是从 GATT 1947 发展而来的。GATT 1947 第 22 条、第 23 条对争端解决作出了专门规定。第 16 条和 19 条等条款也涉及争端解决的内容。GATT 1947 第 22 条主要规定了缔约方之间进行磋商的权利，第 23 条则规定了利益丧失或减损情况下的磋商以及处罚措施，即如果情况严重，缔约方全体可以批准某缔约方对其他缔约方暂停实施协定规定的减让或其他义务。

在 GATT 1947 通过之初，缔约方很少，因此争端不多。但随着缔约方的增多，缔约方全体不可能直接处理每一个争端解决，因此在缔约方发生争端之后，先由争端双方代表和若干中立国代表组成的 5 至 8 人工作组（working group）进行审议，审议后提出报告，交缔约方全体批准通过。由于争端代表参加工作组不利于工作组的审议工作，从 1954 年 5 月的“意大利诉瑞典反倾销案”开始，GATT 采用了由独立第三方组成专家小组（panel of expert）进行审理的方式，争端方不能参加专家小组，这一审理方式保证了裁决的公正性和独立性。正因为如此，东京回合《关于通知、磋商、争端解决和监督的谅解》将专家小组审理案件的方式确定下来。① 争端解决专家组程序是对 GATT 第 22 条和第 23 条的重要完善和发展。据统计，从 1948 年到 1995 年 3 月，GATT 受理的争端共 195 起（不包括根据东京回合各守则项下争端解决程序受理的 22 起争端）。其中，提交专家组审查的有 98 起，其中的 81 起争端通过了专家组作出的报告。②

由于 GATT 争端解决机制存在严重缺陷，例如，没有规定明确的时间限制，导致一些案件久拖不决；一些程序的不合理规定，导致部分争端案件的解决被拖延或受到阻挠；管辖范围有限，仅解决货物贸易争端。由于 GATT 争端解决机制存在上述问题，1986 年启动的 GATT 乌拉圭回合将完善和强化争端解决机制作为重要谈判议题。《乌拉圭回合部长宣言》明确指出：为了保证迅速和有效地解决争端以利于所有缔约方，谈判应该旨在改进和加强争端解决的规则和程序。与此同时，更加有效和可行的总协定规则和法律将起着积极作用。因此，谈判应该包括作出适当安排、监督和监视所通过的建议和程序。在乌拉圭回合前期谈判中，缔约方全体于

① 参见曹建明、陈治东：《国际经济法专论》，第 1 卷，546 页。

② 参见石广生主编：《中国加入世界贸易组织知识读本（一）世界贸易组织基本知识》，55 页。

1989 年通过了《改进关贸总协定争端解决机制规则和程序的决议》，基本上采纳了美国建议，增加了仲裁程序，强调了斡旋、调停和调解程序的使用等。该决议通过后，由于 GATT 争端解决失败的案件不断地出现，再加上美国“301”条款的强化，大多数谈判方意识到，必须建立强有力的争端解决机制。因此在邓克尔文本中，建立具有较强司法性的争端解决机制是该文本确立的重要原则。经过各方努力，在对邓克尔文本进行修改的基础上，最终达成《关于争端解决规则与程序的谅解》（Understanding on Rules and Procedures Governing the Settlement of Disputes，DSU）。

DSU 共有 27 条和 4 个附件，对争端解决问题作出了全面规定，内容包括：范围和适用；管理；总则；磋商；斡旋、调解和调停；专家组的设立；专家组的职权和范围；专家组的组成；多个起诉方的程序；第三方；专家组的职能；专家组程序；寻求信息的权利；保密性；中期审议；专家组报告的通过；上诉审议；与专家组或上诉机构的联系；专家组和上诉机构的建议；DSB 决定的时限；对执行建议和裁决的监督；补偿和终止减让；多边体制的加强；涉及最不发达国家成员的特殊待遇；仲裁；非违反之诉；秘书处的职责。DSU 适用于各成员因《WTO 协定》以及贸易政策审议机制之外的所有附件产生的争端。各协定有特别规定的，按其要求执行。[①] 此外，DSU 设立了“争端解决机构”（Dispute Settlement Body，DSB）[②]，负责管理 DSU 规则和程序。DSB 有权设立专家组、通过专家组和上诉机构报告、监督裁决和建议的执行以及授权中止适用协定项下的减让和其他义务。如果专家组或上诉机构经审理后认定被控措施与适用协定不一致，则应建议有关成员使该措施符合该协定。除提出建议外，专家组或上诉机构还可以就有关成员如何执行建议提出具体办法。但是，专家组和上诉机构在其作出的调查结果和建议中，不能增加或减少适用协定规定的各成员方权利和义务。

根据 DSU 规定，在 WTO 解决争端主要有如下程序：磋商、专家组审理、上诉机构审理、裁决的执行及监督等。此外，在争端各方自愿的基础上，也可以采取仲裁、斡旋、调解和调停等方式解决争端。

（一）磋商程序

磋商（consultation）是 WTO 争端解决的第一步，也是必经程序。在争端一方对争端另一方采取任何其他措施之前，必须向争端另一方提出磋商请求。即使进入专家组程序后，当事方仍可以通过磋商解决争端。[③] 从 WTO 争端解决实践来看，磋商是 WTO 成员间争端解决的主要方式，大多数 WTO 案件都是通过协商得到解决。在磋商程序中，争端各方承担如下义务。

1. 磋商请求（request for consultation）

一成员基于《WTO 协定》与其他成员发生争端后，应该以书面形式向争端另一方提出磋商请求，说明提出请求的理由，包括指控的争议措施以及提起指控的法律根据。争端另一方应该提供充分的磋商机会。提出磋商请求的成员还应该将磋商请求通知 DSB 以及相关理事会和委员会。

2. 答复与磋商时间

在一成员方向另一成员方提出磋商请求后，该另一方成员应该在收到磋商请求之日起 10

---

① DSU 附件 2 列举了所有含特别规则和程序的协定。

② WTO 总理事会同时作为 DSB，负责争端解决事宜。

③ 参见石广生主编：《中国加入世界贸易组织知识读本（一）世界贸易组织基本知识》，56 页。

天内作出答复，30 天内进行磋商，除非双方另有约定。如果该成员未及时给予答复或者未在规定期限内开始磋商，提出磋商请求的成员可以直接请求 DSB 设立专家组（panel）。如果在收到磋商请求之日起 60 天内，磋商未能解决争端，提出磋商请求的一方可以请求 DSB 设立专家组。如果磋商各方都认为通过磋商已经无法解决争端，提出磋商请求的一方可以在 60 天内请求 DSB 设立专家组。在紧急案件中，包括涉及易腐货物的案件，各成员应该在收到磋商请求之日起不超过 10 天内进行磋商。如果在收到请求之日起 20 天内通过磋商未能解决争端，提出磋商请求的一方可以请求 DSB 设立专家组。在紧急案件中，包括有关易腐货物的案件，争端各方、专家组和上诉机构应该尽一切努力和最大可能，加快争端解决程序。

3. 第三方参与磋商

如果磋商成员以外的其他成员认为该项争端的磋商涉及其实质贸易利益（substantial trade interest），该成员可以在磋商请求提出之日起 10 天内，将其参加磋商的请求通知磋商成员和 DSB。如果被提出磋商请求的另一方成员认为第三方的实质利益（substantial interest）的主张具有合理性，应该允许该第三方参加磋商。如果请求参加磋商第三方被拒绝参加磋商，该第三方有权向磋商成员另行提出磋商请求。

4. 保密、发展中国家待遇

磋商过程应该保密（confidential），不得损害任何一方在后续程序中的权利。此外，各成员在争端解决磋商中应该特别注意发展中国家成员的特殊问题和利益。

（二）斡旋、调解和调停程序

在 WTO 争端解决实践中，斡旋、调解和调停程序并不多见。[①] 斡旋（good offices），是指由第三方促成争端各方进行谈判或者重新进行谈判的行为。提供斡旋的一方可以提出建议或者转达争端一方的建议，但是不直接参加争端各方的谈判。调解（conciliation），是指争端各方将其之间发生的争端提交某人或者由若干个人组成的委员会，主持调解者通过查明事实，提出解决争端的建议，促成争端各方达成和解。调停（mediation），是指第三方以调停人身份主持或参加谈判，提出谈判基础方案，调和争端各方的分歧，促使其达成协议。

斡旋、调解和调停程序具有如下特点：（1）性质：三者是在争端各方均同意的前提下自愿采取的争端解决程序，不是 WTO 争端解决的必经程序。在斡旋、调解和调停中，第三人发挥着重要作用。WTO 总干事可以依其职权提供斡旋、调解和调停服务，以期协助各成员解决争端。（2）程序的启动：争端任何一方均可以随时提出进行斡旋、调解和调停的请求。斡旋、调解和调停可以在磋商阶段进行，也可以在专家组程序进行的过程中同时进行。（3）程序的终止：经争端各方协商，斡旋、调解和调停程序可以随时终止。终止后，提出磋商请求的一方可以请求设立专家组。（4）时限要求：如果斡旋、调解和调停程序是在收到磋商请求之日起 60 天内开始，在请求设立专家组之前，应该给予斡旋、调解和调停 60 天时间，自收到磋商请求之日起算。如果争端各方均认为通过斡旋、调解和调停未能解决争端，提起磋商请求的一方可以在 60 天内请求设立专家组。（5）保密要求：斡旋、调解和调停程序，特别是争端各方在这些程序中的立场和观点应该保密，并且不得损害争端中的一方进行后续程序的权利。

---

① 参见王贵国：《世界贸易组织法》，274 页，北京，法律出版社，2002。

（三）专家组审理程序

1. 设立专家组的请求

在磋商未果或者经过斡旋、调解和调停仍然未能解决争端的情况下，提出指控的一方即起诉方（complaining party）可以请求 DSB 设立专家组（panel）。设立专家组的请求应该以书面形式提出，载明是否已经进行磋商、争议的具体措施、指控所依据的法律规定。

根据指控理由，WTO 争端解决机构提出的指控可以分为违反之诉（violation complaints）和非违反之诉（non-violation complaints）。在 GATT 和 WTO 争端解决实践中，绝大多数案件都是违反之诉。根据 GATT 第 23 条的规定，如果一成员认为下列三种情况使其根据协定直接或间接享有的利益正在减损或丧失或者协定目标的实现正在受到阻碍，就可以启动争端解决程序：第一，另一成员未能履行其在协定项下的义务；第二，另一成员采取了某种措施，无论该措施是否与协定的规定相冲突；第三，存在任何其他情况。在上述三种情形中，因另一成员未能履行义务提出的指控通常称为"违反之诉"。根据第二种情况提出的指控称为"非违反之诉"。如果提起违反之诉，只要被专家组和上诉机构认定存在违反协定义务的情况，就视为初步构成利益丧失或减损，除非被指控成员进行抗辩。也就是说，在违反之诉下，指控方没有义务证明其利益正在丧失或减损或者协定目标的实现正在受到阻碍。而在非违反之诉的情况下，如果专家组和上诉机构认定存在指控方的利益正在丧失或减损或者协定目标的实现正在受到阻碍的情况，但是，被指控方采取的措施并未违反协定规定，被指控方无义务撤销该措施。在此情况下，专家组或上诉机构应该建议被指控方对其措施作出相应调整。

2. 专家组设立的时间

专家组应该最迟在该设立专家组请求首次纳入 DSB 议程之后召开的 DSB 会议上设立，除非在此次会议上经协商一致决定不设立该案专家组。该决策方式也称"反向协商一致"（reverse consensus）或"否定性的协商一致"（negative consensus），即以协商一致方式作出否定性表示。该规则是乌拉圭回合谈判对 GATT 1947 争端解决机制进行的重大改革。GATT 时期的"协商一致"规则可以使得少数成员拥有对某项决策的否决权，而"反向协商一致"规则恰好可以阻止少数人否定某些建议（例如，在设立专家组、通过专家组报告和上诉机构报告、授权中止减让或其他义务等方面的决定），从而加强了 WTO 争端解决机制的作用和强制力，避免了 GATT 1947 争端解决机制出现的少数缔约方通过行使否决权阻挠专家小组报告通过的情况发生。

3. 专家组的职权范围

除非争端各方在专家组设立后 20 天内另有协议，专家组具有下列职权范围："To examine, in the light of the relevant provisions in (name of the covered agreement (s) cited by the parties to the dispute), the matter referred to the DSB by (name of party) in document…and to make such findings as will assist the DSB in making the recommendations or in giving the rulings provided for in that/those agreement (s)."也就是说，专家组负责调查相关事实，对争议措施是否违反相关协定作出客观评价，就争端的解决提出建议。

4. 专家组成员的组成

WTO 秘书处备有一份专家组成员名单。在 DSB 同意设立专家组之后，WTO 秘书处向争端各方推荐该案专家组成员提名。除非由于无法控制的原因，争端各方不得反对该提名。在每一案件中，专家组由 3 名成员（panelist）组成，除非在设立专家组后 10 天内争议各方一致认为专家组应由 5 名成员组成。当发展中国家成员与发达国家成员之间发生争端时，如果发展中国家成员提出请求，专家组成员中应该至少有 1 名成员来自发展中国家成员。

如果在设立专家组之日起 20 天内未就专家组的具体成员达成一致，WTO 总干事（Director-General）可以根据争端任何一方的请求，经与 DSB 主席和有关委员会或理事会主席以及争端各方磋商后，任命专家组的具体成员。DSB 主席应该在收到该请求之日起 10 天内通知各成员方专家组成员的组成情况。该规定避免了争端各方在专家组人选方面可能出现的无休止争论。

如果有一个以上指控方就同一事项（the same matter）请求设立专家组，DSB 可以设立一个专家组（single panel）审查这些指控。该专家组应该确保争端各方在多个专家组分开审查指控事项时本可享有的权利不会受到减损。如果争端任何一方提出请求，专家组应该就有关争端单独提交报告。如果设立一个以上专家组审查与同一事项有关的指控，应该在最大限度内由相同人员在每一案件的专家组中任职。

5. 第三方（third party）的权利

对专家组审议的事项有实质利益（substantial interest），并且已经将其利益通知 DSB 的成员（第三方），专家组应该给予听取其意见和提交书面陈述的机会。第三方有权收取争端各方提交给专家组的第一陈述文件。如果第三方认为已作为专家组程序审议主题的措施使其根据《WTO 协定》项下的利益丧失或减损，该成员可以直接援用 DSU 项下的争端解决程序。

6. 专家组的审理方式和审理期限

（1）审理方式。在审理过程中，专家组应该出具中期报告（interim report）和最终报告（final report）。在专家组规定的期限内，争端各方应提交书面意见。在听取争端各方的陈述和答辩意见后，专家组向争端各方提交其报告草案中的描述部分（事实和论据）。在专家组规定期限内，各方应该对报告草案提交书面意见。在收到各方书面意见后，专家组根据该意见完善报告内容，并完成中期报告，向争端各方散发。中期报告的内容包括叙述部分（事实与理由）、调查结果和结论（findings）。在专家组规定期限内，一方可以书面请求专家组在最终报告散发给各成员之前，审议中期报告中的具体问题。应一方请求，专家组应该就书面意见确认的问题与各方再次召开会议。如果在征求意见期间未收到任何一方的意见，中期报告应该被视为最终报告，并迅速散发各成员方。

（2）专家组审理的期限。审理期限自专家组成员组成和职权范围议定之日起至最终报告（final report）散发给争端各方之日止，一般不应超过 6 个月。在紧急案件中，包括涉及易腐货物的案件，专家组应该力求在 3 个月内将其报告提交争端各方。如果专家组认为无法在 6 个月内或在紧急案件中无法在 3 个月内提交报告的，应该书面通知 DSB 迟延提交报告的原因和最终提交报告的预估期限。但是，自设立专家组至专家组报告散发各成员的期限，无论如何不应超过 9 个月。专家组可以随时应起诉方的请求中止工作，中止期限不得超过 12 个月。如果发生中止，时限应该按照中止工作的时间顺延。如果专家组工作已中止 12 个月以上，设立专家组的授权即告终止。

在涉及发展中国家成员所采取措施的磋商过程中，各方可以同意延长所确定的期限。如果有关期限已过，进行磋商的各方不能就磋商是否已经完成达成一致，DSB 主席应该在与各方磋商之后决定是否延长有关期限和时间。此外，在审查针对发展中国家成员的起诉时，专家组应该给予该发展中国家成员充分时间以便其准备和提交论据。如果一个或多个争端方是发展中国家成员，专家组报告应该说明以何种形式考虑对发展中国家成员在争端解决程序中提出的相关协定中有关发展中国家成员差别和更优惠待遇的规定。

（3）专家组报告的通过。在最终报告散发给各成员之日起 20 天后，DSB 方可审议通过该专家组报告。对专家组报告有反对意见的成员，应该至少在审议该报告的 DSB 会议召开前 10 天提交反对意见的书面陈述。在专家组报告散发给各成员之日起 60 天内，该报告应该在 DSB 会议上通过，除非一争端方正式通知 DSB 其决定上诉（appellate），或者 DSB 经协商一致决定不通过该专家组报告。如果一成员方已通知其上诉决定，则在上诉程序完成之前，DSB 将不会审议该专家组报告的通过问题。在专家组报告通过方面，WTO 也是采用“反向协商一致”原则。

（四）上诉机构的审议程序

上诉审议（appellate review）是 WTO 新增加的争端解决程序，GATT 争端解决机制没有建立上诉机制。上诉审议与专家组的审理程序共同构成 WTO 争端解决机制的“两审终审”机制。上诉审议旨在确保专家组解释和适用 WTO 规则的准确性和公正性。

1. 上诉方

专家组最终报告散发后，发生争端的任何一方都可以对该报告中的法律问题向上诉机构（appellate）提出上诉。第三方无权上诉，但是已通知 DSB 对该事项有实质利益（substantial interest）的第三方可以向上诉机构提交书面陈述，上诉机构应该给予听取其意见的机会。

2. 上诉机构（appellate body）的性质、组成和审理范围

与专家组不同，DSB 设立常设上诉机构，负责审理争端各方对专家组报告的上诉。上诉机构有 7 人，任期 4 年，每人可连任一次。通常情况下，每一个上诉案件由其中 3 人进行审理。上诉仅限于审查专家组报告涉及的法律问题和专家组作出的法律解释，不能重新审查已有证据或者审查新的问题。上诉机构可以维持（uphold）、修改（modify）或撤销（reverse）专家组作出的法律裁决和结论（legal findings and conclusions）。

值得注意的是，由于美国持续阻挠上诉机构大法官的遴选，自 2019 年 12 月 11 日起，本应由 7 名成员组成的上诉机构仅剩 1 人，无法审理案件，上诉机构陷入瘫痪。2020 年 11 月 30 日，上诉机构最后一名成员正式期满卸任，至此，上诉机构成员全部离任。上诉机构的瘫痪影响了 WTO 争端解决机制的正常运转，对多边贸易体制造成了沉重打击。上诉机构瘫痪后，中国、欧盟等多个 WTO 成员不断敦促尽快启动上诉机构成员遴选程序，使上诉机构尽早恢复正常运转，但是直到 2023 年 8 月仍无任何实质进展。为了化解上诉机构停摆僵局，2020 年 3 月 27 日，中国、欧盟和其他十多个世贸组织成员联合发表部长声明，决定利用 WTO《关于争端解决规则与程序的谅解》（DSU）第 25 条规定的仲裁程序，在世贸组织建立多方临时上诉仲裁安排（Multi-Party Interim Appeal Arbitration Arrangement，简称“MPIA”）作为解决贸易争端的临时机制。在上诉机构停摆期间，MPIA 将通过仲裁程序解决参加方提起的上诉争端案件。2020 年 7 月 31 日，MPIA 参加方就仲裁员名单达成一致，设立了 10 人组成的仲裁员库，并向 WTO 争端解决机制通报。10 名仲裁员分别来自中国、巴西、加拿大、智利、哥伦比亚、欧盟、墨西哥、新西兰、新加坡和瑞士，主要负责仲裁 MPIA 参加方之间的上诉案件。在处理每一起上诉案件时，仲裁员将从仲裁员库中随机选取 3 人负责审理。在 MPIA 机制下审理的第

一起仲裁案是“哥伦比亚-比利时、德国和荷兰冷冻薯条的反倾销税案”（DS591），仲裁庭在2022年12月发布仲裁裁决。

3. 上诉机构的审理期限与上诉报告的通过

上诉机构的审理期限通常不得超过60天，自争端一方正式通知其上诉决定之日起至上诉机构散发报告之日止。如果无法在60天内提交报告（appellate body report），应该书面通知DSB迟延提交报告的原因以及提交报告的预估时间。但是无论如何，上诉审理时间不得超过90天。

上诉机构报告由DSB讨论通过，讨论通过后争端各方应无条件接受。DSB应该在上诉机构报告散发后30天内通过报告，除非DSB经协商一致决定不通过该报告，即上诉机构报告的通过也采用“反向协商一致”规则。鉴于实践中鲜有全体成员一致不通过的情况发生，因为胜诉的一方一般不会反对通过，争端解决机构几乎是自动通过专家组报告和上诉机构的报告。[①] 除非争端各方另有协议，自DSB设立专家组之日起至审议通过专家组报告或上诉机构报告之日止的期限，在未对专家组报告提出上诉的情况下，一般不得超过9个月；在对专家组报告提出上诉的情况下，通常不得超过12个月。如果专家组或上诉机构延长提交报告的时间，所用的额外时间应该纳入以上期限。

（五）对执行建议和裁决的监督

1. 执行通知

在专家组报告或上诉机构报告通过后30天内召开的DSB会议上，有关成员应该将其执行专家组或上诉机构所作建议和裁决（recommendations or rulings）的意向通知DSB。

2. 执行期限

如果立即执行专家组或上诉机构所作的建议和裁决不可行，有关成员应该有一合理的执行期限。合理期限（reasonable period）应该是有关成员提议并获得DSB批准的期限。如果未获批准，则为争端各方在通过建议和裁决之日起45天内达成一致的期限。如果未达成一致，则为在通过建议和裁决之日起90天内通过有约束力的仲裁程序确定的期限。除专家组或上诉机构按照规定延长提交报告的时间外，自DSB设立专家组之日起，至合理期限确定之日止的时间，不得超过15个月，除非争端各方另有协议。如果专家组或上诉机构已经延长提交报告的时间，所用额外时间应该纳入上述15个月的期限，但是，除非争端各方同意某种例外情况，否则全部时间不得超过18个月。

3. 补偿和中止减让或其他义务

（1）性质。在专家组或上诉机构作出的建议和裁决未能在合理期限内得到执行时，有关成员可以采取临时措施：补偿（compensation）和中止减让（suspension of concessions）或其他义务。WTO争端解决机制的首要目标是确保成员撤销被认定违反世界贸易组织有关协定和协议的措施。如果该措施暂时未能撤销，应申诉方要求，被诉方应与之进行补偿谈判，但补偿只能作为一项临时性措施加以援用。如在规定时间内未能达成满意的补偿方案，经争端解决机构授权，申诉方可以采取报复措施。[②]

---

① 参见王贵国：《世界贸易组织法》，264页。

② 参见石广生主编：《中国加入世界贸易组织知识读本（一）世界贸易组织基本知识》，56页。

（2）请求补偿的前提。如果有关成员未能使其被认定与相关协定不一致的措施符合该协定或者未能在合理期限内执行专家组或上诉机构作出的建议和裁决，该成员在收到补偿请求的情况下，应该在不迟于合理期限期满前，与提出该请求的成员方进行谈判，以期达成双方均可接受的补偿方案。补偿，是指被诉方在贸易机会、市场准入等方面给予申诉方相当于其所受损失的减让。[①] 根据 DSU 的规定，补偿是自愿性质的。如果给予补偿，应该与相关协定保持一致。

（3）采取报复措施的前提。如果在合理期限结束之日起 20 天内未能达成补偿协议，提出补偿要求的一方可以向 DSB 请求授权其中止对有关成员实施相关协定项下的减让或其他义务。DSB 应该在合理期限结束后 30 天内，给予对被诉方中止减让或其他义务的授权，即 WTO 禁止各成员方采取单边和未经授权的报复性措施。而且报复措施必须是在争端各方未能达成补偿协议的情况下方可使用，报复必须是迫不得已的措施。

（4）报复的范围。在考虑中止哪些减让或其他义务时，提出指控的一方（complaining party）应该适用下列原则和程序：1）应该首先对与专家组或上诉机构认定违反义务或造成利益丧失或减损情形的部门相同的部门，中止减让或其他义务；2）如果对相同部门中止减让或其他义务不可行或无效，可以寻求对同一协定项下其他部门中止减让或其他义务；3）如果对同一协定项下的其他部门中止减让或其他义务也不可行或无效，并且情况足够严重，可以寻求中止另一适用协定项下的减让或其他义务。在适用上述各项原则时，应该考虑专家组或上诉机构认定违反义务或造成利益丧失或减损情形的部门或协定项下的贸易以及此类贸易对该成员方的重要性；与利益丧失或减损相关的经济因素以及中止减让或其他义务的经济后果。如果该成员方决定按照第 2 项或第 3 项请求授权中止减让或其他义务，应该在请求中说明理由。也就是说，报复的顺序应该首先是相同部门（即平行报复）；如果不可行，可以在同一协定下进行跨部门报复（“交叉报复”或“跨部门报复”）；如果仍不可行，可以跨协定进行报告（即跨协定报复）。

（5）对中止减让水平的仲裁。DSB 授权中止减让或其他义务的程度应该等同于利益丧失或减损的程度。如果相关协定禁止此类中止，DSB 不得授权中止减让或其他义务。如果有关成员反对拟议的中止减让程度或者声称在指控方提出请求授权中止减让或其他义务时没有遵守有关原则，该事项应该提交仲裁。仲裁程序应该在合理期限结束之日起 60 天内完成。仲裁决定应该迅速通知 DSB。

（6）报复的终止。对被诉方中止减让或其他义务属于临时性措施。如果被认定与相关协定不一致的措施已经取消，或者被诉方对利益丧失或减损已经提供补偿，或者已达成双方满意的解决办法，报复措施应该终止。

4. 监督执行

DSB 应该对已通过的建议或裁决的执行情况进行监督。在建议或裁决通过后，任何成员可以随时在 DSB 提出与执行建议和裁决有关的问题。除非 DSB 另有决定，在确定合理执行期限之日起 6 个月后，建议或裁决的执行问题应该列入 DSB 会议议程，并进行审议，直到该问题得到解决。在 DSB 的每次会议召开前至少 10 天，有关成员应该向 DSB 提交关于执行建议或裁决进展情况的书面报告。

① 参见石广生主编：《中国加入世界贸易组织知识读本（一）世界贸易组织基本知识》，65 页。

5. 是否执行建议和裁决的分歧

如果在是否执行建议和裁决方面存在分歧，该争端应该通过援用 WTO 争端解决程序加以解决，包括求助原专家组。专家组应该在该事项提交后 90 天内散发专家组报告。

（六）仲裁

WTO 争端也可以通过仲裁方式（arbitration）加以解决。除 DSU 另有规定外，经争端各方同意，方可诉诸仲裁，并且争端各方应该商定仲裁应遵循的程序。同意进行仲裁的一致意见应该在仲裁程序开始之前尽早通知各成员。只有经同意诉诸仲裁的各方许可，其他成员方可参加仲裁。仲裁各方应该遵守仲裁裁决。作出的仲裁裁决应该通知 DSB 和有关协定的理事会或委员会。此外，仲裁方式也可以用于 WTO 争端解决的不同阶段，例如，关于建议或裁定的合理执行期限、报复水平是否适当等问题，均可以通过仲裁方式加以解决。

案例

中国在 WTO 作为原告的第一案：美国钢铁产品保障措施案

在美国国际贸易委员会（ITC）的建议下，2002 年 3 月 5 日，美国宣布对 10 种进口钢材（板材，包括板坯、中厚板、热轧钢、冷轧钢和涂镀板；热轧棒材；冷轧棒材；螺纹钢；焊管类产品；普通碳素和合金管接头；不锈钢棒材；不锈钢杆材；镀锡类产品；不锈钢线材）提高进口关税（加征最高达 30%的关税），该措施从 2002 年 3 月 20 日生效，为期 3 年。中国以及其他七个 WTO 成员（欧盟、日本、韩国、瑞士、挪威、新西兰和巴西）在与美国磋商未果的情况下，将该争端提交 WTO 争端解决机构。[①] 欧盟于 2002 年 3 月还对进口钢铁产品采取临时保障措施。2003 年 11 月 10 日，上诉机构作出最终裁决，认定美国的措施不符合 WTO 规定。2003 年 12 月 4 日，美国宣布取消保障措施，该争端就此解决。这是中国加入 WTO 后第一次作为原告行使 WTO 赋予的权利。美国钢铁保障措施案不仅涉及多个当事人（8 个原告，7 个第三方：加拿大、中国台北、古巴、墨西哥、泰国、土耳其、委内瑞拉），而且也涉及 WTO 争端解决的多个程序，例如，磋商、专家组裁决、上诉机构审议。

中国于 3 月 14 日向 WTO 提出就该措施与美国进行磋商。磋商请求全文如下：

UNITED STATES-DEFINITIVE SAFEGUARD MEASURES
ON IMPORTS OF CERTAIN STEEL PRODUCTS

Request for Consultations by China

The following communication, dated 26 March 2002, from the Permanent Mission of China to the Permanent Mission of the United States and to the Chairman of the Dispute Settlement Body, is circulated in accordance with Article 4.4 of the DSU.

① 见 WTO 文件：WT/DS248，WT/DS249，WT/DS251，WT/DS252，WT/DS253，WT/DS254，WT/DS258，WT/DS259。

My authorities have instructed me to request consultations with the Government of the United States (US) under Article XXII: 1 of the General Agreement on Tariffs and Trade (GATT 1994) and pursuant to Article 4 of the Understanding on Rules and Procedures Governing the Settlement of Disputes (DSU), Article 14 of the Agreement on Safeguards (SGA) with regard to the definitive safeguard measures imposed by the US on imports of certain steel products.

Under the "Proclamation 7529 of March 5, 2002 - To Facilitate Positive Adjustment to Competition from Imports of Certain Steel Products" and the "Memorandum of March 5, 2002 - Action Under Section 203 of the Trade Act of 1974 Concerning Certain Steel Products by the President of the U. S.", published in the Federal Register Vol. 67, No. 45 of 7 March 2002, the US imposed definitive safeguard measures in the form of an increase in duties on imports of certain flat steel, hot-rolled bar, cold-finished bar, rebar, certain welded tubular products, carbon and alloy fittings, stainless steel bar, stainless steel rod, tin mill products and stainless steel wire and in the form of a tariff rate quota on imports of slabs effective as of 20 March 2002.

The People's Republic of China (China) considers that these US measures are in breach of the US obligations under the provisions of the GATT 1994 and of the SGA, in particular, but not necessarily exclusively, of:

1. Article 9 (1) of the SGA, since, *inter alia*, imports of steel products from China, as a developing country, accounting for less than 3 per cent of the total imports, shall be excluded from the application of the safeguard measures.

2. Article 2 (1) and 2 (2) of the SGA, since, *inter alia*, they are based on deficient determinations on the like or directly competitive products, absence of "imports in such increased quantities" and/or "under such conditions", lack of serious injury or threat thereof, lack of causality, non-respect of the requirement of parallelism between the scope of the imported products subject to the investigation and the scope of the imported products subject to the application of the measures and discriminations based on the source of the products.

3. Article 3 (1) and 3 (2) of the SGA, since, *inter alia*, the U. S. did not allow appropriate means in which the interested parties could present evidence and their views, the report published by the competent authorities did not set forth adequately the findings and reasoned conclusions on all pertinent issues of fact and law, including the justification for the actual measure imposed, as well as abusive recourse to confidentiality in relation to disclosure of information.

4. Articles 4 (1) and 4 (2) of the SGA, since, *inter alia*, they failed to meet the requirements of "imports in such increased quantities" and/or "under such conditions", lack of serious injury or threat thereof, lack of causality, and non-respect of the requirement of parallelism.

5. Article 5 (1) of the SGA, since, *inter alia*, they grant relief beyond "the extend

necessary to prevent or remedy serious injury and to facilitate adjustment".

6. Article 5 (2) of the SGA and Article XIII of the GATT 1994, *inter alia*, as regards the allocation of the tariff rate quota on imports of slabs.

7. Article 7 (1) of the SGA, since, *inter alia*, they grant relief beyond "the period of time necessary to prevent or remedy serious injury and to facilitate adjustment."

8. Article 8 (1) of the SGA, since, *inter alia*, the US failed to endeavour, in accordance with the provisions of Article 12. 3, to maintain a substantially equivalent level of concessions and obligations between it and the affected Members.

9. Article 12 of the SGA, since, *inter alia*, the US failed to provide immediate notification with all pertinent information and deprived adequate opportunity for prior consultations with those Members having a substantial interest as exporters of the product concerned. And moreover, the US held the consultation with China in Washington on 22 March 2002 after the safeguard measures took effect.

10. Article I: 1 of the GATT 1994, since, *inter alia*, they discriminate between products originating in China and products originating in other WTO Members.

11. Article II of the GATT 1994, since *inter alia*, they consist of withdrawal or modification of US concessions without justification under Article XIX of the GATT 1994 nor the SGA nor any other provisions of the WTO Agreement.

12. Article X: 3 of the GATT 1994, since, *inter alia*, they are not based on uniform, impartial and reasonable administration of the relevant US laws and regulations.

13. Article XIX: 1 of the GATT 1994, since *inter alia*, the US failed to demonstrate the "unforeseen developments" led to the increase in imports.

14. Article XIX: 2 of the GATT 1994, since, *inter alia*, US failed to give notice in writing to WTO Members as far in advance as may be practical and to afford WTO Members having a substantial interest as exporters of the product concerned an opportunity to consult with it in respect of the proposed action.

China reserves its right to raise further-factual claims and legal issues during the course of consultations and in any future request for panel proceedings.

I look forward to receiving the reaction of your authorities to this request so that we can arrange a mutually convenient date and place to begin consultations.

在提出磋商请求的同时，中国政府发表声明指出，美国作为世界主要贸易大国之一，对维持国际贸易秩序负有重大责任，应当充分考虑到此举对国际贸易秩序造成的重大损害。事实上，美国钢铁产业当前面临的问题不能归咎于外来进口，而是其内在产业结构不合理所造成的。采取保护主义措施只会阻碍产业结构的良性调整，而无助于问题的解决。况且，中国向美国出口相关钢铁产品占美国进口同类产品比例很小，根本未对美国钢铁业造成严重损害，中方要求美方应充分注意到中国的具体情况，妥善解决该问题。中美两国互为重要的贸易伙伴，两国经济具有很大的互补性。中方希望通过双边磋商尽快解决中国关注的问题，避免中美经贸关系受到损害。[①]

美国与中国于3月22日进行磋商。此外，中国、欧盟、日本、韩国、瑞士和挪威等6方与美国的磋商于4月11、12日还举行了联合磋商，要求美国立即终止该措施。新西兰和巴西与美国于6月13日举行磋商。鉴于中国政府已根据WTO规定与美国进行了正式双边磋商，但美方未对中方提出的关于补偿、排除等要求给予明确答复。我国于5月17日（日内瓦时间）向WTO货物贸易理事会递交了中国对美部分产品中止减让产品清单，清单中包括自美进口的部分废纸、豆油和电动压缩机。中国将在WTO争端解决机构最终裁决美国201钢铁产品保障措施违反WTO有关协议后，对来自美国的上述产品加征24%的附加关税，加征后的关税额为9400万美元。[②] 自5月21日开始，中国对部分钢铁进口产品进行保障措施调查，并从5月24日起的180天内，采取临时保障措施，即对9种钢铁进口产品（普通中厚板、普薄板、硅电钢、不锈钢板、普盘条、普通条杆、普通型材、无缝管和钢坯）实施关税配额；关税配额内进口产品仍执行现行进口关税税率，关税配额外进口产品在执行现行进口关税税率的基础上加征7%～26%的特别关税。11月19日，外经贸部发布公告，宣布采取最终保障措施。这是中国采取的第一个保障措施案件。2003年12月26日，商务部发布公告，决定自2003年12月26日起终止上述钢铁产品保障措施的实施，不再对该措施项下的进口钢铁产品加征关税。

由于在规定时间内没有达成一致，欧盟第一个提出设立WTO专家组的要求。中国于5月27日提出设立专家组的请求，WTO于6月24日设立中国专家组。其他成员也提出了设立专家组的要求。DSB最终决定设立同一专家组审理该案。该案中，中国、欧盟、日本、韩国、瑞士、挪威、新西兰和巴西等8个起诉方控告美国在违反了《保障措施协定》的相关规定（例如未预见的发展，进口产品定义，国内相似产品定义，进口增加，严重损害，因果关系，对等性，最惠国待遇，措施的限度，关税配额分配，发展中国家待遇等）。专家组经过审理，于2003年5月2日向当事方散发报告，7月11日向所有成员散发报告。专家组认定美国保障措施不符合《WTO协定》。

美国于2003年8月11日提起上诉。日本、韩国和巴西还联合提交了“其他上诉方书面陈述”。上诉机构于2003年11月10日作出报告，维持了专家组裁决，认定美国对10种产品所采取的保障措施违反《保障措施协定》。其中，对于上诉涉及的未预见发展、进口增加和对等性，上诉机构维持了专家组裁决；对于因果关系，上诉机构认为，对其他主张的裁决已经足以解决争端，因此没有必要对专家组报告中的相应内容进行审查；对于交叉上诉，上诉机构没有裁决，因为审查这些主张的前提条件没有出现。另外，对于镀锡类产品和不锈钢线材这两种产品，上诉机构否定了专家组关于提供充分合理解释的理解，但不影响专家组对这两种产品的总体结论。[③]

2003年12月10日，专家组和上诉机构报告在DSB会议上获得通过。2003年12月4日，美国总统签署总统令，宣布自12月5日起，保障措施终止。

思考题：

1. 该案的起诉方能否在磋商开始前采取临时措施？

---

①②③ 参见王传丽主编：《国际经济法》，244页，北京，高等教育出版社，2005。

2. 哪些当事人可以成为上诉方？

3. 如果美国不执行上诉机构的裁决，争端各方可以采取哪些措施？

案例

UNITED STATES-TAX TREATMENT FOR "FOREIGN SALES CORPORATIONS"①
RECOURSE TO ARTICLE 21.5 OF THE DSU BY THE EUROPEAN COMMUNITIES

PROCEDURE BEFORE THE PANEL:

In US-*FSC*, on 20 March 2000, the original panel concluded that the "FSC measure", consisting of Sections 921 – 927 of the United States Internal Revenue Code (the "IRC") and related measures establishing special tax treatment for foreign sales corporations, was inconsistent with the United States' obligations under the SCM *Agreement* and under the Agreement *on Agriculture*. The Appellate Body upheld the original panel's finding that the FSC measure was inconsistent with United States' obligations under the SCM *Agreement* and modified the Panel's findings under the *Agreement on Agriculture*.

The ETI Act is a measure taken by the United States to complying with the recommendations and rulings of the Dispute Settlement Body (the "DSB") in (*"US-FSC"*).

The European Communities considered that the ETI Act did not comply with the recommendations and rulings of the DSB and that it was not consistent with the United States' obligations under the *SCM Agreement*, the *Agreement on Agriculture*, and the GATT 1994. The European Communities therefore requested that the matter be referred to the original panel pursuant to Article 21.5 of the *Understanding on Rules and Procedures Governing the Settlement of Disputes* (the "DSU"). On 20 December 2000, in accordance with Article 21.5 of the DSU, the DSB referred the matter to the original panel. The Panel Report was circulated to the Members of the World Trade Organization (the "WTO") on 20 August 2001.

On 1 November 2001, the United States filed its appellant's submission. On 6 November 2001, the European Communities filed its other appellant's submission. On 16 November 2001, the European Communities and the United States each filed an appellee's submission. On the same day, Australia, Canada, India and Japan each filed a third participant's submission.

THE FACTS:

In the present case, The Panel concluded that:

1. the [ETI] Act is inconsistent with Article 3.1 (a) of the *SCM Agreement*, *and fails to fall within the scope of the fifth sentence of footnote* 59 *of the SCM Agreement*

2. the United States has acted inconsistently with its obligation under Article 3.2 of the *SCM Agreement* not to maintain subsidies referred to in paragraph 1 of Article 3 of the *SCM*

① 案号为：WT/DS108。

Agreement

3. *the* [*ETI*] *Act*, *involves export subsidies as defined in Article* 1 (*e*) *of the* Agreement on Agriculture *and the United States has acted inconsistently with its obligations under Article* 10.1 *of the* Agreement on Agriculture *by applying the export subsidies in a manner that threatens to circumvent its export subsidy commitments under Article* 3.3 *of the* Agreement on Agriculture *and*, *by acting inconsistently with Article* 10.1, *the United States has acted inconsistently with its obligation under Article* 8 *of the* Agreement on Agriculture;

4. *the* [*ETI*] *Act is inconsistent with Article* Ⅲ: 4 *of the* GATT 1994 *as it accords less favourable treatment within the meaning of that provision to imported products than to like products of US origin*;

5. *the United States has not fully withdrawn the FSC subsidies found to be prohibited export subsidies inconsistent with Article* 3.1 (*a*) *of the* SCM Agreement.

MERITS: This appeal raises the following issues:

1. whether the Panel erred in finding that the ETI measure involves the foregoing of revenue which is "otherwise due" and thus gives rise to a "financial contribution" within the meaning of Article 1.1 (a) (1) (ii) of the *SCM Agreement*;

2. whether the Panel erred in finding that the ETI measure includes subsidies "contingent...upon export performance" within the meaning of Article 3.1 (a) of the *SCM Agreement*;

3. whether the Panel erred in finding that the ETI measure does not fall within the scope of footnote 59 of the *SCM Agreement* as a measure taken to avoid the double taxation of foreign-source income;

4. whether the Panel erred in finding that the ETI measure involves export subsidies inconsistent with the United States' obligations under Articles 3.3, 8 and 10.1 of the *Agreement on Agriculture*;

5. whether the Panel erred in finding that the ETI measure is inconsistent with the United States' obligations under Article Ⅲ: 4 of the GATT 1994 because it accords less favourable treatment to imported products as compared with like products of United States origin;

6. whether the Panel erred in finding, in paragraphs 8.170 and 9.1 (e) of the Panel Report, that the United States has not fully withdrawn the subsidies found, in *US-FSC*, to be prohibited export subsidies under Article 3.1 (a) of the *SCM Agreement*,

JRUISDICTION

(a) The foregoing of revenue which is "otherwise due".

A "financial contribution" does not arise simply because a government does not raise revenue which it could have raised. The treaty phrase "otherwise due" implies a comparison with a "defined, normative benchmark" between the rules of taxation of the contested measure and other rules of taxation of the Member. Therefore, the examination under Article 1.1 (a) (1) (ii) involves a comparison of the fiscal treatment of the relevant income for taxpayers in comparable situations and it may be possible to apply a "but for" test to examine the fiscal treatment of income absent the contested measure.

Under the ETI measure, "Qualifying foreign trade property" ("QFTP"), which must be "manufactured, produced, grown, or extracted within or outside the United States" and must be held primarily for use "outside the United States", is excluded from "gross income" under Section 114 (a) and (b) IRC and thus, is excluded from taxation in the United States. The United States argues that, under the ETI measure, QFTI is confined to the *foreign-source income* earned by United States citizens and residents in transactions covered by the measure. According to the "but for" test, the AB must compare the way the United States taxes QFTI, with the way it taxes other foreign-source income under its own rules of taxation. Absent the ETI measure, the United States would tax the income under the "otherwise" applicable rules of taxation.

There appears to be a marked contrast between the "other rules" of taxation applicable to foreign-source income and the rules of taxation applicable to QFTI. The United States, in principle, taxes all foreign-source income, subject to permissible deductions, however, under the ETI measure, QFTI is definitively excluded from United States taxation.

The exclusion from tax of QFTI, compared with the taxation of other foreign-source income, and coupled with the right of election for taxpayers to use the rules of taxation most favourable to them, means that, under the contested measure, the United States foregoes revenue on QFTI which is otherwise due.

For these reasons, the AB uphold the Panel's finding that through the measure at issue, the United States government foregoes revenue that is otherwise due within the meaning of Article 1.1 (a) (1) (ii) of the *SCM Agreement*, and that the ETI measure, therefore, gives rise to a financial contribution under Article 1.1 (a) (1) of that Agreement.

(b) Article 3.1 (a) of the *SCM Agreement*: Export Contingency

The AB confirmed that there exists a distinction between two different subsidies under the ETI measure, which respectively related to property produced within the United States and property produced outside United States. The Panel's finding under Article 3.1 (a) of the SCM *Agreement* addressed only the export contingency of the measure in relation to property produced "*within*" the United States. However, the fact that the subsidies granted to property produced outside United States *might* not be export contingent does not dissolve the export contingency of the subsidies granted to property produced within United States. In its definition of QFTP, in order to obtain the subsidy, this property must be "held primarily for sale, lease, or rental, in the ordinary course of trade or business for *direct use*, *consumption*, *or disposition outside* the United States...", which means that, for property produced within the United States, for income to be eligible for the fiscal subsidy, the property must be exported. Therefore, the subsidy granted with respect to the property produced within the United States, and exported from there, is export contingent within the meaning of Article 3. 1 (a) of the *SCM Agreement*, irrespective of whether the subsidy given to property produced outside the United States is also export contingent.

(c) Footnote 59 to the *SCM Agreement*: Avoiding Double Taxation of Foreign-Source Income

Firstly, The United States argues, on appeal, that the Panel erred in finding that the burden of proof was on the United States to demonstrate that the measure fell within footnote 59. In reviewing the Panel's finding on the burden of proof, the AB must determine whether that provision determines, in part, the proper scope of the obligations under Article 3. 1 (a) of the *SCM Agreement*, or whether it provides an exception for a provision that is otherwise an export contingent subsidy.

The import of the fifth sentence of footnote 59 is that Members are entitled to "take" or "adopt" measures to avoid double taxation of foreign-source income, notwithstanding that they may be export subsidies within the meaning of Article 3. 1 (a). This provision, therefore, constitutes an exception to the legal regime applicable to export subsidies under Article 3. 1 (a) by explicitly providing that when a measure is taken to avoid the double taxation of foreign-source income, a Member is entitled to adopt it. Accordingly, the fifth sentence of footnote 59 constitutes an affirmative defence and the burden of proving rests upon the responding party-the United States.

Secondly, the United States appeal that the Panel erred in finding that the ETI measure is not one taken to avoid the double taxation of foreign-source income under footnote 59 to the *SCM Agreement*. The key point of this issue is the interpretation and application of the phrase of "foreign source income".

In the AB'S view, "foreign-source income", in footnote 59 to the *SCM Agreement*, refers to income generated by activities of a non-resident taxpayer in a "foreign" State which have such links with that State so that the income could properly be subject to tax in that State. According to the ETI measure, a taxpayer will be treated as having foreign trading gross receipts, which give rise to exempt QFTI, only if the transaction satisfied the "foreign economic process requirement" in Section 942 (b) IRC. However, the fact that a transaction involves some foreign element, such as the "foreign economic process", does not necessarily mean that all of the income generated by such a transaction will be "foreign-source income" within the meaning of footnote 59 to the SCM *Agreement*, since some of the activities related to such a sale or lease transaction may occur within the state of residence. The "foreign-source income" is only that portion of the total income which is properly attributable to activities that do occur in a "foreign" State; conversely, the portion of the total income generated by activities that occur within the State of residence is domestic-source income.

However, the ETI measure did not make a distinction between these two kinds of income and was not confined to those aspects which grant a tax exemption for "foreign-source income", rather, in several important respects, two of the three basic allocation rules of the ETI measure, the 1. 2 and 15 percent rules, provide an exemption for domestic-source income by improperly combining domestic-source income and foreign-source income in the calculation of QFTI, which is a fixed portion of all of the income earned by the taxpayer in relevant transactions, including income generated by activities that occur within the United States. For these reasons, even though parts of the ETI measure may be regarded as granting a tax exemption for foreign-source income, the AB found that the United States has not met its burden of proving that the ETI measure, viewed as a whole, falls within the justification available under the fifth sentence of footnote 59 of the SCM *Agreement*.

(d) Article 10. 1 of the *Agreement on Agriculture*: Export Subsidies

The United States contends that the measure is not an export subsidy under Article 1 (e) of the Agreement *on Agriculture* because, it argues, the measure is not an export subsidy under Article 3. 1 (a) of the SCM *Agreement*. The AB confirmed the panel's conclusion that its reasoning under the *SCM Agreement* was "also applicable as regards whether the Act gives rise to subsidies contingent upon export performance within the meaning of Article 1 (e) of the *Agreement on Agriculture* for the purposes of Article 10. 1 of the *Agreement on Agriculture.*" Since the measure at issue involves the foregoing of revenues that are otherwise due under Article 1. 1 (a) (ii) of the *SCM Agreement*, and makes the grant of subsidies "contingent...upon export performance" where qualifying property is produced within the United States, the AB uphold that The fiscal treatment of agricultural products, under the measure, is not materially different from the fiscal treatment of products falling within the scope of the *SCM Agreement*. The ETI measure also reduces the liability of United States citizens and residents to pay tax on income earned from qualifying transactions involving agricultural products and involves subsidies contingent upon export performance under Article 1 (e) of the *Agreement on Agriculture*.

For these reasons, the AB uphold the Panel's finding that the measure involves export subsidies under Article 1 (e) of the *Agreement on Agriculture* with respect to qualifying property produced within the United States and the United States acted inconsistently with Articles 10. 1 and 8 of the *Agreement on Agriculture*.

(e) Article Ⅲ: 4 of the GATT 1994

In its appeal under Article Ⅲ: 4 of the GATT 1994, the United States does not challenge the Panel's finding on "like products", but appealed to the Panel's findings: that the measure is a "law, regulation, or requirement *affecting* their internal sale, offering for sale, purchase, transportation, distribution, or use"; and that the measure provides "less favourable treatment" to imported products as compared with like products of United States origin.

i. *Law, Regulation or Requirement Affecting the Internal Use of Imported and Like Domestic Products*

The United States argued that the word "affecting" in Article Ⅲ: 4 must be given a narrow scope and that the fair market value rule is a "measure of general application that is not directed against imports". The AB considered its statement about the word "affecting" in art. 1. 1 of GATS that the ordinary meaning of the word "affecting" implies a measure that has "an effect on", which indicates a *broad scope of application*. In view of the similar function of the identical word, "affecting" in Article Ⅲ: 4 of the GATT 1994, the AB also interpret this word as having a "broad scope of application".

The fair market value rule places an express maximum limit on the extent to which the value of qualifying property can be attributable to imported input products, therefore, influences the manufacturer's choice between like imported and domestic input products if it wishes to obtain the tax exemption under the ETI measure.

The AB uphold the Panel's finding that the fair market value rule "affects" the "internal...use" of imported products, within the meaning of Article Ⅲ: 4 of the GATT 1994.

ii. "Less Favorable Treatment"

The examination of whether a measure involves "less favourable treatment" of imported products within the meaning of Article Ⅲ: 4 of the GATT 1994 must be grounded in close scrutiny of the "fundamental thrust and effect of the measure itself". This examination cannot rest on simple assertion, but must be founded on a careful analysis of the contested measure and of its implications in the marketplace. At the same time, however, the examination need not be based on the *actual effects* of the contested measure in the marketplace.

If a United States citizen or resident fulfills the prescribed conditions of grant, it obtains a clearly significant financial benefit in the form of a tax exemption. One of these conditions is the fair market value rule which place a maximum limit on the extent to which the value of qualifying property can be attributable to imported input products. No such limit exists for like domestic input products. The fair market value rule, therefore, not only draws a formal distinction between the treatment of like domestic and imported input products, but also attaches a real and substantive advantage to the use of domestic input products, and a corresponding disadvantage to the use of like imported products, for purposes of satisfying the fair market value rule and ensuring the availability of the tax benefit.

There may well be, as the United States maintains, property which does not require extensive material and labor inputs such that the fair market value rule would not bear upon the input choices manufacturers make. Even so, the fact remains that in an indefinite number of other cases, the fair market value rule operates, as a significant constraint upon the use of imported input products.

Therefore, the AB uphold the Panel's finding that, by virtue of the fair market value rule, the measure accords less favourable treatment within the meaning of Article Ⅲ: 4 of the GATT 1994 to imported products than to like products of United States origin.

(f) Article 4.7 of the *SCM Agreement*: Withdrawal of FSC Subsidies

Section 5 (c) creates a "transition period" for certain transactions of existing FSCs. Specifically, under Section 5 (c) (1) of the ETI Act, the repeal of the provisions of the IRC relating to FSCs "shall not apply" to transactions of existing FSCs which occur before 1 January 2002 or to any other transactions of such FSCs which occur after 31 December 2001, pursuant to a binding contract between the FSC and an unrelated person which is in effect on 30 September 2000. In its appeal, the United States submits that, in requiring a Member to change its tax rules, WTO rules cannot be intended to require such a Member to deny its taxpayers the right to an orderly transition. Thus, the Panel's finding that the United States has acted inconsistently with Article 4.7 of the *SCM Agreement* should be reversed.

Article 4.7 of the *SCM Agreement* requires prohibited subsidies to be withdrawn "without delay", and provides that a time-period for such withdrawal shall be specified by the panel. The AB can see no basis in Article 4.7 of the *SCM Agreement* for extending the time-period prescribed for withdrawal of prohibited subsidies for the reasons cited by the United States. Thus, like the AB indicated in the *Brazil-Aircraft* appeal, a Member's obligation to withdraw prohibited export subsidies, under Article 4.7 of the *SCM Agreement*, cannot be affected by contractual obligations which private parties may have assumed *inter se* in reliance on laws conferring prohibited export subsidies.

Therefore, the AB uphold the Panel's finding that the United States has not fully withdrawn the FSC subsidies found to be prohibited export subsidies under Article 3.1 (a) of the *SCM Agreement* and has therefore failed to implement the recommendations and rulings of the DSB made pursuant to Article 4.7 of the *SCM Agreement*.

QUESTIONS FOR DISCUSSION

1. What is the meaning of "financial contribution"?
2. What is the meaning of the foregoing of government revenue which is "otherwise due"?
3. Which subsidies are prohibited subsidies?
4. What shall the member do if its measure has been found to be a prohibited subsidy?
5. What is the meaning of footnote 59 to the SCM Agreement in relation to the taxation?
6. What is the meaning of "export subsidies" according to the Agreement on Agriculture?
7. What is the meaning of the "export subsidy commitments" according to Article 9.1?
8. What is the meaning of the "prevention of circumvention of export subsidy commitments" according to Article 10.1?
9. What is the meaning of the Article 3.3?
10. What are the relations among Article 9.1, Article 10.1 and Article 3.3?
11. What is the meaning of "national treatment" according to GATT 1994?
12. What is the meaning of Article Ⅲ: 4 of the GATT 1994?

13. What is the relation between the SCM Agreement and the Agreement on Agriculture in the field of subsidy?
14. What is the relation between the GATT 1994 and the special agreements such as the SCM Agreement and the Agreement on Agriculture ?

本章小结

1. WTO是规范各成员方政府对外贸易管理行为的国际经济组织其法律规范主要是《建立世界贸易组织协定》及其四个附件。其中，前三个附件下的协定是多边贸易协定，各成员必须参加；附件4是复边贸易协定，自愿参加。
2. WTO旨在建立一个完整（包括货物贸易、服务贸易、与贸易有关的投资及知识产权等内容）、更具活力、更持久的多边贸易体系，并且将GATT达成的所有协定（包括乌拉圭回合多边贸易谈判的所有成果）纳入其法律框架。WTO要求各成员方通过达成互惠互利安排，大幅度削减关税和其他贸易壁垒，消除歧视性待遇，扩大市场准入程度及提高贸易政策和法规的透明度，同时对发展中国家成员给予特殊和差别待遇。
3. 世界贸易组织具有独立的法律地位，每一成员均应给予WTO履行其职能所必需的法定资格以及履行其职能所必需的特权和豁免。
4. 世界贸易组织设部长级会议、总理事会和秘书处。其中，部长级会议是最高权力机构。WTO主要采取“协商一致”的决策方式，但在争端解决方面则采用“反向协商一致”的方法。
5. 《WTO协定》体现了如下共同原则：非歧视贸易原则（包括最惠国待遇、国民待遇）、贸易自由原则、透明度原则、公平竞争原则、发展原则等。
6. 《WTO协定》虽然规定了各成员必须遵守的义务，但也体现了一定的灵活性，即在某些情况下可以背离这些义务。
7. WTO有多个货物贸易协定，既规范关税措施，也规范非关税措施。其中，《农业协定》、与贸易救济有关的协定是主要协定。
8. GATS以及TRIPS协定是WTO在GATT基础上新增加的协定。其中，前者是框架性协定，后者则详细规定了与贸易有关的知识产权保护的最低标准。
9. WTO争端解决机制在维护WTO规则方面发挥了重要作用。在发生与《WTO协定》有关的争端后，各方应该首先通过协商方式解决争端。协商不成的，可以提交专家组解决。对专家组报告中的法律问题有异议的，可以提交上诉机构解决，上诉机构的报告为最终裁决，争端各方必须执行。如一方不予执行，另一方可以请求WTO争端解决机构授予报复权。

QUESTIONS AND COMMENTS

1. What are the fundamental principles of multilateral trading system under WTO?
2. How do the most-favored-nation principle and national treatment principles guarantee non-discrimination in multilateral trade under WTO? But there are also exceptions to those two principles. Please name a few of them.

3. What measures does GATT 1994 adopt to realize the principle of global liberalization?
4. How does the GATT 1994 deal with trade and development? What preferential treatments does it provide to developing countries?
5. Compare the conditions required for imposing anti-dumping, countervailing, or safeguard measures under GATT 1994.
6. In what respects does TRIPS strengthen protection for intellectual property related to trade, compared to other international IP conventions?
7. With respect to the principles of non-discrimination and trade liberalization, how does the GATS differ from GATT?
8. How does the WTO improve on the dispute settlement mechanism of GATT?

第七章 国际贸易争议的解决

提要

国际贸易争议是当事人在合同履行中经常发生的问题，其妥善解决直接决定国际贸易合同的执行效果。国际贸易争议有多种解决方式，例如，协商、调解、仲裁、诉讼等，当事人有权自行选择其中一种或多种，但在选择时应当了解每一种争议解决方式的特点，以便作出最佳决策。

重点问题

- ❑ 国际贸易争议的特点
- ❑ 国际贸易争议解决方式有哪些
- ❑ 协商和调解方式的特点
- ❑ 仲裁方式的特点
- ❑ 仲裁裁决的承认和执行
- ❑ 我国仲裁机构的设置
- ❑ 诉讼方式的特点
- ❑ 法院判决的承认和执行

第一节 国际贸易争议解决概述

一、国际贸易争议的概念和特点

国际贸易争议（international trade dispute）是指参与国际贸易活动的主体之间在国际贸易活动中发生的纠纷。在国际贸易交往中，由于当事人处于不同国家或地区，法律制度、文化传统以及政治和经济体制不尽相同，再加上货物运输距离在很多情况下非常遥远，有时涉及多种运输工具的转换，因而发生纠纷的可能性远大于国内贸易活动。

与国内贸易争议相比，国际贸易争议具有如下特点：(1) 国际贸易争议发生在国际贸易领域。这些领域包括国际货物买卖、国际货物运输、国际货物运输保险、国际贸易结算等等。(2) 国际贸易争议具有涉外性。这些涉外性可以体现在主体、标的物所在地、法律关系产生或变更或者解除地等环节。例如，国际贸易争议的主体通常是具有不同国家国籍或者营业地在不同国家的法人和自然人，有时还包括国家和国际组织。国际贸易交易的标的物有时位于国外或者主要交易行为有时在国外完成。此外，产生、变更或消灭国际贸易关系的法律事实可能发生在国外。(3) 国际贸易争议解决方式可以由当事人自行选择，并且可以在境外进行，包括仲裁或诉讼。(4) 解决国际贸易争议适用的法律可以由当事人协商确定，可以是其中一方当事人所在国家的法律，也可以是第三国法律，或者国际公约或国际惯例。

二、国际贸易争议的解决方式

国际贸易争议解决方式由当事人在相关合同或协议中协商确定。实践中常用的国际贸易争议解决方式有协商、调解、仲裁和诉讼，可以单独使用，也可以两种以上方式结合使用。此外，一些当事人还采用替代性争议解决方式（Alternative Dispute Resolution Methods，ADR）。

（一）协商

协商（consultation）是当事人在争议发生后最先选用的争议解决方式，指当事人在争议发生后以自愿为基础，对发生的争议进行口头或书面磋商或者谈判，达成和解协议，友好地解决纠纷（amicably settling disputes）。

协商方式具有如下特点：(1) 在双方当事人自愿基础上进行，达成的和解协议易于被各方当事人履行。协商方式的启动、进行、中断或终止完全由当事人自行决定，不受另一方当事人或当事人之外的其他人干预和限制。一方当事人无权强迫另一方当事人通过协商方式解决争议。即使双方当事人在合同或协议中选用了先行协商方式，也不意味着通过协商必须解决争议。(2) 无须第三方介入，完全由当事人双方自行解决。(3) 在法律规定和双方所签合同的基础上进行。双方当事人应在不违反法律基本原则的基础上进行协商，经协商达成的协议应当合法，不得违反有关国家的强制性法律规范和社会公共利益，不得损害第三人的合法权益。(4) 程序简单、形式灵活。协商过程无须遵守严格的法律程序和特定形式，口头磋商和书面磋商均可。(5) 经协商达成的和解协议仅构成新合同或对原合同的修改补充，只要符合形式要件，即具有法律效力，双方当事人应当严格执行，否则视为违约。

由于协商方式无须第三方介入，而且程序简单和灵活，因此大多数当事人同意在争议发生后先行协商。经协商达成和解协议后，各方可以继续合作。协商方式简单和灵活的特点可以节省当事人的时间、人力和财力。但是协商方式也有局限性。协商能否成功往往取决于各方当事人的讨价还价能力及其经济状况和经济实力，经协商达成的和解协议有可能对处于弱势一方当事人的利益保护不够。此外，当各方分歧严重难以自行协商解决时，需要求助第三方帮助解决。

（二）调解

1. 调解的概念与特点

调解（conciliation）是指在中立第三方的主持下，由该第三方以中间人身份，在分清是非和责任的基础上，根据法律和合同规定并参照国际惯例，帮助和促使争议各方在互谅互让基础上达成公平的调解协议（settlement agreement），解决各方争议。该第三方称“调解人”（conciliator）。

由以上可见，调解方式与协商方式一样，也是建立在当事人自愿和互谅互让基础上进行的。但与协商方式相比，由于有第三方作为调解人，而且调解人多具有较多调解经验，因而有利于调解协议的达成，有利于维护各方当事人的合法权益。但是，调解方式也存在着和协商方式共同的局限性，即调解的成功与否依赖各方分歧大小及各方意志，如调解不能成功，还需进行仲裁或诉讼，因而对有些纠纷来讲，调解不是有效的解决办法，且在时间上造成拖延。与仲裁和诉讼相比，调解方式的明显优势是程序简单灵活，费用较低。

2. 调解方式的类型

根据调解人身份的不同，可以将调解分为以下五种类型。

（1）民间调解。

民间调解是指由仲裁机构、法院或国家指定负责调解的机构以外的第三方主持进行的调解。该调解人被称为“民间调解人”。民间调解人可以是个人，也可以是某一民间机构，通常由争议当事人临时选任。经民间调解人主持达成的调解协议构成一项新合同或对合同的修改补充，对争议双方具有约束力，各方应严格履行，否则视为违约。

（2）专门机构调解。

专门机构调解是指由设在商会或仲裁协会内部的专门调解机构主持的调解。商会或仲裁协会通常将调解程序与仲裁程序分开，分别适用调解规则（conciliation rules）和仲裁规则（arbitration rules）。其中，调解由专门的调解委员会主持，仲裁则由仲裁庭主持。调解不成需要仲裁时，原调解人不得担任同一争议案件的仲裁员。

在我国，中国国际贸易促进委员会/中国国际商会设立了调解中心（CONCILIATION CENTRE OF CCPIT/CCOIC），它是以调解方式，独立和公正地帮助中外当事人解决商事、海事等争议的常设调解机构。中国国际贸易促进委员会/中国国际商会调解中心（原名“中国国际贸易促进委员会/中国国际商会北京调解中心”[①]）由中国国际经济贸易促进委员会（CCPIT）于 1987 年在北京成立，并自 1992 年起陆续在各省、市、自治区以及一些主要城市设立分会调解中心，形成了庞大的调解网络。中心制定了调解规则，各调解中心使用该统一的调解规则，

① 为避免国内外当事人继续将北京调解中心误认为是地方调解中心，1999 年 12 月，中国国际经济贸易促进委员会/中国国际商会北京调解中心更名为“中国国际经济贸易促进委员会/中国国际商会调解中心”。

并在业务上受总会调解中心的指导。调解中心根据当事人达成的调解协议受理案件。如果没有调解协议，经一方当事人申请，在征得他方当事人同意后也可以受理。调解中心备有调解员名单，供当事人在个案中指定。

中国国际贸易促进委员会/中国国际商会调解中心还提供了如下示范调解条款（调解协议）[Model Conciliation Clause（Agreement）]："本合同之各方当事人均愿将因本合同引起的或与本合同有关的任何争议，提交中国国际贸易促进委员会/中国国际商会调解中心，按照申请调解时该中心现行有效的调解规则进行调解。经调解后如达成和解协议，各方都要认真履行该和解协议所载之各项内容。"（"Any dispute arising from or in connection with this Contract shall be submitted to Conciliation Centre of China Council for the Promotion of International Trade/China Chamber of International Commerce for conciliation which shall be conducted in accordance with the Centre's Conciliation Rules in effect at the time of applying for conciliation. In case an amicable settlement agreement has been reached, the parties shall abide by the settlement agreement."）

（3）联合调解。

联合调解也称共同调解（joint conciliation），是我国贸促会与美国仲裁协会于 1977 年共同开创的国际商事争议解决新方式。[①] 1987 年，中国国际贸易促进委员会/中国国际商会调解中心与德国汉堡调解中心签署了合作协议，并制定《北京—汉堡调解规则》。此后，中心又先后与美国、阿根廷、英国、瑞典、韩国、加拿大、日本、中国香港、中国澳门等多个国家和地区的相关机构签署了合作协议，建立了合作关系。

联合调解是指由中外争议当事人中的一方向另一方发出书面通知，邀请其按照两国（地区）调解中心的联合调解规则调解解决争议。如果另一方当事人接受了联合调解邀请，调解程序开始。当事人可以协商选定两国（地区）调解中心秘书处中的任何一个作为案件行政管理机构，如果未选定则由被申请人所在国家（地区）的调解机构秘书处进行管理。秘书处负责组织安排调解会议。调解程序开始后，双方当事人分别在其所在国（地区）调解中心的调解员名册中指定一名调解员。调解员可以单独会见一方当事人，也可以提出和解建议。调解成功则制作调解书，撤销案件。如果调解未成功，则按合同中的仲裁约定进行仲裁。调解员在调解中提出的建议或当事人所作的承认或接受不得作为仲裁或诉讼中的证据。

（4）仲裁机构调解。

仲裁机构调解是指由仲裁庭主持进行的调解。即将调解纳入仲裁程序，由仲裁庭在开始仲裁前或仲裁过程中征询当事人意见，各方当事人同意调解的，进行调解，调解成功则制作调解书，并撤销案件。如果当事人不同意调解或调解未能成功，则继续推进仲裁程序。通过此种方式达成的和解，由仲裁庭制作调解书或裁决书，仲裁员签字并加盖仲裁机构印章后送达双方当事人。经双方当事人签收后即发生法律效力，签收前一方反悔的，仲裁庭继续推进仲裁程序。此类调解书的法律效力与仲裁庭作出的仲裁裁决相同，如果一方不履行调解书中的约定，另一方有权向法院申请执行该调解书。

我国《仲裁法》第 51 条明确规定："仲裁庭在作出裁决前，可以先行调解。当事人自愿调解的，仲裁庭应当调解。调解不成的，应当及时作出裁决。调解达成协议的，仲裁庭应当制作

---

① 1977 年有三宗中美当事人之间的合同争议几乎同时提交中国贸促会贸易仲裁委员会和美国仲裁协会仲裁，于是中美两个机构决定在北京进行联合调解，并调解成功。

调解书或者根据协议的结果制作裁决书。调解书与裁决书具有同等法律效力。”第 52 条第 2 款和第 3 款进一步规定：“调解书经双方当事人签收后，即发生法律效力。在调解书签收前当事人反悔的，仲裁庭应当及时作出裁决。”

（5）法院调解。

法院调解也称法庭调解或司法调解，是指由受理案件的法院主持进行的调解。我国《民事诉讼法》第 9 条规定：“人民法院审理民事案件，应当根据自愿和合法的原则进行调解；调解不成的，应当及时判决。”第八章又对调解作了专章规定，载明调解达成协议的，由法院制作调解书并由审判人员、书记员签名，加盖人民法院印章，送达双方当事人。调解书经双方当事人签收后，即具有法律效力。一方拒绝履行调解书的，对方当事人可以向人民法院申请执行。如调解未达成协议或调解书送达当事人签收前一方反悔的，法院应及时审判。

3. 与调解有关的国际规则和文件

调解方式主要源于我国，后被一些国家或国际组织采用，并制定了调解规则。例如，联合国国际贸易法委员会（UNCITRAL）在 1980 年通过了《联合国国际贸易法委员会调解规则》（UNCITRAL Conciliation Rules），对调解程序作出了详细规定，供当事人选用。联合国贸法会在 2002 年还通过了《联合国国际贸易法委员会国际商事调解示范法》（UNCITRAL Model Law on International Commercial Conciliation），以协助各国开展第三方调解并制定或完善相关法规。此外，国际商会还曾制定《选择性调解规则》（International Chamber of Commerce Rules of Optional Conciliation），并从 1988 年 1 月 1 日起更新为《替代性争议解决规则》（ICC ADR Rules）。[①]

值得注意的是，联合国大会在 2018 年 12 月 20 日通过了《联合国关于调解所产生的国际和解协议公约》（United Nations Convention on International Settlement Agreements Resulting from Mediation，简称《新加坡调解公约》），确立了援用和解协议的权利以及执行和解协议的统一法律框架。该公约于 2020 年 9 月 12 日生效，到 2023 年 8 月底有 12 个缔约方。我国在 2019 年 8 月 7 日签署该公约，但是到 2023 年 8 月尚未批准。

（1）公约的适用范围：国际和解协议。

根据《新加坡调解公约》的规定，调解是指由一名或者多名第三人在不违背争议当事人意愿的情况下促使当事人友好解决争议的过程。

该公约适用于因商事争议调解产生的书面和解协议，并且该和解协议在订立时具有国际性。在以下情况下，和解协议具有国际性：1）和解协议的至少两方当事人在不同国家设有营业地；或者 2）和解协议的各方当事人营业地所在国家不属于如下国家：和解协议项下义务的履行地所在国；或者与和解协议所涉事项有最密切关系的国家。

但是该公约不适用于以下和解协议：1）因解决当事人（消费者）为了个人、家庭或者家人目的进行交易所产生争议而订立的和解协议；2）与家庭法、继承法或者就业法有关的和解协议。公约也不适用于如下情形的和解协议：1）经由法院批准或者在法院相关程序中订立的协议、可在法院所在国作为判决予以执行的协议；2）已记录在案并可作为仲裁裁决予以执行的协议。

（2）和解协议的效力：直接执行。

《新加坡调解公约》赋予和解协议直接执行的效力，而无须请求法院承认国际和解协议。

① http：//www. iccwbo. org/drs/english/adr/guide. asp.

缔约国应当按照本国程序规则和公约规定的条件，执行和解协议。如果争议当事人声称发生了和解协议项下的争议，缔约国应当允许该当事人按照本国程序规则和公约规定的条件援用该和解协议。

但是在下列情况下，公约缔约国有权拒绝执行和解协议：1）和解协议的一方当事人无行为能力；2）根据适用的法律，和解协议无效或失效；3）和解协议中的条款不具有约束力、有悖公共政策或者不具有终局性；4）和解协议项下的义务已经履行或者不清晰、无法理解；5）调解人严重违反适用于调解人或调解的准则，或者调解人未能履行披露义务。

（三）国际贸易仲裁

1. 国际贸易仲裁的概念

"仲裁"（arbitration）一词来自拉丁文，指争议当事人通过达成协议将争议提交第三方（仲裁机构）进行裁决的争议解决方式。国际贸易仲裁则是国际商事仲裁的一种，指国际贸易活动的各方当事人自愿将其争议提交第三方进行审理并作出仲裁裁决的方式。

到目前为止，各国对"国际经济仲裁"中的"国际"以及"经济"或"商事"有不同理解和规定。例如，联合国于1985年通过的《联合国国际贸易法委员会国际商事仲裁示范法》(UNCITRAL Model Law on International Commercial Arbitration（以下简称《联合国国际商事仲裁示范法》）将"国际"一词作如下理解[①]："An arbitration is international if：(a) the parties to an arbitration agreement have，at the time of the conclusion of that agreement，their places of business in different States；or (b) one of the following places is situated outside the State in which the parties have their places of business：(i) the place of arbitration if determined in，or pursuant to，the arbitration agreement；(ii) any place where a substantial part of the obligations of the commercial relationship is to be performed or the place with which the subject-matter of the dispute is most closely connected；or (c) the parties have expressly agreed that the subject-matter of the arbitration agreement relates to more than one country."根据上述规定，《联合国国际商事仲裁示范法》对"国际"一词的理解是广义的，其判断标准并不仅限于不同国籍的当事人，同时还考虑了其他因素。

国际商会最早将国际商事仲裁限定为不同国家之间的公民就发生的争议提起仲裁的情形。但后来作了修改，在颁布的说明手册中作出如下解释[②]："仲裁的国际性质并不意味着当事人必须具有不同国籍。由于不同缔约实体的缘故，合同可以超越国界，例如同一国家的两个公民在另一国家履行的合同，或者一个国家与在其境内经商的外国子公司订立了合同。"从该解释可以看出，国际商会对"国际"的解释也是广义的。

我国立法对国际经济仲裁的"国际"性认定标准没有作出明确规定，但是从《民事诉讼法》和《仲裁法》等法律的规定可以看出，我国对"国际"的理解是依仲裁当事人的国籍、住所、营业地以及争议的性质来确定一项仲裁是否属于国际性仲裁，实际上也是一种广义理解。

关于"商事"（commercial）一词的理解，《联合国国际商事仲裁示范法》第1条的注释载明："The term 'commercial' should be given a wide interpretation so as to cover matters arising

① 《联合国国际贸易法委员会国际商事仲裁示范法》第1条第3款。

② 参见李建：《中国法院在国际商事仲裁中的地位和作用》，载《国际法学论丛》，563页，北京，当代世界出版社，1999。

from all relationships of a commercial nature，whether contractual or not. Relationships of a commercial nature include，but are not limited to，the following transactions：any trade transaction for the supply or exchange of goods or services；distribution agreement；commercial representation or agency；factoring；leasing；construction of works；consulting；engineering；licensing；investment；financing；banking；insurance；exploitation agreement or concession；joint venture and other forms of industrial or business co-operation；carriage of goods or passengers by air，sea，rail or road.”

在加入《承认及执行外国仲裁裁决公约》（New York Convention on Recognition and Enforcement of Foreign Arbitral Award，《纽约公约》）后，我国最高人民法院在 1987 年发布了《关于执行我国加入的〈承认及执行外国仲裁裁决公约〉的通知》，该通知第 2 项对于“商事”一词作出了相关解释：“根据我国加入该公约时所作的商事保留声明，我国仅对按照我国法律属于契约性和非契约性的商事法律关系引起的争议适用该公约。所谓‘契约性和非契约性的商事法律关系’，具体是指由于合同、侵权或者根据有关法律规定而产生的经济上的权利义务关系，例如货物买卖、财产租赁、工程承包、加工承揽、技术转让、合资经营、合作经营、勘探开发自然资源、保险、信贷、劳务、代理、咨询服务和海上、民用航空、铁路、公路的客货运输以及产品责任，环境污染、海上事故和所有权争议等，但不包括外国投资者与东道国政府之间的争端。”

2. 国际贸易仲裁的特点

国际贸易仲裁具有如下特点：（1）以当事人自愿为前提。即当事人通过达成仲裁协议，约定仲裁事项、仲裁机构、仲裁程序规则、仲裁地点、适用的法律等。当事人达成的仲裁协议是仲裁机构受理仲裁案件的依据和前提。没有仲裁协议，任何仲裁机构都无权受理案件。（2）具有专业性和公正性。当事人可以选择常设仲裁机构，也可以选择临时仲裁机构，但实践中大多当事人选择在常设仲裁机构进行仲裁。常设仲裁机构不仅可以提供系统服务，其选聘的仲裁员也具有很强的专业性和职业道德，因此能够保证仲裁裁决的公正性。同时，仲裁机构有权在查明事实的基础上，独立自主地对争议进行裁决，不受其他方面的干预。（3）仲裁裁决具有终局性（finial）和可强制执行性。仲裁机构作出的仲裁裁决对当事人具有法律约束力，各方必须执行。如一方不履行仲裁裁决，另一方当事人有权申请法院予以强制执行。对于涉外仲裁裁决，当事人可以根据《承认及执行外国仲裁裁决公约》的规定要求该公约缔约有管辖权的法院承认及执行该裁决。（4）仲裁程序简单灵活。与诉讼相比，仲裁方式的程序规则更加简单灵活，有利于快速解决争议。（5）仲裁程序和仲裁结果具有保密性。国际贸易仲裁通常以不公开方式进行，有利于保护当事人的商业秘密，有助于各方日后进一步合作。

由于国际贸易仲裁的上述特点，特别是《承认及执行外国仲裁裁决公约》在世界范围内的广泛执行，使得国际经济仲裁明显优于其他争议解决方式，从而为更多国家的当事人选用。根据英国伦敦玛丽女王大学国际仲裁学院与 White & Case 律师事务所联合发布的《2021 年国际仲裁观察：仲裁在多变世界中的应用》[①]，在跨境争议中，有 31%的案件选用仲裁方式解决争议，59%的案件采用 ADR 与国际仲裁相结合的方式解决争议。

---

① Queen Mary University of London，White & Case LLP，2021 International Arbitration Survey：Adapting Arbitration to a Changing World，p. 5.

为了执行《承认及执行外国仲裁裁决公约》，很多国家对国际贸易仲裁规定了比国内仲裁更加灵活的制度和简便的程序。我国也是将国内仲裁与国际仲裁分别开来，《仲裁法》第七章专门设置了“涉外仲裁的特别规定”。例如依该章规定，外籍仲裁员可以参加涉外仲裁；法院对涉外仲裁裁决只作程序上的审查，不作实体审查等。

3. 国际立法

目前，大多数国家制定了仲裁方面的法律。为了统一和协调各国仲裁立法，一些国家和国际组织制定了多项与国际商事仲裁有关的国际条约，包括：(1) 日内瓦《仲裁条款议定书》(Geneva Protocol on Arbitration Clause)。它于 1923 年 9 月 24 日在日内瓦召开的国际联盟大会上签署，1924 年 7 月 28 日生效。这是世界上第一个关于国际商事仲裁方面的国际条约，目的是促使缔约各方相互承认仲裁协议的效力。(2) 日内瓦《执行外国仲裁裁决公约》(Geneva Convention on the Execution of Foreign Arbitral Awards of 1927)。它于 1927 年 9 月 26 日在日内瓦召开的国际联盟大会上通过，目的是弥补 1923 年《仲裁条款议定书》的不足。(3)《承认及执行外国仲裁裁决公约》。它于 1958 年 6 月 10 日在美国纽约召开的联合国国际商事仲裁会议上通过，1959 年 6 月 7 日生效。它是国际商事仲裁领域最具影响力的国际条约，到 2023 年 8 月底共有 172 个缔约方。我国于 1987 年 1 月 22 日批准加入该公约，1987 年 4 月 22 日起对我国生效。(4)《联合国国际商事仲裁示范法》。它于 1985 年 6 月 21 日由联合国贸法会通过，2006 年修订，目的是向各国提供商事仲裁立法样板，以促进国际商事仲裁制度的统一。由于该示范法吸收了大多数国家的做法，因而得到许多国家采用。示范法规定了总则、仲裁协议、仲裁庭的组成、仲裁庭的管辖权、仲裁程序的进行、裁决的作出和程序的终止、对裁决的追诉、裁决的承认和执行等。

此外，一些国家和地区还达成了区域性国际商事仲裁条约：(1)《欧洲国际商事仲裁公约》(European Convention on International Commercial Arbitration of 1961)。它于 1961 年 4 月 21 日在联合国欧洲经济委员会的主持下在日内瓦签署，于 1964 年 1 月 7 日生效。(2)《美洲国家国际商事仲裁公约》(Inter-American Convention on International Commercial Arbitration)，它于 1975 年 1 月 30 日在巴拿马召开的美洲国家会议上通过，1976 年 6 月 16 日生效。

4. 国内立法

作为争议解决的重要方式之一，大部分国家和地区制定了专门的仲裁法。例如《瑞典仲裁法》《英国 1996 年仲裁法》《美国联邦仲裁法》《法国仲裁法》《印度 1996 年仲裁与调解法》《新加坡 2001 年仲裁法》《加拿大 1991 年仲裁法》等。也有一些国家主要是在民事诉讼法中对仲裁做出规定。例如《德国民事诉讼法》《日本民事诉讼法》等。

我国在《民事诉讼法》之外专门制定了仲裁法。1994 年 8 月 31 日，全国人大常委会通过了《中华人民共和国仲裁法》(以下简称《仲裁法》)，规定了总则、仲裁委员会和仲裁协会、仲裁协议、仲裁程序（申请和受理、仲裁庭的组成、开庭和裁决）、申请撤销裁决、执行、涉外仲裁的特别规定、附则。该法既适用于国内当事人之间的仲裁，也适用于涉外经济贸易、运输和海事中发生的纠纷的仲裁。为执行该法，最高人民法院还在 2005 年 12 月 26 日通过了《关于适用〈中华人民共和国仲裁法〉若干问题的解释》(简称《仲裁法司法解释》)。2021 年 7 月 30 日，司法部发布《仲裁法》(修订) 征求意见稿，旨在结合实践需求、立足我国国情、借鉴国际有益经验，打造具有中国特色并与国际接轨的仲裁法律制度，包括完善总则中的规定、仲裁机构制度、与仲裁员和中国仲裁协会有关的规定、仲裁协议制度、仲裁程序规范、撤销裁决及其重新仲裁制度、裁决执行制度以及涉外仲裁规定，同时还增加了临时仲裁制度。到2023年8月，修订后的《仲裁法》仍未发布。此外，我国《民事诉讼法》对仲裁司法监督有关的问题作出多项规定。

（四）国际贸易诉讼

国际贸易诉讼（litigation）是国际民事诉讼的一种，是指国际贸易争议当事人将争议提交某一国家法院予以审理的争议解决方法。与仲裁相比，国际贸易诉讼具有如下特点：(1) 必须遵从严格的法律程序。法院必须按照规定的诉讼程序进行审理并作出判决或裁决等。(2) 法院根据多个标准对案件行使管辖权。包括根据当事人达成的协议进行管辖以及由被告所在地法院管辖，但是某些专属管辖的案件则排除当事人的协议管辖。(3) 受仲裁的排斥。如果争议当事人约定以仲裁方式解决纠纷，法院就无权受理该项争议。仲裁裁决作出后，法院也不得再受理该案，但可以对仲裁行使监督权（即有权进行司法审查）。(4) 诉讼程序具有公开性。大多数诉讼案件公开进行审理，个别情况下不公开进行，例如涉及国家安全、个人隐私等情形的案件。(5) 允许上诉。一方当事人如对法院作出的判决或裁决不服，可以向上一级法院提起上诉。

由于诉讼在程序上比其他争议解决方式更加复杂，而且很多国家并未达成或加入承认和执行外国法院判决的国际条约，因此诉讼通常是在当事人无法通过协商或调解解决争议并且也没有达成仲裁协议的情况下采用。

（五）ADR方式

1. ADR方式的特点

近些年来，一些国家在调解的基础上开始使用ADR方式（alternative dispute resolution）。ADR是起源于美国的争议解决新方式，意为“替代性争议解决方式”。目前，国际商会以及部分国家的民间机构提供了ADR服务。① 有些国家的法院也开始运用ADR程序，例如英国的中央伦敦郡法院在1996年曾试行调停方案。

ADR泛指仲裁和诉讼之外的其他争议解决方式。即ADR是一种以某种形式协商解决争议的方式。② 例如，国际商会指出：“‘ADR’, as used by ICC, therefore does not include arbitration but only proceedings which do not result in a decision or award of the Neutral which can be enforced at law.”③

通过ADR方式达成的协议不具有法律约束力，如果一方当事人不履行该协议，仍然需要以仲裁或诉讼方式解决。实践中，一些当事人在合同中约定“ADR——仲裁方式”。例如，香港新机场工程即采用了该做法④，其工程承包合同规定了以下顺序的争议解决方式：将争议提交工程师解决；调解；裁判；仲裁。其中，调解、裁判、仲裁由香港国际仲裁中心管理。由于ADR方式通常是在提交仲裁或诉讼之前进行，有的学者将其称为“过滤程序”。

2. ADR方式的应用

国际商会制定了《ADR规则》(ICC ADR Rules)，并给予说明：“The ICC ADR Rules offer a framework for the amicable settlement of commercial disputes with the assistance of a neu-

①② 参见陈立彤、李菁译：《备用争议解决方式（ADR）的功能及在国际商事领域的应用》，载《国际商报》，1999-06-20.

③ http://www.iccwbo.org/drs/english/adr/guide.asp.

④ 参见朱建林：《ADR的几种做法》，载《国际商报》，1998-09-05。

tral. They were launched in 2001 to replace the 1988 Rules of Conciliation. Under the ICC ADR Rules，parties may freely choose the settlement technique they consider most appropriate to their situation. This may be mediation，whereby a neutral helps the parties to settle their differences through negotiation；a mini-trial，in which a panel comprising a neutral and a manager from each party proposes a solution or gives an opinion；or a neutral evaluation of a point of law or fact. Common to all these techniques is the fact that the decision reached by or in collaboration with the neutral is not binding upon the parties，unless they agree otherwise. The success of the chosen technique will depend largely on the qualities of the neutral. He or she may be designated directly by the parties or appointed by ICC. In the latter case，the parties may specify certain requirements as to the qualifications or attributes the neutral should possess. Lastly，the parties are not limited to a single technique，but may find it useful to apply a combination of settlement techniques."

国际商会建议合同中的 ADR 条款应载明如下内容："The parties may at any time，without prejudice to any other proceedings，seek to settle any dispute arising out of or in connection with the present contract in accordance with the ICC ADR Rules."①

根据国际商会的做法，"The ADR settlement techniques that can be used under the Rules include the following：Mediation；Neutral evaluation；Mini-trial；Any other settlement technique；or A combination of settlement techniques. The above list is，by its very nature，neither limiting nor exhaustive. It is important，however，that the parties have the same approach to the settlement technique to be used"②。

这些 ADR 方式主要有如下特点。

（1）调解和调停（mediation）。与上文所述调解基本相同。"Mediation is the settlement technique in which the Neutral acts as a facilitator to help the parties try to arrive at a negotiated settlement of their dispute. The Neutral is not requested to provide any opinion as to the merits of the dispute. To facilitate an amicable settlement，the Neutral generally holds joint meetings with all of the parties present and may also hold separate meetings，often called caucuses，with each of the parties alone. These meetings permit the Neutral to create an atmosphere appropriate for negotiations，obtain useful information，identify the interests of each party and help the parties find common ground for the resolution of their dispute. Any oral statements or written documents provided to the Neutral by one party during a separate meeting or otherwise will not be conveyed to the other party unless the first party has explicitly authorized the Neutral to do so."③ 也就是说，调解和调停是在当事人之外的中立第三方主持下，由该第三方以中间人身份在分清是非和责任的基础上，根据法律和合同规定，并参考国际惯例，提供解决争议方案和有关意见，促使争议各方在互谅互让基础上达成调解协议，解决争议。

（2）中立者的评价（neutral evaluation）。根据国际商会的做法，"in accordance with this settlement technique，the parties ask the Neutral to provide a non-binding opinion or evaluation concerning one or more matters，such as：an issue of fact；a technical issue of any kind；an issue of law；an issue concerning the application of the law to the facts；an issue concerning the inter-

①②③ http：//www. iccwbo. org/index _ adr. asp.

pretation of a contractual provision; an issue concerning the modification of a contract"①。也就是说，该做法是指由双方当事人聘请中立者提供意见。美国公共资源中心提供了"中立庭审者协议"制度②，各方向中立者递交最佳解决方案，该中立者向各方指出该方案的可行性，如果可行，中立者将帮助各方达成和解协议。

（3）微型听审（mini-trial）。根据国际商会的做法，"Mini-trial is the settlement technique in which a panel is constituted comprising the Neutral, as a facilitator, and a manager of each of the parties to the dispute. Each manager should in principle have the authority to bind the party which selected him or her and should not have been directly involved in the dispute. Each party presents its position to the panel in a concise and brief manner, after which, depending upon the situation, the panel seeks a solution acceptable to all of the parties or expresses an opinion on the positions of each side"③。微型听审主要用于解决公司之间的争议，它是指将争议提交一专门小组，该小组成员包括双方公司各自指定的一名高级管理人员（与争议无关）以及一名作为首席的中立第三人。该专门小组负责对争议进行审理，并作出一致意见。如果专门小组中的三人不能达成一致意见，由首席提出解决方案。

（4）其他争议解决方式（any other settlement technique）。根据国际商会的做法，"The parties, in consultation with the Neutral and within the framework of Article 5 (1), may agree upon any appropriate ADR settlement technique that would help them resolve their dispute amicably."

（5）综合性争议解决方式（combination of settlement techniques）。"It may be useful to conduct ICC ADR proceedings using a combination of settlement techniques. For example, the Neutral could be asked to give his or her opinion on a specific issue in the course of a mediation. Regardless of the settlement technique chosen, the Neutral cannot bind the parties. However, the parties may agree contractually to abide by the Neutral's opinion, evaluation or recommendation. During the first discussion, the parties should also seek to agree upon the most appropriate procedure to be followed. The specific procedure can include any of the following elements: procedural calendar; exchange of documents; production of memoranda; identification of persons taking part in the proceedings; meetings between the parties and the Neutral; other means to ensure the smooth execution of the procedure."④

三、解决国际贸易争议所适用的法律

国际贸易争议的法律适用是指在国际贸易争议发生后，适用哪个国家的法律解决该争议。由于国际贸易争议当事人处于不同国家和地区或者争议标的物需要作跨越国界的移动，因此经常涉及两个以上国家的法律适用问题。而各个国家对同一问题的法律规定又不尽相同，因此正确选择解决争议适用的法律对于维护各方当事人的利益至关重要。

解决争议适用的法律包括实体法和程序法。实体法（substantive Law）是指规定具体权利和义务的法律，程序法（procedural law）则是指为了确保实体法规定的权利和义务得以实现而

---

① http://www.iccwbo.org/index_adr.asp.

② 参见陈立彤、李菁译：《备用争议解决方式（ADR）的功能及在国际商事领域的应用》，载《国际商报》，1999-06-20。

③④ http://www.iccwbo.org/index_adr.asp.

对程序问题作出的规定。在法律适用方面，通常遵守以下原则：(1) 合同对适用的实体法有明确规定的，按合同规定执行。但是当事人选择的实体法违反裁决地所在国家的强制性规范或公共秩序时，选择无效。通常情况下，当事人可以在争议发生前或后共同协商选择适用的实体法，由当事人选择法律适用法的原则称之为“意思自治原则”。(2) 合同对适用的实体法没有明确规定的，由裁判者决定。大多数国家规定，当事人对争议解决未作出法律适用选择时，由裁决者根据最密切联系原则进行选择。例如，我国《涉外民事关系法律适用法》第 41 条规定：“当事人可以协议选择合同适用的法律。当事人没有选择的，适用履行义务最能体现该合同特征的一方当事人经常居所地法律或者其他与该合同有最密切联系的法律。”

第二节 国际贸易仲裁

一、仲裁协议

(一) 仲裁协议的概念、分类和形式

1. 仲裁协议的概念与分类

仲裁协议 (arbitration agreement) 是指当事人在合同中订立的仲裁条款或者以其他书面方式在纠纷发生前或纠纷发生后达成的将争议提交仲裁的协议。即仲裁协议分为两种类型：仲裁条款、仲裁协议书。

(1) 仲裁条款。

仲裁条款 (arbitration clause) 是仲裁协议的基本和主要形式，它是指争议当事人在合同书中载明将日后可能发生的争议提交仲裁机构解决的专门条款。

为了确保仲裁条款的有效性，一些常设仲裁机构发布了标准仲裁条款 (standard arbitration clauses)，供争议当事人采用。例如，中国国际经济贸易仲裁委员会 (CIETAC) 提供的示范仲裁条款 (model arbitration clauses) 如下：“凡因本合同引起的或与本合同有关的任何争议，均应提交中国国际经济贸易仲裁委员会 (贸仲)，按照申请仲裁时贸仲有效的仲裁规则进行仲裁。仲裁裁决是终局的，对双方均有约束力。”[Any dispute arising from or in connection with this contract shall be submitted to China international Economic and Trade Arbitration Commission (CIETAC) for arbitration which shall be conducted in accordance with the Commission's arbitration rules in effect at the time of applying for arbitration. The arbitral award is final and binding upon both parties.] 国际商会仲裁院 (ICC International Court of Arbitration) 推荐的示范仲裁条款是：“因本合同引起或者与本合同有关的任何争议应当依据国际商会仲裁规则由根据该规则指定的一个或多个仲裁员最终解决。”(All disputes arising out of or in connection with the present contract shall be finally settled under the Rules of Arbitration of the International Chamber of Commerce by one or more arbitrators appointed in accordance with the said Rules.)

(2) 仲裁协议书。

仲裁协议书 (submission to arbitration) 是指当事人在合同书之外，于争议发生前或发生后单独订立的载明将该合同争议提交仲裁机构解决的协议。尽管仲裁协议书单独订立和签署，但是大多数国家均承认此类仲裁协议书与合同书中的仲裁条款具有同等法律效力。例如，我国《仲裁法》第16条第1款明确规定："仲裁协议包括合同中订立的仲裁条款和以其他书面方式在纠纷发生前或者纠纷发生后达成的请求仲裁的协议。"

2. 仲裁协议的形式要求

无论是哪种类型的仲裁协议，大多数国家都要求以书面（writing）形式订立方为有效，少数国家对此无硬性规定。

在国际条约层面，1958年6月10日由联合国国际商事仲裁会议通过的《承认及执行外国仲裁裁决公约》第2条第1、2款规定："（一）如果双方当事人书面协议，同意将与可通过仲裁方式解决之事项有关的不论是否属于契约关系的特定法律关系所产生或可能产生的全部或任何争议提交仲裁，每一个缔约国应该承认这种协议。（二）书面协议包括当事人所签署或在互换函电中所载明的合同仲裁条款或仲裁协议书。"从上述规定可以看出，《承认和执行外国仲裁裁决公约》明确了书面仲裁协议的效力，并对"书面"形式给出了广义和宽松解释。《联合国国际商事仲裁示范法》第7条规定，仲裁协议应是书面的。如果一项仲裁协议的内容以任何方式被记录，无论该仲裁协议或者合同是以口头、行为或其他方式达成，该仲裁协议均构成书面形式。如果电子通信包含的信息可以调取以备日后查用，即满足了仲裁协议的书面形式要求。"电子通信"是指当事人以数据电文方式发出的任何通信，"数据电文"则是指经由电子手段、磁化手段、光学手段或类似手段生成、发送、接收或储存的信息，这些手段包括但不限于电子数据交换、电子邮件、电报、电传或传真。如果一项仲裁协议载于索赔声明和抗辩声明中，并且一方当事人声称有协议而另一方当事人不予否认的，即为书面协议。在合同中提及载有仲裁条款之文件的，只要此种提及可使该仲裁条款成为该合同的一部分，即构成书面形式的仲裁协议。

关于"书面"的理解，一些国家的仲裁立法与实践采取宽松态度。例如，英国《1996年仲裁法》第5条（书面协议）规定，以下三种情形视为存在"书面协议"（agreement in writing）：（1）协议是以书面形式达成（无论其是否由当事人签字）；（2）协议是通过书面通讯交换方式达成；（3）协议以书面形式被证明。如果当事人通过援用书面文件中的条款以书面之外的其他形式达成一致，视为其达成了书面协议。如果一项以书面之外的其他形式达成的协议被一方当事人或者该协议当事人授权的第三人记录下来，则该协议属于以书面形式证明的协议。此外在英国的Zambia Steel v. Clark & Eaton（1986）一案中①，买卖双方以口头方式达成买卖协议，并且卖方在报价时提供了一份标准买卖合同，该格式合同中有一仲裁条款。买方未曾对该格式合同予以书面答复或者拒绝，而是根据格式合同的规定予以履行。事后，买方认为货物存在问题，到法院起诉卖方。卖方主张应终止该诉讼，因为双方之间不存在书面仲裁协议，双方并未书面同意卖方所提供的标准买卖合同中的仲裁条款。上诉庭经审理后认为存在书面形式的仲裁条款，因为书面形式不必是你书面来我书面去，只需要有书面载体记录了仲裁协议，当事方可以使用证据说明双方在行动上或口头上对此书面记录是同意的。该案作出的上述判决对"书面"形式的宽松解释既符合英国《1996年仲裁法》的规定，也切合国际经济交往的现实需要，简化了交易程序。如果一味坚持"书面来，书面去"的做法，将导致许多仲裁协议处于无

---

① 参见杨良宜：《国际商务仲裁》，78页，北京，中国政法大学出版社，1997。

效境地，不利于争议的迅速解决。

在我国，《仲裁法》第 16 条规定，仲裁协议应当采用书面形式。但是该法对“书面”的含义并没有作出具体解释。从传统意义上而言，书面形式是指将协议内容载于纸张上的方式。但是随着全球电子传输技术的发展，书面形式的传统解释过于狭窄，无法适应当今经济发展的需要，必须扩大解释。我国《民法典》第 469 条规定：“当事人订立合同，可以采用书面形式、口头形式或者其他形式。书面形式是合同书、信件、电报、电传、传真等可以有形地表现所载内容的形式。以电子数据交换、电子邮件等方式能够有形地表现所载内容，并可以随时调取查用的数据电文，视为书面形式。”《仲裁法》对仲裁协议的书面要求可以执行该规定。

（二）仲裁协议的内容

各国对仲裁协议内容的要求繁简不一。大多数国家要求只要当事人表明将争议提交仲裁的意愿，仲裁协议就是有效的，并不要求仲裁协议必须规定某些特定内容，例如写明仲裁机构等。例如，《英国 1996 年仲裁法》第 6 条规定，仲裁协议是指将目前和未来的争议（无论该争议是否属于合同争议）提交仲裁的协议。该法并未对仲裁协议应具备的其他内容提出任何要求。《联合国国际商事仲裁示范法》也未对仲裁协议应具备内容提出要求，仅在第 7 条规定，“仲裁协议”是指当事人同意将其契约或非契约性法律关系中已经发生或可能发生的所有争议或某些争议提交仲裁的协议。

我国《仲裁法》对仲裁协议的规定较为严格，要求仲裁协议具备下列三项内容：(1) 请求仲裁的意思表示；(2) 仲裁事项；(3) 选定的仲裁委员会。如果存在下列情形，仲裁协议无效：约定的仲裁事项超出法律规定的仲裁范围；无民事行为能力人或者限制民事行为能力人订立的仲裁协议；一方采取胁迫手段迫使对方订立仲裁协议。《仲裁法》还规定，仲裁协议对仲裁事项或者仲裁委员会没有约定或约定不明确的，当事人可以补充协议；达不成补充协议的，仲裁协议无效。也就是说，依照中国法律的规定，双方当事人必须在仲裁协议中指定仲裁机构。

虽然各国对仲裁协议应载明的内容没有形成统一共识，但是为了便于仲裁程序的顺利进行，仲裁协议不仅应规定仲裁事项、选定的仲裁机构，还应规定仲裁适用的程序法和实体法、仲裁裁决的效力、仲裁费用的承担等。

（三）仲裁协议的效力和作用

纵观大多数国家仲裁法律的规定，仲裁协议具有以下效力和作用。

1. 仲裁协议是仲裁机构行使仲裁管辖权 (jurisdiction) 的依据

仲裁机构只受理当事人根据双方达成的仲裁条款或仲裁协议书提交的争议案件，不受理没有仲裁协议或者未约定由其负责仲裁的任何争议案件。我国《仲裁法》第 4 条明确规定：“当事人采用仲裁方式解决纠纷，应当双方自愿，达成仲裁协议。没有仲裁协议，一方申请仲裁的，仲裁委员会不予受理。”

2. 仲裁协议排除法院的司法管辖权

仲裁协议排斥司法管辖有两方面的含义：一是指争议当事人达成仲裁协议后必须受仲裁协议约束，在发生争议后依照仲裁协议的规定向双方指定的仲裁机构提出仲裁请求，而不得向法院提起诉讼。我国《仲裁法》第 5 条明确规定：“当事人达成仲裁协议，一方向人民法院起诉的，人民法院不予受理，但仲裁协议无效的除外。”第 26 条进一步规定：“当事人达成仲裁协议，一方向人民法院起诉未声明有仲裁协议，人民法院受理后，另一方在首次开庭前提交仲裁协议的，人民法院应当驳回起诉，仲裁协议无效的除外；另一方在首次开庭前未对人民法院受理该案提出异议的，视为放弃仲裁协议，人民法院应当继续审理。"《承认及执行外国仲裁裁决公约》第2条第3款也有类似规定：如果一缔约国法院受理某一案件，而当事人针对该案所涉事项已经达成仲裁协议，则除非法院查明该项仲裁协议无效、未生效或者不可能执行，应该依照一方当事人的请求责令当事人将案件提交仲裁。仲裁协议排斥司法管辖的另一方面含义是指仲裁机构作出仲裁裁决后，当事人不能就同一纠纷再向法院起诉。但是如果仲裁裁决被法院裁定撤销或者不予执行的，当事人可以就同一纠纷向法院提起诉讼。例如，我国《仲裁法》第9条规定："仲裁实行一裁终局的制度。裁决作出后，当事人就同一纠纷再申请仲裁或者向人民法院起诉的，仲裁委员会或者人民法院不予受理。裁决被人民法院依法裁定撤销或者不予执行的，当事人就该纠纷可以根据双方重新达成的仲裁协议申请仲裁，也可以向人民法院起诉。"

3. 仲裁协议具有独立性

仲裁协议的独立性是指仲裁协议（包括仲裁条款和仲裁协议书）在效力上与合同的其他条款相互独立，国际商事合同发生变更、解除、终止、无效或失效以及存在与否，均不影响仲裁协议的法律效力。一方当事人仍然可以依据仲裁协议的规定提交双方约定的仲裁机构进行仲裁。《联合国国际贸易法委员会仲裁规则》第23条第1款规定：仲裁庭有权决定仲裁条款为其组成部分的合同是否存在及其效力。作为合同组成部分并按规定的国际商会仲裁规则进行仲裁的仲裁条款独立于合同的其他条款。仲裁庭根据无效合同和被废除合同做出的裁决不会在法律上影响仲裁条款的效力。例如我国《仲裁法》第19条明确规定："仲裁协议独立存在，合同的变更、解除、终止或者无效，不影响仲裁协议的效力。"

4. 仲裁协议是仲裁机构确定仲裁事项范围的依据

仲裁协议除规定受理案件的仲裁机构外，还规定仲裁的事项。仲裁机构只能在争议当事人约定的仲裁事项范围内进行仲裁，不能超越范围。我国《仲裁法》第58条规定，裁决的事项不属于仲裁协议的范围时，仲裁委员会所在地的中级人民法院有权撤销该仲裁裁决。《承认及执行外国仲裁裁决公约》第5条也规定：如果裁决涉及仲裁协议未提及的争议或者仲裁协议规定范围之外的争议或者裁决中含有对仲裁协议约定范围以外的事项作出的决定，被请求承认和执行仲裁裁决的管辖机构有权拒绝承认和执行该项仲裁裁决。

二、仲裁地点

仲裁地点是指争议案件在何地进行仲裁。仲裁地点的确定对当事人至关重要，它决定仲裁所要适用的程序法甚至实体法，决定该地仲裁机构作出的仲裁裁决是否能够得到执行。在签订仲裁协议时，当事人在选择仲裁地点时通常考虑以下因素：该地点是否在《承认及执行外国仲裁裁决公约》成员国的领土范围内；该地有关仲裁程序的规定以及是否可以选择其他仲裁机构的仲裁规则；该地法院对仲裁裁决的干预程度；该地对境外仲裁员选任的要求；仲裁费用的收取标准；仲裁机构的声誉等等。

实践中，当事人由于对本国仲裁法律比较熟悉，通常首选在本国仲裁，其次选择到中立的第三国进行仲裁。无论在何地仲裁，为了使仲裁裁决能够在败诉方所在国家执行，该地必须是《承认及执行外国仲裁裁决公约》的参加方。

我国《仲裁法》第6条规定："仲裁委员会应当由当事人协议选定。仲裁不实行级别管辖和地域管辖。”从该条可以看出，我国也是赋予当事人自由选择仲裁地点的权利。

三、仲裁机构

从组织形式上，可以将仲裁机构分为临时仲裁机构和常设仲裁机构。提交临时仲裁机构进行的仲裁称为临时仲裁（也称特别仲裁），提交常设仲裁机构的仲裁称为常设仲裁（也称机构仲裁）。

（一）临时仲裁机构

临时仲裁机构（ad hoc arbitration institution）是指双方当事人根据达成的仲裁协议，在争议发生后按照仲裁地所在国家的仲裁法规定自行选任仲裁员组成的仲裁机构。仲裁裁决作出后，该机构即行解散。由临时仲裁机构进行仲裁的优势在于，争议当事人在仲裁员的选任、仲裁程序的选定和适用方面有较大自主权。但是由于临时仲裁无固定的组织机构、地点和规则，缺乏相应的行政配备和便利（例如文件送达、仲裁开庭场所与记录等），因此我国《仲裁法》并未规定这种形式的仲裁。

（二）常设仲裁机构

常设仲裁机构（permanent arbitration institution）是指依照国际条约或者国内法组成的有固定名称、地址、仲裁程序规则和组织机构的永久性仲裁机构。由于常设仲裁机构拥有固定的组织机构和章程、不断更新仲裁程序规则、健全的行政管理制度、完善的设施以及可供选择的仲裁员名册等，因此其相对临时仲裁机构具有稳定性和完善的服务与监督机制。

目前，许多国家设有常设仲裁机构，并在国际上具有重要影响。我国《仲裁法》没有规定临时仲裁制度，因此主要通过设立常设仲裁机构解决仲裁案件。我国涉外仲裁机构最早只有中国国际贸易促进委员会（也称中国国际商会）下设的中国国际经济贸易仲裁委员会（CIETAC）和中国海事仲裁委员会，但是在《仲裁法》颁布后，依照该法设立的各地仲裁机构（例如北京仲裁委员会、广州仲裁委员会等）也有权受理涉外仲裁案件。此外，上海国际经济贸易仲裁委员会、华南国际经济贸易仲裁委员会也是常设仲裁机构。

在国际上，国际商会仲裁院、斯德哥尔摩商会仲裁院、伦敦国际仲裁院、新加坡国际仲裁中心（SIAC）、美国仲裁协会、香港国际仲裁中心、日本商事仲裁协会、世界银行“解决国际投资争端国际中心”（ICSID）、世界知识产权组织仲裁中心均具有较大影响。国际商会仲裁院（the International Court of Arbitration of ICC）是国际商会下设的商事仲裁机构，1923 年在法国巴黎成立，其仲裁规则对仲裁申请、仲裁庭的组成、仲裁程序、法律适用、仲裁裁决的作出等作了明确规定。斯德哥尔摩商会仲裁院（Arbitration Institute of the Stockholm Chamber of Commerce，SCC）于 1917 年成立，是瑞典的全国性仲裁机构，可以根据当事人的申请采用《联合国国际贸易法委员会仲裁规则》。伦敦国际仲裁院（the London Court of International Arbitration，LCIA）于 1892 年成立，同样也可以根据当事人的申请采用《联合国国际贸易法委员会仲裁规则》。美国仲裁协会（American Arbitration Association，AAA）于 1926 年成立，总部设在纽约，受理争议的范围广泛，包括商事争议以及家庭、消费者、劳动雇佣和团体等方面的争议。该机构可以根据当事人的申请采用其他机构的仲裁规则。日本商事仲裁协会（The Japan Commercial Arbitration Association，JCAA）于 1950 年成立，总部设在东京，可以根据当事人的申请采用《联合国国际贸易法委员会仲裁规则》。香港国际仲裁中心（Hong Kong International Arbitration Center，HKAC）于 1985 年成立，可以适用《联合国国际贸易法委员会仲裁规则》。世界知识产权组织仲裁中心（WIPO Arbitration and Mediation Center）于1993年7月23日由世界知识产权组织设立，1994年7月1日开始运行，仲裁服务面向个人、企业、国家（不限于缔约国），受案范围主要是与知识产权有关的争议。

四、仲裁程序规则

仲裁程序规则（arbitration rules）（也称仲裁规则）是指争议当事人和仲裁机构在仲裁过程中均应遵守的规则，主要包括仲裁申请的提出、答辩、指定仲裁员、仲裁庭的组成、仲裁审理、仲裁裁决的作出、仲裁裁决的法律效力等内容。仲裁程序规则是仲裁机构和当事人进行仲裁的重要行为准则，是确保仲裁方式得以公平公正和顺利进行的重要保障。

根据制定者的不同，可以将仲裁程序规则分为三种：一是争议当事人或者临时仲裁机构制定的临时仲裁规则；二是常设仲裁机构制定的仲裁规则；三是国际组织制订的仲裁示范规则，例如《联合国国际贸易法委员会仲裁规则》。关于仲裁规则的选择，各仲裁机构做法不一。有的仲裁机构规定，如果争议当事人选择该机构作为争议案件的仲裁机构，则必须适用该机构的仲裁规则。有的仲裁机构则允许争议当事人选择采用其他机构的仲裁规则。如果通过临时仲裁解决争议，当事人可以自由选择临时仲裁适用的仲裁规则。

联合国并未设立常设仲裁机构，但在1976年12月15日召开的联合国第31届大会上通过了《联合国国际贸易法委员会仲裁规则》，供争议当事人自愿采用。该规则规定了总则、仲裁庭的组成、仲裁程序、裁决的作出和效力等内容。由于该规则充分吸收了常设仲裁机构仲裁规则的成功经验，得到国际上的广泛认可和采纳。

（一）仲裁申请的提出和受理、答辩

1. 仲裁申请的提出

仲裁申请是指当事人根据达成的仲裁协议，请求将争议提交仲裁的意思表示。我国《仲裁法》第22条和第23条明确规定："当事人申请仲裁，应当向仲裁委员会递交仲裁协议、仲裁申请书及副本。""仲裁申请书应当载明下列事项：（一）当事人的姓名、性别、年龄、职业、工作单位和住所，法人或者其他组织的名称、住所和法定代表人或者主要负责人的姓名、职务；（二）仲裁请求和所根据的事实、理由；（三）证据和证据来源、证人姓名和住所。"第27条规定："申请人可以放弃或者变更仲裁请求。被申请人可以承认或者反驳仲裁请求，有权提出反请求。"

2. 仲裁案件的受理

仲裁机构受理案件的前提是当事人达成仲裁协议并提交仲裁申请。仲裁机构在收到申请后经审查认为手续完备的，即向被申请人发出仲裁通知。仲裁机构主要审查仲裁申请是否载明仲裁事项、仲裁机构以及仲裁请求的事项是否在仲裁机构的受理权限范围内。如果仲裁协议并未载明提交仲裁的争议事项或受理案件的仲裁机构或者约定不明确，当事人也未对此达成补充协议，则该仲裁协议无效，仲裁机构不予受理。例如，我国《仲裁法》第24条规定："仲裁委员会收到仲裁申请书之日起五日内，认为符合受理条件的，应当受理，并通知当事人；认为不符合受理条件的，应当书面通知当事人不予受理，并说明理由。"第25条第1款进一步规定："仲裁委员会受理仲裁申请后，应当在仲裁规则规定的期限内将仲裁规则和仲裁员名册送达申请人，并将仲裁申请书副本和仲裁规则、仲裁员名册送达被申请人。"

3. 答辩

一方当事人提交仲裁申请后，大多数常设仲裁机构要求另一方当事人在规定期限内提交答辩书。例如我国《仲裁法》规定，仲裁委员会收到仲裁申请书后应在5日内决定是否受理并发出通知，同时应将仲裁规则和仲裁员名册在规定时间内送交申请人和被申请人。被申请人应在规定期限内提交答辩状。不提交答辩状的，不影响仲裁程序的进行。申请人可以放弃或者变更仲裁请求。被申请人可以承认或反驳仲裁请求，有权提出反请求。

（二）仲裁庭的组成

仲裁庭（panel of arbitrators）是指对当事人提交仲裁的争议进行审理的机构。各国仲裁法以及各仲裁机构的仲裁规则对仲裁庭的组成都有明确规定，内容包括仲裁员的指定、仲裁员的任命、仲裁员的回避和责任等。

1. 仲裁员的资格与回避

仲裁员一般由自然人担任，有的国家也允许由法人担任。各国对仲裁员资格普遍有以下要求：（1）具有民事行为能力和民事权利能力；（2）具有公正、独立和无私的道德品质；（3）具有一定的专业资格和能力。例如我国《仲裁法》第13条规定："仲裁委员会应当从公道正派的人员中聘任仲裁员。仲裁员应当符合下列条件之一：（一）通过国家统一法律职业资格考试取得法律职业资格，从事仲裁工作满八年的；（二）从事律师工作满八年的；（三）曾任法官满八年的；（四）从事法律研究、教学工作并具有高级职称的；（五）具有法律知识、从事经济贸易等专业工作并具有高级职称或者具有同等专业水平的。"

为了确保仲裁的公正性，大多数仲裁机构规定仲裁员应当在某些情况下回避。总的来讲，各国通常要求，只要当事人有合理理由怀疑仲裁员的公正性和独立性，就可以对仲裁员提出异议，要求其回避。仲裁员在发现自己存在法定回避的情形时，应当主动提出回避。我国《仲裁法》第34条详细规定了仲裁员回避的以下情况：是本案当事人或者当事人、代理人的近亲属；与本案有利害关系；与本案当事人、代理人有其他关系，可能影响公正裁决；私自会见当事人、代理人或者接受当事人、代理人的请客送礼的。

2. 仲裁庭的组成人数

大多数国家或仲裁机构要求仲裁庭由单数组成（多为一人独任或三人组成仲裁庭），以避免出现僵持现象。相比三人仲裁庭，独任仲裁员（sole arbitrator）通常审理金额较低的案件，可以节省仲裁费用，提高工作效率。我国《仲裁法》第30条规定："仲裁庭可以由三名仲裁员或者一名仲裁员组成。由三名仲裁员组成的，设首席仲裁员。"第32条进一步规定："当事人没有在仲裁规则规定的期限内约定仲裁庭的组成方式或者选定仲裁员的，由仲裁委员会主任指定。"

（三）开庭审理

大多数国家或仲裁机构均规定，仲裁案件应开庭审理，除非当事人约定可以进行书面审理；仲裁应当不公开进行，只有经争议当事人同意方可公开；当事人在审理过程中有权辩论和提供证据；在案件审理过程中至裁决作出前，一方当事人可以请求仲裁庭或法院对争议标的物或有关财产采取临时保全措施。例如我国《仲裁法》第39条和第40条规定："仲裁应当开庭进行。当事人协议不开庭的，仲裁庭可以根据仲裁申请书、答辩书以及其他材料作出裁决。""仲裁不公开进行。当事人协议公开的，可以公开进行，但涉及国家秘密的除外。"关于外国律师是否可以代表当事人参与仲裁审理，大多数国家和仲裁机构没有作出禁止性规定，但也有国家和仲裁机构禁止外国律师代表当事人参与仲裁审理。

（四）裁决

仲裁裁决（arbitral award）是指仲裁庭审理案件后作出的决定，其中包括裁决理由。各国仲裁法和仲裁机构通常规定仲裁裁决的作出方式、作出时间以及法律效力等。关于裁决的作出方式，有的国家规定，在仲裁庭处于僵持状态时，由公断人（umpire）作出裁决。公断人由仲裁员之外的第三人担任，通常是在该案所涉领域有丰富经验的专业人士。但是由于公断人只是在仲裁员的意见处于僵持状态时才介入，并未参与之前的仲裁程序，这就需要公断人对所有案情逐一了解，从而导致时间和费用方面的增加。

对于裁决的作出，我国《仲裁法》第53条、第55条、第57条、第62条分别规定："裁决应当按照多数仲裁员的意见作出，少数仲裁员的不同意见可以记入笔录。仲裁庭不能形成多数意见时，裁决应当按照首席仲裁员的意见作出。""仲裁庭仲裁纠纷时，其中一部分事实已经清楚，可以就该部分先行裁决。""裁决书自作出之日起发生法律效力。""当事人应当履行裁决。一方当事人不履行的，另一方当事人可以依照民事诉讼法的有关规定向人民法院申请执行。受申请的人民法院应当执行。"第58条第1款还规定："当事人提出证据证明裁决有下列情形之一的，可以向仲裁委员会所在地的中级人民法院申请撤销裁决：（一）没有仲裁协议的；（二）裁决的事项不属于仲裁协议的范围或者仲裁委员会无权仲裁的；（三）仲裁庭的组成或者仲裁的程序违反法定程序的；（四）裁决所依据的证据是伪造的；（五）对方当事人隐瞒了足以影响公正裁决的证据的；（六）仲裁员在仲裁该案时有索贿受贿，徇私舞弊，枉法裁决行为的。"

五、法院对仲裁裁决的监督权

尽管仲裁方式排斥司法管辖，但是大多数国家规定法院负责仲裁裁决的执行工作，因此法院在作出执行决定前需要对仲裁裁决进行审查。存在问题的，法院有权撤销仲裁裁决或者不予执行仲裁裁决。我国《仲裁法》第五章至第七章针对法院对仲裁的司法监督问题作出了详细规定，赋予了法院对仲裁裁决的裁定撤销权、中止撤销程序权、不予执行权。

1. 撤销裁决权

我国《仲裁法》第58条规定，国内仲裁当事人提出证据证明仲裁裁决有下列情形之一的，可以向仲裁委员会所在地中级人民法院申请撤销该仲裁裁决：(1) 没有仲裁协议；(2) 裁决的事项不属于仲裁协议的范围或者仲裁委员会无权仲裁；(3) 仲裁庭的组成或者仲裁程序违反法定程序；(4) 裁决所根据的证据是伪造的；(5) 双方当事人伪造了足以影响公正裁决的证据；(6) 仲裁员在仲裁该案时有索贿受贿、徇私舞弊、枉法裁决行为。人民法院经组成合议庭审查核实裁决有上述规定的情形之一的，应当裁定撤销。人民法院认为裁决违背社会公共利益的，应当裁定撤销。从上述规定可以看出，法院对国内仲裁裁决的监督范围不仅包括仲裁程序方面的审查，也包括证据方面的审查。

而在涉外仲裁裁决的撤销方面，《仲裁法》另有不同规定，法院对我国涉外仲裁机构作出的仲裁裁决的监督范围仅限于仲裁程序方面的审查，不包括证据等实体法方面的审查。① 根据

① 有学者认为，应将法院对国内仲裁裁决的监督范围也限制在仲裁程序审查方面。

我国《仲裁法》第70条的规定，当事人提出证据证明涉外仲裁裁决有立法时《民事诉讼法》第258条第1款规定的情形之一的，经人民法院组成合议庭审查核实，裁定撤销。现行《民事诉讼法》第291条第1款（与当时《民事诉讼法》第258条第1款相对应）规定："对中华人民共和国涉外仲裁机构作出的裁决，被申请人提出证据证明仲裁裁决有下列情形之一的，经人民法院组成合议庭审查核实，裁定不予执行：（一）当事人在合同中没有订有仲裁条款或者事后没有达成书面仲裁协议的；（二）被申请人没有得到指定仲裁员或者进行仲裁程序的通知，或者由于其他不属于被申请人负责的原因未能陈述意见的；（三）仲裁庭的组成或者仲裁的程序与仲裁规则不符的；（四）裁决的事项不属于仲裁协议的范围或者仲裁机构无权仲裁的。"

为保证诉讼和仲裁活动依法进行，我国对人民法院撤销我国涉外仲裁裁决建立了报告制度。一方当事人向法院申请撤销涉外仲裁裁决，法院经过审查认为具有《民事诉讼法》规定的撤销情形之一的，在裁定撤销裁决或通知仲裁庭重新仲裁之前，必须报请本辖区高级人民法院进行审查。如果高级人民法院同意撤销裁决或通知仲裁庭重新裁决，应将其审查意见报最高人民法院，待最高人民法院答复后方可撤销涉外仲裁裁决或通知仲裁庭重新仲裁。

2. 中止裁决撤销程序权

人民法院受理撤销裁决的申请后认为可以由仲裁庭重新仲裁的，应当通知仲裁庭在规定期限内重新仲裁，并裁定中止撤销程序。仲裁庭拒绝重新仲裁的，人民法院应当恢复撤销程序。① 此外，被申请人提出证据证明裁决有《民事诉讼法》规定的裁决不予执行情形之一的，经人民法院组成合议庭审查核实，裁定不予执行。仲裁裁决被人民法院裁定不予执行的，当事人可以根据双方达成的书面仲裁协议重新申请仲裁，也可以向人民法院起诉。

3. 中止裁决执行权

一方当事人申请执行仲裁裁决，另一方当事人申请撤销裁决的，人民法院应当裁定中止执行。撤销仲裁裁决的申请被裁定驳回的，人民法院应当裁定恢复执行。凡是裁定撤销仲裁裁决的，应当裁定终结执行。②

六、仲裁裁决的承认与执行

仲裁机构通常属于民间性质的机构，不具有强制执行仲裁裁决的能力。因此各国法律大多规定，如果败诉方不执行仲裁裁决，胜诉方有权要求有关国内法院对仲裁裁决予以强制执行。一般情况下，仲裁裁决多由败诉方财产所在地法院负责执行。

（一）外国仲裁裁决的承认与执行

法院对外国仲裁裁决（foreign arbitral award）的执行通常依照本国诉讼法执行，而且大多只进行形式审查。只要形式审查合格，则按本国法律规定执行该外国仲裁裁决。外国仲裁裁决在本国的执行问题十分复杂，不仅涉及争议各方当事人的经济利益，也涉及仲裁地和执行地所在国的国家利益，因此许多国家对外国仲裁裁决的执行都以外国仲裁裁决应首先获得本国承认为前提，并且附加了很多要求。

为了统一各国在承认和执行外国仲裁裁决方面的分歧，一些国家于1923年在日内瓦通过了《日内瓦仲裁条款议定书》（Geneva Protocol on Arbitration Clause），1927年通过了《日内

① 参见《仲裁法》第61条。
② 参见《仲裁法》第64条。

瓦执行外国仲裁裁决公约》(Geneva Convention on the Execution of Foreign Arbitral Award)。但是上述公约在执行外国仲裁裁决的条件上过于严格，并且手续烦琐，因此需要制定更加简化的国际公约，以方便外国仲裁裁决的执行，保证仲裁裁决的有效性，维护胜诉当事人的合法权益。为此，联合国经济与社会理事会于 1958 年 6 月在纽约召开了有 45 个国家和国际组织代表参加的国际商事仲裁会议，并在 6 月 10 日通过了《承认及执行外国仲裁裁决公约》(以下简称《纽约公约》)。该公约于 1959 年 6 月 7 日生效，到 2023 年 10 月共有 172 个缔约方。1923 年《日内瓦仲裁条款议定书》和 1927 年《日内瓦执行外国仲裁裁决公约》在《纽约公约》缔约国之间不再有效。由于《纽约公约》放宽了条件和简化了程序，使外国仲裁裁决更加容易得到执行，因而吸引众多国家加入，使其成为国际上最有影响的国际公约之一。

《纽约公约》有 16 条内容，主要规定了适用范围、拒绝承认和执行外国仲裁裁决的条件以及执行外国仲裁决的程序等。

1.《纽约公约》的适用范围

公约适用于因自然人或法人之间的争议而产生并在申请承认和执行地所在国以外的国家领土内作出的仲裁裁决。对于经申请承认和执行地所在国审查认为属于非内国裁决的仲裁裁决，《纽约公约》同样适用。即《纽约公约》适用于任何性质的仲裁裁决，包括商事仲裁裁决和非商事仲裁裁决。并且被申请执行地所在国家有权依照本国法的规定确定何为"内国裁决"(domestic awards)，非内国裁决适用该公约，内国裁决则不能适用该公约。

由于《纽约公约》的适用范围较宽，许多国家在加入该公约时对适用范围作出了保留。例如，中国、美国、英国、法国、日本、韩国、新加坡、印度、越南、印尼、阿根廷、比利时等许多缔约国作出如下保留：在适用《纽约公约》时仅限于承认和执行在另一缔约国领土内作出的裁决。中国、美国、阿根廷、印度、马来西亚、韩国、越南等国家作出如下保留：该国在适用《纽约公约》时仅限于根据国内法被认为属于商业性质（无论是否属于合同性质）的任何问题产生的法律纠纷。俄罗斯、罗马尼亚、白俄罗斯、保加利亚、捷克、斯洛伐克、立陶宛、乌克兰、越南作出如下保留：对非缔约国领土内作出的仲裁裁决在适用《纽约公约》时仅限于提供互惠待遇的国家。我国还作出了如下声明：中国政府在 1997 年 7 月 1 日恢复对香港的主权后，将立即按照中国加入《纽约公约》之初所作的声明将公约适用的领土范围延伸至中国香港特别行政区。2005 年 7 月 19 日，中国再次宣布将按照加入《纽约公约》之初所作的声明将公约适用于中国澳门特别行政区。

2. 拒绝承认和执行外国仲裁裁决的条件

根据《纽约公约》第 3 条和第 5 条的规定，一缔约国必须承认（recognition）和执行（enforcement）另一缔约国作出的仲裁裁决。除非存在下列情况，方可拒绝（refuse）承认和执行该裁决：(1) 根据对其适用的法律，仲裁协议双方当事人在当时处于无行为能力状态；或者根据双方当事人选定的适用法律或者在没有选定适用的法律时根据作出裁决国家的法律，仲裁协议是无效的。(2) 作为仲裁裁决执行对象的当事人并未收到指定仲裁员或者进行仲裁程序的适当通知，或者由于其他情况未能对案件提出意见。(3) 仲裁裁决涉及仲裁协议中未提到的争议或者仲裁协议规定范围之外的争议，或者仲裁裁决中含有对仲裁协议范围之外事项作出的决定。但是对于仲裁协议范围内的事项作出的裁决，如果能够与针对仲裁协议范围之外事项作出的决定相分隔开，则该部分仲裁裁决仍可予以承认和执行。(4) 仲裁庭的组成或者仲裁程序与当事人达成的协议不符，或者在当事人没有达成这种协议时与仲裁地国家的法律不符。(5) 仲裁裁决对当事人尚未产生法律效力，或者仲裁裁决作出地国家的主管机构或根据裁决作出地国家的法律规定已经撤销或中止执行该仲裁裁决。(6) 争议事项依照被请求国的法律不得通过仲裁方式解决。(7) 承认或执行仲裁裁决将与被请求国的公共秩序相抵触。只有具备上述条件之一，被请求国方可有权拒绝承认和执行外国仲裁裁决。

3. 执行外国仲裁决的程序

《纽约公约》第3条规定，每一缔约方应当承认仲裁裁决具有约束力，并根据裁决执行地国家的程序规则执行该仲裁裁决，除非存在可不予承认和执行的情形。在承认或执行外国仲裁裁决方面，相比国内仲裁裁决的承认或执行，各缔约国不得施加更多苛刻条件或者收取更高的费用。

（二）我国关于仲裁裁决执行的规定

我国在1987年1月22日批准加入《承认及执行外国仲裁裁决公约》并作出保留，1987年4月22日，公约对我国生效。1987年4月10日，最高人民法院发布《关于执行我国加入的〈承认及执行外国仲裁裁决公约〉的通知》，明确规定，“根据我国加入该公约时所作的互惠保留声明，我国对在另一缔约国领土作出的仲裁裁决的承认和执行适用该公约，该公约与我国民事诉讼法（试行）有不同规定的，按该公约的规定办理。对于在非缔约国领土内作出的仲裁裁决，需要我国法院承认和执行的，应按民事诉讼法（试行）第二百零四条的规定办理。”

我国还与许多国家签署了民事司法协助协定，对仲裁裁决的承认和执行问题作出规定。例如，《中华人民共和国和巴西联邦共和国关于民事和商事司法协助的条约》规定，双方应当根据1958年6月10日在纽约签订的《承认及执行外国仲裁裁决公约》，相互承认和执行在对方境内作出的仲裁裁决。

我国《民事诉讼法》第244条对仲裁裁决的执行作出规定，第二十六章则是关于仲裁的专章规定，主要载明了涉外仲裁裁决和外国仲裁裁决的执行问题。

1. 我国涉外仲裁裁决在国内的执行

根据我国《民事诉讼法》第290条至第292条的规定，经我国涉外仲裁机构裁决的，当事人不得向人民法院起诉。一方当事人不履行仲裁裁决的，对方当事人可以向被申请人住所地或财产所在地的中级人民法院申请执行。对我国涉外仲裁机构作出的裁决，被申请人提出证据证明仲裁裁决有下列情形之一的，经人民法院组成合议庭审查核实，裁定不予执行：(1) 当事人在合同中没有订有仲裁条款或者事后没有达成书面仲裁协议的；(2) 被申请人没有得到指定仲裁员或者进行仲裁程序的通知，或者由于其他不属于被申请人负责的原因未能陈述意见的；(3) 仲裁庭的组成或者仲裁的程序与仲裁规则不符的；(4) 裁决的事项不属于仲裁协议的范围或者仲裁机构无权仲裁的。人民法院认定执行该裁决违背社会公共利益的，裁定不予执行。仲裁裁决被人民法院裁定不予执行的，当事人可以根据双方达成的书面仲裁协议重新申请仲裁，也可以向人民法院起诉。

2. 我国涉外仲裁裁决在外国的承认和执行

我国《仲裁法》第72条规定：“涉外仲裁委员会作出的发生法律效力的仲裁裁决，当事人请求执行的，如果被执行人或者其财产不在中华人民共和国领域内，应当由当事人直接向有管辖权的外国法院申请承认和执行。”《民事诉讼法》第277条第2款作出同样规定：“在中华人民共和国领域内依法作出的发生法律效力的仲裁裁决，当事人请求执行的，如果被执行人或者其财产不在中华人民共和国领域内，当事人可以直接向有管辖权的外国法院申请承认和执行。”由于我国已是《纽约公约》的成员国，我国涉外仲裁机构作出的仲裁裁决可以在公约缔约国申请承认和执行。

3. 外国仲裁裁决在我国的承认与执行

《民事诉讼法》第290条规定：“国外仲裁机构的裁决，需要中华人民共和国人民法院承认和执行的，应当由当事人直接向被执行人住所地或者其财产所在地的中级人民法院申请，人民法院应当依照中华人民共和国缔结或者参加的国际条约，或者按照互惠原则办理。”

根据该规定，外国仲裁裁决在中国的执行有以下三种情况：(1) 对于来自《纽约公约》成员国的仲裁裁决，由当事人直接向被执行人住所地或其财产所在地的中级人民法院申请。人民法院将依照我国加入的《纽约公约》规定对该申请进行审查，经审查符合《纽约公约》规定的承认与执行的条件并且不存在拒绝承认和执行情形的，应当裁定承认其效力，并依照《民事诉讼法》规定的程序通知被执行人在指定期限内履行，逾期不履行的，予以强制执行。反之，驳回其申请，拒绝承认和执行。(2) 对于来自与我国签署双边协议（例如民事司法协助协议）国家的仲裁裁决，依照双边协议约定的仲裁裁决承认和执行条款办理。(3) 对于来自与我国没有签署涉及仲裁裁决承认和执行问题之协议国家的仲裁裁决，依照互惠原则办理。

我国在加入《纽约公约》时提出了如下两项保留①：一是我国只在互惠基础上对在另一缔约国领土内作出的仲裁裁决的承认和执行适用该公约；二是只对根据我国法律认定属于商事法律关系的争议（包括契约性和非契约性争议）适用该公约。为了更好地执行该公约，最高人民法院在1987年4月10日发布了《关于执行我国加入的〈承认及执行外国仲裁裁决公约〉的通知》，规定了如下内容：“一、根据我国加入该公约时所作的互惠保留声明，我国对在另一缔约国领土内作出的仲裁裁决的承认和执行适用该公约。该公约与我国民事诉讼法（试行）有不同规定的，按该公约的规定办理。对于在非缔约国领土内作出的仲裁裁决，需要我国法院承认和执行的，应按民事诉讼法（试行）第二百零四条的规定办理。二、根据我国加入该公约时所作的商事保留声明，我国仅对按照我国法律属于契约性和非契约性商事法律关系所引起的争议适用该公约。所谓‘契约性和非契约性商事法律关系’，具体的是指由于合同、侵权或者根据有关法律规定而产生的经济上的权利义务关系，例如货物买卖、财产租赁、工程承包、加工承揽、技术转让、合资经营、合作经营、勘探开发自然资源、保险、信贷、劳务、代理、咨询服务和海上、民用航空、铁路、公路的客货运输以及产品责任、环境污染、海上事故和所有权争议等，但不包括外国投资者与东道国政府之间的争端。三、根据《1958年纽约公约》第四条的规定，申请我国法院承认和执行在另一缔约国领土内作出的仲裁裁决，是由仲裁裁决的一方当事人提出的。对于当事人的申请应由我国下列地点的中级人民法院受理：1. 被执行人为自然人的，为其户籍所在地或者居所地；2. 被执行人为法人的，为其主要办事机构所在地；3. 被执行人在我国无住所、居所或者主要办事机构，但有财产在我国境内的，为其财产所在地。四、我国有管辖权的人民法院接到一方当事人的申请后，应对申请承认及执行的仲裁裁决进行审查，如果认为不具有《1958年纽约公约》第五条第一、二两项所列的情形，应当裁定承认其效力，并且依照民事诉讼法（试行）规定的程序执行；如果认定具有第五条第二项所列

① 参见全国人民代表大会常务委员会《关于我国加入〈承认及执行外国仲裁裁决的公约〉的决定》（1986年12月2日通过）。

的情形之一的，或者根据被执行人提供的证据证明具有第五条第一项所列的情形之一的，应当裁定驳回申请，拒绝承认及执行。五、申请我国法院承认及执行的仲裁裁决，仅限于《1958年纽约公约》对我国生效后在另一缔约国领土内作出的仲裁裁决。该项申请应当在民事诉讼法（试行）第一百六十九条规定的申请执行期限内提出。”

（三）中国香港、澳门、台湾地区仲裁裁决与我国大陆（内地）仲裁裁决的相互承认与执行

1. 香港与内地仲裁裁决的相互承认和执行

由于历史原因，香港在1997年7月1日以前由英国政府控制和管理。英国于1975年12月23日加入《纽约公约》，中国则于1987年4月22日加入《纽约公约》，因此在我国加入《纽约公约》之前，我国内地与香港之间的仲裁裁决无法在《纽约公约》框架下得到承认和执行。但是在我国加入《纽约公约》后至1997年7月1日，我国内地与香港之间的仲裁裁决就可以依照《纽约公约》得到相互承认和执行。1997年7月1日之后，随着香港回归，香港跟从中国继续适用《纽约公约》，香港作出的仲裁裁决仍然可以在《纽约公约》成员方得到承认和执行。关于《纽约公约》的适用，中国在提交联合国贸法会的声明中明确指出：“中国政府1997年7月1日恢复对香港的主权后，立即按照中国加入《公约》之初所作的声明，将《公约》的领土适用范围延伸至中国香港特别行政区。”但是香港与英国之间的仲裁裁决承认与执行问题则只能依照《纽约公约》执行，香港与内地之间的仲裁裁决承认和执行问题不再适用《纽约公约》，因为香港与内地是主权国家内部不同地区之间的关系。

为了解决香港和内地仲裁裁决的相互承认和执行问题，最高人民法院根据《香港特别行政区基本法》第95条的规定于1999年6月18日通过了《关于内地与香港特别行政区相互执行仲裁裁决的安排》，2020年11月9日通过了《关于内地与香港特别行政区相互执行仲裁裁决的补充安排》。2019年4月2日，为解决内地和香港之间的仲裁保全相互协助问题，最高人民法院还与香港特别行政区政府律政司签署并发布了《关于内地和香港特别行政区法院就仲裁程序相互协助保全的安排》。上述文件主要对以下事项作出规定。

（1）内地人民法院（指被申请人住所地或者财产所在地的中级人民法院）执行按香港特区《仲裁条例》作出的仲裁裁决，香港特别行政区法院（指香港特别行政区高等法院）执行按《中华人民共和国仲裁法》作出的仲裁裁决，适用该安排。

（2）被申请人住所地或者财产所在地在内地不同的中级人民法院辖区内的，申请人可以选择其中一个人民法院申请执行裁决，不得分别向两个或者两个以上人民法院提出申请。

（3）被申请人在内地和香港特别行政区均有住所地或者可供执行财产的，申请人可以分别向两地法院申请执行。应对方法院要求，两地法院应当相互提供本方执行仲裁裁决的情况。两地法院执行财产的总额，不得超过裁决确定的数额。

（4）申请人向有关法院申请执行在内地或香港特别行政区作出的仲裁裁决的，应当提交如下文书：执行申请书、仲裁裁决书、仲裁协议。

（5）申请人向有关法院申请执行内地或香港特别行政区仲裁裁决的期限依照执行地法律有关时限的规定。

（6）有关法院接到申请人申请后，应当按执行地法律程序处理及执行。有关法院在受理执行仲裁裁决申请之前或者之后，可以依申请并按照执行地法律规定采取保全或者强制措施。

（7）在内地或者香港特别行政区申请执行的仲裁裁决，被申请人接到通知后，提出证据证明有下列情形之一的，经审查核实，有关法院可裁定不予执行：1）仲裁协议当事人依对其适用的法律属于某种无行为能力的情形；或者该仲裁协议依照约定的准据法无效；或者未指明以何种法律为准时，依仲裁裁决地的法律是无效的。2）被申请人未接到指派仲裁员的适当通知，或因他故未能陈述意见的；3）裁决所处理的争议不是交付仲裁的标的或不在仲裁协议条款之内，或裁决载有关于交付仲裁范围以外事项的决定的；但交付仲裁事项的决定可与未交付仲裁事项划分时，裁决中关于交付仲裁事项的决定部分应当予以执行。4）仲裁庭的组成或仲裁庭程序与当事人之间的协议不符，或在有关当事人没有这种协议时与仲裁地的法律不符的；5）裁决对当事人尚无约束力，或业经仲裁地的法院或按照仲裁地的法律撤销或者停止执行的。有关法院认定依照执行地的法律，争议事项不能以仲裁解决的，则可不予执行该裁决。内地法院认为执行该仲裁裁决违反内地社会公共利益或香港法院认为执行该仲裁裁决违反香港公共政策，则可不予执行该裁决。

（8）申请人向有关法院申请执行在内地或者香港作出的仲裁裁决，应当根据执行地法院有关诉讼收费的办法缴纳执行费用。

（9）关于保全措施，香港仲裁程序的当事人在仲裁裁决作出前可以参照《民事诉讼法》《仲裁法》以及相关司法解释的规定向被申请人住所地、财产所在地或者证据所在地的内地中级人民法院申请保全。被申请人住所地、财产所在地或者证据所在地在不同人民法院辖区的，应当选择向其中一个人民法院提出申请，不得分别向两个或者两个以上人民法院提出申请。当事人在有关机构或者常设办事处受理仲裁申请后提出保全申请的，应当由该机构或者常设办事处转递其申请。在有关机构或者常设办事处受理仲裁申请前提出保全申请，内地人民法院采取保全措施后30日内未收到有关机构或者常设办事处提交的已受理仲裁案件的证明函件的，内地人民法院应当解除保全。内地仲裁机构管理的仲裁程序的当事人在仲裁裁决作出前可以依据香港《仲裁条例》《高等法院条例》向香港高等法院申请保全。被请求方法院应当尽快审查当事人的保全申请。内地人民法院可以要求申请人提供担保等，香港法院可以要求申请人作出承诺，就费用提供保证等。经审查，当事人的保全申请符合被请求方法律规定的，被请求方法院应当作出保全裁定或者命令等。当事人对被请求方法院的裁定或者命令等不服的，按被请求方相关法律规定处理。当事人申请保全的，应当依据被请求方有关诉讼收费的法律和规定交纳费用。

2. 澳门与内地仲裁裁决的相互承认和执行

在澳门回归后，为了解决澳门与内地仲裁裁决的相互承认和执行问题，最高人民法院根据《澳门特别行政区基本法》第93条的规定于2007年10月30日通过了《关于内地与澳门特别行政区相互认可和执行仲裁裁决的安排》（2008年1月1日起实施），2022年2月15日又通过了《关于内地与澳门特别行政区就仲裁程序相互协助保全的安排》（2022年3月25日实施）。上述文件规定了以下制度。

（1）内地人民法院认可和执行澳门仲裁机构及仲裁员按照澳门特别行政区仲裁法规在澳门作出的民商事仲裁裁决，澳门特别行政区法院认可和执行内地仲裁机构依据《仲裁法》在内地作出的民商事仲裁裁决，适用该安排。该安排没有规定的，适用认可和执行地的程序法律规定。

（2）在内地或者澳门特别行政区作出的仲裁裁决，一方当事人不履行的，另一方当事人可以向被申请人住所地、经常居住地或者财产所在地的有关法院申请认可和执行。内地有权受理认可和执行仲裁裁决申请的法院为中级人民法院。两个或者两个以上中级人民法院均有管辖权的，当事人应当选择向其中一个中级人民法院提出申请。澳门特别行政区有权受理认可仲裁裁决申请的法院为中级法院，有权执行的法院为初级法院。被申请人的住所地、经常居住地或者财产所在地分别在内地和澳门特别行政区的，申请人可以向一地法院提出认可和执行申请，也可以分别向两地法院提出申请。当事人分别向两地法院提出申请的，两地法院都应当依法进行审查。予以认可的，采取查封、扣押或者冻结被执行人财产等执行措施。仲裁地法院应当先进行执行清偿；另一地法院在收到仲裁地法院关于经执行债权未获清偿情况的证明后，可以对申请人未获清偿的部分进行执行清偿。两地法院执行财产的总额，不得超过依据裁决和法律规定所确定的数额。

（3）申请人向有关法院申请认可和执行仲裁裁决的，应当提交以下文件或者经公证的副本：申请书；申请人身份证明；仲裁协议；仲裁裁决书或者仲裁调解书。上述文件没有中文文本的，申请人应当提交经正式证明的中文译本。

（4）申请人向有关法院申请认可和执行内地或者澳门特别行政区仲裁裁决的期限，依据认可和执行地的法律确定。

（5）对申请认可和执行的仲裁裁决，被申请人提出证据证明有下列情形之一的，经审查核实，有关法院可以裁定不予认可：1）仲裁协议一方当事人依对其适用的法律在订立仲裁协议时属于无行为能力的；或者依当事人约定的准据法，或当事人没有约定适用的准据法而依仲裁地法律，该仲裁协议无效的。2）被申请人未接到选任仲裁员或者进行仲裁程序的适当通知，或者因他故未能陈述意见的。3）裁决所处理的争议不是提交仲裁的争议，或者不在仲裁协议范围之内；或者裁决载有超出当事人提交仲裁范围的事项的决定，但裁决中超出提交仲裁范围的事项的决定与提交仲裁事项的决定可以分开的，裁决中关于提交仲裁事项的决定部分可以予以认可。4）仲裁庭的组成或者仲裁程序违反了当事人的约定，或者在当事人没有约定时与仲裁地的法律不符的。5）裁决对当事人尚无约束力，或者业经仲裁地的法院撤销或者拒绝执行的。有关法院认定，依执行地法律，争议事项不能以仲裁解决的，不予认可和执行该裁决。内地法院认定在内地认可和执行该仲裁裁决违反内地法律的基本原则或者社会公共利益，澳门特别行政区法院认定在澳门特别行政区认可和执行该仲裁裁决违反澳门特别行政区法律的基本原则或者公共秩序，不予认可和执行该裁决。

（6）申请人依据该安排申请认可和执行仲裁裁决的，应当根据执行地法律的规定，交纳诉讼费用。

（7）一方当事人向一地法院申请执行仲裁裁决，另一方当事人向另一地法院申请撤销该仲裁裁决，被执行人申请中止执行且提供充分担保的，执行法院应当中止执行。根据经认可的撤销仲裁裁决的判决、裁定，执行法院应当终结执行程序；撤销仲裁裁决申请被驳回的，执行法院应当恢复执行。当事人申请中止执行的，应当向执行法院提供其他法院已经受理申请撤销仲裁裁决案件的法律文书。

（8）受理申请的法院应当尽快审查认可和执行的请求，并作出裁定。

（9）法院在受理认可和执行仲裁裁决申请之前或者之后，可以依当事人的申请，按照法院地法律规定，对被申请人的财产采取保全措施。按照澳门特别行政区仲裁法规向澳门特别行政区仲裁机构提起民商事仲裁程序的当事人，在仲裁裁决作出前可以参照《民事诉讼法》《仲裁法》以及相关司法解释的规定，向被申请人住所地、财产所在地或者证据所在地的内地中级人民法院申请保全。被申请人住所地、财产所在地或者证据所在地在不同人民法院辖区的，应当选择向其中一个人民法院提出申请，不得分别向两个或者两个以上人民法院提出申请。在仲裁机构受理仲裁案件前申请保全，内地人民法院采取保全措施后30日内未收到仲裁机构已受理仲裁案件的证明函件的，内地人民法院应当解除保全。依据《仲裁法》向内地仲裁机构提起民商事仲裁程序的当事人，在仲裁裁决作出前，可以根据澳门特别行政区法律规定向澳门特别行政区初级法院申请保全。在仲裁机构受理仲裁案件前申请保全的，申请人应当在澳门特别行政区法律规定的期间内采取开展仲裁程序的必要措施，否则该保全措施失效。申请人应当将已作出必要措施及作出日期的证明送交澳门特别行政区法院。被请求方法院应当尽快审查当事人的保全申请，可以按照被请求方法律规定要求申请人提供担保。经审查，当事人的保全申请符合被请求方法律规定的，被请求方法院应当作出保全裁定。当事人对被请求方法院的裁定不服的，按被请求方相关法律规定处理。当事人申请保全的，应当根据被请求方法律的规定交纳费用。

3. 大陆与台湾地区仲裁裁决的相互承认和执行

海峡两岸对于仲裁裁决的认可与执行尚未达成与内地与香港、澳门之间的类似安排，也无法通过《纽约公约》予以解决。2009年4月26日，海峡两岸关系协会会长陈云林与台湾海峡交流基金会董事长江丙坤在南京签署《海峡两岸共同打击犯罪及司法互助协议》，其中第10条明确规定双方同意基于互惠原则在不违反公共秩序或善良风俗的情况下相互认可和执行民事判决与仲裁裁决，但是并未作出具体规定。目前，海峡两岸仲裁裁决的相互认可与执行规定仍是通过单向立法方式实现。2015年7月1日，最高人民法院发布《关于认可和执行台湾地区仲裁裁决的规定》，规定了如下主要制度：

（1）台湾地区仲裁裁决的当事人可以作为申请人向人民法院申请认可和执行台湾地区仲裁裁决。台湾地区仲裁裁决是指有关常设仲裁机构及临时仲裁庭在台湾地区按照台湾地区仲裁规定就有关民商事争议作出的仲裁裁决，包括仲裁判断、仲裁和解和仲裁调解。

（2）申请人同时提出认可和执行台湾地区仲裁裁决申请的，人民法院先按照认可程序进行审查，裁定认可后，由人民法院执行机构执行。

（3）申请人直接申请执行的，人民法院应当告知其一并提交认可申请；坚持不申请认可的，裁定驳回其申请。

（4）申请认可台湾地区仲裁裁决的案件，由申请人住所地、经常居住地或者被申请人住所地、经常居住地、财产所在地中级人民法院或者专门人民法院受理。申请人向两个以上有管辖权的人民法院申请认可的，由最先立案的人民法院管辖。申请人向被申请人财产所在地人民法院申请认可的，应当提供财产存在的相关证据。

（5）对申请认可台湾地区仲裁裁决的案件，人民法院应当组成合议庭进行审查。

（6）申请人委托他人代理申请认可台湾地区仲裁裁决的，应当向人民法院提交由委托人签名或者盖章的授权委托书。中国台湾地区、香港特别行政区、澳门特别行政区或者外国当事人签名或者盖章的授权委托书应当履行相关的公证、认证或者其他证明手续，但授权委托书在人民法院法官的见证下签署或者经中国大陆公证机关公证证明是在中国大陆签署的除外。

（7）申请人申请认可台湾地区仲裁裁决，应当提交以下文件或者经证明无误的副本：申请书；仲裁协议；仲裁判断书、仲裁和解书或者仲裁调解书。

（8）对于符合规定条件的申请，人民法院应当在收到申请后7日内立案，并通知申请人和被申请人，同时将申请书送达被申请人；不符合规定条件的，应当在7日内裁定不予受理，同时说明不予受理的理由；申请人对裁定不服的，可以提起上诉。

（9）申请人申请认可台湾地区仲裁裁决，应当提供相关证明文件，以证明该仲裁裁决的真实性。申请人可以申请人民法院通过海峡两岸调查取证司法互助途径查明台湾地区仲裁裁决的真实性；人民法院认为必要时，也可以就有关事项依职权通过海峡两岸司法互助途径向台湾地区请求调查取证。人民法院经审查能够确认台湾地区仲裁裁决真实性，而且不具有规定情形的，裁定认可其效力；不能确认该仲裁裁决真实性的，裁定驳回申请。裁定驳回申请的案件，申请人再次申请并符合受理条件的，人民法院应予受理。

（10）人民法院受理认可台湾地区仲裁裁决的申请之前或者之后，可以按照民事诉讼法及相关司法解释的规定，根据申请人的申请，裁定采取保全措施。

（11）人民法院受理认可台湾地区仲裁裁决的申请后，当事人就同一争议起诉的，不予受理。当事人未申请认可，而是就同一争议向人民法院起诉的，亦不予受理，但仲裁协议无效的除外。

（12）人民法院受理认可台湾地区仲裁裁决的申请后，作出裁定前，申请人请求撤回申请的，可以裁定准许。

（13）人民法院应当尽快审查认可台湾地区仲裁裁决的申请，决定予以认可的，应当在立案之日起两个月内作出裁定；决定不予认可或者驳回申请的，应当在作出决定前按有关规定自立案之日起两个月内上报最高人民法院。通过海峡两岸司法互助途径送达文书和调查取证的期间，不计入审查期限。

（14）对申请认可和执行的仲裁裁决，被申请人提出证据证明有下列情形之一的，经审查核实，人民法院裁定不予认可：1）仲裁协议一方当事人依对其适用的法律在订立仲裁协议时属于无行为能力的；或者依当事人约定的准据法，或当事人没有约定适用的准据法而依台湾地区仲裁规定，该仲裁协议无效的；或者当事人之间没有达成书面仲裁协议的，但申请认可台湾地区仲裁调解的除外。2）被申请人未接到选任仲裁员或进行仲裁程序的适当通知，或者由于其他不可归责于被申请人的原因而未能陈述意见的。3）裁决所处理的争议不是提交仲裁的争议，或者不在仲裁协议范围之内；或者裁决载有超出当事人提交仲裁范围的事项的决定，但裁决中超出提交仲裁范围的事项的决定与提交仲裁事项的决定可以分开的，裁决中关于提交仲裁事项的决定部分可以予以认可。4）仲裁庭的组成或者仲裁程序违反当事人的约定，或者在当事人没有约定时与台湾地区仲裁规定不符的。5）裁决对当事人尚无约束力，或者业经台湾地区法院撤销或者驳回执行申请的。依据国家法律，该争议事项不能以仲裁解决的，或者认可该仲裁裁决将违反一个中国原则等国家法律的基本原则或损害社会公共利益的，人民法院应当裁定不予认可。

（15）人民法院作出的裁定，一经送达即发生法律效力。

（16）一方当事人向人民法院申请认可或者执行台湾地区仲裁裁决，另一方当事人向台湾地区法院起诉撤销该仲裁裁决，被申请人申请中止认可或者执行并且提供充分担保的，人民法院应当中止认可或者执行程序。申请中止认可或者执行的，应当向人民法院提供台湾地区法院已经受理撤销仲裁裁决案件的法律文书。台湾地区法院撤销该仲裁裁决的，人民法院应当裁定不予认可或者裁定终结执行；台湾地区法院驳回撤销仲裁裁决请求的，人民法院应当恢复认可或者执行程序。

（17）对人民法院裁定不予认可的台湾地区仲裁裁决，申请人再次提出申请的，人民法院不予受理。但当事人可以根据双方重新达成的仲裁协议申请仲裁，也可以就同一争议向人民法院起诉。

（18）申请人申请认可和执行台湾地区仲裁裁决的期间，适用《民事诉讼法》的相关规定。申请人仅申请认可而未同时申请执行的，申请执行的期间自人民法院对认可申请作出的裁定生效之日起重新计算。

（19）人民法院在办理申请认可和执行台湾地区仲裁裁决案件中所作出的法律文书，应当依法送达案件当事人。

（20）申请认可和执行台湾地区仲裁裁决，应当参照《诉讼费用交纳办法》的规定，交纳相关费用。

案例 1①

SIBIAR 股份公司、江阴科玛金属制品有限公司承认与执行国外仲裁裁决审查国际司法协助案

申请人：SIBIAR 股份公司。住所地，俄罗斯联邦新西伯利亚市斯坦齐翁纳亚路78号。

被申请人：江阴科玛金属制品有限公司。住所地，中华人民共和国江苏省江阴市华士镇工业集中区（环南路）。

申请人 SIBIAR 股份公司申请承认和执行俄罗斯联邦工商会国际商事仲裁院第 M-1/2020 号仲裁裁决一案，江苏省无锡市中级人民法院于 2022 年 11 月 8 日立案。申请人 SIBIAR 公司申请称，根据 1958 年联合国《承认及执行外国仲裁裁决公约》（1958 年《纽约公约》）以及 1992 年 6 月 19 日北京签署的《中华人民共和国和俄罗斯联邦关于民事和刑事司法协助的条约》（《中俄司法协助条约》），请求：一、法院承认并执行由俄罗斯联邦工商会国际商事仲裁院于 2020 年 9 月 17 日就申请人与被申请人之间的 CHCO-017/2017 合同纠纷一案（第 M-1/2020 号案件）作出的仲裁裁决，被申请人向申请人支付如下赔偿金：1. 债务本金余额为 37 628.34 美元；2. 320.83 美元作为截至 2019 年 12 月 6 日止因使用他人资金而债务本金余额加成的利息；3. 基于俄罗斯银行对信贷机构向个人提供的美元贷款在相关时期的加权平均利率，自 2019 年 12 月 7 日起至债务本金余额（37 628.34美元）付清之日止因使用他人资金而债务本金余额加成的利息；4. 6 163.00 美元赔偿申请人本案件注册费用和仲裁费用。二、按照作出裁决之日即 2020 年 9 月 17 日，按中国银行官方美元汇率折算人民币，当日晚上为 669.64（现钞买入价）：1. 债务本金余额为人民币 251 974.42 元；2. 人民币 21 464.06 元作为截至 2019 年 12 月 6 日止因使

① 参见江苏省无锡市中级人民法院（2022）苏 02 协外认 1 号民事裁定书。

用他人资金而债务本金余额加成的利息；3. 基于俄罗斯银行对信贷机构向个人提供的美元贷款在相关时期的加权平均利率，自 2019 年 12 月 7 日起至付清之日止，债务本金余额为人民币 251 974.42 元，因使用他人资金而债务本金余额加成的利息；5. 人民币 41 269.91元赔偿申请人本案件注册费用和仲裁费用。诉讼中，申请人变更其申请为承认俄罗斯联邦工商会国际商事仲裁院于 2020 年 9 月 17 日就申请人与被申请人之间的 CHCO－017/2017 合同纠纷一案（第 M－1/2020 号案件）作出的仲裁裁决。

被申请人江阴科玛金属制品有限公司陈述意见称，经查账，欠款本金与申请人请求一致，但是科玛公司已进入破产程序，根据《中华人民共和国企业破产法》的规定，相应逾期付款利息应计算至法院裁定进入破产程序之日也即 2021 年 2 月 3 日止。

江苏省无锡市中级人民法院经审理查明：

申请人（购方）与被申请人（售方）于 2017 年 8 月 16 日在俄罗斯联邦新西伯利亚市签订编号为 CHCO－017/2017 合同一份，售方按 FOB 上海价格向购方售出包装的铁皮。该合同第 11 条“仲裁”部分约定：本合同规定的双方权利和义务均受俄罗斯法律管辖。双方将采取一切措施友好解决因本合同引起的或与本合同有关的所有争议和分歧。如果双方无法达成协议，则所有争议和分歧提交新西伯利亚地区工商会国际商事仲裁法院进行审议。仲裁法院的裁决是终局的，对双方均有约束力。

2020 年 9 月 17 日，俄罗斯联邦工商会国际商事仲裁院（以下简称国际商事仲裁院）作出 No. M－1/2020 号裁决书，载明：“SIBIAR 公司索偿陈述书显出，SIBIAR 公司向科玛公追讨多付的预付款 37628.34 美元及加成的利息。国际商事仲裁院于 2020 年 4 月向被告（科玛公司）发送函件通告，本案件须由独任仲裁员裁决，该函件附有索偿陈述书等其他资料的副本。该函件要求被告在收到索偿陈述书之日起 30 天内，提交对本案索偿陈述书的答复，并提出适当的证据。被告于 2020 年 2 月 13 日收到了该信函，经 DHL 快递服务网站的快件跟踪信息证实。

2020 年 2 月 11 日，国际商事仲裁院收到原告（SIBIAR 公司）的函件，本案受国际商事仲裁法院的管辖。原告援引合同第 11 条，争议由新西伯利亚地区工商会国际商事仲裁院裁决，并解释俄罗斯工商会的各地工商会的国际仲裁院为其分支机构。新西伯利亚地区目前没有国际商事仲裁院的分支机构，因此争议必须由国际商事仲裁院（莫斯科市）进行审议。对国际商事仲裁院被告未提出任何反对意见。

国际商事仲裁院认为，合同条款的措辞方式为当事人提供了理由将争议提交国际商事仲裁院裁决。仲裁协议包含仲裁法院的两个特点：工商会、国际商事仲裁院。在俄罗斯联邦运作的仲裁法院中，只有国际商事仲裁院符合上述特点，该法院的规定见俄罗斯联邦《国际商事仲裁法》附录 1。根据俄罗斯联邦《国际商事仲裁法》第 7 条 9 款的规定，对仲裁协议的解释如有任何疑问，必须以有利其有效性和可执行性的方式进行解释。被告在收到索偿陈述书、原告的 2020 年 2 月 6 日寄的信函、国际商事仲裁院的裁定书之后，未对国际商事仲裁院的权限提出任何异议。……裁决如下：SIBIAR 公司为受益人向科玛公司收回赔偿金如下：债务本金余额为 37 628.34 美元；320.83 美元作为截至 2019 年 12 月 6 日止因使用他人资金而债务本金余额加成的利息；基于俄罗斯银行对信贷机构向个人提供的美元贷款在相关时期的加权平均利率，自 2019 年 12 月 7 日起至债务本金余额（37 628.34 美元）付清之日止因使用他人资金而债务本金余额加成的利息；6 163.00 美元赔偿原告的申请和仲裁费用。本仲裁裁决书在莫斯科市作出，以俄文起草和签署，一式三份，其中一份归国际商事仲裁院档案，原告、被告各执一份。

上述裁决书经 DHL 快递于 2020 年 9 月 21 日送达科玛公司。2020 年 11 月 11 日，国际商事仲裁院出具证书，确认上述裁决具有约束力，无须另行采取行动即可生效。2021 年 9 月 23 日，SIBIAR 公司向国际商事仲裁院申请发送证明上述裁决未在俄罗斯联邦境内执行的文件给 SIBIAR 公司。SIBIAR 公司还向本院提交了国际商事仲裁院的仲裁规则。

另查明，江苏省江阴市人民法院于 2021 年 2 月 3 日作出（2020）苏 0281 破申 72 号民事裁定书，裁定受理深圳市保信捷科技有限公司对科玛公司的破产重整申请。同日，该院指定江苏神阙律师事务所、江苏正卓恒新会计师事务所有限公司联合体为科玛公司管理人。

江苏省无锡市中级人民法院认为：本案系申请承认外国仲裁裁决案。根据《中华人民共和国民事诉讼法》第 290 条的规定，国外仲裁机构的裁决，需要中华人民共和国人民法院承认和执行的，应当由当事人直接向被执行人住所地或者其财产所在地的中级人民法院申请，人民法院应当依照中华人民共和国缔结或者参加的国际条约，或者按照互惠原则办理。我国与涉案仲裁裁决作出国俄罗斯联邦缔结有《中俄司法协助条约》，该条约第 21 条规定，缔约双方应根据 1958 年 6 月 10 日在纽约签订的关于承认与执行外国仲裁裁决的公约，相互承认与执行在对方境内作出的仲裁裁决。故本案应当根据 1958 年《纽约公约》的相关规定进行审查。本案中，申请人 SIBIAR 公司申请仲裁的事项为买卖合同下的预付款返还纠纷，根据全国人民代表大会常务委员会《关于我国加入〈承认和执行外国仲裁裁决公约〉的决定》的规定，该纠纷属于我国法律上认定的契约性商事法律关系，可以适用该公约。申请人 SIBIAR 公司向本院提交了国际商事仲裁院裁决书及其中文译本，也提交了双方签订的合同及其中文译本，且上述文件均办理了公证认证手续，其在文件提交方面符合《纽约公约》第 4 条的规定。且被申请人科玛公司未根据《纽约公约》第 5 条第 1 款的规定，对涉案仲裁裁决提出不予承认的抗辩。本院经审查，涉案国际商事仲裁院裁决书亦不存在《纽约公约》第 5 条第 2 款规定的拒绝承认与执行的情形。综上，国际商事仲裁院于 2020 年 9 月 17 日作出的第 M－1/2020 号仲裁裁决不具有《纽约公约》第 5 条所列可以拒绝承认的情形，且不违反我国加入该公约时所作出的保留性声明条款，故对该裁决应当予以承认。据此，依照《中华人民共和国和俄罗斯联邦关于民事和刑事司法协助的条约》第 21 条，《承认及执行外国仲裁裁决公约》第 4 条、第 5 条，《中华人民共和国民事诉讼法》第 157 条第 1 款第 11 项、第 290 条的规定，裁定如下：承认俄罗斯联邦工商会国际商事仲裁院所作第 M－1/2020 号仲裁裁决。

思考题

法院裁定承认俄罗斯联邦工商会国际商事仲裁院作出的仲裁裁决，适用的是哪些法律规定？

案例 2[①]

Two German companies entered into a settlement agreement regarding a corporate acquisition operation. The settlement agreement provided for arbitration in Zurich under the DIS（German Institution of Arbitration） Rules. The Claimants initiated proceedings claiming for damages for breach of the settlement agreement. The Defendant argued that the damages were contractually limited to the value of a property which was lower than the amount claimed for. The arbitral tribunal granted the full amount of damages finding that the value was assessed by the Claimants' expert and had served as a basis to the Parties' settlement negotiations. Also considering other factual elements，the arbitral tribunal held that the Defendant's expert report which came to a lower value was not convincing in this regard.

The Claimants sought enforcement in Germany. The Defendant opposed the application of enforcement arguing a violation of its right to be heard by the arbitral tribunal. The Defendant asserted that the arbitral tribunal which lacked proper expert knowledge，had violated its right to be heard by following the Claimants' expert valuation without itself assessing the question by application of a proper valuation method，without appointing an expert and without addressing the Defendant's expert report. The Claimants submitted，on the contrary，that the arbitral tribunal was not obliged to appoint an expert as the German Civil Procedure Code which would have required such an appointment does not apply but the DIS Rules the parties had agreed on. The Claimants further asserted that the tribunal's assessment of the evidence was correct and would not amount to a violation of German "ordre public"，in any event.

The Oberlandesgericht（Higher Regional Court） München declared the award enforceable. It held that the right to be heard as a basic principle laid down in the German Constitution（Article 103（1） Grundgesetz） also applies to arbitration. Therefore，the arbitral tribunal needs to consider the Parties' position and their applications on the admission of evidence concerning facts relevant to the case. With regard to the alleged violation of Articles Ⅴ（1）（b），Ⅴ（2）（b） and Ⅴ（1）（d） NYC，the Oberlandesgericht found that in the case at hand，the arbitral tribunal did consider the question of the property's value，and discussed in detail which expert's view should prevail. The Oberlandesgericht further found that the arbitral tribunal had the right to proceed the way it did in the framework of the DIS Rules. Thus，the tribunal did not violate the Defendant's right to be heard.

Question：

What is the legal basis for the arbitral tribunal's award？

① Case 1667：NYC Ⅴ（1）（b），Ⅴ（1）（d），Ⅴ（2）（b）. Germany：Oberlandesgericht München，Case No. 34，Sch 10/11，14 November 2011，Abstract published on www. newyorkconvention1958. org

第三节 国际贸易诉讼

一、国际贸易诉讼案件管辖权

（一）国际贸易诉讼案件管辖权的概念和作用

国际贸易诉讼案件管辖权（jurisdiction）是指由哪一国法院享有审理某一国际贸易诉讼案件的权力。国际贸易纠纷案件具有涉外因素，通常涉及两个或两个以上国家的当事人，因此在采用司法诉讼方式解决纠纷时由哪国法院受理案件至关重要。因为同一案件由不同国家的法院进行审理有时会得到不同处理结果，而该结果往往涉及争议各方当事人的经济利益。此外，国际贸易诉讼案件管辖权最重要的作用在于，它是诉讼程序得以开始和一国法院审理案件的依据。

（二）各国确立国际贸易诉讼案件管辖权的原则

国际贸易诉讼案件管辖权是一国国家主权的重要组成部分，属于一国国内法的规制范畴。目前，各国确立国际贸易诉讼案件管辖权主要有属地管辖原则、属人管辖原则、实际控制原则、协议管辖原则、专属管辖原则，这些原则在许多国家通常是兼用的。

1. *属地管辖原则*

属地管辖原则（territorial jurisdiction）又称“地域管辖”，是指一国法院对本国领土范围内的一切人、物和行为均具有管辖权，但是享有司法豁免权的情形除外。属地管辖权的拥有主要根据以下标准进行认定：（1）被告的住所地、居住地或者营业地在本国领土范围内；（2）诉讼标的物所在地或者被告财产所在地在本国领土范围内；（3）合同订立地或履行地、侵权行为发生地在本国领土范围内。以上三个方面中，只要具备其中一个方面的情形，该国法院即拥有司法管辖权。属地管辖原则是确定司法管辖权最主要的原则，最早在德国被采用，目前已为大多数国家认可和使用。

2. *属人管辖原则*

属人管辖原则（nationality jurisdiction）是指一国根据当事人拥有的国籍确定哪国法院对国际贸易争议案件拥有管辖权。只要争议当事人中的一方具有某国国籍，该国法院就可以行使管辖权。法国最早采用属人管辖原则认定本国法院管辖权，后被许多国家援用。由于属人管辖有时会限制一国法院行使管辖权，以该原则作为认定主要依据的国家并不多，而是大多将属人管辖原则作为属地管辖原则的补充，即同时采用属人管辖原则和属地管辖原则。

3. *实际控制原则*

实际控制原则是指一国法院在对人诉讼中以被告收到传票或者被告位于本国领土内为行使管辖权的依据，或者在对物诉讼中以争议标的物位于本国领土内为行使管辖权的依据。实际控制原则大多为英美法系国家采用。

4. *协议管辖原则*

协议管辖原则（agreed jurisdiction）是指一国依照当事人达成的法院选择协议确定哪国法

院拥有管辖权的原则。

5. 专属管辖原则

专属管辖原则（exclusive jurisdiction）是指一国规定其法院对某些案件具有独占管辖权，其他国家法院无权管辖此类案件。通常情况下，专属管辖案件主要包括本国境内不动产、继承、租赁、破产等方面的纠纷。

（三）我国与国际贸易诉讼案件有关的管辖权规定

我国《民事诉讼法》第四编“涉外民事诉讼程序的特别规定”第二十四章专章规定了涉外民事诉讼的管辖问题。该章没有规定的，适用《民事诉讼法》关于诉讼管辖的一般规定。概括而言，我国对涉外民事诉讼主要规定了属地管辖、协议管辖、专属管辖和级别管辖制度。

1. 属地管辖

对公民提起的民事诉讼，由被告住所地人民法院管辖；被告住所地与经常居住地不一致的，由经常居住地人民法院管辖。对法人或者其他组织提起的民事诉讼，由被告住所地人民法院管辖。因合同纠纷提起的诉讼，由被告住所地或者合同履行地人民法院管辖。

因合同纠纷或者其他财产权益纠纷，对在中国领域内没有住所的被告提起的诉讼，如果合同在中国领域内签订或者履行，或者诉讼标的物在中国领域内，或者被告在中国领域内有可供扣押的财产，或者被告在中国领域内设有代表机构，可以由合同签订地、合同履行地、诉讼标的物所在地、可供扣押财产所在地、侵权行为地或者代表机构住所地人民法院管辖。

2. 协议管辖

合同或者其他财产权益纠纷的当事人可以书面协议选择被告住所地、合同履行地、合同签订地、原告住所地、标的物所在地等与争议有实际联系的地点的人民法院管辖，但不得违反关于级别管辖和专属管辖的规定。

3. 专属管辖

因在中国履行中外合资经营企业合同（contracts for Chinese-foreign equity joint ventures）、中外合作经营企业合同（Chinese-foreign contractual joint ventures）、中外合作勘探开发自然资源合同（Chinese-foreign cooperative exploration and development of the natural resources）发生纠纷提起的诉讼，由中国法院管辖。

4. 级别管辖

《民事诉讼法》原则性规定，中级人民法院负责重大涉外民事案件的一审工作。关于涉外一审案件，最高人民法院多次发布相关司法解释，实行由少数收案较多、审判力量较强的基层人民法院和中级人民法院集中管辖的制度。但是近年来，涉外民商事案件数量明显上升，案件类型和分布区域发生较大变化，现有的涉外民商事案件集中管辖机制已经难以完全满足新形势新任务的需要。因此在 2022 年 11 月 15 日，最高人民法院发布《最高人民法院关于涉外民商事案件管辖若干问题的规定》（自 2023 年 1 月 1 日起施行），对涉外民商事案件的诉讼管辖权限进行如下调整。

（1）基层人民法院管辖第一审涉外民商事案件，法律、司法解释另有规定的除外。

（2）中级人民法院管辖下列第一审涉外民商事案件：一是争议标的额大的涉外民商事案件。北京、天津、上海、江苏、浙江、福建、山东、广东、重庆辖区中级人民法院，管辖诉讼标的额人民币 4 000 万元以上（包含本数）的涉外民商事案件；河北、山西、内蒙古、辽宁、吉林、黑龙江、安徽、江西、河南、湖北、湖南、广西、海南、四川、贵州、云南、西藏、陕西、甘肃、青海、宁夏、新疆辖区中级人民法院，解放军各战区、总直属军事法院，新疆维吾尔自治区高级人民法院生产建设兵团分院所辖各中级人民法院，管辖诉讼标的额人民币 2 000 万元以上（包含本数）的涉外民商事案件。二是案情复杂或者一方当事人人数众多的涉外民商事案件。三是其他在本辖区有重大影响的涉外民商事案件。法律、司法解释对中级人民法院管辖第一审涉外民商事案件另有规定的，依照相关规定办理。

（3）高级人民法院管辖诉讼标的额人民币 50 亿元以上（包含本数）或者其他在本辖区有重大影响的第一审涉外民商事案件。高级人民法院根据本辖区的实际情况认为确有必要的，经报最高人民法院批准，可以指定一个或数个基层人民法院、中级人民法院分别对上述第一审涉外民商事案件实行跨区域集中管辖。实行跨区域集中管辖的，高级人民法院应及时向社会公布该基层人民法院、中级人民法院相应的管辖区域。

（4）涉外民商事案件由专门的审判庭或合议庭审理。

（5）涉外海事海商纠纷案件、涉外知识产权纠纷案件、涉外生态环境损害赔偿纠纷案件以及涉外环境民事公益诉讼案件，不适用该规定。

（6）涉及香港、澳门特别行政区和台湾地区的民商事案件参照适用该规定。

二、国际贸易行政诉讼

在我国于 2001 年 12 月 11 日加入世界贸易组织后，为了履行相关义务，最高人民法院在 2002 年 8 月 27 日通过了《关于审理国际贸易行政案件若干问题的规定》（自 2002 年 10 月 1 日起施行）。根据该规定，国际贸易行政案件包括有关国际货物贸易的行政案件、有关国际服务贸易的行政案件、与国际贸易有关的知识产权行政案件以及其他国际贸易行政案件。涉及香港特别行政区、澳门特别行政区和台湾地区当事人的国际贸易行政案件，参照该规定处理。

1. 起诉人与案件管辖

自然人、法人或者其他组织认为中国具有国家行政职权的机关和组织及其工作人员有关国际贸易的具体行政行为侵犯其合法权益的，可以依照行政诉讼法以及其他有关法律、法规的规定，向法院提起行政诉讼。第一审国际贸易行政案件由具有管辖权的中级以上人民法院管辖。

2. 案件的审理与法律适用

法院审理国际贸易行政案件应当依照行政诉讼法，并根据案件具体情况，从以下方面对被诉具体行政行为进行合法性审查：（1）主要证据是否确实、充分；（2）适用法律、法规是否正确；（3）是否违反法定程序；（4）是否超越职权；（5）是否滥用职权；（6）行政处罚是否显失公正；（7）是否不履行或者拖延履行法定职责。

法院审理国际贸易行政案件应当依据中国法律、行政法规以及地方立法机关在法定立法权限范围内制定的有关或者影响国际贸易的地方性法规，地方性法规适用于本行政区域内发生的国际贸易行政案件。法院审理国际贸易行政案件，参照国务院部门根据法律和国务院的行政法规、决定、命令在本部门权限范围内制定的有关或者影响国际贸易的部门规章，以及省、自治区、直辖市和省、自治区的人民政府所在地的市、经济特区所在地的市、国务院批准的较大的市的人民政府根据法律、行政法规和地方性法规制定的有关或者影响国际贸易的地方政府规章。法院审理国际贸易行政案件所适用的法律、行政法规的具体条文存在两种以上的合理解释，其中有一种解释与中国缔结或者参加的国际条约的有关规定相一致的，应当选择与国际条约的有关规定相一致的解释，但中国声明保留的条款除外。

3. 外国人的待遇

外国人、无国籍人、外国组织在中国进行国际贸易行政诉讼，同中国公民、组织有同等的诉讼权利和义务。但是外国法院对中华人民共和国公民、组织的行政诉讼权利加以限制的，人民法院对该国公民、组织的行政诉讼权利，实行对等原则。

三、外国法院判决的承认与执行

（一）外国法院判决的承认与执行的概念与作用

根据国家主权原则，任何国家的法院作出的判决原则上只能在该国领土内具有法律效力并执行，在外国境内则不具有法律效力。但是如果一国法院作出的判决不能在败诉当事人所在国家执行，则该判决就没有实际意义，进而无法真正保护当事人合法权益。为了解决这一问题，就必须使一国法院作出的判决能够在他国得到承认和执行。

外国法院判决的承认和执行是指一国承认外国法院作出的判决在本国境内具有与本国法院判决同等的法律效力，并将根据一方当事人或作出判决法院的请求以及本国法和本国缔结或参加的国际条约规定的条件和程序在本国境内执行该外国判决。其中，承认外国法院判决的法律效力是执行该判决的必要前提条件，但是承认外国法院判决并不一定导致必须执行该判决，是否需要执行必须以提出执行申请为基础。一国承认外国法院判决后，将根据该外国法院的判决结果处理当事人的权利义务关系，如果当事人就同一案件向承认判决国的法院起诉，承认该外国法院判决的国家将不再受理该案。

（二）我国与外国相互承认与执行法院判决的规定

我国《民事诉讼法》对我国法院判决在外国的承认和执行以及外国法院判决在我国的承认和执行作出了明确规定。

1. 我国法院判决在外国的承认与执行

我国法院作出的发生法律效力的判决或裁定，如果被执行人或者其财产不在中国领域内，当事人请求执行的，可以由当事人直接向有管辖权的外国法院申请承认和执行，也可以由我国法院依照我国缔结或参加的国际条约规定或者按照互惠原则，请求外国法院承认和执行。

2. 外国法院判决（judgment of a foreign court）在我国的承认与执行

外国法院作出的发生法律效力的判决或裁定，需要我国法院承认和执行的，可以由当事人直接向我国有管辖权的中级人民法院（intermediate people's court）申请承认与执行，也可以由外国法院依照该国与我国缔结的或参加的国际条约的规定或按照互惠原则，请求我国法院承认和执行。我国法院对申请或请求承认的外国法院作出的发生法律效力的判决或裁定，依照我国缔结或参加的国际条约或者按照互惠原则进行审查后，认为不违反我国法律基本原则或者国家主权、安全、社会公共利益（social and public interest）的，将作出裁定承认其效力，需要执行的，将发出执行命令，依照民事诉讼法的规定执行。违反我国法律的基本原则或国家主权、安全、社会公共利益的，将不予以承认和执行。

3. 中外司法协助条约下的法院判决承认和执行

截至 2023 年 11 月，我国已经与 86 个国家签署双边司法协助条约，年均办理国际民商事请求 3 000 多件。在部分双边司法协助协议中，中外双方明确规定了法院判决的相互承认与执行问题。例如，2009年签署的《中华人民共和国和巴西联邦共和国关于民事和商事司法协助的条约》专门规定了法院判决的承认和执行问题。该条约规定：(1) 法院裁判的范围包括一方法院在该条约生效后作出的下列裁判，这些裁判应当根据该条约规定的条件在另一方境内得到承认和执行：法院在民事和商事案件中作出的裁判；法院在刑事诉讼程序中就向被害人给予赔偿和返还财物作出的民事裁判。"裁判"包括法院就民事和商事案件作出的调解书。(2) 承认与执行裁判的申请可以由当事人直接向被请求方的主管法院提出，也可以由其向作出该裁判的法院提出，并由该法院按规定途径转交给被请求方法院。承认和执行裁判的申请应当附有下列文件：经证明无误的裁判文书副本；证明裁判是终局的文件，以及在申请执行时证明裁判是可以执行的文件，除非裁判文书中对此已经予以明确说明；证明已经向败诉一方当事人送达裁判文书和无诉讼行为能力的当事人已经得到适当代理的文件；如果是缺席裁判，证明已经合法传唤缺席的当事人出庭的文件。申请书和上述裁判文书及文件均应当附有经证明无误的被请求方文字的译文及其相关复印件。(3) 有下列情形之一的，可以拒绝承认与执行：根据作出裁判一方的法律，该裁判不是终局的或者不具有执行效力；根据被请求方国内法规定，作出裁判的法院无管辖权；败诉的当事人未经合法传唤，或者无诉讼行为能力的当事人没有得到适当代理；被请求方法院正在审理相同当事人之间就同一标的提起的诉讼，且该诉讼是先提起的；该裁判与被请求方法院已经作出的裁判或已经承认的第三国法院作出的裁判不符。此外，被请求方如果认为承认和执行另一方的法院判决将有损本国的主权、安全或者重大公共利益，或者违反其法律的基本原则，可以拒绝并向请求方说明拒绝理由。(4) 裁判的承认和执行应当适用被请求方法律规定的程序。被请求方法院应当仅限于审查裁判是否符合该条约规定的条件，不得对裁判作任何实质性审查。如果裁判涉及多项内容并且无法得到全部承认和执行，被请求方法院可以决定仅承认和执行裁判的部分内容。(5) 被承认和执行的裁判在被请求方境内应当与被请求方法院作出的裁判具有相同的效力。

四、我国大陆（内地）与香港、澳门、台湾地区法院判决的相互承认与执行

（一）内地与香港民商事案件判决的相互认可和执行

2019年1月18日，最高人民法院与香港特别行政区政府就民商事案件判决的相互认可和执行问题达成《关于内地与香港特别行政区法院相互认可和执行民商事案件判决的安排》，作出如下规定。

1. 适用范围

内地与香港特别行政区法院民商事案件生效判决的相互认可和执行，以及刑事案件中有关民事赔偿的生效判决的相互认可和执行，均适用该安排。"民商事案件"是指依据内地和香港特别行政区法律均属于民商事性质的案件，但不包括香港特别行政区法院审理的司法复核案件以及其他因行使行政权力直接引发的案件。关于"判决"，在内地包括判决、裁定、调解书、支付令，不包括保全裁定；在香港特别行政区包括判决、命令、判令、讼费评定证明书，不包括禁诉令、临时济助命令。关于"生效判决"，在内地是指第二审判决、依法不准上诉或者超过法定期限没有上诉的第一审判决以及依照审判监督程序作出的上述判决；在香港特别行政区是指终审法院、高等法院上诉法庭及原讼法庭、区域法院以及劳资审裁处、土地审裁处、小额钱债审裁处、竞争事务审裁处作出的已经发生法律效力的判决。

该安排暂不适用于就下列民商事案件作出的判决：内地人民法院审理的赡养、兄弟姐妹之间扶养、解除收养关系、成年人监护权、离婚后损害责任、同居关系析产案件，香港特别行政区法院审理的应否裁判分居的案件；继承案件、遗产管理或者分配的案件；内地人民法院审理的有关发明专利、实用新型专利侵权的案件，香港特别行政区法院审理的有关标准专利（包括原授专利）、短期专利侵权的案件，内地与香港特别行政区法院审理的有关确认标准必要专利许可费率的案件，以及有关该安排第5条未规定的知识产权案件；海洋环境污染、海事索赔责任限制、共同海损、紧急拖航和救助、船舶优先权、海上旅客运输案件；破产（清盘）案件；确定选民资格、宣告自然人失踪或者死亡、认定自然人限制或者无民事行为能力的案件；确认仲裁协议效力、撤销仲裁裁决的案件；认可和执行其他国家和地区判决、仲裁裁决的案件。

2. 认可和执行判决的申请

关于申请认可和执行该安排规定的判决，在内地应向申请人住所地或者被申请人住所地、财产所在地的中级人民法院提出，在香港特别行政区应向高等法院提出。申请人应当向符合上述规定的其中一个人民法院提出申请。向两个以上有管辖权的人民法院提出申请的，由最先立案的人民法院管辖。关于"住所地"，当事人为自然人的，是指户籍所在地或者永久性居民身份所在地、经常居住地；当事人为法人或者其他组织的，是指注册地或者登记地、主要办事机构所在地、主要营业地、主要管理地。

被申请人在内地和香港特别行政区均有可供执行财产的，申请人可以分别向两地法院申请执行。应对方法院要求，两地法院应当相互提供本方执行判决的情况。两地法院执行财产的总额不得超过判决确定的数额。

申请认可和执行该安排规定的判决，应当提交下列材料：申请书；经作出生效判决的法院盖章的判决副本；作出生效判决的法院出具的证明书，证明该判决属于生效判决，判决有执行内容的，还应当证明在原审法院地可以执行；判决为缺席判决的，应当提交已经合法传唤当事人的证明文件，但判决已经对此予以明确说明或者缺席方提出认可和执行申请的除外；身份证明材料（申请人为自然人的，应当提交身份证件复印件；申请人为法人或者其他组织的，应当提交注册登记证书的复印件以及法定代表人或者主要负责人的身份证件复印件）。向内地人民法院提交的文件没有中文文本的，应当提交准确的中文译本。

申请书应当载明下列事项：当事人的基本情况（当事人为自然人的，包括姓名、住所、身份证件信息、通讯方式等；当事人为法人或者其他组织的，包括名称、住所及其法定代表人或者主要负责人的姓名、职务、住所、身份证件信息、通讯方式等）；请求事项和理由；申请执行的，还需提供被申请人的财产状况和财产所在地；判决是否已在其他法院申请执行以及执行情况。申请认可和执行判决的期间、程序和方式，应当依据被请求方法律的规定。

3. 原审法院管辖权的认定

符合下列情形之一，且依据被请求方法律有关诉讼不属于被请求方法院专属管辖的，被请求方法院应当认定原审法院具有管辖权：原审法院受理案件时，被告住所地在该方境内；原审法院受理案件时，被告在该方境内设有代表机构、分支机构、办事处、营业所等不属于独立法人的机构，且诉讼请求是基于该机构的活动；因合同纠纷提起的诉讼，合同履行地在该方境内；因侵权行为提起的诉讼，侵权行为实施地在该方境内；合同纠纷或者其他财产权益纠纷的当事人以书面形式约定由原审法院地管辖，但各方当事人住所地均在被请求方境内的，原审法院地应系合同履行地、合同签订地、标的物所在地等与争议有实际联系地；当事人未对原审法院提出管辖权异议并应诉答辩，但各方当事人住所地均在被请求方境内的，原审法院地应系合同履行地、合同签订地、标的物所在地等与争议有实际联系地。“书面形式”是指合同书、信件和数据电文（包括电报、电传、传真、电子数据交换和电子邮件）等可以有形地表现所载内容的形式。

知识产权侵权纠纷案件以及内地人民法院审理的不正当竞争纠纷民事案件、香港特别行政区法院审理的假冒纠纷案件，侵权、不正当竞争、假冒行为实施地在原审法院地境内，且涉案知识产权权利、权益在该方境内依法应予保护的，才应当认定原审法院具有管辖权。

被请求方法院认为原审法院对于有关诉讼的管辖符合被请求方法律规定的，可以认定原审法院具有管辖权。

4. 拒绝认可和执行判决

申请认可和执行的判决，被申请人提供证据证明有下列情形之一的，被请求方法院审查核实后，应当不予认可和执行：原审法院对有关诉讼的管辖不符合该安排规定的；依据原审法院地的法律，被申请人未经合法传唤，或者虽经合法传唤但未获得合理的陈述、辩论机会的；判决是以欺诈方法取得的；被请求方法院受理相关诉讼后，原审法院又受理就同一争议提起的诉讼并作出判决的；被请求方法院已经就同一争议作出判决，或者已经认可其他国家和地区就同一争议作出的判决的；被请求方已经就同一争议作出仲裁裁决，或者已经认可其他国家和地区就同一争议作出的仲裁裁决的。

内地人民法院认为认可和执行香港特别行政区法院判决明显违反内地法律的基本原则或者社会公共利益，香港特别行政区法院认为认可和执行内地人民法院判决明显违反香港特别行政区法律的基本原则或者公共政策的，应当不予认可和执行。申请认可和执行的判决，被申请人提供证据证明在原审法院进行的诉讼违反了当事人就同一争议订立的有效仲裁协议或者管辖协议的，被请求方法院审查核实后，可以不予认可和执行。被请求方法院不能仅因判决的先决问题不属于该安排适用范围，而拒绝认可和执行该判决。对于原审法院就知识产权有效性、是否成立或者存在作出的判项，不予认可和执行，但基于该判项作出的有关责任承担的判项符合本安排规定的，应当认可和执行。

5. 认可和执行的判决内容

相互认可和执行的判决内容包括金钱判项、非金钱判项。判决包括惩罚性赔偿的，不予认可和执行惩罚性赔偿部分，但该安排另有规定的除外。知识产权侵权纠纷案件以及内地人民法院审理的不正当竞争纠纷民事案件、香港特别行政区法院审理的假冒纠纷案件，内地与香港特别行政区法院相互认可和执行判决的，限于根据原审法院地发生的侵权行为所确定的金钱判项，包括惩罚性赔偿部分。有关商业秘密侵权纠纷案件判决的相互认可和执行，包括金钱判项（含惩罚性赔偿）、非金钱判项。内地与香港特别行政区法院相互认可和执行的财产给付范围，包括判决确定的给付财产和相应的利息、诉讼费、迟延履行金、迟延履行利息，不包括税收、罚款。关于“诉讼费”，在香港特别行政区是指诉讼费评定证明书核定或者命令支付的费用。被请求方法院不能认可和执行判决全部判项的，可以认可和执行其中的部分判项。

6. 认可和执行程序的中止、恢复、终止

对于香港特别行政区法院作出的判决，一方当事人已经提起上诉，内地人民法院审查核实后，中止认可和执行程序。经上诉，维持全部或者部分原判决的，恢复认可和执行程序；完全改变原判决的，终止认可和执行程序。内地人民法院就已经作出的判决裁定再审的，香港特别行政区法院审查核实后，中止认可和执行程序。经再审，维持全部或者部分原判决的，恢复认可和执行程序；完全改变原判决的，终止认可和执行程序。

7. 复议或上诉

法院应当尽快审查认可和执行的申请，并作出裁定或者命令。被请求方法院就认可和执行的申请作出裁定或者命令后，当事人不服的，在内地可以于裁定送达之日起 10 日内向上一级人民法院申请复议，在香港特别行政区可以依据其法律规定提起上诉。

8. 其他事项

在审理民商事案件期间，当事人申请认可和执行另一地法院就同一争议作出的判决的，应当受理。受理后，有关诉讼应当中止，待就认可和执行的申请作出裁定或者命令后，再视情终止或者恢复诉讼。审查认可和执行判决申请期间，当事人就同一争议提起诉讼的，不予受理；已经受理的，驳回起诉。判决全部获得认可和执行后，当事人又就同一争议提起诉讼的，不予受理。判决未获得或者未全部获得认可和执行的，申请人不得再次申请认可和执行，但可以就同一争议向被请求方法院提起诉讼。申请认可和执行判决的，被请求方法院在受理申请之前或者之后，可以依据被请求方法律规定采取保全或者强制措施。

申请认可和执行判决的，应当依据被请求方有关诉讼收费的法律和规定交纳费用。

(二) 内地与澳门民商事案件判决的相互认可和执行

2006 年 2 月 28 日，最高人民法院与澳门特区政府行政法务司签署了《内地与澳门特别行政区关于相互认可和执行民商事判决的安排》，规定了如下制度。

1. 适用范围

内地与澳门特别行政区民商事案件（在内地包括劳动争议案件，在澳门特别行政区包括劳动民事案件）判决的相互认可和执行以及刑事案件中有关民事损害赔偿的判决、裁定的认可和执行，适用该安排。但是该安排不适用于行政案件。关于“判决”，在内地包括判决、裁定、决定、调解书、支付令，在澳门特别行政区包括裁判、判决、确认和解的裁定、法官的决定或者批示。

2. 申请的提出与受理法院

一方法院作出的具有给付内容的生效判决，当事人可以向对方有管辖权的法院申请认可和执行。没有给付内容，或者不需要执行，但需要通过司法程序予以认可的判决，当事人可以向对方法院单独申请认可，也可以直接以该判决作为证据在对方法院的诉讼程序中使用。

内地有权受理认可和执行判决申请的法院为被申请人住所地、经常居住地或者财产所在地的中级人民法院。两个或者两个以上中级人民法院均有管辖权的，申请人应当选择向其中一个中级人民法院提出申请。澳门特别行政区有权受理认可判决申请的法院为中级法院，有权执行的法院为初级法院。

被申请人在内地和澳门特别行政区均有可供执行财产的，申请人可以向一地法院提出执行申请。申请人向一地法院提出执行申请的同时，可以向另一地法院申请查封、扣押或者冻结被执行人的财产。待一地法院执行完毕后，可以根据该地法院出具的执行情况证明，就不足部分向另一地法院申请采取处分财产的执行措施。两地法院执行财产的总额，不得超过依据判决和法律规定所确定的数额。

请求认可和执行判决的申请书，应当载明下列事项：申请人或者被申请人为自然人的，应当载明其姓名及住所；为法人或者其他组织的，应当载明其名称及住所，以及其法定代表人或者主要负责人的姓名、职务和住所；请求认可和执行的判决的案号和判决日期；请求认可和执行判决的理由、标的，以及该判决在判决作出地法院的执行情况。

申请书应当附生效判决书副本，或者经作出生效判决的法院盖章的证明书，同时应当附作出生效判决的法院或者有权限机构出具的证明下列事项的相关文件：传唤属依法作出，但判决书已经证明的除外；无诉讼行为能力人依法得到代理，但判决书已经证明的除外；根据判决作出地的法律，判决已经送达当事人，并已生效；申请人为法人的，应当提供法人营业执照副本或者法人登记证明书；判决作出地法院发出的执行情况证明。如被请求方法院认为已充分了解有关事项时，可以免除提交相关文件。被请求方法院对当事人提供的判决书的真实性有疑问时，可以请求作出生效判决的法院予以确认。申请书应当用中文制作。所附司法文书及其相关文件未用中文制作的，应当提供中文译本。其中法院判决书未用中文制作的，应当提供由法院出具的中文译本。法院收到申请人请求认可和执行判决的申请后，应当将申请书送达被申请人。被申请人有权提出答辩。

3. 不予认可与复议或上诉

被请求方法院应当尽快审查认可和执行的请求，并作出裁定。法院就认可和执行判决的请求作出裁定后，应当及时送达。

被请求方法院经审查核实存在下列情形之一的，裁定不予认可：根据被请求方的法律，判决所确认的事项属被请求方法院专属管辖；在被请求方法院已存在相同诉讼，该诉讼先于待认可判决的诉讼提起，且被请求方法院具有管辖权；被请求方法院已认可或者执行被请求方法院以外的法院或仲裁机构就相同诉讼作出的判决或仲裁裁决；根据判决作出地的法律规定，败诉的当事人未得到合法传唤，或者无诉讼行为能力人未依法得到代理；根据判决作出地的法律规定，申请认可和执行的判决尚未发生法律效力，或者因再审被裁定中止执行；在内地认可和执行判决将违反内地法律的基本原则或者社会公共利益；在澳门特别行政区认可和执行判决将违反澳门特别行政区法律的基本原则或者公共秩序。

当事人对认可与否的裁定不服的，在内地可以向上一级人民法院提请复议，在澳门特别行政区可以根据其法律规定提起上诉；对执行中作出的裁定不服的，可以根据被请求方法律的规定，向上级法院寻求救济。

4. 执行

经裁定予以认可的判决，与被请求方法院的判决具有同等效力。判决有给付内容的，当事人可以向该方有管辖权的法院申请执行。被请求方法院不能对判决所确认的所有请求予以认可和执行时，可以认可和执行其中的部分请求。法院受理认可和执行判决的申请之前或者之后，可以按照被请求方法律关于财产保全的规定，根据申请人的申请，对被申请人的财产采取保全措施。

5. 其他事项

在被请求方法院受理认可和执行判决的申请期间，或者判决已获认可和执行，当事人再行提起相同诉讼的，被请求方法院不予受理。

对于不予认可的判决，申请人不得再行提起认可和执行的申请。但根据被请求方的法律，被请求方法院有管辖权的，当事人可以就相同案件事实向当地法院另行提起诉讼。此外，在不予认可的情形消除后，申请人可以再行提起认可和执行的申请。

申请人申请认可和执行判决，应当根据被请求方法律规定，交纳诉讼费用、执行费用。申请人在生效判决作出地获准缓交、减交、免交诉讼费用的，在被请求方法院申请认可和执行判决时，应当享有同等待遇。

（三）大陆与台湾地区民商事案件判决的相互认可和执行

截至目前，两岸并未签署关于相互认可和执行对方民商事判决的司法互助协定，而是单方面作出相关规定。其中，台湾地区在“台湾地区与大陆地区人民关系条例”及其实施细则中规定了认可与执行大陆法院判决的标准。大陆的民事最终判决和仲裁裁决，如果不违背台湾地区的公共秩序或者善良风俗，可以申请台湾法院裁定认可。经台湾法院裁定认可的法院判决或者仲裁裁决，如果以给付为裁决内容，可以执行。

关于台湾地区民事判决在大陆的认可和执行，最高人民法院在2015年发布了《关于认可和执行台湾地区法院民事判决的规定》，规定了以下制度。

1. 适用范围

台湾地区法院民事判决的当事人可以作为申请人向人民法院申请认可和执行台湾地区有关法院民事判决。台湾地区法院民事判决包括台湾地区法院作出的生效民事判决、裁定、和解笔录、调解笔录、支付命令等。申请认可台湾地区法院在刑事案件中作出的有关民事损害赔偿的生效判决、裁定、和解笔录的，适用该规定。申请认可由台湾地区乡镇市调解委员会等出具并经台湾地区法院核定，与台湾地区法院生效民事判决具有同等效力的调解文书的，参照适用该规定。

2. 申请的提出

申请人同时提出认可和执行台湾地区法院民事判决申请的，人民法院先按照认可程序进行审查，裁定认可后，由人民法院执行机构执行。申请人直接申请执行的，人民法院应当告知其一并提交认可申请；坚持不申请认可的，裁定驳回其申请。

申请认可台湾地区法院民事判决的案件，由申请人住所地、经常居住地或者被申请人住所地、经常居住地、财产所在地中级人民法院或者专门人民法院受理。申请人向两个以上有管辖权的人民法院申请认可的，由最先立案的人民法院管辖。申请人向被申请人财产所在地人民法院申请认可的，应当提供财产存在的相关证据。

申请人申请认可台湾地区法院民事判决，应当提交申请书，并附有台湾地区有关法院民事判决文书和民事判决确定证明书的正本或者经证明无误的副本。台湾地区法院民事判决为缺席判决的，申请人应当同时提交台湾地区法院已经合法传唤当事人的证明文件，但判决已经对此予以明确说明的除外。申请书应当记明以下事项：申请人和被申请人姓名、性别、年龄、职业、身份证件号码、住址（申请人或者被申请人为法人或者其他组织的，应当记明法人或者其他组织的名称、地址、法定代表人或者主要负责人姓名、职务）和通讯方式；请求和理由；申请认可的判决的执行情况；其他需要说明的情况。

申请人申请认可台湾地区法院民事判决，应当提供相关证明文件，以证明该判决真实并且已经生效。申请人可以申请人民法院通过海峡两岸调查取证司法互助途径查明台湾地区法院民事判决的真实性和是否生效以及当事人得到合法传唤的证明文件；人民法院认为必要时，也可以就有关事项依职权通过海峡两岸司法互助途径向台湾地区请求调查取证。

3. 审查与决定

对申请认可台湾地区法院民事判决的案件，人民法院应当组成合议庭进行审查。申请人委托他人代理申请认可台湾地区法院民事判决的，应当向人民法院提交由委托人签名或者盖章的授权委托书。台湾地区、香港特别行政区、澳门特别行政区或者外国当事人签名或者盖章的授权委托书应当履行相关的公证、认证或者其他证明手续，但授权委托书在人民法院法官的见证下签署或者经中国大陆公证机关公证证明是在中国大陆签署的除外。

对于符合规定条件的申请，人民法院应当在收到申请后 7 日内立案，并通知申请人和被申请人，同时将申请书送达被申请人；不符合规定条件的，应当在 7 日内裁定不予受理，同时说明不予受理的理由；申请人对裁定不服的，可以提起上诉。

人民法院受理认可台湾地区法院民事判决的申请后，应当在立案之日起 6 个月内审结；有特殊情况需要延长的，报请上一级人民法院批准。通过海峡两岸司法互助途径送达文书和调查取证的期间，不计入审查期限。

4. 不予认可的情形

台湾地区法院民事判决具有下列情形之一的，裁定不予认可：申请认可的民事判决，是在被申请人缺席又未经合法传唤或者在被申请人无诉讼行为能力又未得到适当代理的情况下作出的；案件系人民法院专属管辖的；案件双方当事人订有有效仲裁协议，且无放弃仲裁管辖情形的；案件系人民法院已作出判决或者中国大陆的仲裁庭已作出仲裁裁决的；香港特别行政区、澳门特别行政区或者外国的法院已就同一争议作出判决且已为人民法院所认可或者承认的；台湾地区、香港特别行政区、澳门特别行政区或者外国的仲裁庭已就同一争议作出仲裁裁决且已为人民法院所认可或者承认的。认可该民事判决将违反“一个中国”原则等国家法律的基本原则或者损害社会公共利益的，人民法院应当裁定不予认可。

5. 法院裁定的效力与复议

人民法院经审查能够确认台湾地区法院民事判决真实并且已经生效，而且不具有所列情形的，裁定认可其效力；不能确认该民事判决的真实性或者已经生效的，裁定驳回申请人的申请。裁定驳回申请的案件，申请人再次申请并符合受理条件的，人民法院应予受理。

经人民法院裁定认可的台湾地区法院民事判决，与人民法院作出的生效判决具有同等效力。人民法院作出的裁定，一经送达即发生法律效力。当事人对上述裁定不服的，可以自裁定送达之日起 10 日内向上一级人民法院申请复议。

6. 其他规定

人民法院受理认可台湾地区法院民事判决的申请之前或者之后，可以按照民事诉讼法及相关司法解释的规定，根据申请人的申请，裁定采取保全措施。人民法院受理认可台湾地区法院民事判决的申请后，当事人就同一争议起诉的，不予受理。一方当事人向人民法院起诉后，另一方当事人向人民法院申请认可的，对于认可的申请不予受理。案件虽经台湾地区有关法院判决，但当事人未申请认可，而是就同一争议向人民法院起诉的，应予受理。人民法院受理认可台湾地区法院民事判决的申请后，作出裁定前，申请人请求撤回申请的，可以裁定准许。

对人民法院裁定不予认可的台湾地区法院民事判决，申请人再次提出申请的，人民法院不予受理，但申请人可以就同一争议向人民法院起诉。人民法院在办理申请认可和执行台湾地区法院民事判决案件中作出的法律文书，应当依法送达案件当事人。

案例

Sinochem Intern. Co. Ltd. v. Malaysia Intern. Shipping Corp. ①

Decided March 5, 2007.

Ginsburg, J., delivered the opinion for a unanimous Court.

This case concerns the doctrine of *forum non conveniens*, under which a federal district court may dismiss an action on the ground that a court abroad is the more appropriate and convenient forum for adjudicating the controversy. We granted review to decide a question that has divided the Courts of Appeals: "Whether a district court must first conclusively establish [its own] jurisdiction before dismissing a suit on the ground of *forum non conveniens*?" Pet. for Cert. i. We hold that a district court has discretion to respond at once to a defendant's *forum non conveniens* plea, and need not take up first any other threshold objection. In particular, a court need not resolve whether it has authority to adjudicate the cause (subject-matter jurisdiction) or personal jurisdiction over the defendant if it determines that, in any event, a foreign tribunal is plainly the more suitable arbiter of the merits of the case.

I

The underlying controversy concerns alleged misrepresentations by a Chinese corpora tion to a Chinese admiralty court resulting in the arrest of a Malaysian vessel in China. In 2003, petitioner Sinochem International Company Ltd. (Sinochem), a Chinese state-owned importer, contracted with Triorient Trading, Inc. (Triorient), a domestic corporation that is not a party to this suit, to purchase steel coils. Pursuant to the agreement, Triorient would receive payment under a letter of credit by producing a valid bill of lading certifying that the coils had been loaded for shipment to China on or before April 30, 2003. Memorandum and Order of Feb. 27, 2004, No. Civ. A. 03 - 3771 (ED Pa.), App. to Pet. for Cert. 48a - 49a (hereinafter Feb. 27 Memo & Order).

Triorient subchartered a vessel owned by respondent Malaysia International Shipping Corporation (Malaysia International), a Malaysian company, to transport the coils to China. Triorient then hired a stevedoring company to load the steel coils at the Port of Philadelphia. A bill of lading, dated April 30, 2003, triggered payment under the letter of credit. *Id.*, at 49a.

On June 8, 2003, Sinochem petitioned the Guangzhou Admiralty Court in China for interim relief, *i. e.*, preservation of a maritime claim against Malaysia International and arrest of the vessel that carried the steel coils to China. In support of its petition, Sinochem alleged that the Malaysian company had falsely backdated the bill of lading. The Chinese tribunal ordered the ship arrested the same day. *Id.*, at 50a; App. in No. 04 - 1816 (CA3), pp. 56a - 57a

① 127 S. Ct. 1184, U. S. 2007. (Note: This case has been abbreviated.)

(Civil Ruling of the Guangzhou Admiralty Court).

Thereafter, on July 2, 2003, Sinochem timely filed a complaint against Malaysia *1189 International and others in the Guangzhou Admiralty Court. Sinochem's complaint repeated the allegation that the bill of lading had been falsified resulting in unwarranted payment. Malaysia International contested the jurisdiction of the Chinese tribunal. Feb. 27 Memo & Order, at 50a; App. in No. 04-1816 (CA3), pp. 52a-53a (Civil Complaint in Guangzhou Admiralty Court). The admiralty court rejected Malaysia International's jurisdictional objection, and that ruling was affirmed on appeal by the Guangdong Higher People's Court. App. 16-23.

On June 23, 2003, shortly after the Chinese court ordered the vessel's arrest, Malaysia International filed the instant action against Sinochem in the United States District Court for the Eastern District of Pennsylvania. Malaysia International asserted in its federal court pleading that Sinochem's preservation petition to the Guangzhou court negligently misrepresented the "vessel's fitness and suitability to load its cargo." Feb. 27 Memo & Order, at 50a (internal quotation marks omitted). As relief, Malaysia International sought compensation for the loss it sustained due to the delay caused by the ship's arrest. Sinochem moved to dismiss the suit on several grounds, including lack of subject-matter jurisdiction, lack of personal jurisdiction, *forum non conveniens*, and international comity. App. in No. 04-1816 (CA3), pp. 14a-20a, 39a-40a.

The District Court first determined that it had subject-matter jurisdiction under 28 U. S. C. § 1333 (1) (admiralty or maritime jurisdiction). Feb. 27 Memo & Order, at 51a-54a. The court next concluded that it lacked personal jurisdiction over Sinochem under Pennsylvania's long-arm statute, 42 Pa. Cons. Stat. § 5301 *et seq*. (2002). Nevertheless, the court conjectured, limited discovery might reveal that Sinochem's national contacts sufficed to establish personal jurisdiction under Federal Rule of Civil Procedure 4 (k) (2). Feb. 27 Memo & Order, at 55a-63a. The court did not permit such discovery, however, because it determined that the case could be adjudicated adequately and more conveniently in the Chinese courts. *Id.*, at 63a-69a; Memorandum and Order of Apr. 13, 2004, No. Civ. A. 03-3771 (ED Pa.), App. to Pet. for Cert. 40a-47a (hereinafter Apr. 13 Memo & Order) (denial of Rule 59 (e) motion). No significant interests of the United States were involved, the court observed, Feb. 27 Memo & Order, at 65a-67a; Apr. 13 Memo & Order, at 44a-47a, and while the cargo had been loaded in Philadelphia, the nub of the controversy was entirely foreign: The dispute centered on the arrest of a foreign ship in foreign waters pursuant to the order of a foreign court. Feb. 27 Memo & Order, at 67a. Given the proceedings ongoing in China, and the absence of cause "to second-guess the authority of Chinese law or the competence of [Chinese] courts," the District Court granted the motion to dismiss under the doctrine of *forum non conveniens*. *Id.*, at 68a.

A panel of the Court of Appeals for the Third Circuit agreed there was subject-matter jurisdiction under § 1333 (1), and that the question of personal jurisdiction could not be resolved *sans* discovery. Although the court determined that *forum non conveniens* is a non merits ground for dismissal, the majority nevertheless held that the District Court could not dismiss the case under the *forum non conveniens* doctrine unless and until it determined definitively that it had both subject-matter jurisdiction over the cause and personal jurisdiction over the defendant. 436 F. 3d 349 (C. A. 3 2006).

Judge Stapleton dissented. Requiring a district court to conduct discovery on a jurisdictional question when it "rightly regards [the forum] as inappropriate," he maintained, "subverts a primary purpose of" the *forum non conveniens* doctrine: "protect [ing] a defendant from...substantial and unnecessary effort and expense." The "court makes no assumption of law declaring power," Judge Stapleton observed, "when it decides not to exercise whatever jurisdiction it may have."

Ⅱ

A federal court has discretion to dismiss a case on the ground of *forum non conveniens* "when an alternative forum has jurisdiction to hear [the] case, and...trial in the chosen forum would establish...oppressiveness and vexation to a defendant...out of all proportion to plaintiff's convenience, or...the chosen forum [is] inappropriate because of considerations affecting the court's own administrative and legal problems." Dismissal for *forum non conveniens* reflects a court's assessment of a "range of considerations, most notably the convenience to the parties and the practical difficulties that can attend the adjudication of a dispute in a certain locality." We have characterized *forum non conveniens* as, essentially, "a supervening venue provision, permitting displacement of the ordinary rules of venue when, in light of certain conditions, the trial court thinks that jurisdiction ought to be declined."

...

A defendant invoking *forum non conveniens* ordinarily bears a heavy burden in opposing the plaintiff's chosen forum. When the plaintiff's choice is not its home forum, however, the presumption in the plaintiff's favor "applies with less force," for the assumption that the chosen forum is appropriate is in such cases "less reasonable."

Ⅲ

Steel Co. v. Citizens for Better Environment, 523 U.S. 83, 118 S. Ct. 1003, 140 L. Ed. 2d 210 (1998), clarified that a federal court generally may not rule on the merits of a case without first determining that it has jurisdiction over the category of claim in suit (subject-matter jurisdiction) and the parties (personal jurisdiction). "Without jurisdiction the court cannot proceed at all in any cause"; it may not assume jurisdiction for the purpose of deciding the merits of the case.

While *Steel Co.* confirmed that jurisdictional questions ordinarily must precede merits determinations in dispositional order, *Ruhrgas* held that there is no mandatory "sequencing of jurisdictional issues." 526 U.S., at 584, 119 S. Ct. 1563. In appropriate circumstances, *Ruhrgas* decided, a court may dismiss for lack of personal jurisdiction without first establishing subject-matter jurisdiction.

...

V

This is a textbook case for immediate *forum non conveniens* dismissal. The District Court's subject-matter jurisdiction presented an issue of first impression in the Third Circuit, see 436 F. 3d, at 355, and was considered at some length by the courts below. Discovery concerning personal jurisdiction would have burdened Sinochem with expense and delay. And all to scant purpose: The District Court inevitably would dismiss the case without reaching the merits, given its well-considered *forum non conveniens* appraisal. Judicial economy is disserved by continuing litigation in the Eastern District of Pennsylvania given the proceedings long launched in China. And the gravamen of Malaysia International's complaint-misrepresentations to the Guangzhou Admiralty Court in the course of securing arrest of the vessel in China-is an issue best left for determination by the Chinese courts.

If, however, a court can readily determine that it lacks jurisdiction over the cause or the defendant, the proper course would be to dismiss on that ground. In the mine run of cases, jurisdiction "will involve no arduous inquiry" and both judicial economy and the consideration ordinarily accorded the plaintiff's choice of forum "should impel the federal court to dispose of [those] issue [s] first." *Ruhrgas*, 526 U. S., at 587 - 588, 119 S. Ct. 1563. But where subject-matter or personal jurisdiction is difficult to determine, and *forum non conveniens* considerations weigh heavily in favor of dismissal, the court properly takes the less burdensome course.

For the reasons stated, the judgment of the Court of Appeals is reversed, and the case is remanded for proceedings consistent with this opinion.

It is so ordered.

U. S., 2007.

QUESTIONS FOR DISCUSSION

1. On what grounds did the United States District Court for the Eastern District of Pennsylvania dismiss the suit brought by Malaysia Intern. Shipping Corp. against Sinochem Intern. Co. Ltd. ?
2. What's the doctrine of *forum non conveniens*?
3. According to the opinion of the US Supreme Court, what facts were taken into consideration in concluding that the Chinese Court is a more suitable arbiter of the case than the United States federal court?

本章小结

1. 国际贸易当事人应该在国际贸易合同中规定争议的解决方式。如果规定采用仲裁方式，则不能再采用诉讼方式。

2. 国际贸易争议解决方式可以由当事人自由选择。可以是协商、调解、仲裁、诉讼等方式。其中，协商达成的协议视为对合同的修改。调解协议的效力根据不同调解方式则有所不同。有的视同对合同的修改，有的则具有裁决的效力。仲裁裁决具有终局法律效力。各国诉讼通常是两审程序。
3. 仲裁机构有常设仲裁结构和临时仲裁机构。常设仲裁机构通常都制定自己的仲裁规则并备有仲裁员名册。仲裁机构受理案件的前提是争议当事人已经达成仲裁协议，没有仲裁协议，仲裁机构无权受理。外国仲裁机构作出的裁决的承认和执行通常按照《承认和执行外国仲裁裁决公约》的规定执行。中国加入了该公约。
4. 中国制定和颁布了《仲裁法》以及《民事诉讼法》。上述法律对仲裁裁决的承认和执行以及法院判决的承认和执行问题都作出了规定。

QUESTIONS AND COMMENTS

1. International arbitration and international litigation are the two major means of dispute settlement in international trade. What are the advantages and disadvantages of international arbitration compared with international litigation?
2. What does ADR refer to?
3. Please name a few well-known international arbitration institutions.
4. The New York Convention greatly facilitate recognition and enforcement of foreign arbitral awards in member countries. Only under limited circumstances can enforcement be refused. What are these circumstances?
5. On what principles do courts exercise jurisdiction over a particular international trade dispute? What's the practice in China?

参考文献

一、中文文献

1. ［英］施米托夫．国际贸易法文选．赵秀文，译．北京：中国大百科全书出版社，1993
2. 沈达明，冯大同编著．国际贸易法．北京：北京大学出版社，1983
3. 赵承璧编著．国际贸易法律．北京：中国对外经济贸易出版社，1986
4. 陈安主编．国际贸易法．福州：鹭江出版社，1987
5. 郭寿康，韩立余编著．国际贸易法．北京：中国人民大学出版社，2005
6. 王传丽主编．国际经济法．北京：高等教育出版社，2005
7. ［日］金泽良雄．国际经济法序论．姚梅镇，译．1979，原载国外法学，1982（5）
8. 沈达明主编．国际商法：上．北京：中国对外经济贸易出版社，1982
9. 余劲松．跨国公司的法律研究．北京：中国政法大学出版社，1989
10. 王念祖．发展经济与跨国公司．北京：中国对外经济贸易出版社，1983
11. 李浩培．条约法．北京：法律出版社，1987
12. 曹建明主编．国际经济法学．北京：中国政法大学出版社，1999
13. 郭学德，李海涛，李昌风主编．国际经济法教程．北京：中国经济出版社，2002
14. 沈达明，冯大同编著．国际贸易法新论．北京：法律出版社，1989
15. 对外贸易经济合作部条约法律司编译．国际商事合同通则．北京：法律出版社，1996
16. 沈达明，冯大同．国际商法：上册．北京：中国对外经济贸易出版社，1982
17. 王传丽．涉外经济合同的法律效力．北京：中国政法大学出版社，1989
18. 王传丽主编．国际贸易法．北京：中国政法大学出版社，2003
19. ［英］戴维·M. 萨逊．CIF与FOB合同．北京对外贸易学院国际贸易问题研究所，译．北京：中国对外经济贸易出版社，1980

20. [英] 迈克尔·布里奇．国际货物销售法律与实务．林一飞，等译．北京：法律出版社，2004

21. 沈达明．买卖法上的货物质量担保．北京：中国对外经济贸易出版社，2003

22. 刘家安．买卖的法律结构：以所有权移转问题为中心．北京：中国政法大学出版社，2003

23. 余延满．货物所有权的移转与风险负担的比较法研究．武汉：武汉大学出版社，2002

24. 司玉琢．海商法专论．北京：中国人民大学出版社，2007

25. 傅廷中．海商法论．北京：法律出版社，2007

26. 杨良宜．提单及其付运单证．北京：中国政法大学出版社，2001

27. 姚新超主编．国际贸易运输．北京：对外经济贸易大学出版社，2001

28. 对外经济贸易大学国际运输学系编．国际货物运输实务．北京：对外经济贸易大学出版社，2001

29. 黄敬阳主编．国际货物运输保险．北京：对外经济贸易大学出版社，2005

30. 顾寒梅，张华编著．国际货物运输保险理论与实务．北京：中国物资出版社，2005

31. 汪鹏南．现代海上保险法的理论与实践．大连：大连海事大学出版社，2004

32. 汪鹏南．海上保险合同法详论．2 版．大连：大连海事大学出版社，2003

33. 杨良宜，汪鹏南．英国海上保险条款详论．大连：大连海事大学出版社，1996

34. 杨良宜．海上保险．大连：大连海运学院出版社，1985

35. 陈岩，刘玲编著．UCP 600 与信用证精要．北京：对外经济贸易大学出版社，2007

36. 李金泽主编．UCP 600 适用与信用证法律风险防控．北京：法律出版社，2007

37. 曾鸣编著．UCP 600 的主要变化及对实务的影响．大连：东北财经大学出版社，2007

38. 陈国武主编．解读《跟单信用证统一惯例》（2007 年修订本）第 600 号出版物．天津：天津大学出版社，2007

39. 最高人民法院民事审判第四庭编．信用证纠纷典型案例．北京：中国民主法制出版社，2006

40. 李海峰选编．ICC CHINA 银行委员会意见汇编（1998—2003）．北京：中国民主法制出版社，2003

41. 张军，李茂华，于立新．加入 WTO 与中国国际保理发展．西安：西北大学出版社，2002

42. [英] 芙瑞迪·萨林格．保理法律与实务．刘园，叶志壮，译．北京：对外经济贸易大学出版社，1995

43. [美] 约翰·H. 杰克逊．关贸总协定和世贸组织的法理．2 版．影印本．北京：高等教育出版社，2003

44. 赵维田．世贸组织（WTO）的法律制度．长春：吉林人民出版社，2000

45. 对外贸易经济合作部国际经贸关系司，译．世界贸易组织乌拉圭回合多边贸易谈判结果法律文本．北京：法律出版社，2000

46. 曹建明，陈治东主编．国际经济法专论：第 1 卷．北京：法律出版社，1999

47. 世界贸易组织秘书处编．贸易走向未来．张江波，索必成，译．北京：法律出版社，1999

48. 郑成思．WTO 知识产权协议逐条讲解．北京：中国方正出版社，2001

49. 世界贸易组织秘书处编．乌拉圭回合协议导读．索必成，胡盈之，译．北京：法律出版社，2000

50. 石广生主编．中国加入世界贸易组织知识读本（一）世界贸易组织基本知识．北京：人民出版社，2001

51. 朱榄叶．世界贸易组织国际贸易纠纷案例评析．北京：法律出版社，2000

52. 陶凯元．国际服务贸易法律的多边化与中国对外服务贸易法制．北京：法律出版社，2000

53. 王贵国．世界贸易组织法．北京：法律出版社，2002

54. 杨良宜．国际商务仲裁．北京：中国政法大学出版社，1997

55. 陈安主编．国际经济法学刊（不定期出版，中国国际经济法学会刊物）．北京：北京大学出版社

56. 北京国际经济法学会编．国际法学论丛．北京：中国方正出版社

57. 王传丽主编．国际经济法．6 版．北京：中国政法大学出版社，2018

二、英文文献

1. John Felemegas. *An International Approach to the Interpretation of the United Nations Convention on Contracts for the International Sale of Goods* (1980) *as Uniform Sales Law*. Cambridge University Press，2007

2. Pace International Law Review. *Review of the Convention on Contracts for the International Sale of Goods* (*CISG*) 2005—2006. Sellier. European Law Publishers，2007

3. Pace International Law Review. *Review of the Convention on Contracts for the International Sale of Goods* (*CISG*) 2004—2005. Sellier. European Law Publishers，2006

4. Pace International Law Review. *Review of the Convention on Contracts for the International Sale of Goods* (*CISG*) 2002—2003. Kluwer Law International，2004

5. Pace International Law Review，*Review of the Convention on Contracts for the International Sale of Goods* (*CISG*) 2000—2001. Kluwer Law International，2002

6. Pace International Law Review. *Review of the Convention on Contracts for the International Sale of Goods* (*CISG*) 1999—2000. Kluwer Law International，2000

7. Michael R. Will. *Twenty Years of International Sales Law Under the CISG*：*the UN Convention on Contracts for the International Sale of Goods*：*International Bibliography and Case Law Digest*. 1980—2000. Kluwer Law International，2000

8. Peter Schlechtriem. *Commentary on the UN Convention on the International Sale of Goods* (*CISG*). Oxford University Press，1998

9. Cornell International Law Journal. *Review of the Convention on Contracts for the International Sale of Goods* (*CISG*). Kluwer，1996

10. Bruno Zeller. *CISG and Unification of International Trade Law*. Routledge-Cavendish，2006

11. Indira Carr. *International Trade Law*. Cavendish，2005

12. Larry A. DiMatteo. *International Sales Law*：*A Critical Nalysis of CISG Jurisprudence*. Cambridge University Press，2005

13. Michael Pryles, Jeff Waincymer, Martin Davies. *International Trade Law: Commentary and Materials*. Lawbook Co., 2004

14. Paul Todd. *Cases and Materials on International Trade Law*. Sweet & Maxwell, 2002

15. *Raj Bhala*, *International Trade Law: Theory and Practice: with Accompanying International Trade Law Handbook and Teacher's Manual*. Lexis Pub., 2001

16. Ian Fletcher. *Foundations and Perspectives of International Trade Law*. Sweet & Maxwell, 2001

17. Indira Carr. *Principles of International Trade Law*. Cavendish Pub., 1999

18. Robert E. Hudec. *Essays on the Nature of International Trade Law*. Cameron May, 1999

19. Janette Charlery. *International Trade Law*. Pitman Pub., 1993

20. John Richardson. *The Hague and Hague-Visby Rules*. Lloyd's of London Press, 1998

21. John F Wilson. *Carriage of Goods by Sea*. Pearson Education Ltd., 2001

22. A. D. Hughes. *Casebook on Carriage of Goods by Sea*. Blackstone Press Limited, 1999

23. *Selected Commercial Statutes*. 2003 edition. West Group, 2003

24. Clayton P. Gillette, Steven D. Walt. *Sales Law*, *Domestic and International*. revised edition. Foundation Press, 2002

25. Mann. *Payment Systems and Other Financial Transactions*, *Cases*, *Materials*, *and Problems*. second edition. Aspen Law & Business, 2003

26. Georges R. Delaume. *Transnational Contracts Applicable Law and Settlement of Disputes—Law and Practice*. Vol. S. Ocean Publications, 1983

27. Lilian Edwards, Charlotte Waelde. *Law and the Internet: A Framework for Electronic Commerce*. Hart Pub., 2000

28. J. C. T. Chuah. *Law of International Trade*. Sweet & Maxwell, 1998

29. *Lloyd's Law Reports* 1927. 1951 vol. 2. 1955 vol. 1, vol. 2; 1982 vol. 2

30. *United Nations Commission on International Trade Law Yearbook*

《　　　　　　》[※]任课教师调查问卷

为了能更好地为您提供优秀的教材及良好的服务，也为了进一步提高我社法学教材出版的质量，希望您能协助我们完成本次小问卷，完成后您可以在我社网站中选择与您教学相关的1本教材作为今后的备选教材，我们会及时为您邮寄送达！如果您不方便邮寄，也可以申请加入我社的**法学教师QQ群：436438859（申请时请注明法学教师）**，然后下载本问卷填写，并发往我们指定的邮箱（cruplaw@163.com）。

邮寄地址：北京市海淀区中关村大街甲59号文化大厦1202室收

邮　　编：100080

再次感谢您在百忙中抽出时间为我们填写这份调查问卷，您的举手之劳，将使我们获益匪浅！

基本信息及联系方式：[※]

姓名：________　性别：________　课程：________________

任教学校：________________　院系（所）：________________

邮寄地址：________________　邮编：________________

电话（办公）：________　手机：________　电子邮件：________

调查问卷：[※]

1. 您认为图书的哪类特性对您使用教材最有影响力？（　　）（可多选，按重要性排序）

   A. 各级规划教材、获奖教材　　B. 知名作者教材

   C. 完善的配套资源　　D. 自编教材

   E. 行政命令

2. 在教材配套资源中，您最需要哪些？（　　）（可多选，按重要性排序）

   A. 电子教案　　B. 教学案例

   C. 教学视频　　D. 配套习题、模拟试卷

3. 您对于本书的评价如何？（　　）

   A. 该书目前仍符合教学要求，表现不错将继续采用。

   B. 该书的配套资源需要改进，才会继续使用。

   C. 该书需要在内容或实例更新再版后才能满足我的教学，才会继续使用。

   D. 该书与同类教材差距很大，不准备继续采用了。

4. 从您的教学出发，谈谈对本书的改进建议：________________

____

____

选题征集：如果您有好的选题或出版需求，欢迎您联系我们：

联系人：黄　强　联系电话：010-62515955

索取样书：书名：________________

书号：________________

备注：※ 为必填项。